Vorwort

Das vorliegende Buch ist Teil einer Fachbuchreihe, die insbesondere für die informations- und telekommunikationstechnischen Berufe (IT-Berufe) konzipiert wurde. Allen IT-Berufen liegt eine Lernfeldkonzeption zugrunde, die aus insgesamt 11 Lernfeldern besteht.

Die Inhalte dieses Fachbuches decken die im Rahmenlehrplan ausgewiesenen Unterrichtsinhalte der Lernfelder 7 (Vernetzte IT-Systeme), 9 (Öffentliche Netze und Dienste) und 10 (Betreuen von IT-Systemen) für die klassischen fünf IT-Berufe ab (IT-Systemelektroniker/-in, Fachinformatiker/-in Fachrichtung Anwendungsentwicklung, Fachinformatiker/-in Fachrichtung Systemintegration, IT-Systemkaufmann/-frau, Informatikkaufmann/-frau). In der vorliegenden Auflage findet zudem die für die Neuordnung der IT-Berufe vorgesehene, inhaltliche Aktualisierung bereits die erforderliche Beachtung. Dies gilt insbesondere für die Themen IT-Security (Datenschutz, Datensicherheit, Datenverfügbarkeit), Cloud-Computing und Big Data.

Die inhaltlichen Schwerpunkte der genannten Lernfeldgruppe sind kapitelweise aufbereitet, praxisrelevante Fachbezeichnungen werden zusätzlich in englischer Sprache angegeben. Die genannte Gliederung der Qualifikationsanforderungen nach Lernfeldern kann nur in erster Näherung eine sinnvolle Inhaltsgliederung oder gar Lernabfolge ergeben. Deshalb werden zusammengehörige Aspekte aus verschiedenen Lernfeldern im sachlichen Zusammenhang an einer Stelle und manche anderen Aspekte eines Lernfeldes an mehreren Stellen behandelt. Die Texte enthalten ebenfalls lernfeldübergreifende Verweise auf die zur Fachbuchreihe gehörenden Bücher „Einfache IT-Systeme" und „Anwendungsentwicklung". Jedes Kapitel schließt mit Fragen zur (Selbst-)Überprüfung erworbener Fachkompetenz, teilweise auch mit einfachen, lernfeldbezogenen Handlungsaufgaben ab. Am Ende des Buches findet sich eine lernfeldbezogene Handlungsaufgabe.

Zusätzlich zu diesem Lehrbuch finden Sie ein umfangreiches Abkürzungsverzeichnis sowie Zusatzinformationen auf den Internetseiten des Verlags unter BuchPlusWeb.

Handhabung

Das vorliegende Fachbuch ist sowohl Informationsbasis als auch unterrichtsbegleitendes Nachschlagewerk bei der Lösung komplexer Handlungsaufgaben. Die Bearbeitung der Hauptkapitel ist nicht zwingend chronologisch erforderlich, vielmehr kann sie sich an den Erfordernissen der jeweils in den Unterricht eingebrachten lernfeldübergreifenden Handlungsaufgaben orientieren.

Neben den grundlegenden Kapiteln über lokale Netze und Protokolle, Betriebssysteme und öffentliche Netze kann bei Bedarf auch auf das Kapitel über die Grundlagen der elektrischen und optischen Übertragungstechnik (Kap. 4) zurückgegriffen werden. Der unterrichtende Fachlehrer hat zudem die Möglichkeit, die von dem jeweiligen IT-Beruf abhängige Bearbeitungstiefe einzelner Kapitel zu variieren.

Aufgrund der sachlogischen Struktur ist das Buch auch zum individuellen Selbststudium und zur Prüfungsvorbereitung geeignet.

Die Autoren

Inhaltsverzeichnis

1.1   Einführung

Am Anfang waren alle Computer Singles. Sie waren wenige große Maschinen und residierten in eigenen Hallen. Menschen, die ihnen dienen wollten, kamen zu ihnen. Erst in den Sechzigerjahren, als die Anzahl der Computer langsam anstieg, wurden einzelne unter ihnen vernetzt. Die meisten Computer waren bis in die Achtzigerjahre unvernetzte Computer.

1.1.1   Der unvernetzte Computer

Der unvernetzte Computer führt seine Aufgaben mit lokal vorhandenen Geräten durch. Aus der Sicht eines Anwendungsprogramms bedeutet dies die Ausführung von Funktionen zur Ein- und Ausgabe, die sich vorwiegend auf die Entgegennahme von Benutzeraktionen (Tastatur, Maus) und die Visualisierung von Ergebnisausgaben (Bildschirm, Drucker) beziehen. Auch die Ablage von Daten auf lokalen Massenspeichern (Floppy, Festplatte) stellt eine Ausgabe, das Wiedereinlesen eine Eingabe dar.

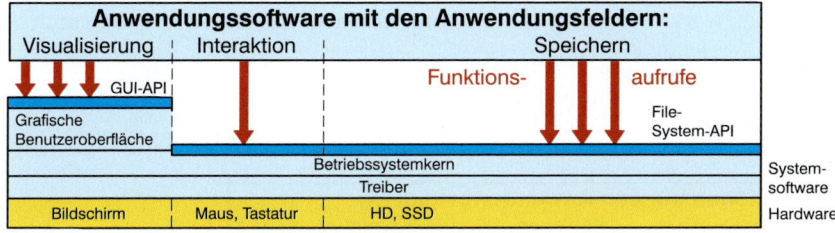

Bild 1.1: Funktionsmodell des unvernetzten Computers

Dem Anwendungsprogrammierer erscheinen diese Aufgabenfelder (Bild 1.1) als APIs, welche die Schnittstelle zwischen Applikation und Betriebssystem darstellen (beispielsweise für das Graphical User Interface oder das Dateisystem/Filesystem); die Applikation greift nicht auf Hardware oder Gerätetreiber zu.

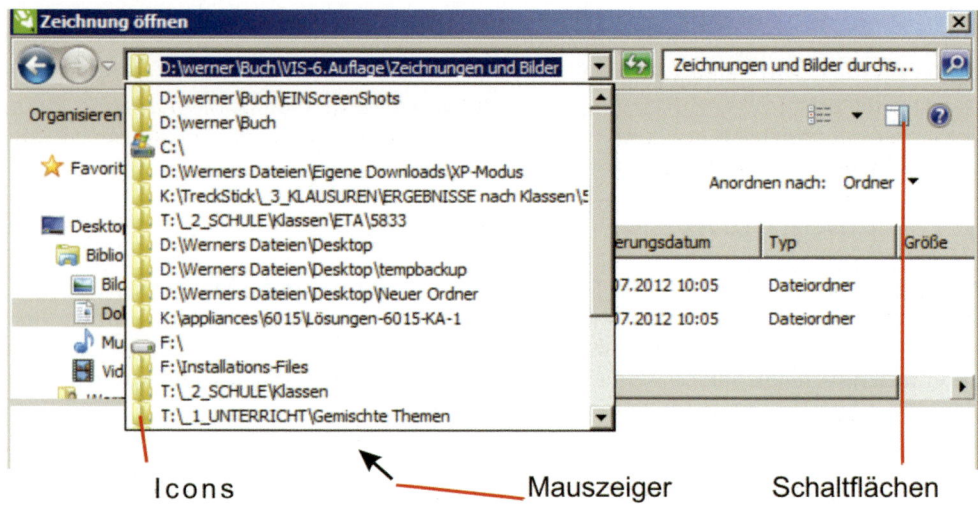

Bild 1.2: Ein Dateiauswahldialog benutzt grafische Elemente (GUI-API) für Datei- und Verzeichnis-Operationen (Filesystem-API)

1.1.2   Der vernetzte Computer

Nun wird das Funktionsmodell des Computers um ein Aufgabenfeld erweitert: die Kommunikation mit anderen Computern über geeignete Peripherieeinrichtungen. Im Allgemeinen ist das ein Netzwerkinterface (NIC). Es könnten in speziellen Fällen aber auch

- die serielle Schnittstelle (COM-Schnittstelle),
- der IEEE-1394-Anschluss (Firewire vgl. Bild 1.9) oder
- der USB-Anschluss sein.

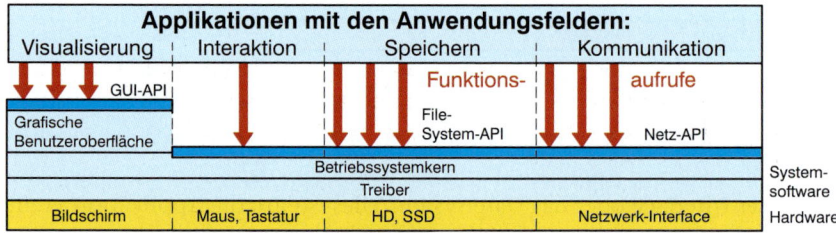

Bild 1.3: Funktionsmodell des vernetzten Computers

Die dafür zusätzlich erforderliche Systemsoftware muss nicht nur (wie etwa bei den lokalen Geräten) herstellereigene proprietäre Standards erfüllen, sondern sich allgemeingültigen Kommunikationsregeln unterwerfen, die auch bei den Kommunikationspartnern erwartet werden müssen.

Vernetzung ermöglicht den Datenaustausch zwischen ansonsten inkompatiblen Computersystemen.

Leider war in den Anfängen der Computervernetzung die Entwicklung nicht sehr gerad-
linig, sowohl in Bezug auf die Hardware als auch auf die Software. Mehrere verschiedene
physikalische Übertragungsverfahren, kombiniert mit mehreren, meist firmenspezifischen
Kommunikationsregeln, ließen eine große und verwirrende Vielfalt von Kombinationen
entstehen, deren Hersteller zudem noch unterschiedliche Bezeichnungsweisen für die
gleiche Sache verwandten und oft noch verwenden.

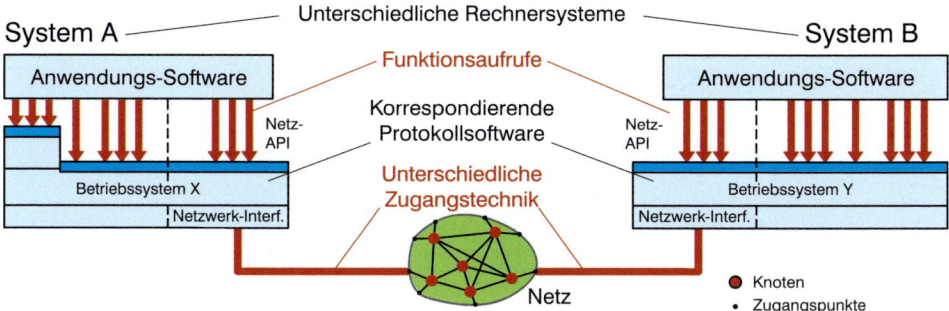

Bild 1.4: Funktionsmodell unterschiedlich vernetzter Computer

Der durch Netzfunktionalität erweiterte Computer eröffnet damit auch eine Vielzahl neuer
netzorientierter und netzbasierter Anwendungen, bei denen

- Lastverteilung (Teilaufgaben werden auf mehrere Rechner verteilt),

- gemeinsame Nutzung von Ressourcen (z. B. ist *ein* Internetzugang für *alle* Rechner eines
  lokalen Netzes zugänglich) und

- Überbrückung räumlicher Entfernungen (z. B. für die Fernwartung)

die wichtigsten Zielsetzungen sind.

1.1.3   Das Netz

In unmittelbarem Zusammenhang mit dem physikalischen Übertragungsverfahren steht
das verwendete Übertragungsmedium Kupferkabel, Lichtwellenleiter oder Funk und daran
angepasste mechanische Koppler wie Stecker, Steckdosen und komplette Verteilerschränke
als **passiver** Teil eines Netzes. Der **aktive** Teil eines Netzes besteht aus physikalisch notwendigen Geräten wie etwa Verstärkern und speziellen Computern, die in ihrer Erschei-
nungsform oft nicht sofort an Computer erinnern, weil sie normalerweise nicht in direkte
Interaktion mit dem Menschen treten und deswegen ohne Tastatur und Bildschirm
auskommen.

> Als **Netz** bezeichnet man die Gesamtheit aller Übertragungsmedien und Übertragungs-
> geräte, die zwischen Anfang (Quelle) und Ende (Senke) einer Kommunikationsbeziehung
> erforderlich sind.

AUFGABEN

1. Nennen Sie die horizontalen Schichten im Modell des unvernetzten Computers.

2. Nennen Sie die Aufgabenfelder (vertikal) im Modell des unvernetzten Computers.

3. Nennen Sie drei Elemente einer grafischen Benutzeroberfläche.

4. Wie lautet die Abkürzung für die aus dem Englischen abgeleitete funktionale Schnittstelle zwischen Anwendungsprogramm und Betriebssystem?

1.2   Unterscheidungsmerkmale von Netzen

Zu den neuen Möglichkeiten, die sich aus der Vernetzung ergeben, gehört in erster Linie die arbeitsteilige Organisation. Einige der vernetzten Computer werden für spezielle Aufgaben ausgelegt und bieten ihre Dienstleistungen den anderen an. Solche Computer werden **Server** genannt. Die anderen, die die Dienste in Anspruch nehmen, heißen **Clients** (z.B. Arbeitsplatzrechner, Workstations, Endsysteme). Zusammen mit den aktiven Netzkomponenten (siehe oben) bilden sie die **Knoten**, welche durch Leitungen verbunden sind.

- **Server** sind Computer, die für spezielle Aufgaben ausgelegt sind und anderen Computern ihre Dienste anbieten.
- **Clients** sind Computer, die die Dienste von Servern in Anspruch nehmen.

Als weitere allgemeine Unterscheidungsmerkmale könnten gelten:

- Die räumliche Ausdehnung und der Einsatzbereich
- Die Funktionsarchitektur
- Die Art der Leitungsführung
- Die Art der Übertragung (in Echtzeit oder durchsatzoptimiert)

Weiter sind spezielle Unterscheidungsmerkmale:

- Die verwendeten Übertragungsmedien
- Die Medienzugriffsverfahren und andere Kommunikationsregeln
- Die Übertragungsgeschwindigkeit
- Die Dienstgüte
- Die Vermittlungstechnik (siehe: Kap. 1.4.2 und Kap. 3)
- Das Netzwerkbetriebssystem eines Knotens (siehe: Kap. 2)

Glücklicherweise haben Standardisierungsprozesse (durch Normung wie auch durch ökonomische Zwänge) dafür gesorgt, dass nur einige wenige von allen denkbaren Kombinationsmöglichkeiten praktisch vorkommen.

1.2.1   Räumliche Ausdehnung und der Einsatzbereich

Aus historischer Sicht wurde zwischen Datenübertragung im Allgemeinen und Datenfern-
übertragung (DFÜ) als Sonderfall mit deutlich unterschiedlichen physikalischen Übertragungsverfahren differenziert (siehe: Kap. 1.5 und Kap. 3). Heute unterscheidet man
folgende Größenordnungen:

Abkürzung	Beschreibung	Ausdehnung
BAN	Body Area Network bezeichnet funkvernetzte Körpersensoren in der medizinischen Telemetrie	0,1 m bis 1 m
CAN	Controller Area Network (ursprünglich: Car Area Network) markiert vernetzte Steuerelemente in der Automatisierungstechnik	0,1 m bis 1 m
PAN	PAN steht für Personal Area Network, womit im Wohnumfeld die Heimvernetzung von Hausgeräten bezeichnet wird	ca. 10 m
LAN	Ein Local Area Network verbindet die PCs und aktive Netzkomponenten eines Unternehmens und beschränkt sich auf ein Grundstück	einige 10 m bis einige 100 m
MAN	Metropolitan Area Network bezeichnet ein Netz, das LANs verbindet und die Ausdehnung großer Städte erreichen kann, dazu zählt auch „Metro Ethernet" (MEN, optisch) siehe auch Kap. 3.6.2	bis zu 60 km
LPWAN	Low Power Wide Area Network für batteriebetriebene Sensoren in der Telemetrie, System: z. B. SigFox, LoRa	50 km
WAN	Wide Area Network zur Verbindung geografisch getrennter Regionen, auch Weitverkehrsnetz genannt	weltumspannend

Bild 1.5: Netzgrößen

Daneben gibt es in den LANs, MANs und WANs die Unterscheidung des Einsatzbereiches:

- Entweder zum Anschluss von Endsystemen in der Netzperipherie: In diesem **Zugangsbereich** werden kostengünstige Techniken für die vielen und oft auch relativ langen
Leitungen gebraucht, über die nur sporadisch Datentransfer stattfindet.

- Oder im Zentralbereich, dem sogenannten **Backbone**: Hier konzentrieren sich die
Datenströme aus den Endsystemen, sodass die für den Dauerlastbetrieb notwendige
Leistungsfähigkeit höheren technischen Aufwand und damit verbundene Kosten recht-
fertigt.

Neueste technische Entwicklungen verwischen jedoch zunehmend diese Abgrenzungen.

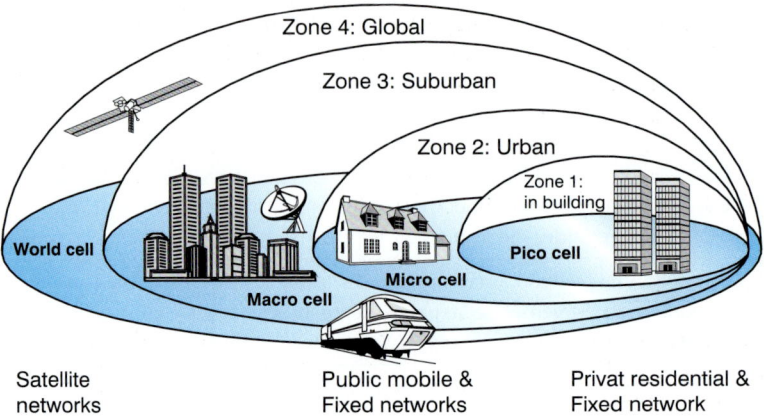

Bild 1.6: Im Bereich der öffentlichen Funknetze wird nach Zonen gegliedert

1.2.2   Netzarchitekturen

Es gibt mindestens zwei verschiedene architektonische Perspektiven, aus denen man das Phänomen „Vernetzung" in der Informationstechnik betrachten kann: Symmetrie/Asymmetrie und Struktur der Anwendungssoftware.

1.2.2.1 Funktions-Symmetrie

Die Verteilung von netzbezogenen Aufgaben kann in einem Computernetz nach zwei unterschiedlichen Prinzipien vorgenommen werden:

Der serverzentrierte Ansatz

Hier befindet sich der überwiegende Teil der Netzsoftware und -funktionalität im Server, der Client verfügt nur über Basisfunktionen zur Kommunikation mit einem Server. Folgt die Systemsoftware diesem Ansatz, können Clients nicht direkt miteinander kommunizieren, außer über gemeinsam genutzte Dateien, die sich beim Server befinden.

Nachteile:
- Ist in einem kleinen Netz der alleinige Server gestört, kann keine Kommunikation mehr stattfinden. An die Servermaschine werden höhere Leistungsanforderungen gestellt.

Vorteile:
- Ressourcenschonung beim Client, weil z. B. nur sehr wenig Treibersoftware geladen werden muss, um den Server zu erreichen. Einfachere, weil zentrale Administrierbarkeit durch Pflege von Client-Konfigurationsdateien, die nur auf dem Server abgelegt und beim Booten vom Client geladen werden.

Das Netzwerkbetriebssystem Netware des Herstellers Novell ist ein charakteristisches Beispiel für diesen Ansatz.

Der Peer-to-Peer-Ansatz

Alle vernetzten Computer *sind grundsätzlich* mit allem ausgestattet, was erforderlich ist, um mit allen anderen in Verbindung zu treten (peer: Partner). Sie können *sowohl* Client- als auch Serverfunktionalität besitzen. *Darüber hinaus kann* eine spezielle Aufgabenverteilung unterschiedliche Ausstattungen zur Folge haben. Vernetzte Unix-/Linux sowie Windows-Systeme repräsentieren diesen Ansatz.

1.2.2.2   Softwarestruktur der Anwendungssoftware

- **Rechnerorientiert:** Eine Applikation befindet sich vollständig auf einem Server oder vollständig auf einem Client.

- **Client-Server-Architektur:** Ein Teil der Applikation, insbesondere der Teil für Benutzereingaben und Ergebnisvisualisierung (Frontend), befindet sich auf dem Client, der andere Teil (Backend), insbesondere die Applikationslogik und die Datenhaltung (Datenbank), befindet sich auf einem oder mehreren Servern.

- **Application Service Providing:** Die gesamte Applikation befindet sich zunächst als eine Sammlung vieler kleiner Komponenten auf einem Server. Diese werden vom Client dynamisch nach Bedarf heruntergeladen und ausgeführt.

1.2.3   Topologie

Das Wort Topologie kommt aus dem Griechischen (tópos: der Ort; lógos: die Lehre) und meint die Art der räumlichen Anordnung, hier speziell die Art der Leitungsführung.

1.2.3.1   Punkt-zu-Punkt-Verbindungen

Das verbindende Übertragungsmedium kann je zwei Knoten miteinander verbinden und von diesen beiden exklusiv genutzt werden; dies ist speziell bei Lichtwellenleitern und Richtfunkstrecken der Fall. Damit sind die Grundstrukturen Stern, Ring und Vollvermaschung möglich.

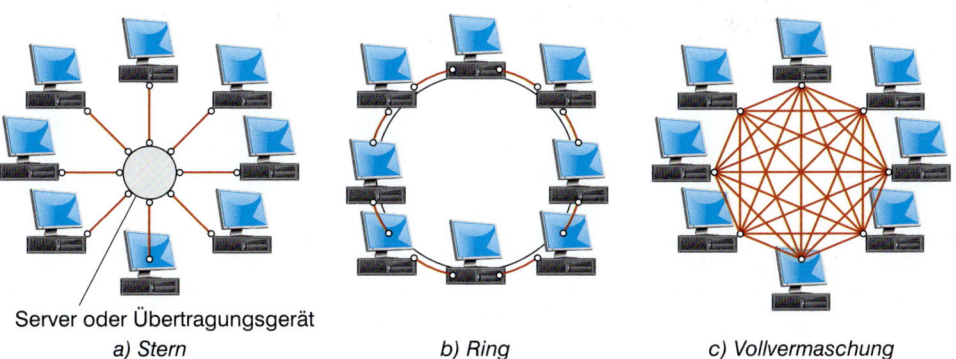

Server oder Übertragungsgerät
a) Stern   b) Ring   c) Vollvermaschung

Bild 1.7: Punkt-zu-Punkt-Verbindungen

Im **Stern** ist die gleichzeitige Kommunikation aller Endsysteme möglich und bei einer Leitungsstörung ist immer nur ein Endsystem betroffen. Nachteilig sind der hohe Aufwand an Leitungslänge, die Dichte der erforderlichen Interfaces im Zentrum und die Gefahr, dass bei einer Störung des zentralen Systems keinerlei Kommunikation mehr möglich ist.

Der **Ring** vermindert gegenüber dem Stern den Aufwand an Leitungslänge selbst in der häufig verwendeten Variante des Doppelringes. Da kein Zentrum existiert, können bei Ausfall eines Knotens wenigstens Teilabschnitte weiterhin funktionieren.

Höchste Ausfallsicherheit bei höchstem Aufwand bietet die **Vollvermaschung**. Sie wird insbesondere in öffentlichen Netzen zur Verbindung der größeren Vermittlungsstellen verwendet.

1.2.3.2 Punkt-zu-Mehrpunkt-Verbindungen (Diffusionsnetz)

Es müssen sich mehrere Knoten das Übertragungsmedium teilen (Shared Medium); jeder Knoten „hört" dann die Aussendung jedes anderen angeschlossenen Knotens – zwangsläufig bei flächendeckenden Funknetzen und ebenfalls möglich als Bus bei Kupferleitungen. Die Punkt-zu-Mehrpunkt-Verbindungen erfordern zwingend ein Zuteilungsverfahren für das Senderecht (Arbitrierung, Zugriffsregelung zwischen den Knoten).

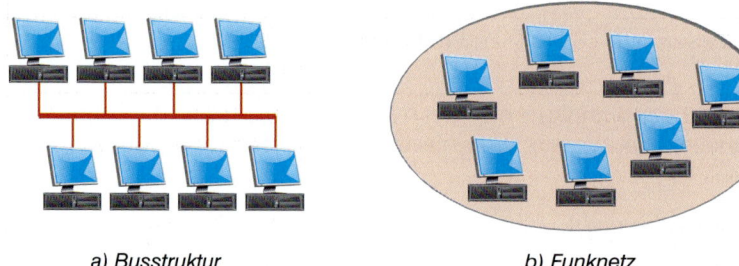

a) Busstruktur   b) Funknetz

Bild 1.8: Punkt-zu-Mehrpunkt-Verbindungen

1.2.4   Übertragungstyp

Als die elektronische Datenverarbeitung und ihr Bedarf nach Datenübertragung entstand, existierten bereits technische Kommunikationsverfahren. Das wegen seiner Flächenabdeckung bedeutendste davon war das analoge Telefonsystem. Daneben gab es als eines der ersten digitalen Systeme das Fernschreibnetz (Telex). Diese beiden „Klassiker" charakterisieren und repräsentieren bis heute zwei völlig unterschiedliche Ansätze in der Kommunikationswelt:

- Signalübertragung als Gegenstand der Nachrichtentechnik
- Datenübertragung als Gegenstand der Datentechnik

Diese Zweiteilung spiegelt sich bis heute auch darin wider, dass es unterschiedliche Normungssysteme in der Computerindustrie, bei Standesorganisationen und im Bereich der öffentlichen Netze gibt, wodurch Anpassungsprobleme vorprogrammiert sind.

Signalübertragung

Das Telefon dient der akustischen Kommunikation zwischen Menschen und benutzt deswegen ein Signalübertragungsverfahren, welches garantieren muss, dass stets eine konstante (Überholverbot) und möglichst niedrige Laufzeit für alle Signalbestandteile eingehalten wird (Echtzeit, gemessen an menschlicher Wahrnehmungs- und Reaktionsgeschwindigkeit). Die derzeit oft noch mindere Qualität bei der „Internettelefonie" (VoIP: Voice over IP) verdeutlicht dies. Da es auf den Nachrichtengehalt ankommt, ist es auf hohe Silbenverständlichkeit optimiert. Dabei können kleinere Beeinträchtigungen durch Störsignale, zeitlich kurze Aussetzer und eine Signalformverzerrung durch Frequenzbandbegrenzung (300 Hz bis 3,4 kHz) in Kauf genommen werden. Das Gehirn des Hörenden trägt nämlich eine bedeutende Analyseleistung bei. Die massiven Probleme bei der Spracherkennung belegen dies eindrucksvoll.

Instanz	Bedeutung/Mitglieder (Beispiele)	Standard (Beispiele)
ISO	International Standardization Organization/Nationale Normungsinstanzen, z. B. ANSI, DIN	OSI-Modell, OSI-Protokolle
ITU-T	International Telecommunication Union (Telecom Standardization)/z. B. Bundesministerium für Wirtschaft und Technologie, Deutsche Telekom AG etc.	V.24, X.25
ETSI	European Telecommunications Standards Institute	GSM UMTS
IEEE, IEC	Institute of Electrical and Electronic Engineers/ Deutsches Komitee der IEC (Deutsche Elektrotechnische Kommission im DIN und VDE)	IEEE 802.3 IEEE 1394 (Firewire)
Konsortien	HP, Intel, Lucent, Microsoft, NEC, Philips, ISC etc.	USB (Universal Serial Bus)

Bild 1.9: Normierung und Standardisierung

Um die genannten Anforderungen zu erreichen, wird im analogen Telefonsystem (POTS: Plain Old Telephone System) eine Leitungsvermittlung (auch Kanal- oder Durchschaltvermittlung genannt) durchgeführt, bei der alle benutzten Teilstrecken und Vermittlungseinrichtungen für die Dauer der Telefonverbindung belegt werden und dabei auch ungenutzt bleiben, wenn beide Gesprächspartner schweigen. Bei Überlast einer einzigen Vermittlungseinrichtung tritt der Besetztfall ein, eine Verbindung kommt nicht zustande. Sende- und Empfangseinrichtungen arbeiten weitestgehend synchron.

Im heutigen digitalen Fernsprechnetz ist die reservierte Leitung (Raummultiplex) durch ein periodisch reserviertes Zeitfenster ersetzt worden (Zeitmultiplex). Rundfunk und Analogfernsehen verwenden das Frequenzmultiplex.

Datenübertragung

Beim **Fernschreiben** wird die ursprüngliche Nachricht

- auf Buchstaben von Wörtern (sowie Ziffern und Sonderzeichen) reduziert,
- an einer Tastatur digitalisiert (siehe auch Kap. 4.3 „Einfache IT-Systeme") und
- im Gerät für die Übertragung in einem nur 5 bit umfassenden Alphabet kodiert.

Ein Hilferuf („Hilfe!") wird somit durch 30 Fernschreibbits übertragen; ein telefonischer „Hilfe!"-Ruf von 1 s Dauer benötigt 64 000 bit, enthält dafür aber auch Zusatzinformationen wie Stimmlage, Artikulation, Hintergrundgeräusche etc. Während sechs Bitfehler im digitalisierten Sprachsignal wahrscheinlich nicht auffallen, genügen sechs Bitfehler, um die Nachricht des Fernschreibcodes völlig zu zerstören. Das einzelne Bit ist viel wichtiger geworden. Hier liegt **der erste und wesentliche Unterschied** zwischen beiden Übertragungsverfahren: **Bitfehler können nicht toleriert werden!**

Das Fernschreibnetz besaß eigene Leitungen, eigene Vermittlungen, ein eigenes Adressierungssystem und war ebenfalls leitungsvermittelt. Da es jedoch mit elektromechanischen Endgeräten arbeitete, war es nur für eine Datenrate von 50 bit/s ausgelegt und für die Anforderungen der Rechnerkommunikation ungeeignet.

Man begann dann, ähnlich gestaltete Datennetze aufzubauen, die zunächst leitungsvermittelnd (Datex-L) und später paketvermittelnd (Datex-P) arbeiteten. Bei der Paketvermittlung wird nicht ein kontinuierlicher Datenstrom durchgeschaltet, sondern die gesamte Datenmenge wird in Pakete zerlegt, welche abhängig von der Situation im Netz zwischengespeichert und unabhängig voneinander über unterschiedliche Wege übertragen werden (der Besetztfall tritt nicht ein). Folglich können Laufzeitunterschiede entstehen und es ist nicht gewährleistet, dass die Pakete in derselben Reihenfolge beim Empfänger ankommen, in der sie versandt wurden. Sie müssen gegebenenfalls wiederum zwischengespeichert und, sobald sie vollständig sind, wieder in die richtige Reihenfolge gebracht werden (Reassemblierung). Dies ist der **zweite Unterschied: Laufzeitdifferenzen können toleriert werden**.

- Bei der **Signalübertragung** für die menschliche Kommunikation ist eine konstante und minimale Signallaufzeit unbedingt erforderlich, dafür sind begrenzte Lücken und kleinere Bitfehler tolerierbar.

- Bei der **Datenübertragung** sind keine Bitfehler tolerierbar, dafür dürfen die Paketlaufzeiten schwanken, denn hier ist der Gesamtdurchsatz in der Regel wichtiger.

Aus diesen sich widersprechenden Anforderungen resultieren viele Probleme in der Kommunikationstechnik. Beispielsweise wurden

- das Fernsprechnetz für die Übertragung von Daten (Modem) und
- die Datennetze für die Übertragung von Multimediasignalen (Klänge, Bewegtbilder) zweckentfremdet.

Um diese Probleme zu vermeiden, werden bis heute noch getrennte lokale Netze für Sprache und Daten installiert. Die Entwicklung geht jedoch zum universellen Netz im Zugangsbereich (Konvergenz der Netze).

> Die öffentlichen Netze (siehe Kap. 3) müssen sowohl als Daten-Backbone als auch für die Nachrichtenübertragung einsetzbar sein

AUFGABEN

1. Nach welchen Merkmalen lassen sich Netze unterscheiden?

2. Welche Einsatzbereiche unterscheidet man in LAN, MAN und WAN?

3. Wie viele Bytes werden im heutigen digitalen Fernsprechnetz für 1 Min. Sprache übertragen?

4. Womit befasst sich die ITU-R im Gegensatz zur ITU-T?

5. Ermitteln Sie (z. B. durch Recherche im Internet) jeweils drei weitere deutsche, europäische und außereuropäische Mitglieder der ITU-T.

6. Ermitteln Sie (z. B. durch Recherche im Internet) 6 der 39 „Technical Societies" der IEEE.

7. Ermitteln Sie, welcher IEEE-Standard die drahtlose Vernetzung im Personal Area Network (WPAN) beschreibt.

1.3 Netzwerk-Kommunikation

Für eine vollständige, fehlerfreie und effiziente Übertragung von Daten sind Regeln erforderlich, die genau festlegen, wie eine Kommunikation zwischen dem Ausgangspunkt einer Nachricht (Quelle) und dem Zielpunkt einer Nachricht (Senke) durchzuführen ist. Dazu müssen einzelne Funktionen identifiziert, definiert sowie sinnvoll und praxisgerecht gruppiert werden.

1.3.1 Kommunikationsprotokolle

Für einen sicheren Datentransfer sind unter anderem festzulegen: Synchronisationsart, Übertragungsgeschwindigkeit, Datenformat, Codierung, Sicherungsverfahren, Betriebsarten.

Ein Kommunikationsprotokoll beinhaltet beispielsweise die folgenden Funktionen:

Funktion	Beschreibung
Zugangskontrolle	Regelungen über Zugangsberechtigungen von Endeinrichtungen
Initialisierung	Prozess zum Starten und Beenden der Übertragung; Informationen zum Verbindungsaufbau und -abbau
Adressierung	Identifizierung von Endsystemen
Blockbildung	Regeln zur Kennzeichnung von Blockbeginn und Blockende
Blocknummerierung	Fortlaufende Nummerierung von Datenblöcken, um den Verlust von Datenblöcken zu erkennen

Funktion	Beschreibung
Steuerung	Überwachen des Ablaufs der Datenübertragung
Flusskontrolle	Mechanismus zur Drosselung des Datenverkehrs, damit ein Sender einen Empfänger nicht mit Daten überschwemmt
Fehlererkennung	Erkennen von Übertragungsfehlern durch entsprechende Sicherungsverfahren

Bild 1.10: Protokollfunktionen

1.3.2   Schichtenmodell

In der Kommunikationstechnik unterscheidet man sogenannte geschlossene und offene Kommunikationssysteme:

- Ein **geschlossenes System** ist ein herstellerabhängiges (proprietäres) System, welches mit individuellen firmenbezogenen Protokollen, Zeichensätzen und Übertragungssequenzen arbeitet, die in der Regel seitens der Hersteller nicht veröffentlicht werden. Das Einbinden von Fremdsystemen ist hierbei nicht möglich.

- Im Gegensatz dazu werden bei **offenen Systemen** bestimmte Richtlinien eingehalten, die es anderen Herstellern erlauben, entweder kompatible Geräte zu bauen oder entsprechende Schnittstellenanpassungen zu schaffen, die eine Einbindung ermöglichen. Um hierbei einen einheitlichen Standard herzustellen, wurde ein „**Referenzmodell für die Kommunikation offener Systeme**" geschaffen.

Dieses Referenzmodell trägt die Bezeichnungen ISO-Modell, OSI-Modell oder, da es in 7 verschiedene Schichten gegliedert ist, 7-Schichten-Modell (OSI: Open Systems Interconnection).

> Die **7 Schichten des OSI-Referenzmodells** standardisieren hardware- und softwaremäßig die Struktur der Kommunikation innerhalb eines offenen Kommunikationssystems.

Die **Schichten** werden auch als **Ebenen** oder **Layer** bezeichnet. Jeder Schicht ist eine klar umrissene Aufgabe zur Durchführung der Kommunikation zugewiesen. Hierdurch wird das komplexe Problem der Datenkommunikation innerhalb eines Kommunikationssystems in kleinere Teilprobleme zerlegt. Die Schichten 1 bis 4 werden auch als **transportorientierte Schichten** und die Schichten 5 bis 7 als **anwendungsorientierte Schichten** bezeichnet. Da die Schichten bildhaft als übereinandergestapelt erscheinen, bezeichnet man ihre Gesamtheit häufig auch als „Protokoll-Stapel" oder „Protokoll-Stack".

Den Ablauf einer Kommunikation zwischen einer Quelle und einer Senke kann man sich modellhaft folgendermaßen vorstellen: Ein zu übertragendes Datenpaket wird auf der Senderseite von der **Datenendeinrichtung** (DEE) erzeugt und durchläuft die Schichten 7 bis 1 des OSI-Modells (Bild 1.11).

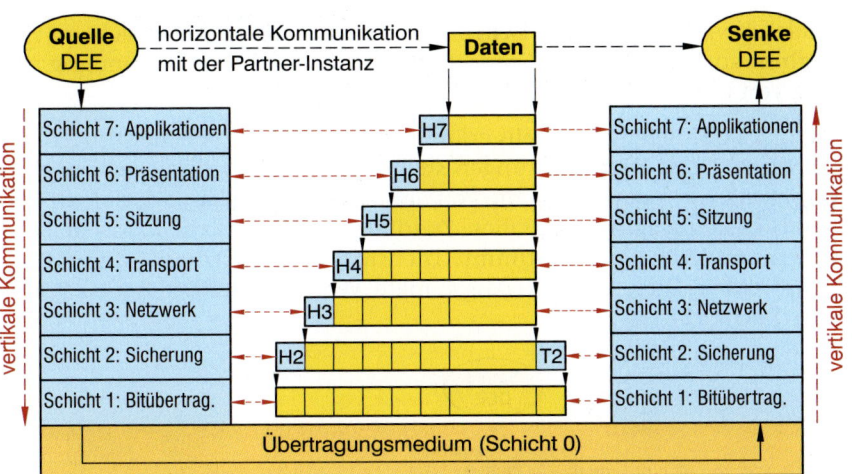

Bild 1.11: OSI-Modell eines Protokollstapels

Vertikale Kommunikation

> Durchläuft ein Datenpaket die einzelnen Schichten des OSI-Modells, so spricht man von einer **vertikalen Kommunikation.**

Jede Schicht fügt dem übergebenen Nutzdatenpaket (Payload) Protokollinformationen zu. Befinden sich diese am Paketanfang, werden sie als **Header** (Protokollkopf, -vorspann) (in Bild 1.11: H7 bis H2) bezeichnet, befinden sie sich am Paketende, nennt man sie **Trailer** (Protokollnachspann) (in Bild 1.11: T2). Die Protokollinformationen einer höheren Schicht werden in der niedrigeren Schicht quasi als „Nutzdaten" betrachtet und damit vollkommen transparent behandelt, d. h., sie werden von der unteren Schicht in keiner Weise interpretiert und unverändert übertragen. Auf der Schicht 1 wird das von der Quelle erzeugte Nutzdatenpaket inklusive aller Protokollinformationen in technisch übertragbare Signale umgewandelt und über das physikalisch vorhandene Übertragungsmedium transportiert (z. B. Kupferkabel, Lichtwellenleiter, Funk). Die Protokolle werden ineinander geschachtelt.

Auf der Empfängerseite durchläuft das Paket dann umgekehrt die Schichten 1 bis 7 (Bild 1.11). Die auf der Senderseite schichtweise hinzugefügten Protokollinformationen müssen auf der Empfängerseite wieder entfernt werden. Dieser Vorgang erfolgt ebenfalls schichtweise, d. h., jede Schicht auf der Empfängerseite interpretiert die von der entsprechenden Schicht auf der Senderseite hinzugefügten Informationen und entfernt sie anschließend.

Horizontale Kommunikation

> Jede Schicht der Senderseite kann nur mit der ihr entsprechenden Schicht auf der Empfängerseite korrespondieren (**horizontale Kommunikation**).

Bei der horizontalen Kommunikation zwischen gleichen Ebenen handelt es sich um eine rein logische Verbindung, lediglich auf Ebene 1 erfolgt eine physische Verbindung und eine Übertragung von Daten.

Jede der Schichten des OSI-Referenzmodells erfüllt ganz bestimmte Dienstleistungen, die sogenannten **Services**. Diese Dienstleistungen stellen eine Schicht der jeweils nächsthöheren zur Verfügung. Hierbei wird auf die von der nächstniedrigeren Schicht zur Verfügung gestellten Dienste zugegriffen. Für diese Zugriffe sind Schnittstellen zwischen den Schichten definiert, an denen ganz bestimmte Dienste über Dienstzugangspunkte zur Verfügung gestellt werden. Diese Dienstzugangspunkte werden als **Service Access Points (SAP)** bezeichnet (Bild 1.12).

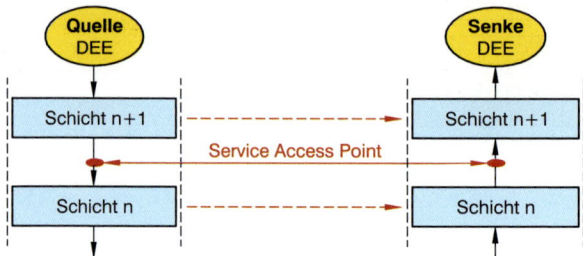

Bild 1.12: SAPs zwischen den Schichten

Bei einer Kommunikation zwischen einer Quelle und einer Senke werden fast immer zwischengeschaltete Übertragungsgeräte benötigt. Diese werden auch als **Datenübertragungseinrichtung (DÜE)** bezeichnet. Sie erfüllen nur bestimmte Funktionalitäten des OSI-Modells, weswegen nicht alle Schichten implementiert sind (Bild 1.13). Solche DÜE heißen im LAN (je nachdem, ob sie auf der Schicht 1, 2, 3 oder darüber koppeln) Hubs, Bridges, Router oder Gateways, siehe auch Kap. 1.6.3.

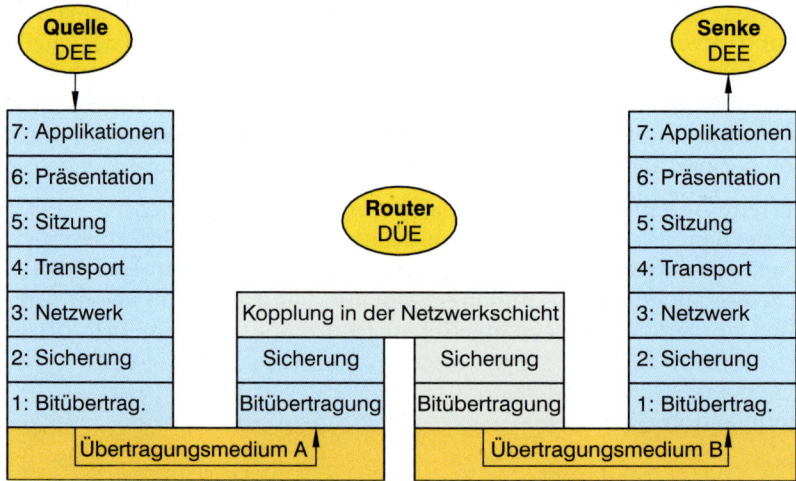

Bild 1.13: Datenübertragungseinrichtung in der Netzwerkschicht

DEE müssen auch nicht immer alle Schichten implementieren: Es gibt in der Automatisierungstechnik Feldbussysteme, die kurz als „1-2-7-Systeme" klassifiziert werden, weil die typischen Funktionen der Schichten 3 bis 6 nicht gebraucht und deshalb weggelassen werden.

Die Tabelle zeigt in Kurzform die Funktionen der einzelnen Schichten.

Schicht	Wesentliches Ziel der Schicht
7	Anfragen werden von Anwendungen entgegengenommen und ausgeführt.
6	Der Partner versteht die gleiche Sprache.
5	Es werden Sitzungen zwischen Partnern durchgeführt.
4	Nachrichten kommen (sicher) beim Partner(programm) an.
3	Nachrichten kommen im Zielrechner an.
2	Nachrichten kommen sicher im Nachbarrechner an.
1	Bits kommen im Nachbarrechner an.

Bild 1.14: Ziele der OSI-Schichten

1.3.3   Real existierende Netzwerkmodelle

Die heutige Netzwerklandschaft ist ein Gemisch aus:

- LAN-Technologien der Gerätehersteller

- Techniken der öffentlichen Weitverkehrsnetze, die von staatlichen Behörden oder deren Nachfolgeunternehmen bestimmt werden

- Internet, das im universitären Umfeld geprägt worden ist

Dieses Kapitel beschränkt sich auf Gegebenheiten im PC-Umfeld; die proprietären Systeme DECnet, Appletalk und das von IBMs SNA geprägte Großrechnerumfeld werden nicht behandelt.

Es gibt einen Satz von herstellerneutralen Protokollen, die unter dem Begriff **OSI-Protokolle** zusammengefasst und nur deswegen hier erwähnt werden; große Marktakzeptanz und Verbreitung blieb ihnen in ihrer Gesamtheit bisher versagt. Einige jedoch werden später in diesem Kapitel behandelt.

Das **OSI-Modell** ist ein Referenzmodell, kein Standard und erst recht kein Produkt (nicht zu verwechseln mit den oben genannten OSI-Protokollen). Sein unschätzbarer Wert besteht darin, dass es überhaupt ermöglicht, die Begrifflichkeiten der verschiedenen Herkunftsumfelder einander zuzuordnen und vergleichbar zu machen. Während im Bereich der öffentlichen Netze fast zwangsläufig eine stärkere Affinität zu internationalen Normierungen zu verzeichnen ist, verwundert es nicht, dass in den anderen Bereichen (Firmen, Hochschulen) bereits vor der Vorstellung des OSI-Modells 1983 Netzwerkmodelle existierten und nach wie vor existieren.

Teilt man die transportorientierten Schichten noch einmal zwischen den Schichten 2 und 3 auf, so erhält man die folgende funktionale Grobstruktur:

Die anwendungsorientierten Schichten realisieren den vom Benutzer wahrgenommenen funktionalen Charakter des Netzes als Dienstleister, vergleichbar einem „Versandhandelshaus" als Mittler zwischen Produzent und Verbraucher. Die Schichten 3 und 4 (im Folgenden Transportsystem genannt) repräsentie-

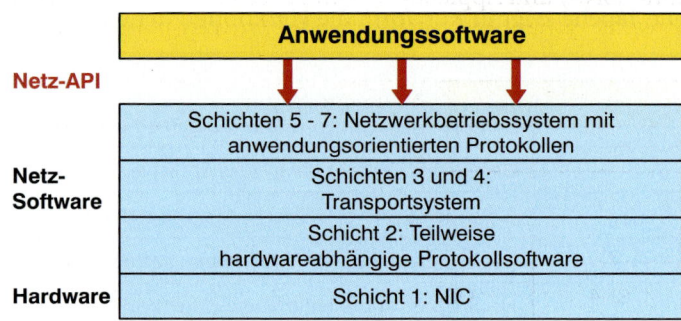

Bild 1.15: Grobstruktur eines Netzwerkmodells

ren – unabhängig von den stark physikalisch geprägten Schichten 1 und 2 – die Dienste eines „Logistikunternehmens", das Aufträge so abwickelt, dass für den Auftraggeber (Versandhaus) das benutzte Verkehrsmittel (Schichten 1 und 2) bedeutungslos bleibt.

1.3.3.1 Die Transportsysteme (Logistik)

Die anwendungsorientierten Schichten sind sehr innig mit dem jeweils verwendeten Netzwerkbetriebssystem verknüpft, eventuell sogar dessen integraler Bestandteil. Insbesondere bei den in Kapitel 2 näher behandelten Betriebssystemen Windows (Microsoft) mit dem „Windows-Netzwerk" und Netware (Novell). Windows, Netware und Linux bringen aus ihrer spezifischen Stammesgeschichte eigene Transportsysteme mit:

- Windows: **NetBEUI** (von Sytek und mit IBM weiterentwickelt),
- Netware: **IPX/SPX** (als Eigenentwicklung von Novell) und
- Linux: **TCP/IP** (von UNIX und dem Internet).

Diese drei Transportsysteme sind untereinander vollständig inkompatibel, aber jedes kann seinerseits auf verschiedenen „Verkehrsmitteln" aufsetzen und jedes kann vom Windows-Netzwerk verwendet werden.

Dadurch ergibt sich die bemerkenswerte Flexibilität von Windows; sein Netzwerk-API „NetBIOS" besitzt nicht nur Schnittstellen zu allen drei Transportsystemen, sondern alle drei Transportsysteme können sogar auch gleichzeitig betrieben werden.

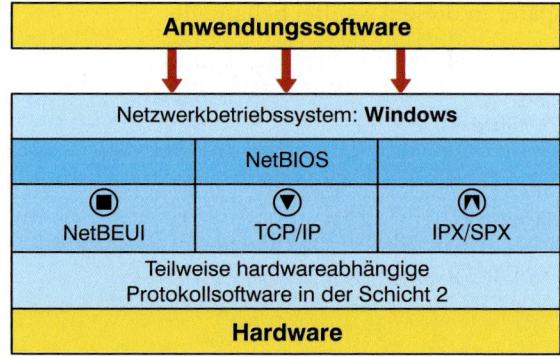

Bild 1.16: Windows kann mit mehreren Transportsystemen arbeiten

Nicht weniger flexibel zeigt sich Netware mit seiner „Open Protocol Technology" (kurz OPT); zwar wird NetBEUI nicht unterstützt, dafür aber IBMs „System Network Architecture" (SNA) und Appletalk. Die Intranetware-Dienste setzen auf dem von Novell „Netware Streams" genannten, verallgemeinerten Transportsystem auf.

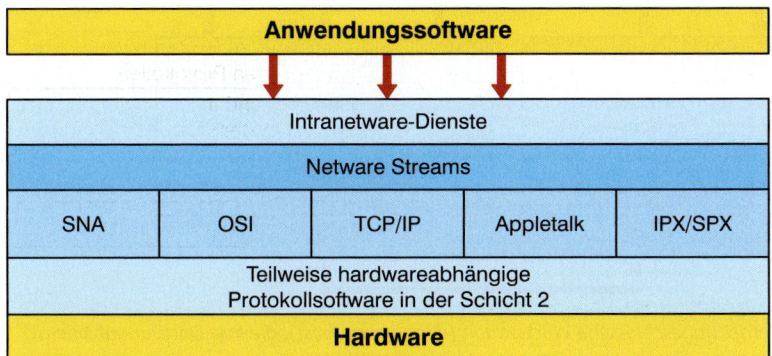

Bild 1.17: Novells offene Protokolltechnologie

Für Linux ist naturgemäß als Transportsystem TCP/IP die erste Wahl.

Die größte Bedeutung hat letztlich TCP/IP erlangt, was schon daran erkennbar ist, dass sowohl Microsoft (ab WinNT 4.0) als auch Novell (ab Netware 5.0) ihre Betriebssysteme mit diesem als primärem Transportsystem ausrüsten – anstelle der hauseigenen, früher mit TCP/IP konkurrierenden Transportsysteme.

1.3.3.2 Die technischen Verbindungssysteme (Verkehrsmittel)

Die durch die OSI-Schichten 1 und 2 beschriebenen Medien, physikalischen Parameter, Zugriffs- und Sicherungsprotokolle sind jeweils aufeinander abgestimmte Einheiten, die austauschbar gegenüber einem Transportsystem sind.

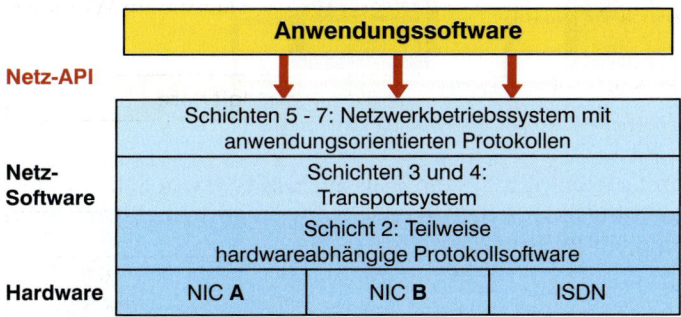

Bild 1.18: Die physikalisch orientierten Schichten

Es ist sogar möglich, einem bestimmten Transportsystem ein bestimmtes technisches Verbindungssystem zuzuweisen:

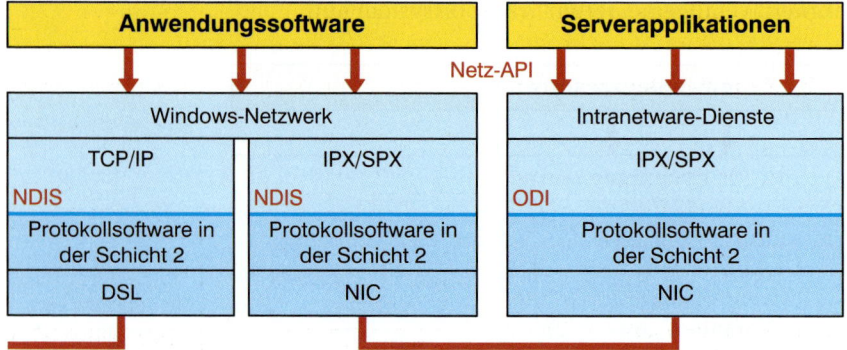

Bild 1.19: Eine an das Internet angeschlossene Workstation (dual homed host), die ihre Dateien auf einem Netware-Fileserver ablegen kann. Der Fileserver ist vom Internet abgeschottet.

Jedes der beiden Transportsysteme hat seine eigene Schnittstellendefinition zum technischen Verbindungssystem: Windows definiert mit **NDIS** (Network Device Interface Specification) und Netware mit **ODI** (Open Data-Link Interface) eine virtuelle Netzwerkkarte, an die ein Transportsystem angebunden werden kann (Bild 1.19).

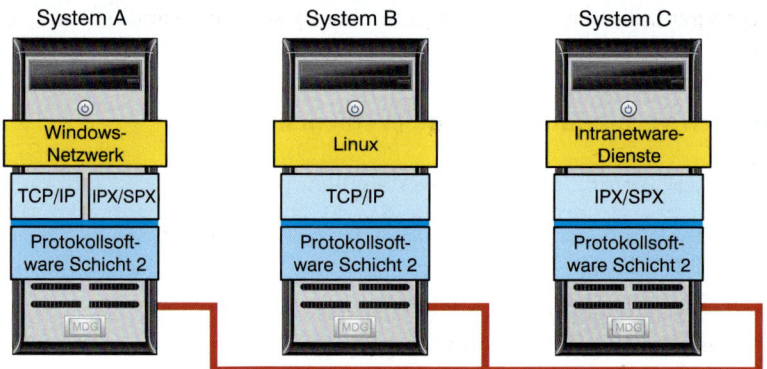

Bild 1.20: Zwei Transportsysteme benutzen ein technisches Verbindungssystem

Das System A in Bild 1.20 kann sowohl mit System B als auch mit System C kommunizieren – System B und System C hingegen „sehen" ihrerseits jeweils ausschließlich System A, sie können sich gegenseitig nicht wahrnehmen.

Über ein technisches Verbindungssystem können unterschiedliche Transportsysteme bedient werden (multiplexen).

1.3.4 Vergleich zwischen Modell und Realität

Offensichtlich tendieren die drei betrachteten Betriebssysteme Windows, Netware und Linux zu einer weniger differenzierten (als die OSI-Modellierung) und damit praktikableren Sichtweise, wie sie insbesondere im Internet mit TCP/IP benutzt wird.

Bei der DoD-Architektur (US-Department of Defence, es veranlasste die Entwicklung der TCP-IP-Protokolle) sind die Applikationen selbst für die Ausführung derjenigen Funktionen zuständig, die in den Schichten 5 bis 7 des OSI-Modells definiert sind. Über die Art des technischen Verbindungssystems (OSI-Schichten 1 und 2) werden keinerlei Annahmen gemacht oder Vorgaben gesetzt. Wenn bisher von Protokollen die Rede war, die in unterschiedlichen Systemen vorkommen, darf eines nicht vergessen werden:

ISO-OSI-Architektur	DoD-Architektur
7: Anwendung	Anwendungs-schicht
6: Darstellung	
5: Sitzung	
4: Transport	Transportschicht
3: Netzwerk	Internetworking-Schicht
2: Sicherung	Zugangs-Schicht
1: Bitübertrag.	

Bild 1.21: Gegenüberstellung der Architekturen ISO-OSI und DoD (TCP/IP)

Protokolle sind zunächst nur **Definitionen** und müssen innerhalb jedes Betriebssystems erst eigens implementiert (programmiert und kompiliert/assembliert) werden. Damit werden sie zu dessen Bestandteil („Protokolltreiber").

AUFGABEN

1. Welche Transportsysteme werden von Windows unterstützt?

2. Finden Sie heraus, welche Transportsysteme außer den genannten noch von Windows (NT/2000) unterstützt werden.

3. Welche Transportsysteme werden von Netware unterstützt?

4. Wie heißt das zu NetBIOS entsprechende API bei Netware?

5. Wie nennt man die Zuordnung eines Transportsystems zu einer Schnittstelle (NIC)?

6. Zu welcher OSI-Schicht gehört die Bestimmung des korrekten Zeichensatzes?

7. Welche OSI-Schicht verwendet einen Trailer?

8. Welche OSI-Schichten bezeichnet man als die „anwendungsorientierten Schichten"? Wie bezeichnet man die anderen?

9. Was versteht man unter einem proprietären System?

1.4   TCP/IP – Die Protokolle für Internet und Intranet

Die Protokolle des Internet basieren im Wesentlichen auf TCP/IP. Daher kann man die RFC-Dokumente, in denen die IETF (Internet Engineering Task Force) die Internetstandards festgelegt hat, für die Beschreibung der Anwendungsschicht und des Transportsystems heranziehen. RFC heißt Request For Comment; ein RFC-Dokument kann sich von einem Vorschlag bis zum Standard entwickeln. Eine gepflegte Sammlung findet sich im Internet unter http://www.ietf.org/rfc.html. Als **Intranet** bezeichnet man ein lokales Netz, welches in der Technik des Internets (gleiche Protokolle und Dienste) aufgebaut ist.

1.4.1   Überblick

Die gültigen RFC-Standards beschreiben insgesamt sehr viele Protokolle für alle möglichen Dinge, selbst an den Einsatz von Brieftauben auf Teilstrecken wurde gedacht, wenn auch nicht ganz ernst gemeint (RFC 1149, RFC 2549, RFC 6214). In diesem Rahmen können nur die wichtigsten vorgestellt werden. Bild 1.22 gibt einen ersten Überblick.

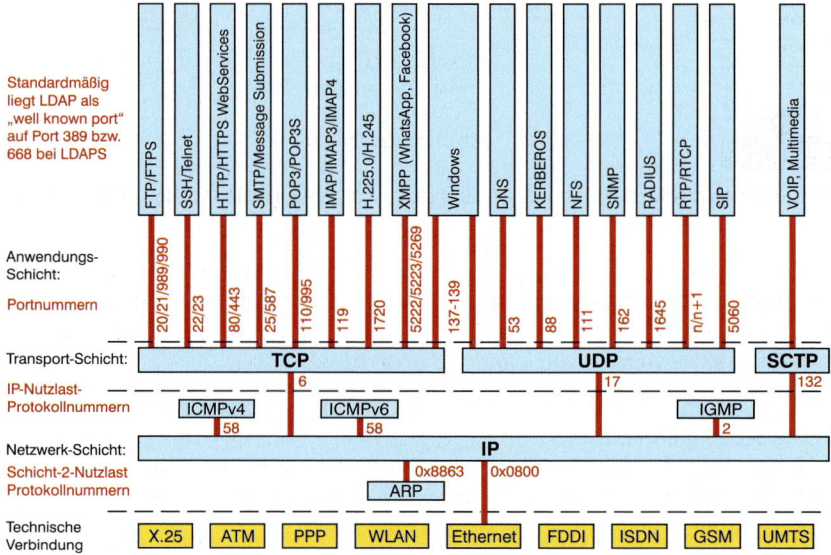

Bild 1.22: TCP/IP-Protokollstapel nach der DoD-Architektur. Standardmäßig liegt LDAP als „well known port" auf Port 389 bzw. 686 bei LDAPS.

Die Protokolle des zuliefernden technischen Verbindungssystems tragen Kennungen für das Transportsystem, z. B. TCP/IP, IPX/SPX usw. Im IP-Protokoll ist eine Kennung für die nächsthöhere Protokollschicht, z. B. UDP oder TCP, enthalten (Bild 1.22). In den TCP- und UDP-Protokollen (siehe unten) sind Kennungen für die Dienste und zugehörigen Serverprozesse enthalten.

> Als **Dienst** bezeichnet man die Fähigkeit eines Netzes, Informationen einer bestimmten Art zu übertragen.

Populär sind vor allem die Dienste WWW und E-Mail („elektronische Post"). Zu einem Dienst gehören immer drei Dinge:

- Ein **Diensterbringer**: Serverprozess auf der Servermaschine
- Ein **Dienstbenutzer**: Clientprozess auf dem Arbeitsplatzrechner
- Ein **Protokoll**, über das sich Serverprozess und Clientprozess verständigen können

Für einen Dienst gibt es normalerweise auf einer Servermaschine nur genau einen Serverprozess; es arbeiten in der Regel aber mehrere Serverprozesse, die verschiedene Clients mit jeweils verschiedenen Diensten versorgen können. Auf einem Arbeitsplatzrechner können hingegen mehrere Clients für den gleichen Dienst ablaufen, die dann mit verschiedenen Servern kommunizieren (Bild 1.23).

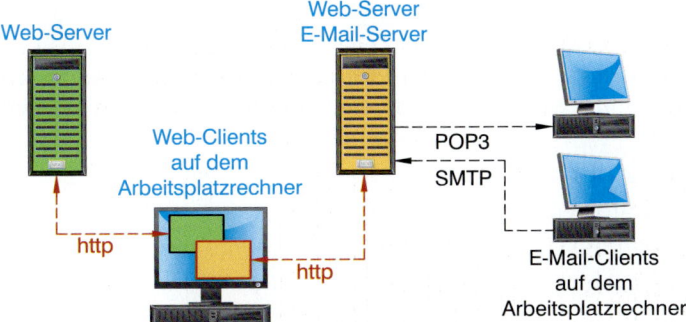

Bild 1.23: Mehrere Dienste in Server und Client

Verschiedene Dienste brauchen verschiedene Transportverfahren, siehe hierzu auch Kap. 3.1.3:

- Aufwendig: TCP (**T**ransmission **C**ontrol **P**rotocol) erlaubt den Transport beliebiger Datenmengen, in mehreren Paketen, mit Absicherung („Einschreiben mit Rückschein") und verkehrsabhängiger Flusskontrolle. Man spricht von einem verbindungsorientierten Protokoll (virtuelle Verbindung, nicht physische Verbindung) mit den Phasen des Verbindungsaufbaues, des Datenaustausches und des Verbindungsabbaues.

- Einfach und schnell: UDP (**U**ser **D**atagram **P**rotocol; Datagram ist ein Kunstwort aus *data* und tele*gram*) versendet „kleine Lieferungen" als einmalige Aufträge (verpacken, verschicken, vergessen). Man spricht von einem verbindungslosen (oder zustandslosen) Protokoll.

Die Netzwerkschicht, als unterste dieses Transportsystems, hat die Hauptaufgaben

- der Wegelenkung (Routing) und Adressierung,
- der Anpassung der Paketgrößen zwischen Nachbarschichten und
- der Steuerung und arbeitet ebenfalls nach dem Datagramm-Prinzip.

1.4.2   Protokolle und Verfahren der Netzwerkschicht

Wie aus Bild 1.22 unmittelbar hervorgeht, ist die IP-Schicht (die Netzwerkschicht des OSI-Modells) der zentrale Dreh- und Angelpunkt des gesamten Gebäudes. Trotz einiger Schwächen verdankt der ganze Protokollstapel seine Langlebigkeit ihrer Robustheit. Die Netzwerkschicht hat drei Aufgaben:

1. Adressierung,
2. Wegesteuerung und
3. Paketgrößenanpassung an die Schicht 2.

1.4.2.1 Netzwerk-Adressierung

Ein Protokoll der Netzwerkschicht muss grundsätzlich gewährleisten, dass jeder Knoten mit jedem anderen Knoten kommunizieren kann – und zwar weltweit. Dazu ist es unumgänglich, dass nicht nur jeder Knoten **eindeutig** (bei Unicast, siehe Bild 1.29) gekennzeichnet wird, sondern auch jedes vom Transportsystem benutzte Interface mit einer eigenen Adresse belegt wird. Da das Internet Protocol (IP) der Dreh- und Angelpunkt dieses Transportsystems ist, wird dafür der Begriff **IP-Adresse** eingeführt:

> Eine IP-Adresse ist die im Internetprotokoll angewandte Kennzeichnung für ein Interface. Jedes benutzte Interface erhält eine eigene IP-Adresse. Einem Rechner können daher auch mehrere IP-Adressen zugeordnet sein.

Bis heute sind noch flächendeckend IP-Adressen der Protokollversion 4 (IPv4-Adressen) im Einsatz. Die bisherige IP-Version 4 weist unter anderem folgende Schwachpunkte auf:

- (aus heutiger Sicht) begrenzter Adressraum
- ungeschickte Aufteilung des Adressraums
- daraus resultierende hohe Routerbelastung
- oft als schwierig empfundene Endgerätekonfiguration

Dem trägt die neue Version IPv6 des Internetprotokolls Rechnung.

Neben der Eindeutigkeit muss gerade ein globales Adressierungssystem gestatten, ähnlich wie bei den Postleitzahlen, aus der Adresse auf den **Zielort** zu schließen, um so (zunächst grob und dann immer feiner) die Richtung festzulegen, in die ein Datenpaket weitergeleitet werden muss.

Wie bei der Telefonvorwahl bestimmen die ersten Stellen (engl. *prefix* = Vorspann, Bild 1.24) das Netz und die nachfolgenden Stellen innerhalb dieses Netzes das Endsystem, das im Folgenden **Host** genannt wird.

IPv4:	Netz-Adressteil (Prefix)	Host-Adressteil (Suffix)
IPv6:	Netz-Identifikation	Interface-Identifikation

Bild 1.24: Bestandteile einer IP-Adresse

Alle Hosts eines Netzes haben in ihrer IP-Adresse den gleichen Netz-Adressteil/die gleiche Netz-Identifikation, aber unterschiedliche Host-Adressteile/Interface-Identifikationen.

Eine **IPv4-Adresse** besteht aus 4 Bytes = 32 bit, z. B.:

1. Byte								2. Byte								3. Byte								4. Byte							
0	0	0	0	1	0	1	1	0	1	0	1	1	0	0	0	0	0	0	0	0	0	1	1	0	1	1	0	0	1	0	0
11								88								3								100							

Diese Bytes werden einzeln in Dezimalzahlen umgewandelt und durch Punkte voneinander getrennt: 11.88.3.100. Diese Darstellungsform heißt *dotted decimal notation* (engl. *dot*: Punkt, *notation*: Schreibweise).

Die Anzahl der Binärstellen, die das Netz kennzeichnen, muss mit angegeben werden. Das kann auf zweierlei Art geschehen:

1. Man gibt eine Zahlengruppe an, die formal wie eine Netzadresse aussieht, jedoch in den Bits des Netz-Adressteils nur Einsen, in den Bits des Host-Adressteils nur Nullen hat: 255.255.0.0 im obigen Beispiel. Diese Zahlengruppe wird **Netzmaske** genannt, ist die klassische Darstellung und wurde nur bei IPv4 angewendet.

2. Man hängt die (binäre) Stellenzahl mit einem Schrägstrich an die IP-Adresse an, also etwa 11.88.3.100/16. Das bedeutet, dass dem Host der Netz-Adressteil 11.88 und der Host-Adressteil 3.100 zugeordnet ist. Diese Schreibweise ist die modernere und wird auch bei IPv6 angewendet.

Eine **IPv6-Adresse** besteht aus 16 Bytes = 128 bit, sodass der Adressraum nun $2^{128} \approx 3,4 \cdot 10^{38}$ Adressen beträgt. IPv6-Adressen werden zur Minimierung des Schreibaufwandes als Hexadezimalzahlen geschrieben, die in acht Felder zu je vier Hexadezimalziffern (,a'–,f') aufgeteilt werden, getrennt durch einen Doppelpunkt.

Beispiel für eine Web-Adresse:
http://[2001:db8:89ab:cdef:3210:fedc:6745:da98]

Zur Vereinfachung dürfen führende Nullen innerhalb eines Feldes weggelassen werden, ein Feld muss jedoch mindestens eine Ziffer haben; **einmalig** darf jedoch eine lange Nullfolge durch zwei Doppelpunkte ersetzt werden.

`fe80:0000:0000:0000:0a00:27ff:feca:0001` entspricht damit `fe80::a00:27ff:feca:1`.

`fe80::a00:27ff:feca:1/64` bedeutet, dass `a00:27ff:feca:1` die Interface-Identifikation ist und `fe80::` das Präfix.

> Zur vollständigen Kennzeichnung eines Interfaces in einem IP-Netz gehören die **IP-Adresse** und die Länge der **Netzmaske**.

Die für die Eindeutigkeit notwendige koordinierte Zuweisung von Adressen an Interessenten wurde anfangs von der zentralen Internetorganisation IANA (Internet Assigned Numbers Authority) durchgeführt; heute sind alle IPv4-Adressen nach RFC 2050 in größeren Kontingenten (/8-Blöcke) RIRs (**R**egional **I**nternet **R**egistries = regionale Registrierstellen/Registrare, siehe Bild 1.25) zugewiesen, die diese wiederum an lokale Registrare (LIR) und Provider, kommerzielle Netzbetreiber, vergeben. Die Provider verkaufen die Adressen dann an die Endkunden.

AFRINIC	African Network Information Center
APNIC	Asia Pacific Network Information Center
ARIN	American Registry for Internet Numbers
LACNIC	Latin American and Caribbean Internet Addresses Registry
RIPE NCC	Réseaux IP Européens (fr.) Network Coordination Centre (en.)

Bild 1.25: Regional Internet Registries

IP-Adressen können nicht beliebig gewählt werden. Globale (offizielle) Adressen vergibt der Provider, lokale Adressen vergibt der örtliche Administrator.

Die Bildung von Netzen bei IPv4

Als das Internet entstand, gab es naturgemäß erst wenige Hosts und die Anzahl der Adressen, die mit 32 bit gebildet werden konnten, erschien dermaßen groß (2^{32} = 4 294 967 296), dass man zu unbedacht bei der Verteilung vorging. Es wurden fünf Netzklassen gebildet, zu deren Kennzeichnung das erste Byte der IP-Adresse herangezogen wurde, wie Bild 1.26 zeigt:

Klasse	Adress-Bereiche	Länge der Netzmaske	Bemerkung
A	0.0.0.0 bis 127.255.255.255	8	Lokale und globale Unicast- und Broadcastadressen (vgl. Tabelle in Bild 1.31)
B	128.0.0.0 bis 191.255.255.255	16	
C	192.0.0.0 bis 223.255.255.255	24	
D	224.0.0.0 bis 239.255.255.255		Multicast-Adressen (unverändert), s. u.
E	240.0.0.0 bis 255.255.255.255		Reserviert (unverändert)

Bild 1.26: Alte Klasseneinteilung

Wie bei der Telefonvorwahl (bei der große Städte kurze Vorwahlen und lange Teilnehmernummern haben) könnte es also wenige sehr große Netze geben, eine Mittelklasse und eine große Zahl von recht kleinen Netzen (Dörfer besitzen lange Vorwahlen, aber dafür ist die Teilnehmernummer kürzer). Ein Vorteil ist offensichtlich, dass die Netzgrößen gut den Anforderungen angepasst werden können. In jedem so gebildeten Netz spielen die niedrigste zugehörige (im Beispiel: 11.88.0.0) und die höchste zugehörige Adresse (im Beispiel: 11.88.255.255) jeweils eine Sonderrolle:

Die niedrigste einem Netz zugeordnete IP-Adresse (alle Bits im Host-Adressteil sind 0) heißt **Netzadresse**. Sie dient dazu, das Netz als Ganzes von außerhalb zu kennzeichnen (Bild 1.27, siehe auch Kap. 1.4.2.4).

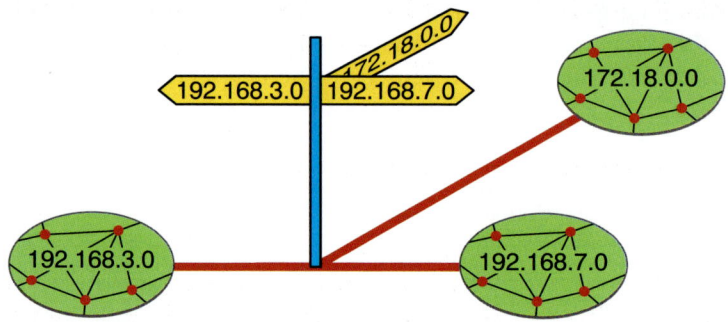

Bild 1.27: Bedeutung der Netzadresse

Die höchste einem Netz zugeordnete IPv4-Adresse (alle Bits im Host-Adressteil sind 1) heißt **Broadcastadresse**. Sie dient dazu, innerhalb des Netzes alle Hosts anzusprechen (Bild 1.28).

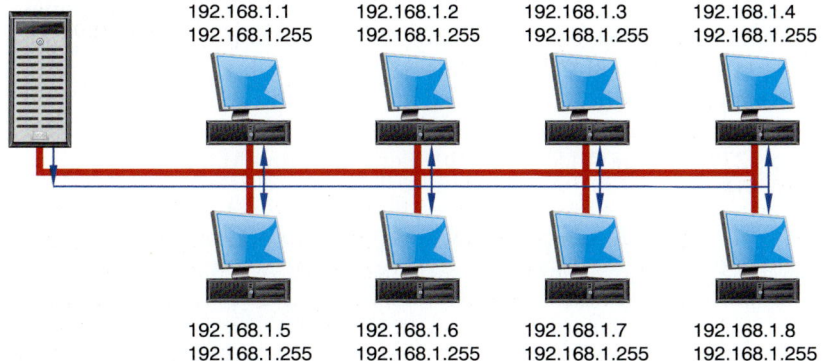

Bild 1.28: Bedeutung der Broadcastadresse

Diese Adressen können nicht an einzelne Hosts vergeben werden.

Die **Unicast-Adressierung** richtet sich an genau ein Interface und stellt den „Normalfall"
dar. Beim Broadcasting geht die Aussendung gleichzeitig an alle angeschlossenen Hosts.
Hosts mit einer **Multicastadresse** werden dadurch zu „Abonnenten" und empfangen zeitgleich eine Aussendung[1]. Mit **Anycast** (nur IPv6) wird zwar eine Gruppe von Interfaces (in
unterschiedlichen Knoten/Hosts) adressiert, tatsächlich kommuniziert wird aber nur mit
einem (nämlich dem am schnellsten reagierenden) Mitglied dieser Gruppe. Anycast-Adres-
sen sind äußerlich nicht von reinen Unicast-Adressen zu unterscheiden.

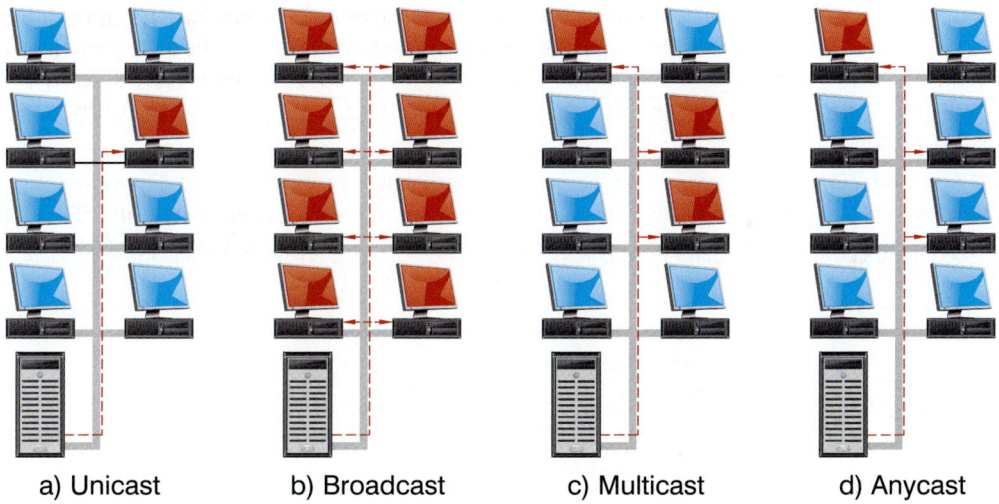

   a) Unicast   b) Broadcast   c) Multicast   d) Anycast

Bild 1.29: Aussendeformen

Ein Netzwerkinterface ist sowohl durch seine zugeordnete Hostadresse (Unicast) als auch durch
eine Multicast-Adresse, bzw. eine Broadcastadresse (IPv4) oder Anycast- Adressen (IPv6)
ansprechbar.

---

[1] *Zu Multicast-Adressen gibt www.iana.org/assignments/multicast-addresses genaue Auskunft.*

Als aber etwa 1992 die Zahl der sich im Internet sammelnden Hosts überproportional anstieg, begann man Wege aus der sich anbahnenden Krise einer Adressenverknappung zu suchen. Einer dieser Auswege heißt CIDR (Classless Inter Domain Routing, Bild 1.30, Anm.: Domain ist hier nicht gleichbedeutend mit einer DNS- oder Windows-Domäne). RFC1466/2050 regelten ab 1993 eine Neuordnung[1]. CIDR definiert (RFCs 1517–1520) Netzmasken von 13 bis 27 bit Länge (VLSM: **V**ariable **L**ength **S**ubnet **M**ask) für die Adressen unterhalb von 224.0.0.0:

Länge der Netzmaske in Bits	Netzmaske in dotted decimal notation	Anzahl der Adressen je Netz (1 K = 1024)
13	255.248.0.0	512 K
14	255.252.0.0	256 K
usw.	usw.	usw.
26	255.255.255.192	64
27	255.255.255.224	32

Bild 1.30: Netzmasken bei CIDR

IPv4 kennt unter anderem die folgenden Ausnahmeregelungen für die Verwendung von Adressen:

Adressen siehe RFCs	Bedeutung
0.0.0.0	Keine Netzadresse im eigentlichen Sinne. Diese Adresse wird für die Wegelenkung (engl. *routing*) benötigt (siehe Kap. 1.4.2.4, Standardrouten).
10.x.x.x 172.16.0.0 – 172.31.255.255 192.168.x.x	Diese Bereiche werden offiziell nicht vergeben und bei der Wegesteuerung nicht berücksichtigt. Diese Adressen hatten ursprünglich experimentellen Charakter und gelten heute als „private" Adressen für lokale Netze (RFC 1918).
100.64.0.0/10	Carrier Grade NAT: Shared Address Space on Service Provider networks (RFC 6598)
127.0.0.1	Diese Adresse bezeichnet stets den eigenen Rechner (und ist bei Linux dem virtuellen Interface lo für local zugeordnet).
169.254.1.0 – 169.254.254.255	Dynamic Configuration of IPv4 Link-Local Addresses (RFC 3927): Behelfsadressen bei Ausfall des DHCP-Servers Auch als APIPA (**A**utomatic **P**rivate **I**P **A**ddressing) bezeichnet

Bild 1.31: Ausnahmebereiche der IPv4-Adressierung[2]

---

[1] *Deren aktueller Stand ist ersichtlich unter www.iana.org/assignments/ipv4-address-space [31.05.2018].*
[2] *Genaueres siehe RFC 1918, 5735, 6598 und unter www.iana.org/faqs/abuse-faq.htm [31.05.2018].*

Die Bildung von Netzen bei IPv6

So wie bei IPv4 die **Netzklassen** A, B und C aus den ersten Bits (von links) der Adresse ablesbar waren, so definieren bei IPv6 die ersten Bits den **Adresstyp** (Bild 1.32). Die folgenden Typen sind in RFC 4291 definiert (Auszug):

Präfix	Typ
0000 0000$_2$	Reserviert für spezielle Anwendungen, u. a.: 0:0:0:0:0:0:0:0 unspezifizierte (z. B. Absender-)Adresse und 0:0:0:0:0:0:0:1 local Host (war 127.0.0.1 bei IPv4)
0:0:0:0:0:0000$_{16}$	IPv4 kompatible IPv6-Adressen
0:0:0:0:0:ffff$_{16}$	Auf IPv4 abgebildete IPv6-Adressen
0000 001$_2$	Reserviert für OSI-Protokolle (NSAP)
64:ff9b::/96	IPv4-Embedded IPv6 Address (RFC 6052) für **NAT64**, siehe auch Kap. 1.4.3.5
001$_2$	Aggregierbare (bündelbare) globale Unicast-Adressen
2002$_{16}$	Tunnelverfahren **6to4**
1111 1110 10$_2$	LLA, **L**ink **L**ocal **A**ddresses (eindeutig im gleichen Netzwerksegment)
1111 110$_2$	ULA, **U**nique **L**ocal **A**ddresses (RFC 4193)
1111 1111$_2$	Multicast-Adressen
2001:db8::/32	Präfix ausschließlich für Dokumentationszwecke („Spielmaterial") nach RFC 3849

Bild 1.32: Definierte IPv6-Adress-Typen

Dabei sind zunächst drei Adress-Typen besonders interessant:

Die **bündelbaren globalen Unicast-Adressen** (Bild 1.34) ersetzen die derzeitigen öffentlichen IPv4-Adressen. Die zur Verteilung durch die regionalen Registraturen freigegebenen haben die folgende interne Struktur der 64-Bit-Netzidentifikation:

3	45	16
001	global routing prefix	Subnetz-ID
Verwaltung öffentlich: „/48"		Verwaltung durch ISP oder Endkunden

Bild 1.33: Struktur der 64-Bit-Netzidentifikation

Der „Global Routing Prefix" ist zwar hierarchisch strukturiert, aber die Grenzen zwischen den Bits der RIRs und denen der ISPs sind seit 2003 nicht mehr starr wie früher, sondern Verhandlungssache (empfiehlt RFC 3587). Üblicherweise werden bei RIPE NCC durch die ISPs /48-Blöcke an große und /56-Blöcke an kleine Kunden zugewiesen.

Zusammen mit dem Adresstyp-Präfix 001 ergeben sich die RIR-Präfixe der regionalen Internetregistraturen:

RIR	Adressenblock	RIR	Adressenblock
6to4	2002:0000::/16	RIPE NCC	2001:0600::/23
IANA	2001:0000::/23		2001:0800::/23
APNIC	2001:0200::/23		2001:0a00::/23
	2001:0c00::/23		2001:1400::/23
	2001:0e00::/23		2001:1600::/23
	2001:4400::/23		2001:1a00::/23
	2001:8000::/19		2001:1c00::/22
	2001:a000::/20		2001:2000::/20
	2001:b000::/20		2001:3000::/21
	2400:0000::/12		2001:3800::/22
ARIN	2001:0400::/23		2001:4000::/23
	2001:1800::/23		2001:4600::/23
	2001:4800::/23		2001:4a00::/23
	2600:0000::/12		2001:4c00::/23
	2610:0000::/23		2001:5000::/20
	2620:0000::/23		2003:0000::/18
AFRINIC	2001:4200::/23		2a00:0000::/12
	2c00:0000::/12	reserved	2001:3c00::/22
LACNIC	2001:1200::/23		
	2800:0000::/12		

Bild 1.34: Bündelung bei der 64-Bit-Netzidentifikation

Angestrebt wurde eine besser an der existierenden Netztopologie orientierte Routenbündelung, wie sie sich bei CIDR erst aus der Not heraus entwickeln musste. Das Prinzip unserer Postleitzahlen sollte erheblich besser realisiert werden, als es bei IPv4 möglich war. Das kürzt die Routertabellen. Die restlichen 64 bit stellen den Interface-Teil der Adresse (Suffix) dar, in den auch die Layer-2-Adresse eingebettet wird (siehe hierzu auch Kap.1.5.2).

Die **Link-Local-Adressen** gestatten eine automatische Selbstkonfiguration (SLAAC = **St**ateless Address Autoconfiguration) eines gerade eingeschalteten Gerätes mit dem Präfix fe80::/64 (Bild 1.32) und dem Interfaceteil (siehe oben). Damit kann innerhalb der Ethernet-Broadcastdomäne bereits kommuniziert und, etwa über eine Anycast-Adresse, der nächste zuständige Router befragt werden. Dieser kann dann zumindest ein im lokalen Netz gültiges Präfix (Bild 1.32, Subnetz-ID) liefern, womit automatisch entweder eine **Unique-Local-Adresse** (Präfix fc0::/7) oder eine bündelbare globale Unicast-Adresse (siehe Bild 1.34, Präfix z. B. 2001:600...) gebildet werden kann.

Die **6to4-Adressen** (RFC 3056; Präfix 2002_{16}) gestatten einen IPv4-Tunnel durch ein IPv6Netz, indem einer IPv4-Adresse ein IPv6-Netz zugeordnet wird. Beispiel: 192.168.16.254 wird zu 2002:c0a8:10fe:/48.

IPv6-Multicast-Adressen (RFC 4291/RFC7346; Präfix ff00::/8) werden nach folgendem Schema gebildet:

Scope	Präfix	Gruppen-Suffix, rollen-abhängig			
		alle Knoten	alle Router	alle Zeitserver	alle DHCP-Server
		`::1`	`::2`	`::101`	`::1:2 bzw ::1:3`
reserved					
interface	`ff01`				
link	`ff02`	`ff02::1`	`ff02::2`		`ff02::1:2`
realm	`ff03`				
admin	`ff04`				
site	`ff05`				`ff05::1:3`
unassigned					
organization	`ff08`				
unassigned					
gobal	`ff0e`				
reserved	`ff0f`				

Bild 1.35: IPv6 Multicast-Adressen

Die wichtigsten für alle Netznachbarn, für alle Router und alle DHCP-Server im gleichen Netz sind beispielhaft in Bild 1.35 eingetragen. Eine Ergänzung folgt im Abschnitt über die Selbstkonfiguration (Kap. 1.4.2.8/SLAAC).

1.4.2.2 Bildung von Sub- und Supernetzen

Subnetze

Kunden können von ihrem Provider einen Block von aufeinanderfolgenden IP-Adressen samt zugehöriger Netzmaske beziehen und diesen Block durch eigene Verlängerung der Netzmaske in Subnetze unterteilen.

In den folgenden Beispielen wird die IPv4-Adressierung verwendet, weil sich die kürzeren Adressen besser zur Darstellung eignen; die Zusammenhänge sind bei IPv6 identisch. Wenn dieser Block wie im Eingangsbeispiel den Adressraum 11.88.x.x/16 darstellt, könnte der Inhaber diesen Adressraum in vier gleich große Subnetze aufteilen, indem er von den 16 bit des bisherigen Hostadressteils 2 bit „umwidmet", um die Netzmaske zu verlängern:

1. Subnetz (die beiden Bits der Netzmaskenverlängerung sind 00)

1. Byte								2. Byte								3. Byte								4. Byte							
0	0	0	0	1	0	1	1	0	1	0	1	1	0	0	0	**0**	**0**	X	X	X	X	X	X	X	X	X	X	X	X	X	X
Netzadressteil																+2		Hostadressteil													

Netzadresse: 11.88.0.0/18
Broadcastadresse: 11.88.63.255

2. Subnetz (die beiden Bits der Netzmaskenverlängerung sind 01)

1. Byte								2. Byte								3. Byte								4. Byte							
0	0	0	0	1	0	1	1	0	1	0	1	1	0	0	0	**0**	**1**	X	X	X	X	X	X	X	X	X	X	X	X	X	X

Netzadresse: 11.88.64.0/18
Broadcastadresse: 11.88.127.255

3. Subnetz (die beiden Bits der Netzmaskenverlängerung sind 10)

1. Byte								2. Byte								3. Byte								4. Byte							
0	0	0	0	1	0	1	1	0	1	0	1	1	0	0	0	**1**	**0**	X	X	X	X	X	X	X	X	X	X	X	X	X	X

Netzadresse: 11.88.128.0/18
Broadcastadresse: 11.88.191.255

4. Subnetz (die beiden Bits der Netzmaskenverlängerung sind 11)

1. Byte								2. Byte								3. Byte								4. Byte							
0	0	0	0	1	0	1	1	0	1	0	1	1	0	0	0	**1**	**1**	X	X	X	X	X	X	X	X	X	X	X	X	X	X

Netzadresse: 11.88.192.0/18
Broadcastadresse: 11.88.255.255

Es bleiben 14 bit im Hostadressteil und jedes Subnetz besteht aus

1 Netzadresse + 16382 Hostadressen + 1 Broadcastadresse $= 16384 = 2^{14}$.

> Der Vorteil der Subnettierung liegt darin, dass sich die Subnetze leicht voneinander abgrenzen und getrennt verwalten lassen.

Alle vier Subnetze in ihrer Gesamtheit werden von den Einrichtungen des Providers als Netz 11.88.0.0/16 betrachtet, hier muss also weniger Detailinformation vorliegen, als wenn der Provider vier Kundennetze in seiner Routingtabelle vorhalten müsste.

Supernetze

Auf dem gleichen Prinzip beruht die Zusammenführung bzw. Verschmelzung zweier Adressblöcke. Hat ein Provider zwei, vier oder acht (usw.) benachbarte Adressblöcke im Vorrat, z. B.:

200.1.0.0/24

1. Byte								2. Byte								3. Byte								4. Byte							
1	1	0	0	1	0	0	0	0	0	0	0	0	0	0	1	0	0	0	0	0	0	0	0	X	X	X	X	X	X	X	X
Netzadressteil																								Hostadressteil							

200.1.1.0/24

1. Byte								2. Byte								3. Byte								4. Byte							
1	1	0	0	1	0	0	0	0	0	0	0	0	0	0	1	0	0	0	0	0	0	0	1	X	X	X	X	X	X	X	X
Netzadressteil																								Hostadressteil							

200.1.2.0/24

1. Byte								2. Byte								3. Byte								4. Byte							
1	1	0	0	1	0	0	0	0	0	0	0	0	0	0	1	0	0	0	0	0	0	1	0	X	X	X	X	X	X	X	X
Netzadressteil																								Hostadressteil							

200.1.3.0/24

1. Byte								2. Byte								3. Byte								4. Byte							
1	1	0	0	1	0	0	0	0	0	0	0	0	0	0	1	0	0	0	0	0	0	1	1	X	X	X	X	X	X	X	X
Netzadressteil																								Hostadressteil							

so kann er diesen durchgehenden Adressraum von 200.1.0.0 bis 200.1.3.255 durch Verkürzung der Netzmaske um 2 bit zu einem Supernetz verschmelzen, das danach als 200.1.0.0/22 in Erscheinung tritt:

1. Byte								2. Byte								3. Byte								4. Byte							
1	1	0	0	1	0	0	0	0	0	0	0	0	0	0	1	0	0	0	0	0	0	X	X	X	X	X	X	X	X	X	X
Netzadressteil																						Hostadressteil									

Besonderheit bei IPv6

Der Provider weist dem lokalen Administrator globale Unicast-Adressblöcke zwischen /48 und /56 zu. Der Administrator darf daraus keine kleineren Netze als /64 machen.

1.4.2.3 Die Protokolle IP und ICMP

Das IPv4-Protokoll (nach RFC 791 u. a.)

Wie in Bild 1.22 schon angedeutet, bekommt die IP-Schicht der Netzsoftware Versand-aufträge für Datenpakete von der übergeordneten Transportschicht. Diesen Paketen werden IP-schichtspezifische Headerinformationen vorangestellt. Durch diese „Paketauf-kleber" können die Pakete einzeln und voneinander unabhängig bis zum richtigen Inter-face transportiert werden. Der Header ist bitweise definiert und wie in Bild 1.36 in Gruppen von 32 bit aufgelistet, wobei die Zahlen der Kopfzeile die Sendereihenfolge angeben.

MSB (erstes gesendetes Bit)					LSB
0 4 8			16 19		31
Version	IHL	TOS	Gesamtlänge (Header + Nutzlast)		
Identifikation			Flags	Fragmentoffset	
TTL		Nutzlastprotokoll		Kopfprüfsumme	
IP-Adresse des Absenders					
IP-Adresse des Empfängers					
Eventuelle Optionen					
IP-Nutzlast = Daten der Transportschicht					

Bild 1.36: Der IPv4-Protokollkopf

Die sogenannte „network byte order" (RFC 791) legt fest, dass die Bits in der Reihenfolge von links nach rechts mit dem höchstwertigen Bit (MSB = **M**ost **S**ignificant **B**it; LSB = **L**east **S**ignificant **B**it) beginnend gesendet werden, also wie der Mensch sie niederschreibt; diese Schreibweise heißt auch *big endian*.

Ein IP-Header ohne Optionen ist demnach 20 Bytes lang. Allerdings hat sich im Zusam-menhang mit Netzprotokollen die Bezeichnung Oktett für acht aufeinanderfolgende Bits durchgesetzt, um auszudrücken, dass diese Bits deswegen nicht auch miteinander in einem Sinnzusammenhang aufgefasst werden müssen.

In anderen Darstellungen wird meistens die Bitnummerierung entgegengesetzt durchgeführt, d. h., das niederwertigste Bit (LSB) also als Bit Nr. 0 bezeichnet; demnach würde Bit Nr. 31 (MSB) als erstes gesendet.

Die einzelnen Felder in Bild 1.36 haben folgende Bedeutungen (Bild 1.37):

Feld	Bedeutung/Anmerkung
Version (4 bit)	Die Versionsnummer, hier 4
IHL (4 bit)	(IP-Header Length) gemessen in 32-Bit-Gruppen: 5 ≤ IHL ≤ 15
TOS (8 bit)	(Type Of Service) Anforderung höherer Protokollschichten an eine bestimmte Dienstgüte, z. B. minimale Verzögerung/minimale Kosten/ maximale Zuverlässigkeit/maximaler Durchsatz
Gesamtlänge (16 bit)	Maximale Länge eines IP-Datagramms ist 65 535 Oktette; jedes System sollte 576 Oktette große IP-Pakete verarbeiten können
Identifikation (16 bit)	siehe nachfolgenden Text
Flags (3 bit)	
Fragmentoffset (13 bit)	
TTL (8 bit)	(Time To Live) Begrenzt die Anzahl der Weiterleitungen, um Endlosschleifen fehlgeleiteter Pakete zu vermeiden
Nutzlastprotokoll (8 bit)	1 = ICMP, 2 = IGMP, 6 = TCP, 17 = UDP, 41 = gekapselte IPv6 Pakete (als Wichtigste siehe auch Bild 1.22)
Kopfprüfsumme (16 bit)	Ein Prüfwert, den die sendende Instanz aus allen Oktetten des Headers errechnet und einträgt. Die empfangende Instanz rechnet auch, vergleicht mit dem gesendeten Prüfwert und verwirft das Paket bei fehlender Übereinstimmung.

Bild 1.37: Bedeutung der Felder im IPv4-Protokollkopf

Die Adressangaben sind selbsterklärend; mit den Optionen können Sonderfunktionen veranlasst werden wie Wegaufzeichnung, Wegevorgaben und Zeitmarken. Die Software der IP-Schicht muss die Paketgrößen der höheren Schichten an die Paketgrößen der darunterliegenden technischen Verbindungssysteme anpassen. Diese MTU (Maximum Transmission Unit) genannten Werte sind eigentlich immer kleiner als das größtmögliche IP-Datagramm und außerdem je nach verwendeter Technologie stark unterschiedlich. Ein IP-Paket musste früher bei Weiterleitung in ein anderes Netz kleinerer MTU daher in Fragmente zerlegt werden (Bild 1.38), deren Größe die jeweilige MTU nicht überstieg:

■ Alle Fragmente des ursprünglichen IP-Pakets erhalten dazu dieselbe Identifikation.

■ Für jedes Fragment wird ein IP-Paket erzeugt, in dessen Header das Feld Fragmentoffset die Position des Fragments im Original angibt.

■ In jedem Paket außer im letzten (!) wird das MF-Flag (More Fragments, Bit 18) auf 1 gesetzt.

■ Im IP-Header des letzten Fragments wird das Flag MF auf 0 gesetzt.

Die empfangende IP-Schicht muss das Paket aus den Fragmenten reassemblieren (wieder zusammensetzen), bevor es an die Transportschicht weitergegeben wird.

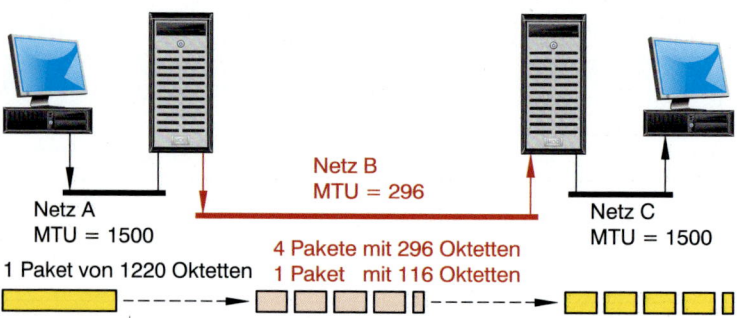

Bild 1.38: Auswirkung unterschiedlicher MTU-Werte

Durch die Fragmentierung wird der Verwaltungsaufwand größer, weil mehr Header erforderlich sind und die Reassemblierung durchgeführt werden muss. Moderne IP-Implementierungen benutzen dazu das Hilfsprotokoll PMTUD (**P**ath **MTU D**iscovery), indem sie das DF-Flag (**D**on't **F**ragment, Bit 17) setzen. Sie beginnen mit großen MTU-Werten und erhalten die Fehlermeldung „Fragmentierung notwendig" über das ICMP-Protokoll (nächster Absatz), dann vermindern sie so lange den MTU-Wert, bis die Fehlermeldungen ausbleiben.

Das Protokoll ICMPv4 (nach RFC 792 und RFC 1256)

Das **I**nternet **C**ontrol **M**essage **P**rotocol (ICMPv4) ist ein Hilfsprotokoll der Schicht 3, welches seinerseits auf IP aufsetzt, d. h., es wird von IP wie ein Protokoll der höheren Schichten behandelt. Es werden Diagnose-Nachrichten, Fehlermeldungen (siehe oben) und Informationen zur Konfigurationsunterstützung (z. B. Zeitmarken-Anforderung, Subnetzmaske ermitteln) ausgetauscht.

Zu den wichtigsten Fehlermeldungen gehören, neben vielen anderen, „Netz nicht erreichbar" und „Host nicht erreichbar". Ein wichtiges Diagnosehilfsmittel bei der Konfiguration ist die Echoanforderung, mit der man die Erreichbarkeit und die Verbindungsqualität testen kann. Es gibt dafür ein eigenes Frontend mit dem klangvollen Namen **Ping**.

Das IPv6-Protokoll (nach RFC 2460 u.a.)

Der IPv6-Header (Bild 1.39) ist zwar länger als der IPv4-Header, aber dafür einfacher in der Handhabung für die Router, weil weniger Elemente enthalten sind. Er kann bei Bedarf erweitert werden.

MSB (erstes gesendetes Bit)						LSB
0	4	8	12	16	24	31

Version = 6	Traffic Class	Flow Label		
Payload Length		Next	Hop Limit	
IP-Adresse des Absenders (128 bit)				
IP-Adresse des Empfängers (128 bit)				
Nutzlast, IP-Payload: ggf. Erweiterungs-Header für Optionen + beliebiges eingebettetes Protokoll				

Bild 1.39: Der IPv6-Protokollkopf (Minimalfall)

Weggefallen sind im Vergleich zum IPv4-Header:

- die Kopfprüfsumme, weil ganz der Sicherungsschicht vertraut wird
- das (die) Optionsfeld(er), die durch Erweiterungs-Header ersetzt wurden
- die **IP Header Length** (IHL), weil diese nun konstant ist
- die Identifikation, weil dieses Feld in den Erweiterungs-Header verlegt wurde

Die Bedeutung der neuen Felder zeigt die folgende Tabelle:

Feld	Bedeutung/Anmerkung
Traffic Class	Ersetzt sinngemäß das TOS-Feld von IPv4
Flow Label	Identifikation für zusammengehörige Pakete
Payload Length	Längenangabe aller Bytes, die dem Basis-Header folgen
Hop Limit	Ersetzt den TTL-Wert von IPv4
Next	Kennzeichnet, was dem Basis-Header folgt (siehe Bild 1.41)

Bild 1.40: Bedeutung der Kopffelder bei IPv6

Wenn kein Erweiterungs-Header folgt, markiert das Feld Next z. B. eine TCP-Nutzlast durch den Protokoll-Identifier 6 (vgl. Bild 1.42). Das Next-Feld enthält also entweder einen der Werte aus der Tabelle in Bild 1.41 oder eine IP-Nutzlastprotokollnummer aus Bild 1.22 (1 = ICMPv4, 6 = TCP, 17 = UDP, usw.) der IANA. Werden Erweiterungs-Header eingesetzt, dann ist ihre Reihenfolge vorgeschrieben.

	Next (Auszug)	Header für	Bedeutung
1	0	Hop-by-Hop-Optionen	Muss jeder Router auswerten
2	60	Ziel-Optionen	Muss jeder Router auswerten
3	43	Routing	Routenwunsch (RFC 2460, Abschn. 4.4)
4	44	Fragmentierung	Fragmentoffset (13 bit), Identifikationsfeld (32 bit), More-Flag (ähnlich IPv4)
5	51	Authentisierung	Ähnlich IPsec, vgl. Kap. 1.7.2.3, VPN
6	50	Verschlüsselung	„ "
7	60	Ziel-Optionen für Endgerät	Nur vom Zielsystem ausgewertet; Vorbereitung für Erweiterungen
8	135	Mobility Header	Mobile IP Support nach RFC 6275

Bild 1.41: Kennungen der Erweiterungs-Header

Die Erweiterungs-Header selbst verfügen über ein Next-Feld. Dadurch entsteht eine verkettete Liste von Headern. Im Next-Feld des letzten Erweiterungs-Headers steht dann z. B. der Protokoll-Identifier. Auf diese Weise sind spätere Erweiterungen einfach möglich. Auf die innere Struktur der Erweiterungs-Header kann aus Platzgründen hier nicht weiter eingegangen werden.

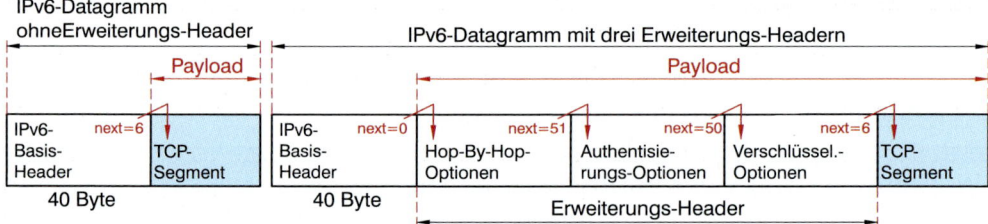

Bild 1.42: IPv6-Datagramm ohne und mit Erweiterungs-Header

Das Protokoll ICMPv6 (nach RFC 4443)

Der Protokollkopf enthält nur die drei Felder Type, Code und Checksum:

8 bit	8 bit	16 bit
Type	Code	Checksum
Message Body		
. . . .		

Bild 1.43: ICMPv6-Protokollkopf

Type-Werte von 0-127 bedeuten Fehlermeldungen, von 128-255 Informationen:

Fehlermeldungen		Informative Meldungen	
Type	Bedeutung	Type	Bedeutung
1	Ziel unerreichbar	128	Echo Anforderung
2	Paket zu groß	129	Echo Rückmeldung
3	Zeitüberschreitung		. . . .
4	Parameter Problem	133	Router solicitation (Anforderung)
	. . . .	134	Router advertisement (Annoncierung)
		135	Neighbor solicitation
		136	Neighbor advertisement
	. . . .		. . . .
127	Reseviert	255	Reserviert

Bild 1.44: ICMPv6-Type-Werte (Auszug)

Für jeden Type-Wert hat Code eine unterschiedliche Bedeutung, beispielsweise gelten für den Type 1 (destination unreachable) die folgenden Codes:

Code	Bedeutung
0	No route to destination
1	Communication with destination administratively prohibited
2	Beyond scope of source address
3	Address unreachable
4	Port unreachable
5	Source address failed ingress/egress policy
6	Reject route to destination

Bild 1.45: ICMPv6-Code-Werte zu Type 1

Dem Protokollkopf folgt ein „Message Body", der z. B. das Fehler verursachende Paket enthalten kann.

Im folgenden Beispiel wurde ein Echo von einem nicht existierenden Ziel angefordert:

```
linux-client:~ # ping6 -I enp0s8 2001:3003::001
```

Die resultierende ICMPv6-Fehlermeldung wurde aufgezeichnet:

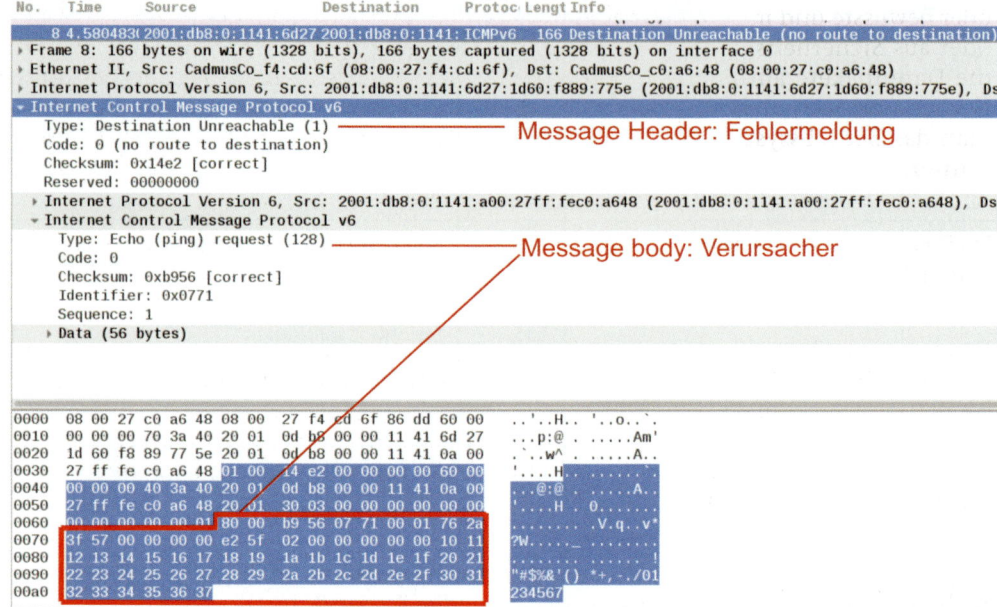

Bild 1.46: Vollständige ICMPv6-Fehlermeldung. Der Message Body ist dasjenige ICMPv6-Paket, das nicht zugestellt werden konnte.

1.4.2.4   Router und statische Wegesteuerung

Das Internet ist die Verknüpfung sehr vieler Netze. Im einfachsten Fall sind es zwei Netze, die miteinander verbunden werden können. Dazu muss ein Knoten existieren, der in beiden Netzen beheimatet ist (dual homed). Er benötigt in jedem der beiden Netze ein Interface mit einer IP-Adresse des jeweiligen Netzes (Bild 1.47) und der zugehörigen Netzmaskenangabe. Die Beispiele benutzen wieder IPv4, gelten sinngemäß aber auch für IPv6.

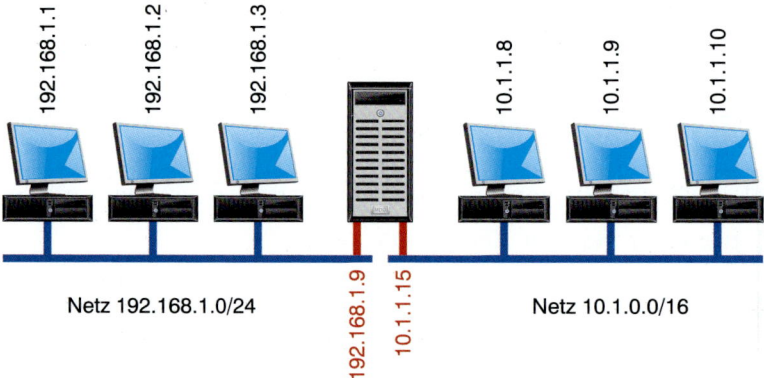

Bild 1.47: Kopplung zweier Netze durch einen Router

So kann der Knoten in jedem der beiden Netze kommunizieren, also etwa im linken Netz Daten einlesen und im rechten wieder aussenden. Dies setzt aber spezielle Prozesse oder bewusste und manuelle Operatortätigkeit voraus. Dies kann aus organisatorischen oder aus Sicherheitsgründen angestrebt werden. Meistens möchte man jedoch, dass die Datenpakete automatisch von einem in das andere Netz übergehen. Ist dieser Knoten ein Host (also kein speziell auf diese Funktion ausgelegtes Gerät), dann muss man das Betriebssystem des Hosts dazu anweisen. Dadurch wird der Host zu einem **Router**.

> Ein **Router** ist in mehreren (Sub-)Netzen beheimatet und kann Pakete zwischen diesen Netzen automatisch weiterleiten.

Dazu muss das Betriebssystem zunächst grundsätzlich konfiguriert sein. Größere Router besitzen ein proprietäres spezialisiertes Betriebssystem. Darüber hinaus muss angegeben werden, wie die „Umgebung aussieht", d.h., für jedes Netz, das erreichbar sein soll, muss dabei angegeben werden, über welchen Router es erreichbar ist. Voraussetzung dabei ist natürlich, dass der Router selbst schon erreichbar ist. Bei deutlich mehr als zwei Netzen kann dies aufwendig sein.

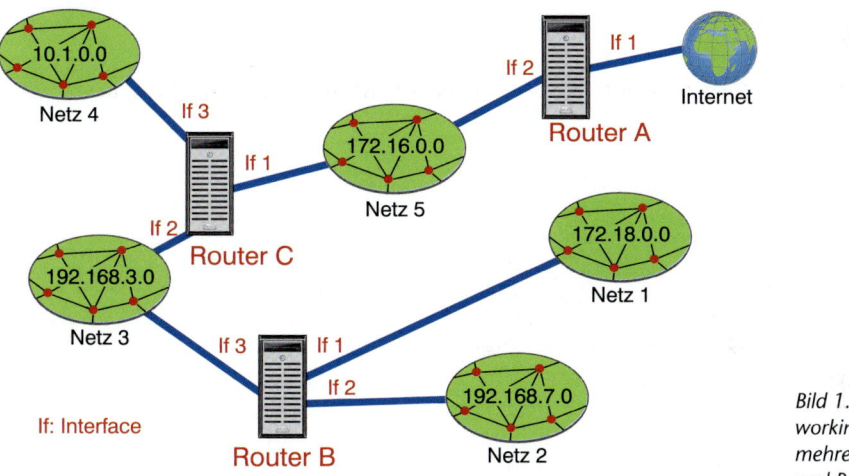

Bild 1.48: Internetworking mit mehreren Netzen und Routern

Angenommene Interface-Konfiguration bei den Routern:

	Interface 1	Interface 2	Interface 3
Router A	62.225.255.13/24	172.16.255.254/16	
Router B	172.18.255.254/16	192.168.7.254/24	192.168.3.253/24
Router C	172.16.255.253/16	192.168.3.254/24	10.1.255.254/16

Bild 1.49: Interfacekonfiguration zu Bild 1.48

Routinginformation bei den Routern:

Weg zu:	Netz 1	Netz 2	Netz 3	Netz 4	Netz 5	Internet
Router A	Router C	Router C	Router C	Router C	Interface 2	Interface 1
Router B	Interface 1	Interface 2	Interface 3	Router C	Router C	Router C
Router C	Router B	Router B	Interface 2	Interface 3	Interface 1	Router A

Routinginformation in den übrigen Rechnern der einzelnen Netze:

Weg zu:	Netz 1	Netz 2	Netz 3	Netz 4	Netz 5	Internet
von Netz 1	direkt	Router B	Router B	Router B	Router B	Router B
von Netz 2	Router B	direkt	Router B	Router B	Router B	Router B
von Netz 3	Router B	Router B	direkt	Router C	Router C	Router C
von Netz 4	Router C	Router C	Router C	direkt	Router C	Router C
von Netz 5	Router C	Router C	Router C	Router C	direkt	Router A

Bild 1.50: Routinginformation zu Bild 1.48

Standardrouten

Von Router C in seiner zentralen Position abgesehen, fällt auf, dass fast immer zu vielen verschiedenen Zielangaben nur wenige verschiedene Wegangaben erforderlich sind.

Die Routingtabellen können verkürzt werden, wenn man Ziele zusammenfasst, die über gleiche Wege erreicht werden (**Route Aggregation**).

Die Routingtabellen weisen dann nur noch lokal erreichbare Routen einzeln aus, *alle* anderen werden zu *einer* Standardroute zusammengefasst. CIDR unterstützt diesen Effekt. Danach sehen die Routinginformationen in den Rechnern der einzelnen Netze so aus wie im Bild 1.52:

Bild 1.51: Routinginformation in einem Dorf

Weg zu:	Netz 1	Netz 2	Netz 3	Netz 4	Netz 5	Internet
von Netz 1	direkt	Standardroute via Router B				
von Netz 2	Router B	direkt	Standardroute via Router B			
von Netz 3	Router B	Router B	direkt	Standardroute via Router C		
von Netz 4	Standardroute via Router C			direkt	Standardr. via Router C	
von Netz 5	Standardroute via Router C				direkt	Router A

Bild 1.52: Vereinfachte Routinginformation zu Bild 1.48

Hostrouten

In besonderen Fällen können auch Routen zu einzelnen Hosts angelegt werden; beispielsweise kann wie in Bild 1.53 ein Host zwar organisatorisch zu Netz 1 gehören, physisch aber nur in Netz 4 angeschlossen werden.

Dann müssen zumindest die lokalen Router B und C für ihn eine spezielle Eintragung in ihrer Routingtabelle führen. Diese sieht für den Router B dann wie in Bild 1.54 aus.

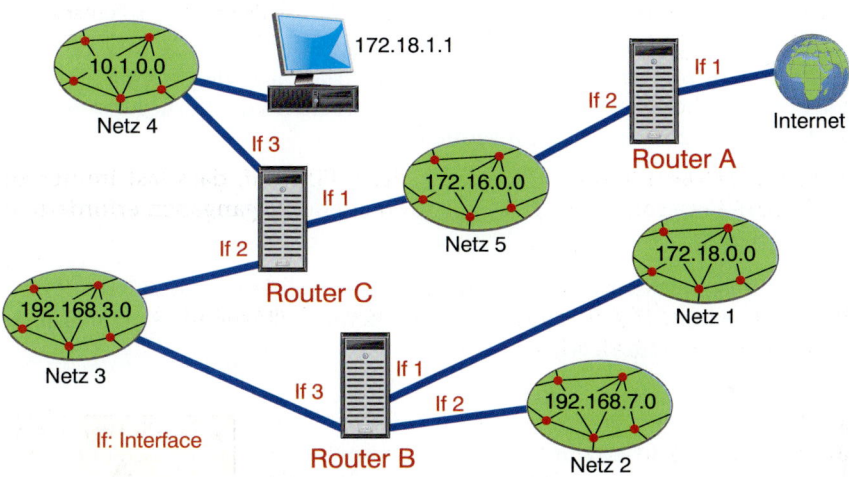

Bild 1.53: Routing mit spezieller Hostroute

Lfd. Nr.	IP-Adresse	Weg dorthin
1	172.18.0.0/16	Netzroute (Netz 1) direkt an Interface 1
2	192.168.3.0/24	Netzroute (Netz 3) direkt an Interface 3
3	192.168.7.0/24	Netzroute (Netz 2) direkt an Interface 2
4	172.18.1.1	Hostroute via Router C
5	0.0.0.0	Standardroute via Router C

Bild 1.54: Routingtabelle in Router B in Bild 1.53 mit Host- und Standardroute

Für die Standardroute ist generell die IP-Adresse 0.0.0.0 definiert (Bild 1.31).

Folgende beispielhafte Fälle können auftreten:

- Erreicht ein IP-Paket mit der Zieladresse 172.18.1.5 den Router B aus Netz 2, wird der Router diese Tabelle nach dem bestmöglich passenden Eintrag durchsuchen. In einem ersten Durchgang prüft er alle Einträge, ob sie eine Hostroute für 172.18.1.5 darstellen. Hier ist das nicht der Fall, deshalb sucht er im zweiten Durchgang nach einer Netzadresse und findet diese unter der laufenden Nummer 1. Das Paket wird in das direkt angeschlossene Netz 1 über Interface 1 ausgesendet.

- Ein Paket mit der Zieladresse 172.18.1.1 erreicht den Router. Er findet im ersten Durchlauf diese Adresse als Hostroute unter Nummer 4 in der Tabelle und sendet das Paket zur Weiterleitung an Router C, der als Host des Netzes 3 (192.168.3.254) direkt über Interface 3 erreichbar ist.

- Ein Paket mit der Zieladresse 193.53.55.127 kann im ersten Durchlauf nicht einer Hostroute zugeordnet werden; im zweiten Durchlauf wird auch keine passende Netzroute gefunden. Folglich wird das Paket über die Standardroute des Routers B gesendet, die als Nummer 5 in der Tabelle wird zur Weiterleitung an Router C in das direkt angeschlossene Netz 3 über Interface 3 ausgesendet.

Router C, der sinngemäß verfährt, wird das Paket mit Zieladresse 172.18.1.1 entsprechend der ihm vorliegenden Hostrouteneintragung über sein Interface 3 an den Zielhost senden. Er wird das Paket mit der Zieladresse 193.53.55.127 entsprechend der vorliegenden Standardroute über sein Interface 1 an Router A senden usw.

> **Jeder Router vermindert den TTL-Wert im IP-Header eines weitergeleiteten Paketes um 1.**

Wenn der TTL-Wert 0 ist, verwirft der Router das Paket; so werden endlose Irrläufe verhindert. Ursprünglich sollte TTL ein Zeitmaß werden; heute dient er nur noch als Zähler für sogenannte Hops (Weiterleitungen).

Konkrete Konfiguration

Nach den Planungen gemäß Bild 1.52 und Bild 1.54 können nun beispielsweise ein Arbeitsplatzrechner in Netz 1 und der Router B konfiguriert werden.

Der Arbeitsplatzrechner benötigt als Routinginformation nur seine IP-Adresse, die Netzmaske und den „Standard-Gateway" genannten Router; das direkt angeschlossene Netz 172.18.0.0 wird implizit aus der Netzmaske und der IP-Adresse abgeleitet, was bei Rechner 172.18.1.1 allerdings einen Fehlschluss darstellt. Die Optionen lassen unter anderem die Angabe weiterer Router zu.

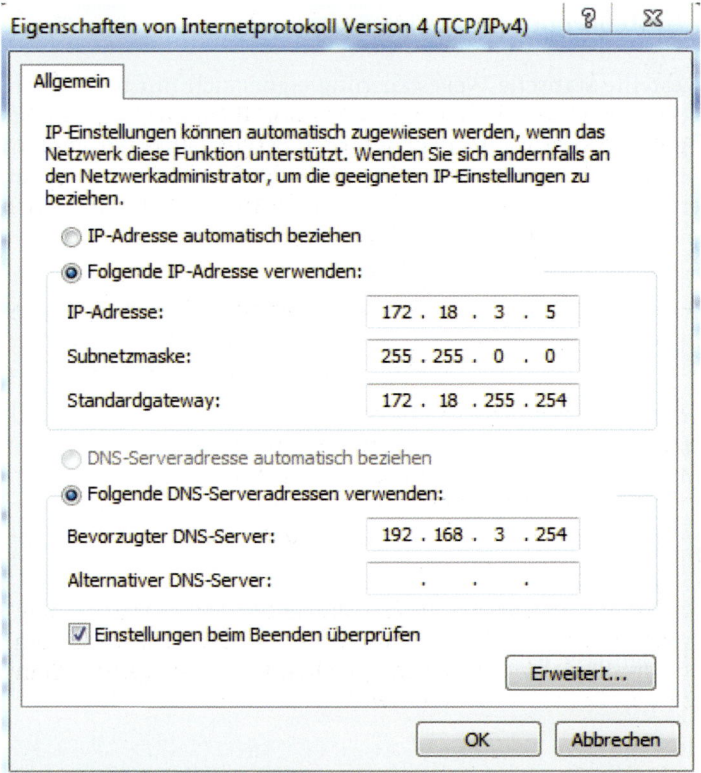

Bild 1.55: IP-Konfiguration eines Arbeitsplatzrechners mit Windows

Die Routerkonfiguration könnte dann (auszugsweise) etwa mit folgenden Kommandos geschehen:

```
# Netz 192.168.3.0/24 schon an ethxy definiert!
routerb:~ # ip addr add 172.18.255.254/16 dev eth0
....
routerb:~ # ip route add 172.18.1.1/32 via 192.168.3.254
routerb:~ # ip route add to 0/0 via 192.168.3.254
```

Bild 1.56: IP-Konfiguration des Routers B aus Bild 1.53

Je nach Linuxversion kann die Angabe „/16" entfallen, wenn nicht sub- oder supernettiert wird, sondern die klassische Bildung von Netzen unterstellt werden darf. Die Syntax bei Windows ist ähnlich, beispielsweise für die Hostroute:

„route ADD 172.18.1.1 MASK 255.255.255.255 192.168.3.254"

1.4.2.5   Dynamische Wegesteuerung mit Router-Protokollen

Die im letzten Kapitel dargestellte statische Wegesteuerung eignet sich nur für kleinere Netze, in denen nicht viele strukturelle Veränderungen zu erwarten sind. Ganz anders liegen die Verhältnisse in großen Netzen und dem Internet. Ständig kommen Routen hinzu, andere fallen weg, einige sind zeitweilig gestört, Alternativrouten tun sich auf, Netze werden umstrukturiert. Aus diesem Grund werden große Router nicht mehr statisch konfiguriert, sondern dynamisch, das heißt:

> Router können untereinander kommunizieren, um sich gegenseitig über die aktuelle „Verkehrs-lage" zu informieren.

Dazu werden wiederum Protokolle eingesetzt. Auch in diesem Bereich herrscht Vielfalt und stetiger Wandel. Im Internet werden die dort zusammengeschlossenen lokalen Netze zu „*Autonomen Systemen*" (AS) gruppiert:

> Ein AS ist die Zusammenfassung aller lokalen Netze, die unter einer gemeinsamen Verwaltung und einer einheitlichen Routingstrategie stehen.

Das gesamte Netz einer großen Firma, z. B. IBM, repräsentiert ein AS. Ein AS wird wiederum in Areas unterteilt.

Interior Gateway Protocols

Innerhalb eines AS kann die Verwaltung ein geeignetes beliebiges „Interior Gateway Protocol" (IGP) verwenden.

Es sollte folgende Eigenschaften haben:

1. Schnelle Reaktion auf Änderungen innerhalb des AS
2. Kurzfristige Instabilitäten bei Geräten führen nicht zu permanenten Updates
3. Schnelle Selbstkonfiguration zu schleifenfreien Routen
4. Bandbreitenschonung
5. Gleichwertige Routen werden zur Lastverteilung benutzt
6. Updates bedürfen ihrer Authentifizierung

Ein weitverbreitetes IGP ist **OSPF**, die offene Implementierung des *„Shortest Path First"*-Algorithmus von E. W. Dijkstra. OSPF-Router lassen sich in Hierarchiestufen anordnen und verschicken *Link-State-Advertisements*, kurz LSA genannt (Mitteilungen darüber, welche Ziele sie erreichen können), an ihre Nachbar-Router. Sie sammeln diese Informationen und berechnen daraus nach dem SPF-Algorithmus den günstigsten Pfad. In diese Kalkulation wird nicht nur einbezogen, wie viele Router auf dem Weg zum Ziel passiert werden müssen (weniger = besser), sondern auch sogenannte **Metriken**. Das sind Bewertungszahlen, in denen beispielsweise die Übertragungsrate einer Teilstrecke oder andere im TOS-Feld (Bild 1.36) des IP-Headers repräsentierte Eigenschaften ausgedrückt werden. Es kann zu einem Ziel durchaus alternative Routen mit unterschiedlicher Metrik geben.

Exterior Gateway Protocols

Das Internet setzt sich aus AS zusammen, zwischen denen natürlich auch geroutet werden muss.

> Die zentralen Router des Internets heißen auch **Core-Router**; sie verwenden einen eigenen Protokolltyp.

Aus dem früher nach der Gattung EGP benannten Protokoll EGP (Exterior Gateway Protocol) wurde das heute verwendete **Border Gateway Protocol** (BGP) entwickelt.

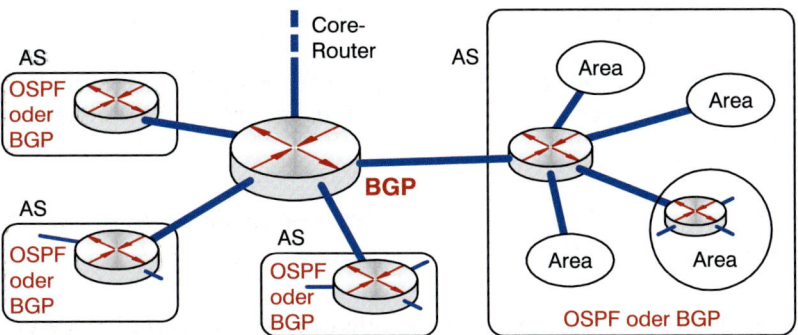

Bild 1.57: Routingprotokolle im Internet

BGP ist in der Lage

- zwischen AS zu routen,
- innerhalb von AS zu routen (als IGP) und
- durch AS hindurchzurouten, innerhalb derer kein BGP verwendet wird.

BGP-Router führen keine regelmäßig geplanten Updates aus; ändert sich ihre Routingtabelle, so versenden sie den Teil, der sich geändert hat. Sie geben immer nur **einen** optimalen Pfad zu einem Ziel bekannt und tauschen mit ihren Nachbarn *Keep-Alive*-Meldungen aus.

> Das BGP setzt auf TCP auf und stellt somit ein höheres Protokoll dar, obwohl es unmittelbar in der Netzwerkschicht wirkt.

1.4.2.6 Multicasting und Tunneling

Soll Multicasting über Netzgrenzen hinweg funktionieren, müssen auch die Router damit umgehen können.

1. Sie müssen wissen, ob von ihnen „abhängige" Hosts einer Multicastgruppe angehören und, wenn ja, welcher.
2. Sie müssen multicastfähige Routen einrichten.

Gruppenbildung

Zur Lösung der ersten Aufgabe dient das **Internet Group Management Protocol (IGMP)**, manchmal auch *Internet Group Membership Protocol* genannt. Mit diesem Protokoll stellt der Multicast-Router, der durchaus vom „normalen" Unicast-Router verschieden sein kann, über regelmäßige Abfragen oder spontane „Beitrittsmeldungen" von Hosts die Gruppenzuordnungen fest. Dabei wird von Adressen der Klasse D (Kap. 1.4.2.1) Gebrauch gemacht. IGMPv3 ist in RFC 2236, 3376, 4604 spezifiziert.

Routenbildung

Zur Lösung der zweiten Aufgabe kommen die speziellen Multicast-Routingprotokolle **DVMRP** (Distance Vector Multicast Routing Protocol), **MOSPF** (Multicast OSPF) und **PIM** (Protocol Independent Multicast) zum Einsatz (RFC 5110). Die beiden erstgenannten benötigen spezielle Unicast-Routingprotokolle – im Gegensatz zu PIM, der jüngsten Entwicklung. PIM kann sich dabei in zwei Betriebsarten verhalten, je nachdem, ob die Gruppenmitglieder „dicht" in den angeschlossenen Netzen verteilt sind (*Dense Mode*) oder ob sie weit gestreut liegen (*Sparse Mode*).

Tunneling

Manchmal kann es erforderlich sein, komplette IP-Pakete (Header und Nutzlast) zur Nutzlast eines neuen IP-Paketes mit neuem Header zu machen; beispielsweise bei „Virtual Private Networks" (VPN) oder bei „mobile IP". Diese Verschachtelung oder Kapselung nennt man auch einen **Tunnel** (Bild 1.58). Es ist die Aufgabe des Routers die Tunnelbildung vorzunehmen, da er mit der öffentlichen Adresse agiert.

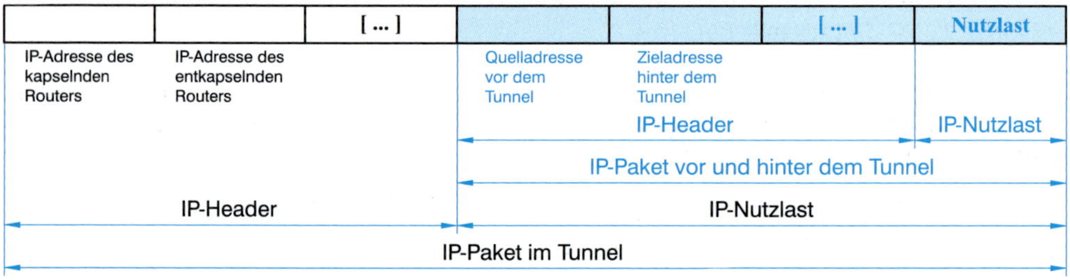

Bild 1.58: Prinzip der Tunnelbildung

Siehe hierzu auch:

- Kapitel 3, Bild 3.52, Beispiel für den Aufbau eines VPN: Der Tunnel kann dort zwischen den Gateways gebildet werden; die Clients an den Gateways befinden sich im gleichen IP-Netz.

- Kapitel 1.7.2.3, Abschnitt VPN

1.4.2.7 Anforderungen für Multimediaanwendungen

Wie bereits in Kapitel 1.2.4 ausführlicher erläutert, ist die Paketvermittlung im Internet nicht für die Übertragung multimedialer Daten ausgelegt. Stellt schon die IP-Telefonie (Voice over IP) mit ca. 4 000 bit/s zwischen zwei Endpunkten eine beträchtliche Herausforderung dar, so erfordern Anwendungsszenarien wie Video-Multicast-Streaming mit

Bandbreiten von 200 ... 800 kbit/s mehr, als im Weitverkehr über verschiedenste Teilstrecken geleistet werden kann. Die Verkehrscharakteristik wird von

- der Zahl der eintreffenden Datenpakete,
- der Verarbeitungsgeschwindigkeit des Routers sowie
- der verfügbaren Bandbreite zwischen den Routern bestimmt.

Härter als die Bandbreitenanforderung ist jedoch die Forderung nach minimalen Laufzeitschwankungen. Zurzeit gibt es noch keine allgemeingültige Definition von QoS (**Quality of Service**: Dienstqualität). Die IETF definiert vier Parameter:

1. Durchsatz *(Throughput)*
2. Paketverzögerung vom Aussenden bis zum Eintreffen im Ziel *(Latency)*
3. Laufzeitschwankung zwischen zwei aufeinanderfolgenden Paketen *(Jitter)*
4. Verlustrate *(Packet Loss)*

Die Tabelle (Bild 1.59) gibt einen Eindruck von den realen, noch tolerierbaren Werten.

Übertragungs- Medium	Throughput (Mbit/s)	Latency (s)	Jitter (ms)	Bitfehlerrate	Packet Loss
Audio	0,032 – 1,41	0,025 – 0,400	25	10^{-2}	10^{-2}
Video	140 – 270	0,250	25	10^{-2}	10^{-3}
Video (komprim.)	0,100 – 60	0,250	2,5	10^{-6}	10^{-9}
Daten	0,010 – 100	–	–	–	–

Bild 1.59: Parameter für Dienstqualität, QoS

Im Internetbackbone sind für diese Parameter keine Werte erreichbar, die zu einer akzeptablen Qualität führen. Daher gibt es für Anbieter entsprechender Dienste nur zwei Möglichkeiten:

- Sie stellen ein eigenes Verteilnetz auf, das den Anforderungen entspricht. Aus Kostengründen scheidet diese Lösung aber meistens aus.

- Sie platzieren *Streaming Caches* am „Rand" des Internets bei den Zugangs-Providern räumlich nahe zum Kunden. So wird die Anzahl der erforderlichen Router für die streamingtaugliche Übertragung minimiert. Diese Caches werden durch ein *Overlay-Netz* vom Anbieter über das „nur datentaugliche" Netz mit Inhalten versorgt. Es wird zur Erhöhung der Ausfallsicherheit stark vermascht.

Für die Auslieferung zum Empfänger müssen die Router in der Lage sein, die QoS der angeschlossenen Netze zu registrieren. Die Ressourcen wie Bandbreite und Speicherkapazität müssen vom Betriebssystem des Routers geeignet verwaltet werden können. Dazu gehört u. a., dass Datenströme von Endgeräten gedrosselt und IP-Pakete (TOS-Feld des IP4-Headers bzw. Traffic Class bei IPv6, siehe Kap. 1.4.2.3) nach Klassen markiert und differenziert bearbeitet werden. Über Dienste höherer Protokollebenen, insbesondere **RSVP** (**R**esource **reSerV**ation **P**rotocol), werden dann Routen geeigneter Qualität organisiert. Daraus folgt, dass es nicht „die" Route zu einem Ziel gibt, sondern je nach erforderlicher Dienstgüte unterschiedliche Routen existieren können, die wiederum zeitabhängig sind.

Obwohl die drei letzten Abschnitte die jeweiligen Problematiken nur angerissen haben, wird schon das komplexe Aufgabenfeld der Router deutlich.

> Zu den ständigen Aufgaben der Netzadministration gehört die Entlastung der Router, denen mit Multimediadaten stets neue Aufgaben zuwachsen.

1.4.2.8 Zuordnung zu Layer-2-Adressen

Bisher wurden besonders die Bezüge der Netzwerkschicht zu höheren Protokollebenen behandelt. Die Netzwerkschicht muss aber auch zwei Parameter des ihr unterlegten technischen Verbindungssystems berücksichtigen:

- Maximum Transmission Unit (MTU)
- Eigene Adressierungsschemata

Auf die MTU wurde bereits im Zusammenhang mit der Fragmentierung eingegangen. Schon in Bild 1.20 wurde angedeutet, dass mehrere Transportsysteme nebeneinander das gleiche technische Verbindungssystem benutzen können. IP-Adressen sind aber für IPX/SPX bedeutungslos und umgekehrt. Das gleiche technische Verbindungssystem benutzt deswegen ein **vom Transportsystem unabhängiges** eigenes Adressierungssystem. Die dabei verwendeten Adressen werden auch **Hardwareadressen** genannt, weil jedes Interface eine einmalige und damit eindeutige Adresse besitzt, die ihm fest „eingebrannt" ist.

> Hardwareadressen beinhalten eine Herstellerkennung und herstellereigene Nummerierungen, sodass zwischen den Hardwareadressen einer willkürlich in einem Netz zusammengestellten Gruppe von Interfaces keinerlei Zusammenhang besteht.

Jedes Interface hat also (mindestens) eine IP-Adresse und genau eine Hardwareadresse. Will die Software der Netzwerkschicht Pakete über das technische Verbindungssystem verschicken, muss zuerst die Hardwareadresse des Ziel-Interfaces bestimmt werden.

IPv4: Das Address Resolution Protokoll (ARP)

Betrachtet wird dazu ein Ausschnitt aus Bild 1.47:

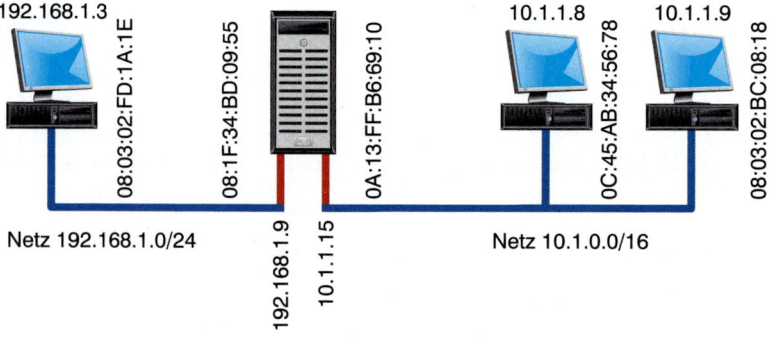

Bild 1.60: IP-Adressen und Hardwareadressen

Hier wurde angenommen, dass es sich bei dem technischen Verbindungssystem um eine Variante von Ethernet mit 48-Bit-Adressierung handelt. Der Host mit der IP-Adresse 10.1.1.9 will ein IP-Paket an den Host mit der IP-Adresse 10.1.1.8 senden. Dazu werden die Nutzdaten mit einem IP-Header versehen und der Sicherungsschicht übergeben:

???????????	08:03:02:BC:08:18	[...]	10.1.1.9	10.1.1.8	[...]		T2
Hardware-Zieladresse	Hardware-Quelladresse		IP-Quelladresse	IP-Zieladresse			
				IP-Header		IP-Nutzdaten	
	Header der Schicht 2 (H2)			Nutzlast der Schicht 2: IP-Daten			
		Rahmen (Paket) der Schicht 2					

Bild 1.61: Die Schicht-2-Protokolldaten rahmen die IP-Daten ein

Die eigene Hardwareadresse ist dem sendenden Host bekannt, allerdings zunächst nicht die des Empfängers, daher kann der Rahmen in Bild 1.61 noch nicht versendet werden. Zuvor wird ein **ARP-Request** als Ethernet Broadcast (mit der Zieladresse FF:FF:FF:FF:FF:FF) in dem physischen Netz verschickt, in dem die Hardwareadresse zu 10.1.1.8 erfragt wird.

FF:FF:FF:FF:FF:FF	08:03:02:BC:08:18	[...]	„Wer hat 10.1.1.8"	T2
Hardware-Zieladresse	Hardware-Quelladresse		IP-Zieladresse IP-Quelladresse	
	Header der Schicht 2 (H2)		Nutzlast der Schicht 2: ARP-Daten	
	Rahmen (Paket) der Schicht 2			

Bild 1.62: Die Anfrage (ARP-Request)

Die Netzwerkinterfaces aller eingeschalteten Hosts nehmen diesen Rahmen an, aber nur der Host mit der angefragten IP-Adresse antwortet gezielt mit einem **ARP-Reply**.

08:03:02:BC:08:18	0C:45:AB:34:56:78	[...]	„Ich habe 10.1.1.8"	T2
Hardware-Zieladresse	Hardware-Quelladresse		IP-Quelladresse	
	Header der Schicht 2 (H2)		Nutzlast der Schicht 2: ARP-Daten	
	Rahmen (Paket) der Schicht 2			

Bild 1.63: Die Antwort (ARP-Reply)

Damit ist der ursprüngliche Rahmen vollständig und kann versendet werden.

0C:45:AB:34:56:78	08:03:02:BC:08:18	[...]	10.1.1.9	10.1.1.8	[...]		T2
Hardware-Zieladresse	Hardware-Quelladresse		IP-Quelladresse	IP-Zieladresse			
				IP-Header		IP-Nutzdaten	
	Header der Schicht 2 (H2)			Nutzlast der Schicht 2: IP-Daten			
		Rahmen (Paket) der Schicht 2					

Bild 1.64: Der vervollständigte Rahmen aus Bild 1.61

Der Host erlernt so die Zuordnung zwischen IP-Adresse und Hardwareadresse und legt beide in einer Tabelle (**ARP-Table**) ab. Dadurch muss für einen wahrscheinlichen, nachfolgenden Zugriff kein neuer ARP-Request durchgeführt werden. Wird ein Eintrag in der ARP-Tabelle einige Minuten nicht mehr verwendet, so wird er gestrichen.

Der Host mit der IP-Adresse 10.1.1.9 will jetzt ein IP-Paket an den Host mit der IP-Adresse 192.168.1.3 senden. Es macht keinen Sinn, einen ARP-Request nach der Adresse 192.168.1.3 zu verschicken, denn das Ziel befindet sich nicht im physikalisch direkt angeschlossenen Netz und der Router leitet Broadcasts nicht weiter – immerhin könnte sich am anderen Interface eine Punkt-zu-Punkt-Verbindung befinden, an der ein Broadcast keinen Sinn ergibt.

> Router begrenzen die Reichweite eines Broadcasts.

Stattdessen wird (nach RFC 1433) die Hardwareadresse 0A:13:FF:B6:69:10 des Router-Interfaces **10.1.1.15** erfragt und das IP-Paket zum Router geschickt, der seinerseits

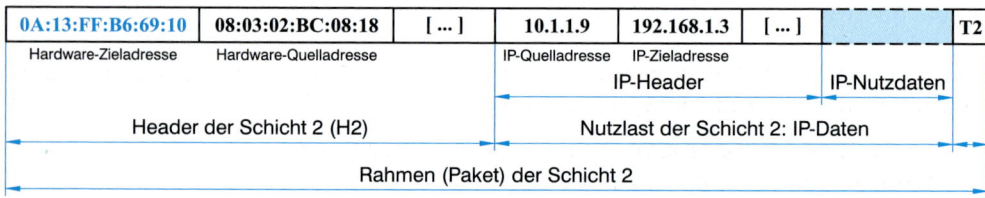

Bild 1.65: Die Einrahmung des gleichen IP-Pakets vor dem Router ...

in diesem Fall im anderen Netzabschnitt wieder auf ARP zurückgreifen muss, um die Hardwareadresse 08:03:02:FD:1A:1E des Hosts 192.168.1.3 zu erfragen.

08:03:02:FD:1A:1E	08:1F:34:BD:09:55	[...]	10.1.1.9	192.168.1.3	[...]		T2
Hardware-Zieladresse	Hardware-Quelladresse		IP-Quelladresse	IP-Zieladresse			
				IP-Header		IP-Nutzdaten	
Header der Schicht 2 (H2)			Nutzlast der Schicht 2: IP-Daten				
Rahmen (Paket) der Schicht 2							

Bild 1.66: ... und hinter dem Router

IPv6: Stateless Address Autoconfiguration (SLAAC)

IPv6 braucht im Prinzip kein DHCP. Für die Bildung der Interface-Identifikation (IID) einer IPv6-Adresse wird die 48-Bit-MAC-Adresse (Beispiel: `0A:00:27:F4:CD:6F`) in der Mitte geteilt und durch den Code `fffe`(hex) auf 64 bit ergänzt, wie Bild 1.67 zeigt. Dies geschieht automatisch bei der Systeminitialisierung und ist wartungsfrei.

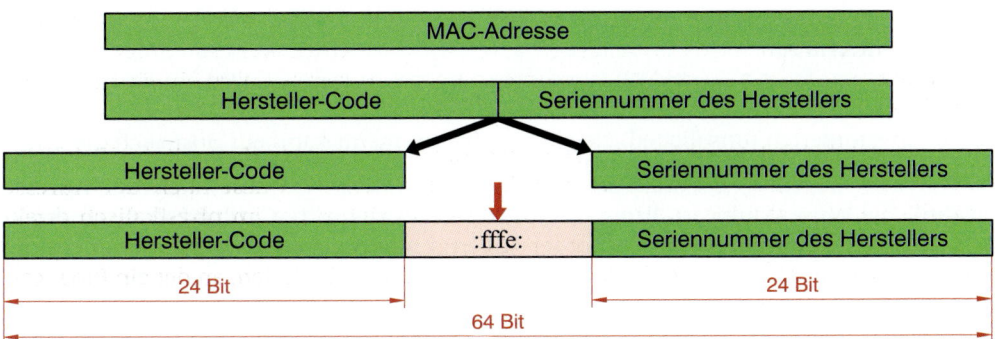

Bild 1.67: IPv6-Interface-Identifikation (EUI-64)

Der Beispiel-Host in Bild 1.68 bekommt sofort die Adresse **fe80::a00:27ff:fef4:cd6f/64**, mit welcher er im eigenen Netz kommunizieren kann. Diese Adresse heißt deswegen **link local**. Vorher wird jedoch geprüft, ob diese Adresse tatsächlich noch nicht belegt ist (DAD, Double Address Detection nach RFC 4862). Dieser **Neighbor Discovery** genannte Vorgang wird über die ICMPv6-Typen 135 (Neighbor Solicitation) und 136 (Neighbor Advertisement) abgewickelt.

Das besondere hierbei ist zum einen die IPv6-Multicast-Adresse, an die das Neighbor-Solicitation-ICMPv6-Paket geschickt wird: Sie setzt sich aus

- dem speziellen Präfix **ff02:0:0:0:0:1:ff00::/104** und
- den untersten 24 bit der IID zusammen.

Im obigen Beispiel lautet sie: **ff02::1:fff4:cd6f/104** und wird **Solicited-Node Multicastadresse** genannt. Sie ist dem sendenden Interface nun ebenfalls fest zugeordnet, eingehende Pakete an diese Adresse müssen verarbeitet werden. Die IPv6-Absenderadresse ist die unspezifizierte Adresse **::0**. Erfolgt keine Reaktion von anderen Hosts, wird die Adresse als gültig eingestuft und verwendet. Andernfalls verwerfen beide Seiten die Adresse und melden einen Fehler.

> **Jede** neue IPv6-Adresse muss auf Eindeutigkeit geprüft werden.

Zum anderen ist wichtig zu wissen, dass alle IPv6-Multicasts auch eine spezielle Multicast-MAC-Adresse (siehe auch Kapitel 1.5.2) verwenden: **33:33:00:00:00:00** bis **33:33:FF:FF:FF:FF**; hier für

- Neighbor Solicitation die MAC-Adresse   **33:33:FF:F4:CD:6F** und resultierend für
- Neighbor Advertisement die MAC-Adresse   **33:33:00:00:00:01**.

> IPv6-**Multicast** Aussendungen erhalten **spezielle** MAC-Adressen.

Neighborhood Discovery wird auch benutzt, um die zugehörigen MAC-Adressen anderer IPv6-Hosts in Erfahrung zu bringen. Im Gegensatz zum ARP bei IPv4 wird nun aber nur ein Host „belästigt" und nicht alle.

IPv6 braucht **kein ARP**.

Mit unangeforderten (unsolicited) Neighbor Advertisements kann ein Host auch die Änderung seiner MAC-Adresse schnell bekanntgeben.

In ähnlicher Weise (Multicast-Adresse jetzt `ff02::2`) wird durch ICMPv6-Pakete der Typen 133 (Router Solicitation) und 134 (Router Advertisement) die Erreichbarkeit des/der Router sichergestellt.

Zur Kommunikation mit anderen Netzen holt er sich vom Router (Router Solicitation) einen lokalen (**unique local**) und gegebenenfalls auch einen globalen (**unique global**) Präfix. Dann verfügt er schon über mindestens drei Unicastadressen (für dieses eine Interface!). Die Auflistung (Bild 1.68) zeigt sogar fünf Adressen und unter anderem die folgenden Besonderheiten:

```
linux-client:~ # ip address show dev eth1

3: eth1: <BROADCAST,MULTICAST,UP,LOWER_UP> mtu 1500 qdisc pfifo_fast state
UP group default qlen 1000

    link/ether 08:00:27:f4:cd:6f brd ff:ff:ff:ff:ff:ff
    inet6 fde2:e4f8:400e:1:7430:36e2:b691:ecde/64 scope global temporary dynamic
        valid_lft 86400sec preferred_lft 14400sec
    inet6 fde2:e4f8:400e:1:a00:27ff:fef4:cd6f/64 scope global mngtmpaddr dynamic
        valid_lft 86400sec preferred_lft 14400sec
    inet6 2001:db8:0:1141:7430:36e2:b691:ecde/64 scope global temporary dynamic
        valid_lft 86400sec preferred_lft 14400sec
    inet6 2001:db8:0:1141:a00:27ff:fef4:cd6f/64 scope global mngtmpaddr dynamic
        valid_lft 86400sec preferred_lft 14400sec
     inet6 fe80::a00:27ff:fef4:cd:6f/64 scope link
        valid_lft forever preferred_lft forever
```

Bild 1.68: Ein Interface kann mehrere IPv6-Adressen haben

Nur die mit „`mngtmpaddr`" gekennzeichneten Adresse besitzen eine Interface-Identifikation wie oben beschrieben. Die mit „`temporary`" gekennzeichnete Adressen besitzen eine zufällig gewählte Identifikation, die **privacy extension** genannt wird. Sie wurde nachträglich eingeführt (RFC 4941), um Datenschutzansprüchen gerecht zu werden. Sie wird automatisch regelmäßig erneuert.

Parameter	Mögliche Werte	Kommentar
scope (Gültigkeitsbereich)	host	nur Adresse ::1/128, localhost
	link local	erkennbar am Präfix fe80::/64; nur vor einem Router, auf Layer 2

Parameter	Mögliche Werte	Kommentar
	unique local	erkennbar am Präfix fdxx::/64 für lokal generierte, aber global gültige Adressen, die nicht ins Internet geroutet werden dürfen (ULA); Präfix fcxx::/64 für zentral verwaltete lokale Adressen (RFC 4193)
	unique global	erkennbar hier am Präfix 2001:xx/64; siehe auch Bild 1.32
lifetime (Lebensdauer)	valid_lft	nach Ablauf dieser Zeit wird die Adresse ungültig: 86400s = 24h
	preferred_lft	nach Ablauf dieser Zeit soll diese Adresse nicht mehr für neue Verbindungen benutzt werden: 14400s = 4 h, kleiner als valid_lft

Bild 1.69: Parameter einer IPv6-Adresse

Diese und andere Konfigurationsparameter, etwa IP-Adressen von Nameservern, versendet ein IPv6-Router in seinem router advertisement in regelmäßigen Abständen automatisch oder auf besondere Anforderung (router solicitation) eines gerade eingeschalteten Hosts.

> Zu einem Interface gehören im Normalfall mehrere IPv6-Multicast- und Unicastadressen, die bis zum Ende ihrer *valid lifetime* betreut werden müssen.

Übergang (Migration) von IPv4 zu IPv6

Wegen der zentralen Bedeutung von IP erfordert dessen Umstellung tief greifende Änderungen an sehr vielen Stellen, gerade auch in anderen Protokollen oberhalb von IP. Diese Änderungen beanspruch(t)en Jahre. Man sah lange keinen Grund zu übertriebener Eile. Man schätzte zu Recht, dass 2012 die IPv4-Adressen zur Neige gingen. Szenario:

- Es wird zunächst einige reine IPv6-Netze in der bestehenden, auf IPv4 basierten Umgebung geben. IPv6-Pakete werden durch Gateways am Rande des IPv6-Netzes in IPv4-Paketen verpackt (Tunnelbildung). Zur Einführung von IPv6 in Deutschland gibt es seit Mai 2009 einen Aktionsplan.

- Beide Protokolle werden über Jahre koexistieren; auch mit beiden Protokollvarianten parallel (Dual-Stack) im gleichen Rechner.

- Im Laufe der Zeit wird sich das Mehrheitsverhältnis umdrehen und es werden IPv4-Inseln für unbestimmte Zeit zurückbleiben. IPv4-Pakete werden durch Gateways am Rande des IPv4-Netzes in IPv6-Paketen getunnelt (Stichworte dazu: 6to4, Teredo, ISATAP, 6over4, NAT64/DNS64).

1.4.3 Protokolle der Transportschicht

Kommt in einer Firma ein Paket an, muss gegebenenfalls als Nächstes geklärt werden, wer genau der Adressat innerhalb des Hauses ist. Derjenige muss außerdem wissen, ob dieses das einzige Paket einer Lieferung ist, ob noch weitere folgen oder schon vorher eingetroffen sind. Welcher Bestellung ist die Lieferung zuzuordnen? Was ist zu tun, wenn das Paket beschädigt oder die Lieferung unvollständig ist? Diese und andere Fragen klären – bezogen auf die Netzwerksoftware – die Manager. Es wird sich zeigen, dass für unterschiedliche Aufgaben auch unterschiedliche Strategien verfolgt werden.

1.4.3.1 Adressierung von Prozessen durch Portnummern

Mit den bisherigen Adressierungen konnten in der Schicht 2 mit den Hardwareadressen die Interfaces im physikalisch direkt angeschlossenen Netz und in der Schicht 3 mit den IP-Adressen die Interfaces in einem globalen Netz adressiert werden.

Die Endpunkte der technischen Kommunikation sind jedoch die Prozesse (Tasks; in Ausführung befindliche Programme): Der Clientprozess kommuniziert über die Protokolle, die Interfaces und das zwischen diesen liegende Netz mit einem Serverprozess.

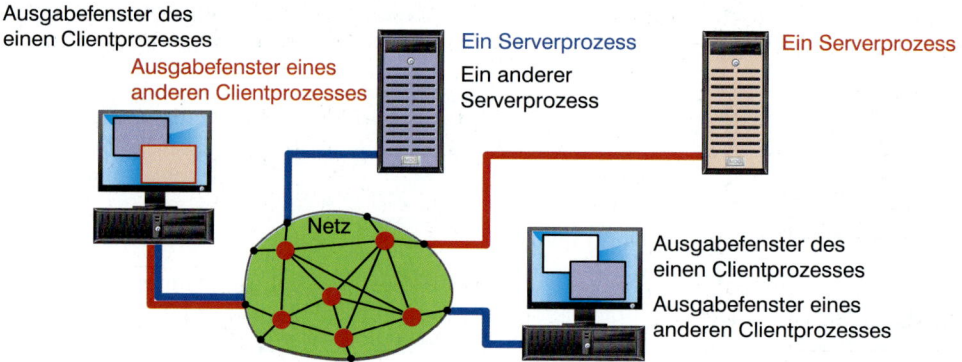

Bild 1.70: Mehrere Server kommunizieren mit mehreren Clients

Es genügt offenbar (Bild 1.70) nicht, einen Rechner oder ein Interface zu adressieren:

> Am Anfangspunkt und am Endpunkt einer Kommunikationsbeziehung muss ein Prozess identifizierbar und adressierbar sein.

Die Prozesse der Anwendungsschicht werden beim Transportsystem TCP/IP durch sogenannte **Portnummern** identifiziert; das sind 16-Bit-Kennzahlen, die von der Systemsoftware zur eindeutigen Kennzeichnung einer Kommunikationsbeziehung vergeben werden. Dabei unterscheidet man Portnummern für Serverprozesse und Portnummern für Clientprozesse.

Portnummern für Serverprozesse

Diese Portnummern (Bild 1.22) umfassen den Bereich von 0 bis 1023. Sie heißen auch

- *privilegierte Portnummern*, weil nur system-
nahe Prozesse sie benutzen dürfen, oder
- well known Ports, weil sie von der IANA
(Internet Assigned Numbers Authority)
standardisiert sind.

Die Tabelle führt eine Auswahl der wichtigsten Server-Portnummern auf:

Dienstanforderungen an einen bestimmten
Dienst, beispielsweise HTTP, sind somit
Anforderungen an den Port 80.

Port-Nr.	Dienst der Anwendungsschicht
20, 21	FTP
23	Telnet
25	SMTP (E-Mail-Versand)
53	Domain Name System
80	HTTP
110	POP 3 (E-Mail-Abholung)

Bild 1.71: Server-Portnummern

Portnummern für Clientprozesse

Die Portnummern von 1024 bis 65 535 werden von Clientprozessen benutzt. Einige Bereiche sind jedoch für spezielle Zwecke reserviert, z.B. der Bereich von 6000 bis 6063 für
XWindow-Anwendungen. Clientprozesse, die über TCP/IP kommunizieren wollen,
bekommen von der Systemsoftware Portnummern zugewiesen, ähnlich der Zuweisung
eines Datei-Handles als ganzzahliger Rückgabewert der *open()*-Funktion in der Sprache C.

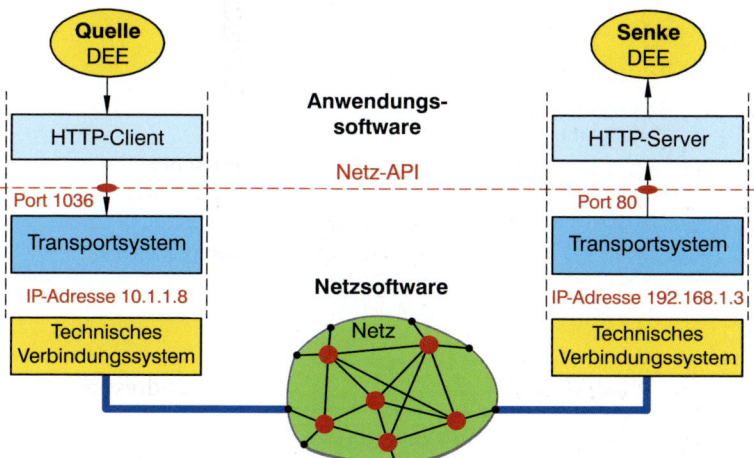

Bild 1.72: IP-Adressen und Portnummern an jedem Ende einer Kommunikationsbeziehung

1.4.3.2 Konzept der Sockets

Da mit der IP-Adresse ein Rechner eindeutig adressiert wird und mit der Portnummer ein
kommunizierender Prozess identifiziert werden kann, stellt das Zahlenpaar (IP-Adresse,
Portnummer) eindeutig eine Seite einer Kommunikationsbeziehung dar. Da aber der HTTP-
Server in Bild 1.72 gleichzeitig auch einen weiteren Client bedienen könnte, ist das Zahlenpaar (192.168.1.3, 80) auch der Endpunkt dieser zweiten Kommunikationsbeziehung.

Das Zahlenpaar (IP-Adresse, Portnummer) kann eine Kommunikationsbeziehung nicht eindeutig kennzeichnen.

Die Eindeutigkeit wird erst dadurch erreicht, dass auch das Zahlenpaar des jeweils anderen Endes mit einbezogen wird. Diese vier „Adressen", zusammen mit Angaben, wie und über welches Protokoll kommuniziert werden soll, werden zu einer Datenstruktur zusammengefasst und als **Socket** (Steckdose) bezeichnet. Oft heißt auch nur das Paar (IP-Adresse, Portnummer) so.

Ein **Socket** hat folgende Bestandteile:

1. Lokale IP-Adresse
2. Lokale Portnummer
3. IP-Adresse des Kommunikationspartners
4. Portnummer des Kommunikationspartners
5. Kommunikationstyp: verbindungslos (Datagram)/verbindungsorientiert (Stream)/ohne Benutzung der Transportschicht (raw)
6. Protokoll

Die Socketstruktur und die Funktionen, die auf dieser Datenstruktur arbeiten, bilden unter dem Namen **Socketschnittstelle** ein **Netz-API** zum Umgang mit dem Transportsystem TCP/IP. Der Socket ist der zentrale Begriff der TCP/IP-Kommunikation, weil er aus Sicht der Applikation das Netz vereinfachend „auf den Punkt bringt".

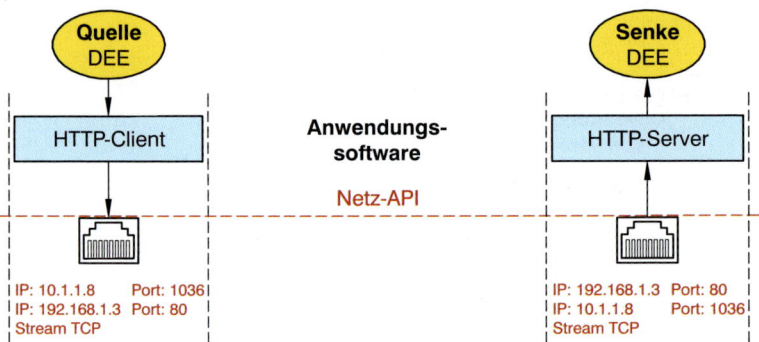

Bild 1.73: Sockets abstrahieren das Netz

Ist ein Socket erst einmal eingerichtet und initialisiert, ist der Umgang mit dem Netz ähnlich einfach wie der mit Dateien durch die Funktionen *read(), write(), close()*.

Grundlegende Serveroperationen	Grundlegende Clientoperationen
sock = socket(AF, type, prot)	sock = socket(AF, type, prot)
bind(sock, localaddr, addr_len)	bind(sock, localaddr, addr_len)
listen(sock, queue_len)	connect(sock, serv_addr, addr_len)
accept(sock, localaddr, addr_len)	
write(sock, buffer, buff_len)	write(sock, buffer, buff_len)
read(sock, buffer, buff_len)	read(sock, buffer, buff_len)
close(sock)	close(sock)

Anmerkungen: Die Funktion *socket()* richtet in einer Systemtabelle einen halbfertigen Socket ein und liefert den Tabellenindex zurück. Die Socketschnittstelle wurde mit sehr viel Weitsicht entwickelt; daher ist sie nicht auf die Verwendung von TCP/IP festgelegt, sondern kann auch mit anderen Protokoll- und Adressfamilien (AF) zusammenarbeiten. Der Parameter AF wird für TCP/IP mit der vordefinierten Konstanten AF_INET belegt. Der Parameter *type* wird normalerweise mit der Konstanten SOCK_STREAM für TCP oder SOCK_DGRAM für UDP belegt. Der Parameter *prot* bekommt dann den Wert IPPROTO_TCP bzw. IPPROTO_UDP. Mit *localaddr* ist die lokale Speicheradresse einer Socketstruktur im Adressraum des Prozesses gemeint. Der bind()-Aufruf ist für Clients optional. UDP-Clients verwenden oft *sendto() und recvfrom() statt write() und read()*.

Beim Betriebssystem Linux sind die Funktionen der Socketschnittstelle in den Systemkern integriert; bei Windows sind sie (in größerem Umfang als bei Linux und mit windowsspe- zifischen Erweiterungen) in der *WINSOCK.DLL* als Library implementiert.

1.4.3.3 Verbindungslose Kommunikation mit UDP

Anwendungen können über UDP-Datagramme von maximal 65 507 Bytes Länge versen- den. Jede Ausgabeoperation eines Prozesses erzeugt ein eigenes UDP-Paket, das in ein eigenes IP-Paket eingebettet wird.

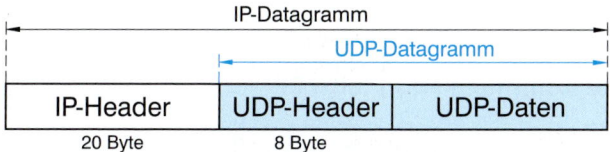

Bild 1.74: IP-Datagramm mit eingebettetem UDP-Datagramm

Das UDP-Protokoll stellt keine Mechanismen bereit,

- um zu prüfen, ob ein Datagramm sein Ziel erreicht hat, oder
- um eine Flusskontrolle zu gewährleisten.

Das bleibt der Anwendung überlassen, die UDP verwendet. UDP ist unzuverlässig, wie auch schon 1P. Der Vorteil von UDP liegt darin, dass es im Gegensatz zum zuverlässigen TCP das Multicasting ermöglicht. Entsprechend einfach ist der Protokollkopf:

Bit 0 15	16 31
UDP-Quellport	UDP-Zielport
Länge des UDP-Datagramms in Byte	UDP-Prüfsumme (optional)
Daten (falls vorhanden)	

Bild 1.75: Der UDP-Header

Im Gegensatz zu IP wird bei der UDP-Prüfsumme außer dem Kopf und den IP-Adressen beider Seiten auch der Datenteil mit (in ein spezielles Verfahren dieser „Summen"-Bildung) einbezogen. Der Datenteil kann leer sein, wenn mit dem Datagramm nur eine besondere Signalisierung erreicht werden soll (Anfordern von Daten). Pakete, deren Prüfsumme nicht stimmt, werden beim Empfänger verworfen.

Die UDP-Portnummerierung ist prinzipiell unabhängig von der TCP-Portnummerierung.

De facto werden aber neuerdings einem Dienst gleiche TCP- und UDP-Portnummern zugeordnet.

Dies sind die wichtigsten UDP-Ports:

Port-Nr.	Verwendung
53	Domain Name System
111	Network File System
137	
138	Zur Realisierung 138 von NetBIOS auf Basis des TCP/IP-Transportsystems
139	
162	Netzwerkmanagement
1645	Benutzerauthentifizierung
5060	Einleiten von VoIP-Verbindungen

Bild 1.76: Die wichtigsten UDP-Ports

1.4.3.4 Verbindungsorientierte Kommunikation mit TCP

TCP ist in RFC 793 definiert und weist folgende Unterschiede zu UDP auf:

UDP	TCP
Beim Datagrammversand von UDP kann es durchaus sein, dass der Socket beim sendenden System schon wieder verschwunden ist, wenn das Datagramm beim Empfänger ankommt, und dadurch erst die Erzeugung eines Sockets beim empfangenden System veranlasst wird.	Bei TCP wird erst eine **Verbindung** aufgebaut, d. h., dass zunächst auf beiden Seiten Sockets eingerichtet werden und beide Seiten sich der „Zuwendung" durch die Gegenseite „bewusst" sind, bevor Daten ausgetauscht werden.
Die Anwendung strukturiert ihre Daten durch ihre Ausgabeoperationen in UDP-Pakete und bestimmt dadurch indirekt die Größe der IP-Pakete, aber beschränkt auf knapp 64 K.	TCP bietet der Anwendung die Möglichkeit, eine beliebig große Datenmenge als unstrukturierten Bytestrom **(Stream)** zu übertragen. TCP zerlegt nach eigenen Kriterien diesen Strom in sogenannte **Segmente**, die dann in je ein IP-Paket eingebettet werden.
Nach dem Verschicken des Datagramms ist für UDP der Vorgang endgültig abgeschlossen.	TCP legt großen Wert auf **Zuverlässigkeit** in der Ausführung des Transportauftrags.
Eine UDP-Kommunikation ist simplex: Es gibt nur die Richtung vom Sender zum Empfänger.	TCP bietet eine **Vollduplex**-Kommunikation an, beide Partner können über die Verbindung gleichermaßen senden und empfangen.

Bild 1.77: Unterschied zwischen UDP und TCP

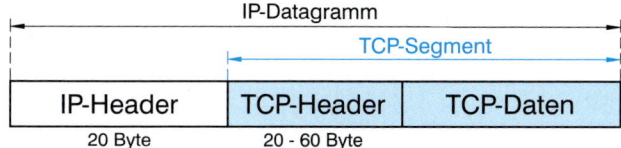

Bild 1.78: IP-Datagramm mit eingebettetem TCP-Segment

Auf der Basis des unzuverlässigen IP-Datagrammversands wird Zuverlässigkeit bei TCP durch folgende Merkmale erreicht:

- Fehlererkennung und -korrektur: Durch Sequenzierung und Zeitmessung kann eine (Folge von) Sendewiederholung(en) veranlasst werden.

- Flusskontrolle durch den Empfänger

- Neuordnen von Segmenten, die wegen verschiedener Routen in der falschen Reihenfolge eintreffen, und Verwerfen von Duplikaten

Der TCP-Header

Das ganze Ausmaß des Aufwandes, den TCP hierfür betreibt, kann man schon aus der Komplexität des TCP-Headers ersehen:

- Quell- und Zielport haben die bereits von UDP bekannte Bedeutung.

- Über die **Sequenznummer** kann die Byteposition des ersten Datenbytes des jeweiligen Segmentes innerhalb des gesamten Datenstromes eindeutig bestimmt werden. Enthält das Segment beispielsweise 1024 Bytes, dann ist die Sequenznummer des nächsten Segmentes um 1024 größer. Erreicht man bei der Zählung den Maximalwert von 4.294.967.295 ($2^{32}-1$), so wird danach mit 0 fortgesetzt.

- In der Gegenrichtung bestätigt der Empfänger den korrekten Empfang aller bisher gesendeten Bytes, indem er als **Bestätigungsnummer** die Sequenznummer des nächsten erwarteten Bytes übermittelt.

- Die **Kopflänge** gibt die Anzahl der 32-Bit-Worte des gesamten Headers an und hat deswegen mindestens den Wert 5. Da mit den zur Verfügung stehenden 4 bit der maximale Wert auf 15 festgelegt ist, kann ein Header maximal 60 Byte lang sein, also nur 40 Bytes für Protokoll-Optionen enthalten.

- Die **TCP-Prüfsumme** wird analog zur UDP-Prüfsumme gebildet, ist aber obligatorisch.

- Die **Fenstergröße** wird weiter unten erläutert.

- Dringende (urgent) Daten können außer der Reihe vorn in den Datenteil eines Segments aufgenommen werden; der **Zeiger auf Vorrangdaten** gibt dann die segmentbezogene Position des ersten folgenden „regulären" Bytes an.

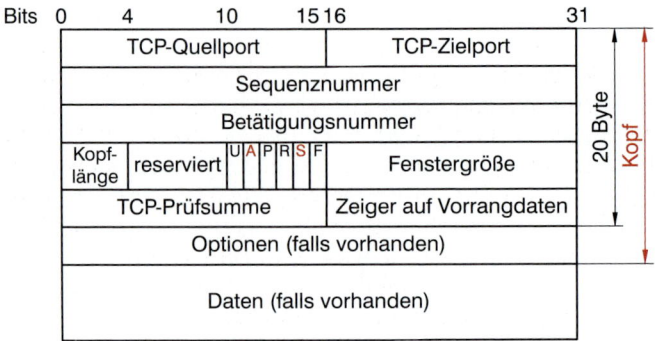

Bild 1.79: Der Header von TCP

Daneben enthält der Header eine Reihe von Flags (1-Bit-Variable), die für den weiteren Protokollablauf von Bedeutung sind. So ist der Wert im Feld Bestätigungsnummer nur dann relevant, wenn das **ACK-Flag** (Acknowledgement: Bestätigung) gesetzt ist. Der Zeiger auf Vorrangdaten ist nur relevant, wenn das **URG-Flag** gesetzt ist. Das **PSH-Flag** (Push) fordert den Empfänger auf, umgehend alle Empfangsdaten (einschließlich des aktuellen Segments) aus dem Empfangspuffer an die empfangende Anwendung zu übergeben. Die restlichen Flags werden weiter unten erläutert.

Die TCP-Verbindung im Überblick

Eine Verbindung kennt eine Reihe von Zuständen, die während ihrer Existenz durchlaufen werden (können). Bild 1.80 zeigt ein sehr stark vereinfachtes Zustandsdiagramm einer TCP-Verbindung.

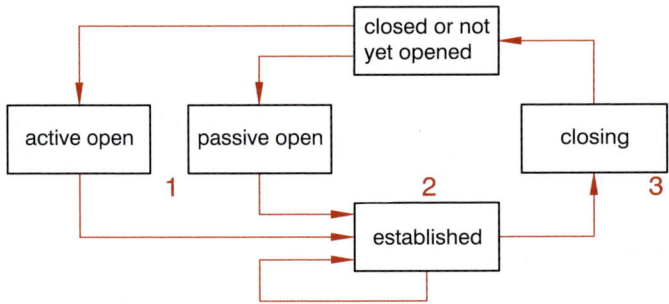

Bild 1.80: Vereinfachtes Zustandsdiagramm einer TCP-Verbindung

Streng genommen kann es den Zustand „closed or not yet opened" gar nicht geben, weil es dazu noch keine Verbindung bzw. keine Verbindung mehr gibt, die diesen Zustand einnehmen könnte. Die Verbindung besteht aus drei Phasen:

1. Ein Client, der sich mit einem Server verbindet, führt ein „active open" aus. Der empfängliche und den Verbindungswunsch annehmende Server dagegen geht in den Zustand „passive open" über.

2. Anschließend sind beide im Zustand „established" und können Daten austauschen.

3. Einer von beiden schließt die Verbindung und beendet sie damit.

Der Verbindungsaufbau

Um den Verbindungsaufbau einzuleiten, richtet der Client einen Socket ein und wählt nach dem Zufallsprinzip eine **ISN** (**I**nitial **S**equence **N**umber). Er sendet ein Eröffnungssegment mit gesetztem **SYN-Flag** (Bild 1.79) und der ISN im Header über die IP-Schicht an den Server. Dieser nimmt die Verbindung dadurch an, dass er auch einen Socket einrichtet, seinerseits eine ISN wählt und mit einem Bestätigungssegment antwortet. In dessen Header ist das SYN-Flag gesetzt und zusätzlich das ACK-Flag, weil er den Empfang des SYN-Flags bestätigt, welches ausnahmsweise wie ein Byte im Datenstrom zählt. Die eingetragene Bestätigungsnummer ist um eins höher als die empfangene Sequenznummer. Die serverseitige ISN ist natürlich die Sequenznummer im Antwortsegment. Durch diesen fälschlicherweise als „Synchronisation" bezeichneten Vorgang werden die Bytezähler (Sequenznummer und Bestätigungsnummer) beider Seiten miteinander abgeglichen und keine Zeitinformation.

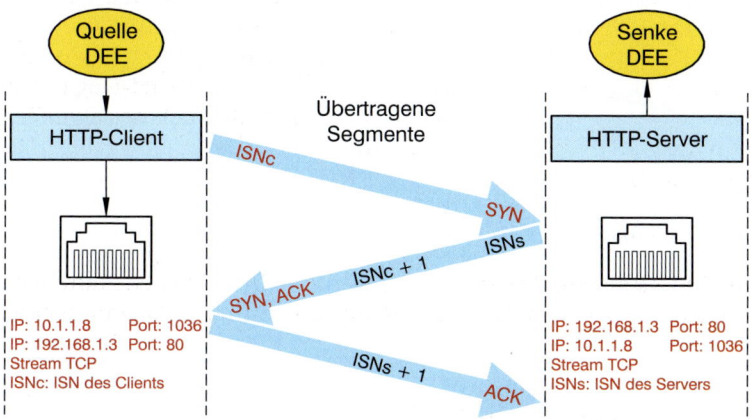

Bild 1.81: TCP-Verbindungsaufbau

Dieses Verfahren wird **Three-Way-Handshake** genannt. Es bereitet keine Probleme, wenn beide Seiten gleichzeitig einen *Active-open*-Vorgang einleiten; man spricht dann von *simultaneous* open.

> Das SYN-Flag wird nur beim Verbindungsaufbau verwendet.

Nach erfolgtem Verbindungsaufbau können beide Seiten senden und empfangen.

Eine wichtige TCP-Option heißt **MSS** (**M**aximum **S**egment **S**ize). Sie kann nur im ersten Segment bei gesetztem SYN-Flag verwendet werden. Mit ihr gibt die sendende Seite die Größe des größten Segments an, das sie empfangen kann. Die meisten hier deklarierten Werte liegen zwischen 1024 und 16 384 Byte. Fehlt die MSS, wird 536 als Standardwert angenommen.

> Eine TCP-Verbindung ist virtuell; sie „besteht" nur aus den Zuständen der Sockets. Wenn gerade keine Daten ausgetauscht werden, darf die physikalische Verbindung sogar zeitweilig unterbrochen sein, ohne dass dies die TCP-Verbindung berührt.

Der Verbindungsabbau

Der Verbindungsabbau läuft nach einem modifizierten Three-Way-Handshake ab. Wegen des Vollduplex-Charakters der Verbindung kann jede Seite getrennt einen Abbau einleiten (**FIN-Flag**), wenn sie keine Daten mehr zu übertragen hat. Die Gegenseite kann aber dennoch weitersenden, bis auch sie ihre Hälfte schließt. Dieser reguläre Ablauf heißt auch *Graceful Close*. Bild 1.82 stellt ihn analog zum Verbindungsaufbau dar.

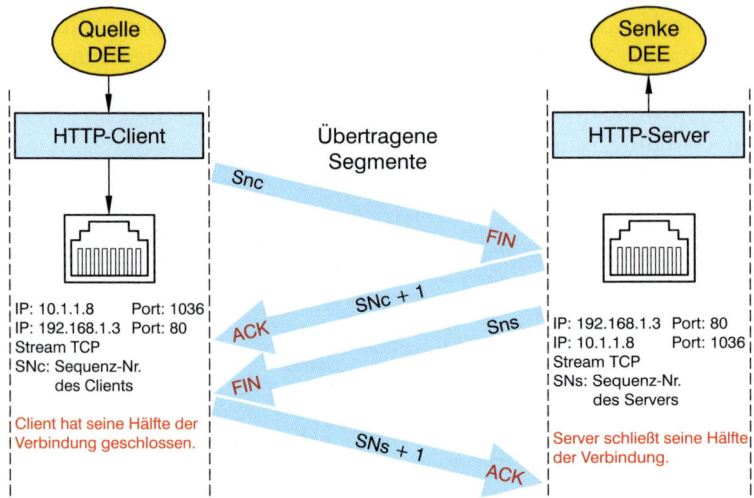

Bild 1.82: Normaler Abbau einer TCP-Verbindung

Das FIN-Flag wird nur beim Verbindungsabbau verwendet.

In Ausnahmesituationen gibt es noch die Möglichkeit, die Verbindungen abrupt zu beenden, indem das **RST-Flag** (**R**eset) im Header gesendet wird. Solche Situationen könnten sein:

- Auf dem Zielport lauscht kein Server.
- Ein System ist abgestürzt und hat alle Daten verloren.
- Trotz erfolgter Wiederholungen ist nach einer bestimmten Zeit keine Empfangsbestätigung der Gegenseite eingetroffen.

Der Empfang solcher Segmente wird nicht mehr bestätigt, sondern es werden die Verbindung und gegebenenfalls noch in Puffern gehaltene Daten unmittelbar verworfen.

Die Übertragungsphase

Das grundlegende Konzept von TCP heißt **PAR** (**P**ositive **A**cknowledgement with **R**etransmission): Ein Segment wird verschickt und ein diesem Segment zugeordneter *Retransmission Timer* gestartet. Dann wartet TCP darauf, von der Gegenseite ein Segment zu empfangen, dessen Bestätigungsnummer größer ist als die Sequenznummer des zu quittierenden Pakets (ein gesetztes ACK-Flag deklariert dabei die Sequenznummer als gültig). Dies kann ein reines ACK-Segment sein, wenn es in Gegenrichtung nichts zu übertragen gibt, es kann aber auch ein „normales" Datensegment dazu verwendet werden. Trifft ein solches Segment ein, bevor der Timer abgelaufen ist, gilt das Paket als ordnungsgemäß zugestellt. Läuft der Timer jedoch vorher ab (Bild 1.83), beginnt eine zeitlich begrenzte Folge von Sendewiederholungen.

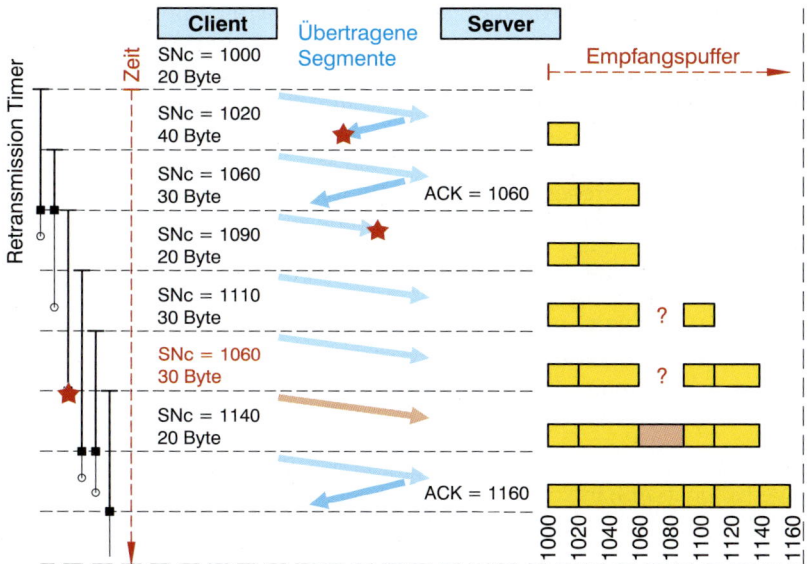

Bild 1.83: Schiebefenster mit Retransmission bei einer interaktiven Anwendung

So weit das Prinzip – nun einige ausgesuchte Spezialitäten.

interaktive Anwendungen

Von der Applikation eintreffende Daten werden in internen Puffern so lange akkumuliert, bis ein maximal großes Segment (MSS) verschickt werden kann. Dadurch wird vermieden, viele kleine Segmente zu senden. Für die geschlossene Übertragung größerer Datenmengen ist dieses Verhalten angemessen, nicht jedoch für interaktive Anwendungen, wie zum Beispiel SSH. Hier müssen Tastatureingaben vom Client zum Server und als Bildschirmecho zurückübertragen werden. Da dem Benutzer nicht zugemutet werden kann, so lange blind zu schreiben, bis die MSS erreicht ist, wird durch das Setzen des PSH-Flags erzwungen, dass für jeden Tastendruck bis zu vier Segmente über das Netz gehen.

Fensterbildung

Bei jedem Segment zu warten, bis die Bestätigung eintrifft, ist ineffektiv. TCP gewährt daher der Gegenseite einen Sende-„Kreditrahmen", der im Headerfeld Fenstergröße (Bild 1.79) an den Sender übermittelt wird. Er wird in Byte gemessen und gibt an, wie viele Daten der Sender aussenden darf, ohne dass er eine Bestätigung erhalten hat. Der Empfänger muss dann nicht jedes Segment einzeln bestätigen, sondern immer so viel wie möglich – im Idealfall eine ganze Fenstergröße auf einmal. Mit dem letzten Segment bestätigt er auch automatisch alle vorangegangenen (Bild 1.83), deswegen ist auch der Verlust eines reinen Bestätigungssegments nicht weiter tragisch. Dadurch, dass er die Fenstergröße eigenen Bedürfnissen (Speichermangel) entsprechend bis zum Wert 0 herunterfahren kann, ist eine optimale Flusskontrolle gewährleistet. Man spricht auch von einem „Schiebefensterprotokoll".

Der Retransmission Timer

Die Zeit für die richtige Einstellung des Retransmission Timers ist kritisch, weil er die Performance (Leistungsfähigkeit) der Verbindung bestimmt und sein Optimalwert abhängig von der Netzlast stark schwanken kann.

Ist der Wert zu niedrig, werden zu viele unnötige Sendewiederholungen ausgelöst, was die Netzlast erhöht.

Ist der Wert zu hoch, wird ein verlorenes Segment zu spät nachgesendet und es kann zum Puffer-Engpass beim Empfänger führen, der alle bis dahin aufgelaufenen Segmente zwischenspeichern muss.

Dazu misst TCP ständig die als **RTT** (**R**ound **T**rip **T**ime) bezeichnete Zeit zwischen dem Aussenden eines Paketes und dem Eintreffen der Bestätigung. Es existieren mehrere Algorithmen, die dazu dienen, abhängig von der Verkehrslast im Netz den jeweils optimalen Wert für diesen Timer zu bestimmen.

TCP optimiert sein Verhalten in Abhängigkeit von der Netzlast.

Diese Algorithmen, die hier nicht behandelt werden können, sind in der speziellen Fachliteratur unter den Namen

- Slow-Start-Algorithmus,
- Congestion-Avoidance-Algorithmus,
- Karn-Algorithmus,
- Fast-Retransmit-Algorithmus,
- Fast-Recovery-Algorithmus und
- Silly-Window-Avoidance-Algorithmus geführt.

1.4.3.5   Network Address Translation

Der zweite Ausweg aus einer sich abzeichnenden Krise zu knapp werdender IP-Adressen neben CIDR (Kap. 1.4.2.1) ist die Verwendung offizieller globaler Adressen nur noch dort, wo es nötig ist: bei den Routern, die den Übergang von einem lokalen Netz ins Internet darstellen. Dadurch kann man innerhalb der lokalen Netze die hierfür reservierten immer gleichen Adressbereiche (Bild 1.31) verwenden und braucht keine der globalen Adressen.

Lokale Adressen sparen globale Adressen ein.

Das Problem ist jedoch, dass die privaten Adressen außerhalb der lokalen Netze nicht gelten und die Pakete spätestens beim Router des Providers verworfen werden.

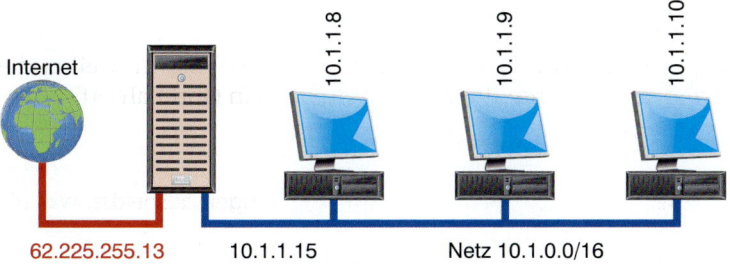

Bild 1.84: Der NAT-Router zwischen Internet und Intranet

Der lokale Router muss dazu eine Adressübersetzung durchführen, bei der alle lokalen Adressen auf seine offizielle IP-Adresse abgebildet werden. Dieser Vorgang heißt allgemein **NAT** (Network Address Translation, RFC 1631) oder bei Linux auch *Masquerading*. Siehe hierzu auch Kap. 1.7.2.3. Nach außen tritt allein der NAT-Router als Kommunikationspartner in Erscheinung.

Zu diesem Zweck werden die Ports ab 61 000 verwendet, die tabellarisch mit den Kommunikationsbeziehungen der lokalen Clients verknüpft werden.

Externe Verbindungen		Interne Verbindungsanforderungen	
		von Client	zu Server
212.1.39.34:80	**62.225.255.13:61000**	**10.1.1.8:1036**	212.1.39.34:80
194.95.249.246:80	**62.225.255.13:61001**	**10.1.1.9:1028**	194.95.249.246:80
212.63.159.72:80	**62.225.255.13:61002**	**10.1.1.10:1234**	212.63.159.72:80
	......		
	62.225.255.13:65096		

Bild 1.85: Beispiel für die Zuordnungstabelle eines NAT-Routers (rot gerahmt)

Dem unbestreitbaren großen Vorteil der Adresseneinsparung steht aber gegenüber, dass keiner der vom NAT-Router maskierten lokalen Rechner (ohne Weiteres) von außen ansprechbar ist.

> Zu lokalen Rechnern hinter einem NAT-Router kann von außen keine Kommunikationsbeziehung aufgebaut werden.

CG NAT (Carrier Grade NAT)

Besonders unangenehm wird es, wenn Provider (carrier) aus Mangel an IPv4-Adressen ihren Kunden keine öffentlichen und damit eindeutigen IP-Adressen zuweisen, sondern aus einem hierfür „privatisierten" Adressbereich (Bild 1.86):

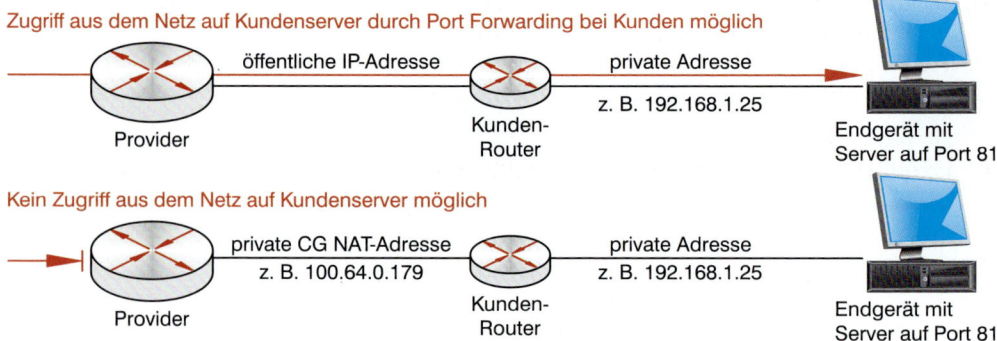

Bild 1.86: Nachteil von CG NAT

Ein weiteres Einsatzgebiet von NAT sind Load Balancer (Lastverteiler), die Anfragen an einen virtuellen Server auf mehrere physische Server umlenken, um alle etwa gleichmäßig stark auszulasten.

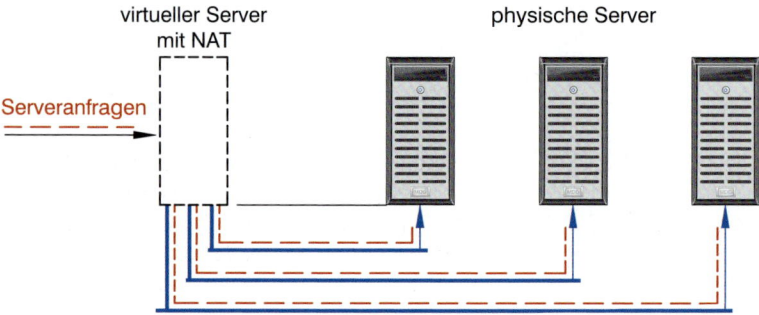

Bild 1.87: Virtueller Server als Lastverteiler

NAT64

Über einen NAT64-fähigen Router können IPv6-Clients Verbindungen zu IPv4-basierten Servern aufbauen. Der Router muss dazu aus einer Adresse des Adressbereichs `64:ff9b::/96` aus den untersten 32 bit die IP-v4-Adresse entnehmen und auf seinem IP-v4-Interface aussenden.

1.4.3.6   Das Stream Control Transmission Protocol (SCTP)

TCP und UDP können die Anforderungen für Multimediaanwendungen nicht vollständig erfüllen. Deshalb hat die IETF, sozusagen als Weiterentwicklung von TCP, in RFC 4960 dafür das Stream Control Transmission Protocol spezifiziert. Es stellt zur Zeit der Drucklegung dieses Buches allerdings noch keinen endgültigen Standard dar, wird aber vielfach schon fast so behandelt. Während in einer bidirektionalen TCP-Verbindung *(Connection)* ein unidirektionaler Stream in jede der beiden Richtungen führt, gehören zu einer SCTP-**Association** mehrere unidirektionale Streams in beide Richtungen, auch verknüpft mit mehreren IP-Adressen auf jeder Seite. Im Gegensatz zum byteorientierten Stream von TCP bestehen die Streams bei SCTP aus Nachrichten (Messages).

> Eine IP-Adresse zusammen mit einer SCTP-Portnummer definiert einen SCTP-Socket.

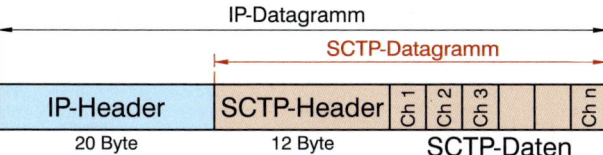

Bild 1.88: IP-Datagramm mit eingebettetem SCTP-Paket

Bei einem SCTP-Paket folgen einem gemeinsamen Header einzelne „Container" (Chunks), die zu unterschiedlichen Datenströmen gehören können: Nutzlast (User Data) oder Verbindungssteuerungsnachrichten (Bild 1.88).

1.4.4 Protokolle und Dienste der Anwendungsschicht (Auswahl)

Menschen sprechen **durch** das Telefon mit Menschen, sie sprechen meistens nicht **mit** dem Telefon. Clients kommunizieren **durch** das Transportsystem **mit** Servern und umgekehrt (horizontale Kommunikation). Die Serverprogramme und die Clientprogramme der einzelnen Betriebssysteme tragen oft den Namen der Dienste/Protokolle bzw. sind direkt aus ihnen abgeleitet; beispielsweise heißt der Telnet-Client von Windows einfach *telnet*, während der Telnet-Server auf vielen Unix-Servern *telnetd* heißt.

Heute ist Telnet für den normalen Nutzer wegen der üblichen grafischen Benutzeroberflächen und vor allem wegen der fehlenden Verschlüsselung nicht mehr von Bedeutung. SSH-basierte Nachfolger wie Putty (Windows) oder ssh (Linux) leisten dem Systembetreuer gute Dienste bei der Fernwartung. Wie später noch gezeigt wird (siehe Kap. 1.4.4.3 und 1.4.4.6), lassen sich damit auch Serverprozesse anderer Dienste ganz elementar auf ihre Funktion prüfen. Über den bloßen Telnet-Ersatz hinaus kann SSH aber auch andere, von sich aus unsichere Protokolle tunneln. Beispielsweise wird ftp durch den SSH-Tunnel zu **sftp**.

1.4.4.1 Das Dynamic Host Configuration Protocol (DHCP)

DHCP (nach RFC 1541) vereinfacht das Leben des Systemverwalters erheblich, da die manuelle Konfiguration jedes einzelnen Hosts sehr mühselig ist, gerade in größeren Netzen mit häufigen Veränderungen. Man muss den Host nur darauf einstellen, sich bedienen zu lassen (Bild 1.89).

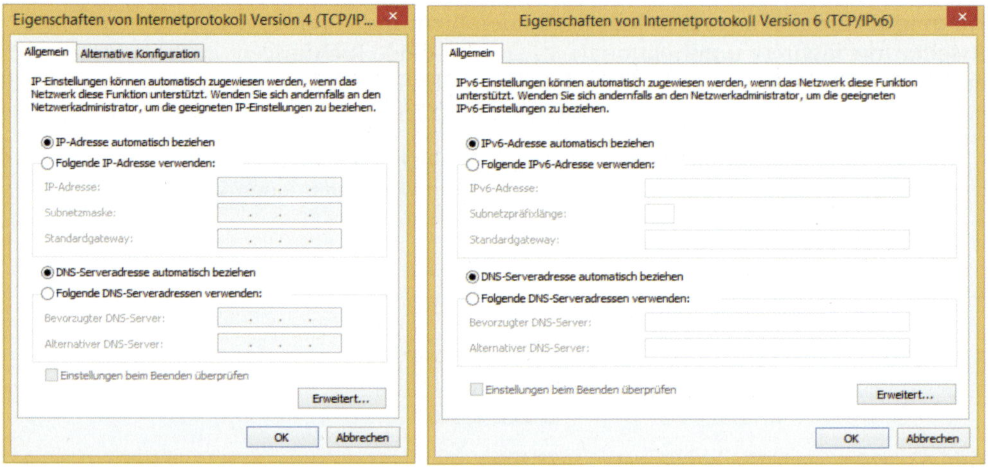

Bild 1.89: Host unter Windows als DHCP-Client einstellen

Voraussetzung ist natürlich, dass ein (oder mehrere) DHCP-Server direkt (d. h. ohne Router) erreichbar und passend konfiguriert sind. Das DHCP-Protokoll wurde aus dem Protokoll BOOTP abgeleitet, mit dem plattenlose Clients ihr Betriebssystem von einem Server laden können (z. B. in Schulen oder Hochsicherheitsumgebungen).

DHCP bei IPv4

Der Client sendet ein UDP-Paket (Meldungstyp: Discover) von Port 68 als Broadcast auf Port 67 zielend ins Netz (Bild 1.90 und Bild 1.91),

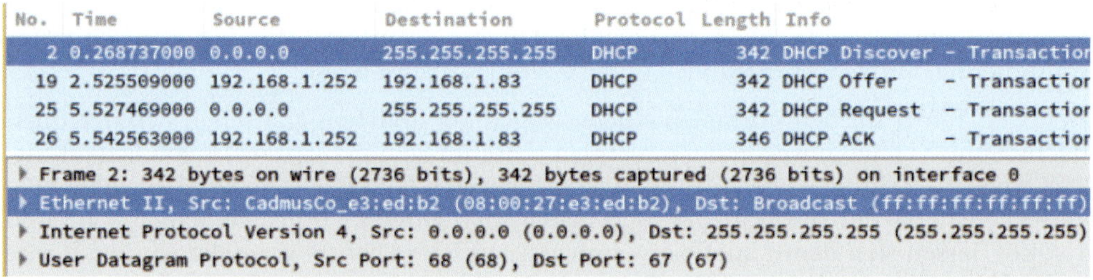

Bild 1.90: Mitgeschnittener DHCP-Ablauf (4 Frames=4 Rahmen, siehe Kap. 1.5.2)

woraufhin ein oder mehrere DHCP-Server (192.68.1.252) dem Host die IP-Adresse 192.168.1.83 anbieten (Offer), der Host diese Adresse bei einem Server anfordert (Request) und dieser DHCP-Server die Adresse bestätigt (Acknowledge). Nicht ausgewählte Angebote anderer Server können wiederverwendet werden. Das Protokoll kennt noch weiter Meldungstypen für Sonderfälle außerhalb des normalen Ablaufs.

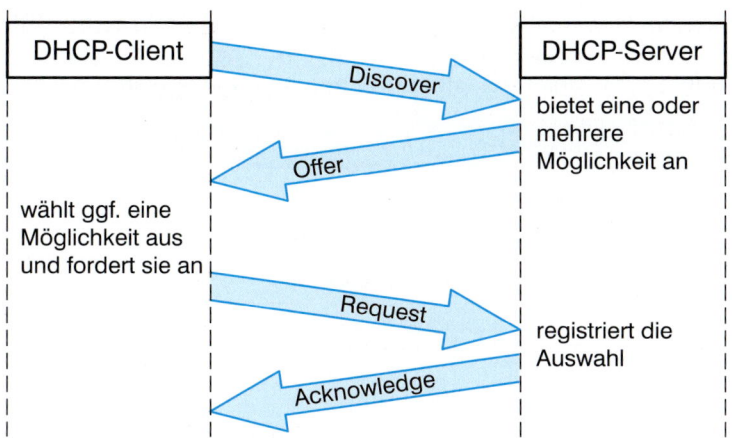

Bild 1.91: Normaler DHCP-Protokollablauf

Das vollständige Angebot im zweiten Frame (lfd. Nr. 19) zeigt diese Auflistung (Bild 1.92):

```
Option: (53) DHCP Message Type (Offer)
    Length: 1         DHCP: Offer (2)
Option: (54) DHCP Server Identifier
    Length: 4         DHCP Server Identifier: 192.168.1.252 (192.168.1.252)
Option: (51) IP Address Lease Time
    Length: 4         IP Address Lease Time: (43200s) 12 hours
Option: (58) Renewal Time Value
    Length: 4         Renewal Time Value: (21600s) 6 hours
Option: (59) Rebinding Time Value
    Length: 4         Rebinding Time Value: (37800s) 10 hours, 30 minutes
Option: (1) Subnet Mask
    Length: 4         Subnet Mask: 255.255.255.0 (255.255.255.0)
Option: (28) Broadcast Address
    Length: 4         Broadcast Address: 192.168.1.255 (192.168.1.255)
Option: (3) Router
    Length: 4         Router: 192.168.1.252 (192.168.1.252)
Option: (6) Domain Name Server
    Length: 4         Domain Name Server: 192.168.1.252 (192.168.1.252)
Option: (255) End
    Option End: 255
```

Bild 1.92: Vollständiges DHCP-Angebot

DHCP bei IPv6 (nach RFC 3315)

Bei IPv6 kann DHCPv6 die Möglichkeiten ergänzen, die schon mit **router advertising** gegeben sind.

Verschieden sind natürlich die größere Adressenlänge und die verwendeten UDP-Ports: Clients verwenden Port 546, Server werden am Port 547 angesprochen. Der Protokollablauf ist der gleiche wie in Bild 1.93 dargestellt, allerdings mit anderen Bezeichnungen:

DHCP	DHCPv6
DHCP-Discover	DHCPv6-Solicitation
DHCP-Offer	DHCPv6-Advertisement
DHCP-Request	DHCPv6-Request
DHCP-Acknowledgement	DHCPv6-Reply

Bild 1.93 DHCP-Meldungstypen

Die 95-seitige Spezifikation in RFC 3315 kennt darüber hinaus noch neun weitere Nachrichtentypen.

Neu ist in DHVPv6 auch, dass sich Server und Clients mit DUIDs (**D**HCP **U**nique **I**dentifier) in den Optionsfeldern der Meldungen identifizieren. Diese werden nach unterschiedlichen Verfahren bestimmt:

Nr	Name	Beschreibung
1	DUID-LLT	Link-layer address plus time
2	DUID-EN	Enterprise Number, bei IANA registrierte Unternehmen (47 906 Stück, Stand: Mai 2016)
3	DUID-LL	Link-layer address
4	?	Weitere nicht ausgeschlossen

Bild 1.94 Typen der DHCP Unique Identifier

Befinden sich der Client und der Server nicht im selben Netzsegment, kann der Client den Server nicht erreichen. Für diesen Fall sieht DCPv6 die Rolle eines DHCP Relay Agent vor, der im Netzsegment des Clients angesiedelt ist und stellvertretend mit einem Server kommunizieren kann, gegebenenfalls auch über weitere Relay Agenten.

Da sich Router Advertisements (in der folgenden Tabelle als rote Quadrate) und DHCPv6 (grüne Quadrate) teilweise überlappen, sind mehrere Szenarien möglich.

Scenario	Def.-Route	IPv6-Adr.	DNS-Adr.	Mehr
1	■	■	■*	■
2	■	■	■	■
3	■	■	■	■

* Wird nicht von allen Clients unterstützt.

Bild 1.95: Konfigurationsszenarien bei DHCPv6

1.4.4.2 Der Namensdienst im Domain Name System (DNS)

Die in der Netzwerkschicht verwendeten Adressen sind 32-Bit-Zahlen – bei IPv6 sogar 128-Bit-Zahlen –, die zwar gut für Maschinen, weniger aber für Menschen geeignet sind. Da eine Adressierung mit Namen sinnhaft Bedeutungen darstellt, ist sie viel einfacher merkbar als Zahlengruppen.

Rechner im Internet werden mit Namen belegt und in immer größeren Gruppen, sogenannten Namensdomänen, zusammengefasst. Ein Name muss damit nur noch innerhalb einer solchen Domäne eindeutig sein, daher können alle Webserver den lokalen („Vor"-) Namen www tragen, weil sie sich durch ihre „Nachnamen" voneinander unterscheiden.

Das DNS ist eine weltweit verteilte Datenbank, weil eine zentralisierte Datenhaltung bei diesem Volumen und dessen Änderungsgeschwindigkeit nicht mehr möglich ist. Die Internet Corporation for Assigned Names and Numbers (ICANN) hat auf der obersten Ebene dieses hierarchischen Systems die sogenannten Top Level Domains (TLD) festgelegt (Bild 1.96).

TLD	Beschreibung	Anzahl Domains (Stand: April 2016)
	Traditionelle TLD (USA, Generic Domains, gTLD)	
com	Kommerzielle Betreiber	117 914 525
gov	US-Bundesregierung	
mil	Militär	
net	Netzprovider	15 093 445
edu	Universitäten	
int	Internationale Organisationen, basierend auf internationalen Abkommen	
org	Sonstige große Organisationen	10 601 249
	New gTLD, unsponsored: **uTLD**	
biz	Unternehmen	
info	Ohne Einschränkung	
name	Privatpersonen	
pro	Anwälte, Ärzte, Steuerberater	
	New gTLD, sponsored: **sTLD**	
aero	Luftfahrtindustrie	
coop	Genossenschaftliche Organisationen	
museum	Museen	1 200
asia	Region Asien/Australien/Pazifik	269 991
cat	Sprach-/kulturspezifisch: Katalanien	61 402

TLD	Beschreibung	Anzahl Domains (Stand: April 2016)
jobs	Personalwirtschaft	
mobi	Webinhalt optimiert für Mobilgeräte	773 628
tel	VoIP	
travel	Touristikbranche	
...	ca. 1 400 gTLDs bis 2016	
	ccTLD: Länderkürzel nach ISO 3166 (Country Code Domains)	7 %
au	Australien	3 017 810
at	Österreich	1 259 985
de	Deutschland	16 010 660
it	Italien	2 831 540
uk	Großbritannien (nicht gemäß ISO: GB)	10 596 373
...	Weitere 250 westliche Kürzel	
...	Weitere 55 Kürzel in anderen Kodierungen	
	Special-Use Domain Names der **IETF** nach RFC 6761	
arpa	DNS-Rückwärtsauflösung und VoIP (vgl. auch Kap. 1.4.4.8)	
example	Nur Dokumentationen; auch: **example.com, example.net, example.org**	
test	Nur für Testzwecke im lokalen Netz, auch **invalid**	
localhost	Name der IPv4-Adresse 127.0.0.1; auch **local**	
onion	Kein DNS! Nur für das Anonymisierungsnetz TOR	

Bild 1.96: TOP-Level-Domains (TLD)

In den einzelnen Ländern gibt es Registraturen, in denen sich Behörden, Unternehmen oder Privatpersonen die sogenannten Second Level Domains gegen Gebühr einrichten lassen können. Diese Registraturen (meist Provider) sind in Deutschland in der Genossenschaft DENIC e.G. zusammengeschlossen. Diese Genossenschaft betreibt auch die für die TLD „de" zuständigen Nameserver. Die Betreiber der europäischen ccTLDs haben sich zu einem Interessenverband zusammengeschlossen, der sich unter *www.centr.org* dargestellt. Wer Inhaber einer Domain ist, kann sich mit eigenen Nameservern eine weitere Unterteilung in Subdomains einrichten.

Ein Rechner wird nun dadurch adressiert, dass man sich von seiner (Blatt-)Position im Domainbaum (*Iridium*) in Richtung der Baumwurzel („.(root)" in Bild 1.97) bewegt, alle durchlaufenen Knoten auflistet und die Namen (auch „Lables" genannt) durch Punkte trennt. Der durch den Pfeil (Bild 1.97) gekennzeichnete Rechner heißt mit vollem Namen (FQDN, **F**ully **Q**ualified **D**omain **N**ame) also

iridium.rechenzentrum.th-beispiel.de

Arbeitet dieser Rechner nach außen als Webserver, so kann er den Zweitnamen www erhalten und unter *www.rechenzentrum.th-beispiel.de* angesprochen werden.

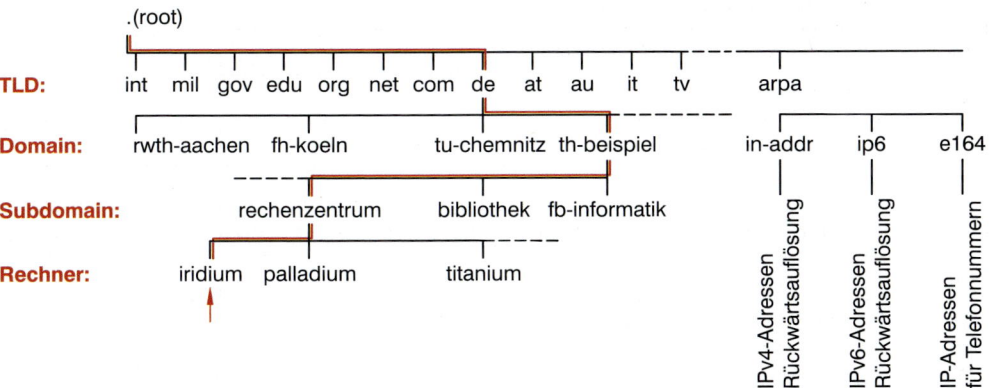

Bild 1.97: Die Hierarchie des DNS

Nameserver (NS)

Weltweit gibt es derzeit dreizehn Root-NS, die bei einer Anfrage wiederum auf die untergeordneten NS der (Top Level) Domainbetreiber (z. B. DENIC) verweisen, diese gegebenenfalls wieder auf die NS in den Subdomains usw. So müssen die ohnehin hoch belasteten Root-NS nicht die Details in den einzelnen lokalen Netzen kennen.

Der Domainbetreiber setzt seinen eigenen (primary) NS auf, der dann für diese Domain und die Subdomains zuständig ist. Zusätzlich muss wegen der Wichtigkeit dieses Dienstes mindestens ein weiterer (secondary) NS existieren.

RFC 2182: „**Secondary servers** must be placed at both topologically and geographically dispersed locations on the Internet, to minimize the likelihood of a single failure disabling all of them."

NS werden so konfiguriert, dass sie automatisch ein Update (hier *Zonentransfer* genannt) zum sekundären NS durchführen.

Eine wichtige Eigenschaft der Nameserver ist ihre Fähigkeit, bereits beschaffte Adressinformationen mittelfristig in einem Cache-Speicher abzulegen.

Lokale Nameserver vermindern das Verkehrsaufkommen nach außen und entlasten damit die Internetanbindung und die übergeordneten Netzebenen.

Ein Einzelplatzrechner (im privaten Bereich) kann so konfiguriert werden, dass er auf den NS des Providers zugreift. Aber gerade bei größeren lokalen Netzen sind eigene NS empfehlenswert, wenn sie nicht ohnehin vorgeschrieben sind (für Domainbetreiber).

Ein **Nameserver** verwaltet auch die Adressen der für die Domain zuständigen E-Mail-Server.

Die Konfiguration eines NS (siehe Kap. 2.1.2 und 2.3.2.2) ist nicht immer ganz einfach; aber ist er einmal in Betrieb, verhält er sich nicht sehr wartungsintensiv.

Alternative Nameserver

Die Federführung in der Verwaltung des traditionellen DNS liegt bei der ICANN, die vom US-Handelsministerium kontrolliert wird. Dieser Einfluss ist nicht nach jedermanns Geschmack, sodass Alternativen geschaffen wurden. Diese gruppieren sich unter der Bezeichnung OpenNIC und verwalten eigene alternative TLDs. Siehe hierzu: http://wiki.opennicproject.org/HomePage.

Clients

Die Clientapplikationen (Browser, E-Mail-Programme usw.) akzeptieren grundsätzlich sowohl die numerischen Netzwerkadressen – soweit bekannt – als auch die Domainnamen. Im zweiten Falle versuchen sie selbsttätig, eine Namensauflösung in die numerische Adresse durchzuführen. Der Benutzer bemerkt dies normalerweise nicht.

1.4.4.3 Das Hypertext Transfer Protocol (HTTP) und WebDAV

Unter Zuhilfenahme des DNS ist HTTP heute das am meisten eingesetzte Anwendungsprotokoll im Internet. Der mit HTTP erreichbare Teil des Internets wird auch Web genannt und häufig mit dem Internet gleichgesetzt. Seine Beliebtheit verdankt es der Tatsache, dass es mit ihm erstmals gelungen ist, die Internetkommunikation drastisch zu vereinfachen und damit jedermann zu ermöglichen. Auf dem Benutzer dargebotenen Dokumenten kann durch Mausklick auf Textstellen und Bilder zu weiteren Dokumenten verzweigt werden (Hypertext), ähnlich einfach können Optionsschalter betätigt und Datenfelder ausgefüllt werden, sodass fast beliebige Anwenderdaten über Webserver zu jeglichen Servern transportiert werden können.

> Das HTTP-Protokoll darf nicht mit der Seitenbeschreibungssprache HTML (Hypertext Markup Language) verwechselt werden.

Im Gegensatz zu älteren Protokollen, bei denen binär codierte Elemente ausgetauscht wurden, findet bei HTTP der Dialog (Clientrequest/Serverresponse) weitgehend in Klartext (ASCII-Text) statt, ebenfalls über eine TCP-Verbindung.

Der in Bild 1.99 dargestellte Mitschnitt eines kleinen Client-Server-Dialogs stellt beispielhaft einige wesentliche Elemente dar. Zeile 1 zeigt, dass ein einfacher Telnet-Client dazu dienen kann, die Dinge zu enthüllen, die der Browser (HTTP-Client) verbirgt.

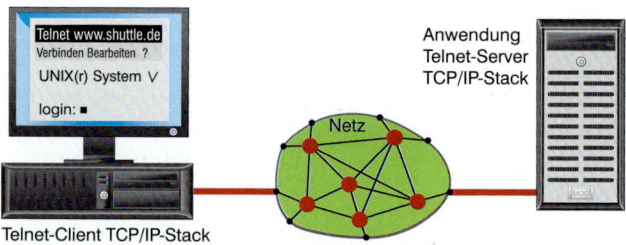

Bild 1.98: Telnet-Verbindung zu einem Webserver

Telnet gestattet die Fernsteuerung eines Rechners im Textmodus; der dazu benutzte Rechner wird zum Terminal des entfernten (Beispielsitzung siehe Bild 1.99).

Der Telnet-Client wird aufgerufen, eine Verbindung zum Port 80 (HTTP-Standard-Port) eines Web-Servers aufzubauen. In Zeile 2 hat der Telnet-Client bereits den DNS befragt und die IP-Adresse erhalten. In Zeile 3 meldet er das Zustandekommen der Verbindung und Zeile 4 informiert den Benutzer, wie er in den Telnet-Kommandomodus gelangt (hier nicht verwendet).

Ein Beispieldialog

```
 1 comcom:~ # telnet www.fh-beispiel.de 80
 2 Trying 192.168.1.3...
 3 Connected to www.fh-beispiel.de.
 4 Escape character is '^]'.
 5 GET /~wefr/iuk/index.html HTTP/1.0
 6
 7 HTTP/1.1 301 Moved Permanently
 8 Date: Wed, 18 Apr 2001 10:09:14 GMT
 9 Server: Apache/1.3.19 (Unix) PHP/4.0.4pl1 mod_ssl/2.8.2 OpenSSL/0.9.6
10 Location: http://www2.fh-beispiel.de/~wefr/iuk/index.html
11 Connection: close
12 Content-Type: text/html; charset=iso-8859-1
13
14 <!DOCTYPE HTML PUBLIC "-//IETF//DTD HTML 2.0//EN">
15 <HTML><HEAD>
16 <TITLE>301 Moved Permanently</TITLE>
17 </HEAD><BODY>
18 <H1>Moved Permanently</H1>
19 The document has moved <A HREF="http://www2.fh-beispiel.de\
   /~wefr/iuk/index.html">here</A>.<P>
20 </BODY></HTML>
21 Connection closed by foreign host.
```

Bild 1.99: Bildschirmprotokoll eines HTTP-Dialogs

HTTP-Request und -Response

Die Zeilen 5 und 6 des obigen Beispieldialogs sind der obligatorische Teil eines HTTP-Requests nach RFC 2616:

1	Request-Line		
	Methode	URI	HTTP-Version
	GET	/~wefr/iuk/index.html	HTTP/1.0
2	Message Header (optional), variable Zeilenzahl		
3	Leerzeile		
4	Message Body (optional)		

Bild 1.100: Struktur eines HTTP-Requests

Mit der Methode GET wird die durch den URI (Uniform Resource Identifier) spezifizierte Ressource und eine Fortsetzung des Dialogs nach Version 1.0 des Protokolls angefordert. Der Request in Bild 1.99 enthält weder *Message Header* noch *Message Body*. Die Zeilen 7 bis 20 stellen die Antwort des Servers (Response) dar:

1	Status-Line		
	HTTP-Version	Status-Code	Status-Text
	HTTP/1.1	301	Moved Permanently
2	Message Header (optional), variable Zeilenzahl		
3	Leerzeile		
4	Message Body (abhängig von Methode und Statuscode)		

Bild 1.101: Struktur einer HTTP-Response

Die Zeile 7 heißt **Status-Line** und zeigt an, dass der Server auch die Protokollversion 1.1 versteht. Sie verweist ferner in diesem Fall darauf, dass das angeforderte Dokument „umgezogen" ist. Einige andere Statusmeldungen, denen man häufig begegnet, zeigt Bild 1.102:

Status-Code	Status-Text
200	OK (sieht man im Browser nie!)
401	Unauthorized
403	Forbidden
404	Not Found
451	Censored[1]

Bild 1.102: HTTP-Statusmeldungen (Auswahl)

Die Zeilen 8 bis 12 sind der **Message Header**: allgemeine, meist für sich sprechende Informationen wie die Serverimplementation etc. Das Feld *connection* hat den Wert close, das bedeutet, dass der Server gemäß Protokollversion 1.0 die Verbindung sofort nach der Antwort schließt. Die obligatorische Leerzeile (Zeile 13) markiert das Ende des Message Headers.

Die Zeilen 14 bis 20 stellen den (in Bild 1.99 rot wiedergegebenen) **Message Body** dar, eine HTML-Seite (mit eigenem Body!). Eine HTML-Seite als Message Body ist der Normalfall. Es können aber auch binäre Daten übertragen werden, dann wird im Message Header ein Feld *Content-Length* mit der exakten Länge in Bytes vorangestellt.

Zeile 21 stammt wieder vom Telnet-Client, der das Ende der Verbindung meldet. Ein Browser würde an dieser Stelle die Umleitungsanweisung verstehen und einen neuen Request an die angegebene Adresse versenden. Für den Telnet-Client ist der Fall erledigt.

---

[1] Gilt seit dem 17.12.2015 als angenommen, die offizielle Bestätigung fehlt noch. Die Zahl 451 wurde in Anlehnung an den Roman „Fahrenheit 451" von Ray Bradbury gewählt, in dem es unter anderem um staatliche Zensur und die Verbrennung von Büchern geht. Vgl. Beuth, Patrick: „451 – Diese Seite wird zensiert", veröff. am 21.12.2015 unter www.zeit.de/digital/internet/2015-12/fehlermeldung-451-statuscode-zensur [31.05.2018].

HTTP-Methoden

Diese Methoden können in einem HTTP-Request angegeben werden:

Methode	Beschreibung	
OPTIONS	Abfrage der verfügbaren Optionen	(optional)
HEAD	Holen der Kopfinformation eines Dokuments	(obligatorisch)
GET	Holen eines durch den URI spezifizierten Dokuments	(obligatorisch)
POST	Übergabe des Message Body, z. B. Formulareingaben, URI spezifiziert das CGI-Programm	(optional)
PUT	Übergabe des Message Body, URI spezifiziert das Übergabeobjekt	(optional)
DELETE	Löschen des durch den URI spezifizierten Objekts	(optional)
TRACE	Diagnosefunktion	(optional)

Bild 1.103: HTTP-Methoden

Insbesondere die Methode **POST** ist die Standardmethode, um Eingabedaten aus Formularen an die Applikationen über die CGI-Schnittstelle des Servers zu senden. In der neueren Protokollversion 1.1 sind HTTP-Verbindungen prinzipiell **persistent** (anhaltend), d. h., nach einer Message (Request oder Response) wird die TCP-Verbindung nicht sofort geschlossen, sondern es besteht die Möglichkeit, über die gleiche TCP-Verbindung mehrere Messages zu transferieren.

```
Name:              Frisch

<form action="/cgi-bin/textresponder.phtml" method="post">
Name: <INPUT NAME="Nachname" TYPE="text" VALUE=" ">
</form>

POST /cgi-bin/textresponder.phtml HTTP/1.0
[ ...
   Message Header
...]

Nachname=Frisch
```

Bild 1.104: Eingabedaten („Frisch") auf dem Benutzerbildschirm, ihre Behandlung in HTML (blau) und der resultierende HTTP-Request (auszugsweise) zur Weitergabe über den Server an ein CGI-Programm

Das entlastet den Datenverkehr, weil viele Dokumente aus Einzelkomponenten (Grafiken) bestehen, für die sonst jeweils einzelne TCP-Verbindungen eröffnet werden müssten. Außerdem werden virtuelle Server auf einem physischen Server möglich und sogenannte Proxies werden besser unterstützt.

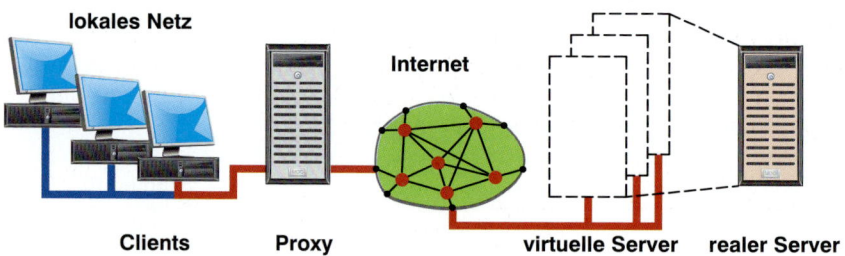

Bild 1.105: HTTP-Szenarium mit Proxy und virtuellen Servern

> Ein **Proxy** (auch „Application Level Gateway" genannt) erfüllt die Beschaffungswünsche lokaler Clients, indem er stellvertretend für diese nach außen hin aktiv wird. Meistens wirkt er zusätzlich als Cache und kann Zugriffskontrollstrategien (siehe Kap 1.7.2.3) umsetzen.

Hat ein Proxy gerade eine Ressource beschafft, muss sie bei weiteren Anfragen anderer Clients nicht noch einmal über das Internet transportiert werden, sondern sie kann aus dem Cache des Proxies sofort an weitere Clients ausgeliefert werden.

WebDAV

Um nicht nur einzelne Dateien zu laden oder zu speichern, wurden (in RFC 4918) die HTTP-Methoden aus Bild 1.103 ergänzt (Bild 1.106):

Methode	Beschreibung (frei nach https://de.wikipedia.org/wiki/WebDAV)	
PROPFIND	find properties	Eigenschaften eines Objekts erfragen
PROPPATCH	patch properties	Eigenschaften eines Objekts ändern
MKCOL	make collection (= directory)	Verzeichnis erstellen
COPY	copy	kopieren
MOVE	move	verschieben
LOCK	lock	sperren
UNLOCK	unlock	entsperren

Bild 1.106: Neue HTTP-Methoden für WebDAV

Damit wird der Browser zum Dateimanager und es braucht außer Port 80 kein anderer Port geöffnet zu sein, wie etwa bei FTP (siehe Kap. 1.4.4.4). Dieser Standard heißt **Web**based **D**istributed **A**uthoring and **V**ersioning (WebDAV).

1.4.4.4   Das File Transfer Protocol (FTP)

FTP setzt auf TCP auf und realisiert einen Dienst zur Übertragung von Dateien jeden Typs zwischen verschiedenen Computersystemen mit unterschiedlichen Dateisystemen. Zwischen einem Client und einem Server werden standardmäßig zwei Verbindungen aufgebaut: eine **Steuerverbindung** und eine **Datenverbindung.**

Die Steuerverbindung geht immer vom Client aus und zielt auf den Port 21 des Servers *(Active Open)*. Sie bleibt während der ganzen Sitzung bestehen, in der der Benutzer angemeldet ist, und verwendet das Telnet-Protokoll, um die Übertragungsparameter der Datenverbindung einzustellen. Der Client führt für jeden Übertragungsauftrag ein *passive open* mit einem Clientport (z. B. 1056 im Bild 1.91) aus und teilt dem Server Portnummer und IP-Adresse des Clients über die Steuerverbindung mit.

Der Server öffnet daraufhin von seinem Port 20 aus (*Active Open*) die Datenverbindung zu diesem Clientport, überträgt die Daten und schließt anschließend die Datenverbindung.

> Auch für eine Directoryanzeige ist eine Datenverbindung nötig!

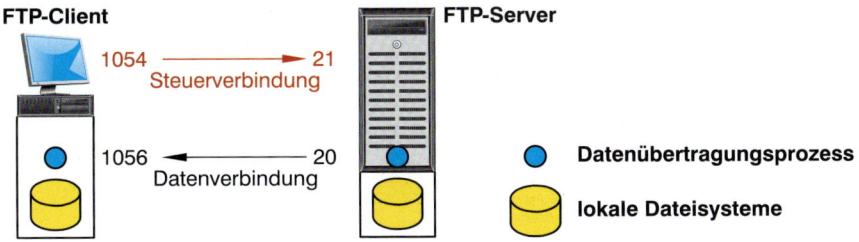

Bild 1.107: Das FTP-Arbeitsmodell (aktives FTP)

Die in Bild 1.107 veranschaulichte standardmäßige Arbeitsweise heißt **aktives FTP**. Es hat den Nachteil, dass es von Clients hinter einem NAT-Router oder einer Firewall nicht benutzt werden kann.

Dafür kann die Betriebsart zum **passiven FTP** wechseln, bei dem auch die Datenverbindung vom Client zum Server aufgebaut wird.

Unabhängig von der Betriebsart (aktiv/passiv) kennt FTP die Übertragungstypen **ascii** und **binary**. Der Übertragungstyp binary überträgt Byte für Byte exakt. Für alle Dateien, die nicht reine ASCII-Texte enthalten, ist das angemessen. Bei den unixartigen Betriebssystemen wie Linux wird jedoch das Ende einer Textzeile durch das Steuerzeichen *Linefeed* (ASCII 10) abgeschlossen, bei den Microsoft-Betriebssystemen hingegen mit Linefeed und zusätzlichem *Carriage Return* (ASCII 13). Wird dies nicht berücksichtigt, entstehen bei einer Übertragung zwischen diesen Systemen sehr unschöne Ergebnisse (Bild 1.108).

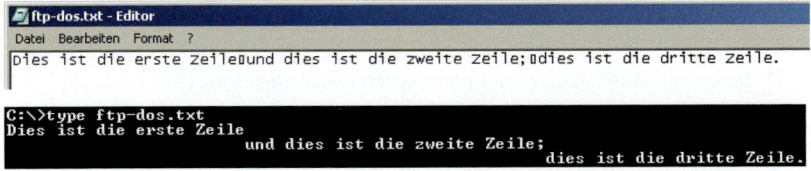

Bild 1.108: Textzeilen, die „binary" von Linux transferiert wurden

Wird im Client ascii eingestellt, findet immer die richtige Konvertierung statt. Für alle anderen Dateitypen ist die Konvertierung jedoch katastrophal!

> Nur reine ASCII-Text-Dateien dürfen mit dem Übertragungstyp ascii übertragen werden. Voreinstellungen der Clients beachten!

Alle infrage kommenden Betriebssysteme bringen als Bordausstattung einen FTP-Client mit. Diese „elementaren" Clients basieren auf einer Kommandozeilenoberfläche und bieten unterschiedliche Sätze von etwa 30 Kommandos an. Darüber hinaus existieren für Windows einige Clients von anderen Anbietern (Bild 1.109).

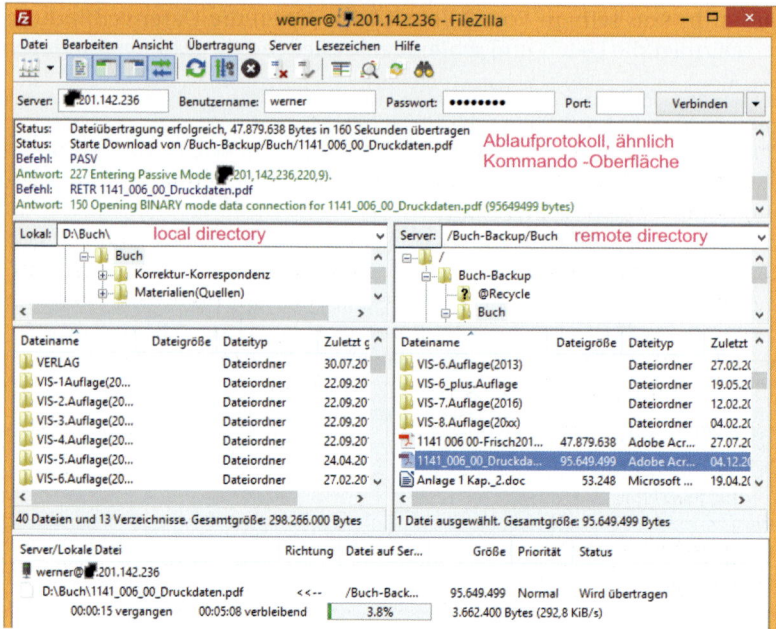

Bild 1.109: Beispiel eines Windows-Clients mit explorerähnlicher Oberfläche

Die wichtigsten Kommandos der elementaren Clients sind:

Kommando	Bedeutung
open	Verbindung zum Server eröffnen
passive (*)	Umschalten in die Betriebsart passiv
dir	Anzeige des entfernten Verzeichnisses
cd	Wechseln des entfernten Verzeichnisses
lcd	Wechseln des lokalen Verzeichnisses
get	Download einer Datei vom entfernten ins lokale Verzeichnis
reget (*)	Fortsetzen einer unterbrochenen Übertragung
put	Upload einer Datei vom lokalen ins entfernte Verzeichnis
ascii	Umschalten in den Übertragungstyp ascii
binary	Umschalten in den Übertragungstyp binary
help	Anzeigen von Hilfen
close	Schließen der Steuerverbindung
quit	Verlassen des Clients

Bild 1.110: Die wichtigsten FTP-Kommandos (* = fehlt bei DOS/Windows-Client)

Die dreistelligen Zahlen im Protokollablauf-Fenster in Bild 1.109 bedeuten Statusmeldungen, ähnlich denen bei HTTP.

Als Besonderheit sind noch die öffentlichen FTP-Server zu erwähnen, bei denen man sich standardisiert als „anonymous" einloggt und aus Höflichkeit als Passwort seine E-Mail-Adresse angibt. Beispielsweise bieten so Universitäten Public-Domain-Software an.

1.4.4.5 Das Simple Mail Transfer Protocol (SMTP)

Dieses Protokoll dient zum Versand elektronischer Post (Electronic Mail) und wurde zu einer Zeit (RFC 821, 1982) entwickelt, als UNIX noch ein Betriebssystem nur für vergleichsweise große Rechnersysteme war und E-Mail-Empfänger deren eingetragene Benutzer. Da es fast noch keine PCs gab, bedeutete Arbeit am Computer Arbeit an einem der wenigen „großen" Rechner, die, wenn sie überhaupt ans Internet angeschlossen waren, auch ständig angeschlossen waren. Deswegen leitet SMTP Mail gegebenenfalls bis auf den Rechner des Empfängers. SMTP setzt auf TCP, Port 25 oder anderen zuverlässigen Transportsystemen auf und verarbeitet nur Text in 7-Bit-ASCII-Codierung (ASCII 0–127, vergleichbar Telnet). Zur Benutzung genügt minimal wieder ein Telnet-Client.

Befehl	Bedeutung
HELO	Client stellt sich vor
MAIL FROM:	Absenderadresse
RCPT TO:	Empfängeradresse
DATA	Leitet den Beginn der Message ein
QUIT	Absenden

Bild 1.111: Minimaler Befehlssatz zum E-Mail-Versand mit Telnet

Das Verlaufsprotokoll zeigt in Rot die Benutzereingaben (Bild 1.112).

```
myhost:~ # telnet comcom 25
Trying 10.48.19.128...
Connected to comcom.net.fh-beispiel.de.
Escape character is '^]'.
HELO myhost
220 comcom.fh-beispiel.de Smail-3.2 (#1 1999-May-1) HELO myhost
250 comcom.fh-beispiel.de Hello myhost
MAIL FROM: wefr@myhost.net.fh-beispiel.de
250 <wefr@myhost.net.fh-beispiel.de> ... Sender Okay
RCPT TO:wefrisch@frisch.ac.shuttle.de
250 <wefrisch@frisch.ac.shuttle.de> ... Recipient Okay
DATA
354 Enter mail, end with "." on a line by itself
TEST SMTP
.
250 Mail accepted
QUIT
221 comcom.fh-beispiel.de closing connection
Connection closed by foreign host.
```

Bild 1.112: Verlaufsprotokoll mit minimalem Befehlssatz zum E-Mail-Versand mit Telnet

Die Statusmeldungen sind wiederum ähnlich denen bei HTTP und FTP.

Der Telnet-Client hat für diese Beispielsitzung die Rolle eines MUA (**M**ail **U**ser **A**gent) eingenommen. Den SMTP-Server bezeichnet man auch als MTA (**M**ail **T**ransfer **A**gent). Natürlich ist dieser „MUA" nicht praktikabel, da er keine Unterstützung bietet, nicht einmal ein Edieren des Textes. Echte MUAs bieten Adressbücher, Anhänge, 7-bit-kompatible Codierung binärer Daten und vieles mehr. Der MTA könnte grundsätzlich schon der Rechner sein, an dem der Empfänger ein eingetragener Benutzer ist; in der Regel muss er aber über andere MTAs diesen Ziel-MTA erst erreichen.

```
Return-Path: <wefr@myhost.net.fh-beispiel.de>
Delivered-To: wf1005@bonn.shuttle.de
Received: from comcom.net.fh-beispiel.de
(dial-195-14-250-206.netcologne.de [195.14.250.206])
        by bonn.shuttle.de (Postfix) with SMTP id BBDA417D61
        for <wefrisch@frisch.ac.shuttle.de>;
        Thu, 19 Apr 2001 17:49:55 +0200 (CEST)
Received: from myhost(really [10.48.19.1]) by comcom.net.fh-beispiel.de
        via smail with smtp
        id <m14qGgz-00158nC@comcom.net.fh-beispiel.de>
        for wefrisch@frisch.ac.shuttle.de;
        Thu, 19 Apr 2001 17:50:01 +0200 (MEST)
        (Smail-3.2 1996-Jul-4 #1 built 1999-May-1)
Message-Id: <m14qGgz-00158nC@ comcom.net.fh-beispiel.de >

Date: Thu, 19 Apr 2001 17:50:01 +0200 (MEST)
From: wefr@myhost.net.fh-beispiel.de
To: wefrisch@frisch.ac.shuttle.de
X-UIDL: m14qGgz-00158nC

TEST SMTP
```

Bild 1.113: Die vollständige Mail beim Empfänger

Durch das Schriftbild in Bild 1.113 unterstützt, erkennt man die drei Bestandteile einer Mail:

1. Der **Umschlag** (Envelope) für den MTA; in Schwarz
2. Der **Briefkopf** (Header) für den MUA; in Grün
3. Der **Inhalt** (Body) für den Nutzer; in Blau, durch eine Leerzeile vom Header abgetrennt

Die Teile 2 und 3 entsprechen wie schon bei HTTP einem gemeinsamen Schema, das in RFC 822 definiert ist.

Die Mail würde so, wie in dem Beispiel praktiziert, wahrscheinlich nicht von jedem MTA akzeptiert, weil kein vollständiger Header eingegeben wurde. Mögliche Felder eines Mail-Headers sind (auszugsweise):

Feld	Bedeutung
From:	Absenderadresse
To:	Empfängeradresse
Date:	Datum
Subject:	Betreff
Cc:	Durchschrift
Message-Id:	wird automatisch erzeugt
Reply-To:	Antwortadresse, falls vom Inhalt des „From:"-Feldes verschieden

Bild 1.114: Felder des E-Mail-Headers

Man erkennt weiterhin am Umschlag, dass jedes weiterleitende „Postamt" seinen „Bearbeitungsvermerk" hinterlässt. Aus Sicherheitsaspekten und zur Gewährleistung formaler Korrektheit einer E-Mail wird dem Zugang zum MTA-Verbund mit SMTP (Port 25) ein MSA (**M**essage **S**ubmission **A**gent) vorgeschaltet, den der MUA unter Port 587 anspricht (RFC 6409).

1.4.4.6 POP3 und IMAP4

Das Post Office Protocol (POP)

Bis heute hat sich nichts daran geändert, dass der Empfänger eingetragener Benutzer des Ziel-MTA sein muss. Neu ist nur, dass er sich nicht mehr über ein direkt angeschlossenes Terminal oder eine Telnet-Verbindung auf diesem MTA einloggt; er würde dabei auf das Vorhandensein von (neuer) Mail hingewiesen. Heute möchte der Benutzer die Mail auf seinem Arbeitsplatzrechner bearbeiten und muss sie folglich vom Mailserver abholen. Spätestens jetzt machen sich zwei Dinge bemerkbar:

1. Die E-Mail-Adresse des Empfängers kann von seiner Benutzerkennung auf dem MTA verschieden sein (Bild 1.115). Über sogenannte **Alias-Listen** kann der E-Mail-Administrator *(postmaster)* die entsprechende Zuordnung herstellen.

2. Der Server zum Abholen (Authentifizierung erforderlich!) der Mail (POP-Server) kann vom MTA verschieden sein (Bild 1.115).

Darum bietet ein MUA grundsätzlich beide Konfigurationsfelder an.

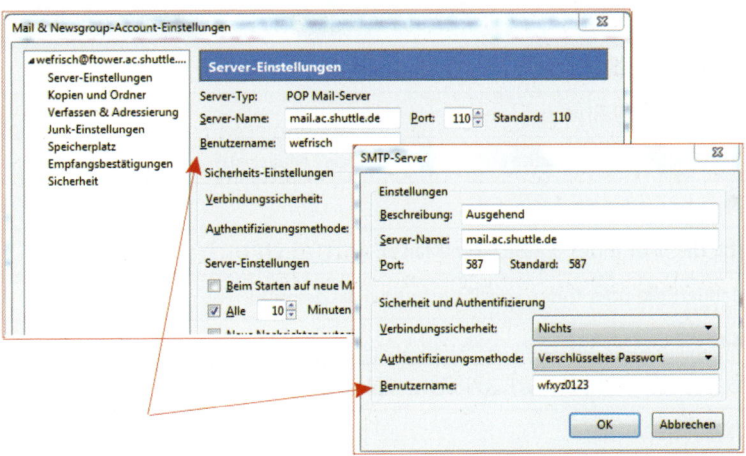

Bild 1.115: MUA-Konfiguration: MTA, POP-Server, E-Mail-Adresse und Benutzernamen

Zum Abholen genügt wieder ein Telnet-Client:

```
werner:~ # telnet mail.ac.shuttle.de 110
Trying 194.95.249.247...
Connected to mail.ac.shuttle.de.
Escape character is '^]'.
+OK POP3 Welcome to GNU POP3 Server Version 0.9.8
<2760.987779492@bonn.shuttle.de>
USER wf1005
+OK
PASS [Vorsicht! Telnet zeigt hier das Passwort an!]
+OK opened mailbox for wf1005
LIST
+OK
1 771
.
RETR 1
+OK
[Hier steht die Mail aus Bild 1.97, 22 Zeilen]
.
DELE 1
+OK Message 1 marked
QUIT
+OK
Connection closed by foreign host.
```

Bild 1.116: E-Mail vom POP3-Server abholen. Benutzereingaben sind rot geschrieben, die blaue Schrift ist nachträglicher Kommentar.

Das Post Office Protocol in der Version 3 (POP3, RFC 1939) arbeitet mit TCP-Portnummer 110 und wickelt wieder einen Klartextdialog ab (auch beim Passwort!). Die wichtigsten Kommandos zeigt die Tabelle (Bild 1.117):

Kommando	Beschreibung
USER	Übergibt die Benutzerkennung
PASS	Übergibt das Passwort
STATUS	Gibt Status des Postfaches (Anzahl, Größe der Mails) aus
LIST	Listet eine oder alle Mails auf
RETR	Holt die über Index spezifizierte Mail ab
DELE	Markiert die über Index spezifizierte Mail als gelöscht
RSET	Macht DELE rückgängig
QUIT	Beendet die Verbindung und löscht markierte Mails

Bild 1.117: Die wichtigsten POP3-Kommandos

Das Interactive Message Access Protocol (IMAP4)

Eine Weiterentwicklung stellt die Version 4 des **Interactive Message Access Protocol** dar, es ist allerdings (noch) nicht so weit verbreitet wie POP3. Die wichtigsten Eigenschaften sind

- Filterfunktionen zum selektiven Abholen der Mails,
- Teile von Mails können separat übertragen werden, z. B. nur bestimmte Anhänge, und
- Ablageverzeichnisse auf dem Server.

Es ist in RFC 2060 spezifiziert und benutzt die TCP-Portnummer 143. Die Befehlsliste für den Dialog ist erwartungsgemäß umfangreicher.

1.4.4.7 RPC und NFS

Remote Procedure Call (RPC)

Die **RPC** (**R**emote **P**rocedure **C**all, RFC 1831) genannte Möglichkeit, Funktionen aufzurufen, die auf einem anderen Rechnersystem ausgeführt werden, stellt einen weiteren Mechanismus der Interprozess-Kommunikation dar, neben Pipes, Signalen, Events etc.; vgl. Bild 2.2.

Bild 1.118 a) Local Procedure Call b) Remote Procedure Call

Für die Applikation macht es dabei keinen Unterschied, wo die Funktion ausgeführt wird – abgesehen von der um mindestens ein bis zwei Zehnerpotenzen geringeren Ausführungsgeschwindigkeit des RPC. RPC arbeitet mit verschiedenen Transportsystemen, unter anderem auch mit TCP/IP. Die Serverprozesse verfügen deshalb über sogenannte RPC-Programmnummern (Bild 1.119), ähnlich den standardisierten Serverports von TCP/UDP. Beim Systemstart registrieren sich Serverprozesse auf dem Serverhost dazu bei einem sogenannten **Portmapper**, der ihnen einen Port zuweist. Der Portmapper ist selbst ein RPC-Server; er hat die feste (hexadezimale) Nummer 100 000 und normalerweise den TCP/UDP-Port 111.

Programm	Nummer (hex.)	Bedeutung
portmapper	100000	Portmapper
rstatd	100001	Statistik des Betriebssystemkerns
rusersd	100002	Auskunft über eingeloggte Benutzer
nfs	100003	Network File System
ypserv	100004	Network Information System
mountd	100005	Exportieren von Dateisystemen

Bild 1.119: RPC-Programmnummern (Auszug)

Network File System (NFS)

Die wichtigste Anwendung der RPC-Funktionalität ist **NFS** (**N**etwork **F**ile **S**ystem). NFS ist eine Entwicklung der Firma Sun, die diesen Verzeichnisexport schon in den 80er-Jahren zwischen unixartigen und anderen Betriebssystemen ermöglichte. Diese Komponente eines Netzbetriebssystem gestattet es, Verzeichnisse über das Netz in andere Dateisysteme einzubinden, so wie man es heute meist von Windows kennt. Windows benutzt dazu allerdings in der Regel sein eigenes Subsystem mit dem SMB-Protokoll (**S**erver **M**essage **B**lock).

a) Unter Windows mit installierten Client Services for NFS

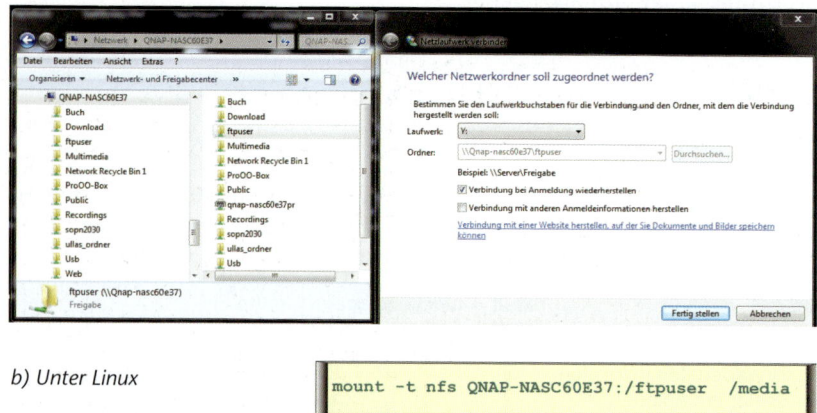

b) Unter Linux

```
mount -t nfs QNAP-NASC60E37:/ftpuser  /media
```

Bild 1.120: Import von Verzeichnissen

Das Verzeichnis des Rechners QNAP-NASC60E37 erscheint nach dem Export unter dem Laufwerksbuchstaben Y: auf dem importierenden Windows-Rechner beziehungsweise im Verzeichnisbaum des Linuxrechners unter dem Verzeichnisknoten/*mnt*.

Bild 1.121 zeigt das Arbeitsmodell von NFS.

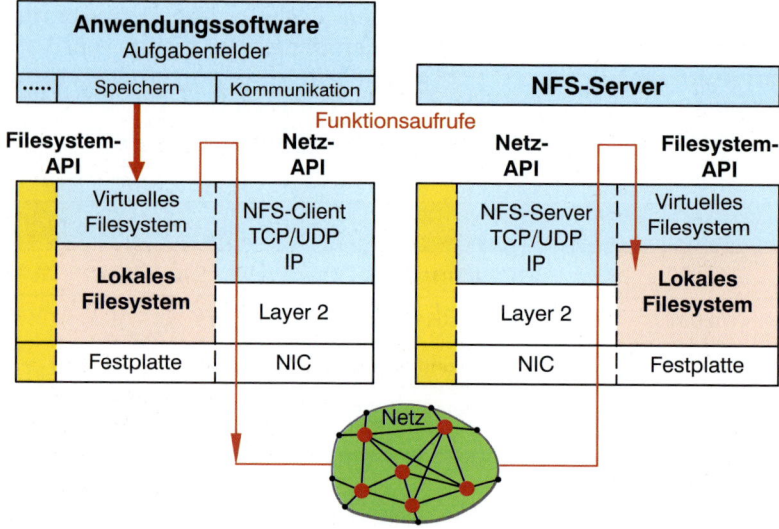

Bild 1.121: Das Arbeitsmodell von NFS

1.4.4.8   Internettelefonie (VoIP) als Multimediaanwendung

Zunehmend wird das Internet für die Übertragung von Multimediadaten verwendet. Speziell im Fall der Internettelefonie ist dies mit bestimmten Anforderungen verbunden: Es muss beispielsweise ein Übergang in die herkömmlichen Telefonnetze gegeben sein, damit Benutzer diese Technik akzeptieren können. Hierzu wiederum dient unter anderem der Vorschlag **ENUM**, bei dem das DNS dahingehend erweitert wird, dass Telefonnummern über die Domain **e164.arpa.** als Rechnernamen gedeutet und zu IP-Adressen aufgelöst werden können (siehe Kap. 3.8.4).

Signalisierung (Verbindungsauf- und -abbau)

Wie beim herkömmlichen Telefonnetz auch, muss zunächst eine Verbindung aufgebaut werden, d. h., es muss ein Zielteilnehmer adressiert und Verbindungsmittel belegt werden, nach Gesprächsende muss alles wieder abgebaut werden etc. Dazu existieren zwei Protokollansätze:

1. Von der ITU-T stammt ein sehr umfassendes „Framework" von Protokollen, das unter der Bezeichnung **H.323** bekannt ist. Es beinhaltet die technischen Voraussetzungen für die multimediale Kommunikation über Netzwerke, die selbst keinen „Quality-of-Service" (QoS), also keine Dienstgüte zur Verfügung stellen (z. B. ein einfaches LAN). Darin enthalten sind die technischen Anforderungen an die für eine Verbindung erforderlichen Komponenten, die Verarbeitung der Informationsströme, das Verbindungsmanagement sowie die Anbindung verschiedener Netztypen. Als H.323-SIG (abgeleitet von SIGnalisierung) bezeichnet man die beiden Protokolle H.225.0 und H.245, die zum Verbindungsaufbau dienen können. H.323-SIG setzt auf TCP auf.

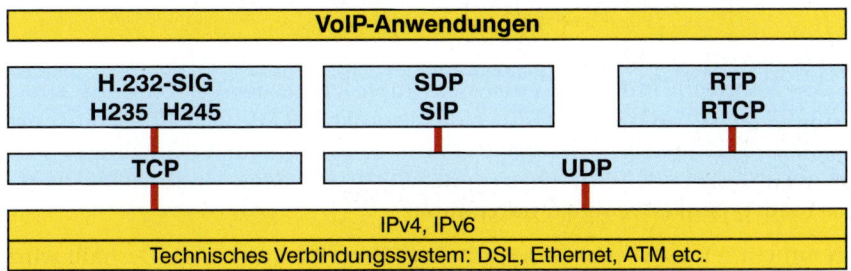

Bild 1.122: Die VoIP-Protokolle im TCP/IP-Umfeld

2. Zusätzlich gibt es eine jüngere Entwicklung, die von ITU-T und IETF gefördert wird: Das **S**ession **I**nitiation **P**rotocol (**SIP**) ist ein Signalisierungsprotokoll auf Anwendungsebene (OSI-Schicht 5–7). Es ist besser an die anderen im Internet verwendeteten Protokolle angepasst und verbreitet sich schnell. Dadurch kann es sowohl UDP als auch TCP als Transportmedium nutzen, wobei UDP vorzuziehen ist, da in diesem Fall eine ganze SIP-Meldung in ein einziges Datenpaket passt. Bei Verteilung auf mehrere Pakete steigt die Wahrscheinlichkeit eines Verlustes. Es dient zum Aufbau, zur Veränderung und zum Abbau von Verbindungen mit einem oder mehreren Teilnehmern. Im Unterschied zu H.323 beschreibt es aber nicht die Art der Datenübertragung; hier wird auf RTP bzw. RTCP zurückgegriffen. Das SIP-Protokoll ist einfacher strukturiert als H.323 und wird im RFC 2543 und 3261 ausführlich beschrieben. SIP ist textbasiert und nutzt die Möglichkeiten des Internets wie etwa das HTTP-Format. Jeder Client wird in einer SIP-Umgebung mittels einer eindeutigen SIP-Adresse identifiziert, die ähnlich einer E-Mail-Adresse in der Form „user@host" aufgebaut ist. Der User-Teil kann ein Name oder eine Telefonnummer sein, der Host-Teil ist ein Domainname oder eine Netzwerkadresse. Für die Auflösung einer derartigen SIP-Adresse zur IP-Adresse verwendet SIP das Domainname System (DNS). Alle Clients müssen sich hierzu zunächst immer bei einem SIP-Server registrieren. Ein Verbindungsaufbau erfolgt stets mit der Suche nach einem SIP-Server, gefolgt von einer REQUEST-Anfrage, in der sämtliche Informationen

enthalten sind, die der gerufene Teilnehmer benötigt, um einen oder mehrere Daten-kanäle zum rufenden Teilnehmer aufzubauen. **SIP** setzt auf UDP auf und verwendet die Ports 5060 (Server) und 5070 (Client). SIP-Terminals können auch mit H.323-Endgeräten kommunizieren, sofern ein spezielles Gateway dazwischengeschaltet ist, das die Umsetzung der SIP-Kommandos in entsprechende H.323-Befehle vornimmt. Die verschlüsselte Variante heißt **SIPS** (analog zu HTTP und HTTPS). Der Vergleich beider Protokollstrukturen zeigt, dass SIP einfacher strukturiert ist als H.323 und einen schnelleren Verbindungsaufbau ermöglicht. Da SIP das bei TCP/IP eingesetzte Domain-Name-System nutzt, muss außerdem keine entsprechende Datenbank mit Namenszuordnungen angelegt werden wie bei einem H.323-Gatekeeper.

Bei SIP-Telefonen hinter einem NAT-Router (vgl. Kap. 1.4.3.5 und Bild 1.85) muss erst die öffentliche IP-Adresse des maskierenden Routers bekannt sein, bevor der Client adressiert werden kann. Diese Adresse beschafft sich der Client über das STUN-Protokoll (**S**imple **T**raversal of **UDP** through **NAT**s) von einem STUN-Server (beim ISP). Der Vorgang heißt **Binding**. Danach muss bei einem **Registrar**-Server die dem Telefon eigene SIP-Adresse (z. B. sip:03222424****@tel.t-online.de) mit dieser öffentlichen IP-Adresse (z. B. 80.137.211.77) verknüpft werden. Ein weiterer Bestandteil der Initialisierung ist eine Beschreibung der Sitzungsparameter (z. B.: Art der Sprachcodierung, z. B. PCM, vgl. Kap. 4.1.5); dazu wird von SIP das **S**ession **D**escription **P**rotocol **SDP** verwendet.

Verbindungsphase

Angelehnt an den Vergleich mit ISDN entspricht diese Phase der Verwendung eines B-Kanals; die digitalisierte Sprache wird über das Protokoll **RTP** (Realtime Transport Protocol, RFC 3550; verschlüsselte Variante SRTP) mit Echtzeitcharakteristik übertragen: logischer Kanal aus Paketen mit Zeitmarken, der auch verschiedene Multimediaformate (RTP-Profile, Payload-Typen) erweiterbar unterstützt.

Es handelt sich um ein reines Übertragungsprotokoll ohne Rückmeldung. Deshalb wird ihm das **RTCP** (**R**eal **T**ime **C**ontrol **P**rotocol) zur Seite gestellt, mit dem sich Sende- und Empfangseinrichtung über die Qualität der Kommunikation austauschen können. Beide werden immer zusammen benutzt, setzen auf UDP auf und verwenden Portnummern, die in der Verbindungsaufbauphase dynamisch vereinbart werden; vereinbarungsgemäß erhält RTP eine gerade Portnummer (2n), die zugehörige RTCP-Kommunikation erhält die nächsthöhere Portnummer (2n+1).

Ausblicke

- Internettelefonie ist heute eine Anwendung; in Zukunft könnte sie ein *Dienst* werden, der in andere Anwendungen integriert ist (wie etwa DNS).

- Weitere klassische Kommunikationsdienste werden „over IP" abgewickelt (**ISDNoIP**, **DECToIP**, allgemein: **TDMoIP**, TDM, siehe Kap. 4.1.8), wobei sie mehr und mehr draht-los werden und damit beispielsweise als **VoWLAN** bezeichnet werden.

1.4.4.9　Gateways

Bei einem Router spricht man davon, dass er Netze miteinander verbindet, da er auf der Netzwerkschicht des OSI-Modells arbeitet und nur den *Weg* von Paketen lenkt – ungeachtet ihres *Inhaltes*. Dagegen können sogenannte **Applikations-Gateways** Dienste ineinander überführen bzw. miteinander koppeln. Sie werden im OSI-Modell so dargestellt, wie es Bild 1.123 zeigt.

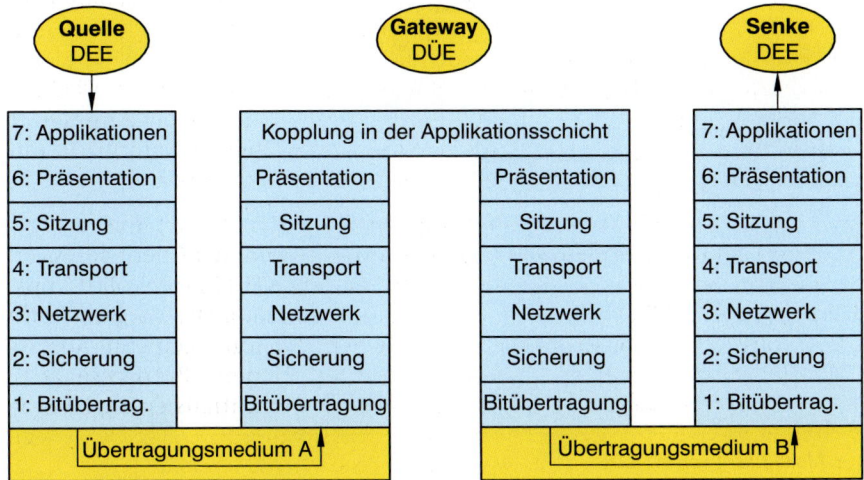

Bild 1.123: Gateways arbeiten in der Applikationsschicht

Beispiele dafür findet man
- bei jeder CGI-Anwendung (Common **Gateway** Interface),
- zwischen proprietären E-Mail-Systemen (Lotus, Novell) und den SMTP-Servern im Internet sowie insbesondere
- bei Dienstleistern, die E-Mail über ein Web-Interface anbieten.

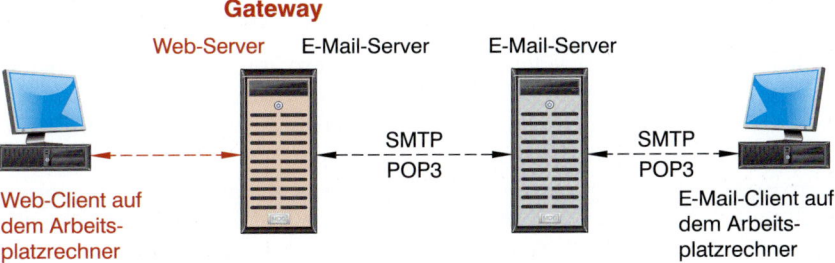

Bild 1.124: Gateway zwischen HTTP und Internetmail

Diese Gateways (Bild 1.124) erzeugen eine HTTP-Benutzer-Schnittstelle hohen Komforts (Bild 1.125) zum Internet-E-Mail-System und machen IMAP4 damit teilweise überflüssig.

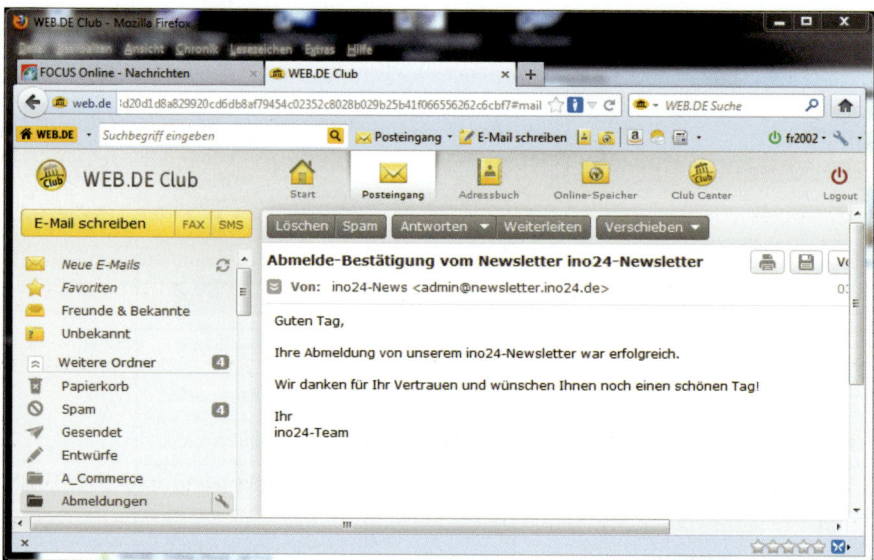

Bild 1.125: Der „E-Mail"-Client von WEB.DE

Multimedia-Gateways verbinden sogar völlig unterschiedliche Netzarten wie IP-Netze mit Telefonnetzen.

Bild 1.126: Media-Gateway

Hierbei verhält sich das Gateway in jedem der Netze wie ein Terminal; seine Aufgabe: „Übersetzungs- und Anpassfunktionen" (Transcodierung) der Mediaströme für Sprache und Video sowie der Signalisierung (MGCP: **M**edia **G**ateway **C**ontrol **P**rotocol); kann Verbindungen zu beiden Netztypen auf- und wieder abbauen.

AUFGABEN

1. Rechnen Sie ausführlich nach, dass es 2.097.152 Netze in der Klasse C gab.

2. Erstellen Sie eine vollständige Version der Tabelle in Bild 1.30, die die Netzmasken mit den Längen 15 bis 25 einschließt.

3. Berechnen Sie, wie viele Hostadressen es in der Klasse B gab.

4. Berechnen Sie, wie viele Adressen es in der Klasse E gab.

5. Bestimmen Sie für das Interface mit der IP-Adresse 172.16.63.170 die Broadcastadresse durch bitweise ODER-Verknüpfung mit der invertierten Netzmaske 255.255.0.0.

AUFGABEN

6. Stellen Sie (analog zu Bild 1.54) die Routingtabelle für Router C in Bild 1.53 auf.

7. Eine Schule will den Adressraum 192.168.1.x auf 8 gleich große Subnetze verteilen.

   a) Geben Sie dazu die Subnetzmaske an.

   b) In einem dieser Subnetze befindet sich der Host 192.168.1.84. Nennen Sie die Subnetzadresse dieses Subnetzes (mit dem Host 192.168.1.84).

   c) Nennen Sie die höchstmögliche Hostadresse in diesem Subnetz (mit dem Host 192.168.1.84).

   d) Wie viele Hosts können nach der Subnettierung noch ingesamt im Adressraum 192.168.1.x betrieben werden?

8. Kann man den Adressraum 192.168.1.x anders aufteilen?

   a) Wenn der Adressraum 192.168.1.x auf 64 Subnetze verteilt wird, wie viele Hosts können dann insgesamt betrieben werden?

   b) Wenn der Adressraum 192.168.1.x auf 128 Subnetze verteilt wird, wie viele Hosts können dann insgesamt betrieben werden?

9. Die Netze 172.30.0.0/16 und 172.31.0.0/16 werden zu einem Supernetz zusammengefasst.

   a) Wie lautet die neue Netzmaske?

   b) Wie heißen die neue Netzadresse und die neue Broadcastadresse?

10. Die Netze 172.21.0.0/16 und 172.22.0.0/16 werden zu einem Supernetz zusammengefasst.

   a) Wie lautet die neue Netzmaske?

   b) Wie heißen die neue Netzadresse und die neue Broadcastadresse?

11. Tunneling mit 6to4 ermöglicht die Verbindung von IPv6-Clouds über ein IPv4-Netzwerk. Vervollständigen Sie die IPv6-Adresse

IPv4-Adresse (dezimal)		212.204.101.210	
IPv6-Adresse (hexadezimal)	2002:	:	::/48

12. Unter welcher Portnummer ist ein Telnet-Server zu erreichen?

13. Wie viele Bytes ist ein IP-Paket mit UDP-Inhalt mindestens groß?

14. Warum kann ein UDP-Datagramm maximal gerade 65 507 Bytes transportieren?

15. Wie viele externe Kommunikationsbeziehungen zwischen Intranet und Internet kann ein linuxbasierter NAT-Router gleichzeitig unterstützen?

16. Wie viele Bits im TCP-Header sind reserviert (noch nicht definiert)?

17. Warum wird 536 als Standardwert der MSS gewählt?

18. Welche Fenstergröße bietet der Server in Bild 1.83 mindestens an?

1.5 Protokolle der technischen Verbindungsschicht, Zugriffsverfahren

Die technische Verbindungsschicht kann verschiedenen Transportsystemen mit deren verschiedenen Adressierungsverfahren dienen (Bild 1.20). Sie muss deshalb ein von höheren Protokollschichten unabhängiges Subsystem sein, das seinerseits die Verwendung unterschiedlicher physikalischer (elektrischer und optischer) Übertragungstechniken (OSI-Schicht 1) ermöglicht. Die Art der physikalischen Übertragung bestimmt die Zugriffsregeln auf das Übertragungsmedium und die hardwarenahen Protokolle.

Bild 1.127: Das technische Verbindungssystem

1.5.1 Das IEEE-802-Referenzmodell für LAN und MAN

Für die Netzgrößen PAN, LAN und MAN (Bild 1.5) hat die IEEE-Arbeitsgruppe 802 eine Reihe von Spezifikationen erarbeitet, über die Bild 1.128 und 1.129 einen nur ausschnittartigen Überblick geben können.

Standard	Gegenstand der Standardisierung
IEEE 802.1	Netzkopplungen und Anderes
IEEE 802.2	Diensttypen und logische Verbindungssteuerung
IEEE 802.3	CSMA/CD-Zugriffsverfahren
IEEE 802.4	Token-Bus-Zugriffsverfahren
IEEE 802.5	Token-Ring-Zugriffsverfahren
IEEE 802.6	Metropolitan Area Network (MAN), siehe Bild 1.5
IEEE 802.9	Sprache/Daten-Integration im LAN
IEEE 802.10	LAN-Sicherheit
IEEE 802.11	Funknetze (Wireless LAN)
IEEE 802.12	Demand-Priority-Zugriffsverfahren (100VG-AnyLAN)
IEEE 802.15	Wireless PAN
IEEE 802.16	WiMax
IEEE 802.3u	Fast „Ethernet" mit CSMA/CD
IEEE 802.3z	Gigabit-„Ethernet"

Bild 1.128: IEEE-802-Standards (Auswahl)

Die IEEE-Standards decken die meisten verwendeten Techniken ab.

	802.2 Logical Link Control										OSI-Schicht 3 / OSI-Schicht 2b

Architektur des IEEE-Standards:

OSI-Schicht 3

802.1	802.2 Logical Link Control										OSI-Schicht 2b
	802.1 Netzkopplung										
Überblick, Architektur Management	802.3 Medium Access	802.4 Medium Access	802.5 Medium Access	802.6 Medium Access	802.9 Medium Access	802.11 Medium Access	802.12 Medium Access	802.15 Medium Access	802.3u Medium Access	802.3z Medium Access	OSI-Schicht 2a
	802.3 Physical	802.4 Physical	802.5 Physical	802.6 Physical	802.9 Physical	802.11 Physical	802.12 Physical	802.15 Physical	802.3u Physical	802.3z Physical	OSI-Schicht 1

Bild 1.129: Die IEEE-Architektur (Auszug)

1.5.2 Unterteilung der OSI-Schicht 2 in LLC und MAC

Die IEEE-802.2-Arbeitsgruppe hat die OSI-Schicht 2 (Sicherungsschicht) in zwei Teilschichten aufgespaltet:

- Die OSI-Teilschicht 2b wird für die ISO-Protokolle gebraucht und **LLC-Schicht** (Logical Link Control) genannt. Sie grenzt an die Netzwerkschicht (OSI-Schicht 3).
- Die OSI-Teilschicht 2a wird **MAC-Schicht** (Medium Access Control) genannt und grenzt an die Bitübertragungsschicht (OSI-Schicht 1, **PHY-Schicht** bei IEEE).

LLC-Teilschicht

Über die LLC-Teilschicht bietet die Sicherungsschicht den Transportsystemen als eine einheitliche Schnittstelle unter anderem

- einen Datagrammdienst (Typ 1, RFC 1042: IP in IEEE-802-Netzen) und
- einen Verbindungsdienst (Typ 2) an.

Ferner ist eine eigenständige horizontale Kommunikation zwischen Geräten der Sicherungsschicht möglich. Zusätzlich **können**, um für alle Wechselfälle gerüstet zu sein, Dienstzugangspunkte (**DSAP**: Destination **SAP** und **SSAP**: Source **SAP** in Bild 1.130) **ähnlich** den TCP/UDP-Ports definiert werden. Diese SAPs können Instanzen höherer Protokollebenen adressieren. Die LLC-Schicht verwendet dazu einen drei Byte großen Header.

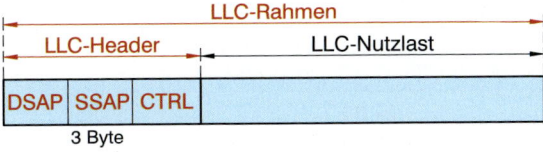

Bild 1.130: Einbettung in einen LLC-Rahmen

Allerdings werden in den beiden SAP-Bytes je zwei Bits für eine Unterscheidung *global/lokal* und *Unicast/Multicast* verbraucht. Der verbleibende Adressraum mit 64 verschiedenen Kennungen ist ziemlich eng ausgefallen, sodass nur einige bedeutende Organisationen und Protokolle bedacht werden konnten. Für alle anderen wurde DSAP = SSAP = AA (hexadezimal) und CTRL=3 festgelegt. Dann wird aber ein weiterer, mit fünf Bytes recht großzügiger Header zusätzlich eingefügt, in dem zwei Bytes zur Kennzeichnung des über-geordneten Protokolls (TYPE = 0800 für IP in Bild 1.132) dienen. Diese Erweiterung heißt **SNAP** (SubNetwork Access Protocol).

LLC-Header			**SNAP-Header**				**LLC-Nutzlast**	
AA	AA	3	00	00	00	0800	IP-Header	IP-Nutzlast
DSAP	SSAP	CTRL	Organizationally Unique Identifier			TYPE		
	3 Byte			3 Byte		2 Byte		

Bild 1.131: Einbettung in einen LLC-SNAP-Rahmen

Beispiele für TYPE-Codierungen sind:

Code (hex.)	Protokoll	Code (hex.)	Protokoll	Code (hex.)	Protokoll	Code (hex.)	Protokoll
0800	IP	0806	ARP	8863	PPPoE-Discovery	809B	Appletalk
8137	IPX	86DD	IPv6	8864	PPPoE-Session	88ab	Powerlink

Bild 1.132: Codierungen für Nutzlastprotokolle

MAC-Teilschicht

Die MAC-Teilschicht definiert die Parameter, die für das Zusammenarbeiten der verbun-denen einzelnen Endsysteme erforderlich sind. Dazu zählen unter anderem die **MAC-Adressen** (siehe Kap. 1.4.2.8) und die **Zugriffsverfahren** (ab Kap. 1.5.3).

Aufbau der MAC-Adressen

IEEE definiert zwei Formate von MAC-Adressen: 16 bit und 48 bit. In Ethernet-Frames werden 48 Adressbits verwendet (Bild 1.133). Die beiden niedrigstwertigen Bits des ersten Bytes gestatten eine Unterscheidung zwischen Unicast-Adressierung und Multicast-/ Broadcastadressierung sowie ein Attribut *global/lokal (lokal* koppelt die Bedeutung der nachfolgenden Bits von IEEE ab).

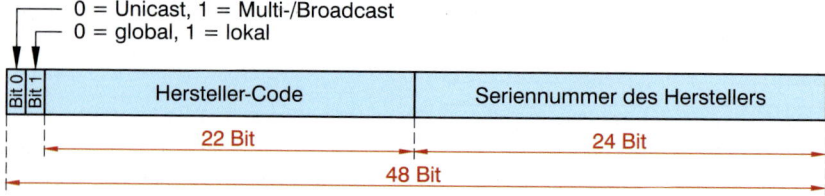

Bild 1.133: Format der 48-Bit-MAC-Adressen in Sendereihenfolge

Der Herstellercode heißt auch OUI (**O**rganizationally **U**nique **I**dentifier) und bildet mit der exemplarspezifischen Seriennummer zusammen eine Adresse, die weltweit eindeutig sein dürfte, sodass die Wahrscheinlichkeit zweier gleicher MAC-Adressen in einem LAN/ MAN praktisch null ist.

1.5.3   IEEE 802.3 (Ethernet) und CSMA/CD

Unter dem Sammelnamen „Ethernet" versteht man eine Reihe von Varianten mit verschiedenen Übertragungsgeschwindigkeiten, Übertragungsmedien, Signalcodierungen und Rahmentypen (Ethernet- Frames). Am Anfang der Entwicklung standen das dicke Koaxialkabel (10Base5) mit 500 m und das dünne Koaxialkabel (10Base2) mit 185 m maximaler Segmentlänge, die elektrisch einen Bus darstellten (siehe hierzu auch Kap. 1.6.1.1). Aus diesen physikalischen Gegebenheiten resultierten einige technische Beschränkungen, die seinerzeit nötig und sinnvoll waren, wegen der Rückwärtskompatibilität aber noch bis heute nachwirken.

Zugriffsregeln

CSMA/CD (**C**arrier **S**ense **M**ultiple **A**ccess with **C**ollision **D**etection) sieht vor, dass mehrere Stationen (Multiple Access) gleichberechtigt an ein Übertragungsmedium angeschlossen werden (Shared Medium) und wohlerzogen Konversation betreiben:

> Eine Station darf nur senden, wenn gerade keine andere sendet.

Dazu muss ständig das Übertragungsmedium abgehört werden (Carrier Sense), weil der Zugriff asynchron erfolgt. Wird vom Interface das Übertragungsmedium als frei erkannt, muss eine Pause *(Inter Frame Gap)* von 96 Bitzeiten eingehalten werden, bevor die Aussendung gestartet wird. Dabei kann es passieren, dass zwei Stationen diesen Zustand gleichzeitig erkennen und zu Recht zu senden beginnen. Als Folge davon werden sich die Signale beider Stationen überlagern und verfälschen. Eine solche Kollision ist ein zwar unerwünschter, aber dennoch ein kalkulierter, normaler Vorgang und *kein* Fehlerzustand.

> Wird vom Interface eine Kollision erkannt, wird die Datenübertragung abgebrochen und ein definiertes **Störsignal** (Jam) gesendet.

Durch das Jam-Signal (32–48 bit) soll sichergestellt werden, dass der Kollisionszustand von allen Stationen wahrgenommen wird (Collision Detection).

> **Kollisionserkennung** ist zwingend erforderlich. Für die Kollisionserkennung ist wichtig, dass ein Rahmen eine Mindestlänge von 64 Bytes besitzt (gegebenenfalls mit Füllbits aufzufüllen; PAD in Bild 1.136). Diese richtet sich nach der sogenannten Slottime des Netzes.

Die unterbrochene Datenübertragung wird anschließend erneut versucht. Um nicht wiederholte Kollisionen vorzuprogrammieren, kommt der Zufall ins Spiel. Muss bei einer Station eine Rahmenaussendung erstmalig abgebrochen werden, kann die Station (durch Zufall) auswählen, ob sie sofort oder nach Abwarten einer Slottime (siehe unten) erneut zu senden versucht. Für weitere Versuche wird nach folgendem Schema (Bild 1.134) vorgegangen:

So wird gewährleistet, dass die Sendeversuche bei schwacher Netzlast (geringere Kollisionswahrscheinlichkeit) in kürzeren, bei hoher Netzlast in längeren Zeitabständen erfolgen. Nach 16 erfolglosen Versuchen wird der Rahmen verworfen und ein Fehler an die höheren Protokollschichten gemeldet.

Sendewiederholung für diesen Rahmen	Wartezeit aus diesem Intervall wählen
1	0 bis 1
2	0 bis 3
3	0 bis 7
...	...
10	0 bis 1023
...	...
16	0 bis 1023

Bild 1.134: „Truncated Binary Exponential Backoff"-Algorithmus in Tabellenform

Gesendet wird ein – asynchron beginnender – Burst von Rechtecksignalen. Vor den eigentlichen Daten (Layer-2-Header) wird ein „Einschwingsignal" (Präambel genannt) von 64 Bitzeiten Länge gesendet: 31 Mal „01" und dann „11"; diese letzte Unregelmäßigkeit (SFD: Start Frame Delimiter) kennzeichnet den Beginn der Nutzdaten mit dem nächsten Bit. Für die Kollisionserkennung ist wichtig, dass ein Rahmen eine bestimmte Mindestlänge besitzt. Diese richtet sich nach der sogenannten **Slottime** des Netzes.

Unter der **Slottime** eines Netzes versteht man die doppelte Signallaufzeit von einem Leitungsende zum anderen.

Tritt bis zum Ablauf der Slottime keine Kollision auf, dann tritt bei ansonsten regelkonformer Konfiguration auch danach keine mehr auf.

Die Koaxialkabel wurden von Twisted-Pair-Kabeln abgelöst, bei denen je Senderichtung mindestens zwei Adern zur Verfügung stehen und bei Verwendung von Switches statt Hubs (siehe Kap. 1.6.3) keine Kollisionen mehr auftreten. Die hier eigentlich überflüssigen Protokollelemente Präambel und SFD sind aber in die sehr ausgefeilte Übertragungstechnik integriert worden, um Kompatibilität zu gewährleisten. Die beteiligten Interfaces synchronisieren jetzt bei Herstellung der physikalischen Verbindung und arbeiten mit 3-5-stufigen Signalpegeln, um mehr als ein Bit/Schritt übertragen zu können.

Die Rahmentypen

Bevor IEEE den Standard 802.3 in den frühen 80er-Jahren schuf, verwendete man die Version 2 des ursprünglich vom DIX-Konsortium (DEC, Intel und XEROX) entwickelten Rahmentyps (Bild 1.135), der auch Ethernet-II-Rahmen heißt.

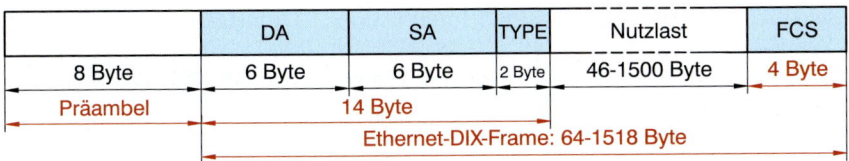

Präambel: 10101010 10101010 10101010 10101010 10101010 10101010 10101010 10101011
DA   : Hardware-Zieladresse (Destination Adress)
SA   : Hardware-Quelladresse (Source Adress)
TYPE   : Nutzlast-Protokolltyp, Kodierung wie bei SNAP, 0800 (hex.) für IP
FCS   : Frame Check Sequence, CRC (Cyclic Redundancy Check)-Prüfwert

Bild 1.135: Der klassische Ethernet-II-Rahmen

Bei diesem Rahmentyp ist die (8-Byte-)Präambel identisch mit der späteren Kombination (7-Byte-)Präambel + SFD, die Teile heißen nur anders. Das Typfeld nach den Ethernet-Adressen (MAC-Adressen) kennzeichnete direkt den Nutzlasttyp. Hier kann die Software aus dem Längenfeld des IP-Headers (Bild 1.37) die Gesamtlänge des Rahmens errechnen. Header und Trailer sind zusammen 18 Byte lang, sodass als Nutzlast minimal 46 Byte zulässig sind, um die geforderte Mindestlänge von 64 Byte zu erreichen.

Seit 1985 ist der IEEE-802.3-Rahmen der **Standard.**

Der Rahmen (Bild 1.136) ohne Tag (Markierung, Etikett) unterscheidet sich vom DIX-Rahmen dadurch, dass

- anstelle des Typ-Feldes ein Längenfeld auftritt, wobei „zu kleine" Nutzlasten mit Nullen im PAD-Feld aufgefüllt werden und

- die Nutzlast grundsätzlich ein LLC-Rahmen (mit oder ohne SNAP) ist und

- bei Übertragungsgeschwindigkeiten oberhalb von 100 Mbit/s nach der FCS eine Rahmenerweiterung (Extension) gesendet wird, die den Rahmen auf die Länge der Slottime auffüllt.

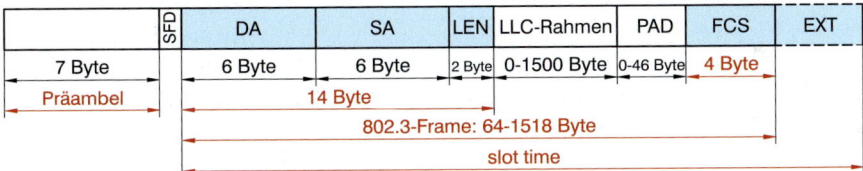

Präambel: 10101010 10101010 10101010 10101010 10101010 10101010 10101010
SFD   : 10101011
DA   : Hardware-Zieladresse (Destination Address)
SA   : Hardware-Quelladresse (Source Address)
LEN   : Längenangabe der Nutzlast in Byte
FCS   : Frame Check Sequence, CRC (Cyclic Redundancy Check)-Prüfwert
EXT   : Extension bei mehr als 100 MBit/s halbduplex

Bild 1.136: Der IEEE-802.3-Rahmen

Die Werte im TYPE-Feld sind immer größer oder gleich 1536, sodass es sich von der Längencodierung unterscheidet. Treibersoftware kann daher in vielen Fällen die Koexistenz beider Rahmentypen im gleichen Übertragungsmedium gestatten.

Als Kuriosität sei noch der Ethernet-Novell-Rahmen (Bild 1.137) aufgeführt:

	SFD	DA	SA	LEN	IPX-Rahmen	PAD	FCS
7 Byte		6 Byte	6 Byte	2 Byte	0-1500 Byte	0-46 Byte	4 Byte
Präambel		14 Byte					
		802.3-Frame: 64-1518 Byte					

Präambel: 10101010 10101010 10101010 10101010 10101010 10101010 10101010
SFD   : 10101011

Bild 1.137: Der Ethernet-Rahmen à la Novell

Novell ignorierte LLC (IEEE 802.2) und nannte den Rahmentyp zunächst „Ethernet 802.3". Stattdessen definierte man als die ersten zwei Byte des eingekapselten IPX-Pakets einen IPX-Header-Prüfwert, berechnete diesen aber dann doch (meistens) nicht, sondern setzte dafür FFFF (hex.) ein. Bei den LLC-SAPs wurde FF nicht definiert, sodass man glücklicherweise diesen Rahmentyp von 802.3-Rahmen unterscheiden kann – es sei denn, eine Novell- Version berechnet den Prüfwert doch. Später benannte Novell den Rahmen in „Ethernet 802.3 raw" um, empfiehlt und unterstützt jedoch neuerdings vollständige IEEE-802.2-Konformität.

1.5.4 IEEE 802.5 (Token Ring) und FDDI

Bei CSMA/CD findet der Zugriff auf das *gemeinsame* Übertragungsmedium durch die einzelne Station asynchron statt. Das hat zwei Konsequenzen:

1. Bei freiem Übertragungsmedium kann die Sendung den Empfänger sofort erreichen.
2. Bei belegtem Übertragungsmedium und bei Kollisionen ist im Einzelfall unbestimmbar, wie lange gewartet werden muss.

Als **stochastisch** (zufallsbasiert) bezeichnet man ein Zugriffsverfahren, bei dem das Verhalten nicht in jedem Fall vorhersagbar ist.

Im Gegensatz dazu stehen die *deterministischen* Zugriffsverfahren. Bei ihnen kann eine maximale Übertragungszeit garantiert werden. Dies wird durch Wartezeiten auf die Sendeberechtigung erkauft.

Als **deterministisch** (berechenbar) bezeichnet man ein Zugriffsverfahren, bei dem das Verhalten in jedem Fall vorherbestimmbar ist.

Bei dem vom *IBM Token Ring* abgeleiteten, durch **IEEE** standardisierten, IEEE 802.5 deterministischen Verfahren sind die maximal **250 Stationen** in einem logischen Ring aus gerichteten Punkt-zu-Punkt-Verbindungen angeordnet (Bild 1.138).

Bild 1.138: Der logische Ring bei IEEE 802.5

Jede Station hat genau einen zuliefernden Nachbarn und einen Nachbarn, dem sie zuliefert. Eine der Stationen wird zur aktiven Überwachungsstation, die zuerst das **Token** (engl.: Zeichen, Merkmal) aussendet, die Sendeberechtigung. Das Token kreist im Ring, bis es von einer sendebereiten Station „ergriffen" und in einen Datenrahmen verwandelt wird. Nur die Station, die im Besitz des Tokens ist, darf senden – Kollisionen sind ausgeschlossen. Jede Station muss ihr physikalisches Signal nur bis zum nächsten Nachbarn senden können und bewirkt eine Signalregenerierung. Für die Datenübertragungsrate sind **4** und **16 Mbit/s** vorgesehen.

Der IEEE-802.5-Standard schreibt weder eine Verkabelungstopologie noch ein bestimmtes Übertragungsmedium vor. Häufig wird eine sternförmige TP-Verkabelung zu finden sein, mit einem **M(S)AU** (**M**ulti**S**tation **A**ccess **U**nit, Ringleitungsverteiler) im Sternpunkt (Bild 1.139).

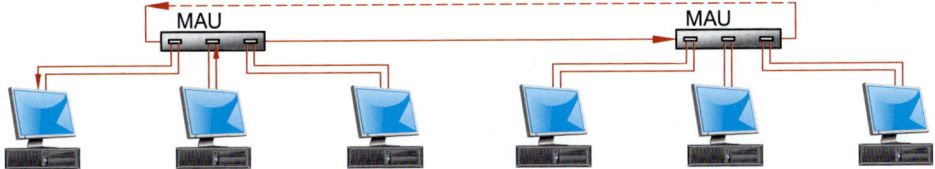

Bild 1.139: Trotz sternförmiger Verkabelung ein logischer Ring

Bereits heute führt dieser Standard ein Nischendasein in dem von IBM-Großrechnern geprägten Umfeld bei Banken und Versicherungen. Die Zukunft dieses Verfahrens ist trotz seiner unbestreitbaren Vorteile heftig umstritten. **FDDI** (**F**iber **D**istributed **D**ata **I**nterface) arbeitet prinzipiell ähnlich wie IEEE 802.5, weist aber folgende Unterschiede auf:

- Die ANSI-Norm X3T9.5 (**A**merican **N**ational **S**tandardization **I**nstitute) umfasst Bitübertragungsschicht und MAC-Teilschicht.

- Die Übertragungsgeschwindigkeit beträgt **100 Mbit/s.**

- Abstand zweier Stationen bis zu **2 km** bei LWL (**60 km** bei Monomodefasern) als Übertragungsmedium.

- Bis zu **500 Stationen** an einem bis zu **100 km** langen Ring.

- Besonders als **Backbone** zur LAN-Kopplung und im WAN eingesetzt.

- Deswegen wird zur Erhöhung der **Ausfallsicherheit** ein Doppelring verwendet: Der sekundäre Ring in Gegenrichtung wird nur im Fehlerfall aktiviert, um die Fehlerstelle zu umgehen.

- Bessere Bandbreitenausnutzung, da **gleichzeitig mehrere Rahmen** und Token im Ring kreisen dürfen.

1.5.5 Funknetze

Während CSMA/CD nach IEEE 802.3 und Token Ring nach IEEE 802.5 auf Leitungen (Kupfer-/Lichtwellenleiter) eingesetzt werden, kommen neuerdings zunehmend Funkstrecken als Übertragungsmedium zum Einsatz.

Vorteile:

- Oft das einzig mögliche Medium, z. B. in historischen Gebäuden
- Vergleichsweise unempfindlich gegen Erdbeben und andere Katastrophen
- Hohe Mobilität von Nutzern und Stationen möglich (Fahrzeugbetrieb bei nicht zu hoher Geschwindigkeit)

Nachteil:

- Verschlüsselung erforderlich

Bei der Betrachtung „drahtloser" Medien muss unterschieden werden zwischen

- den etablierten und gerade am Markt eingeführten Standards (Bild 1.128) nach IEEE **802.11a, 802.11g und 802.11n** und **Bluetooth** (IEEE **802.15.1**, adaptiert von Bluetooth SIG, Inc.) sowie

- den weniger verbreiteten Ansätzen für Wireless PANs (**WPANs**) wie **HomeRF** (USA) und **WirelessUSB** sowie Entwicklungen wie **WiMax** (Wireless WANs).

Dieses Kapitel versucht, die grundlegenden Eigenschaften von Funknetzen aufzuzeigen. Wesentliche Unterschiede zu leitungsbasierten Netzen sind:

1. Die Verwendung von Funk unterliegt unterschiedlichen nationalen gesetzlichen Regelungen.

2. Kein Schutz vor äußerlichen Störeinflüssen und damit verbundene höhere Störanfälligkeit.

3. Ständig sich ändernde räumliche Anordnung der Stationen.

4. Stationen können sich gegenseitig überdecken; nicht jede Station kann jede Aussendung „hören".

5. Die Ausbreitungseigenschaften der Funksignale können sich zeitabhängig ändern.

6. Stationen mit Batteriebetrieb müssen Energieverbrauche steuern.

Alle diese Restriktionen müssen vor den höheren Protokollschichten (ab LLC aufwärts) verborgen bleiben.

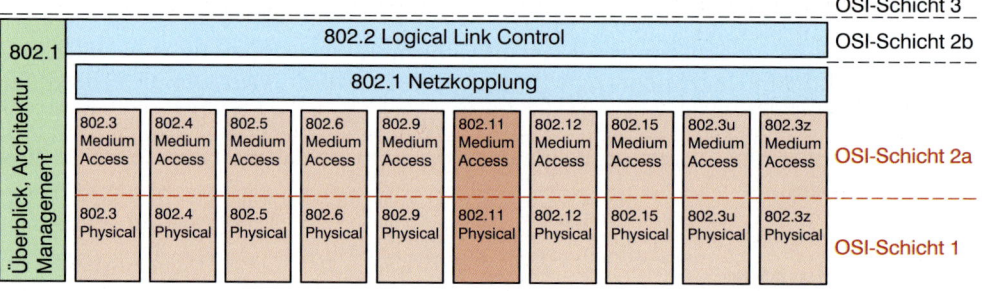

Bild 1.140: IEEE 802.11 beschreibt Funk- und Infrarot-Vernetzung

1.5.5.1 Das WLAN-Architekturmodell

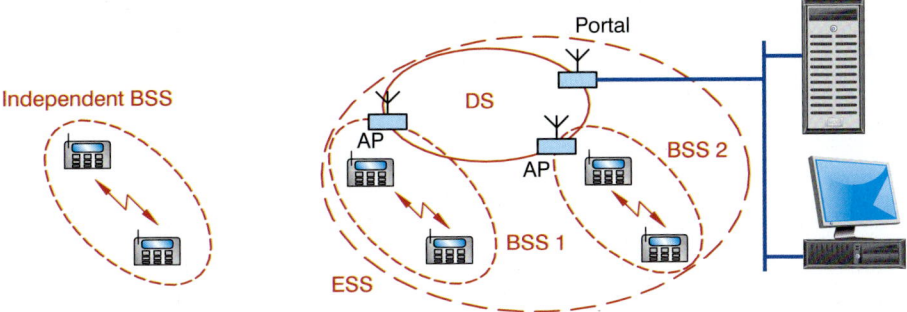

Bild 1.141: WLAN-Architekturmodell nach IEEE 802.11

Der Standard nennt einige wenige architektonische Komponenten (Bild 1.142).

Komponente	Beschreibung
Station	Rechner mit Zugriff auf das Funk-NIC
Basic Service Set (BSS)	Gruppe von Stationen, die dieselbe Frequenz benutzen
Independent BSS (IBSS)	Spontan (ad hoc) zusammengefasste Stationen
Distribution System (DS)	Verbindungsnetz belieb. Technologie, das BSS verbindet
Extended Service Set (ESS)	Zusammenfassung von DS und verbundenen BSS (Infrastruktur)
Access Point (AP)	Station, die in ein DS und in ein BSS integriert ist
Portal	Station, die in ein DS und in ein Festnetz integriert ist

Bild 1.142: Komponenten im WLAN-Architekturmodell nach IEEE 802.11

Portale und Access Points wirken als Brücken.

Für dieses Architekturmodell wurde eine Reihe von Diensten (Bild 1.143) der Verbindungsschicht definiert, die den oben genannten Besonderheiten Rechnung tragen. Es wird zwischen Stationsdiensten und Diensten des DS unterschieden:

Stationsdienst	Beschreibung
Authentication	Echtheitsprüfung der Identitätsdeklaration auf Stationsebene (nicht Benutzer!)
Deauthentication	Aufhebung der Authentication, die zur Disassociation führt
Privacy	Verschlüsselung für WEP (Wired Equivalent Privacy reicht heute nicht mehr!)
MSDU delivery	Datentransport (**M**AC **S**ervice **D**ata **U**nit Delivery)

DS-Dienst	Beschreibung
Association	Anmelden einer Station bei einem DS über genau einen AP
Disassociation	Abmelden von einem DS
Distribution	Weiterleitung von Datenpaketen im DS über einen AP
Integration	Weiterleitung von Datenpaketen vom DS über ein Portal ins Festnetz
Reassociation	Ummelden zu einem anderen AP bei Bewegung von einer BSS zu einer anderen innerhalb des gleichen ESS

Bild 1.143: Dienste im IEEE-802.11-WLAN

IEEE 802.11 definiert mehrere Verkehrsarten (Bild 1.144) und die Vergabe von Prioritäten (Bild 1.145 und 1.146).

Verkehrsart	Beschreibung
DCF (Distributed Coordination Function)	Asynchron, Konkurrenzbetrieb
PCF (Point Coordination Function)	Medium zeitlich begrenzt reserviert

Bild 1.144: Verkehrsarten im IEEE-802.11-WLAN

Als Zugriffsarten gibt es (neben anderen Optionen) als Standard das Verfahren CSMA/CA, wobei CA für Collision Avoidance (Vermeidung von Kollisionen statt ihrer Erkennung) steht (Bild 1.145).

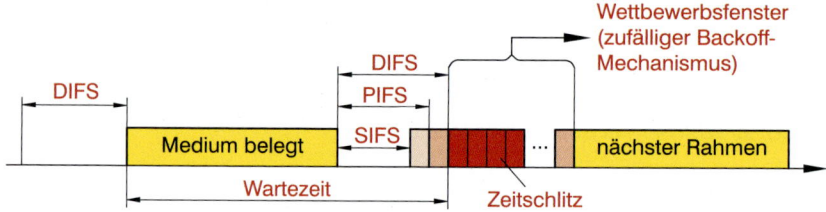

Bild 1.145: Priorisierung und Collision Avoidance im IEEE-802.11-WLAN

Die Prioritäten werden durch unterschiedliche Wartezeiten (IFS: Inter Frame Space) für unterschiedliche Diensttypen realisiert (Bild 1.146).

IFS-Typ	Priorität	Diensttyp
DCF-basiert : DIFS	niedrigste	Standard; asynchrone Datendienste
PCF-basiert : PIFS	mittlere	Konkurrenzfreie Übertragung, vom AP gesteuert
Short : SIFS	höchste	Steuerinformation

Bild 1.146: Priorisierung im IEEE-802.11-WLAN

Zur Vermeidung von Kollisionen wird wie folgt verfahren:

1. Sendewillige Station hört das Medium ab.

2. Ist das Medium für die Dauer eines IFS frei, wird ein kompletter Rahmen gesendet (IFS je nach Sendeart gewählt).

3. Ist das Medium belegt, wird auf einen freien IFS gewartet und dann zusätzlich um eine *zufällige Backoff-Zeit* in Vielfachen der Slottime verzögert (Kollisionsvermeidung, CSMA/CA).

4. Wird das Medium während der Backoff-Zeit von einer anderen Station belegt, bleibt der Backoff-Timer so lange stehen.

Die verschiedenen überaus variantenreichen Rahmentypen des Standards würden den Rahmen dieses Buches sprengen und bleiben deswegen unbehandelt.

1.5.5.2   Andere Funknetze

Bezogen auf das Zusammenwirken der Protokolle passten sich 802.11-Protokolle als reine Übermittlungsprotokolle harmonisch in die bisher betrachteten Modelle (TCP/IP, DoD) ein. Diese waren für LAN bzw. Internet konzipiert. Manchen Aufgabenumfeldern werden diese jedoch nicht vollständig gerecht, sodass oft nach besser angepassten (Gesamt-) Lösungen gesucht wird. ZigBee und Bluetooth (Bild 1.147) sind beispielhafte Repräsentanten hierfür.

Typ. Eigenschaft	ZigBee	Bluetooth
Anwendung	Messen, Steuern	Kabelersatz am PC
Stationsanzahl im Piconet	Viele ($\leqq$ 65 535)	Wenige ($\leqq$ 8)
Eintritt ins Netz in ca.	15 ms	3 000–10 000 ms
Datenvolumen	klein (Nachrichten)	groß (Multimedia)
Datenrate	$\leqq$ 250 kbit/s	1 Mbit/s

Bild 1.147: Vergleich zweier WPAN-Funktechniken

Bluetooth

Dieses Nahbereichsfunksystem wurde für viele unterschiedliche Aufgabengebiete entwickelt, deren Spektrum von der Anbindung eines Headsets an ein Mobiltelefon bis zum Anschluss einer Tastatur oder Maus an einen PC reicht (siehe auch Kap. 1.7.9 „Einfache IT-Systeme"). Aus dieser Sicht ist die Datenübertragung innerhalb eines LAN nur eine von vielen Anwendungen. Entsprechend umfassend ist der Protokollstapel (Bild 1.148) ausgelegt, entsprechend grob können hier nur einige Eigenschaften skizziert werden.

Auf eine von der Bluetooth-SIG entwickelte und dann nach IEEE 802.15.1 standardisierte OSI-Schicht 1 und 2 setzen spezifische Protokolle auf, deren gesamte Dienstleistung für Anwendungen als Menge von sogenannten **Profilen** definiert ist.

Ein Profil ist eine Zusammenfassung von Diensten für eine Klasse von Anwendungen.

Natürlich müssen und können nicht alle Geräte alle Profile anbieten. Das **GAP** (Generic Access Profile) ist unverzichtbar und allen gemeinsam. Darauf bauen

- **SDAP** (**S**ervice **D**iscovery **A**pplication **P**rofil, die „Gelben Seiten" eines Gerätes),
- Telephony Profile = **INTP** (**Int**ercom Profile, Walkie-Talkie-Funktion zwischen Headsets) + **CTP** (**C**ordless **T**elephony **P**rofile) sowie
- das **SPP** (**S**erial **P**ort **P**rofile) auf, welches seinerseits allen anderen Profilen als Grundlage dient.

SPP-basierte Profile sind unter anderem:

- **HSP** (**H**eadset **P**rofile)
- **LAP** (**L**AN **A**ccess **P**rofile)
- **FAXP** (**Fax** **P**rofile)
- **DUNP** (**D**ial **U**p **N**etwork **P**rofile)
- **GOEP** (**G**eneric **O**bject **E**xchange **P**rofile)

Diese Anwendungsklassen werden durch das Zusammenwirken verschiedener Bluetooth-interner Dienste mit ihren Protokollen ermöglicht.

So stellt etwa der RFCOMM-„Treiber" (Bild 1.148) als „Kabelersatzprotokoll" bis zu 60 virtuelle COM-Ports für Anwendungen zur Verfügung.

Kommunizierende Stationen nehmen eine Rolle als Master oder als Slave an, i.d.R. wird der Initiator zum Master. Im einfachsten Fall spricht man dann von einem **Piconetz** (siehe auch Bild 1.6); eine Masterstation *eines* Piconetzes kann aber auch Slave in einem anderen Piconetz sein; man spricht dann von einem **Scatternetz** (Bild 1.149).

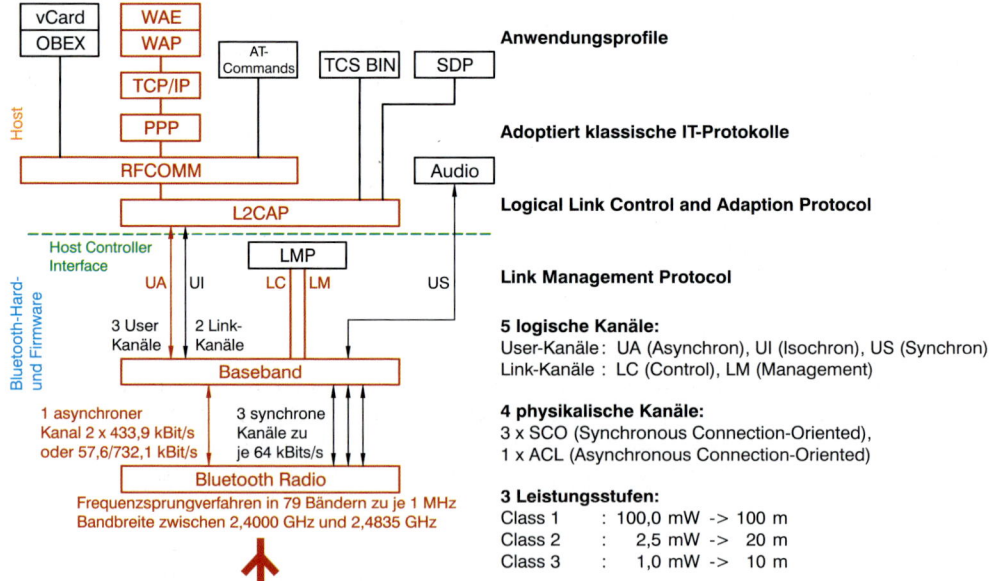

Bild 1.148: Der Protokollstapel bei Bluetooth

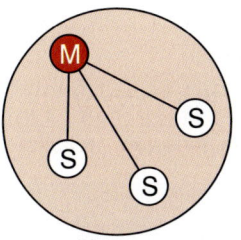 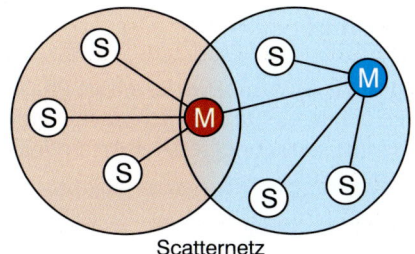

Piconetz   Scatternetz

Bild 1.149: Piconetz und Scatternetz

Für den Einsatz in Unternehmen könnte sich die Beschränkung auf lediglich acht simultan aktive Stationen nachteilig auswirken, große Vorteile sind hingegen:

- geringe Strahlenbelastung,
- verhältnismäßig hoher Datendurchsatz,
- geringer Energieverbrauch,
- günstige Kosten (einstellige €-Beträge je Interface),
- hohes Sicherheitsniveau durch eingebaute Verschlüsselung,
- Ad-hoc-Netzwerkfähigkeit sowie
- hohe Konnektivität (durch Zertifizierung der Standardkonformität).

ZigBee

Im ZigBee-Architekturmodell werden FFD (**F**ull **F**unction **D**evice) und RFD (**R**educed **F**unction **D**evice) unterschieden. FFDs können mit FFDs **und** RFDs kommunizieren und die Funktion eines PAN-Koordinators übernehmen; RFDs können nur mit FFDs kommunizieren und können deswegen sehr einfach und kostengünstig sein. Mit dem Standard IEEE 802.15.4, der nur die OSI-Schichten 1 und 2a beschreibt, können Stern- und Peer-to-Peer-Topologie verwirklicht werden. Die höheren Protokollschichten sind ZigBee-spezifisch und noch nicht endgültig standardisiert, sondern nur proprietär realisiert. Erarbeitet werden die Profile:

- Gebäudeautomation,
- Haustechnik (Beleuchtung, Heizung, Lüftung, Klima),
- Industriesteuerung,
- Fernsteuerungen und
- Consumerelektronik.

HiperLan

Dieser von einem Industriekonsortium entwickelte Ansatz bedarf einer Integration mit dem IEEE 802.15 Ansatz. Die unter der Bezeichnung HiperLAN bekannte WLAN-Lösung der ETSI (European Telecommunications Standards Institute) stimmt auf der Bitübertragungsschicht mit IEEE 802.11a überein, nicht jedoch in der MAC-Schicht.

WiMax

Ursprünglich als Richtfunkstandard IEEE 802.16 für MANs mit einer Bandbreite von 75 Mbit/s bei bis zu 50 km Reichweite gedacht, wurde im WiMax-Forum (ca. 200 Unternehmen) daraus die Idee, ab 2006/2007 auch mobile Endgeräte mit bis zu 15 Mbit/s bei bis zu 5 km Reichweite zu unterstützen (siehe Kap. 3.10.5).

1.5.5.3 Der Stand der Dinge

Daneben bereichern proprietäre Systeme die derzeitige Phase evolutionärer Vielfalt, ähnlich wie dies in den 80er-Jahren bei den leitungsbasierenden Netzwerken der Fall war (Bild 1.150). Die Konsolidierungsphase mit stärker begrenzter Artenvielfalt steht noch bevor.

Technologie	Normung	Frequenz-bereich (GHz)	Datenrate (Mbit/s)	Reich-weite (m)	Typisch. Einsatz
802.11ac	IEEE	5	1 300 (≤ 6 933)	50	WLAN
802.11n	IEEE	2,4/5	100 (≤ 300)	70–250	WLAN
802.11g	IEEE	2,4	54	30/100	WLAN, Local Loop („letzte Meile")
802.11a	IEEE	5,15	24	30/100	WLAN, Local Loop
HiperLAN 1	ETSI	5,15	20	30/100	WLAN (EN 300 652)
HiperLAN 2	ETSI	5,15	6, 9, 12, 18, 27, 36, 54	30/100	Lokaler Zugang zu ATM- und UMTS-Netzen
ZigBee	ZigBee SIG		0,25		Messen, Steuern
WiMax	WiMax Forum	0,7–6 11–66	15–75	< 50 000	MAN, WLAN, Local Loop („letzte Meile")
Bluetooth	Bluetooth SIG	2,4	1	10–100	Peripheriegeräte

Bild 1.150: Eigenschaften einiger drahtloser Technologien

Der Frequenzbereich um 2,4 GHz ist kritisch, da er lizenzfrei ist und hier Mikrowellen-herde, Garagentorfernbedienungen etc. in großer Zahl betrieben werden. Auch Bluetooth und 802.11b stören sich nachweislich. Über die elektromagnetische Unverträglichkeit hinaus trübt die Gefahr einer gesundheitlichen Gefährdung des Menschen die sonst durchaus positiven Eigenschaften dieser Technologien.

1.5.6   Das Point-to-Point-Protocol (PPP)

PPP (RFC 1661) ist eigentlich eine Familie (LCP, PAP, CHAP, NCP; siehe unten) von Protokollen, die verwendet wird, um Pakete verschiedener Schicht-3-Protokolle auch über reine Punkt-zu-Punkt-Verbindungen übertragen zu können: Modemstrecken, ISDN oder auch DSL (Kap 3.7) in der Variante **PPP over Ethernet (PPPoE, RFC 2516)**. In Österreich gibt es auch **PPP over ATM** (PPPoA). Im Gegensatz etwa zu Ethernet stellt PPP ein verbindungsorientiertes Schicht-2-Protokoll dar.

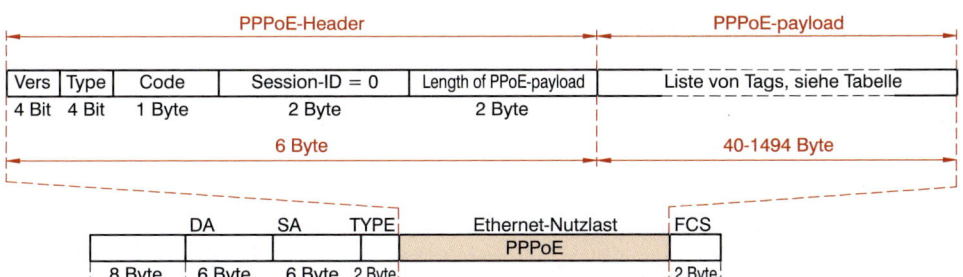

Präambel: 10101010 10101010 10101010 10101010 10101010 10101010 10101010 10101011
DA: Hardware-Zieladresse (Destination Adress)
SA: Hardware-Quelladresse (Source Adress)
TYPE: Nutzlast-Protokolltyp, 8863 (hex.) für PPPoE Discovery
FCS: Frame Check Sequence, CRC (Cyclic Redundancy Check)-Prüfwert

Vers: Version, z. Zt. = 1   Session-ID: = 0 für Discovery Phase
Type: z. Zt. = 1   Code: siehe Tabelle

Bild 1.151: Rahmenstruktur bei PPPoE während der Discovery-Phase

PPPoE stellt eine Zwischenschicht zwischen Ethernet und PPP dar, in welcher der Verbindung suchende Host (H) zunächst per Ethernet-Broadcast einen (von mehreren möglichen) Access-Concentrator (AC, Zugangsserver beim ISP, „edge-router") sucht (Discovery-Stage). Die folgende Tabelle (Bild 1.152) enthält die Werte aus einem realen Mitschnitt:

Quelle	Code (hex.)	Session-ID	Länge	Tagtyp, -länge, -wert (numerische Werte hexadezimal)	Bemerkung
H →	09 (PADI)	0	12	0103,4,C0700808 (HOST_UNIQ) 0101,0	Ethernet-Broadcast Tag: vom Host gewählter ID-Wert Tag: Service Name
AC ←	07 (PADO)	0	46	0102,10,"KLNX12-erx" 0103,4,C0700808 0101,0 0104,16, 20 44 EB .... (AC-Cookie)	Ethernet-Unicast zum Host; Tag: Name des Telekom-AC; (wie bei PADI) " Tag: vom AC gewählter ID-Wert
H →	19 (PADR)	0	32	0101,0 0103,4,C0700808 0104,16,20 44 EB	Ethernet-Unicast zum AC (wie bei PADI) " "
AC ←	65 (PADS)	397	12	0101,0 0103,4,C0700808	Zuteilung einer Session-ID beendet die Discovery-Phase

Bild 1.152: Ablauf der Discovery-Phase

PADI	**PPPoE Active Discovery Initiation packet**
	Genau ein Tag des Typs 0101 ist obligatorisch;
	die gesamte Framelänge darf 1484 Byte nicht überschreiten.
PADO	**PPPoE Active Discovery Offer packet**
	Antwort eines dienstwilligen AC, Name des AC ist obligatorisch, ebenso die
	Wiederholung des Service-Name-Tag aus dem PADI-Paket. Der AC kann mit weiteren
	Tags weitere Dienste offerieren.
PADR	**PPPoE Active Discovery Request packet**
	Der Host wählt aus mehreren möglichen PADO-Offerten einen AC aus.
PADS	**PPPoE Active Discovery Session-confirmation packet**
	Der AC erzeugt eine eindeutige Sitzungskennung (Session-ID).
PADT	**PPPoE Active Discovery Terminate packet**
	Jeder der beiden Partner kann durch dieses Paket (mit dem Code A7 hex) die
	Sitzung beenden, die Session-ID verfällt umgehend und darf nicht mehr benutzt
	werden.

Bild 1.153: Bedeutung der Discovery-Pakete

Bei dem dargestellten Discovery-Vorgang war der Host ein Linux-Rechner, in dessen zentraler Log-Datei folgende Meldungen (Bild 1.154) durch den Sitzungsaufbau hervorgerufen wurden:

```
Dec 13 13:48:20 fiwa pppd[19758]: Plugin pppoe.so loaded.
Dec 13 13:48:20 fiwa pppd[19758]: PPPoE Plugin Initialized
Dec 13 13:48:20 fiwa pppd[19758]: Plugin passwordfd.so loaded.
Dec 13 13:48:20 fiwa pppd[19758]: pppd 2.4.1 started by root, uid 0
Dec 13 13:48:20 fiwa pppd[19758]: Using interface ppp0
Dec 13 13:48:20 fiwa pppd[19758]: Couldn't increase MTU to 1500.
Dec 13 13:48:20 fiwa pppd[19758]: Couldn't increase MRU to 1500
Dec 13 13:48:20 fiwa pppd[19758]: local  IP address 192.168.99.1
                                                #^ Platzhalter
Dec 13 13:48:20 fiwa pppd[19758]: remote IP address 192.168.99.99
                                                #^ Platzhalter
Dec 13 13:49:16 fiwa pppd[19758]: Starting link
Dec 13 13:49:16 fiwa pppd[19758]: Sending PADI
Dec 13 13:49:16 fiwa pppd[19758]: HOST_UNIQ successful match
Dec 13 13:49:57 fiwa pppd[19758]: HOST_UNIQ successful match
Dec 13 13:49:57 fiwa pppd[19758]: Got connection: 397
Dec 13 13:49:57 fiwa pppd[19758]: Connecting PPPoE socket:\
                                  00:90:1a:10:0f:f3 9703 eth2 0x80870c0
Dec 13 13:49:57 fiwa pppd[19758]: using channel 10
Dec 13 13:49:57 fiwa pppd[19758]: Connect: ppp0 <--> eth2
```

Bild 1.154: Logfile-Auszug während eines PPPoE-Sitzungsaufbaus

Sobald eine Sitzung etabliert ist, geht das Discovery-Stadium in das Session-Stadium (engl: Session-Stage) über. Die PPPoE-Nutzlast bekommt eine andere Struktur (Bild 1.156).

- Es werden PPP-Pakete ausgetauscht, die ihrerseits eine simple Struktur haben: Einem 2 Byte großen Header folgt die Nutzlast. Dieser Header kennzeichnet per Protokolltyp eines der folgenden Sub-Protokolle:

- **LCP:** Link Control Protocol zur Festlegung von Übertragungsparametern, zum Verbindungsaufbau (PPP-Protokolltyp C021 hex.) sowie zum Prüfen des Bestehens der Verbindung durch Echo-Anforderungen.

> Ein wichtiger Übertragungsparameter ist der MRU-Wert (**M**aximum **R**eceive **U**nit, PPP-Standardwert: 1500 Byte) eines Empfängers, an den der Sender seinen MTU-Wert (**M**aximum **T**ransmission **U**nit) in speziellen Fällen anpasst, z. B. hier (bei PPPoE) auf 1492 Byte, damit die PPP-Protokoll-Information noch in den MTU-Wert 1500 Byte von Ethernet „hineinpasst".

LCP-Pakete haben die Struktur wie in Bild 1.155:

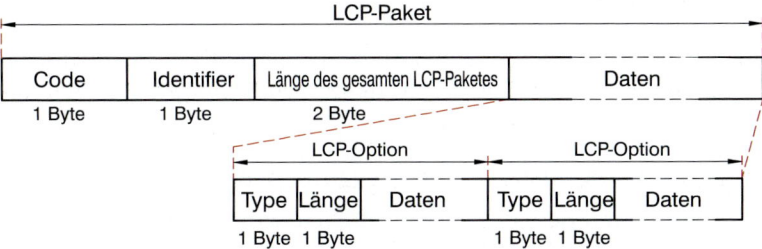

Bild 1.155: Struktur der LCP-Pakete und der enthaltenen Optionen

Dabei ist das Datenfeld eine Liste aus Optionen, die ebenfalls einfach strukturiert sind (Bild 1.155):

- **NCP:** Network Control Protocol, abhängig vom zu transportierenden Nutzlastprotokoll, z. B. **IPCP** (**IP** Control Protocol, PPP-Protokolltyp 8021 hex) zum Festlegen der IP-Adressen der PPP-Partner durch den AC. Der formale Aufbau der IPCP-Pakete entspricht dem von LCP-Paketen.

- **PAP** (PPP-Protokolltyp C023 hex.) oder **CHAP** (PPP-Protokolltyp C223 hex.): zur Authentisierung zwecks Abrechnung und Logging

- **IP:** Nutzlast-Protokoll, z. B. IP (PPP-Protokolltyp 0021 hex)

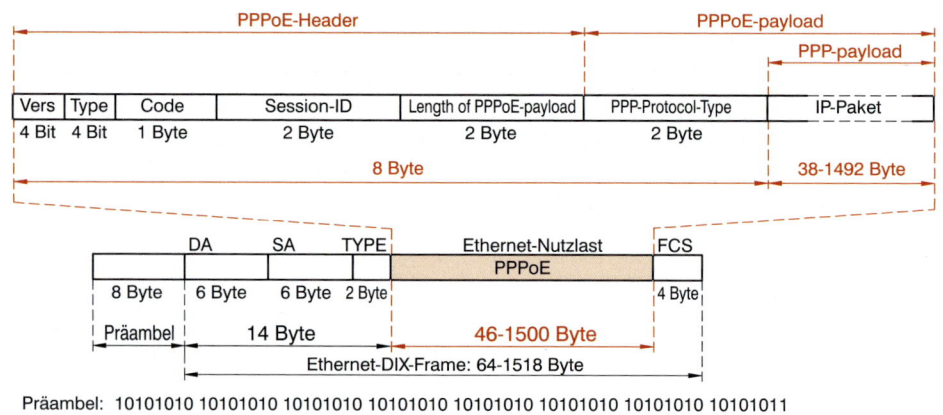

Präambel: 10101010 10101010 10101010 10101010 10101010 10101010 10101010 10101011
DA: Hardware-Zieladresse (Destination Adress)
SA: Hardware-Quelladresse (Source Adress)
TYPE: Nutzlast-Protokolltyp, 8864 (hex.) für PPPoE bei bestehender Verbindung
FCS: Frame Check Sequence, CRC (Cyclic Redundancy Check)-Prüfwert

Vers: Version, z. Zt. = 1   Session-ID: Eindeutige Kennung der Verbindung
Type: z. Zt. = 1   Length of PPPoE-payload: Length of PPP-payload + 2
Code: =0 bei bestehender   PPP-Protocol-Type: 0021 (hex.) für IP, 8021 (hex) für IPCP, C021 (hex) für LCP
        PPPoE-Sitzung

Bild 1.156: Rahmenstruktur eines mit PPPoE transportierten IP-Pakets bei bestehender Verbindung

Die Verbindungsaufbauphase wird meist um eine Authentisierungsphase mit den Proto-kollen PAP oder CHAP (RFC1334) ergänzt.

Anschließend erfolgt die Konfiguration jedes übergeordneten Schicht-3-Protokolls, z. B. IP oder IPX durch das jeweils zugehörige *Network-Layer-Control-Protocol* (NCP); so wird beispielsweise mit **IPCP** (als NCP, IPCP: RFC 1332) eine IP-Adresse zugewiesen, auch kann eine Kompression vereinbart werden.

Erst dann folgt die eigentliche *Network-Layer-Protocol*-Phase, in der die IP-Pakete übertra-gen werden. Die Tabelle in Bild 1.157 zeigt den Fortgang der Verbindungsaufnahme bis zur Eröffnung der TCP-Verbindung.

Quelle	PPPHeader	Code	Optionen/Daten
H→	LCP	Configure-Request(01)	MRU = 1492; Magic Number = 7E 36 44 FE
←AC	LCP	Configure-Request(01)	MRU = 1492; Authentification Protocol = PAP Magic Number = 1D FC 67 BA
H→	LCP	Configure-Ack(02)	MRU = 1492: Authentification Protocol = PAP Magic Number = 1D FC 67 BA
←AC	LCP	Configure-Ack(02)	MRU = 1492; Magic Number = 7E 36 44 FE
H→	LCP	Echo-Request(09)	Magic Number = 7E 36 44 FE
H→	PAP	Auth-Req	<Benutzerkennung, Passwort>
←AC	LCP	Echo-Reply(10)	Magic Number = 1D FC 67 BA
←AC	PAP	Auth-Ack	

Quelle	PPPHeader	Code	Optionen/Daten
H→	IPCP	Configure-Request(01)	IP-Address = 192.168.99.1, Host schlägt vor
←AC	IPCP	Configure-Request(01)	IP-Address = 217.5.98.47, AC gibt vor
H→	IPCP	Configure-Ack(02)	IP-Address = 217.5.98.47, Host akzeptiert
←AC	IPCP	Configure-Nak(03)	IP-Address = 80.133.18.192, AC lehnt ab, gibt Vorschlag vor
H→	IPCP	Configure-Request(01)	IP-Address = 80.133.18.192, Host schlägt vor
←AC	IPCP	Configure-Ack(02)	IP-Address = 80.133.18.192, AC akzeptiert (seine Vorgabe!)
H→	IP	80.133.18.192:2026→217.5.98.47:540, TCP-Verbindungsaufbau	

Bild 1.157: Ablauf der PPP-Sitzung bis zum Beginn der Netzwerkprotokoll-Phase

Das erste in der Tabelle (Bild 1.157) berücksichtigte Paket ist in Bild 1.158 in hexadezimaler Form vollständig (ohne Ethernet-CRC-Wert) wiedergegeben.

```
0000  00 90  1A 10  0F F3  00 60 97 9B 6D B1  88 64  11 00
0010  03 97  00 10  C0 21  01 01 00 0E 01 04  05 D4  05 06
0020  7E 36  44 FE  44 FE  44 FE 44 FE 44 FE  44 FE  44 FE
0030  44 FE  44 FE  44 FE  44 FE 44 FE 44 FE
```

Bild 1.158: LCP-Paket im PPPoE-Paket im Ethernet-Frame (Zur Orientierung: Die PPPoE/PPP-Elemente sind gerahmt, die Configure-Request-Option für die MRU von 1492 ist in Blau gedruckt.)

AUFGABEN

1. Zwischen welchen OSI-Schichten beschreibt der technische Standard IEEE 802 Schnittstellen?

2. Warum stehen die Zieladressen (DSAP in Bild 1.130 und DA in Bild 1.135 ff.) immer „links" im Rahmen?

3. An welchem TYPE-Code erkennt man ein IPX-Paket als Nutzlast eines IEEE-802.3-Rahmens?

4. Bestimmen Sie in Prozenten das Verhältnis (Nutzlastbytes)/(übertragene Bytes) im günstigsten und im ungünstigsten Fall eines IEEE-802.3-Rahmens.

5. Worin besteht der Unterschied zwischen dem PAD-Feld und dem Extension-Feld in einem IEEE-802.3-Rahmen?

6. Was ist ein „802.3 raw"-Rahmen?

7. Welches Übertragungsmedium wird vom Standard IEEE 802.5 vorgeschrieben?

8. Was ist ein „Basic Service Set"?

9. Warum ist ein Portal eine Brücke?

1.6   Komponenten eines lokalen Netzwerkes

Neben Arbeitsplatzrechnern (Workstations) als Clients und Servermaschinen gehören, wie in Kap. 1.3 schon erwähnt, zu einem Netz passive und aktive Netzkomponenten. Passiv sind Leitungen und Verteilpanele, aktiv sind WLAN-Repeater, Hubs und Switches. Server- und Verteiler-Schränke waren früher nur passiv; heute werden zunehmend Temperatur- und Luftfeuchtigkeitsregler sowie Alarmierungsmittel in den Schrank integriert, wodurch er auch aktiv wird. Es werden nur Komponenten lokaler Netze betrachtet, die Technik der Weitverkehrsnetze bleibt außen vor.

1.6.1   Passive Netzkomponenten

Die wichtigsten passiven Netzkomponenten sind als Medium die drahtgebundenen und die Lichtwellenleiter. Zu jedem Leitertyp existieren spezifische, nach physikalischen Erfordernissen gestaltete Steck-Systeme. Auf diese Einzelheiten geht Kapitel 4 näher ein.

1.6.1.1   Übertragungsmedien

Koaxiale Kupferkabel

Für die Datenübertragung in Computernetzwerken verwendete man früher insbesondere bei Ethernet **Koaxialkabel** (siehe Kap. 4.1.1.2). Als historisch ist heute das **Thick Ethernet** anzusehen, das vom **Thin Ethernet** (Cheapernet) abgelöst wurde.

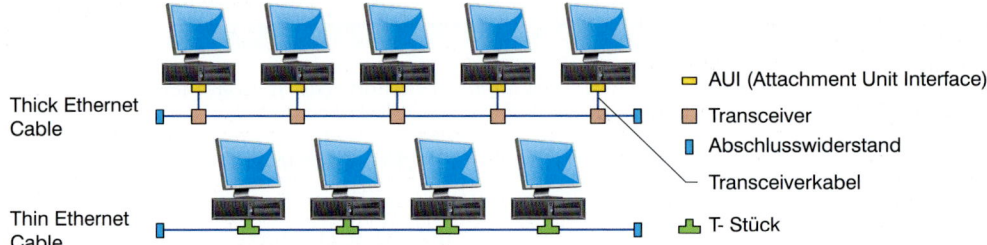

Bild 1.159: Netzaufbau mit koaxialen Kupferkabeln

Topologisch wie elektrisch handelte es sich bei diesen klassischen Ethernetvarianten um einen Bus (Punkt-zu-Mehrpunkt-Verbindung).

Ein Innenleiter im Kern wurde von einer Isolierschicht und dem strumpfartigen Außenleiter aus Kupfergeflecht umgeben.

	Thick Ethernet	Thin Ethernet
Kerndurchmesser	2 mm	0,9 mm
Kabeldurchmesser	10 mm	4,5 mm
Dämpfung bei 10 MHz	1,7 dB/100m	4,6 db/100m
Max. Segmentlänge	500 m	185 m
Kurzbezeichnung	**10Base5**	**10Base2**
Wellenwiderstand	50 Ω	50 Ω

Bild 1.160: Technische Daten der koaxialen Kupferkabel

Die Kurzbezeichnung (Bild 1.160) besagt, dass die Übertragungsgeschwindigkeit 10 Mbit/s beträgt und keine Modulation (siehe Kap. 4.1.5) stattfindet (Base ⇒ Basisbandübertragung). Die maximale Segmentlänge wird in Vielfachen von 100 m angegeben.

Symmetrische Kupferkabel

Seit Anfang der Neunzigerjahre wurde Thin Ethernet von symmetrischen Kupferkabeln (siehe Kap. 4.1.1.3) abgelöst, für die aufgrund der Adernverdrillung auch die Bezeichnung TP-Kabel (Twisted **P**air; to twist: verdrehen) gebräuchlich ist. Hier begann die Entwicklung bei den damals üblichen 10 Mbit/s und führte zur Kurzbezeichnung **10BaseT**; die „Längenangabe" T bedeutete automatisch maximale 100 m, bedingt durch die Dämpfung. Mitte der neunziger Jahre kam **100BaseT** und Ende der neunziger Jahre **1000BaseT** hinzu. Diese Kabel haben in der Regel 8 Adern, von denen je zwei zu einem Paar verdrillt sind.

Bezeichnung	Bedeutung
10Base-T	10 Mbit/s bis zu 100 m über TP, 2 Adernpaare
100Base-T	100 Mbit/s bis zu 100 m über TP, 2 Adernpaare, Cat. 5
100Base-TX	100 Mbit/s bis zu 100 m über TP, 2 Adernpaare
100Base-T2	100 Mbit/s bis zu 100 m über TP, 2 Adernpaare, Cat. 3
100Base-T4	100 Mbit/s bis zu 100 m über TP, 4 Adernpaare, Cat. 3
1 000Base-T	1 000 Mbit/s bis zu 100 m über TP, 4 Adernpaare, Cat. 5
1 000Base-CX	1 000 Mbit/s bis zu 25 m über spezielles 150-Ohm-Kabel

Bild 1.161: Varianten mit TP-Kabeln

Mit TP-Kabeln werden Punkt-zu-Punkt-Verbindungen hergestellt, die mit zentralen Komponenten (MSAU, Hub) einen **topologischen Stern** formen, aber elektrisch **Stern**, **Ring** (Bild 1.139) oder **Bus** (Bild 1.174) darstellen.

Dieser Vielseitigkeit verdanken TP-Kabel ihre weite Verbreitung.

LWL (Licht-Wellen-Leiter)

LWL (siehe Kap. 4.2) sind preislich vergleichbar mit guten Kupferkabeln, erfordern teurere NICs und sind arbeitsaufwendiger in der Installation. Dafür warten sie mit eindeutigen Vorteilen auf:

- Keine Störeinstrahlung, keine Störabstrahlung, deswegen auch abhörsicher

- Keine elektrischen Potenzialprobleme

- Geringes Gewicht, geringe Durchmesser

- Geringe Dämpfung

- Großes Produkt Übertragungsgeschwindigkeit x Übertragungsstrecke: bis 100 Mbit/s bei 60 km Leitungslänge

Bezeichnung	Bedeutung
10Base-F	10 Mbit/s, LWL allgemein
10Base-FL	10 Mbit/s, 2 Fasern, asynchroner Hub
10Base-FB	10 Mbit/s, 2 Fasern, synchroner Hub
100Base-FX	100 Mbit/s, 2 Fasern, multimode
100Base-LX	100 Mbit/s, 2 Fasern, single-/multimode, langwelliger Laser
1 000Base-SX	1 000 Mbit/s, 2 Fasern, multimode, kurzwelliger Laser

Bild 1.162: Einige Varianten mit LWL

1.6.1.2   Strukturierte Verkabelung

Heute würde niemand ein Gebäude beziehen, das keine Heizung und keine Wasserinstallation besitzt. Mit der gleichen Selbstverständlichkeit wird bei neuen Zweckbauten die **Verkabelungs-Infrastruktur** als **anwendungsunabhängiger** Bestandteil des Gebäudes betrachtet. Die ständige Weiterentwicklung im Netzwerkbereich hat dazu geführt, dass moderne Kabelstrukturen sich deutlich von denen der vergangenen Jahre unterscheiden. Dieser Strukturwandel ist notwendig geworden, da sich das Anforderungsprofil innerhalb der Unternehmen erheblich verändert hat.

Die Verkabelung selber, die einen großen Kostenanteil beim Aufbau eines Netzwerks ausmacht, soll auch dann noch gültig und einsatzfähig sein, wenn andere Netzwerkkomponenten durch eine neue Generation ersetzt werden. Daher müssen die neuen Verkabelungs-Infrastrukturen **Installationsreserven** enthalten, die auch die Kommunikationsanforderungen für die nächsten **zehn** bis **15 Jahre** umfassen.

Ein weiterer wichtiger Aspekt einer strukturierten Verkabelung ist die **Dienstneutralität** des Anschlusspunktes. Der Ansatz sollte alle LAN-Konzepte umfassen, aber auch Dienste aus dem Weitverkehrsbereich wie z. B. die Sprachübertragung. Beim Aufbau einer neuen Netzinfrastruktur sollte darauf geachtet werden, dass das Netz problemlos auf zukünftige LAN-Technologien umgestellt werden kann und damit vorhandene und neue Produkte in das Netzwerk einbezogen werden können. Es sollte unempfindlich gegenüber Störeinflüssen sein und eine sichere Übertragung gewährleisten.

Als **strukturierte Verkabelung** bezeichnet man eine Verkabelungsinfrastruktur, die anwendung-unabhängig ist und angemessene Installationsreserven bietet.

Hierbei unterscheidet man zwischen der **Primär-**, der **Sekundär-** und der **Tertiärverkabelung** (Bild 1.163).

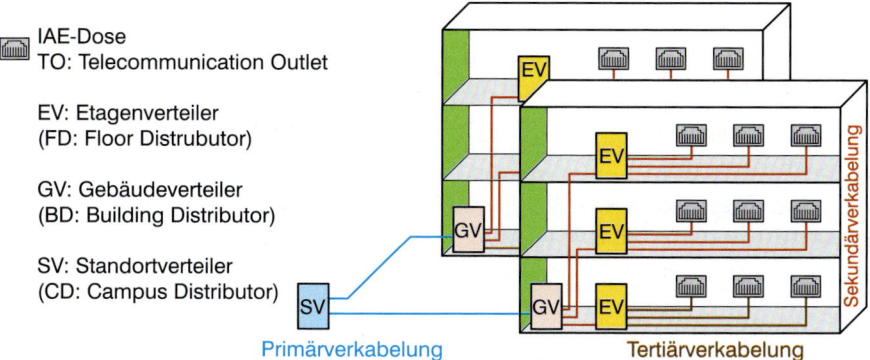

IAE-Dose
TO: Telecommunication Outlet

EV: Etagenverteiler
(FD: Floor Distrubutor)

GV: Gebäudeverteiler
(BD: Building Distributor)

SV: Standortverteiler
(CD: Campus Distributor)

Primärverkabelung

Tertiärverkabelung

Sekundärverkabelung

Bild 1.163: Verkabelungsbereiche einer universell einsetzbaren „Verkabelungsplattform" nach EN 50173

Die Untergliederung ist **unabhängig** von der Art oder der Form des Netzwerkes (siehe Kap. 1.6.1.1). Der genaue Geltungsbereich der strukturierten Verkabelung ist von der internationalen Standardisierungsorganisation (ISO) definiert und in der Norm ISO/IEC DIS 11801 „Universelle Verkabelung für Gebäudekomplexe" dargelegt worden. Sie wurde in die Europanorm **EN 50173** umgesetzt und europäischen Verhältnissen angepasst. Zu den funktionalen Elementen gehören entsprechend der jeweiligen Kabel die Verteiler (Switch, Hub etc.), eventuelle Kabelverteiler (Patchfelder) und die Telekommunikations-Anschlussdosen. Der Definitionsbereich endet an der Dose, das Anschlusskabel bleibt unberücksichtigt. Neuere Normen allerdings behandeln auch den sog. **Channel-Link** (im Gegensatz zum Permanent-Link).

Als **Link** bezeichnet man die Kombination aus Patchfeld, symmetrischem Kupferkabel und Datendose.

Der Channel-Link wird auch mit Patch- und Anschlusskabel erfasst, der Permanent-Link allerdings nur wie bisher mit Dose-Kabel-Patchfeld.

Verteiler

Leitungen führen, von der IAE-Dose am Arbeitsplatz abgesehen, immer zu Verteilern (Bild 1.163). Diese bestehen aus Schränken mit 19"-Aufbausystemen und Patchfeldern (Patchpanel, Bild 1.164), auf denen die Leitungen mechanisch festgelegt werden. Die Adern werden auf Anschlussdosen eines Panels geführt, sodass mit Patchkabeln rangiert werden kann, d.h., es werden gezielt Verbindungen mit anderen Verteilern, IAE-Dosen, Switches oder Routern geschaltet. Sinngemäß gilt dies für LWL und die zugehörigen Spleißboxen.

Primärbereich

Der Primärbereich bezieht sich auf die **Geländeverkabelung**. Man kann sich hier eine Firma vorstellen, die über verschiedene benachbarte frei stehende Gebäude verfügt. Der Primärbereich verbindet die Gebäude untereinander. Dabei werden die **Gebäudeverteiler** über das **Primärkabel** mit dem **Standortverteiler** verbunden. Im Primärbereich werden in aller Regel **LWL** eingesetzt. Nach den Spezifikationen des Standards EN 50173 ist die maximale Entfernung zwischen Standort- und Gebäudeverteiler auf **1500 m** begrenzt, auch wenn die heutigen LWL, technisch gesehen, größere Entfernungen überbrücken können. Die Primärverkabelung kann als Ring- oder Stern-Topologie erfolgen. Da sternförmige Verkabelungen anfällig sind gegenüber Fehlern im zentralen Konzentrator und auch gegenüber Streckenausfall, empfiehlt sich der Aufbau einer doppelten oder einer kombinierten Topologie.

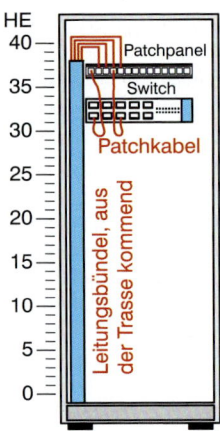

Bild 1.164: 19"-Verteilerschrank – 1" = 25,4 mm, 1 HE = 44,45 mm

Sekundärbereich

Der Sekundärbereich befasst sich mit der **Gebäudeverkabelung**. Hier sind der Steigleitungsbereich und die Gebäudeverteiler angesiedelt. Es ist also eine Vertikalverkabelung, mit der die einzelnen Stockwerke sternförmig an den Gebäudeverteiler angeschlossen werden. In den Verkabelungsstandards werden für eine universelle Verkabelung im Sekundärbereich entweder symmetrische Kupferkabel wie **TP-Kabel** oder **LWL** vorgeschlagen. Die Sekundärverkabelung ist auf **500 m** begrenzt und darf eine maximale Dämpfung von **11 dB** nicht überschreiten. Bei Hochgeschwindigkeitsanwendungen über Twisted-Pair-Kabel ist die maximale Entfernung auf **100 m** begrenzt. Es hat sich allerdings durchgesetzt, dass im Sekundärbereich ausschließlich LWL zum Einsatz kommen (wegen Potenzialverschleppung, hohem Datendurchsatz und auch wegen der Längenrestriktion).

Tertiärbereich

Der Tertiärbereich umfasst die **Etagenverkabelung** und den Anschluss der Arbeitsplätze und wird daher auch Etagenverkabelung genannt. In diesen Bereich gehören die Etagenverteiler und die Anschlussdosen. Die Streckenlänge zwischen Verteiler und den Telekommunikations-Anschlussdosen sind in den Verkabelungsstandards auf **90 m** festgelegt. Dieser Wert kann allerdings flexibel behandelt werden. Wenn die Güte des Links um ein Vielfaches höher ist als die Norm dies vorschreibt, könnten die Linklängen auch erweitert werden.

Wird dieser Bereich mit **LWL** verkabelt, um „Fiber to the Desk" zu realisieren, kann für die Ermittlung des Dämpfungsbudgets von einer Streckendämpfung von **11 dB/km** ausgegangen werden. Dieser Wert gilt für Multimodefasern und berücksichtigt jeweils einen Spleiß und eine Steckverbindung an jedem Kabelende (Anmerkung: Monomode bis zum Arbeitsplatz kommt so gut wie gar nicht vor).

Werden TP-Kabel eingesetzt, ist es sinnvoll, ein Kabel mit vier Aderpaaren (8 Adern) zu wählen, auch wenn bei den heutigen Übertragungsgeschwindigkeiten, die Ethernet und Fast Ethernet bieten, nur vier Adern benötigt werden. Ein Kabel mit acht Adern kann geteilt werden, sodass ein Kabel momentan zwei Anschlüsse bedienen kann (Cable Sharing mit Doppeldosen). Soll in Zukunft dann z. B. auf Gigabit-Ethernet umgestellt werden, benötigt man, nach heutigem Stand der Erfahrung, alle vier Aderpaare. Es ist heute auch möglich, in eine Verkabelung mit hochwertigem Kupferkabel über entsprechende Geräte Fernsehsignale mit einzuspielen, sodass eine eigene Koax-Verkabelung für die Videosignale entfallen kann.

Anschlussleitungen

Sie verbinden die Endgeräte mit den Anschlussdosen, werden vom Standard nicht abgedeckt und sollten in ihrer Länge allerdings **10 m** nicht überschreiten. Im Gegensatz zu den bisher genannten Verlegkabeln sind sie flexibler und am besten vorkonfektioniert zu verwenden.

1.6.1.3 Verkabelungsmesstechnik

Die strukturierte Verkabelung erfüllt ihren Sinn als infrastrukturelle Basiskomponente im Sinne ihrer Erfinder natürlich nur dann, wenn sie die in sie gesetzten Erwartungen tatsächlich erfüllt. Dafür gibt es Qualitätsstandards, nach denen sowohl die Einzelkomponenten **kategorisiert** als auch deren Kombination zu einem Link (Kap. 1.6.1.2) **klassifiziert** werden. Der Errichter des Verkabelungssystem weist dem Auftraggeber die Einhaltung oder Überschreitung dieser Standards i. d. R. durch eine Abnahme nach, zu der auch eine Abnahmemessung gehört. Beispielhaft wird hier der häufige Fall einer symmetrischen Kupferverkabelung im Tertiärbereich angeführt.

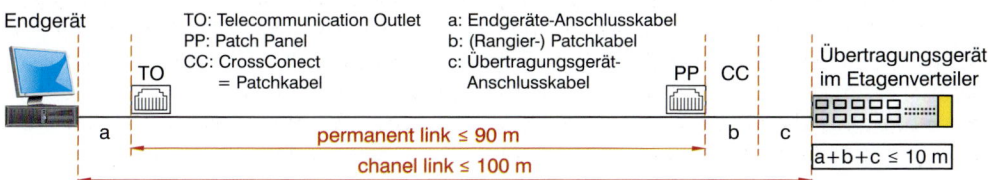

Bild 1.165: Der Definitionsbereich der EN 50173

Der Standard definiert sechs **Netzanwendungsklassen**:

Klasse	Frequenz	Beschreibung	
A	< 100 kHz	Sprachanwendungen	
B	< 1 MHz	Datenanwendungen mittlerer Bitrate	
C	< 16 MHz	Datenanwendungen hoher Bitrate	
D	< 100 MHz	Datenanwendungen sehr hoher Bitrate	
E	< 250MHz	"	neu seit 2000
F	< 600 MHz	"	

Bild 1.166: Netzanwendungsklassen nach EN 50173-2000

Um die Anforderungen einer **Klasse** zu erfüllen, ist es notwendig, dass die Einzelkompo-nenten für sich eine Mindestanforderung hinsichtlich ihrer Eignung erfüllen. Für Kabel, Stecker und Buchsen sind dazu im IEC 61156 Standard Kategorien definiert, die sich im Wesentlichen an der Übertragungsfrequenz orientieren. Für die heutigen Anforderungen sind dabei nur noch die Kategorien 3 und höher interessant.

> Links der Klasse C erfordern mindestens Kabel der Kategorie 3.
> Links der Klasse D erfordern mindestens Kabel der Kategorie 5.

Ob jedoch mit der Verwendung von Kategorie-5-Bauteilen ein Klasse-D-Link entstanden ist, kann nur durch Messung von Qualitätskriterien nachgewiesen werden. Eine Reihe von Verdrahtungsfehlern (Wackelkontakt, Nebenschlüsse, Adernvertauschung innerhalb eines Paares, kreuzende Paare, gesplittete Paare, Bild 1.167) lassen sich zwar durch Sorgfalt von vornherein vermeiden, müssen aber trotzdem immer als Erstes überprüft werden, wozu einfache Kabeltester genügen.

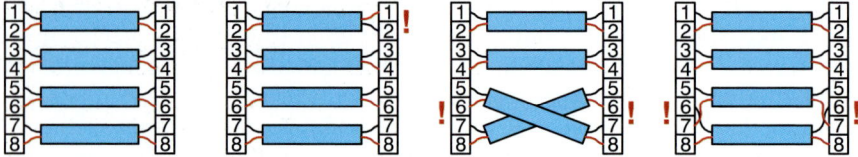

Bild 1.167: Elementare Verdrahtungsfehler

Andere Kenngrößen sind hochfrequenztechnischer Art (Bild 1.168 und 1.169) und erfor-dern Spezialmessgeräte. Die wichtigsten Kenngrößen sind die **Dämpfung a** (Attenuation) in dB/100m und die Nahnebensprechdämpfung **NEXT** in dB.

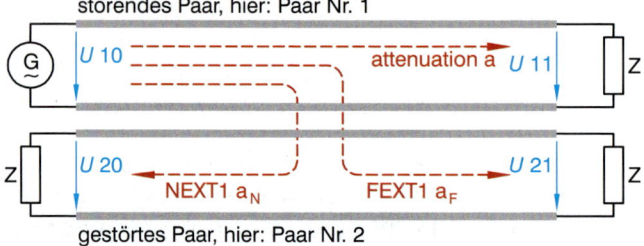

Bild 1.168: Messprinzip der Abnahmemessung

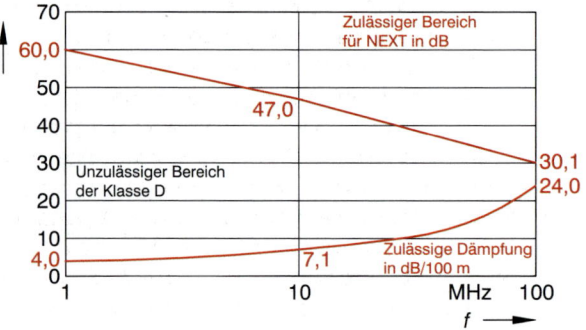

Bild 1.169: Zulässige Werte für Dämpfung und Nahnebensprechen bei **Klasse-D**-Links

Bestimmt werden (beispielhaft bezogen auf Paar 2 in Bild 1.168):

- **Dämpfung** (a in Bild 1.168)
- **Rückflussdämpfung**
- **NEXT1** (Near-End-Cross-Talk, a_N in Bild 1.168)
- **FEXT1** (Far-End-Cross-Talk, a_F in Bild 1.168)
- **ACR1** (Attenuation Crosstalk Ratio) = NEXT1 – a
- **ELFEXT1** (Equal Level Far End Crosstalk = Far End ACR) = FEXT1 – a
- **PSNEXT** (Power Sum NEXT) = NEXT1 + NEXT3 + NEXT4
- **PSELFEXT** (Power Sum ELFEXT) = ELFEXT1 + ELFEXT3 + ELFEXT4
- **PSACR** (Power Sum ACR) = ACR1 + ACR3 + ACR4

Bei den drei letzten Größen wird die summierte Wirkung auf Paar 2 aus drei anderen störenden Paaren bestimmt; dabei bedeutet NEXT1 den Einfluss aus Paar 1, NEXT3 aus Paar 3 usw. Für alle diese Werte gibt es einzuhaltende Grenzen (Bild 1.170).

Kenngröße bei	100 MHz in dB bezogen auf (alle Angaben ohne Gewähr)	
Klasse D	**permanent link, ≤ 90 m**	**channel link, ≤ 100 m**
Dämpfung	< 20,4	< 24,0
Rückflussdämpfung >	12,0	10,0
NEXT >	32,3	30,1
PSNEXT >	29,3	27,1
ACR >	11,9	6,1
PSACR >	8,9	3,1
ELFEXT >	18,6	17,4
PSELFEXT >	15,6	14,4

Bild 1.170: Anforderungen der Klasse D am Messpunkt 100 MHz; die vollständige Begrenzung bezieht sich auf ein Toleranzfeld im Frequenzbereich 1–100 MHz, vgl. Bild 1.166

1.6.2 Endgeräte: Workstations und Server

Workstations

Unter einer Workstation verstand man früher ausschließlich einen sehr leistungsstarken Rechner mit besonderen Ressourcen, z. B. einen CAD-Arbeitsplatz (Computer Aided Design). Heute ist das Wort ein Synonym für einen „normalen" Arbeitsplatzrechner mit Netzanschluss. Die Clientsoftware ist weitestgehend in die aktuellen Betriebssysteme integriert. Als Hardwareergänzung für die Vernetzung kommen im professionellen Umfeld fast ausschließlich Ethernet-NICs infrage, zunehmend auch WLAN-NICs. Im privaten Umfeld werden Einzelrechner über die serielle Schnittstelle und Modem oder über eine ISDN-Karte (als spezieller NIC) mit dem Einwahl-Server eines ISP (Internet Service Provider) verbunden. Die Integration/Installation der NICs unterscheidet sich nicht grundsätzlich von der anderer Systemkomponenten.

Server

Server sind Computer, die anderen Computern ihre Dienste anbieten. Technisch kann grundsätzlich jeder Arbeitsplatz-PC diese Aufgaben wahrnehmen. Für Kleinstnetze, Test- oder Übungszwecke ist dies auch durchaus sinnvoll.

In der Praxis wird man für größere Netze jedoch die Server hard- und softwaremäßig auf ihre spezielle Aufgabe hin auslegen. Server müssen

- eine hohe Dauerlast verarbeiten können und
- niedrige Ausfallzeiten = hohe Verfügbarkeit gewährleisten (angestrebt wird dabei *„Five-Nines"*: 99,999 %).

Daraus leiten sich Forderungen für die verwendeten Komponenten ab, die über diejenigen von Arbeitsplatzrechnern hinausgehen.

Für typische Fileserver in serverzentrierter Umgebung sind dies:

1. **Hauptplatine**: fehlertoleranter Hauptspeicher, Speicherausbau bis in den Gigabyte-Bereich möglich, bis zu 14 PCI-Steckplätze

2. **Prozessor**: Prozessorvariante mit optimiertem I/O-Durchsatz anstelle von hoher Rechenleistung (für Grafik), **SMP** (Symmetrischer Multiprozessorbetrieb) möglich

3. **Festplatten**: redundante Festplattensysteme, Spiegelbetrieb und **RAID** (**R**edundant **A**rray of **I**nexpensive **D**isks)

4. **Gehäuse**: größeres Volumen, robustere Konstruktion, mehr Montageschächte für Massenspeicher, abschließbar, auch im peripheren Anschlussbereich, mehr Gehäusedurchbrüche für Verbindungselemente (Stecker/Buchsen), Netzteil für Vollbestückung ausgelegt, zweites redundantes Stand-by-Netzteil, das auch im laufenden Betrieb ausgetauscht werden kann (**Hot Swap**)

5. **NIC**: gegebenenfalls mit mehreren Ports für eine Bandbreitenerhöhung durch Linkaggregation (Bild 1.178 und Kap. 1.6.3.2, Switches)

6. **Systemsoftware**: entweder ein dediziertes Serverbetriebssystem wie Netware oder eine spezielle Servervariante des Betriebssystems wie bei WinNT/2 000 oder eine spezielle Parameterisierung wie bei Linux

Diese Forderungen (insbesondere die vierte) führten zu stattlichen Gehäusen.

Neuerdings wird für den zunehmenden Einsatz als Kommunikationsserver der 19"-Einschub in 1–2 Höheneinheiten verwendet, der eine hohe „Serverdichte" im Rack (Rahmengestell des Aufbausystems) des Gebäude- oder Standortverteilers (vgl. Bild 1.164) gestattet. Eine noch höhere Dichte erreicht man mit Blade-Servern (blade, engl.: Klinge), die selbst nur Einschübe in einem 19"-Rack sind. Allerdings kann dann der Abwärmehaushalt problematisch werden.

Zur Gewährleistung einer hohen Betriebssicherheit werden Server sowie die im nachfolgenden Unterkapitel beschriebenen aktiven Netzkomponenten nicht direkt am Stromnetz betrieben, sondern sind über USV (**U**nterbrechungsfreie **S**trom-**V**ersorgungseinheiten) angeschlossen. Wenn die Versorgung durch das Stromnetz ausfällt, wird

- das Gerät aus Akkumulatoren mit nachgeschaltetem Wechselrichter für eine Übergangszeit weiterbetrieben und

- eine Alarmmeldung an das Serverbetriebssystem geschickt, das daraufhin ein geordnetes Herunterfahren einleitet.

Alle diese Forderungen (außer der fünften und sechsten in der Aufzählung) haben direkt nichts mit Vernetzung zu tun, sondern beschreiben Maßnahmen, die bei jeder Maschine (auch unvernetzte Einzelsysteme) mit hoher Leistung und hoher Betriebssicherheit erforderlich sind. Insbesondere Server zählen dazu.

> Anmerkung: Das Wort Server wird im alltäglichen Sprachgebrauch auch für *Serverprozesse* gebraucht. Man spricht von einem „Webserver" oder einem „Mailserver". Das kann zu Missverständnissen führen, denn auf einer *Servermaschine* können durchaus mehrere *Serverprozesse* laufen.

NICs

Sie verbinden den Systembus des Endgerätes mit dem Übertragungsmedium. Dabei wurden früher 10Base5-NICs mit einem 15-poligen Subminiatur-Steckverbinder ausgestattet und über ein Transceiver-Kabel (AUI-Schnittstelle, unabhängig vom Übertragungsmedium; AUI: Advanced User Interface) mit dem Transceiver am Leiter verbunden (Bild 1.159).

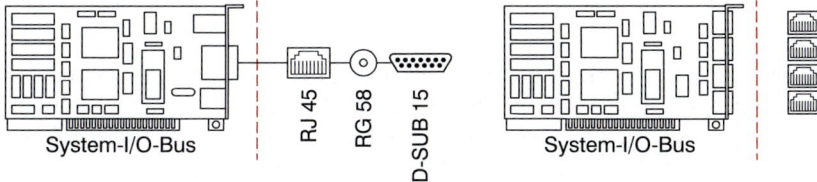

System-I/O-Bus — RJ 45 — RG 58 — D-SUB 15 — System-I/O-Bus

Bild 1.171: Ausführungsformen von NICs

NICs für 10Base2 wurden mit koaxialem Anschluss gebaut und für 10BaseT mit Westernbuchse (RJ45, Bild 1.171). In der Übergangsphase gab es häufig NICs mit beiden oder sogar mit drei Anschlüssen (von denen natürlich immer nur genau einer verwendet werden konnte). Heute gibt es für **100BaseTX** (zweipaarig) praktisch nur noch die Ausführung mit RJ45-Buchse. Eine Sondervariante heißt **100Base-T4** und gestattet die Übertragungsrate auf vier Paaren von Kabeln der Kategorie 3. Für Server werden zur Erzielung eines höheren Gesamtdurchsatzes oder bei Mangel an freien Steckplätzen auch NICs mit bis zu **vier RJ45-Ports** angeboten (Bild 1.171).

1.6.3   Aktive Netzkomponenten

Sehr häufig bestehen Netze aus Teilnetzen oder Teilstrecken unterschiedlicher Technologie. Sie unterscheiden sich hinsichtlich der Übertragungsgeschwindigkeit, der verwendeten Übertragungsmedien und der Zugriffsregelungen der Endsysteme auf das Medium. Außerdem sind alle diese Technologien in ihrer physischen Ausdehnung begrenzt und decken diesbezüglich oft nicht die Erfordernisse der Anwender ab. In diesen Fällen müssen Netzteilstrecken durch **Datenübertragungsgeräte** miteinander gekoppelt werden. Ein Grundelement der Netzkopplung stellen die schon aus der OSI-Schicht 3 bekannten Router dar. Sie bedeuten allerdings viel Aufwand, beispielsweise muss für jedes durchgeleitete

IP-Paket der TTL-Wert heruntergezählt und deswegen der Kopfprüfwert neu berechnet werden. Dadurch leidet die Geschwindigkeit, sodass Router nur dort eingesetzt werden, wo es wirklich erforderlich ist. Stattdessen sind andere Lösungen häufig sinnvoller:

- Repeater und Hub
- Brücken und Switches

Diese Lösungen sind unabhängig vom verwendeten Transportprotokoll.

1.6.3.1 Repeater und Hub

Wenn die maximal zulässige Leitungslänge den Anforderungen nicht entsprach, setzte man in der Vergangenheit bei koaxialen Leitungen nach einer maximalen Segmentlänge von 185 m sogenannte **Repeater** ein, die man als bidirektionale Verstärker auffassen kann, d. h., der Eingang ist auch Ausgang.

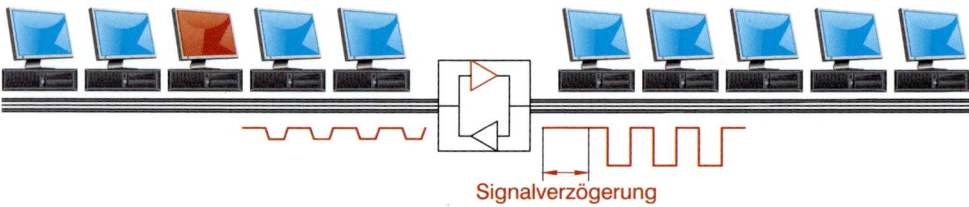

Bild 1.172: Wirkung eines Repeaters zwischen zwei koaxialen Segmenten

Repeater verändern nur das elektrische Signal (Bild 1.172):

- Anhebung des Pegels und Versteilerung der Signalflanken
- Regeneration der Präambel und des SFD
- Nachteil: Verzögerung um einige (bis 168) Bitzeiten, das entspricht einer Verlängerung der Leitung, die von der zulässigen Leitungslänge wieder abgezogen werden muss!

Repeater sind nur für **eine** Übertragungsgeschwindigkeit geeignet.

Für die Verwendung mit CSMA/CD (Ethernet) ist ferner wichtig, dass sie die Kollisionsdomäne ausweiten.

Die **Kollisionsdomäne** ist der räumliche Bereich, in dem alle Stationen am *Shared Medium* alle Signale empfangen können (Diffusionsnetz).

Repeater sind Geräte der **Bitübertragungsschicht** (Bild 1.173).

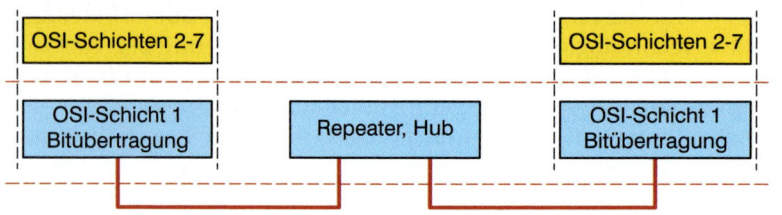

Bild 1.173: Netzkopplung auf der Bitübertragungsschicht: Repeater und Hub

Da die koaxiale Verkabelung der sternförmigen TP-Verkabelung gewichen ist, bedurfte es ohnehin eines zentralen Sternpunktes, sodass dieser eine aktive Komponente darstellte, als **Hub** bezeichnet wurde und als Multiport-Repeater aufgefasst werden konnte (Bild 1.174). Er hatte 4–16 Anschlüsse.

> Ein **Hub** (Mittelpunkt, Nabe) ist ein Verstärker im Mittelpunkt einer sternförmigen Verkabelung, der auf allen Ports die Summe aller Eingangssignale aussendet. Die elektrische **Busstruktur** (Bild 1.8) bleibt erhalten.

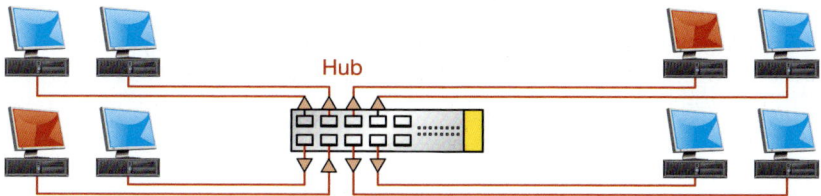

Bild 1.174: Hub in sternförmiger Verkabelung: Ausgabe auf alle Ports (Bus: Punkt zu Mehrpunkt)

Hubs werden heute nicht mehr verwendet.

1.6.3.2 Bridge, Layer-2-Switch

Vorteilhafter, wenn auch teurer, sind **Brücken** (Bridges), die in der OSI-Schicht 2 (Bild 1.175) arbeiten.

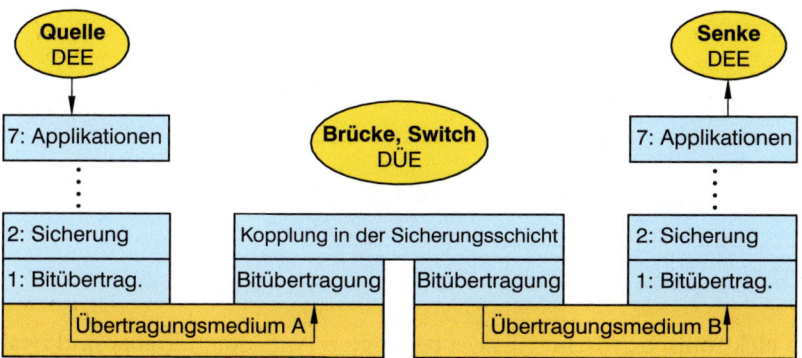

Bild 1.175: Netzkopplung auf der Sicherungsschicht: Brücke und Switch

> Brücken nehmen einen Rahmen in dem einen Netzsegment vollständig auf und senden ihn auf dem jeweils anderen Netzsegment erneut aus. Die für die Kollisionserkennung wichtige **Längenbeschränkung** endet an einer Brücke.

Dabei lernen Brücken die MAC-Adressen der beiden verbundenen Segmente und transportieren einen Rahmen *nicht*, wenn Quelle und Ziel im gleichen Segment liegen. Zu jedem Port wird eine **MAC-Adresstabelle** angelegt.

> Brücken separieren den Netzverkehr, begrenzen die Kollisionsdomänen und entlasten damit das Netz, weil die Kollisionswahrscheinlichkeit abnimmt.

Remote Bridges

Einen Sonderfall stellen die „entfernten Brücken" dar (Bild 1.176). Je zwei Brücken mit einer WAN-Schnittstelle „verpacken" komplette Ethernet-Rahmen in Rahmen des WAN-Protokolls und transportieren sie in das entfernte Teilnetz.

Bild 1.176: Remote Bridges koppeln räumlich entfernte Netze

Solche Remote Bridges basieren heute auf einem einzigen Chip. Trotz einer Gerätegröße von einem Steckergehäuse weisen sie einige Spezialitäten auf, wie *beispielsweise* die Verarbeitung von „Tinygrams": Einem Ethernet-Rahmen wird ein eventuell vorhandenes PAD-Feld vor der WAN-Aussendung entfernt und nach dem WAN-Empfang neu einverleibt, es werden keine Füllbits übertragen.

Switches

Wie die Repeater den Hubs gewichen sind, so sind die Brücken bei der Sternverkabelung den Switches (Schalter) gewichen (Bild 1.177).

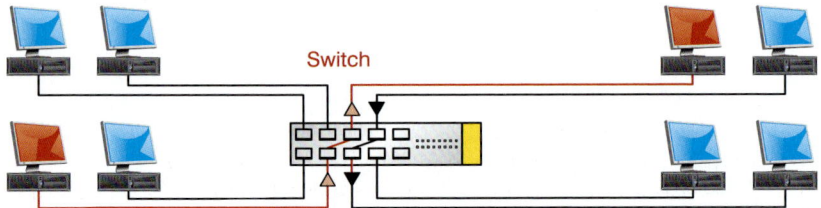

Bild 1.177: Switch in sternförmiger Verkabelung: Ausgabe auf benötigten Port (Punkt zu Punkt)

Sie schalten intern elektronisch zwischen je zwei beteiligten Ports durch. Dabei sind zwei unterschiedliche Verfahren gebräuchlich:

1. **Store-and-Forward**: Ein Rahmen wird empfangen und komplett zwischengespeichert (store: speichern), bevor er am Zielport (forward: weiterleiten) wieder ausgesendet wird. Nachteil: Zeitverzögerung, große Rahmen werden länger verzögert als kleine, was ungünstig für Echtzeit-Datenverarbeitung ist. Vorteil: Der Rahmeninhalt kann analysiert werden.

2. **Cut-Through**: Es werden nur die ersten 48 bits eines Rahmens (seine MAC-Zieladresse) analysiert, dann sofort der Zielport bestimmt und alle nachfolgenden Bits über diesen gesendet. Das ist vorteilhaft für Echtzeit-Datenverarbeitung, hat aber den Nachteil, dass auch unbrauchbare Rahmenfragmente wieder ausgesendet werden, anstatt sie zu verwerfen (wie dies beim Store-and-Forward-Verfahren der Fall ist). Weiter ist von Nachteil, dass keine Geschwindigkeitsanpassung stattfinden kann.

Cut-Through-Switches sind keine Brücken!

(Store-and-Forward-)Switches verhalten sich nicht nur wie schnelle Multiport-Brücken mit

- Adresstabellen für jeden Port (insgesamt einige tausend MAC-Adressen) und
- Ports für verschiedene Technologien und Übertragungsgeschwindigkeiten (meist modular durch Geräte-Einschübe konfigurierbar/nachrüstbar),

sondern warten auch mit weitergehenden Eigenschaften auf wie:

- Ausnutzung der Punkt-zu-Punkt-Verbindung zwischen DEE und DÜE für Vollduplex-Betrieb je Port

- Linkaggregation (Bündelung) zur Vervielfachung der Bandbreite

- Bildung von **VLAN**s (virtuelle LANS)

Bei der Sternverkabelung findet kein *Multiple* Access auf das einzelne Leitungsstück statt, sondern auf die Gesamtheit aller an einen Hub angeschlossenen Leitungsstücke. Prinzipbedingt ist also nur Halbduplex-Betrieb möglich. Der Switch begrenzt nicht nur die Kollisionsdomäne (Bild 1.178), sondern zwischen Switches sowie zwischen Switch und Endgerät treten erst gar keine Kollisionen auf. Auf diesen Teilstrecken stehen für jede

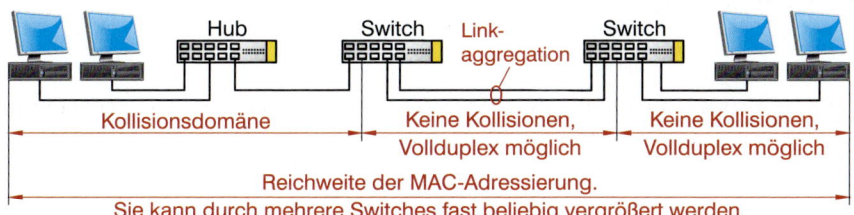

Bild 1.178: Switch und Hub in einem Netzwerk

Übertragungsrichtung eigene Adernpaare zur Verfügung, sodass auf der Leitung im **Vollduplex-Betrieb** die doppelte Bandbreite zur Verfügung steht. Zwischen einem Endgerät ganz rechts in Bild 1.178 und dem rechten Switch steht die doppelte Bandbreite zur Verfügung, verglichen mit der Bandbreite einer Leitung, die von einem der linken Endgeräte zum Hub führt. Zwischen den Switches ist durch die **Bündelung** der zwei Leitungen damit die vierfache Bandbreite vorhanden.

Die PCs 1, 2, 3, 5, 8 und 9 des Switches in Bild 1.179 sind einem VLAN zugeordnet, die PCs 4, 6, 7 und 10 einem zweiten VLAN. Es werden keine Rahmen zwischen diesen VLANs ausgetauscht. Das gilt im gesamten LAN mit mehreren, entsprechend konfigurierten Switches.

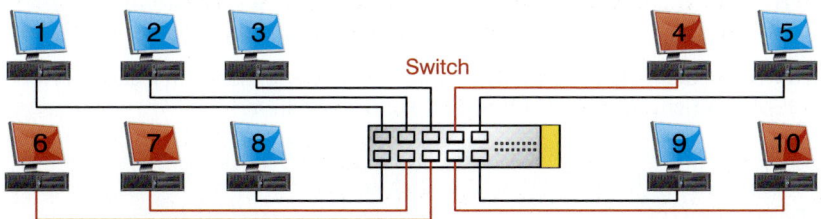

Bild 1.179: Zwei virtuelle LANs

Die Zuordnung der von den PCs einlaufenden Frames zu einem VLAN (Classification) kann je nach Switch unterschiedlich erfolgen:

- Über den jeweiligen Port (Layer-1-Classification)
- Über die Mac-Adresse des Senders (Layer-2-Classification)
- Über die IP-Adresse des Senders (Layer-3-Classification)

Die Switche versehen die Rahmen zur Weiterleitung an andere Switche (**Trunk Link;** trunk, *engl.: Fernleitung*) gemäß IEEE 802.1Q mit einem **Tag** (Markierung, Etikett), das unmittelbar nach der Quelladresse eingefügt wird (vgl. Bild 1.180).

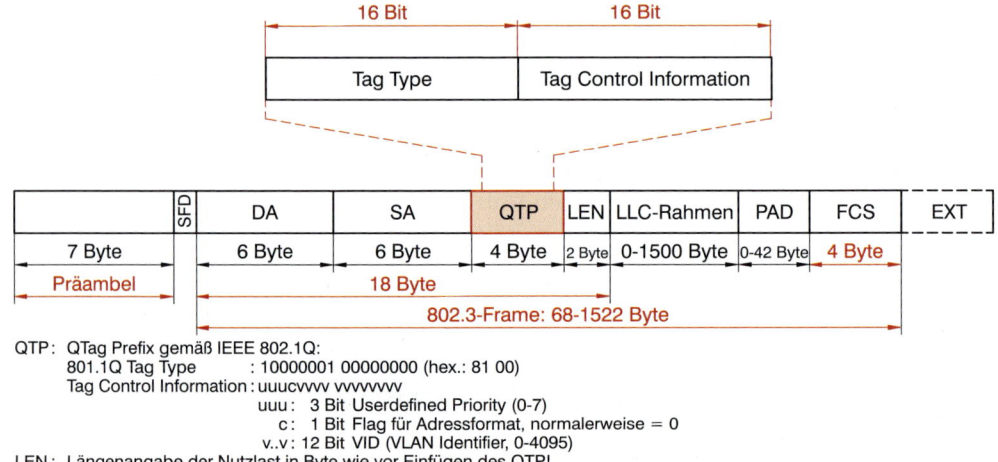

Bild 1.180: IEEE 802.3 Rahmen mit QTag

Vor Aussendung eines Frames an ein Endgerät (auf einem **Access Link**) werden die Tags wieder entfernt, da, von Ausnahmen abgesehen, Endgeräte nicht mit Tags umgehen können. Gezielt können einzelnen Ports mehrere VLANs zugeordnet werden, sodass Übergänge stattfinden können.

Diese Darstellung ist gegenüber dem IEEE-Standard stark vereinfacht!

Das „Spanning Tree"-Verfahren

Bei Switches (und Brücken) besteht die Gefahr der Schleifenbildung, sodass Rahmen **endlos** kreisen und in kurzer Zeit eine Überlastung herbeiführen. Sie kommunizieren zu diesem Zweck untereinander, um auf der Basis einer gegebenen Verkabelung eine topologische Struktur zu bestimmen, die alle Teilnetze einbindet und Schleifenbildung unterdrückt.

Eine derartige Struktur ist der vollständige (*spanning:* alles überspannende) Baum (*Tree*). Algorithmus und Protokoll wurden als **IEEE 802.1D** standardisiert.

Das **Spanning Tree Protocol** wird von Switches benutzt, um eine (virtuelle) Baumstruktur in einem dazu geeignet vermaschten Verkabelungssystem zu installieren (Bild 1.181).

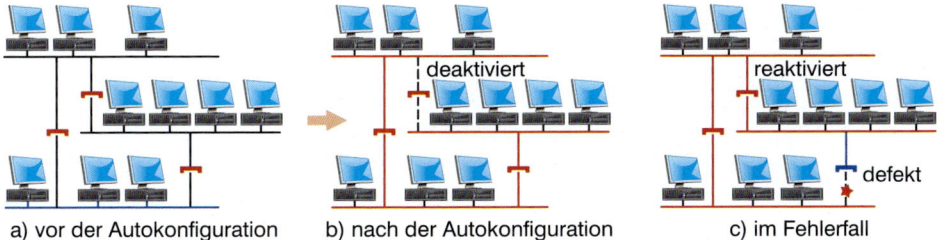

a) vor der Autokonfiguration   b) nach der Autokonfiguration   c) im Fehlerfall

Bild 1.181: Die „Eigenintelligenz" von Switches mit Spanning Tree Protocol

Nicht benutzte Teilstrecken werden **deaktiviert** (Bild 1.181b) und im Fehlerfall **reaktiviert** (Bild 1.181c). Die jeweils optimale Baumkonfiguration bestimmen die Switches ebenfalls selbsttätig durch Ausmessen der Leitungen.

1.6.3.3   Brouter, Layer-3-Switch

Unter einem **Brouter** (**Br**idging R**outer**) versteht man ein Gerät, welches beispielsweise gegenüber (nicht routingfähigen) Net-BEUI-Paketen als Switch agiert, aber gegenüber IP-Paketen als Router.

Noch intelligenter sind **Layer-3-Switches**: Sie erkennen den ersten Rahmen, der zu einer IP-Kommunikation gehört, analysieren IP-Quelladresse und IP-Zieladresse (wie ein richtiger Router) und versuchen anschließend nachfolgende Rahmen dieses Stationspaares zu switchen. Sie kennen auch IPv6-basierte Protokollabläufe und entlasten damit einzelne Netzstränge.

Brouter und Layer-3-Switches sind bislang nicht standardisiert, sondern nur proprietär realisiert worden.

1.6.3.4   Entwicklungstrend

Der Entwicklungstrend verweist auf zunehmende LAN-Eigenschaften im Weitverkehrsbereich wie Multicasting und Quality of Service (siehe Kap. 1.4.2.7). Dazu dient bei Backbone- und Core-Routern mit Bandbreiten im Gigabit-Bereich das zunehmend verwendete Verfahren **MPLS** (**M**ulti **P**rotocol **L**abel **S**witching, RFC 3031/3032/5036; siehe auch Kap. 3.4). Es kann dabei je nach erforderlicher Bandbreite unterschiedliche Routen zu einem bestimmten Ziel geben. Nur noch einmal, bei Eintritt in den MPLS-Bereich an einem sogenannten **Label-Edge-Router**, wird als aufwendigster Teil des Routings der IP-Header inklusive QoS-Information im herkömmlichen Sinne analysiert. Darauf beruhend

- wird das Paket klassifiziert (Forwarding Equivalence Classes),
- ein nächster (MPLS-)Router ausgewählt und
- das Paket mit einem Zusatz-Header ausgestattet, welcher das sogenannte Label enthält, eine Art Kurzwahl, die der nächste Router als Tabellenindex verwenden kann (ohne weitere Analyse!).

Er kann damit unabhängig vom Protokoll der Netzwerkschicht (**Multi Protocol**: IPv4, IPv6, IPX ...) das Paket innerhalb des MPLS-Bereichs weiterleiten. Die Grundidee dazu stammt von ATM (Kap. 3.3).

> MPLS-Router können in schnellen Switching-Technologien arbeiten und müssen nicht auf die nächste IP-Version (IPv6) umgestellt werden.

AUFGABEN

1. Welche Segmentlänge konnte von Thick Ethernet (10Base5) erreicht werden?

2. Welche Segmentlängen konnten demnach von 10Base2, welche von 10BaseT erreicht werden?

3. Welche Distanz kann von TP-Kabeln mit Switches überbrückt werden?

4. Welche Bestandteile zählen zum Channel-Link?

5. Wie lang soll das Kabel vom Etagenverteiler zur IAE-Dose höchstens sein?

6. Unter welcher Bedingung darf der Wert aus Aufgabe 5 überschritten werden?

7. Welche Dämpfung darf ein Klasse-D-Link höchstens aufweisen?

8. Wie hoch ist der zulässige ACR-Wert bei 10 MHz für einen Klasse-D-Link?

9. Wie viele Minuten im Jahr darf ein „Five-Nine"-System ausfallen?

10. Nennen Sie zwei Vorteile des MPLS-Verfahrens.

11. Bewerten Sie den im Bild dargestellten Vorschlag zur Linkaggregation. (Der Server hat zwei NICs.)

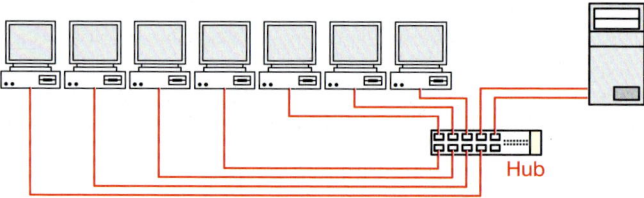

1.7 Informationssicherheit, Planung und Administration

In den vergangenen Jahrzehnten ist die Informationstechnik nicht nur in fast alle Lebensbereiche eingezogen, sondern auch ein nicht mehr wegzudenkender (integraler) Bestandteil von Wirtschaft, Verwaltung und Produktion geworden. Aus dieser fundamentalen Abhängigkeit ergibt sich ein hoher Organisations- und Schutzbedarf. Als Liste planungsbestimmender Faktoren kann mindestens angesehen werden:

- Informationssicherheit
- Zweckbestimmung und Funktionalität
- Wirtschaftlichkeit einschließlich Energieeffizienz (hier nicht weiter behandelt)
- Arbeits- und Brandschutz (hier nicht weiter behandelt)

1.7.1 Informationssicherheit

Die scheinbar einfache Grundfrage, die sich dazu stellt, lautet: Was genau muss wovor geschützt werden – und vor allem wie?

Grundsätzlich ergibt sich schnell eine erste Struktur:

Was?	Wovor?	Wie
Vertraulichkeit	Ausspähung	
Unverfälschtheit	Manipulation	**?**
Verfügbarkeit	Verlust, Sabotage (Denial of Service)	

Bild 1.182: Grundfragen der Informationssicherheit

Aber wer sich *näher* mit diesen Fragen befasst, wird schnell Folgendes feststellen: Es ergeben sich ständig neue Fragen, die um sich greifend immer neue Teil- und Randbereiche betreffen, d.h., die Komplexität nimmt zu. Mit jedem neu hinzukommenden Element wächst auch die Anzahl der tatsächlichen oder möglichen Beziehungen untereinander, d.h., die Kompliziertheit nimmt zu.

- Kein Einzelteil darf isoliert betrachtet werden, sondern es ist immer das Ganze zu berücksichtigen.

- Sicherheit kann man nicht durch ein Produkt erreichen, nicht durch eine einmalige Aktion, nicht durch technische Maßnahmen allein.

- Hundertprozentige Sicherheit gibt es nicht, nur ein „Höchstmaß".

- Sicherheit ist ein ständiger und vielschichtiger Prozess! (Er wird im Folgenden Sicherheitsprozess genannt.)

Schnell ist der Einzelne überfordert. Andererseits ist dringend und zunehmend Handlungsbedarf gegeben, wie der tägliche Blick in die Tageszeitung belegt. Die Dimension dieser Problematik ist schon daran zu erkennen, dass der Gesetzgeber aktiv geworden ist und die Regierung schon vor mehr als zwanzig Jahren das Bundesamt für Sicherheit in der Informationstechnik (BSI) eingerichtet hat. Hier wurde die Problematik in ihrer ganzen Breite erfasst, analysiert, differenziert modelliert und mit Handreichungen zu Hilfe und Selbsthilfe versehen. Wie nicht anders zu erwarten, ist das Ergebnis großvolumig – allein die regelmäßig ergänzten „Grundschutzkataloge" umfassen ca. 4 000 Seiten. Daneben gibt es vier BSI-Standards zur Informationssicherheit; diese und die Kataloge sind aus dem früheren Grundschutzhandbuch hervorgegangen.

BSI-Standards zur Informationssicherheit Informationssicherheit und IT-Grundschutz	**IT-Grundschutz-Kataloge** Loseblatt-Sammlung und Internet
BSI-Standard 100-1 Managementsysteme für Informationssicherheit (ISMS)	**Kapitel 1** Vorspann **Kapitel 2** Schichtenmodell und Modellierung
BSI-Standard 100-2 IT-Grundschutz-Vorgehensweise	**Baustein-Kataloge** Übergreifende Aspekte B 1.0 Sicherheitsmanagement ... Infrastruktur
BSI-Standard 100-3 Risikoanalyse auf der Basis von IT-Grundschutz	IT-Systeme Netze Anwendungen
BSI-Standard 100-4 Notfall-Management	**Gefährdungskataloge** **Maßnahmenkataloge**

Bild 1.183: Die BSI-Publikationen zu Informationssicherheit (Die Grundschutz-Kataloge werden zz. durch ein Grundschutz-Kompendium ersetzt.)

In den BSI-Publikationen wird der Begriff **Informationssicherheit** eingeführt und von der **IT-Sicherheit** abgegrenzt:

„Informationssicherheit hat als Ziel den Schutz von Informationen jeglicher Art und Herkunft. Dabei können Informationen sowohl auf Papier, in Rechnersystemen oder auch in den Köpfen der Nutzer gespeichert sein. IT-Sicherheit als Teilmenge der Informationssicherheit konzentriert sich auf den Schutz elektronisch gespeicherter Informationen und deren Verarbeitung."[1]

Zusätzlich werden knapp fünfzig Rollen für Verantwortliche in diesem Szenario benannt und deren Aufgaben beschrieben, beispielsweise die folgenden.

---

[1] Bundesamt für Sicherheit in der Informationstechnik: BSI-Standard 200-1 - Managementsysteme für Informationssicherheit (ISMS), veröff. am 15.11.2017 unter https://www.bsi.bund.de/SharedDocs/ Downloads/DE/BSI/Grundschutz/Kompendium/standard_200_1.pdf?__blob=publicationFile&v=6, S. 8 [31.05.2018]. (verändert)

Beispiel 1: **IT-Sicherheitsbeauftragter**:

„Ein IT-Sicherheitsbeauftragter ist eine von der Behörden- bzw. Unternehmensleitung ernannte Person, die im Auftrag der Leitungsebene die Aufgabe Informationssicherheit koordiniert und innerhalb der Behörde bzw. des Unternehmens vorantreibt."[1]

Beispiel 2: **Administrator**

„Ein Administrator ist zuständig für Einrichtung, Betrieb, Überwachung und Wartung eines IT-Systems."[2]

1.7.1.1 Die BSI-Standards

Der Standard 100-2 (Bild 1.184) beschreibt im Wesentlichen den Ablauf des Sicherheitsprozesses.

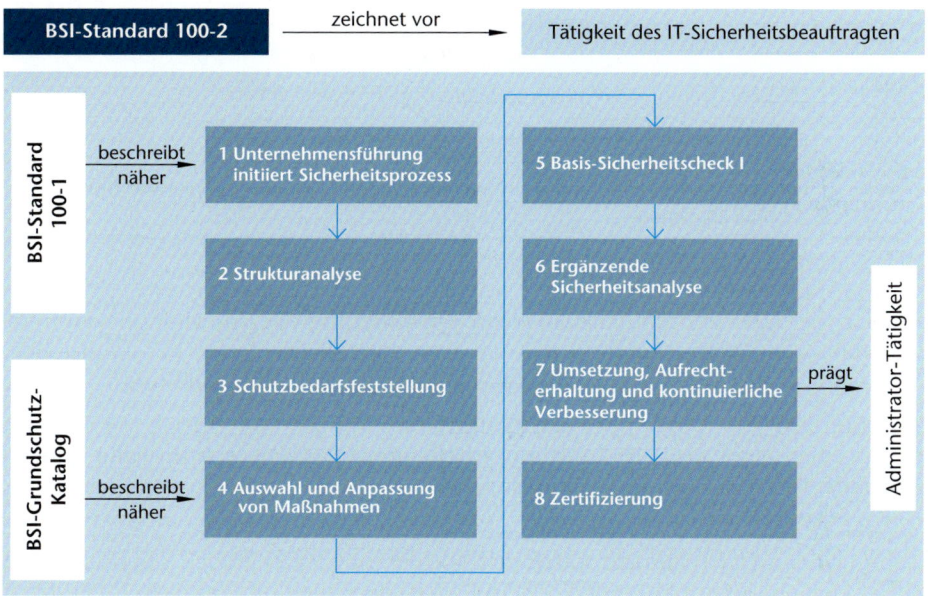

Bild 1.184: Grober Abriss des Informationssicherheitsprozesses nach BSI-Standard 100-2

Anmerkungen

Zu 1: Die Unternehmensführung erstellt eine Leitlinie für Informationssicherheit, baut eine Organisation zu ISMS auf, stellt Ressourcen bereit und bindet alle Mitarbeiter ein.

Zu 2: Zur Strukturanalyse zählen die Erfassung von Informationen und Anwendungen, eine Netzplanerhebung, die Erhebung der IT-Systeme und eine Erfassung der Räume.

---

[1] *Bundesamt für Sicherheit in der Informationstechnik: IT-Grundschutz-Kataloge, 15. Ergänzungslieferung – 2016, veröff. im September 2016 unter https://download.gsb.bund.de/BSI/ITGSK/IT-Grundschutz-Kataloge_2016_EL15_DE.pdf, S. 95 [31.05.2018].*

[2] *Bundesamt für Sicherheit in der Informationstechnik: IT-Grundschutz-Kataloge, 15. Ergänzungslieferung – 2016, veröff. im September 2016 unter https://download.gsb.bund.de/BSI/ITGSK/IT-Grundschutz-Kataloge_2016_EL15_DE.pdf, S. 93 [31.05.2018].*

Zu 3: Definition des Schutzbedarfs

a) Qualitativ:

Schadensszenarien[1]
Verstoß gegen Gesetze/Vorschriften/Verträge
Beeinträchtigung des informationellen Selbstbestimmungsrechts
Beeinträchtigung der persönlichen Unversehrtheit
Beeinträchtigung der Aufgabenerfüllung
Negative Innen- oder Außenwirkung
Finanzielle Auswirkungen

b) Quantitativ:

Schutzbedarfskategorien[1]	
„normal"	Die Schadensauswirkungen sind begrenzt und überschaubar.
„hoch"	Die Schadensauswirkungen können beträchtlich sein.
„sehr hoch"	Die Schadensauswirkungen können ein existenziell bedrohliches, katastrophales Ausmaß erreichen.

Bild 1.185: Schadensszenarien und Schutzbedarf

Zu 4: Einsatz der IT-Grundschutzkataloge zur Modellierung des Informationsverbundes (d. h.: Abbildung des Ergebnisses der Strukturanalyse durch Bausteine des Bausteinkatalogs) und Anpassung von Maßnahmen auf der Basis der Schutzbedarfsfeststellung.

Der BSI-Standard 100-3 geht über den Grundschutz hinaus und definiert eine Risikoanalyse zwischen Nr. 6 und Nr. 7 mit anschließendem Basischeck II im Falle höheren Schutzbedarfs. **Der BSI-Standard 100-4** ist nicht Bestandteil des ISMS, baut aber auf den vorherigen Standards auf.

Die nachfolgenden Darstellungen sollen und können nur einen groben Überblick (ohne Anspruch auf auch nur annähernde Vollständigkeit) darstellen und punktweise Einblicke gewähren. Insbesondere kann die Lektüre dieses Kapitels nicht den Einsatz der BSI-Unterlagen ersetzen! Bei weitergehendem Interesse muss auf das Internetangebot des BSI verwiesen werden (www.bsi.bund.de); als Einstieg empfiehlt sich hier der „GS-Leitfaden" mit rund 90 Seiten.

---

[1] *Vgl. Bundesamt für Sicherheit in der Informationstechnik: BSI-Standard 100-2. IT-Grundschutz-Vorgehensweise, veröff. am 08.05.2008 unter www.bsi.bund.de/SharedDocs/Downloads/DE/BSI/Publikationen/ ITGrundschutzstandards/BSI-Standard_1002.pdf, S. 49 und S. 90–95 [31.05.2018].*

1.7.1.2 Die BSI-Grundschutzkataloge

Die Grundschutzkataloge des BSI modellieren (Bilder 1.183 und 1.189) die Sicherheitsproblematik mit drei Teilkatalogen, die den drei Eingangsfragen entsprechen:

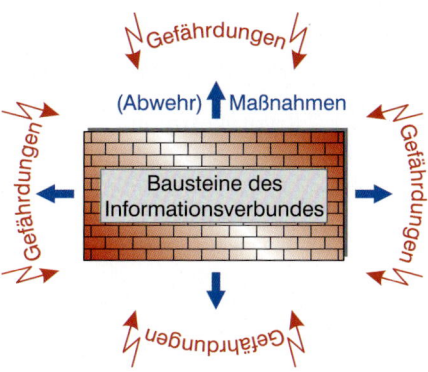

Frage	Antwort(en) findet man im
Was?	Bausteinkatalog
Wovor?	Gefährdungskatalog
Wie?	Maßnahmenkatalog

Bild 1.186: Antworten auf die Grundfragen

Bild 1.187: Sicherheitsmodell

Die Kataloge mit ihren Untergliederungen bieten die Möglichkeit der Nomenklatur (Namensgebung), Klassifizierung, Einordnung, Orientierung und Kommunizierbarkeit von Bedeutungen im Zusammenspiel des Sicherheitsprozesses (ähnlich dem OSI-Modell bei den Netzwerkprotokollen). Sie spiegeln auch die Breite des Ansatzes wider.

Der Bausteinkatalog

Im Zentrum des Sicherheitsmodells steht der **Informationsverbund**. Das ist die größte organisatorische Einheit, die unter einer verantwortlichen Leitung steht: „Unter einem Informationsverbund (oder auch IT-Verbund) ist die Gesamtheit von infrastrukturellen, organisatorischen, personellen und technischen Objekten zu verstehen, die der Aufgabenerfüllung in einem bestimmten Anwendungsbereich der Informationsverarbeitung dienen. Ein Informationsverbund kann dabei als Ausprägung die gesamte Institution oder auch einzelne Bereiche, die durch organisatorische Strukturen (z. B. Abteilungen) oder gemeinsame Geschäftsprozesse bzw. Anwendungen (z. B. Personalinformationssystem) gegliedert sind, umfassen."[1]

Dabei werden verschiedene Schichten (Bild 1.188) unterschieden, diese umfassen sinngemäß zusammengehörige Bausteine (Stand: 11/17).

Untergruppe	Beschreibung	Anzahl	Kennzeichnungen
Schicht 1	Übergreifende Aspekte	19	B 1.0–B 1.18
Schicht 2	Infrastruktur	12	B 2.1–B 2.12
Schicht 3	IT-Systeme	26	B 3.101–B 3.407
Schicht 4	Netze	8	B 4.1–B 4.8
Schicht 5	Anwendungen	24	B 5.2–B 5.27

Bild 1.188: Schichten des IT-Grundschutz-Modells

---

[1] *Bundesamt für Sicherheit in der Informationstechnik: IT-Grundschutz-Kataloge, 15. Ergänzungslieferung – 2016, veröff. im September 2016 unter https://download.gsb.bund.de/BSI/ITGSK/IT-Grundschutz-Kataloge_2016_EL15_DE.pdf, S. 79/80 [31.05.2018].*

Zur Verdeutlichung einige willkürlich gewählte Beispiele für diese Bausteine:

- **Schicht 1:**
  - B 1.0 Sicherheitsmanagement
  - B 1.4 Datensicherungskonzept
  - B 1.5 Datenschutz
  - B 1.7 Kryptokonzept
- **Schicht 2:**
  - B 2.2 Elektrotechnische Verkabelung
  - B 2.4 Serverraum
- **Schicht 3:**
  - B 3.101 Allgemeiner Server
  - B 3.210 Client unter Windows Vista
  - B 3.402 Faxgerät
- **Schicht 4:**
  - B 4.1 Lokale Netze
  - B 4.5 LAN-Anbindung eines IT-Systems über ISDN
  - B 4.7 VoIP
- **Schicht 5:**
  - B 5.4 Webserver
  - B 5.16 Active Directory
  - B 5.18 DNS-Server

Der Baustein B 1.0 wird präzisiert durch den BSI-Standard 100-1 „Management-Systeme für Informationssicherheit (ISMS)".

Der Gefährdungskatalog

Er umfasst folgende Untergruppen (Stand: 12/17) in Bild 1.189:

Untergruppe	Beschreibung	Anzahl	Kennzeichnungen
G 0	Elementare Gefährdungen	46	G 0.1–G 0.46
G 1	Höhere Gewalt	19	G 1.1–G 1.19
G 2	Organisatorische Mängel	197	G 2.1–G 2.214
G 3	Menschliche Fehlhandlungen	111	G 3.1–G 3.124
G 4	Technisches Versagen	93	G 4.1–G 4.101
G 5	Vorsätzliche Handlungen	186	G 5.1–G 5.206

Bild 1.189: Gefährdungen

Beispiele für Gefährdung sind u. a.:

- **Elementare Gefährdungen**
  - G 0.1 Feuer
  - G 0.27 Ressourcenmangel
- **Höhere Gewalt**
  - G 1.1 Personalausfall
  - G 1.11 Technische Katastrophen im Umfeld

- **Organisatorische Mängel**
  - G 2.3 Fehlende, ungeeignete, inkompatible Betriebsmittel
  - G 2.12 Unzureichende Dokumentation der Verkabelung
  - G 2.119 Ungeeignete Auswahl von WLAN-Authentifikationsverfahren
  - G 2.132 Mangelnde Berücksichtigung von Geschäftsprozessen beim Patch- und Änderungsmanagement
- **Menschliche Fehlhandlungen**
  - G 3.7 Ausfall der TK-Anlage durch Fehlbedienung
  - G 3.24 Unbeabsichtigte Datenmanipulation
- **Technisches Versagen**
  - G 4.1 Ausfall der Stromversorgung
  - G 4.63 Verstaubte Lüfter
  - G 4.73 Beeinträchtigung von Software-Funktionen durch Kompatibilitätsprobleme von Windows-Versionen
- **Vorsätzliche Handlungen**
  - G 5.3 Unbefugtes Eindringen in ein Gebäude
  - G 5.19 Missbrauch von Benutzerrechten
  - G 5.48 IP-Spoofing

Der Maßnahmenkatalog

Er umfasst folgende Maßnahmen (Stand: 07/12) in Bild 1.190:

Untergruppe	Beschreibung	Anzahl	Kennzeichnungen
M 1	Infrastruktur	80	M 1.1–M 1.81
M 2	Organisation	525	M 2.1–M 2.587
M 3	Personal	91	M 3.1–M 3.98
M 4	Hard- und Software	425	M 4.1–M 4.500
M 5	Kommunikation	151	M 5.1–M 5.177
M 6	Notfallvorsorge	133	M 6.1–M 6.166

Bild 1.190: Maßnahmen

Beispiele für Maßnahmen sind u. a.:

- **Infrastruktur**
  - M 1.2 Regelungen für Zutritt zu Verteilern
  - M 1.19 Einbruchsschutz
  - M 1.65 Erneuerung der IT-Verkabelung
- **Organisation**
  - M 2.1 Festlegung von Verantwortlichkeiten und Regelungen
  - M 2.7 Vergabe von Zugangsberechtigungen
  - M 2.16 Beaufsichtigung oder Begleitung von Fremdpersonen
  - M 2.22 Hinterlegen des Passwortes
  - M 2.37 Der aufgeräumte Arbeitsplatz
  - M 2.83 Testen von Standardsoftware
  - M 2.229 Planung des Active Directory
  - M 2.458 Richtlinie für die Internet-Nutzung

- **Personal**
  - M 3.3 Vertretungsregelungen
  - M 3.4 Schulung vor Programmnutzung
  - M 3.33 Sicherheitsüberprüfung von Mitarbeitern
- **Hard- und Software**
  - M 4.1 Passwortschutz für IT-Systeme
  - M 4.5 Protokollierung bei TK-Anlagen
  - M 4.21 Verhinderung des unautorisierten Erlangens von Administratorrechten
  - M 4.97 Ein Dienst pro Server
  - M 4.200 Umgang mit USB-Speichermedien
- **Kommunikation**
  - M 5.4 Dokumentation und Kennzeichnung der Verkabelung
  - M 5.46 Einsatz von Stand-alone-Systemen zur Nutzung des Internets
  - M 5.150 Durchführung von Penetrationstests
- **Notfallvorsorge**
  - M 6.16 Abschließen von Versicherungen
  - M 6.32 Regelmäßige Datensicherung
  - M 6.75 Redundante Kommunikationsverbindungen

In den einzelnen Maßnahmenbeschreibungen wird noch zwischen den Phasen im Lebenszyklus des Bausteins und der Qualifizierungsstufe differenziert (Bild 1.191).

Kategorisierung der Maßnahmen nach			
Abk.	**Lebenszyklus**	**Abk.**	**Qualifizierungsstufe**
PK	Planung und Konzeption	A	für Auditor-Testate Einstieg und Aufbau, ISO-Zertifikat
BE	Beschaffung	B	für Auditor-Testat Aufbau, ISO-Zertifikat 27 001
UM	Umsetzung	C	für ISO-Zertifikat 27 001
BT	Betrieb	Z	Zusätzlich (ergänzend)
AU	Aussonderung	W	Wissen (hilfreich)
NV	Notfallvorsorge		

Bild 1.191: Kategorien der Maßnahmen

1.7.2 Sicherheitsprozess

Bei den drei angeführten Teilkatalogen handelt es sich aber nicht um reine Auflistungen von Begriffen, sondern es werden Beziehungen zwischen ihnen hergestellt. In der Tat ist es nicht so, dass jeder Baustein von jeder Gefährdung betroffen ist, sondern jedem Baustein werden die für ihn typischen Gefährdungen zugeordnet und die dazugehörigen Maßnahmen-Empfehlungen ausgesprochen. Darüber hinaus sind die Maßnahmen-Beschreibungen stellenweise lehrbuchartig und jedem Administrator als Lektüre empfohlen.

1.7.2.1   Planung

Der Sicherheitsprozess beginnt selbstverständlich bei der Planung (Bild 1.192) des Informationsverbundes und erstreckt sich über alle fünf Schichten des IT-Grundschutz-Modells. Häufig schließt sich unmittelbar eine Phase der Beschaffung (Bild 1.192) von Komponenten an.

Phase	Typische Tätigkeiten[1]
PK	– Definition des Einsatzzwecks – Festlegung von Einsatzszenarien – Abwägung des Risikopotenzials – Dokumentation der Einsatzentscheidung – Erstellung des Sicherheitskonzepts – Festlegung von Richtlinien für den Einsatz
BE	– Festlegung der Anforderungen an zu beschaffende Produkte (nach Möglichkeit auf Basis der Einsatzszenarien der Planungsphase) – Auswahl der geeigneten Produkte

Bild 1.192: Die ersten Phasen des Sicherheitsprozesses

Aus den Maßnahme-Empfehlungen des Bausteinkatalogs lassen sich für viele Phasen Checklisten zur Abarbeitung herleiten. Zu einigen der genannten Beispiele des Bausteinkatalogs wird dies nun für die Planungsphase (PK) dargelegt (Bild 1.193):

Baustein	Maßnahmen-Empfehlungen in der Planungsphase
B 1.0 Sicherheits- management	– M 2.192 (A) Erstellung einer Leitlinie zur Informationssicherheit – M 2.335 (A) Festlegung der Sicherheitsziele und -strategie – M 2.336 (A) Übernahme der Gesamtverantwortung
B 1.4 Datensiche- rungskonzept	– M 6.33 (B) Entwicklung eines Datensicherungskonzepts – M 6.34 (B) Erhebung der Einflussfaktoren der Datensicherung – M 6.35 (B) Festlegung der Verfahrensweise für die Datensicherung – M 6.36 (A) Festlegung des Minimaldatensicherungskonzeptes
B 1.5 Datenschutz	siehe (Kap. 1.7.2.4)
B 1.7 Kryptokonzept	– M 2.161 (A) Entwicklung eines Kryptokonzepts – M 2.162 (A) Bedarfserhebung für den Einsatz kryptografischer Verfahren und Produkte – M 2.163 (A) Erhebung der Einflussfaktoren für kryptografische Verfahren und Produkte – M 2.164 (A) Auswahl eines geeigneten kryptografischen Verfahrens – M 2.166 (A) Regelung des Einsatzes von Kryptomodulen – M 3.23 (A) Einführung in kryptografische Grundbegriffe – M 4.90 (A) Einsatz von kryptografischen Verfahren [...] – M 5.63 (Z) Einsatz von GnuPG oder PGP

---

[1] *Bundesamt für Sicherheit in der Informationstechnik: IT-Grundschutz-Kataloge, 15. Ergänzungslieferung – 2016, veröff. im September 2016 unter https://download.gsb.bund.de/BSI/ITGSK/IT-Grundschutz-Kataloge_2016_EL15_DE.pdf, S. 75 [31.05.2018].*

Baustein	Maßnahmen-Empfehlungen in der Planungsphase
	– M 5.67 (Z) Verwendung eines Zeitstempel-Dienstes – M 5.110 (Z) Absicherung von E-Mail mit SPHINX (S/MIME)
B 2.2 Elektrotech- nische Verkabe- lung	– M 1.3 (A) Angepasste Aufteilung der Stromkreise – M 1.20 (A) Auswahl geeigneter Kabeltypen unter physikalisch-mechanischer Sicht – M 1.21 (A) Ausreichende Trassendimensionierung – M 1.22 (Z) Materielle Sicherung von Leitungen und Verteilern – M 1.25 (B) Überspannungsschutz
B 2.4 Serverraum	– M 1.3 (A) Angepasste Aufteilung der Stromkreise – M 1.7 (A) Handfeuerlöscher – M 1.10 (Z) Verwendung von Sicherheitstüren und -fenstern – M 1.18 (Z) Gefahrenmeldeanlage – M 1.24 (C) Vermeidung von wasserführenden Leitungen – M 1.26 (W) Not-Aus-Schalter – M 1.27 (B) Klimatisierung – M 1.28 (B) Lokale unterbrechungsfreie Stromversorgung – M 1.31 (Z) Fernanzeige von Störungen – M 1.52 (Z) Redundanz, Modularität und Skalierbarkeit in der technischen Infrastruktur – M 1.58 (A) Technische und organisatorische Vorgaben für Serverräume – M 1.62 (C) Brandschutz von Patchfeldern
B 3.101 Allgemeiner Server	– M 1.28 (B) Lokale unterbrechungsfreie Stromversorgung – M 2.314 (Z) Verwendung von hochverfügbaren Architekturen für Server – M 2.315 (A) Planung des Servereinsatzes – M 2.316 (A) Festlegen einer Sicherheitsrichtlinie für einen allgemeinen Server – M 4.250 (Z) Auswahl eines zentralen, netzbasierten Authentisierungsdienstes – M 5.10 (A) Restriktive Rechtevergabe – M 5.138 (Z) Einsatz von RADIUS-Servern
B 3.210 Client unter Windows Vista	– M 2.324 (A) Einführung von Windows XP und Windows Vista planen – M 2.325 (A) Planung der Sicherheitsrichtlinien von Windows XP und Windows Vista – M 2.326 (A) Planung der Windows-XP- und Windows-Vista-Gruppenrichtlinien – M 2.327 (B) Sicherheit beim Fernzugriff unter Windows XP und Windows Vista – M 2.440 (A) Geeignete Auswahl einer Windows-Vista-Version – M 2.441 (A) Kompatibilitätsprüfung neuer Software gegenüber Windows Vista – M 2.442 (B) Einsatz von Windows Vista auf mobilen Rechnern – M 4.147 (Z) Sichere Nutzung von EFS unter Windows – M 4.243 (Z) Verwaltungswerkzeuge unter Windows Client-Betriebssystemen – M 4.244 (A) Sichere Systemkonfiguration von Windows Client-Betriebssystemen – M 4.245 (A) Basiseinstellungen für Windows Group Policy Objects – M 4.246 (A) Konfiguration der Systemdienste unter Windows XP und Windows Vista – M 4.247 (A) Restriktive Berechtigungsvergabe unter Windows Client-Betriebssystemen

Baustein	Maßnahmen-Empfehlungen in der Planungsphase
	– M 4.336 (A) Aktivierung von Windows Vista Clients aus einem Volumenlizenz-vertrag
	– M 4.337 (Z) Einsatz von BitLocker Drive Encryption
	– M 4.338 (A) Einsatz von Windows Vista File und Registry Virtualization
	– M 4.339 (B) Verhindern unautorisierter Nutzung von Wechselmedien unter Windows Vista
	– M 4.340 (A) Einsatz der Windows-Vista-Benutzerkontensteuerung UAC
	– M 4.341 (A) Integritätsschutz unter Windows Vista
	– M 4.342 (Z) Aktivierung des Last Access Zeitstempels unter Windows Vista
	– M 5.123 (B) Absicherung der Netzkommunikation unter Windows
B 4.1 Heterogene Netze	– M 2.139 (A) Istaufnahme der aktuellen Netzsituation
	– M 2.140 (Z) Analyse der aktuellen Netzsituation
	– M 2.141 (B) Entwicklung eines Netzkonzeptes
	– M 2.142 (B) Entwicklung eines Netz-Realisierungsplans
	– M 4.79 (A) Sichere Zugriffsmechanismen bei lokaler Administration
	– M 5.2 (A) Auswahl einer geeigneten Netz-Topologie
	– M 5.13 (A) Geeigneter Einsatz von Elementen zur Netzkopplung
	– M 5.60 (A) Auswahl einer geeigneten Backbone-Technologie
	– M 5.61 (A) Geeignete physische Segmentierung (siehe unten)
	– M 5.62 (Z) Geeignete logische Segmentierung
B 5.4 Webserver	– M 2.172 (A) Entwicklung eines Konzeptes für Webangebote
	– M 2.173 (A) Festlegung einer Webserver-Sicherheitsstrategie
	– M 2.272 (Z) Einrichtung eines Internet-Redaktionsteams
	– M 2.298 (B) Verwaltung von Internet-Domainnamen
	– M 4.34 (Z) Einsatz von Verschlüsselung, Checksummen oder digitalen Signaturen
	– M 4.176 (B) Auswahl einer Authentisierungsmethode für Webangebote
	– M 4.359 (W) Überblick über Komponenten eines Webservers
	– M 5.64 (Z) Secure Shell
	– M 5.66 (B) Verwendung von TLS/SSL
	– M 5.159 (W) Übersicht über Protokolle und Kommunikationsstandards für Webserver
	– M 5.160 (W) Authentisierung gegenüber Webservern
B 5.18 DNS-Server	– M 2.298 (B) Verwaltung von Internet-Domainnamen
	– M 2.450 (W) Einführung in DNS-Grundbegriffe
	– M 2.451 (A) Planung des DNS-Einsatzes

Bild 1.193: Maßnahmen in der Planungsphase

So gut diese BSI-Maßnahmen auch für die Anwendung auf bestehende Informations-verbünde im eigenen Hause sein mögen, bei der völligen Neuplanung für einen Auf-traggeber steht ein Auftragnehmer noch vor weiteren Problemen.

Planung in den anwendungsorientierten Schichten

Planung in den anwendungsorientierten Schichten ist ebenso vielfältig, wie es die Anwendungen sind. Die Planung hängt von sehr vielen Randbedingungen ab und allgemeingültige Regeln sind kaum darzustellen. Bei Neuplanungen bedingen sich eine noch nicht stabile Strukturanalyse und die zugehörige Schutzbedarfsfeststellung gegenseitig. Die Schutzbedarfsfeststellung kann dann auch die transportorientierten Schichten beeinflussen (siehe M 5.61 „Geeignete physische Segmentierung" in Bild 1.193).

Erschwerend kommt hinzu:

- Der Anwender/Auftraggeber muss seine Erfordernisse spezifizieren, kann das aber oft nicht in der erforderlichen Präzision.
- Der Planer braucht Erfahrung und Marktkenntnis, die oft nur über Jahre hinweg erworben werden kann.
- Die Kürze der technischen Innovationszyklen liegt in der Größenordnung des Planungszeitraumes. (Netze sind für eine Lebensdauer von mindestens zehn Jahren auszulegen!)

Einige wenige, fast banale Fragestellungen sind als minimaler Ansatz aufzufassen, an denen eine Planung beginnen kann:

1. Was genau will der Auftraggeber?
2. Handelt es sich um eine völlige Neueinrichtung oder gibt es eine bestehende DV-Infrastruktur, die erweitert werden muss?
3. Ist eine gegebenenfalls bestehende DV-Infrastruktur homogen oder heterogen?
4. Wie fachkompetent ist der Auftraggeber oder sein Beauftragter?
5. Inwieweit sind Schulungsmaßnahmen für die Anwender erforderlich?

Planung in den transportorientierten Schichten

Hier müssen die ersten Fragen heißen:

1. Handelt es sich um eine völlige Neueinrichtung oder gibt es eine bestehende DV-Infrastruktur, die erweitert werden muss?

2. Ist eine gegebenenfalls bestehende DV-Infrastruktur homogen oder heterogen?

Wenn nicht aus diesen Fragen ausdrücklich etwas anderes zwingend folgt, gibt es bei der Wahl des **Transportsystems** gegenwärtig (Stand: Dez. 2016) als Konsequenz aus Kap. 1.3.3.1 nur eine Antwort: **TCP/IP.**

Sinngemäß die gleiche Aussage lässt sich zur Wahl des **Verbindungsschicht-Protokolls** und des **Übertragungsmediums** machen:

- Bei leitungsgebundenen Netzen im Primärbereich: FDDI-Backbone

- Bei leitungsgebundenen Netzen im Sekundär- und Tertiärbereich gegenwärtig: die **Ethernet-Familie** (Fast Ethernet/Gigabit-Ethernet) als Konsequenz aus 95–98 % Marktdurchdringung mit zunehmender Tendenz. Bei hohem Schutzbedarf ist aber stattdessen die Verwendung von Lichtwellenleitern erforderlich!

- Bei funkbasierten Netzen: **IEEE 802.11n** oder **IEEE 802.11g**

Den größten Planungsaufwand erfordert dabei die detaillierte Umsetzung der Vorgaben des Verkabelungs-Standards EN 50173 (siehe Kap. 1.6.1.2) unter Beachtung der BSI-Maßnahme B 1.66 und der jeweiligen Gegebenheiten:

- Leistungsanforderungen

- Kostenrahmen

- Zeitrahmen für die Planung

- Brandschutzbestimmungen: Brandfortleitung, Halogenfreiheit, Brandlast (bei Brand freigesetzte Energie in MJ/m) im Zusammenwirken **aller** verlegten Kabel (auch Signalkabel und Elektrokabel)

- Vorschriften zur EMV (Elektromagnetische Verträglichkeit) nach EN 55022, Klasse B

- Erstellung eines Leistungsverzeichnisses, Ausschreibung/Vergabe/Abrechnung

- Abnahme und Dokumentation

Die Erfassung der **Leistungsanforderungen** enthält darunter die größten Unwägbarkeiten. Beim Neubau universeller Gewerbe-Immobilien beginnt die Netzwerkplanung bei der Bauplanung, indem beispielsweise Kabeltrassen hinreichenden Querschnitts und Verteilerräume mit genügend breiten Türen vorgesehen werden. Als Planungsrichtlinie, besonders für den arbeitsintensiven Tertiärbereich, sollten die Vorgaben des Standards als **Minimum** erfüllt werden:

- 1 Etagenverteiler (EV) je 1 000 m^2 Bürofläche

- 2 Endgeräteanschlüsse je 10 m^2 Etagenfläche

- Davon mindesten 1 Anschluss mit symmetrischem Datenkabel der Kategorie 5 und 100 Ω Wellenwiderstand

- Maximal 90 m Leitungslänge

- Maximal 5 m Rangierkabel im EV, maximal 10 m flexible Leitung insgesamt je Link

- Zwischen EV und SV darf höchstens ein weiterer Verteiler (GV) liegen; SV und GV dürfen zusammengefasst werden

- Zwischen EV und GV dürfen maximal 500 m liegen, zwischen EV und SV maximal 2 000 m

Weitaus schwieriger wird die Aufgabe, wenn das Netz nachträglich in eine Bausubstanz eingefügt werden muss, die nie dafür vorbereitet war. Trassen und Verteilerräume sind dann Mangelware und es müssen gerade dann weitere Angaben beschafft werden:

- **Anzahl** der geplanten Clients bei Inbetriebnahme

- Örtliche **Gruppierung** der Clients

- **Wachstumsprognose** für die Anzahl der Clients

- **Platzierung der Anschlussdosen** in den jeweiligen Räumen

- Erwartete Verkehrsparameter (**Datenverkehr**: normale Daten/Echtzeitdaten/Multimediadaten, **Lastverteilung** zwischen hausinternen Datenströmen und externer Anbindung)

- Daraus folgende optimale **Platzierung von Verteilern** und das **Kabelrouting**

- Auswahl und Dimensionierung der **aktiven Komponenten**

> Ein intensiver **Dialog mit dem Anwender** und eine **Inspektion der örtlichen Gegebenheiten** sind für eine sinnvolle Netzwerkplanung **unverzichtbar**. Denn: **Jedes Netz ist anders.**

Sind die in aller Kürze oben genannten *strategischen* Rahmenbedingungen geklärt, folgt die *taktische* Klein- und Routinearbeit:

- Erstellen von Plänen
- Bestimmung von Längenmetern und Stückzahlen
- Kennzeichnung von Dosen und Patchfeldern
- etc.

Ein Großteil dieser Routinearbeiten kann heute von spezieller Netzwerkplanungssoftware übernommen werden.

1.7.2.2 Administration

Die Administration umfasst die folgenden Tätigkeitsbereiche:

- Bestandsführung der Hard- und Software inklusive Beschaffung und Aussonderung
- Betriebsmittelverwaltung (z. B. Drucker)
- Benutzerverwaltung
- Aufrechterhaltung der Verfügbarkeit (Störungsanalyse und -beseitigung)
- Aufrechterhaltung der übrigen Informationssicherheit (Vertraulichkeit, Unverfälschtheit)

Die ersten beiden Punkte dieser Liste werden hier nicht weiter ausgeführt. Die Benutzerverwaltung ist sehr betriebssystemspezifisch, deswegen wird auf die entsprechenden Teile des Kapitels 2 verwiesen.

Aufrechterhaltung der Verfügbarkeit

Trotz Sorgfalt bei Installation und Konfiguration zur Vorbeugung von Störungen können diese auftreten. Ziel der Netzadministration sollte es diesbezüglich sein,

- es zum einen **vorausschauend** gar nicht erst bis zur Störung kommen zu lassen, denn viele als Störung zu bezeichnende Betriebszustände eines Netzes sind nur die Endpunkte einer Entwicklung über einen längeren Zeitraum,

- und zum anderen Sofortmaßnahmen bereitzuhalten, die eine spontane Störung binnen Kurzem beseitigen oder bis zur endgültigen Beseitigung überbrücken.

Zu den vorausschauenden Maßnahmen gehören:

- Regelmäßig aktualisierter **Virenschutz**

- Regelmäßige **Datensicherung** mit Rotation und Aussonderung überalterter Datenträger

- Regelmäßige **Software-Updates**

- Regelmäßige Inspektion der **Protokolldateien** (Logfiles) der Serverprozesse

- Regelmäßige Überprüfung des **freien Plattenplatzes** und Abschätzung des Wachstumsverhaltens der Belegung

- Regelmäßige Überprüfung der **Prozessorauslastung** auf den Servermaschinen und Abschätzung des Wachstumsverhaltens der Auslastung

- Ständige Überwachung des **Traffics** (Datenverkehr im Netz) auf Lastspitzen und Engpässe

Manche dieser Tätigkeiten sind entweder nur schwer oder, wie der letzte Punkt, fast gar nicht „manuell" zu leisten. Dies gilt insbesondere für große (viele Komponenten) und räumlich ausgedehnte Netze (Hybridnetze: siehe auch Kap. 3, VPN). Dazu werden Netzwerk-Management-Systeme eingesetzt.

1

Bei spontanen Störungen setzt der Einsatz von Sofortmaßnahmen deren **Vorbereitung** voraus.

Zu den Sofortmaßnahmen gehören beispielsweise:

- **Restauration** (Wiedereinspielen von Datensicherungen)

- Automatische **Reaktivierung von Ressourcen**, wie z.B. in Bild 1.181c dargestellt oder mit Stand-by-Komponenten (redundante Platten und Netzteile)

- **Konfigurationsänderung**, wie im folgenden Beispiel beschrieben

Beispiel zur Konfigurationsänderung

In einem lokalen Beispielnetz hat der HTTP-Traffic den bei Weitem größten Anteil. Daher wird es über zwei HTTP-Proxies ans Internet angebunden (Bild 1.194).

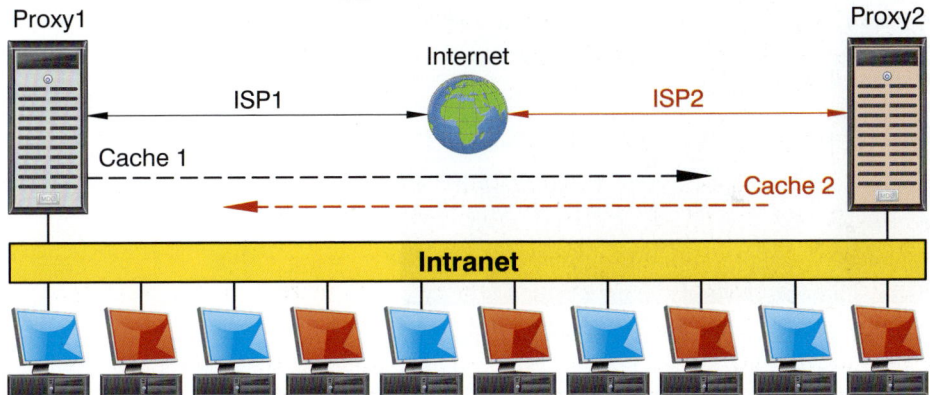

Bild 1.194: Zwei Proxies im Cacheverbund

Die Hälfte der Clients ist dazu konfiguriert, Proxy1 zu benutzen, die andere Hälfte benutzt Proxy2. Proxy1 verfügt über eine eigene physikalische WAN-Anbindung zu ISP1, Proxy2 über eine eigene physikalische WAN-Anbindung zu ISP2. Beide Proxies stehen zueinander in einem hierarchielosen Peer-to-Peer-Verhältnis (Sibling Relation) und arbeiten über Kreuz im Cache-Verbund. Das bedeutet, dass jeder Proxy bei einer Clientanfrage nach einer Ressource zuerst seinen Peer befragt. Nur wenn der Peer die Ressource nicht liefern kann, wird sie extern beschafft. Beide Proxies „teilen sich die Beute" – der externe Traffic jedes Proxies wird minimiert. Als Störfall wird nun definiert, dass durch Bauarbeiten, technische Probleme beim ISP oder Defekt eines Interfaces eine WAN-Anbindung ausfällt. Der betroffene Proxy kann nun kurzfristig manuell dahin gehend **umkonfiguriert** werden, dass er seinen bisherigen Peer nun als hierarchisch höher stehend betrachtet *(Parent Relation)* und keine eigenen externen Beschaffungsversuche mehr unternimmt. Er befragt nur noch den (ungestörten) Parent. Die Clients bemerken dann nur die geringere Bandbreite.

Netzwerk-Management-Systeme

Netzwerk-Management-Systeme beruhen darauf, dass NICs, Hubs und Switches etc. mit sogenannter **Management-Agenten-Software** und gegebenenfalls (z. B. bei Hubs) auch mit Management-Agenten-Hardware ausgestattet werden. Die Management-Agenten registrieren vor Ort Ereignisse, sammeln sie und schicken Ergebnisse auf Anfrage zu einer **Management-Station**, auf der die eigentliche Management-Applikation läuft. Die Agenten können auch eigenständig Alarme auslösen. Die Management-Agenten kommunizieren mit der **Management-Applikation** meist über das zu administrierende Netz selbst *(„In-Band-Management")*. Dazu dient das UDP-basierte **SNMP** (**S**imple **N**etwork **M**anagement **P**rotocol).

Häufig sind in kleineren Netzen aber auch schon einfachere Lösungen verwendbar; so gibt es beispielsweise die Möglichkeit, einen Switch mit integriertem HTTP-Server über einen Browser zu verwalten (Bild 1.195).

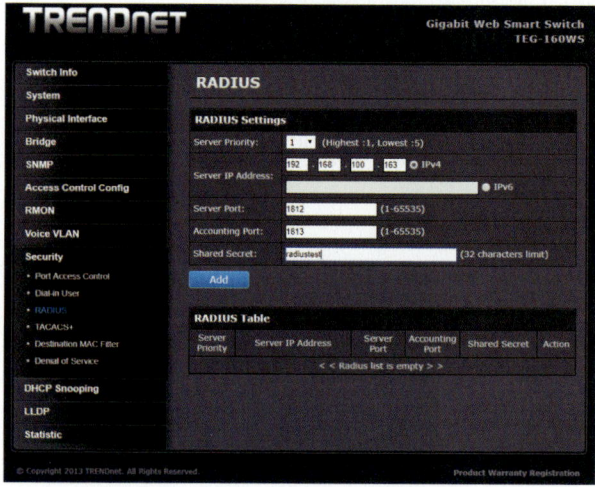

Bild 1.195: Konfiguration eines Switches über sein Web-Interface

Aufrechterhaltung der übrigen Informationssicherheit

Andere Begriffe hierfür sind auch **IT-Sicherheit**, **Datensicherheit** oder **Netzwerksicherheit** im Gegensatz zum **Datenschutz** (B 1.5).

Als Kurzfassung des BSI-Gefährdungskatalogs gilt es zu verhindern:

- Ausspähung von Daten durch nicht autorisierte Personen
- Veränderung gespeicherter oder übertragener Daten
- Fälschung von Identitätsdeklarationen

Diese Gefährdungen bestehen auch schon bei unvernetzten Computern und lassen sich durch geeignete Gegenmaßnahmen minimieren: Zwang zur Authentifizierung und Vergabe von Zugriffsrechten auf Betriebs- und Dateisystemebene (Kap. 2).

Organisatorische Maßnahmen:

1. Zugangskontrolle zu Server- und Verteilerräumen und gesondert den hierin befindlichen Schränken

2. Einweisung der Benutzer, z. B. in Passwortrichtlinien

3. Gewährung eines Benutzerkontos nur nach Quittierung einer Benutzerordnung

4. Gewährung des Netzzugangs nur nach vorheriger, passwortgesicherter Anmeldung

Technische Maßnahmen:

1. Einschränkung der technischen Möglichkeiten bei den Clients (z. B. unkontrolliertes Booten vom USB-Speicher)

2. Verteilung aller Netzdienste auf möglichst viele Servermaschinen, insbesondere eigene Nameserver

3. Abschalten nicht gebrauchter Serverprozesse auf jeder Servermaschine

4. Verzicht auf unsichere Dienste. Beispiel: Bei Telnet wird das Passwort im Klartext übertragen und kann insbesondere bei Verwendung von Hubs leicht ausgespäht werden $\Rightarrow$ Ersatz von Telnet durch SSH (Secure Shell, Telnetersatz mit guter Verschlüsselung) und gegebenenfalls Ersatz von Hubs durch Switches

5. Einsatz spezieller Überwachungssoftware mit dem Ziel, unautorisierte (erfolgte) Eingriffe aufzuspüren (Intrusion Detection System)

6. Einsatz von Firewalls

7. Installation von Verschlüsselungssoftware auf Systemebene (VPN) und Anwendungsebene

8. Zentralisierte Authentifizierung

Ausführlichere und breiter angelegte Handlungsempfehlungen können wiederum dem BSI-Maßnahmenkatalog entnommen werden. Den Punkten 6 und 7 sind die nachfolgenden Unterkapitel gewidmet.

1.7.2.3 Technische Mittel der IT-Sicherheit

Firewall

Ausführlicher wird nun ein Baustein betrachtet, der in jeder Sicherheitskonzeption unerlässlich ist: die **Firewall** (engl. für Brandschutzmauer) – der Katalog spricht im Baustein B 3.301 allerdings von einem **Sicherheitsgateway**, um anzudeuten, dass die Schutzfunktion oft nicht mehr von nur einem Gerät, sondern von einer Reihe von IT-Systemen ausgeübt wird.[1]

Die Firewall soll eine Hürde zwischen zwei Netzen darstellen, die für Unberechtigte möglichst unüberwindlich ist. Sie ist meistens auf dem Router zwischen lokalem Netz und öffentlichem Weitverkehrsnetz angesiedelt (Bild 1.196). Für die Konstruktion einer Firewall stehen grundsätzlich zwei Elemente zur Verfügung: Proxies und Paketfilter.

---

[1] *Vgl. Bundesamt für Sicherheit in der Informationstechnik: IT-Grundschutz-Kataloge, 15. Ergänzungslieferung – 2016, veröff. im September 2016 unter https://download.gsb.bund.de/BSI/ITGSK/IT-Grundschutz-Kataloge_2016_EL15_DE.pdf, S. 276 ff. [31.05.2018].*

Bild 1.196: Brandschutzmauer zwischen Netzen unterschiedlicher Vertrauenswürdigkeit

Proxies wurden bereits kurz in Kap. 1.4.4.3 behandelt. Sie werden auch „**Application Level Gateways**" (BSI), abgekürzt ALG, oder „**Application Firewall**" genannt, weil sie auf der OSI-Schicht 7 („Application Layer") arbeiten. Man muss entweder für jedes Anwendungsprotokoll einen gesonderten Proxy betreiben oder der Universal-Proxy wird kompliziert. Eventuell muss Anwendungssoftware angepasst werden. Als Vorteile sind jedoch in der BSI-Maßnahmen-Empfehlung M 2.75 genannt:

- „Oft geringere Anzahl von Programmierfehlern als in den vom Proxy geschützten Client- bzw. Serverdienstprogrammen

- Filterung einzelner Protokollbefehle (z. B. bei HTTP der Befehl POST) in Abhängigkeit von der Parametrisierung der Befehle, der Zeit und des Benutzers möglich

- Entfernung unerwünschter Inhalte in den übertragenen Daten

- Abwehr von Angriffen, die auf fehlerhaften Header-Daten beruhen

- Ersetzung der Absender-Adresse eines weitergeleiteten IP-Pakets durch die IP-Adresse der Netzschnittstelle, über die das Paket den Proxy verlässt. Dadurch werden IP-Adressen des vertrauenswürdigen Netzes verheimlicht. Im DNS braucht zudem nur eine IP-Adresse eingetragen werden.

- Erzwingen einer starken Authentisierung möglich

- Umfangreiche Protokollierungsmöglichkeiten. Für jede Verbindung auf der Anwendungsebene kann protokolliert werden:
  - Benutzeridentifikation
  - IP-Adresse des Quell- und Zielrechners
  - Portnummern
  - Zeit und Datum

- In Abhängigkeit vom Dienst können weitergehende Informationen protokolliert werden (z. B. URL bei HTTP)."

Paketfilter („**Paketfilter Firewalls**") sind Router, die ihre Weginformation *(Routing)* überhaupt nur dann zum Einsatz bringen, wenn vorgegebene Richtlinien *(Policy of Forwarding)* dies zulassen. Paketfilter inspizieren die einzelnen Felder in den TCP/UDP und den IP-Headern und vergleichen sie mit ihrem Regelwerk. So kann ein Paketfilter beispielsweise dazu konfiguriert werden, sowohl

- UDP-Pakete an Port 53 nur dann durchzulassen, wenn sie von einem Host mit vorgegebener IP-Adresse stammen (der standardmäßige NS des Providers etwa), als auch

- TCP-Verbindungen von außen nach innen generell nicht zuzulassen (Inspektion des SYN-Flags), es sei denn, sie stammen aus einem ganz bestimmten Subnetz, oder

- abgehende Verbindungsaufbaupakete aus bestimmten internen Subnetzen an einen bestimmten externen SMTP-Server zuzulassen, an einen anderen aber zu sperren und

- alle oder manche Aktionen zu protokollieren.

Details folgen weiter unten.

Wenn der Paketfilter darüber hinaus „weiß", um was für Pakete es sich handelt, z. B. FTP-Datenverbindungen, die in einer bestehenden FTP-Steuerverbindung veranlasst worden sind, dann spricht man von **Stateful Inspection** und nennt den Filter „**Stateful Inspection Firewall**".

Auf diesem Wege können die Datenflüsse durch den Paketfilter sehr fein „kanalisiert" werden, nachteilig ist jedoch die mit der Anzahl der Regeln zunehmende Kompliziertheit und die daraus resultierende Fehleranfälligkeit. Daneben können den Nutzern Unannehmlichkeiten entstehen (z. B. bei FTP). Gegen einige Bedrohungen können Firewalls nicht eingesetzt werden:

- Angriffe aus dem eigenen Netz

- Kommunikationsbeziehungen, die an der Firewall vorbeigehen, z. B. durch zusätzliche Modem-Einwahl einer Station des eigenen Netzes

- Völlig neuartige Angriffstechniken

- Computerviren, Trojaner etc.

Im BSI-Baustein B 3.301 wird von folgender Gefährdungslage für ein Sicherheitsgateway ausgegangen:

- „**Organisatorische Mängel**
  - G 2.24 Vertraulichkeitsverlust schutzbedürftiger Daten des zu schützenden Netzes
  - G 2.101 Unzureichende Notfallvorsorge bei einem Sicherheitsgateway
- **Menschliche Fehlhandlungen**
  - G 3.3 Nichtbeachtung von Sicherheitsmaßnahmen
  - G 3.9 Fehlerhafte Administration von IT-Systemen
  - G 3.38 Konfigurations- und Bedienungsfehler
- **Technisches Versagen**
  - G 4.8 Bekanntwerden von Softwareschwachstellen
  - G 4.10 Komplexität der Zugangsmöglichkeiten zu vernetzten IT-Systemen
  - G 4.11 Fehlende Authentisierungsmöglichkeit zwischen NIS-Server und NIS-Client
  - G 4.12 Fehlende Authentisierungsmöglichkeit zwischen X-Server und X-Client
  - G 4.20 Überlastung von Informationssystemen
  - G 4.22 Software-Schwachstellen oder Fehler
  - G 4.39 Software-Konzeptionsfehler
- **Vorsätzliche Handlungen**
  - G 5.2 Manipulation an Informationen oder Software
  - G 5.9 Unberechtigte IT-Nutzung
  - G 5.18 Systematisches Ausprobieren von Passwörtern
  - G 5.24 Wiedereinspielen von Nachrichten
  - G 5.25 Maskerade
  - G 5.28 Verhinderung von Diensten
  - G 5.39 Eindringen in Rechnersysteme über Kommunikationskarten
  - G 5.48 IP-Spoofing
  - G 5.49 Missbrauch des Source-Routing
  - G 5.50 Missbrauch des ICMP-Protokolls

– G 5.51 Missbrauch der Routingprotokolle
– G 5.78 DNS-Spoofing
– G 5.143 Man in the Middle Angriff"[1]

Dagegen steht das Bündel von Maßnahmen-Empfehlungen, hier auszugsweise nur die Qualifizierungsstufe A (Bild 1.191):

- **„Planung und Konzeption**
  – M 2.70 Entwicklung eines Konzepts für Sicherheitsgateways
  – M 2.71 Festlegung einer Policy für ein Sicherheitsgateway
  – M 2.299 Erstellung einer Sicherheitsrichtlinie für ein Sicherheitsgateway
  – M 2.476 Konzeption für die sichere Internetanbindung
- **Beschaffung**
  – M 2.73 Auswahl geeigneter Grundstrukturen für Sicherheitsgateways (siehe unten)
  – M 2.74 Geeignete Auswahl eines Paketfilters
  – M 2.75 Geeignete Auswahl eines Application-Level-Gateways [...]
- **Umsetzung**
  – M 2.76 Auswahl und Einrichtung geeigneter Filterregeln
  – M 2.77 Integration von Servern in das Sicherheitsgateway [...]
- **Betrieb**
  – M 2.78 Sicherer Betrieb eines Sicherheitsgateways
  – M 4.47 Protokollierung der Sicherheitsgateway-Aktivitäten [...]
  – M 5.39 Sicherer Einsatz der Protokolle und Dienste
  – M 5.46 Einsatz von Stand-alone-Systemen zur Nutzung des Internets
  – M 5.59 Schutz vor DNS-Spoofing bei Authentisierungsmechanismen
  – M 5.70 Adressumsetzung NAT (Network Address Translation) [...]
  – M 5.120 Behandlung von ICMP am Sicherheitsgateway"[2]

Exemplarisch wird nun aus der Maßnahme M 2.73 zitiert:

„Im Wesentlichen bieten sich zwei sinnvolle Grundstrukturen (Bild 1.197) an, die als Anhaltspunkt zum Aufbau eines Sicherheitsgateways dienen können. Die grundlegenden Strukturen werden im Folgenden erläutert.

1. Paketfilter – Application-Level-Gateway – Paketfilter (P-A-P)
Bei dieser Grundstruktur werden ein Paketfilter, ein Application-Level-Gateway (ALG) und ein weiterer Paketfilter „hintereinandergeschaltet", sodass jeglicher Datenverkehr alle drei Komponenten überqueren muss. In der folgenden Abbildung sind beispielhaft einige Möglichkeiten zur Einrichtung von „demilitarisierten Zonen" (DMZ) eingezeichnet, in denen weitere Komponenten des Sicherheitsgateways in einer geschützten Umgebung betrieben werden können. [...]"[3]

Die DMZ ist der Bereich zwischen den Grenzen (ein „Niemandsland"). Hier platzierte Servermaschinen heißen auch **Bastion Host** und hosten z. B. einen öffentlich erreichbaren Webserver.

---

[1] *Bundesamt für Sicherheit in der Informationstechnik: IT-Grundschutz-Kataloge, 15. Ergänzungslieferung – 2016, veröff. im September 2016 unter https://download.gsb.bund.de/BSI/ITGSK/IT-Grundschutz-Kataloge_2016_EL15_DE.pdf, S. 276/277 [31.05.2018].*

[2] *Bundesamt für Sicherheit in der Informationstechnik: IT-Grundschutz-Kataloge, 15. Ergänzungslieferung – 2016, veröff. im September 2016 unter https://download.gsb.bund.de/BSI/ITGSK/IT-Grundschutz-Kataloge_2016_EL15_DE.pdf, S. 279 (gekürzt) [31.05.2018].*

[3] *Bundesamt für Sicherheit in der Informationstechnik: IT-Grundschutz-Kataloge, 15. Ergänzungslieferung – 2016, veröff. im September 2016 unter https://download.gsb.bund.de/BSI/ITGSK/IT-Grundschutz-Kataloge_2016_EL15_DE.pdf, S. 1610 [31.05.2018].*

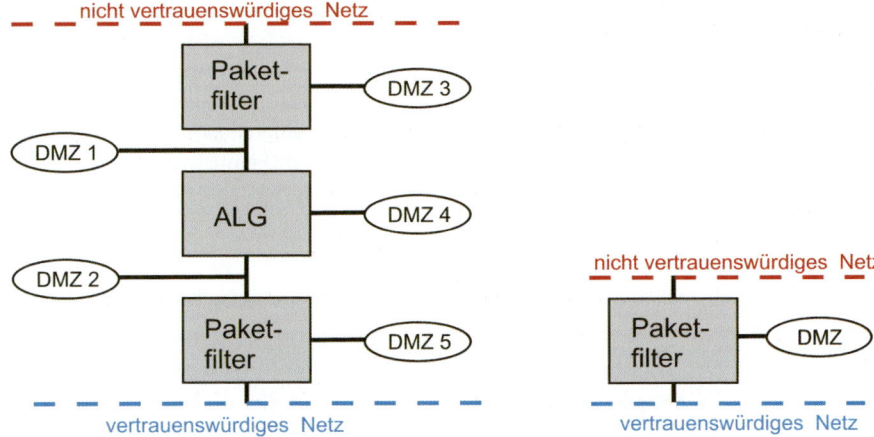

Bild 1.197: Mehrstufiger Aufbau einer Firewall und einstufiger Aufbau

„2. Nur Paketfilter

Die einfachste Grundstruktur eines Sicherheitsgateways besteht aus nur einem Paketfilter. Das Grundproblem bei der Filterung der Kommunikation alleine mit einem Paketfilter liegt darin, dass die Entscheidung darüber, ob ein Zugriff erlaubt oder abgewiesen werden soll, anhand der leicht zu fälschenden Daten aus den Headern der verschiedenen IP-basierten Protokolle gefällt wird. Einsatzbereiche sind deshalb vor allem:

- Trennung zweier Netze, falls sich das Maß der Vertrauenswürdigkeit dieser Netze nur wenig voneinander unterscheidet (z. B. Trennung des Internets von einem Intranet mit nur geringem Schutzbedarf)

- Trennung zweier organisationsinterner Netze

- Privater Bereich (Schutz des „heimischen" Rechners beim Zugriff auf das Internet) [...]"[1]

Die Eigenschaften dieser Grundtypen werden in Bild 1.198 einander gegenübergestellt:

Paketfilter – ALG – Paketfilter (P-A-P)	Paketfilter
– Kann als Grundlage für die Sicherstellung eines hohen Sicherheitsniveau dienen. – Hohe Komplexität aufgrund der Verwendung mehrerer Module – Nicht in jedem Anwendungszusammenhang einsetzbar. Beispielsweise kann IPSEC-Verkehr nicht über einen TCP/IP-Proxy geleitet werden. – Einfache Erweiterungsmöglichkeiten, z. B. kann ein Virenscanner oder ein Spam-Filter ohne großen Aufwand an das ALG angeschlossen werden.	– Kein hohes Sicherheitsniveau, höchstens für normalen Schutzbedarf ausreichend – Gegenüber einem P-A-P-Aufbau relativ einfache Administration – Geringe Investitionskosten (kostenlose Software unter verschiedenen Betriebssystemen vorhanden) [Anm.d.Verf.: siehe unten] – Keine wesentliche Einschränkung des maximalen Datendurchsatzes am Netzübergang – Einfache, grundlegende Absicherung

---

[1] *Bundesamt für Sicherheit in der Informationstechnik: IT-Grundschutz-Kataloge, 15. Ergänzungslieferung – 2016, veröff. im September 2016 unter https://download.gsb.bund.de/BSI/ITGSK/IT-Grundschutz-Kataloge_2016_EL15_DE.pdf, S. 1611 [31.05.2018]. (gekürzt)*

Paketfilter – ALG – Paketfilter (P-A-P)	Paketfilter
– Die Ausnutzung von Sicherheitslücken in Clientsoftware kann teilweise verhindert werden. – Umfangreiche Protokollierungsmöglichkeiten	– Integration auf einem zu schützenden Rechner theoretisch möglich (z. B. kann ein Web-Server gleichzeitig als Paketfilter genutzt werden) – Bereitstellung neuer Dienste gegenüber P-A-P-Aufbau stark vereinfacht

Bild 1.198: Vergleich der Grundstrukturen von Firewalls nach BSI

Darüber hinaus werden „Hinweise zur Auswahl einer Grundstruktur" gegeben (Bild 1.199):

Einsatzgebiet[1]	Empfohlener Aufbau
Trennung zweier Teilnetze des internen Netzes mit gleichem Schutzbedarf	Paketfilter. Bei normalem Schutzbedarf genügt ein Router mit integrierter Paketfilter-Funktion.
Trennung zweier Teilnetze des internen Netzes mit unterschiedlichem Schutzbedarf (insbesondere: Teilnetz mit hohem Schutzbedarf und Teilnetz mit normalem Schutzbedarf)	Mindestens Paketfilter. Falls vom weniger vertrauenswürdigen Netz aus auf einen Dienst im Netz mit hohem Schutzbedarf zugegriffen werden soll, dann ist es empfehlenswert, diesen Zugriff über ein ALG abzusichern.
Trennung eines Teilnetzes mit besonderen Sicherheitsanforderungen von einem anderen internen Netz	Mehrstufiger Aufbau aus Paketfilter – ALG – Paketfilter. Zusätzlich ist in diesem Fall eine ergänzende Sicherheitsbetrachtung notwendig. Der mehrstufige Aufbau kann hier nur als Grundlage für sehr hohe Sicherheit dienen. In der Regel werden zusätzliche Maßnahmen notwendig sein, für die aber keine allgemeinen Empfehlungen möglich sind.
Trennung des eigenen Netzes vom Internet	Grundsätzlich mehrstufiger Aufbau aus Paketfilter – ALG – Paketfilter. In Ausnahmefällen (sehr kleines Netz, kein hoher Schutzbedarf) kann ein Paketfilter (beispielsweise in Verbindung mit einem NAT-Router) ausreichend sein. Zumindest für Dienste wie E-Mail und HTTP wird der Einsatz eines entsprechenden Proxyservers dringend empfohlen. Bei normalem Schutzbedarf kann gegebenenfalls auf den inneren Paketfilter verzichtet werden. Falls kein P-A-P-Aufbau gewählt wird, wird eine zusätzliche Risikobetrachtung dringend empfohlen. [...]

Bild 1.199: Auswahl von Firewall-Strukturen nach BSI[1]

Mit „kostenlose Software unter verschiedenen Betriebssystemen vorhanden" kann beispielsweise der *Netfilter* (Bild 1.200) von Linux gemeint sein, der mit dem Frontend *Iptables* konfiguriert wird. Der Linux-Kernel behandelt IP-Pakete gemäß den Eintragungen in drei Tabellen (daher auch der Name Iptables). In jeder Tabelle existieren Regelketten (Ipchains), die Verfahrensregeln (Rules) für die Paketbehandlung enthalten (können). Treffen Regelmerkmale (Matches) zu, wird das Paket einer Zielbestimmung (Target) zugeführt

---

[1] *Bundesamt für Sicherheit in der Informationstechnik: IT-Grundschutz-Kataloge, 15. Ergänzungslieferung – 2016, veröff. im September 2016 unter https://download.gsb.bund.de/BSI/ITGSK/IT-Grundschutz-Kataloge_2016_EL15_DE.pdf, S. 1613/1614 [31.05.2018].*

(Bild 1.201). Anfangs sind diese Ketten leer, d. h., mangels spezieller Regeln ist alles möglich. Eine der drei Tabellen heißt **NAT**, in ihr wird die Network Address Translation durchgeführt (siehe dazu auch Kap. 1.4.3.5). Eine weitere heißt **Mangle**, sie dient für spezielle Paketbehandlungen (*engl. to mangle*: zerstückeln).

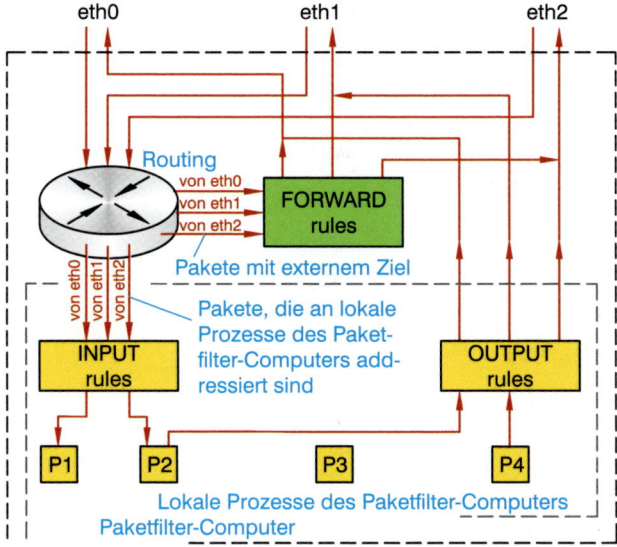

Bild 1.200: Vereinfachtes Funktionsmodell des Linux-Netfilters

Für die Paketfilterung dient die Tabelle **Filter**. Sie wird bei Konfigurationsbefehlen standardmäßig verwendet, wenn nicht über die Option -t eine andere Tabelle für diesen Befehl festgelegt wird. Die Tabelle besitzt drei Regelketten: INPUT, OUTPUT und FORWARD. Der Einflussbereich geht aus Bild 1.200 hervor.

Wichtigste Paket-Merkmale (Matches) sind: Quell-IP-Adresse/Ziel-IP-Adresse, Protokoll (UDP/TCP), Quell- und Zielport, gesetzte Flags (SYN, ACK ...) etc.

Built-in Targets	Bedeutung
DROP	Das Paket wird ohne Weiteres verworfen.
ACCEPT	Das Paket wird durchgeleitet.
REJECT	Wie DROP, meist mit ICMP-Fehlermeldung an den Absender.
LOG	Es wird ein Vermerk im sogenannten Kernellogging bewirkt.

Bild 1.201: Standardaktionen im Paketfilter

Andere, gerade auch benutzerdefinierte Chains können selbst als Target dienen. Filterregeln für einen einfachsten Paketfilter[1] ohne DMZ könnten so aussehen, wie der nächste Absatz zeigt. Diese Befehlsfolge kann in ein Initialisierungsskript für die Runlevel 3 und 5 eingebunden werden. Auf sie aufbauend können weitere Eigenschaften implementiert werden (siehe weiter oben, # leitet Kommentare ein):

---

[1] Vgl. Russel, Rusty: *Rustys wirklich schnelle Anleitung zum Paketfiltern*, übers. v. Melanie Berg, veröff. am 01.05.2000 unter https://netfilter.org/documentation/HOWTO/de/packet-filtering-HOWTO-5.html [31.05.2018].

```
## Regelkette ,block' erstellen, die neue Verbindungen blockt - \
es sei denn, sie kommen von innen (eth0)
iptables -N block # Neue chain (in Tabelle filter)

# fügt Regel in Kette block ein (-A: ADD)
# -m matches 'state'; hier Zustände ESTABLISHED und RELATED
#  ESTABLISHED meaning that the packet is associated with a  \
connection which has seen packets in both directions
#  RELATED meaning that the packet is starting a new connection\
but is associated with an existing connection,
#      such as FTP -data transfer
# -j jumps to a target, hier: ACCEPT
iptables -A block -m state --state ESTABLISHED,RELATED -j ACCEPT

# NEW meaning that the packet has started a new connection
# -i ! eth1: Das in-Interface ist nicht (!) eth1
iptables -A block -m state --state NEW -i ! eth1 -j ACCEPT

# Letzte Regel in der Kette bestimmt Standardverhalten: Keine \
akzeptable Eigenschaft festgestellt, dann verwerfen!
iptables -A block -j DROP

## Von INPUT und FORWARD Ketten zu dieser Kette springen
iptables -A INPUT -j block
iptables -A FORWARD -j block
```

Appliances und Personal Firewalls

Wenn die komplette Funktionalität einer Firewall (Paketfilter + ALG) in einem (embedded) Gerät zusammengefasst wird, dann spricht man von einer **Firewall Appliance** oder externen Firewall oder – fälschlich – von einer Hardware-Firewall. Dies ist die professionellste Lösung, weil die Firewall-Software in diesem Fall auf proprietären Betriebssystemen oder gehärteten Linuxderivaten aufsetzt.

Im Gegensatz dazu spricht man von einer **Personal Firewall**, wenn diese Software das Betriebssystem des Arbeitsplatzrechners ergänzt, um insbesondere zu verhindern, dass Software unkontrolliert eine Verbindung ins Internet herstellt.

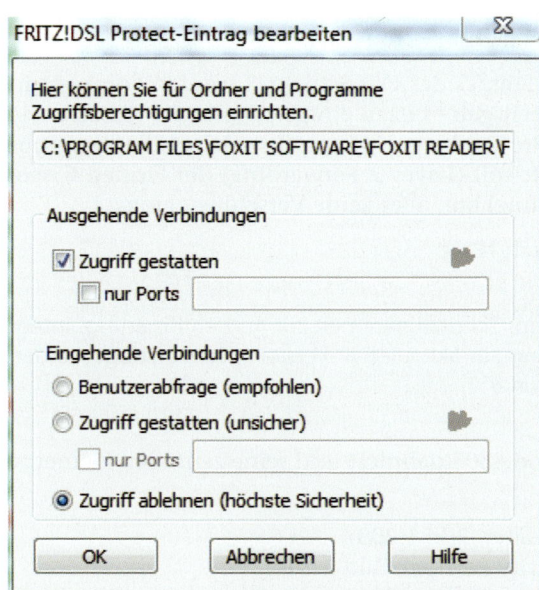

Bild 1.202: Akkreditierung einer Anwendung mit einer Personal Firewall

Solche Verbindungen sind aus Sicht einer externen Firewall nämlich meist zulässig. Dazu muss der Anwender entweder jeden Verbindungsaufbau im Netz einzeln akzeptieren oder einzelnen Anwendungen eine Akkreditierung erteilen (Bild 1.202).

In dem seltener werdenden Fall, dass ein (meist privater) Rechner ohne zwischengeschalteten Router ins Internet geht, muss die Personal Firewall natürlich auch Verbindungen von außen nach innen generell abblocken.

VPN

Eines der primären Ziele der Vernetzung ist die Überbrückung von räumlicher Entfernung. Heute besteht vielfach der Wunsch, Außendienstmitarbeiter mit ihren Notebooks, Teleworker mit ihren PCs und entfernte Niederlassungen und Geschäftspartner mit ihren LANs an das firmeneigene Netz anzukoppeln. Dies kann vorteilhaft mit VPNs über das Internet geschehen, wie in Kapitel 3.6 beschrieben und in Bild 3.52 dargestellt.

Dem steht allerdings ein großer **Nachteil** gegenüber: Das Internet ist **öffentlich** – und damit **alles andere als privat!**

Schutzmaßnahmen wie Zugangskontrollen sind nicht durchführbar:

- Unerlaubter Zugriff auf lokale Einrichtungen von außen muss abgewehrt werden (Firewall).

- **Authentizität** der Kommunikationspartner und **Integrität** (Unverfälschtheit) der Daten muss gewährleistet sein.

- Übertragene Daten müssen durch **Verschlüsselung** gegen Ausspähung geschützt werden.

Als Methoden der Netzkopplung bieten sich an:

1. Kopplung auf der Sicherungsschicht: Frames der OSI-Schicht 2 werden komplett in IP-Pakete verpackt. In der Vergangenheit gab es dazu einige proprietäre Ansätze wie das **PPTP** (**P**oint-to-**P**oint **T**unneling **P**rotocol) von Microsoft, welches allerdings nur einen Kanal zuließ, oder das **L2F**-Protokoll (**L**ayer **2** **F**orwarding) der Firmen Cisco, Nortel und Shiva, welches mehrere Tunnel bot, aber keine Verschlüsselung.

2. Kopplung auf der Netzwerkschicht durch **IPsec**.

> IPsec ist eine Erweiterung des IP-Protokolls um Schutzfunktionen zur Authentifizierung, Integritätsprüfung und Verschlüsselung. IPsec kann zur aktuellen IP-Version 4 hinzugefügt werden und ist fester Bestandteil der neuen IP-Version 6.

IPsec ist in den RFCs 4301, 4302, 4303 und 4305 definiert und seine zentralen Elemente sind:

- Das AH-Protokoll (Authentification Header, Bild 1.203)
- Das ESP-Protokoll (Encapsulating Security Payload, Bild 1.204)
- Die Schlüsselverwaltung (Key Management)

Dabei ist IPsec nicht auf bestimmte Authentifizierungs- und Verschlüsselungstechniken festgelegt. Zur Erzielung einer minimalen Kompatibilität ist jedoch im **AH-Protokoll** das Verfahren **MD5** (RFC 1321) Pflichtbestandteil jeder Implementation. Dabei wird aus den Nutzdaten und einem geheimen Schlüssel eine Prüfbitfolge erzeugt, die eine Manipulation des Dateninhalts aufdeckt (Integritätsprüfung) und einen Absender authentifiziert. Beim **ESP-Protokoll** ist das **DES**-Verfahren (bekannt durch Scheckkarten, RFC 1829) Standard, um die Vertraulichkeit durch Verschlüsselung zu gewährleisten. Beide Protokolle fügen einen neuen Header ein und kennen jeweils einen Transport-Modus und einen Tunnel-Modus.

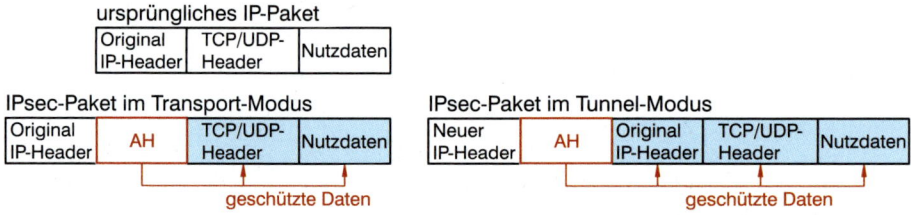

Bild 1.203: Transport- und Tunnel-Modus bei IPsec-Paketen mit AH-Protokoll

Der **Transport-Modus** ist nur für die Host-zu-Host-Kommunikation geeignet, denn es muss jede Station im VPN IPsec beherrscht werden; die Pakete werden geringfügig größer. Die Kommunikationsbeziehungen können analysiert werden, die Daten sind natürlich nicht einsehbar.

Beim **Tunnel-Modus** wird ein neues IP-Paket erzeugt, die Pakete werden also größer als im Transport-Modus, bei gleichzeitiger Verwendung von AH und ESP um mehr als 60 Byte – es droht Fragmentierung und die damit verbundene Leistungseinbuße. Dafür müssen nur die Gateways an den Tunnelendpunkten IPsec beherrschen. Bei der Durchtunnelung des Internets und innerhalb der Intranets ist nicht mehr erforderlich als die Fähigkeit, IP-Pakete weiterleiten zu können. Nur die Kommunikationsbeziehungen von Tunnelendpunkten können analysiert werden.

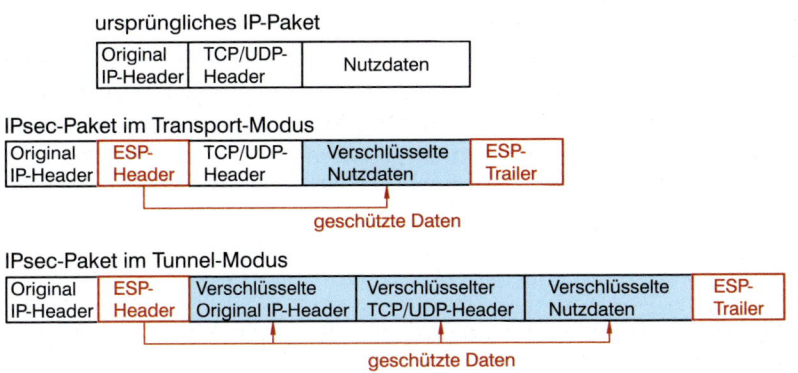

Bild 1.204: Transport- und Tunnel-Modus bei IPsec-Paketen mit ESP-Protokoll

Zum Funktionieren einer gesicherten Punkt-zu-Punkt-Kommunikation ist die Anpassung vieler Parameter erforderlich (Authentifizierung und/oder Verschlüsselung, Verschlüsselungsalgorithmen, Schlüssel etc.), die zumindest bei jedem Verbindungsaufbau neu ausgehandelt werden müssen.

Für jede Richtung einer Punkt-zu-Punkt-Kommunikation und für jedes Protokoll (AH/ESP) wird ein eigener Parametersatz benötigt.

Die jeweils nötigen Parametersätze werden zusammengefasst und als **SA** (Security Association) bezeichnet und in einer **SPD** (Security Policy Database) genannten Datenbank abgelegt. Die Verwaltung und die Verteilung der vielen erforderlichen Schlüssel können ein organisatorisches Problem werden, wenn sie „manuell" durchgeführt werden. Alternativ sollte das **IKE** (Internet Key Exchange Protocol, RFC 4306) und das **ISAKMP** (Internet Security Association and Key Management Protocol) eingesetzt werden.

Grundlagen der Verschlüsselung

Der Schutz vor Ausspähung von Informationen durch nicht autorisierte Personen entspricht einem alten Menschheitswunsch. Früher wurden Nachrichten dadurch verschlüsselt, dass ihre Zeichen durch andere Zeichen ersetzt oder nach komplizierten und geheimen Verfahren „durcheinander"gewürfelt wurden. Ein heute noch gelegentlich verwendetes Verfahren heißt ROT13 und zählt zu den Cäsar-Codierungen, die zur Verschlüsselung eine lineare Verschiebung von Buchstaben im Alphabet durchführen. Die jeweilige Schiebedistanz d stellt dabei den Schlüssel dar.

Beispiel
Beträgt etwa die Distanz d = 2, so wird A → C, B → D, ..., Z → B usw. abgebildet. Aus dem sogenannten Klartext „GEHEIM" wird der Schlüsseltext „IGJGKO" . Zur Entschlüsselung muss eine Verschiebung um d' = –2 bzw. um d' = 26 – d = 26 – 2 = 24 durchgeführt werden, weil mit d = 26 jeder Buchstabe auf sich selbst abgebildet wird (vollständige Rotation des Alphabets). Am einfachsten in der Handhabung ist somit ROT13, da d = d' einfach zu realisieren ist.

Im Computerzeitalter ist dies nicht ernsthaft als Verschlüsselung aufzufassen; ROT13 dient in News-Groups dazu, bei Scherzfragen die mitgelieferte Lösung nicht gleich offensichtlich zu machen und ist in manche News-Clients integriert (gewesen).

Heutige Verschlüsselungsverfahren sind wissenschaftlich basiert und beruhen auf standardisierten und öffentlich bekannten Algorithmen. Es werden die zu verschlüsselnden Daten nicht mehr zeichenweise, sondern bitweise verschlüsselt. In das Verfahren gehen sowohl der „Klartext" als auch ein Schlüssel ein (Bild 1.206), der ein möglichst zufälliges und möglichst langes Bitmuster darstellt. Die Erzeugung zufälliger Muster ist mit Digitalrechnern nicht wirklich, sondern nur angenähert möglich.

Den Zusammenhang verdeutlicht die Tabelle in Bild 1.205. Die letzte Spalte nennt die 1995 für erforderlich gehaltene Schlüssellänge. Inzwischen sind über 20 Jahre vergangen.

> Je größer die Schlüssellänge (in Bit), desto stärker ist die Verschlüsselung gegenüber der Kryptoanalyse.

Angreifer	Budget	Tools	40 bit	56 bit	1995
Normaler Benutzer	winzig	Rechenzeit	1 Woche	unmöglich	45
Kleine Firma	$ 400	FPGA	5 Std. ($ 0.8)	38 Jahre ($ 5 000)	50
	$ 10000	FPGA	12 Min. ($ 0.08)	556 Tage ($ 5 000)	55
Unternehmen	$ 300 T	FPGA	24 Sek. ($ 0.08)	19 Tage ($ 5 000)	60
	oder	ASIC	18 Sek. ($ 0.001)	3 Stunden ($ 38)	
Große Firma	$ 10 M	FPGA	7 Sek. ($ 0.08)	13 Tage ($ 5 000)	70
	oder	ASIC	.005 Sek. ($ 0.001)	6 Min. ($ 38)	
Sicherheitsdienste	$ 300 M	ASIC	.0002 Sek. ($ 0.001)	12 Sek. ($ 38)	75

Bild 1.205: Kryptoanalyse-Aufwand[1]

Wird, wie in Bild 1.206 dargestellt, mit dem gleichen (oder wie im obigen Beispiel leicht abzuleitenden) geheimen Schlüssel sowohl ver- als auch entschlüsselt, so spricht man von symmetrischer Verschlüsselung.

Zu den bekanntesten Vertretern dieser Art zählen **DES** (Data Encryption Standard) mit 56 bit (relevanter) Schlüssellänge, **Triple-DES** mit 108 bit (relevanter) Schlüssellänge und **AES** (Advanced Encryption Standard, Rijndael-Algorithmus, ab 1998) mit wahlweise 128/192/256 bit Schlüssellänge. Es werden „Klartext"-Blöcke in der Größe der Schlüssellänge nacheinander verarbeitet, daher auch der Name **Blockchiffren**. Die Schutzwirkung ist stark, allerdings haben die Kommunikationspartner das Problem, dass der geheim zu haltende und daher selbst zu schützende Schlüssel gesichert übergeben werden muss.

---

[1] Eckert, Claudia: IT-Sicherheit – Konzepte, Verfahren, Protokolle, 3. Auflage, München, Oldenbourg, 2004, S. 293.

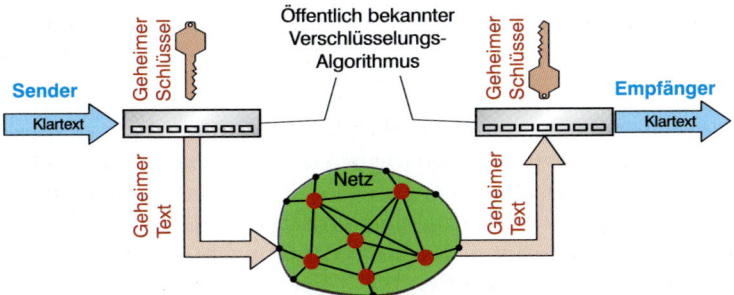

Bild 1.206: Symmetrische Verschlüsselung: Ein Schlüssel zum Verschlüsseln und zum Entschlüsseln

Dazu verwendet man zumeist eine asymmetrische Verschlüsselung, etwa das nach seinen Entwicklern (**Rivest**, **Shamir** und **Adleman**,1978) benannte **RSA**-Verfahren.

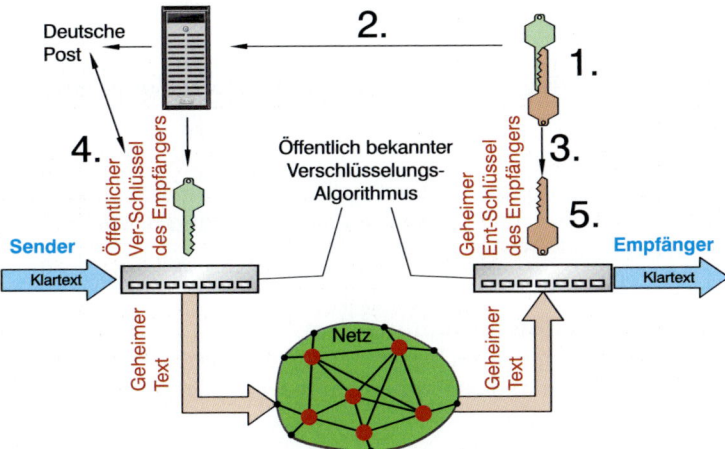

Bild 1.207: Asymmetrische Verschlüsselung: Ein Schlüssel zum Verschlüsseln und einer zum Entschlüsseln

Bild 1.207 skizziert das Verfahren im Groben:

1. Der Empfänger erzeugt ein Paar aus verschiedenen (asymmetrischen), aber exakt **aufeinander eingestellten** Schlüsseln.

2. Der öffentliche Schlüssel (**Public Key**) wird allen potenziellen Kommunikationspartnern (z. B. auf einem Schlüssel-Server) zugänglich gemacht und bei einer Zertifizierungsstelle hinterlegt (z. B. Deutsche Post).

3. Der private Schlüssel bleibt Geheimnis des Empfängers.

4. Jeder kann eine Nachricht an den Empfänger mit dessen **öffentlichem** Schlüssel **ver**schlüsseln. Zweifel an der Echtheit des Schlüssels beseitigt ein Zertifikat einer vertrauenswürdigen Stelle. In Deutschland werden solche Stellen von der Bundesnetzagentur (vormals RegTP) ihrerseits zertifiziert.

5. Einzig der Empfänger kann mit seinem **geheimen** Schlüssel die Nachricht **ent**schlüsseln.

Der **Vorteil** des asymmetrischen Verfahrens besteht darin, dass kein geheimer Schlüssel ausgetauscht werden muss; der **Nachteil**: Es ist um den Faktor 100 bis 1 000 rechenintensiver

(= zeitaufwendiger) als etwa DES und daher weniger gut für größere Datenmengen geeignet.

Die Lösung liegt in einem Kompromiss: Mit dem asymmetrischen Verfahren wird zuerst ein Schlüssel für symmetrische Verschlüsselung geschützt übertragen (Größenordnung: 128 bis 256 bit) und diese anschließend für die eigentliche Datenübertragung eingesetzt. Mit der gleichen Technik – vorzugsweise, aber nicht zwingend mit einem anderen Schlüsselpaar – ist es auch möglich, mit dem eigenen geheimen Schlüssel Dokumente elektronisch zu signieren (zu unterschreiben) und gegen Verfälschung zu schützen. Dabei wird ein Prüfwert (Hash) erzeugt und der Nachricht hinzugefügt. Jeder kann dann mit dem öffentlichen Schlüssel des Absenders dessen Authentizität prüfen. Nicht ganz so aufwendig ist die Erzeugung von Prüfwerten zur Sicherstellung der Unverfälschtheit mit den Verfahren **MD5** (**M**essage **D**igest Version **5**; digest: Auszug, Extrakt) und **SHA-1** (**S**ecure **H**ash **A**lgorithm).

1.7.2.4 Datenschutz

Im Gegensatz zur Datensicherheit (Verfügbarkeit, Vertraulichkeit, Unverfälschtheit) geht es beim Datenschutz um etwas anderes:

Datenschutz soll vor missbräuchlicher Datenverarbeitung schützen, beinhaltet das Recht auf informationelle Selbstbestimmung und soll den Schutz der Privatsphäre und des Persönlichkeitsrechts bei der Datenverarbeitung garantieren.

Dieses **Recht auf informationelle Selbstbestimmung** ist als spezielle Ausprägung des allgemeinen Persönlichkeitsrechts nach der Rechtsprechung des Bundesverfassungsgerichts (1983) ein Datenschutzgrundrecht und auch nach Art. 8 der EU-Grundrechtecharta geschützt.

Laut Art. 1 Abs. 3 Grundgesetz binden „Grundrechte die Gesetzgebung, vollziehende Gewalt und Rechtsprechung als unmittelbar geltendes Recht". Gesetze und Verordnungen sind also dem Grundgesetz verpflichtet: Auch dieses Grundrecht darf nur durch ein Gesetz (aber unter festgelegten Bedingungen) eingeschränkt werden. Maßnahmen von Ermittlungsbehörden unterliegen der Anordnung oder Genehmigung durch einen Ermittlungsrichter.

Ein Blick ins deutsche Strafgesetzbuch (StGB) zeigt, dass der früher schon existierende § 202 (Verletzung des Briefgeheimnisses) ergänzt worden ist um § 202 a (Ausspähen von Daten), § 202 b (Abfangen von Daten), § 202 c (Vorbereiten des Ausspähens und Abfangens von Daten) und § 202 d (Datenhehlerei). Daneben sind noch § 203 bis § 207 von Bedeutung.

Ein Verstoß gegen § 202 a StGB kann mit Freiheitsstrafe bis zu drei Jahren bestraft werden.

Wenn also Gesetze den Grundrechten unterworfen sind – wozu benötigt man dann noch ein **Bundesdatenschutzgesetz** (BDSG)?

- **Exkurs 1:** Beim IP-Routing kommt die Standardroute (Default Route) erst dann zum Tragen, wenn es keine passende Host- oder Netz-Route gibt.

- **Exkurs 2**: Bei den Firewall-Regeln kommt die letzte Regel (Standardverhalten der Regelkette) erst dann zur Wirkung, wenn vorher keine zutreffende Regel passt (Match).

- **Exkurs 3**: In der Programmiersprache „C" gibt es die Case-Anweisung, in der eine Variable für eine Fallunterscheidung mit einer Liste potenzieller Konstanten verglichen wird. Am Ende dieser Liste steht der Default-Eintrag, der regelt, was getan werden soll, wenn kein Listenelement mit dem Inhalt der Variablen übereinstimmt.

Die Gemeinsamkeit der drei Exkurse beantwortet die Eingangsfrage:

> Das BDSG kommt dann zum Tragen, wenn es keine speziellen Gesetze, Verordnungen oder sonstige juristisch bindenden gesetzeskonformen Regelungen gibt (auch *Auffanggesetz* genannt), um dennoch den übergeordneten Zweck zu erfüllen.

Vorrangige Rechtsvorschriften können z. B. sein:

- Telemediengesetz und Rundfunkstaatsvertrag (TMG, RfStV)
- Bestimmungen über die ärztliche Schweigepflicht
- Statistikgesetze
- Lohnsteuergesetz (LStG), Abgabenordnung (AO) und Einkommenssteuergesetz (EStG)
- Datenerfassungs- und Übermittlungsverordnung (DEÜV)
- Zivilprozessordnung (ZPO)
- Arbeits- und Sozialgesetze (ArbG, BetrVG, SGB, RVO, AFG)

> Jeder, der mit personenbezogenen Daten umgeht (außer im familiären oder persönlichen Bereich), muss das BDSG beachten.

Überblick über die Datenschutzgesetzgebung

Im BDSG in der alten Fassung von 2009 hieß es schlicht: „Zweck dieses Gesetzes ist es, den Einzelnen davor zu schützen, dass er durch den Umgang mit seinen personenbezogenen Daten in seinem Persönlichkeitsrecht beeinträchtigt wird" (§ 1 Abs. 1 BDSG). Es wurde am 25. Mai 2018 aufgrund übergeordneter EU-Vorgaben abgelöst (Bild 1.208). Durch die neue EU-Datenschutzgrundverordnung (DSGVO) wird das alte Bundesdatenschutzgesetz wesentlich komplexer, da es an internationale EU-Bestimmungen angepasst wird.

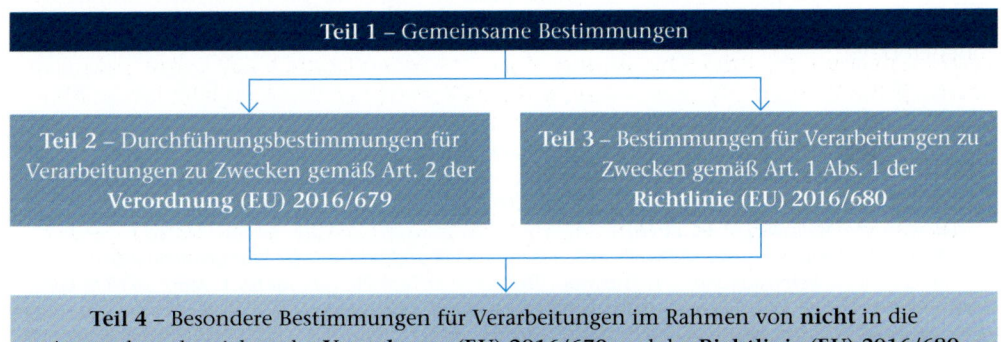

Teil 1 – Gemeinsame Bestimmungen

Teil 2 – Durchführungsbestimmungen für Verarbeitungen zu Zwecken gemäß Art. 2 der **Verordnung (EU) 2016/679**

Teil 3 – Bestimmungen für Verarbeitungen zu Zwecken gemäß Art. 1 Abs. 1 der **Richtlinie (EU) 2016/680**

Teil 4 – Besondere Bestimmungen für Verarbeitungen im Rahmen von **nicht** in die Anwendungsbereichen der **Verordnung (EU) 2016/679** und der **Richtlinie (EU) 2016/680** fallenden Tätigkeiten

Bild 1.208: Abschnitte des BDSG

In diesem Buch wird nur auf Teil 1, Teil 2 und die EU-Datenschutzgrundverordnung (DSGVO) eingegangen.

Beispiel

„Die am 27. April 2016 verabschiedete EU-Datenschutzgrundverordnung (Verordnung (EU) 2016/679) und EU-Datenschutzrichtlinie im Bereich Polizei und Justiz (Richtlinie (EU) 2016/680) erfordern bis Mai 2018 eine Anpassung des deutschen Datenschutzrechts auf Bundes- und Länderebene."[1]

Die Verordnung hat unmittelbar Gesetzeskraft.

Das BDSG *neu* (ab 25. Mai 2018) nutzt die Öffnungsklauseln

- der DSGVO, Verordnung (EU) 2016/679 und

- der EU-Datenschutz-Richtlinie im Bereich Polizei und Justiz, Richtlinie (EU) 2016/680

für deutsches (Bundes-)Recht. Es bezieht sich an vielen Stellen auf seine Vorlagen, sodass es oft nur zusammen mit den EU-Dokumenten verstanden werden kann. Diese bilden den größeren Rahmen. Der Vorsitzende der Europäischen Akademie für Informationsfreiheit und Datenschutz EAID[2] und langjährige Bundesbeauftragte für den Datenschutz, Peter Schaar, empfiehlt Unternehmen, sich an der DSGVO zu orientieren.[3] Nach Schaars Meinung könnten einige Abweichungen im BDSG *neu* von der DSGVO möglicherweise nicht lange Bestand haben. Außerdem seien viele Unternehmen sowieso europaweit tätig. Die Gesellschaft für Datenschutz und Datensicherheit e. V. (GDD) empfiehlt sogar, immer die Regelung der DSGVO anzuwenden, sobald das BDSG oder andere Rechtsvorschriften im Widerspruch zur DSGVO stehen.[4]

- Die europäische Datenschutzgrundverordnung (DSGVO)

In Art. 1 Verordnung (EU) 2016/679 (Gegenstand und Ziele) ist „personenbezogene Daten" ein zentraler Begriff. Er führt als ersten von zwölf Erwägungsgründen Folgendes aus:

Art. 1 Verordnung (EU) 2016/679

Der Schutz natürlicher Personen bei der Verarbeitung personenbezogener Daten ist ein Grundrecht. Gemäß Artikel 8 Absatz 1 der Charta der Grundrechte der Europäischen Union (im Folgenden „Charta") sowie Artikel 16 Absatz 1 des Vertrags über die Arbeitsweise der Europäischen Union (AEUV) hat jede Person das Recht auf Schutz der sie betreffenden personenbezogenen Daten.

---

[1] Bundesministerium des Innern, für Bau und Heimat: Neukonzeption des Bundesdatenschutzgesetzes (Pressemitteilung), veröff. am 01.02.2017 unter https://www.bmi.bund.de/SharedDocs/pressemitteilungen/ DE/2017/02/datenschutz-grundverordnung.html [31.05.2018]

[2] Siehe www.eaid-berlin.de [31.05.2018]

[3] Für nähere Informationen siehe Video: Peter Schaar: DS-GVO und/oder BDSG? Was gilt denn jetzt? Videomaterial zur Veranstaltung „11. Praxistage Datenschutz" am 28. Februar bis 1. März 2018 in Köln, abrufbar unter https://vimeo.com/249380993 [31.05.2018]

[4] Vgl. Gesellschaft für Datenschutz und Datensicherheit e. V.: GDD-Praxishilfe DS-GVO II – Verantwortlichkeiten und Aufgaben nach der Datenschutz-Grundverordnung, Version 1.0, Stand Dezember 2016, veröff. im Dezember 2016 unter www.gdd.de/downloads/praxishilfen/GDD-Praxishilfe_DS-GVO_2.pdf, S. 3 [31.05.2018]

Der Begriff der personenbezogenen Daten ist neben anderen Begriffen zum Verständnis der Texte von BDSG und DSGVO erforderlich. In Art. 4 DSGVO und § 46 BDSG *neu* werden 26 Begriffsbestimmungen (Definitionen) vorgenommen. Die wichtigsten sind:

- **Personenbezogene Daten**: „alle Informationen, die sich auf eine identifizierte oder identifizierbare natürliche Person (im Folgenden **„betroffene Person"**) beziehen; als identifizierbar wird eine natürliche Person angesehen, die direkt oder indirekt, insbesondere mittels Zuordnung zu einer Kennung wie einem Namen, zu einer Kennnummer, zu Standortdaten, zu einer Online-Kennung oder zu einem oder mehreren besonderen Merkmalen, die Ausdruck der physischen, physiologischen, genetischen, psychischen, wirtschaftlichen, kulturellen oder sozialen Identität dieser natürlichen Person sind, identifiziert werden kann" (Art. 4 Abs. 1 DSGVO und § 46 Abs. 1 BDSG).

Beispiel
Der Betreiber einer Website gelangt – technisch unvermeidbar, wenn der Nutzer <u>nicht</u> das Anonymisierungsnetz TOR verwendet – an die IP-Adresse eines Nutzers. Die DSGVO ordnet IP-Adressen in Erwägungsgrund 30 am Ende von Kap. I als personenbezogene Daten ein und der Bundesgerichtshof (BGH) hatte im Mai 2017 entschieden, dass es sich selbst bei dynamischen IP-Adressen um personenbezogene Daten handele.[1]

- **Verarbeitung**: „jeder mit oder ohne Hilfe automatisierter Verfahren ausgeführte Vorgang oder jede solche Vorgangsreihe im Zusammenhang mit personenbezogenen Daten wie das Erheben, das Erfassen, die Organisation, das Ordnen, die Speicherung, die Anpassung oder Veränderung, das Auslesen, das Abfragen, die Verwendung, die Offenlegung durch Übermittlung, Verbreitung oder eine andere Form der Bereitstellung, den Abgleich oder die Verknüpfung, die Einschränkung, das Löschen oder die Vernichtung" (Art. 4 Abs. 2 DSGVO und § 46 Abs. 2 BDSG).

- **Dateisystem**: „jede strukturierte Sammlung personenbezogener Daten, die nach bestimmten Kriterien zugänglich sind, unabhängig davon, ob diese Sammlung zentral, dezentral oder nach funktionalen oder geografischen Gesichtspunkten geordnet geführt wird" (Art. 4 Abs. 6 DSGVO und § 46 Abs. 6 BDSG).

Beispiel
Man beachte hier die Formulierungen „jeder mit oder ohne Hilfe automatisierter Verfahren" und „jede strukturierte Sammlung", d. h., ein manuell geführter Zettelkasten kann auch betroffen sein.

- **Verantwortlicher**: „die natürliche oder juristische Person, Behörde, Einrichtung oder andere Stelle, die allein oder gemeinsam mit anderen über die Zwecke und Mittel der Verarbeitung von personenbezogenen Daten entscheidet" (Art. 4 Abs. 7 DSGVO und § 46 Abs. 7 BDSG); ist nach Art. 5 Abs. 2 DSGVO verantwortlich für die Einhaltung der Grundsätze für die Verarbeitung personenbezogener Daten, die in Art. 5 Abs. 1 DSGVO festgelegt sind.

---

[1] *Vgl. Bleich, Holger: BGH bestätigt: Dynamische IP-Adressen sind personenbezogene Daten, veröff. am 16.05.2017 unter www.heise.de/newsticker/meldung/BGH-bestaetigt-Dynamische-IP-Adressen-sind-personenbezogene-Daten-3714967.html [31.05.2018]*

Beispiel
Als Verantwortlicher für die Einhaltung der BDSG-Vorschriften gilt die Behördenleitung bzw. der Unternehmensvorstand, GmbH-Geschäftsführer/-in, Vereinsvorsitzende, Einzelunternehmer/-in.

- **Auftragsverarbeiter:** „eine natürliche oder juristische Person, Behörde, Einrichtung oder andere Stelle, die personenbezogene Daten im Auftrag des Verantwortlichen verarbeitet" (Art. 4 Abs. 8 DSGVO und § 46 Abs. 8 BDSG); bedeutende Auftragsverarbeiter sind Cloud-Anbieter.

- **Weitere Begriffe sind**: Einschränkung der Verarbeitung, Profiling, Pseudonymisierung, Empfänger, Dritter, Einwilligung, Verletzung des Schutzes personenbezogener Daten, genetische Daten, biometrische Daten, besondere Kategorien personenbezogener Daten, Gesundheitsdaten, Hauptniederlassung, Vertreter, Unternehmen, Unternehmensgruppe, verbindliche interne Datenschutzvorschriften, Aufsichtsbehörde, betroffene Aufsichtsbehörde, grenzüberschreitende Verarbeitung, maßgeblicher und begründeter Einspruch, Dienst der Informationsgesellschaft und internationale Organisation.

> Der § 2 BDSG *neu* regelt Begriffe wie „öffentliche Stelle" (d. h. staatliche Stellen).

Verantwortlicher, Auftragsverarbeiter und Datenschutzbeauftragter (DSB)
Die DSGVO definiert u. a. folgende Verantwortlichkeiten:[1]

- **Verantwortlicher** und/oder **Auftragsverarbeiter:**
  - Organisations- und Gesamtverantwortung für den Datenschutz
  - Risikoanalyse und Bestimmung der technisch-organisatorischen Maßnahmen (Pseudonymisierung, Verschlüsselung, Gewährleistung der Vertraulichkeit, Gewährleistung der Integrität, Gewährleistung der Verfügbarkeit, Gewährleistung der Belastbarkeit der Systeme und Dienste etc.)
  - Sicherstellung ordnungsgemäßer Überwachung
  - Bereitstellung erforderlicher finanzieller, sachlicher und personeller Ressourcen
  - Einrichtung einer Datenschutzorganisation
  - Dokumentation[2] aller Verarbeitungsvorgänge (Art. 30 DSGVO), ggf. mit Meldepflicht bei der Aufsichtsbehörde vor der Inbetriebnahme
  - Meldepflicht bei „Datenpannen" (= Datenschutzverletzung bei personenbezogenen Daten) nur 72 Stunden an die Aufsichtsbehörde
  - Sicheres Löschen der Daten von Betroffenen
  - Auftragsverarbeitung nur auf Grundlage eines detaillierten Vertrages (Art. 28 DSGVO)

---

[1] *Vgl. Gesellschaft für Datenschutz und Datensicherheit e. V.: GDD-Praxishilfe DS-GVO II – Verantwortlichkeiten und Aufgaben nach der Datenschutz-Grundverordnung, Version 1.0, Stand Dezember 2016, veröff. im Dezember 2016 unter www.gdd.de/downloads/praxishilfen/GDD-Praxishilfe_DS-GVO_2.pdf, S. 4–6 [31.05.2018]*

[2] *Siehe hierzu auch Bitkom e. V.: Das Verarbeitungsverzeichnis. Verzeichnis von Verarbeitungstätigkeiten nach Art. 30 EU-Datenschutz-Grundverordnung (DS-GVO), veröff. im April 2017 unter www.bitkom.org/ NP-Themen/NP-Vertrauen-Sicherheit/Datenschutz/FirstSpirit-1496129138918170529-LF-Verarbeitungsverzeichnis-online.pdf [31.05.2018]*

- **Fachabteilungen:**
  - Prozessverantwortung
  - Verantwortung für die Vermeidung datenschutzrechtlicher Risiken
  - Erfüllung von Transparenz- und Informationspflichten sowie Gewährleistung der Betroffenenrechte (Art. 12 bis 23 DSGVO)
  - Arbeitsplatzbezogene Instruktionen
  - Frühzeitige Einbindung des Datenschutzbeauftragten

- **Mitarbeiter:**
  - Vertrautmachen mit Vorschriften
  - Bei Datenschutzverstößen ggf. persönliche Haftung
  - In datenschutzrechtlichen Zweifelsfällen stets den Datenschutzbeauftragten zurate ziehen

Der Verantwortliche delegierte <u>früher</u> den operativen Teil an einen Datenschutzbeauftragten (§ 4 f BDSG *alt*).

Der **Datenschutzbeauftragte** (DSB, engl.: Data Privacy Officer, DPO) ist **nicht** der **Informationssicherheitsbeauftragte** (ISB, engl.: Chief Information Security Officer, CISO) nach BSI!

<u>Heute</u> ist der DSB, zumindest aus der Sicht des Gesetzgebers, ein Kontroll- und Beratungsorgan (§ 38 BDSG *neu*) für den Verantwortlichen und den Auftragsverarbeiter; diese tragen die operative Last. Faktisch werden aber wohl dem DSB einige Aufgaben[1] übertragen werden, denn oft ist er der einzige, der sich wirklich mit der Materie auskennt. Abschnitt 4 der DSGVO und § 6 BDSG *neu* regeln die Benennung (Bild 1.209) des DSB.

---

[1] *Für nähere Informationen siehe Gesellschaft für Datenschutz und Datensicherheit e. V.: GDD-Praxishilfe DS-GVO I – Der Datenschutzbeauftragte nach der Datenschutz-Grundverordnung, Version 1.0, Stand November 2016, veröff. im November 2016 unter https://www.gdd.de/downloads/praxishilfen/GDD-Praxishilfe_DS-GVO_1.pdf [31.05.2018]*

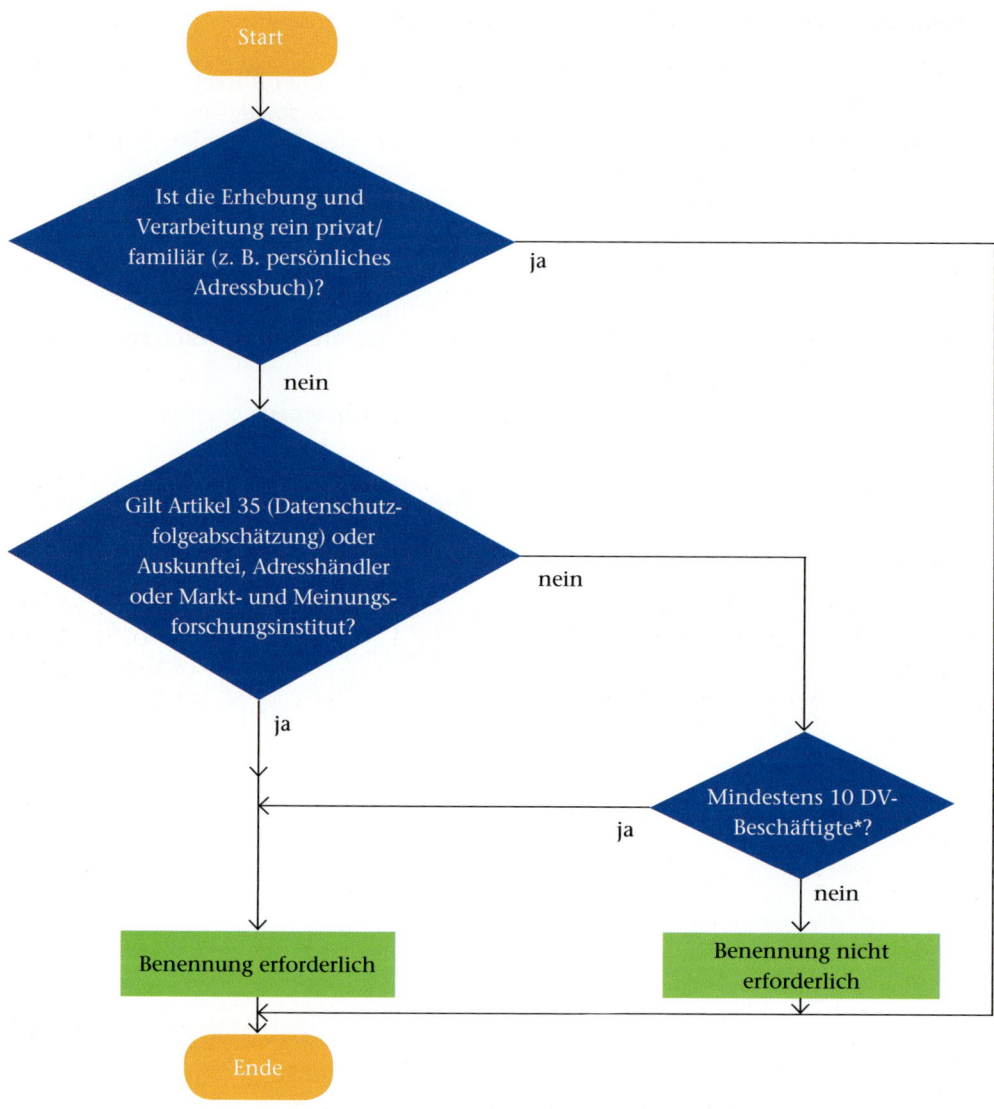

Bild 1.209: Benennung eines Datenschutzbeauftragten[1]

die ständig mit der automatisierten Verarbeitung (personalisierter E-Mail-Account genügt) personenbe-zogener Daten als Haupttätigkeit oder zwingend notwendiger Nebentätigkeit beschäftigt sind

---

[1] Vgl. Der Hessische Datenschutzbeauftragte: Der behördliche und betriebliche Datenschutzbeauftragte nach neuem Recht, veröff. im Juni 2017 unter https://datenschutz.hessen.de/sites/datenschutz.hessen.de/files/content-downloads/Der%20beh%C3%B6rdliche%20und%20betriebliche%20Datenschutzbeauftragte.pdf [31.05.2018]

Die Aufgaben nach Art. 39 DSGVO des **Datenschutzbeauftragten**[1] sind:

- Unterrichtung und Beratung des Verantwortlichen oder des Auftragsverarbeiters und der Beschäftigten

- Überwachung der Einhaltung aller Datenschutzvorschriften („Anwalt der Betroffenen"), auch der Grundprinzipien:
  - Datenvermeidung und Datensparsamkeit
  - IT-Sicherheit nach dem „Stand der Technik" (§ 64 BDSG *neu*)
  - Privacy by Design – Privacy by Default (Art. 25 DSGVO): Direkte Auswirkung auf die Voreinstellung von Systemen und die Produktauswahl und -entwicklung

- Beratung im Zusammenhang mit der Datenschutz-Folgenabschätzung nach Art. 35 DSGVO

- Zusammenarbeit mit und Anlaufstelle für die Aufsichtsbehörde

Durchsetzung des Datenschutzrechts
Das BDSG *neu* sieht in § 42 Freiheitsstrafen von bis zu drei Jahren vor.

Art. 83 Abs. 6-DSGVO

Bei Nichtbefolgung einer Anweisung der Aufsichtsbehörde gemäß Artikel 58 Absatz 2 werden im Einklang mit Absatz 2 des vorliegenden Artikels Geldbußen von bis zu 20 000 000 EUR oder im Fall eines Unternehmens von bis zu 4 % seines gesamten weltweit erzielten Jahresumsatzes des vorangegangenen Geschäftsjahrs verhängt, je nachdem, welcher der Beträge höher ist.

Die Strafbewehrung bringt klar zum Ausdruck, dass Verstöße gegen Datenschutzrecht keine „Kavaliersdelikte" sind.

1.7.3 Zertifizierung

Für Hersteller von Hard- und Software wichtige Konformitätszertifizierungen (Bild 1.210) sind:

- CC 3.1R3 (Common Criteria for Information Technology Security Evaluation) ISO/IEC 15408; siehe www.comumoncriteriaportal.org/cc/

- Technische Richtlinien insbesondere für IT-Produkte, die für den Einsatz in hoheitlichen und demnach sicherheitskritischen Bereichen der Bundesrepublik Deutschland vorgesehen sind

---

[1] Weitergehende Informationen findet man beispielsweise in den „Praxishilfen" zu Verarbeitungsübersicht, Verfahrensverzeichnis und Vorabkontrolle, die die Gesellschaft für Datenschutz und Datensicherheit e. V. herausgibt, siehe www.gdd.de/gdd-arbeitshilfen/praxishilfen-ds-gvo/praxishilfen-ds-gvo [31.05.2018] oder in den beschlossenen Kurzpapieren der Datenschutzkonferenz, siehe www.bfdi.bund.de/DE/Home/ Kurzmeldungen/DSGVO_Kurzpapiere1-3.html [31.05.2018]

Für Betreiber von Informationsverbünden ist dagegen die Zertifizierung der IT-Sicherheit nach **ISO 27001** und BSI-IT-Grundschutz wichtig. Dabei geht Letzteres sogar über die internationale Norm hinaus:

Bild 1.210: Konformitätsbewertung des BSI im Überblick[1]

Damit das IT-Grundschutz-Zertifikat des BSI künftig auch die internationale Zertifizierungsnorm für Informationssicherheits-Management-Systeme (ISO 27001) mit abdeckt, wurden nicht nur die IT-Grundschutz-Vorgehensweise und die IT-Grundschutz-Kataloge an diese angepasst, sondern auch das Zertifizierungsschema.

„Seit Anfang des Jahres 2006 können daher auch ISO 27001-Zertifikate auf der Basis von IT-Grundschutz beim BSI beantragt werden. Die Integration von ISO 27001, der aus der BS 7799-2 hervorgegangen ist, macht diese ISO 27001-Zertifizierung auf der Basis von IT-Grundschutz besonders für international tätige Institutionen interessant.

Um Behörden und Unternehmen einen Migrationspfad anbieten und wichtige Meilensteine bei der schrittweisen Umsetzung der Standard-Sicherheitsmaßnahmen transparent machen zu können, definiert das BSI weiterhin zwei **Vorstufen** des eigentlichen IT-Grundschutz-Zertifikats:

- das Auditor-Testat ‚IT-Grundschutz Einstiegsstufe' und
- das Auditor-Testat ‚IT-Grundschutz Aufbaustufe'.

[...] allerdings dürfen die Testate nur von beim BSI zertifizierten Auditoren vergeben werden."[2]

„Technische Richtlinien haben originär Empfehlungscharakter. Ihre Verbindlichkeit entsteht erst durch individuelle Vorgabe des Bedarfsträgers."[3]

---

[1] *Bundesamt für Sicherheit in der Informationstechnik: Broschüre „Zertifizierte IT-Sicherheit"*
(Stand: September 2017), S. 17–26, unter: https://www.bsi.bund.de/SharedDocs/Downloads/DE/BSI/
Publikationen/Broschueren/Zertifizierte-IT-Sicherheit.pdf?__blob=publicationFile [27.02.2018].

[2] *Bundesamt für Sicherheit in der Informationstechnik: ISO 27001 Zertifizierung auf Basis von IT-Grundschutz,*
veröff. o. J. unter www.bsi.bund.de/DE/Themen/ZertifizierungundAnerkennung/Managementsystemzertifizierung
/Zertifizierung27001/GS_Zertifizierung_node.html [31.05.2018].

[3] *https://www.bsi.bund.de/DE/Publikationen/TechnischeRichtlinien/technischerichtlinien_node.html*
[02.06.2018]

Bild 1.211 zeigt die Rollenverteilung beim Zertifizierungsverfahren, dessen zentraler Vorgang das **Audit** (Anhörung, Untersuchungsverfahren) ist.

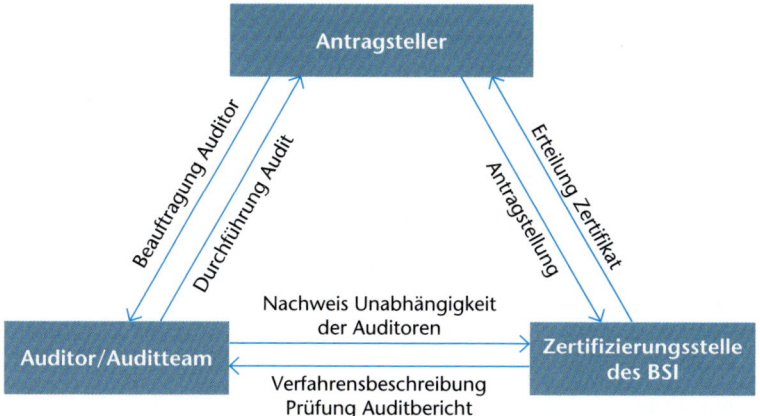

Bild 1.211: Rollenverteilung bei der Zertifizierung nach BSI

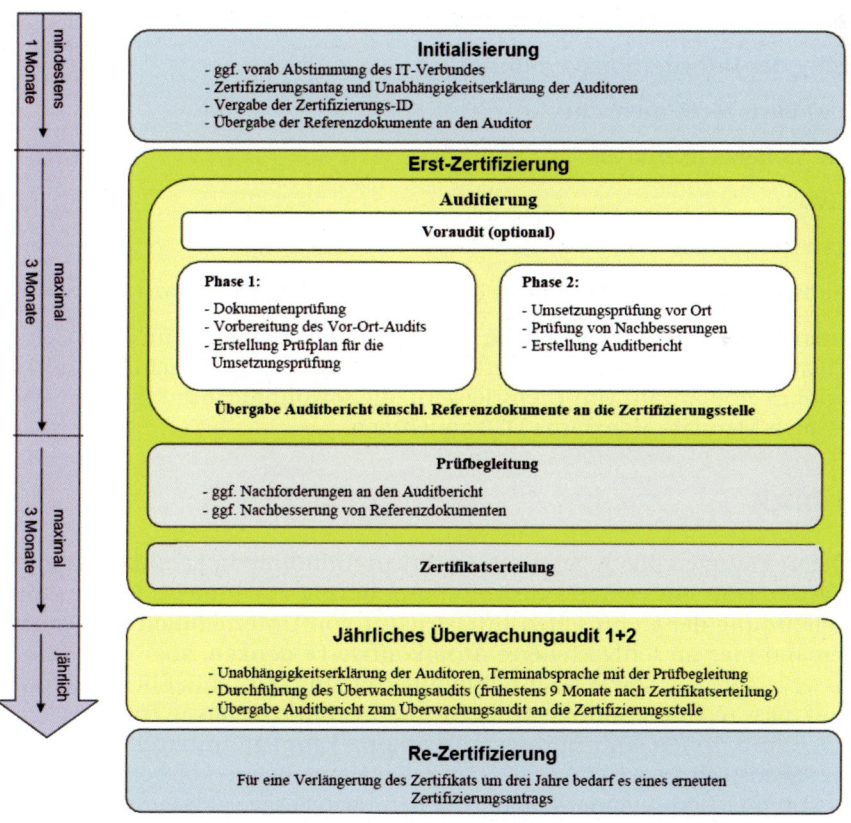

Bild 1.212: Prinzipieller Zeitablauf der Zertifizierung[1]

---

[1] Bundesamt für Sicherheit in der Informationstechnik: Zertifizierung nach ISO 27001 auf der Basis von IT-Grundschutz – Auditierungsschema (Version: 16.03.11), unter: www.bsi.bund.de/SharedDocs/Downloads/DE/BSI/ Grundschutz/Zertifikat/ISO27001/Auditierungsschema.pdf?__blob=publicationFile&v=1, S. 7 [21.02.2018].

Auditoren selbst müssen vom BSI als Person zertifiziert sein. Sie müssen berufsethisch integre Persönlichkeiten sein und die Prüfschemata des BSI genau einhalten, um die Vergleichbarkeit unterschiedlicher Zertifizierungen zu gewährleisten.

Bild 1.212 zeigt den zeitlichen Ablauf. Ein Zertifikat muss jährlich durch ein Überwachungs-audit aufrechterhalten und nach drei Jahren durch eine Re-Zertifizierung erneuert werden.

Die Dokumentenprüfung in Phase 1 (Bild 1.212) erfordert die Erstellung und Vorlage einer Reihe von Referenzdokumenten, die dann auch in den Auditbericht eingehen:

- **Richtlinien für Informationssicherheit** (Leitlinie zur Informationssicherheit, Richt-linie zur Risikoanalyse, Richtlinie zur Lenkung von Dokumenten und Aufzeichnungen, Richtlinie zur internen ISMS-Auditierung, Richtlinie zur Lenkung von Korrektur- und Vorbeugungsmaßnahmen)

- **IT-Strukturanalyse** (Abgrenzung des Informationsverbunds, bereinigter Netzplan, Liste der IT-Systeme, Liste der IT-Anwendungen und Geschäftsprozesse, Liste der Kommu-nikationsverbindungen, Liste der Gebäude und Räume)

- **Schutzbedarfsfeststellung** (Definition der Schutzbedarfskategorien, Schutzbedarf der IT-Anwendungen, Schutzbedarf der IT-Systeme, Schutzbedarf der Kommunikationsver-bindungen, Schutzbedarf der Gebäude und Räume)

- **Modellierung des Informationsverbundes**

- **Ergebnis des Basis-Sicherheitschecks**

- **Ergänzende Sicherheitsanalyse**

- **Risikoanalyse**

- **Risikobehandlungsplan**

Der formale Aufwand hierzu kann bei großen Informationsverbünden beträchtlich werden.

Allerdings bieten der TÜV, aber z. B. auch die DEKRA, GDD (Gesellschaft für Datenschutz und Datensicherheit e.V.) unter anderem Zertifikatsprüfungen als Datenschutzbeauftrag-ter an. Dazu gibt es eine Anzahl von Dienstleistern, die sowohl Kurse auf diesem Gebiet vermitteln als auch Mandate als externe DSB annehmen.

1.7.4   Ausblick

Neben Schadenswirkungen durch geraubte Kreditkartennummern, Laborberichte und persönliche Daten gerät ein weiteres Bedrohungspotenzial zunehmend in den Blick-punkt: die Gefährdung der technischen Infrastruktur von Unternehmen und ganzen Ländern. Niemand mag an fehlgesteuerte Atomkraftwerke denken, aber auch Strom- und Trinkwasserversorgung sowie Nachrichtenübertragung (einschließlich Telefonie) beruhen darauf, dass rechnergestützte Anlagen ständig und zuverlässig funktionieren. Ausfall oder Fehlfunktionen sind in ihrer Auswirkung kaum zu unterschätzen. Erste Eindrücke hat Schadsoftware wie Stuxnet, Duqu oder Flame liefern können, die auf die Manipulation von speicherprogrammierbaren Steuerungen ausgelegt war. Staaten wapp-nen sich bereits gegen „Cyberwar"-Angriffe. Die Bundeswehr stellte im Frühjahr 2016 eine Abteilung „Cyber- und Informationsraum" mit 13 500 Soldaten und zivilen Mit-arbeitern auf.

AUFGABEN

1. Nennen Sie vorausschauende Maßnahmen zur Verhinderung von Störungen im Netzbetrieb.

2. Nennen Sie Klassen von Sofortmaßnahmen bei Netzstörungen.

3. Nennen Sie vier Punkte, die bei der Umsetzung des Standards EN 50173 zusätzlich berücksichtigt werden müssen.

4. Welche zwei Aktionen sind die Grundlage jeder Netzwerkplanung?

5. Wie viele Kabel kommen in einem Etagenverteiler für ein Großraumbüro von 800 m² ungefähr zusammen? Wie viele Patchpanele zu je 16 Ports werden benötigt? Welche Höhe in mm ergibt sich im Schrank für die Patchpanele bei 1HE (= *44,45 mm*) je Panel?

6. Was bedeutet SNMP und wer kommuniziert damit?

7. Nennen Sie sechs der sieben Gefährungsgruppen aus dem BSI-Katalog.

8. Nennen Sie organisatorische und technische Maßnahmen zum Schutz gegen Sabotage.

9. Aus welchen Komponenten lässt sich eine Firewall konstruieren?

10. Wogegen schützen Firewalls nicht?

11. Welche Tabellen enthält der Linux-Netfilter außer „Filter"?

12. Welche eingebauten Regelketten enthält „Filter"?

13. Nennen Sie drei Vorteile eines VPN.

14. Nennen Sie drei Protokolle zur Netzkopplung über VPNs.

15. Welches Recht schützt das Bundesdatenschutzgesetz (BDSG)?

16. Recherchieren Sie den Text der DSGVO und beantworten Sie daraus folgende Frage: Welche 11 besonderen Kategorien personenbezogener Daten kennt und nennt die DSGVO?

Der Begriff „Netzwerkbetriebssystem" stammt aus der Zeit, als man begann, die meisten bis dahin noch stand-alone arbeitenden PCs zu vernetzen. Diese Client-PCs waren aus heutiger Sicht sehr „schmalbrüstig": 16-Bit-Prozessoren mit einem aus wenigen Megabyte bestehenden RAM und Taktraten deutlich unter 1 GHz. Folgerichtig bediente man sich der schon in Kapitel 1.1 angeführten Prinzipien Lastverteilung und gemeinsame Ressourcen-Nutzung, um auf einem zentralen Rechner die „Netzlast" zu vereinigen. Es entstand der unter 1.2.2.1 beschriebene „serverzentrierte Ansatz" mit einem für diesen Zweck spezialisierten **Netzwerkbetriebssystem**. Typischer Repräsentant war Novells *Netware*. Nach der Jahrtausendwende erreichten Desktop-PCs die Leistung früherer Großrechner und Server, sodass zunächst bei stationären Client-PCs mit Microsoft Windows der „Peer-to-Peer-Ansatz" verfolgt wurde: Client und Server arbeiten mit unterschiedlich skalierten Ausführungen des gleichen Grundbetriebssystems. Es ist dann besser von einem **Server-Betriebssystem** zu sprechen. Die wesentlichen Unterschiede liegen in den anwendungsorientierten OSI-Schichten; in den transportorientierten Schichten differieren sie kaum bis gar nicht. Daher genügt es in den folgenden Kapiteln bei der Beschreibung von transportorientierten Fragestellungen nur noch dann zwischen Client und Server zu unterscheiden, wo dies nötig sein sollte. Auch werden in diesem Aufbauband nur Aspekte thematisiert, die noch nicht im Buch „Einfache IT-Systeme" auftraten.

Allerneueste Tendenzen scheinen das Pendel aber wieder teilweise zurückschwingen zu lassen, seit in der abstrakten Cloud alles Mögliche „as-a-service" angeboten wird, z.B. Software-as-a-service, und der Benutzer – neben einer schnellen Verbindung – nur noch einen Webbrowser benötigt. Der Besitz physischer Server-Hardware ist nicht mehr nötig.

Dies spiegelt die Asymmetrie zwischen „Thin Clients" und Mobilgeräten auf der einen Seite und der Macht von Server-Verbünden auf der anderen Seite wieder. Einfache Beispiele sind Google Docs (Bild 2.1) mit Google Drive und Microsoft Office Online mit One Drive.

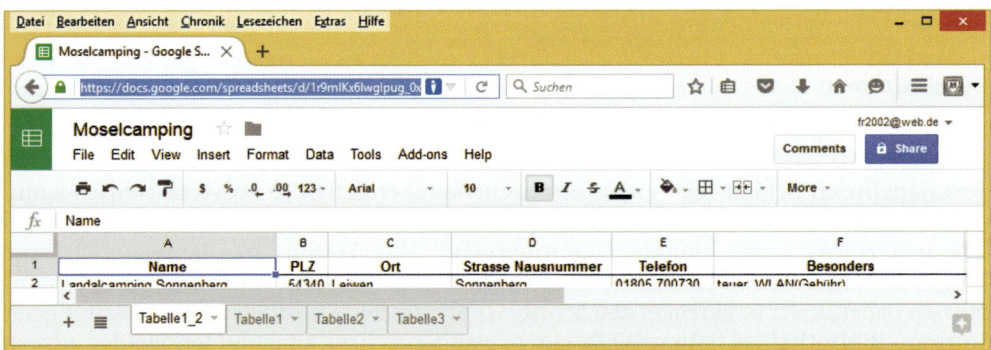

Bild 2.1: Google Docs: Software-as-a-Service (siehe dazu auch Kap. 2.4.2)

Kapitel 2 behandelt zunächst einige Gemeinsamkeiten in heterogenen (aus verschieden-artigen Komponenten zusammengesetzten) Netzen, um danach die beiden wichtigsten Systemfamilien Windows und Unix/Linux zu beschreiben.

2.1 Gemeinsamkeiten in heterogenen Umgebungen

Dieses Kapitel versucht einige Grundlagen zu klären und beschreibt gemeinsame Elemente in Netzwerk-Betriebssystemen.

2.1.1 Programme und Prozesse

Diese Unterkapitel ergänzt das Kapitel 2.2 in „Einfache IT-Systeme", soweit dies für das Verständnis der folgenden Kapitel erforderlich erscheint.

2.1.1.1 Programme (Computerprogramme)

Ein **Programm** ist ein in einer Programmiersprache ausformulierter **Algorithmus**, der auf einer **Maschine** ausgeführt werden kann: Eine Folge von Anweisungen.

Dabei versteht man unter einem Algorithmus vereinfacht eine Abfolge von Handlungs-anweisungen, die

- zur Lösung einer konkreten Aufgabe nötig ist,
- aus endlich vielen ausführbaren Einzelanweisungen besteht und
- nach endlich vielen Schritten einen Endpunkt erreicht.

Die Vorstufe zum geschriebenen Programm ist der als Programmablaufplan oder Nassi-Shneidermann-Diagramm symbolisch formulierte Algorithmus. Er präzisiert die Lösungs-idee und ist unabhängig von der Programmiersprache. Unter einer Maschine (Computer) wird dabei im Allgemeinen ein digitaler Rechner nach dem Von-Neumann-Prinzip ver-standen.

Daseinsformen

Ein in einer Programmiersprache formuliertes Programm kann als geschriebener Text ohne Computer existieren, ist aber wirkungslos. Um eine Wirkung zu haben, muss jemand den Text **(Quelltext)** in eine Textdatei überführen, damit er gezielt so übersetzt werden kann, dass ein bestimmter Computer ihn ausführen kann. Dies geschieht maschinell durch ein **Übersetzerprogramm** (Compiler oder Interpreter). Das Ergebnis der Übersetzung ist eine **Programmdatei** aus Maschinenbefehlen (z. B. eine *.exe-Datei bei Windows). Meistens müssen dabei zu der in einem ersten Schritt vorübersetzten Quelldatei **(Objektdatei)** noch Software-**Bibliotheken** (Libraries) in einem zweiten Schritt angebunden werden (durch den sogenannten **Linker**).

2.1.1.2 Prozesse

Wird ein solches Programm gestartet, entsteht ein Vorgang (Abarbeitung dieses Programms).

> Ein **Prozess** ist ein in Ausführung befindliches Programm.

In einer einfachen, nur singletaskingfähigen Systemumgebung (siehe „Einfache IT-Systeme", Kap. 2.2) scheint diese Unterscheidung schwer verständlich und willkürlich. Wird jedoch in einer multitaskingfähigen Systemumgebung das gleiche Programm ein weiteres Mal aufgerufen, entsteht ein weiterer Prozess, der vom ersten unterscheidbar sein muss. Beide Prozesse erhalten vom Betriebssystem unterschiedliche Prozessnummern (Process Identification, PID) zugewiesen. Sie können sich in einem Multiuser-Betriebssystem auch durch ihren jeweiligen Besitzer (Aufrufer, dessen Rechte sie erhalten) unterscheiden, durch den Fortschritt in der Abarbeitung, den Gegenstand ihrer Tätigkeit (z. B. zwei Textdateien werden durch den gleichen Texteditor bearbeitet, zwei Benutzer kommunizieren über die gleiche Shell mit dem System), ihre Ein- und Ausgabekanäle u. v. m. Gemeinsam ist ihnen nur das Programm, nach dem sie voranschreiten (lat. *procedere*).

> Die Datenbereiche zweier Prozesse müssen streng getrennt bleiben – auch wenn sie nach dem gleichen Programm ablaufen.

Das Prinzip der strikten Trennung von Programm und Daten findet auch Anwendung bei der „Containerisierung" von Applikationen (siehe Kap. 2.4.2.2).

Andere Prozesse können nach anderen Programmen arbeiten. Ein Prozess (**Parent**) kann einen anderen Prozess (**Child**) auslösen. Ihm vererbt der Parent-Prozess seine **Prozessumgebung** (PID, User, Priorität, E/A-Kanäle, Aufrufparameter usw.), möglicherweise mit fatalen Konsequenzen:

> Lädt ein Systemverwalter einen **Trojaner** herunter, darf dieser mit den **Rechten des Systemverwalters** handeln!
>
> Folgerung: Nur als Systemverwalter arbeiten, wenn es wirklich nötig ist!

Reine Hintergrundprozesse für Dienste (**Backends**) haben nicht Tastatur, Maus oder Bildschirm als Ein- und Ausgabekanäle, so wie benutzerinteraktive Prozesse. Sie kommunizieren mit anderen Prozessen über Mittel der Interprozesskommunikation (Bild 2.2) und lassen sich nur indirekt über ihre **Frontends** („normale" Programme zur Kommunikation mit Backends) ansprechen.

Methoden der **Interprozess-Kommunikation** sind (Auswahl):

Methode	Beschreibung
Shared memory	Ein reservierter Bereich des Speichers kann von mehreren Prozessen verwendet werden. Semaphoren (siehe unten) garantieren exklusiven Zugriff.

Methode	Beschreibung
Semaphoren	„Signalvariablen"; Zähler, auf die nur mit **Systemfunktionen** zugegriffen werden kann. Im Gegensatz zu Benutzerprogrammen sind Systemprogramme **nicht unterbrechbar.**
Signale	Eine Ganzzahl mit festgelegter Bedeutung wird dem Prozess zwangsweise und zu einem nicht vorhersehbaren Zeitpunkt (asynchron) zugeführt. Der Prozess reagiert oder stirbt gegebenenfalls.
Pipes	Ausgabedaten eines Prozesses werden *direkt* zu Eingabedaten eines anderen Prozesses. Schon die MSDOS-Eingabeaufforderung konnte eine Pipe nach Unixart bilden, z. B.: „`C:\> type longtext.txt	more`", wobei der *more*-Prozess immer jeweils nur eine Bildschirmseite mit den Textdaten füllte und wartete, bis der Benutzer die Leertaste drückte.
Events	Vergleichbar einer Kombination aus Pipe und Signal.

Bild 2.2: Methoden der Interprozesskommunikation (vereinfacht)

2.1.2   Domain Name System (DNS)

Der Domain Name System-Dienst (DNS) ermittelt zu einem Domain Namen (siehe Kap. 1.4.4.2) die zugehörige IP-Adresse. Die Installation und Inbetriebnahme eines lokalen Nameservers stellt einen ersten Schritt der „Grundversorgung" dar. Im einfachsten Fall ist dies ein Caching-Only-Server, der wie ein Proxyserver für den NS (Nameserver) des Providers wirkt, d. h., er verwaltet nicht wirklich, sondern nur formal eine eigene Datenbank (Bild 2.5). Er kann schnellere Antwortzeiten bewirken. Die folgenden Beispiele beziehen sich auf den NS von ISC[1], der unter Linux und unter Windows verwendbar ist. Der windowseigene NS ist bezüglich der Zonendateien kompatibel. Für die Konfiguration müssen einige Begriffe (Bild 2.3) bekannt sein:

Begriff	Bedeutung
forwarder	„anzapfbarer" zuliefernder NS, z. B. NS des Providers
domain	Teilbaum des DNS-Baumes (siehe Kap. 1.4.4.2)
zone	Teilbereich des DNS-Baumes, zu dem der NS Adressinformation liefern kann, entspricht *meist* einer (Sub-)Domain.
root zone	Adressen der 13 internationalen Root-Server zur „Initialzündung" beim Start eines NS; Zonenname ist „."
Zonendatei	Textdatei in spezieller Form, die die Zonendaten beschreibt, die eigentliche Datenbankdatei
Masterzone	Zone, für die dieser NS federführend ist; ein NS kann viele Masterzonen führen.
primary NS	NS, der eine Masterzone führt, ist für sie primary.

---

[1] *Vgl. internet Systems Consortium, Non Profit Organization, administriert auch F-Rootserver und 50 ccTLDs.*

Begriff	Bedeutung
Slavezone	Kopie einer Masterzone eines anderen NS, deren Inhalt in Vertretung ausgeliefert wird.
secondary NS	NS, der eine Slavezone führt, ist für sie secondary. Zu jedem offiziellen NS gehört mindestens ein secondary NS.
autoritative	Daten aus geführten (Master- oder Slave-)Zonen im Gegensatz zu lediglich gecachten Daten.
FQDN	Fully Qualified Domain Name, z. B. `www.example.org.` (endet mit einem Punkt)
reverse lookup	Rückwärtsauflösung: IP-Adresse → FQDN
Zonentransfer	Update einer Slavezonendatei durch eine geänderte Masterzonendatei über eine TCP-Verbindung

Bild 2.3: Begriffe der Nameserver-Administration

Für einen Caching-Only-Server werden keine Zonen definiert, außer den obligatorischen:

- Für die Adressen der 13 internationalen Root-Server
- Für die Vor- u Rückwärtsauflösung „`localhost`" ↔ `127.0.0.1`/ IPv4 bzw. ::1/IPv6

Diese Zonendateien werden schon bei der Installation erzeugt, platziert und bedürfen keiner weiteren Zuwendung. In diesem Buch werden die Zonendateien in einem eigenen Abschnitt besprochen (siehe Kap. 2.1.2.1).

Die Zonendatei für die Root-NS sollte vom Systemverwalter etwa ein- bis zweimal jährlich auf die Notwendigkeit eines Updates überprüft werden. Die jeweils neueste ISC-Version kann von **FTP.INTERNIC.NET** (ftp://www.internic.net/domain/named.root) heruntergeladen werden (Bild 2.4).[1]

```
;       This file holds the information on root name servers needed to
;       initialize cache of Internet domain name servers
;       (e.g. reference this file in the "cache  . <file>"
;       configuration file of BIND domain name servers).
;
;       This file is made available by InterNIC
;       under anonymous FTP as
;           file                /domain/named.cache
;           on server           FTP.INTERNIC.NET
;       -OR-                    RS.INTERNIC.NET
;
;       last update:    June 01, 2017
;       related version of root zone:   2017060102
;
; formerly NS.INTERNIC.NET
;
.                           3600000     NS      A.ROOT-SERVERS.NET.
A.ROOT-SERVERS.NET.         3600000     A       198.41.0.4
A.ROOT-SERVERS.NET.         3600000     AAAA    2001:503:ba3e::2:30
```

Bild 2.4: Update von „named.root", wird in den Bestriebssystemen unter abweichenden Namen verwendet (Stand: Juni 2017)

---

[1] *Die vollständige Dokumentation findet sich unter https://www.isc.org/downloads/[31.05.2018].*

2.1.2.1 Zonendateien

Es wird nun beispielhaft die obligatorische **Zonendatei** (Bild 2.5) betrachtet:

```
# /var/lib/named/localhost.zone
$TTL 1W
@               IN SOA   @   root  (
                               42                    ; serial (d. adams)
                               2D                    ; refresh
                               4H                    ; retry
                               6W                    ; expiry
                               1W )                  ; minimum

                IN NS          @
                IN A           127.0.0.1
                IN AAAA        ::1
```

Bild 2.5: Die Zonendatei für „localhost" aus einer ISC-NS-Konfiguration

Eine Zonendatei besteht aus Direktiven ($INCLUDE, $ORIGIN, $TTL) und aus Datensätzen, die RR (**R**essource **R**ecords) genannt werden.

Die Textfelder (durch Leerzeichen oder Tabulatorzeichen getrennt) der RRs haben die folgende Grundstruktur:

name	ttl	class	type	ressource data

Die Bedeutung letzten Feldes hängt vom Typ (Feld 4) ab; nicht alle RRs müssen immer alle Felder haben. So bewirkt die Direktive $TTL 1W, dass die Lebensdauer (Time To Live) in einem Cache für alle nachfolgenden RRs auf eine Woche gesetzt wird. Dies gilt bis auf Widerruf (weiter unten in der Zonendatei), der aber meist nicht erfolgt. Das ttl-RR-Feld kann dann leer bleiben.

Das Feld *name* gibt den Domain-Namen an, auf den sich die RR-Angaben beziehen. Zur Vereinfachung wird das Zeichen „@" als Platzhalter für den Zonennamen verwendet, der in der Deklaration (Bild 2.13) verwendet wurde, Origin (Ursprung) genannt, hier als „localhost" und zusätzlich mit Punkt.

Origin wird automatisch an alle Namensfelder **angehängt**, die **nicht** mit einem **Punkt** enden.

Die Direktive „$ORIGIN" kann diesen Bezug ändern.

In einer Zonendatei sind **absolute** Domainangaben **immer** mit einem **Punkt** abzuschließen.

Das Feld *class* kennzeichnet die Adressierungsfamilie: Hier kommt nur der Wert IN für Internet (= IP-Adressierung) infrage (Als DNS konzipiert wurde, gab es noch andere Adressierungsfamilien).

Es gibt viele Typen von RRs; ein unverzichtbarer, aber leider verwirrender ist der Typ SOA. Die Abkürzung steht für **S**tart **O**f **A**uthority und stellt sozusagen den Verwaltungsteil der Zonendatei dar.

type	resource data		
SOA	Name der Zone	E-Mail-Adresse des Zonenverwalters	Regelung für Update-Zyklen durch Zonentransfer (zum Secondary NS)

Die E-Mail-Adresse des Zonenverwalters wird (nur hier!) mit einem Punkt anstelle des schon benutzten @-Zeichens verwendet, also beispielsweise

`root.nams.example.org anstelle von root@nams.example.org.`

Die Regelung für den Zonentransfer (Bild 2.6) wird durch fünf 32 bit große Parameter bestimmt:

Parameter	Bedeutung
`serial`	Eine regelmäßig erhöhte Zahl, an der ein Secondary NS erkennen kann, dass seine Slavezone ein Update braucht
`refresh`	Zykluszeit für reguläre Update-Prüfungen in Sekunden
`retry`	Wartezeit nach fehlgeschlagenem Update bis zum nächsten Versuch in Sekunden
`expire`	Nach dieser Zeit in Sekunden werden die Zonendaten ungültig.
`minimum`	Minimaler TTL-Wert: Überschreibt gegebenenfalls kleinere TTL-Feld-Werte aus RRs bei Antworten auf Client-Anfragen

Bild 2.6: Parameter für Zonentransfer

Zum Parameter „serial": Bei den unveränderlichen obligatorischen Zonen steht hier eine „1". Ansonsten ist es üblich, hier das Tagesdatum im Format JJJJMMTT und einen Tageszähler (ab 00) zu kodieren: Wenn beispielsweise am 24.06.2016 zum zweiten Mal eine Aktualisierung der Masterzone erforderlich wird, wird der Wert auf **2016062401** gesetzt.

Bei den Zeitangaben der übrigen vier Parameter sind vereinfachend auch englische Abkürzungen erlaubt, wie beispielsweise 1D (1 Tag) statt 86 400 (Sekunden).

Die nachfolgend beschriebenen fünf wichtigsten RR-Typen sind wieder einfacher zu verstehen.

name	class	type	resource data
`domainname.`	`IN`	**NS**	IP-Adresse eines autoritativen NS, immer angeführt vom Primary NS, weiter NS, weitere *NS*-RR
	`IN`	**MX**	Priorität (relativ, kleiner bevorzugt), **M**ail-E**x**changer, Mailserver
`hostname`	`IN`	**A**	IPv4-Adresse zu hostname
	`IN`	**AAAA**	IPv6-Adresse zu hostname
`nickname`	`IN`	**CNAME**	**hostname**; z. B. ein Server, der eigentlich **saturn** (*A*-RR) heißt, kann als **www** adressiert werden.

Bild 2.7: Die wichtigsten RR-Typen einer Zonendatei

Weil der Server sehr empfindlich bezüglich des Textformates der Zonendateien ist, sollte man diese – wann immer möglich – mithilfe eines spezialisierten Hilfsprogramms erstellen. Das sind meistens die Dialoge des Server-Mangers (Windows) oder YaST (SLES).

> Die Erstellung einer Zonendatei allein genügt nicht – sie muss im jeweiligen Betriebssystem mit Namen, Pfadangabe und Funktion (primary/secondary) registriert werden.

2.1.2.2 Vollständiges Konfigurationsbeispiel einer Zone

Zum besseren Verständnis wird nun eine Zone (Bild 2.8) komplett konfiguriert.

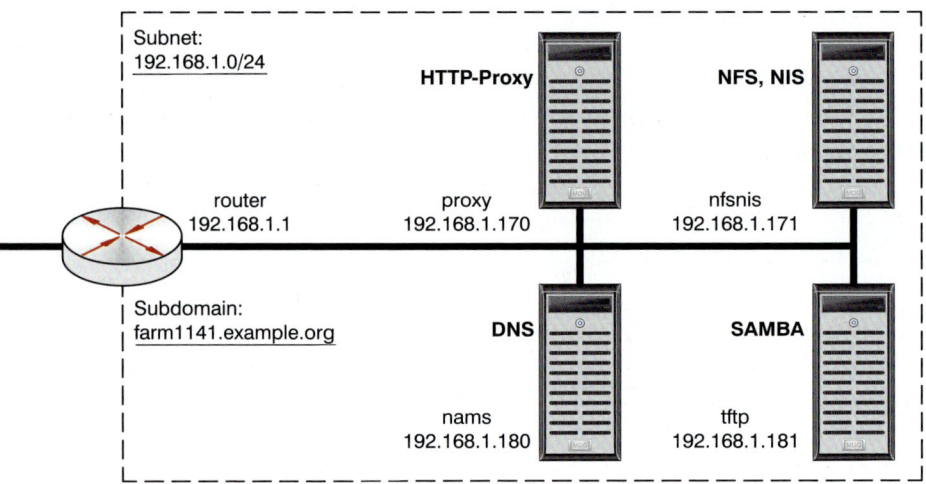

Bild 2.8: Netz zur Zonen-Konfiguration

Dazu zählen:

- Zonendatei für die Vorwärtsauflösung (Name → IP-Adresse: forward lookup)
- Zonendatei für die Rückwärtsauflösung (IP-Adresse → Name: reverse lookup)
- Deklarationen für beide Zonen

Die Zonendaten für die Vorwärtsauflösung erstellt z. B. YaST (Bild 2.9):

```
$TTL                                                        2d
@          IN SOA     sles.example.org.  root.sles.example.org.
(
                      2016062601    ;                      serial
                      3h            ;                     refresh
                      1h            ;                       retry
                      1w            ;                      expiry
                      1d )          ;                     minimum

farm1141.example.org.  IN NS         nams.farm1141.example.org.
proxy      IN A        192.168.1.170
nfsnis     IN A        192.168.1.171
nams       IN A        192.168.1.180
tftp       IN A        192.168.1.181
sles       IN CNAME    nams
```

Bild 2.9: Zonendatei für Vorwärtsauflösung

Ein Funktionstest kann mit dem Abfrage-Frontend „nslookup" durchgeführt werden.

Als DNS konzipiert wurde, waren Rechenzeit und Speicherplatz knapp und teuer, sodass man bestrebt war, Vor- und Rückwärtsauflösung nach dem gleichen Algorithmus durchzuführen. Da gibt es aber ein Problem: Bei FQDN steht die TLD als höchstwertige Komponente ganz hinten, bei IP-Adressen steht aber ganz hinten (bei IPv4 nach dem letzten Punkt) der niederwertigste Teil der Hostadresse. Man schätzte Administratoren für intelligent genug ein, um die Anpassung im eigenen Kopf durchzuführen.

> Bei **Reverse-Zonen** wird die IP-Adresse in **dotted-decimal-form** als Zeichenkette angesehen, dann **rückwärts** aufgeschrieben und der Pseudo-Domain *in-addr.arpa* unterstellt.

Im Beispiel sind „nams", „nfsnis" etc. „Vornamen" mit dem gleichen „Familiennamen" *farm1141.example.org.*

2

IP-Adresse	Pseudo-Domain 1.168.192 in-addr.arpa.	FQDN
192.168.1.**170** ->	**170**.1.168.192.in-addr.arpa.	**proxy**.farm1141.example.org.
192.168.1.**171** ->	**171**.1.168.192.in-addr.arpa.	**nfsnis**.farm1141.example.org.
192.168.1.**180** ->	**180**.1.168.192.in-addr.arpa.	**nams**.farm1141.example.org.
192.168.1.**181** ->	**181**.1.168.192.in-addr.arpa.	**tftp**.farm1141.example.org.

Bild 2.10: IP-Adresse als Text invertiert

In der Rückwärtsauflösung sind folglich *170, 171, 180* und *181* die „Vornamen" mit dem gleichen „Familiennamen" *1.168.192.in-addr.arpa* und nur sie müssen in der Auflistung erscheinen, weil ein Namensfeld in einer Zonendatei so lange gilt wie es nicht geändert wird, d.h., *origin* wird automatisch ergänzt. Für den Rückwärtsverweis gibt es den RR-Typ PTR (**Pointer**, Bilder 2.11–2.13):

name	class	type	resource data
Hostadressteil	IN	**PTR**	FQDN, mit Punkt beendet

Bild 2.11: Rückwärts mit PTR-RR in der Reverse Zonendatei (für die Rückwärtsauflösung)

```
; master/1.168.192.in-addr.arpa
$TTL 2D
@           IN SOA    sles.example.org.   root.sles.example.org. (
                      2016062700    ; serial
                      3H            ; refresh
                      1H            ; retry
                      1W            ; expiry
                      1D )          ; minimum

@           IN NS     nams.farm1141.example.org.
170         IN PTR    proxy.farm1141.example.org.
171         IN PTR    nfsnis.farm1141.example.org.
180         IN PTR    nams.farm1141.example.org.
181         IN PTR    tftp.farm1141.example.org.
```

Bild 2.12: Zonendatei für die Rückwärtsauflösung

```
zone "1.168.192.in-addr.arpa" {
    allow-transfer { any; }
    file "master/1.168.192.in-addr.arpa";
    type master:
};
```

Bild 2.13: Zugehöriger Abschnitt (rückwärts) der Konfigurationsdatei named.conf beim ISC-NS

Bei IPv6 verwendet man den *AAAA*-RR und schreibt die Adressen, wie bei IPv6 üblich, als hexadezimale Zahlen. Für die Rückwärtsauflösung in der **Pseudodomain ip6** wird es allerdings arbeitsaufwendig, weil jede Hexadezimalziffer einzeln mit Punkten getrennt in den *PTR*-RR geschrieben wird. Beispielsweise für den DNS-Root-Server A:

0.3.0.0.2.0.0.0.0.0.0.0.0.0.0.0.0.0.0.0.e.3.a.b.3.0.5.0.1.0.0.2.**ip6.arpa** IN **PTR** a.root-servers.net.

Bild 2.14: IPv6 Adresse in Reverse-Schreibweise

Weitere RR-Typen

Einige weitere Typen von RR findet man gelegentlich:

name	class	type	resource data
	IN	HINFO	Host Information über CPU und Betr.-System; heute aus Sicherheitsgründen nicht mehr verwendet
	IN	SRV	Inform. über Dienstangebot: Priorität, Gewicht(bei gleicher Prior. bevorz. höh. Wert), Port, Host
Beispiel (aus https://en.wikipedia.org/wiki/SRV_record): service name ttl class type prio weight port hostname _sip._tcp.example.org. 86400 IN SRV 10 10 5066 smallbox2.example.org. _sip._tcp.example.org. 86400 IN SRV 20 0 5060 backupbox.example.org.			
	IN	TXT	frei gestaltbarer Text, aber mit → RFC 7208 auch zur Mailserver-Authorisierung eingesetzt

Bild 2.15: Gelegentlich verwendete RR-Typen

Darüber hinaus kennt z. B. das BIND 9-Handbuch 68 weitere RR-Typen.[1]

2.1.3 Gesicherte Übertragung mit TLS

Die Protokollschicht TLS (Transport Layer Security) wurde aus dem Vorgänger SSL (Secure Socket Layer) weiterentwickelt und liegt im OSI-Protokollstapel in der Sitzungsschicht, im DoD-Modell über der TCP-Schicht (Bild 2.16).

---

[1] Vgl. Internet Systems Consortium, Inc. (ISC): BIND 9 Administrator Reference Manual, veröff. im Jahr 2016 unter http://ftp.isc.org/isc/bind9/9.11.1/doc/arm/Bv9ARM.pdf [31.05.2018].

Sie realisiert das in Kap. 1.7.2.3 dargestellte Prinzip der asymmetrischen Verschlüsselung zum Austausch symmetrischer Sitzungsschlüssel (= Einmal-„Passwort"). TLS ist in den RFCs 2246, 4346 und 5246 definiert, liegt mittlerweile in der Version 1.2 vor und ist integraler Bestandteil der gängigen Webbrowser (Bild 2.17) sowie von Windows (unter dem Namen Secure Channel/Schannel).

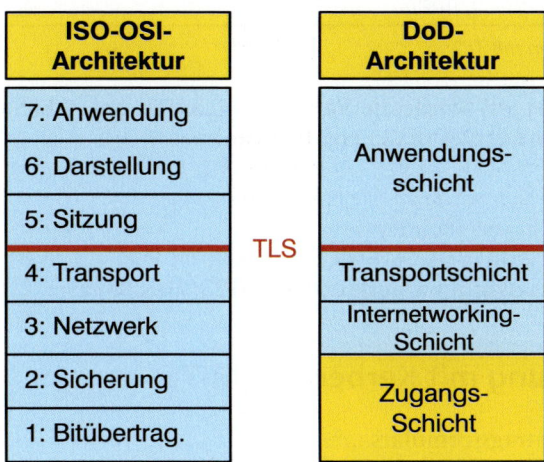

Bild 2.16: Verortung der TLS-Schicht

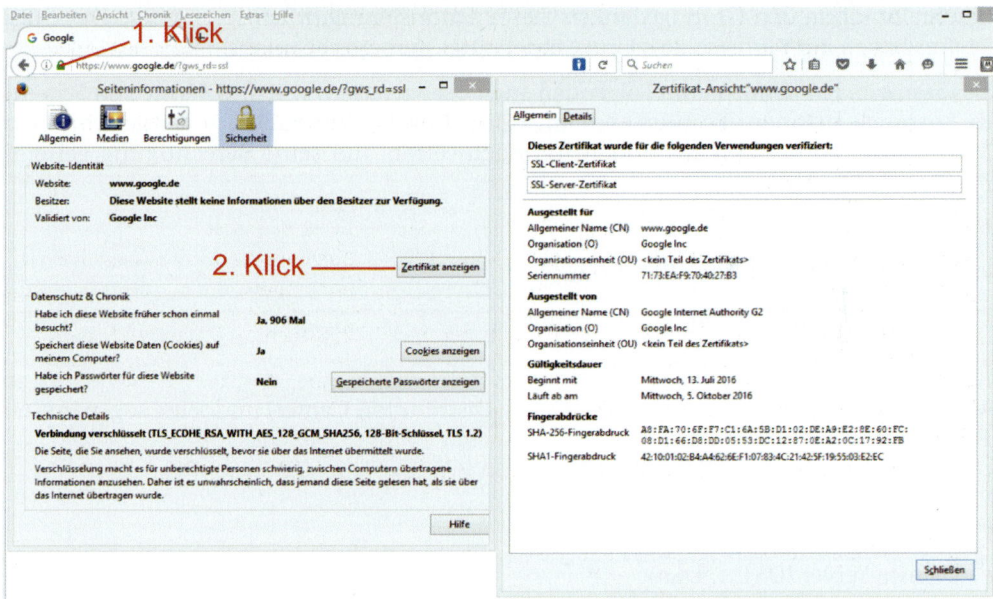

Bild 2.17: Google-Zertifikat

TLS ist nicht auf die Authentifizierung von Webservern beschränkt, sondern kann auch den Client gegenüber dem Server authentifizieren sowie verschiedene andere Dienste unterstützen.

Wird ein TCP-basierter Dienst mit TLS gesichert, wird an den Namen der Dienstanforderung (Bild 2.18) ein „s" angehängt:

Ungesicherte Dienstanforderung	http://	ftp://	ldap://	usw.
Gesicherte Dienstanforderung	https://	ftps://	ldaps://	

Bild 2.18: Kennzeichnung von Dienstanforderungen mit TLS

Für die Verwendung mit UDP, speziell bei SIP, wurde die Variante DTLS (**Datagram TLS**) entwickelt, in RFC 6347 standardisiert und in RFC 7525 ergänzt.

Links [31.05.2018]

https://de.wikipedia.org/wiki/Transport_Layer_Security
https://msdn.microsoft.com/de-de/library/dn786429(v=ws.11).aspx
https://msdn.microsoft.com/de-de/library/windows/desktop/aa380123(v=vs.85).aspx

2.1.4   Zentrale Authentifizierung mit Kerberos5 (MIT)

„Einen Antrag auf Erteilung eines Antragsformulars ..."
(Reinhard Mey, „Einen Antrag auf Erteilung", Album „Menschenjunges", 1977)

Diesen Text kannten die Erfinder des Kerberos-Protokolls wahrscheinlich nicht, aber er beschreibt schon den Grundgedanken dieser Autorisierung. Microsofts Active Directory Sevices bauen auf Kerberos auf, Linux unterstützt Kerberos ebenfalls.

Das Szenario: Ein Benutzer (im Folgenden auch User genannt) will die Dienste von Servern in Anspruch nehmen. Er muss aber am Höllenhund „Zerberus" (aus der griechischen Mythologie) vorbei und seine Identität nachweisen, um seine Berechtigung geltend machen zu können.

Das Konzept steht auf drei Säulen:

- Third Party-Instanz, der alle vertrauen
- Einmal-„Passworte" und Verfallsdatum
- Verschlüsselung

Mitwirkende: Der Kerberos-Server (KDC, **Key Distribution Center**) und seine sogenannten **Principale**:

- User (U)
- sein Client-Rechner (C)
- Dienste-Server (DS1 ... DSn)

Sie gehören zum Verantwortungsbereich (**Realm**) des KDC (Bild 2.19).

Voraussetzungen bei C, KDC und DS1 ... DSn:

- Sie haben in etwa (± 5 Min.) synchron laufende Systemzeit durch Zugriff auf einen Zeitserver (NTP).
- Sie verwalten geheime Schlüssel sicher.

- U ist berechtigt, die Dienste zu benutzen (Authentifizierung ≠ Autorisierung!).

- C und DS1 ... DSn haben Kerberos-Client-Software installiert.

- Die Principale haben jeweils einen gemeinsamen, symmetrischen Schlüssel (K) in der Datenbank des KDC.

- U ist beim KDC registriert.

- Für die Namensdomain funktioniert ein DNS-Server.

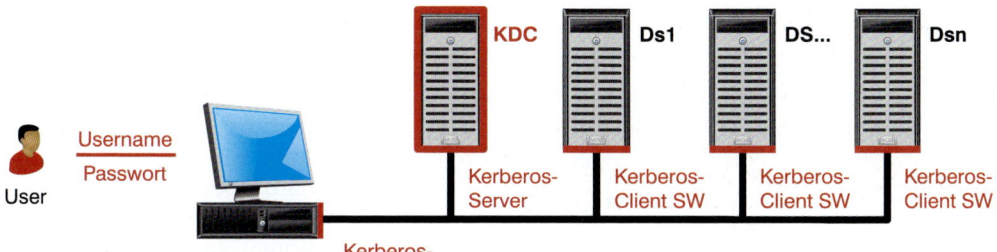

Bild 2.19: Netz mit Kerberos-Realm

Für den Benutzer U ändert sich durch Kerberisierung nichts: Er meldet sich wie immer mit seinem Benutzernamen und seinem Passwort an seiner Workstation an; die hier installierte Kerberos-Software C erledigt den großen Rest. Der KDC enthält zwei Teilserver. Der erste authentisiert U anhand seiner Datenbank und stellt C ein „Ticket" aus; dieser Teil des KDC heißt Authentisierungsserver (AS).

Das Ticket heißt TGT (**T**icket **G**ranting **T**icket) und berechtigt C, für jeden von U gewünschten Dienst ein Service-Ticket bei dem zweiten Teil des KDC zu beziehen, der TGS (**T**icket **G**ranting **S**erver) heißt. Diese Tickets tragen Zeitmarken und haben eine beschränkte Gültigkeitsdauer, einige Bestandteile (Authentikatoren) sind nur einmal gültig und alles ist beim Transport über das Netz sehr **geschickt verschlüsselt**. Die kerberisierten Server erkennen die Tickets an und verzichten auf erneute Authentisierung. Der Ablauf wiederholt sich für jede neue Dienstanforderung mit jeweils neuen Service-Tickets. U muss sich nicht jedes Mal bei jedem Server aufs Neue authentifizieren. Dieser Komfort heißt **Single-Sign-On** und hält an, bis U sich ausloggt. Dann werden alle Spuren beseitigt. Von all dem merkt U nichts.

Zur „Kerberisierung" der Dienste-Server müssen angepasste Versionen der Serversoftware verwendet werden.

Das Verfahren (Kerberos) ist genauer beschrieben in RFC 4120 und die Überlegungen zum Entwurf MIT-Variante (**M**assachusetts **I**nstitute of **T**echnology) erläutert die Seite http://web.mit.edu/kerberos/dialogue.html.

Kerberos ist eine Implementation des **G**eneric **S**ecurity **S**ervice **A**pplication **P**rogram **I**nterface (GSSAPI, auch GSS-API), welches selbst einen IETF-Standard (RFC 2743) darstellt.

2.1.5 Verzeichnisdienst (LDAP zur Benutzerverwaltung)

Soll ein Netzwerk zentral verwaltet werden, ergibt sich zwangsläufig eine zentrale Haltung aller Verwaltungsdaten: Diese werden in einem Verzeichnis (engl.: *directory*) gespeichert. Dabei sollte man eher an ein Telefonbuch als an einen Dateiordner denken.

„Um eine Vielzahl konkurrierender Lesezugriffe zu ermöglichen, ist die Anzahl von Updates sehr gering. Die Anzahl von Schreib-/Lesevorgängen ist oft auf wenige Administratoren begrenzt. Im Gegensatz dazu sind übliche Datenbank-Systeme darauf optimiert, die größtmögliche Datenmenge in kurzer Zeit aufzunehmen.

Wenn statische Daten verwaltet werden, sind Updates existierender Datensätze sehr selten. Wenn mit dynamischen Daten gearbeitet wird, besonders wenn Bankkonten oder Rechnungslegung betroffen sind, ist die Konsistenz der Daten von höchster Wichtigkeit. Wenn ein Betrag von einer Position abgezogen wird um an anderer Stelle aufaddiert zu werden, müssen beide Operationen gleichzeitig in einer Transaktion stattfinden, um die Balance der Bilanz aufrecht zu erhalten. Übliche Datenbanksysteme legen besonderen Wert auf Datenkonsistenz, so wie referenzielle Integrität von Transaktionen. Im Gegensatz dazu sind kurzzeitige Inkonsistenzen in LDAP-Verzeichnissen für gewöhnlich akzeptabel. LDAP-Verzeichnisse unterliegen oft nicht den strengen Konsistenz-Anforderungen wie relationale Datenbanken."[1]

Ein Verzeichnisdienst ist daher eher auf schnellen Zugriff von vielen Seiten ausgelegt. Um von verschiedenen Stellen auf das Verzeichnis zugreifen (engl.: *to access*) zu können, werden Netzwerkprotokolle verwendet. Das bekannteste davon ist LDAP (Lightweight Directory Access Protocol).

2.1.5.1 Herkunft

Die ITU-T (siehe Kap. 1.2.4) hat den Standard X.500 für Verzeichnisdienste beschrieben, bezogen auf die Verwendung mit dem OSI-Protokollstapel. Mit den OSI-Protokollen teilt das zu X.500 gehörende Directory Access Protocol DAP das Schicksal, nicht akzeptiert worden zu sein. Erst die abgespeckte (*lightweight*) Version **LDAP** erfuhr große Akzeptanz, unter anderem in Windows, OES, macOS (OS X) und Linux. Es wurde auch als RFC 4511 (RFC 4510-4532) standardisiert.

> **LDAP** ist ein Protokoll zur Abfrage eines **Verzeichnisservers** (**D**irectory **S**ystem **A**gent, DSA). Zusammen mit einem **Client** (**D**irectory **U**ser **A**gent, DUA) entsteht ein **Verzeichnisdienst**.
>
> **LDAP** verwendet standardmäßig die TCP mit **Port 389, LDAPS** den **Port 636**.

Der Verzeichnisserver muss die Daten (Directory Information Base, DIB) in einer Struktur speichern, die dem Protokoll (LDAP) entspricht; deswegen spricht man oft auch von einem LDAP-Server.

---

[1] *SUSE LLC: Security Guide – SUSE Linux Enterprise Desktop 12 SP3. In: suse.com. Veröff. am 05.09.2017 unter https://www.suse.com/documentation/sled-12/pdfdoc/book_security/book_security.pdf, S. 29 [31.05.2018]. (eigene Übersetzung)*

2.1.5.2 Datenstruktur im LDAP-Verzeichnis

Die DIB wird gebildet aus Verzeichniseinträgen, welche

- einen Baum bilden (**D**irectory **I**nformation **T**ree, DIT) im informatischen Sinne (= Wurzel oben, Blätter unten);

- zwei Bereiche abdecken: die Nutzlast (*user information*) und die Verwaltungs-Information (*administrative and operational information*);

- aus einer Anzahl von Attributen gebildet werden, die Objekte der realen Welt beschreiben: Personen, Organisationen, Geräte etc.;

- zu Objektklassen zusammenfassbar sind und von übergeordneten Klassen geerbt sein können.

Am einfachsten erkennt man einen Teil dieser Zusammenhänge, wenn man sich einen bestehenden Eintrag eines real existierenden Verzeichnisses mit einem geeigneten Betrachtungsprogramm anschaut (Bild 2.20):

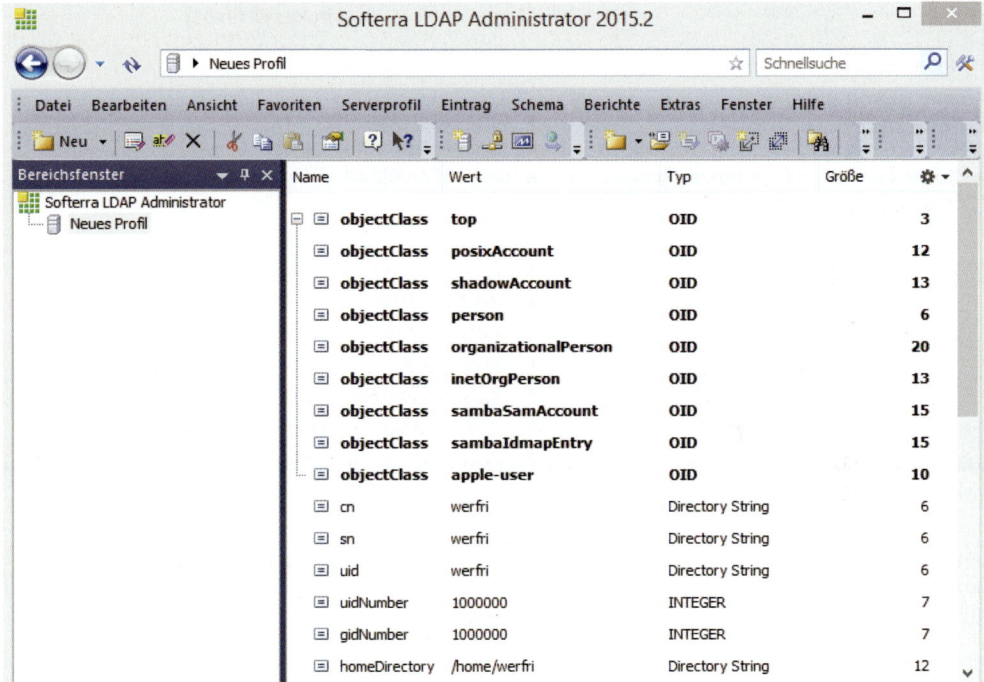

Bild 2.20: Sicht auf die LDAP-Datenstruktur mit einem Betrachtungsprogramm unter Windows

Der Verzeichniseintrag für den Benutzer *werfri* versammelt alle Attribute, die schon in den im oberen Teil aufgelisteten Objektklassen definiert sind – unter anderem auch der

Objektklasse *organizationalperson*. Diese Objektklasse enthält (Bild 2.21) erforderliche und optionale Attribute:

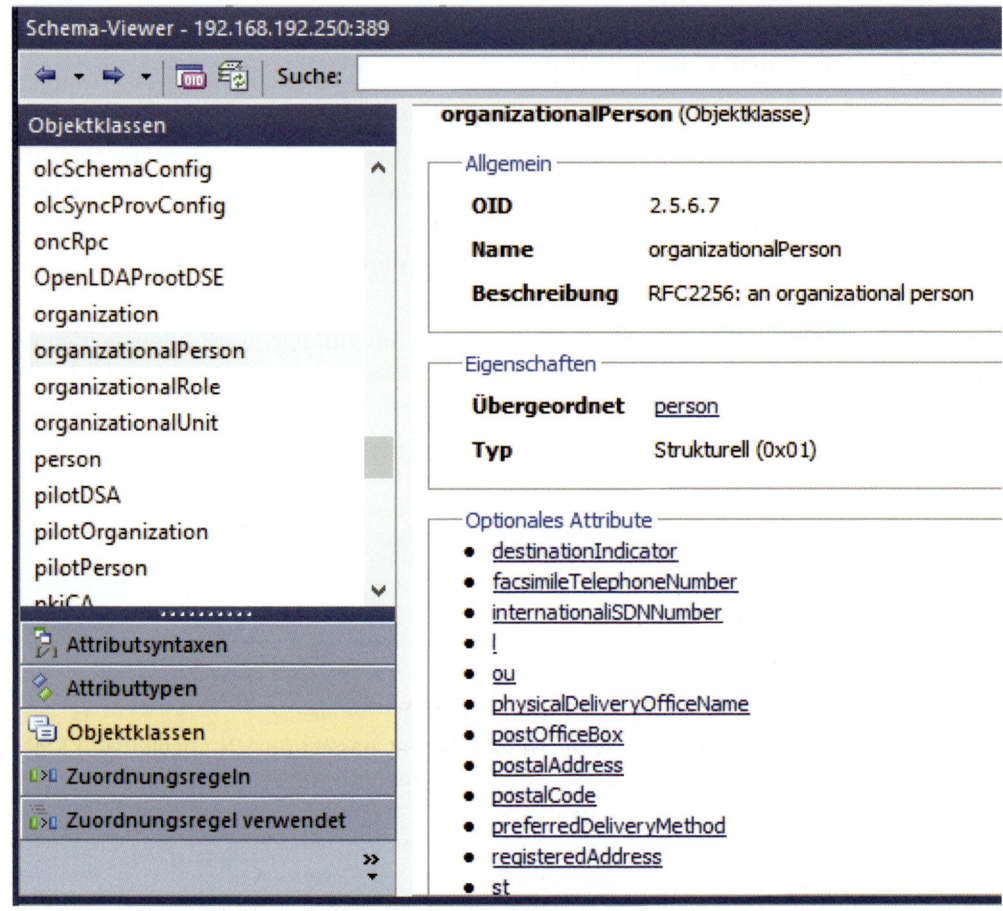

Bild 2.21: Windows-LDAP-Schema Viewer (Betrachtungsprogramm)

Die Objektklasse *organizationalPerson* ist abgeleitet von *person* und hat deren Attribute geerbt und neue hinzubekommen (Bild 2.21); *person* wird dann **Superklasse** in Bezug auf *organizationalPerson* genannt und *organizationalPerson* die **Subklasse** in Bezug auf *person*.

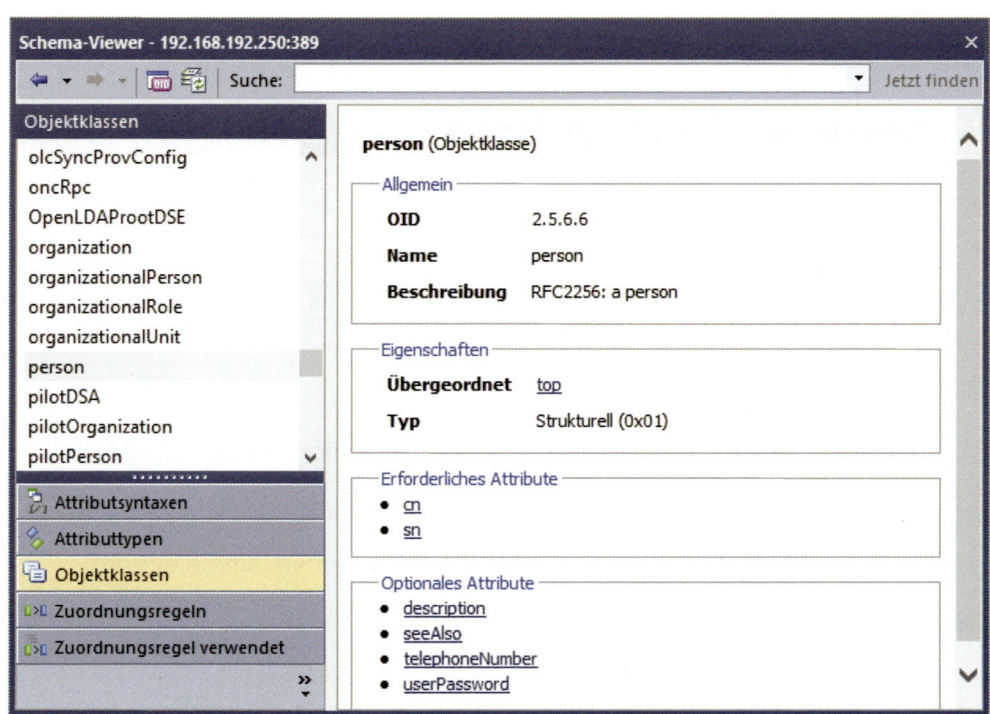

Bild 2.22: Die Objektklasse „person"

Eine Objektklasse gehört immer zu einer der folgenden Arten:

- **abstract** (Basisklassen): Die Klasse *top* ist das „Basis-Chassis" für alle abgeleiteten Klassen. Sie beschreibt also das Minimum an Attributen eines Objektes. Die Klassen *person* und *organization* sind direkt von *top* abgeleitet (weitere in RFC 4519). Aus einer Basisklasse werden keine Objekte direkt abgeleitet, sondern nur Subklassen.

- **structural** (Strukturklassen): Objekte einer solchen Klasse bilden Objekte der realen Welt ab; aus ihnen können keine *auxiliary*-Klassen abgeleitet werden. Die Klassen *person* ist ein Beispiel.

- **auxiliary** (Hilfsklassen): Die durch Klassenzugehörigkeit vermittelten Attribute stellen eine Zusatzausstattung der Objekte dar; aus ihnen können keine *structural*-Klassen abgeleitet werden.

Die abgebildeten verwendeten Attribute sowie alle verwendbaren Attribute sind hinsichtlich ihres Namens, ihre Typs und der möglichen annehmbaren Werte nicht frei wählbar, sondern in diesen Kategorien in einem sehr umfangreichen und strengen Regelwerk festgelegt (RFCs 4510–4519). Auch ihre Zusammenstellung unterliegt einem sogenannten Schema (z. B.: *person* oder *organization*).

Einige Attribute sind aus Bild 2.20 ablesbar. Im Beispiel sind sie serverseitig z. T. vorgegeben (Bild 2.23):

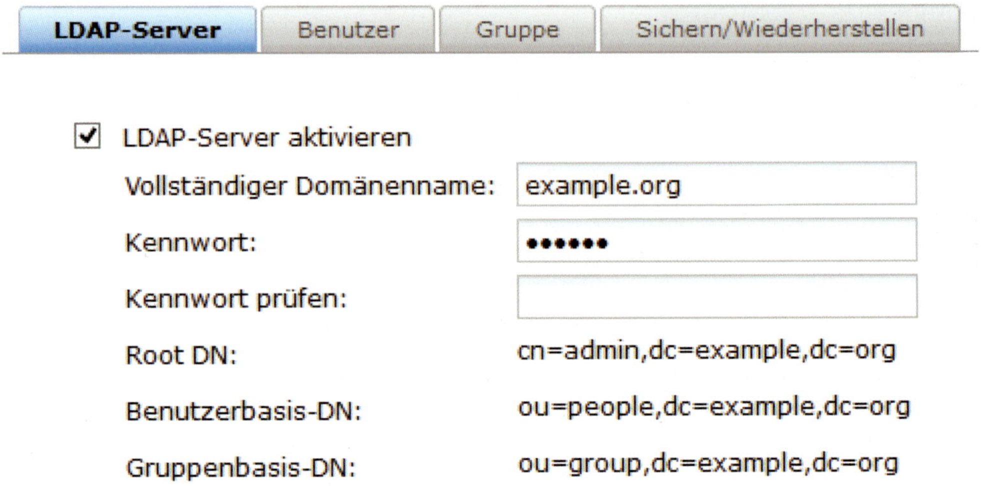

LDAP-Server	Benutzer	Gruppe	Sichern/Wiederherstellen

☑ LDAP-Server aktivieren

Vollständiger Domänenname:	example.org
Kennwort:	●●●●●●
Kennwort prüfen:	
Root DN:	cn=admin,dc=example,dc=org
Benutzerbasis-DN:	ou=people,dc=example,dc=org
Gruppenbasis-DN:	ou=group,dc=example,dc=org

Bild 2.23: LDAP-Server-Sicht auf das Verzeichnis

Häufig verwendete Attribute (Bild 2.24) wie in RFC 4519 definiert:

Attribut-Typ	Bedeutung	Beispiel(e)
dc	domain component	example
o	organization	ACME
ou	organizational unit	people
c	country	Deutschland
cn	common name	Werner Frisch
sn	surname	Frisch
givenName	given name	Werner
uid	user id	werfri
homeDirectory	home directory	/home/werfri
mail	E-Mail-Adresse	werfri@example.org
userPassword	Benutzerpasswort	{CRYPT}1NMqULt8G$Tv2YeP7EjnF/ngJd0ILqX1)

Bild 2.24: Attribute von LDAP-Objekten

Die **Schlüsselkomponente** (d. h. das eindeutige Unterscheidungskriterium) eines Verzeichniseintrags ist sein *Distinguished Name* (dn).

dn: uid=werfri, ou=people, dc=example, dc=org	**Schlüssel: Distinguished Name**
objectclass: top	
objectclass: person	Schema-Definition
objectclass: organizationalPerson	
objectclass: inetOrgPerson	
cn: Werner Frisch	
sn: Frisch	
mail: werfri@example.org	Nutzdaten
homeDirectory: /home/werfri	
. . . . .	

Bild 2.25: Ein möglicher Verzeichniseintrag als Blatt in einem Baum (DIT)

Der DIT dazu könnte prinzipiell so aussehen wie Bild 2.26 darstellt:

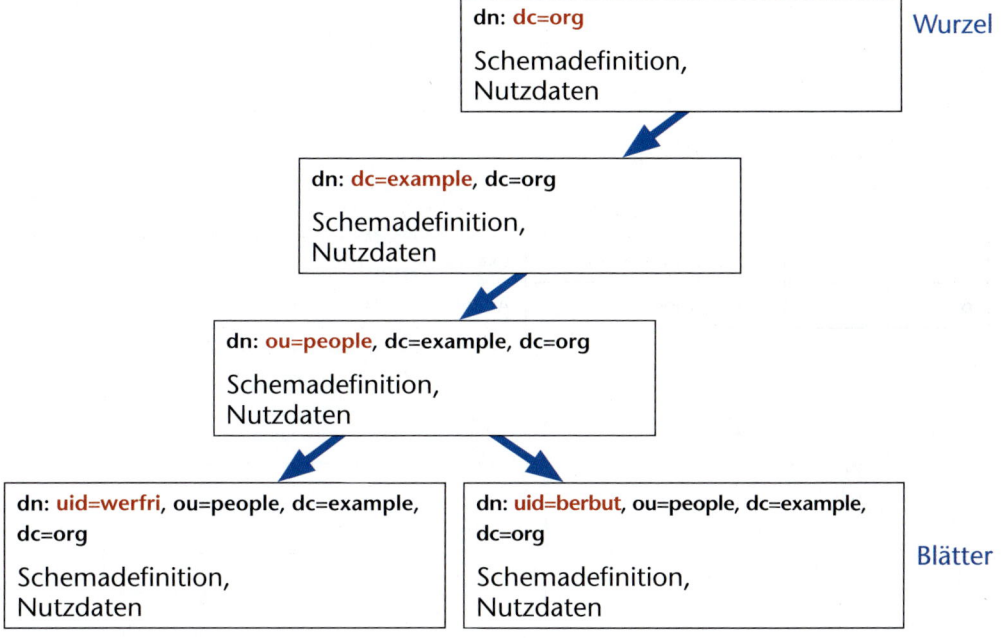

Bild 2.26: Directory Information Tree

Der *dn* setzt sich zusammen aus dem *Relative Distinguished Name* (*RDN*, in Bild 2.26 rot dargestellt) und dem *dn* des unmittelbaren Vorgängers. Er heißt relativ, weil im Beispiel *werfri* nur unterhalb von „ou=people, dc=example, dc=org" eindeutig sein muss.

Ein großer DIT kann in Teilbäume zerlegt werden, die auf verschiedene Servermaschinen ausgelagert werden können, vergleichbar den TLD-Servern des DNS. Um ein Backup zu haben, können Spiegelserver eingerichtet werden, die dann einen „sekundären" Status einnehmen, ebenfalls vergleichbar mit Secondary-DNS-Servern.

2.1.5.3 Implementierungen von LDAP-Verzeichnisservern

Proprietäre Implementierungen

Hier sind (neben anderen) vor allem die herstellerspezifischen Entwicklungen von Novell (**eDirectory**) und von Microsoft mit dem **Active Directory** zu erwähnen (siehe auch Kap. 2.2.5).

Freie Implementierungen (Open Source)

Das freie Software-Projekt OpenLDAP von der OpenLDAP Foundation wird bei fast allen Open-Source-Betriebssystemen und auch bei macOS (OS X) eingesetzt. Das Projekt entwickelte

- Treibersoftware für das eigentliche Protokoll und
- einen eigenständigen, *slapd* genannten Server, der mit „Overlays" und „Backends" an verschiedene Datenbanksysteme angebunden werden kann.

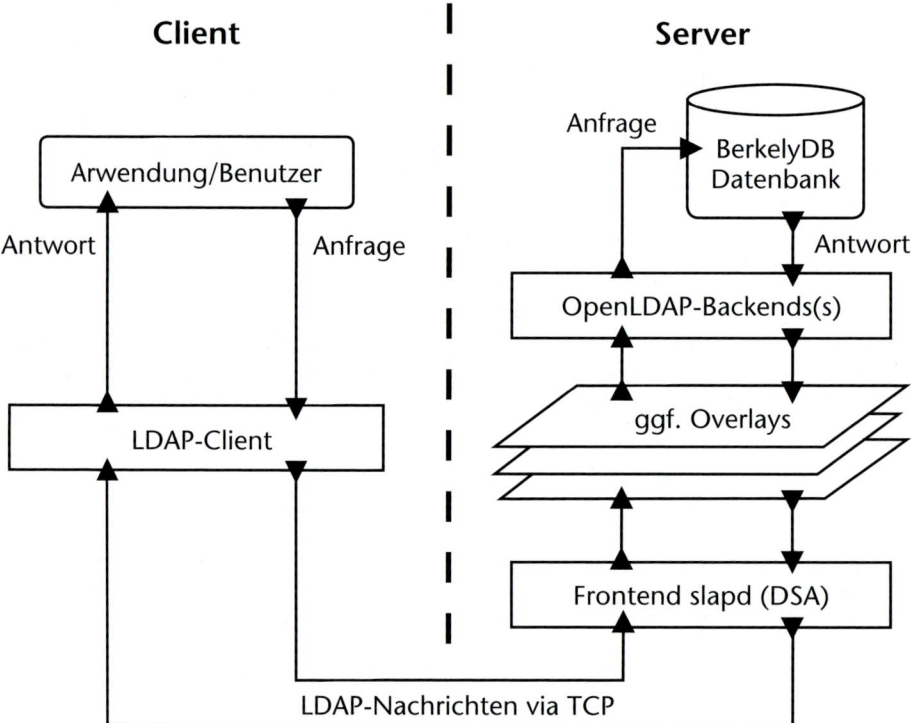

Bild 2.27: Überblick über die Architektur von OpenLDAP (nach BSI)

2.1.5.4 Das Protokoll LDAP

Das in RFC 4511 beschriebene Protokoll sieht Sitzungen vor, die vom Client eingeleitet werden.

Der Client öffnet eine TCP-Verbindung und sendet eine Request-Message, worauf der Server mit einer Response-Message antwortet. Dabei werden festgelegte Operationen ausgeführt, von denen hier nur die wichtigsten aufgelistet sind (siehe folgendes Beispiel): „bind", „unbind" eröffnen bzw. schließen eine Sitzung; „search", „modify", „add", „delete" und „compare" tun das, was der Name verspricht. Programme für diese Operationen heißen ldap*-Werkzeuge.

> Beim Einsatz der **ldap***-Werkzeuge **muss** der **Server** slapd **laufen.**

Jede Request-Message enthält eine eindeutige Message-ID (ganze Zahl, die normalerweise bei aufeinander folgenden Messages hochgezählt wird), und in der Response-Message wieder enthalten ist.

Beispiel

Die Ausführung einer search-Operation auf der Kommandozeile könnte so aussehen:

```
ldapsearch -h ldap.acme.com -p 389 -s sub -D "cn=Directory
Manager,o=acme" -W -b "ou=person,o=acme" "(&(mail=joe*) (c=germany))"
mail
```

Erklärung: Das Kommandozeilenprogramm kontaktiert über LDAP den Directory-Server `ldap.acme.com` (Port **389**) und meldet sich über den Account des `Directory Managers` an diesem System an, wobei das Passwort interaktiv abgefragt wird (`-W`). Die Anfrage zielt auf alle Benutzereinträge (unterhalb des Zweiges `ou=person,o=acme`) und sucht nach Personen aus Deutschland, deren E-Mail-Adresse mit `joe` beginnt (`(&(mail=joe*) (c=germany))`). Werden Personen gefunden, auf die dieser Filter passt, wird deren E-Mail-Adresse zurückgegeben (`mail`).

Neben den ldap*-Werkzeugen gibt es noch einen Satz von Werkzeugen, die slap*-Werkzeuge genannt werden. Sie sind auf der Servermaschine des slapd installiert und modifizieren direkt die Konfigurationsdateien.

> Beim Einsatz der **slap***-Werkzeuge **darf** der **Server** slapd **nicht laufen.**

AUFGABEN

1. Welche Aussage ist richtig?

   a) Zu einem Programm gehört immer auch ein Prozess.

   b) Zu einem Prozess gehört immer auch ein Programm.

2. Welche Aussage ist richtig?

   a) Der Compiler erzeugt die EXE-Datei.

   b) Der Linker erzeugt die EXE-Datei.

3. Nennen Sie zwei Elemente, die zu einer Prozessumgebung gehören.

4. Nennen Sie drei Methoden der Interprozesskommunikation.

5. Was ist ein „Forwarder"?

AUFGABEN

6. Was ist ein FQDN und mit welchem Zeichen endet er immer?

7. Woher bekommt der Administrator eines Nameservers die Adressen der Root-Nameserver?

8. Wo kann es die Angabe einer E-Mail-Adresse ohne das Zeichen „@" geben?

9. Geben Sie einen vollständigen PTR-Record zur Rückwärtsauflösung von „localhost" an.

10. Wofür braucht man einen AAAA-Record?

11. Geben Sie den AAAA-Record passend zu Bild 2.14 (A.root.server PTR) an.

12. Korrigieren Sie die folgende Aussage: „TLS dient zur Authentifizierung eines Webservers gegenüber einem Client."

13. Wozu dient ein TGT in einer Kerberos-Realm?

14. Nennen Sie die zwei erforderlichen Attribute der Objektklasse *person* in einem LDAP-Verzeichnis-Baum.

15. Internetrecherche: Wofür stehen die Abkürzungen LAP-D, LDAP und LAPD?

2.2   Die Windows-Familie

Die ersten Versionen des Windows-Betriebssystems erschienen ab 1985 und waren zunächst wenig erfolgreich. Das lag vor allem daran, dass kaum Anwendungssoftware existierte. Mit der Einführung von Windows 2.0 im Jahr 1987 machte Microsoft die Office-Anwendungen „Word" und „Excel" auch für Windows verfügbar. Der Durchbruch gelang schließlich mit den Versionen 3.xx Anfang der 1990er-Jahre. Mit Erscheinen von Windows 3.1 führte Microsoft das auf den betrieblichen Einsatz ausgerichtete Windows NT 3.1 ein. Trotz gleicher Versionsnummern waren die Unterschiede groß. Der neu entwickelte Betriebssystem-Kernel (siehe „Einfache IT-Systeme", Kap. 2.3) wies eine 32-Bit-Architektur auf und sollte vor allem die Betriebsstabilität verbessern. Darüber hinaus war Windows NT auf die Unterstützung verschiedener Prozessorplattformen ausgelegt. Durch Abwärtskompatibilität konnten auch die bisherigen 16-Bit-Anwendungen weiterhin ausgeführt werden.

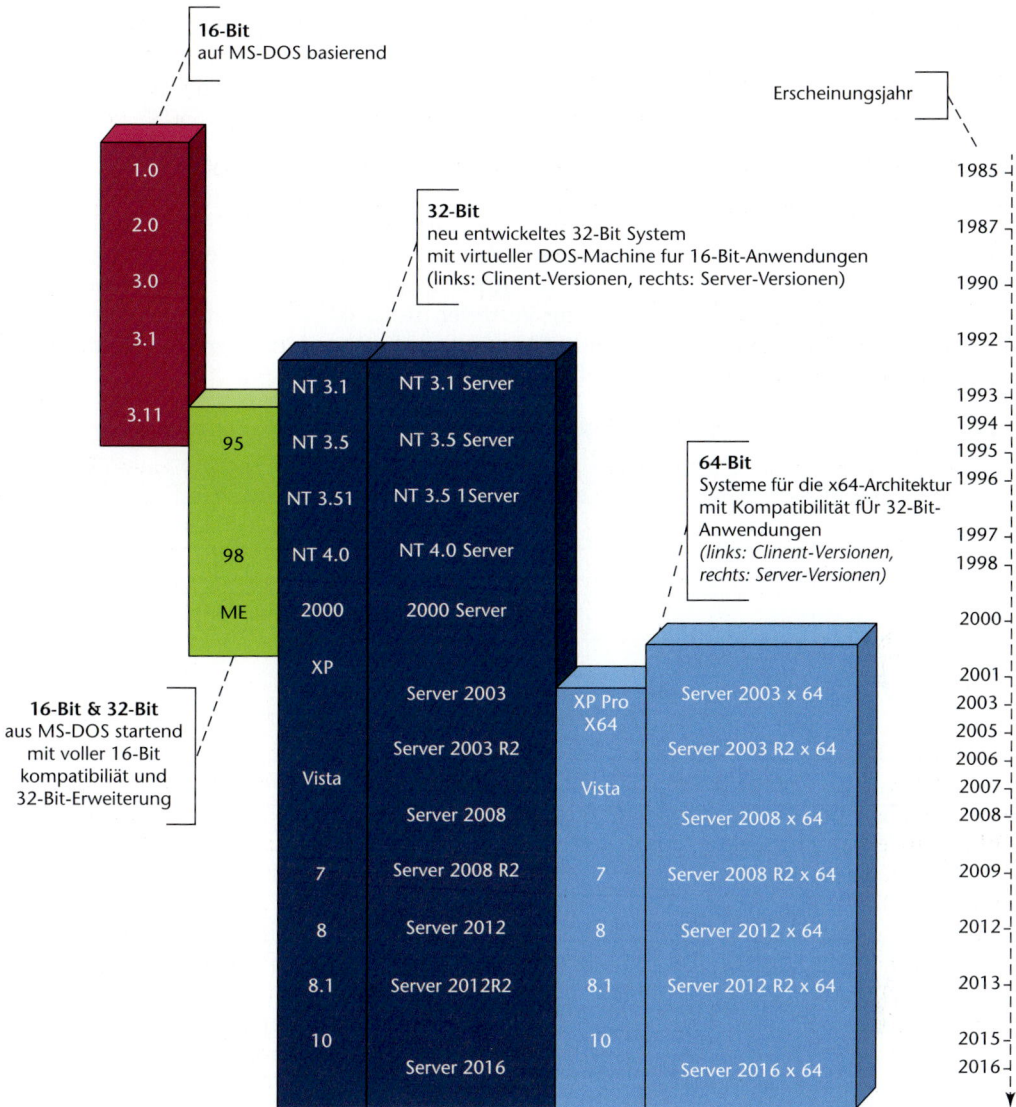

16-Bit
auf MS-DOS basierend

Erscheinungsjahr

32-Bit
neu entwickeltes 32-Bit System
mit virtueller DOS-Machine fur 16-Bit-Anwendungen
(links: Clinent-Versionen, rechts: Server-Versionen)

64-Bit
Systeme für die x64-Architektur
mit Kompatibilität fÜr 32-Bit-
Anwendungen
(links: Clinent-Versionen,
rechts: Server-Versionen)

16-Bit & 32-Bit
aus MS-DOS startend
mit voller 16-Bit
kompatibiliät und
32-Bit-Erweiterung

1.0					1985
2.0					1987
3.0					1990
3.1					1992
	NT 3.1	NT 3.1 Server			1993
3.11					1994
95	NT 3.5	NT 3.5 Server			1995
	NT 3.51	NT 3.5 1Server			1996
	NT 4.0	NT 4.0 Server			1997
98					1998
ME	2000	2000 Server			2000
	XP				2001
		Server 2003	XP Pro X64	Server 2003 x 64	2003
		Server 2003 R2		Server 2003 R2 x 64	2005
					2006
	Vista		Vista		2007
		Server 2008		Server 2008 x 64	2008
	7	Server 2008 R2	7	Server 2008 R2 x 64	2009
	8	Server 2012	8	Server 2012 x 64	2012
	8.1	Server 2012R2	8.1	Server 2012 R2 x 64	2013
	10		10		2015
		Server 2016		Server 2016 x 64	2016

Bild 2.28: Windows-Versionen

Microsoft vertrieb Windows NT 3.1 neben der Client-Version für den Arbeitsplatz auch in einer Ausführung als Server-Version (Windows NT 3.1 Advanced Server). Entsprechend waren beide Fassungen direkt netzwerkfähig. Heimanwender erhielten für Windows 3.1 und Windows 3.11 erst in den Ausführungen mit dem Zusatz „für Workgroups" Netzwerkunterstützung, während diese in allen späteren Windows-Versionen bereits integriert war. Für Heimanwender waren das die Versionen der Windows 9X-Linie (Windows 95, Windows 98 und Windows ME).

Für den betrieblichen Einsatz folgte auf das 1996 erschienene Windows NT 4.0 Anfang 2000 dann die Version Windows 2000. Erst mit dessen Nachfolger Windows XP führte Microsoft ab 2001 die Desktop-Produktlinien für Heim- und Unternehmensanwender zusammen. Ausführungen wie Windows XP Home oder Windows XP Professional richteten sich an verschiedene Zielgruppen mit unterschiedlichen Bedürfnissen. Bei gleicher Code-Basis unterschieden sich die Ausführungen dann hauptsächlich im Funktionsumfang.

Die Server-Versionen der Windows-Betriebssysteme tragen seit Windows 2000 Server Jahreszahlen, die jeweils ihr Erscheinungsjahr kennzeichnen. Nach wenig erfolgreichen Umsetzungen für die alternativen 64-Bit-Prozessorplattformen DEC Alpha und Intel Itanium konzentrierte sich Microsoft für den Massenmarkt auf die Intel-x86-Prozessorplattform mit 64-Bit-Erweiterung (x64). Erkennbar sind die entsprechenden Windows-Ausgaben am Zusatz „x64 Edition". Erste Vertreter dieser 64-Bit-Umsetzung waren die Ausführungen der Windows-Server-2003-Version und unter den Client-Systemen die Ausführung „Windows XP Professional x64 Edition".

Erscheinungsjahr	Client-Version	Versionsnummer, Buildnummer	Server-Version
2000	Windows 2000	NT 5.0, 2195	Windows 2000 Server
2001	Windows XP	NT 5.1, 2600	
2003		NT 5.2, 3790	Windows Server 2003
2005	Windows XP Professional x64	NT 5.2, 3790	
2006		NT 5.2, 3790	Windows Server 2003 R2
2007	Windows Vista	NT 6.0, 6000	
2008		NT 6.0, 6001	Windows Server 2008
2009	Windows 7	NT 6.1, 7600	Windows Server 2008 R2
2012	Windows 8	NT 6.2, 9200	Windows Server 2012
2013	Windows 8.1	NT 6.3, 9200	Windows Server 2012 R2
2015	Windows 10 (1607)	NT 10.0, 14393	
2016		NT 10.0, 14393	Windows Server 2016 (1607)

Bild 2.29: Windows Client- und Server-Versionen

Beginnend mit Windows 7 entspricht die Code-Basis der Client-Version auf systematischer Weise denen der jeweiligen Server-Version. So teilen sich Windows 7 und Windows Server 2008 R2 die gleiche Code-Basis. Dasselbe gilt beispielsweise für Windows 10 und Windows Server 2016.

Während sich Windows 8.0/8.1 nicht durchsetzen konnten (vgl. „Einfache IT-Systeme", Kap. 2.6.2), ist es Microsoft mit Windows 10 inzwischen gelungen (Stand April 2018), Windows 7 als meistgenutztes Client-System der Windows-Systeme abzulösen (Bild 2.30). Gründe dafür sind einerseits die bis Ende 2017 verlängerte und oft aggressiv vorangetriebene kostenlose Upgrade-Angebote, andererseits aber das Support-Ende von Windows 7, das für 2015 (Mainstream Support) bzw. 2020 (Extended Support) angesetzt wurde (Bild 2.31).

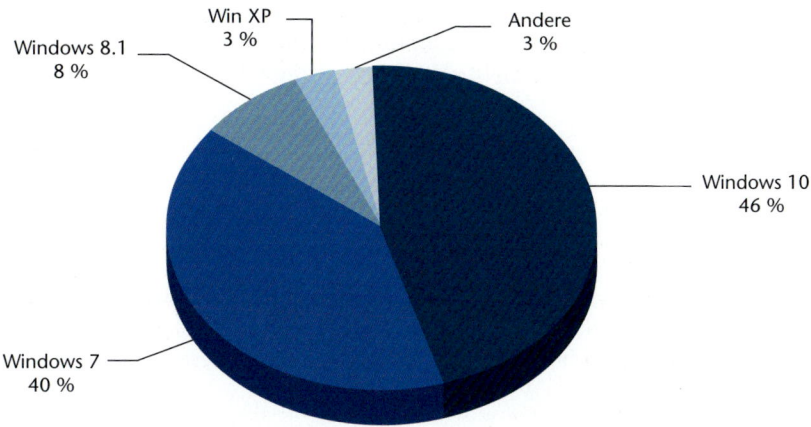

Bild 2.30: Marktverteilung der Windows-Client-Systeme weltweit (April 2018)[1]

Bild 2.31 stellt den bisherigen Lebenszyklus von Windows-Systemen am Beispiel von Windows 7 dar. Für Heimanwender endete demnach der Support mit Auslaufen der Mainstream-Support-Phase und damit auch die generelle Versorgung mit Sicherheits-Updates bereits 2015. Die Extended-Support-Option richtet sich an Firmenkunden und bietet für weitere fünf Jahre die Versorgung von Sicherheitsupdates. Über das Ende der Extended-Support-Phase hinaus ist eine Support-Verlängerung um bis zu sechs Jahren nur nach Absprache und über Sonderverträge möglich.

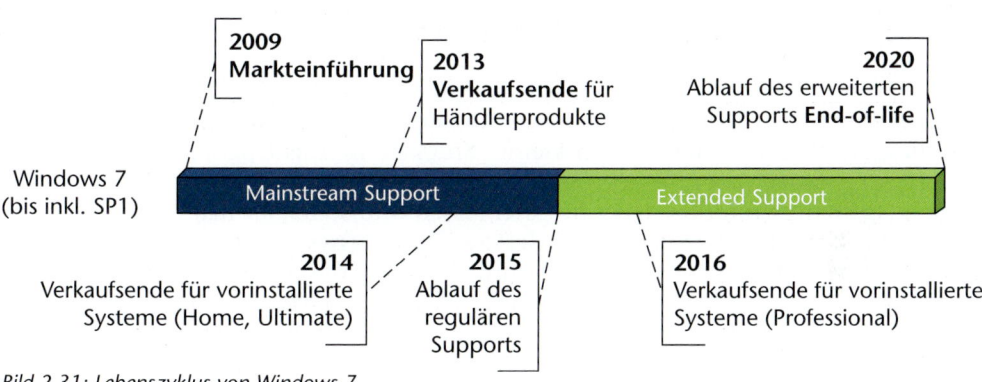

Bild 2.31: Lebenszyklus von Windows 7

Mit Windows 10 führte Microsoft eine umfangreiche Umstellung des gesamten Windows-Vertriebsmodells durch. Sowohl im Client- also auch im Server-Segment sollen nicht mehr einzelne Windows-Produkte mit begrenzter Lebensspanne vermarktet werden, sondern

---

[1] Vgl. StatCounter: Desktop Windows Version Market Share Worldwide – April 2018, veröff. im April 2018 unter http://gs.statcounter.com/windows-version-market-share/desktop/ worldwide#monthly-201709-201802 [31.05.2018]

ein ständig aktuell gehaltenes Windows. Microsoft bezeichnet dieses Angebot als Windows-as-a-Service (WaaS). Mit der Anlehnung an den einschlägigen Begriff Software-as-a-Service (SaaS, vgl. Kap. 2.4.2) unterstreicht der Konzern die Cloud-Ausrichtung seiner neuen Windows-Generation.

Update-Kategorien

Microsofts neue Update-Politik unterscheidet zwei Update-Kategorien: Qualitäts-Updates und Feature-Updates.

> Das monatliche **Qualitäts-Update** stellt eine Sammlung von Sicherheits-Updates und Detail-verbesserungen dar. Es wird zu einem einheitlichen Paket geschnürt und baut auf die Updates der letzten Monate auf. Administratoren müssen nur noch dieses einheitliche Paket an alle Client-Systeme verteilen.

Bisher wurden zum monatlichen Update-Release eine Vielzahl einzelner Updates bereitgestellt, die je nach Konfiguration des Client-Systems einzeln angefordert wurden. Für Systemadministratoren war die Verwaltung dieser Updates in Firmennetzen damit recht aufwendig. Die neue Strategie sieht den Versand einheitlicher Update-Pakete vor, die für alle Rechner der gleichen Windows-Version identisch durchgereicht werden können.

> **Feature-Updates** sind halbjährlich geplant und sollen jeweils im April und Oktober erscheinen. Sie treten an die Stelle der bisher etwa zwei- bis dreijährlich erschienenen neuen Windows-Produkte. Durch die kürzeren Intervalle werden die Neuerungen kleiner portioniert ausfallen und den Nutzer schneller erreichen.

Während ein System-Upgrade auf ein Nachfolgeprodukt bedeutet, dass alle neuen Features auf einmal bereitgestellt werden, geschieht das im Windows-10-as-a-Service-Vertriebsmodell kontinuierlich und in kleiner Stückelung. Das Upgrade findet also an mehreren Terminen, aber in kleineren Schritten statt. Bei Unverträglichkeiten kann damit zielgerichteter auf die Ursache geschlossen und schneller reagiert werden. Bei kritischen Systemen wie medizinischen Geräten, Zahlungssystemen und Geldautomaten sind Feature-Updates in der Regel irrelevant. Hier steht die Betriebssicherheit im Vordergrund, sodass man Ausfallrisiken durch Feature-Updates möglichst vermeiden möchte. Hier bietet Microsoft die Wahl eines Langzeit-Support-Kanals (Long Term Servicing Channel, LTSC). Diese Versionen werden über ihre Lebenszeit hinweg mit Sicherheits-Updates und Detailverbesserungen versorgt, bleiben aber ansonsten weitgehend unverändert.

Für Unternehmen besteht die Möglichkeit, das Einspielen von Feature-Updates um bis zu sechs Monate und Qualitäts-Updates um bis zu 30 Tage systematisch zu verzögern. Auf diese Weise soll sichergestellt werden, dass sich als problematisch erweisende Updates rechtzeitig blockiert werden können.

Update-Kanäle

Die Steuerung der Update-Versorgung geschieht über sogenannte Update-Kanäle (Servicing Channels):

Semi-Annual Channel (Targeted):
Qualitäts- und Feature-Updates werden direkt mit ihrer Veröffentlichung eingespielt. Dieser Update-Kanal ist für alle Heimanwender-Ausführungen vorgegeben.

Semi-Annual Channel (SAC):
Je nach eingestelltem Deployment-Ring werden Feature-Updates um 120 bis 180 Tage verzögert eingespielt. Qualitäts-Updates werden um sieben bis 30 Tage verzögert. Dieser Update-Kanal ist für Unternehmenskunden vorgesehen.

Long-Term Servicing Channel (LTSC):
Dieser Update-Kanal stellt etwa alle zwei bis drei Jahre eine neue langzeitunterstützte Windows-Version bereit. Feature-Updates werden nicht angeboten. Die Versorgung mit Qualitäts-Updates ist für jede LTSC-Version während ihre Lebensdauer von zehn Jahren sichergestellt.

Versionsnummern

Die Versionsnummern bestehen aus einem vierstelligen Datumskürzel und spiegeln das interne Datum des jeweiligen Feature-Updates wieder.

Windows 10 – as a Service

Im Client-Segment gilt Windows 10 als dauerhaftes WaaS-Produkt. Mit dem Einspielen des Feature-Updates von Oktober 2017 wird auch die Versionsnummer angepasst. Bild 2.32 zeigt dies am Beispiel einer englischsprachigen Windows-10-Education-Ausgabe. In diesem Fall lautet die neue Versionsnummer 1709 für September 2017, dem internen Datum des Updates.

Bild 2.32: Versionsinformation nach Feature-Update

Windows 10 wird im Semi-Annual Channel (Targeted) bzw. Semi-Annual Channel im Unternehmensumfeld mit Qualitäts- und Feature-Updates versorgt. Werden Feature-Updates blockiert, endet der Mainstream Support mit Qualitäts-Updates 18 Monate nach Veröffentlichung des letzten Feature-Updates (Bild 2.33).

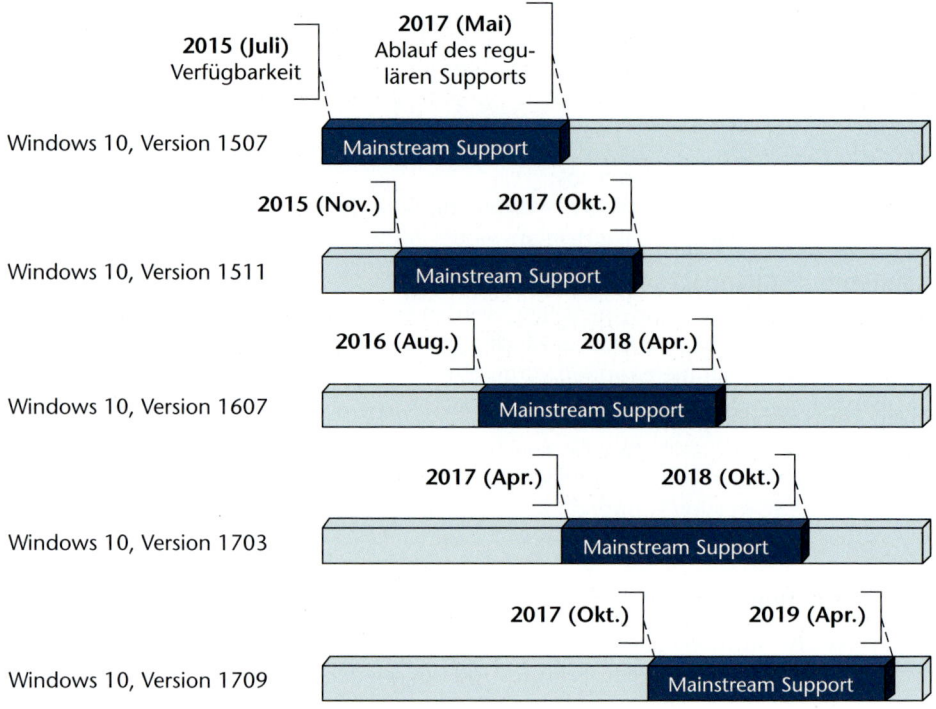

Bild 2.33: Windows 10 mit Feature-Updates im Semi-Annual Channel

Windows 10 erhält im Semi-Annual Channel Qualitäts- und Feature-Updates. Nur bei kontinuierlicher Versorgung mit Feature-Updates ist ein dauerhafter Support gewährleistet. Andernfalls enden der Support und damit auch die Versorgung mit Sicherheitsupdates nach spätestens 18 Monaten.

Windows Server – as a Service

Im Server-Segment heißt das WaaS-Produkt schlicht Windows Server und ist auf größere Unternehmenskunden ausgerichtet. Updates werden über den Semi-Annual Channel eingespielt. Die im Oktober 2017 veröffentlichte Version trägt ebenfalls die Versionsnummer 1709 (Bild 2.34).

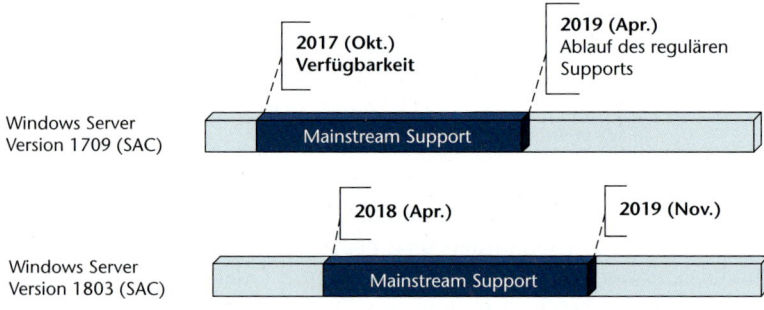

Bild 2.34: Windows Server mit Feature-Updates im Semi-Annual Channel

Windows Server wird im Semi-Annual Channel (SAC) mit Qualitäts- und Feature-Updates versorgt. Werden Feature-Updates blockiert, endet der Mainstream Support mit Qualitäts-Updates 18 Monate nach Veröffentlichung des letzten Feature-Updates. Ein erweiterter Support (Extended Support) ist nicht vorgesehen. Um weiter Sicherheits-Updates zu erhalten, muss ein aktuelles Feature-Update eingespielt werden.

Windows Server 2016

Windows Server 2016 trägt die Versionskennung 1607 und entspricht der Ausstattung von Windows Server zu diesem Zeitpunkt. Da es dem Long-Term Servicing Channel zugeordnet ist, erhält Windows Server 2016 kontinuierlich Qualitäts-Updates, jedoch keine Feature-Updates. Den Update-Verlauf dieser Ausgabe zeigt Bild 2.35.

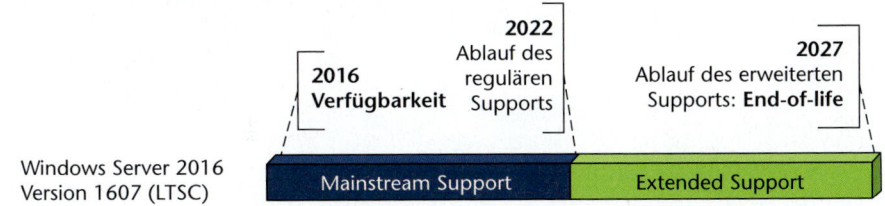

Bild 2.35: Windows Server 2016 ohne Feature-Updates im Long-Term Servicing Channel

Windows Server 2016 wird im Long-Term Servicing Channel (LTSC) mit Qualitäts-Updates versorgt. Feature-Updates werden nicht angeboten. Der reguläre Support erstreckt sich über fünf Jahre (Mainstream Support), an dem sich ggf. der erweiterte Support (Extended Support) mit weiteren fünf Jahren anschließt. Ist kein Extended Support vereinbart, endet die Versorgung mit Qualitäts-Updates mit dem Ablauf des Mainstream Supports.

2.2.1   Heim- und Peer-to-Peer-Netzwerke

Die Netzwerkfähigkeit von Windows war anfangs dem Firmenumfeld vorbehalten, wurde aber spätestens durch die Verbreitung des Internets ein fester Bestandteil aller Windows-Versionen. Um Heimanwendern und kleinen Firmen eine einfache Vernetzung von Windows-Rechnern untereinander und mit Netzwerkdruckern zu ermöglichen, bot Microsoft die Bündelung in sogenannten **Arbeitsgruppen** (Workgroups) an. Der Austausch von Daten zwischen vernetzten Rechnern ist schon nach wenigen Konfigurationsschritten möglich. Dadurch, dass kein Server konfiguriert werden muss und die grundlegenden Konfigurationsschritte für alle Rechner gleich ausfallen, wird klar, dass es sich bei solchen Netzwerken um Peer-to-Peer-Netzwerke handelt (vgl. Kap. 1.2.2.1).

Jeder Einzelplatzrechner verwaltet sich in diesem Peer-to-Peer-Netzwerk nur selbst. Damit eine funktionierende Netzwerkkommunikation zwischen den Computern einer Arbeitsgruppe sichergestellt werden kann, müssen an jedem einzelnen Rechner die entsprechenden Netzwerkeinstellungen vorgenommen werden. Entsprechend eignet sich diese Form der Vernetzung nur für kleine Netzwerke, bei denen der Aufwand für die Wartung der angeschlossenen Computer überschaubar ist. Microsoft erlaubt bei Windows 10 die gleichzeitige Verbindung von bis zu 20 Geräten. Ältere Vorgängerversionen setzten die Grenze noch bei zehn oder fünf Teilnehmern. Die für das vorliegende System geltende Höchstzahl ergibt sich einerseits als Lizenzvorgabe aus dem Text des Kleingedruckten (Befehl „winver", Klick auf Lizenzbedingungen). Andererseits kann sie als technische Vorgabe über die Kommandozeile ausgelesen werden. Dazu muss das Kommando „net config server" mit Administrator-Rechten ausgeführt werden, z. B. über die PowerShell, auf die in Kap. 2.2.1.5 näher eingegangen wird.

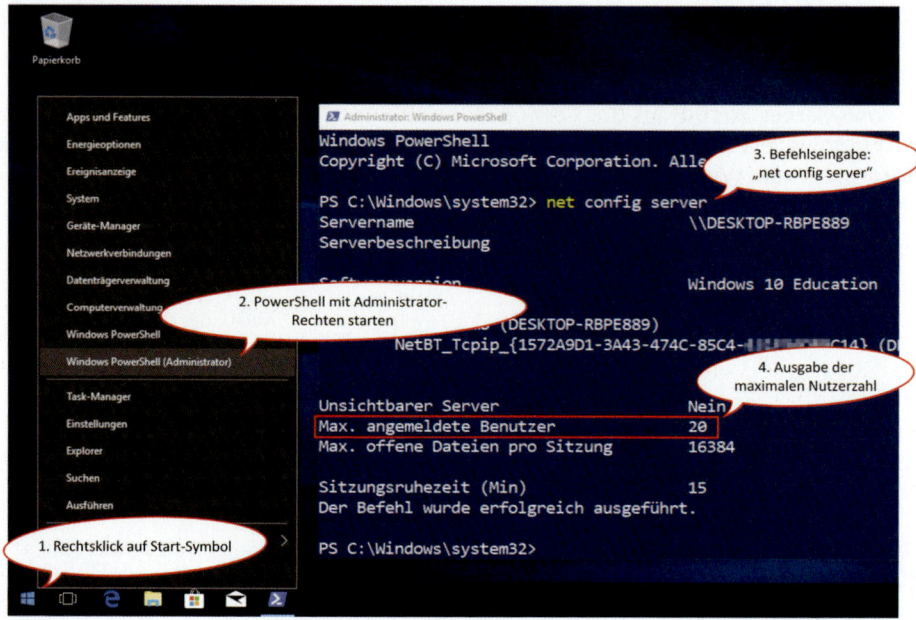

Bild 2.36: Anzahl der maximal unterstützten Peer-to-Peer-Verbindungen

Die Obergrenze von 20 Nutzern bezieht sich in einem Windows-10-Peer-to-Peer-Netzwerk auf die Anzahl der gleichzeitigen Verbindungen. Solange immer maximal 20 Teilnehmer angemeldet sind, könnten an solch einem Netzwerk auch noch mehr Geräte angeschlossen sein.

Mit steigender Nutzerzahl wächst der Aufwand zur Verwaltung des Netzes ganz erheblich. Denn um das Arbeitsgruppennetzwerk uneingeschränkt nutzen zu können, müsste auf allen Rechnern für jeden Benutzer jeweils ein Benutzerkonto eingerichtet werden. In der Praxis sollte man daher ab etwa zehn Nutzern eine serverbasierte und damit besser wartbare Form der Vernetzung in Betracht ziehen.

In Heimnetzwerken reicht es meist aus, dass die einzelnen Teilnehmer bestimmte Daten, z. B. den Inhalt einzelner Verzeichnisse, mit allen anderen Teilnehmern in der Arbeitsgruppe teilen können. Zu diesem Zweck können in den Arbeitsgruppen sogenannte **Heimnetzgruppen** (Homegroups) erstellt werden. Die Mitglieder einer solchen Heimnetzgruppe können auf alle freigegebenen Inhalte zugreifen. Zur Berechtigung müssen sie sich dazu einmalig beim Eintritt in die Heimnetzgruppe mit einem Passwort legitimieren, welches beim Ersteller der Heimnetzgruppe erfragt werden muss.

Während in Arbeitsgruppennetzwerken auch macOS- und Linux-Rechner eingebunden werden können, werden Heimnetzgruppen allerdings nur von Windows-Systemen unterstützt. Inzwischen hat sich Microsoft dazu entschlossen, das mit Windows 7 eingeführte

Heimnetzgruppenkonzept wieder aufzugeben. Schon mit dem ersten Feature-Update von 2018 (Version 1803) wurde die Heimnetzgruppenfunktion aus Windows 10 entfernt.

In **Arbeitsgruppennetzwerken** wird der Zugriff auf Freigaben über **Nutzerkonten** gesteuert. Auf jedem Rechner muss ein Nutzerkonto für den zugreifenden Nutzer vorhanden sein.

Fasst man Computer einer Arbeitsgruppe in eine **Heimnetzgruppe** zusammen, genügt für den Zugriff auf die Freigaben lediglich ein **Passwort**. Die Mitglieder der Heimnetzgruppe können ohne Hinterlegung von Nutzerkonten auf die freigegebenen Daten zugreifen. Die Heimnetzgruppenfunktion wurde von Microsoft abgekündigt und mit der Version 1803 entfernt. Bei Neuinstallationen sollte sie nicht mehr verwendet werden. Für bestehende Heimnetzgruppen sollte nach Alternativen gesucht werden.

Während Arbeitsgruppennetzwerke und Heimnetzgruppen nach dem Peer-to-Peer-Prinzip aufgebaut sind, also ohne Server auskommen, sind in solchen Netzwerken oft trotzdem Server anzutreffen. Diese erfüllen ihre Serverfunktionen dann jedoch für andere Netzwerkdienste. Ein Beispiel ist der DHCP-Serverdienst zur automatischen Verteilung von IP-Einstellungen (siehe Kap. 1.4.4.1), der in der Regel von jedem Internetzugangsadapter angeboten wird.

2.2.1.1 Netzwerkeinstellungen unter Windows 10

Bei der Installation von Windows 10 wird der Nutzer in der geführten Ersteinrichtung zu Beginn nach der gewünschten Einsatzart gefragt (Bild 2.37). Neben der persönlichen Verwendung steht als zweite Option der Einsatz in einer Organisation zur Auswahl.

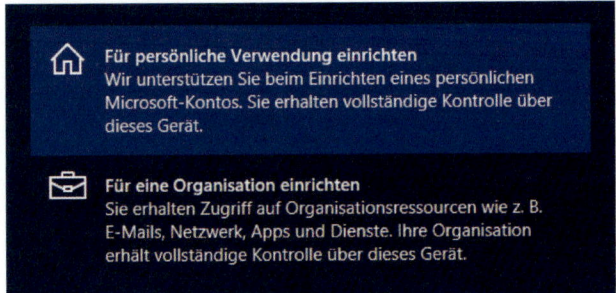

Bild 2.37: Ersteinrichtung mit Abfrage der Einsatzart

Umspannt ein Firmennetzwerk mehrere Büros oder Abteilungen, ist eine Vor-Ort-Administration in der Regel zu aufwendig. Für solche Anwendungsfälle ist die Installationsoption für Organisationsnetzwerke vorgesehen. Die Rechner stehen dann unter der vollständigen Kontrolle des Unternehmens.

Die persönliche Verwendung bezeichnet dagegen aber nicht bloß die Verwendung im Heimanwenderbereich, sondern durchaus auch den Einsatz in sehr kleinen Firmennetzen. In diesen Fällen erhält der Anwender oder der IT-Service vor Ort die vollständige Kontrolle über den jeweiligen Rechner. Diese Einsatzart wird im Folgenden betrachtet.

Nach der Ersteinrichtung befindet sich der Rechner in einer allgemeinen Grundkonfiguration, die in vielen Anschlusssituationen bereits ohne weitere Eingriffe die Internetkommunikation ermöglicht. Für den Datenaustausch in der Arbeitsgruppe gibt die Grundkonfiguration geeignete Einstellungen für den Computernamen und die Arbeitsgruppe („Workgroup") vor. Allerdings können Firewall-Einstellungen dafür sorgen, dass der lokale Netzzugriff scheitert. Das hängt von dem jeweiligen Netzwerkprofil ab, das der aktuellen Verbindung zugeordnet ist. Wird eine neue Verbindung erstmalig aufgebaut, z. B. durch den kabelgebundenen Netzwerkanschluss oder durch Verbinden mit einem neuen WLAN-Netzwerk, dann erfolgt die Nachfrage, ob damit eine Verbindung zu einem öffentlichen oder privaten Netz erfolgt. Über die Auswahl wird die Einstellung der Firewall gesteuert. Wird eine Verbindung als öffentlich markiert, gelten für sie die größten Einschränkungen. Verpasst man diese Nachfrage, wird automatisch eine öffentliche Verbindung angenommen. Die damit verbundenen Firewall-Einstellungen behindern allerdings dann auch den Datenaustausch in der Arbeitsgruppe.

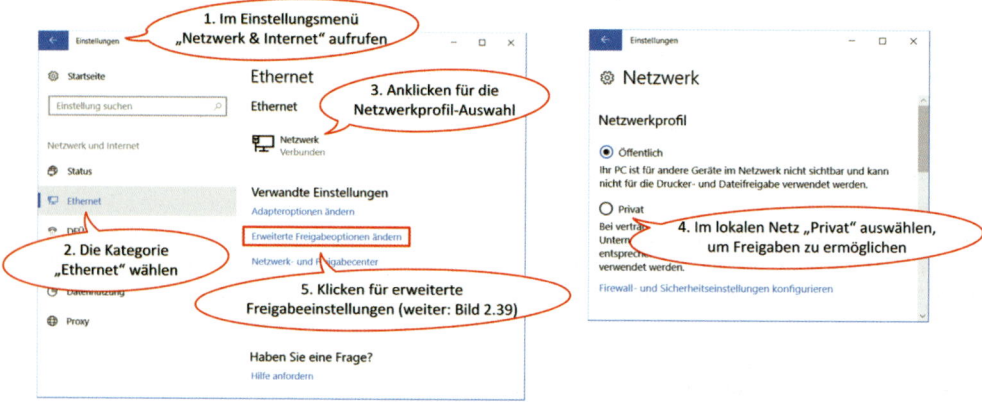

Bild 2.38: Umstellung des Netzwerkprofils

Für eine Netzwerkverbindung mit fremden Netzen, z. B. WLAN-Hotspots, sollte immer das öffentliche Netzwerkprofil gewählt werden. Fremde erhalten dann keinen Zugriff auf freigegebene Drucker oder Dateien.

Findet der Rechner hingegen bei der Verbindung mit dem lokalen Netz keine Freigaben, muss möglicherweise das Netzwerkprofil noch auf „Privat" umgestellt werden (Bild 2.38). Details der Freigabeeinstellungen können über die Verknüpfung „Erweiterte Freigabekonfiguration ändern" (Bild 2.38) angepasst werden (Bild 2.39).

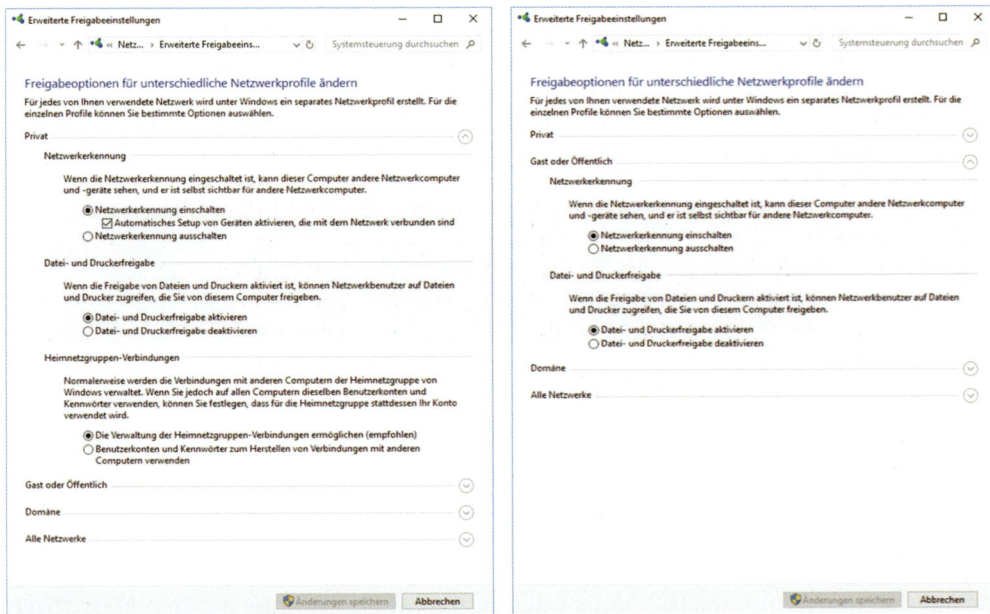

Bild 2.39: Freigabeoptionen der Netzwerkprofile

Darüber hinaus müssen alle Netzwerkgeräte derselben Arbeitsgruppe angehören und alle Geräte verschiedene Namen aufweisen. Im Bereich „Info" der Kategorie „System" des Windows-10-Einstellungsmenüs kann der Computername geändert werden.

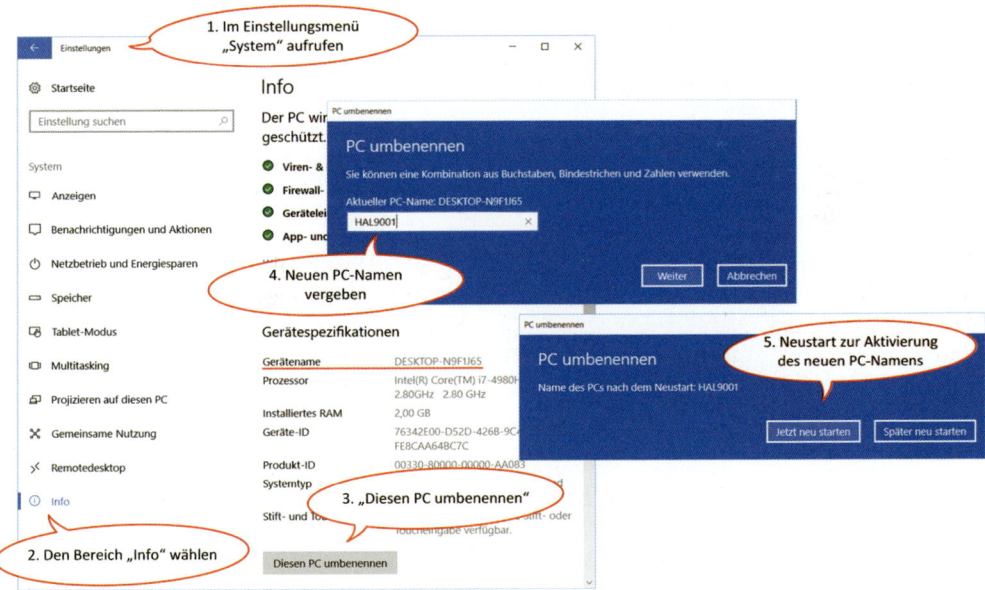

Bild 2.40: Änderung des Computernamens über die Einstellungsmenüs

Alternativ lässt sich der Computername auch über die PowerShell durch ein Kommando ändern. Dazu muss eine PowerShell mit Administrator-Rechten geöffnet werden (Bild 2.36, Schritte 1 und 2). Bild 2.41 zeigt den Aufruf des „Rename-Computer"-Kommandos zum Ändern des Computernamens in „HAL9001".

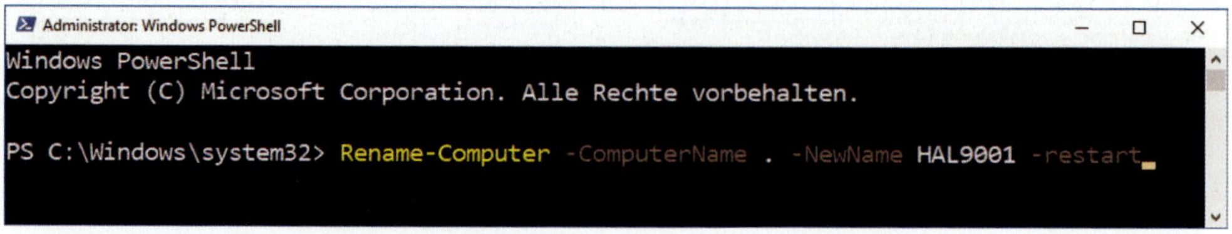

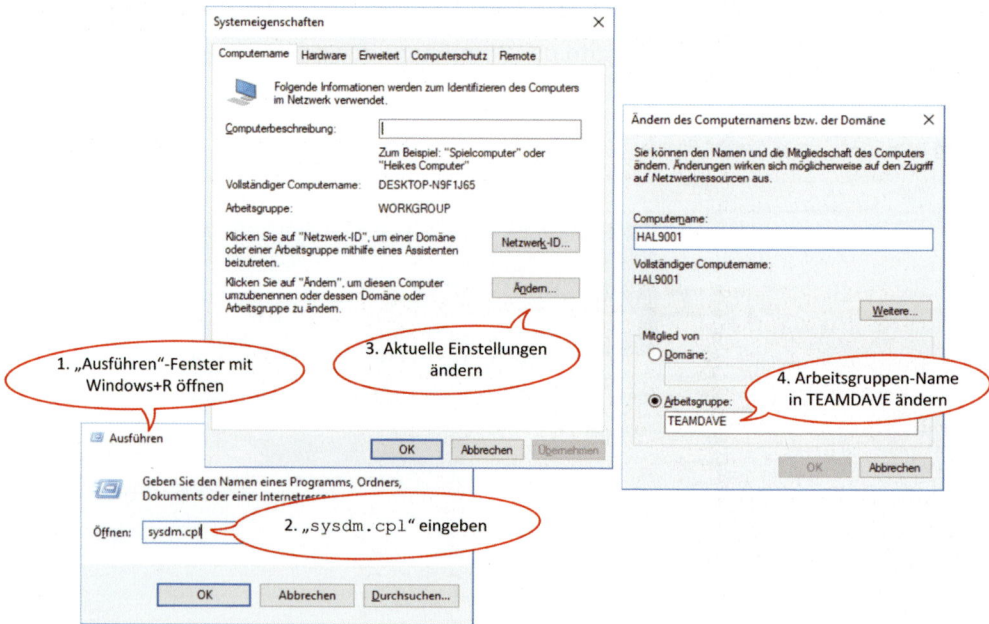

Bild 2.41: Änderung des Computernamens über die PowerShell

Der erste Aufruf-Parameter referenziert den zu ändernden Computernamen. Der Punkt kennzeichnet den lokalen Rechner. Als neuer Computername ist im Beispiel „HAL9001" angegeben. Der Parameter „-restart" führt sofort nach Ausführung des Kommandos und ohne Rückfrage den notwendigen Neustart des Rechners durch.

Die Änderung des Arbeitsgruppennamens ist in der aktuellen Version 1709 nicht in die neu gestalteten Windows-10-Menüs integriert. Stattdessen muss auf den klassischen „Systemeigenschaften"-Einstellungsdialog zurückgegriffen werden. Er lässt sich am einfachsten per Kommandozeile (Windows+R) aufrufen: „sysdm.cpl". Bild 2.42 zeigt die Konfigurationsschritte zur Umstellung des Arbeitsgruppennamens auf „TEAMDAVE".

Bild 2.42: Änderung des Arbeitsgruppennamens über die Systemeigenschaften

Diese Aufgabe kann wie auch zuvor mit nur einer PowerShell-Zeile erledigt werden. Dazu wird im PowerShell-Fenster mit Administrator-Rechten (Bild 2.36, Schritte 1 und 2) das Kommando „Add-Computer" mit dem Parameter „-WorkGroupName" und dem Wert

„TEAMDAVE" eingegeben (Bild 2.42). Anschließend muss der Computer neu gestartet werden, damit die Änderung gültig wird.

```
Administrator: Windows PowerShell                                    —  □  ×
Windows PowerShell
Copyright (C) Microsoft Corporation. Alle Rechte vorbehalten.

PS C:\Windows\system32> Add-Computer -WorkGroupName TEAMDAVE
WARNUNG: Die Änderungen werden nach einem Neustart des Computers HAL9001 wirksam.
PS C:\Windows\system32> _
```

Bild 2.43: Änderung des Arbeitsgruppennamens über die PowerShell

2.2.1.2 Benutzerverwaltung unter Windows 10

Betriebssysteme wie Windows 10 sind für den Massenmarkt konzipiert. Sie sollen auch von Benutzern ohne tiefere Systemkenntnisse bedient werden können. Das bedeutet aber auch, dass ein unerfahrener Nutzer nicht leichtfertig oder aus Unkenntnis systemgefährdende Aktionen durchführen können sollte wie beispielsweise das Löschen wichtiger Systemdateien. In weiterer Konsequenz sollten aber auch andere Benutzer an unbefugten Systemeingriffen gehindert werden, während IT-Experten zur Systemwartung erweiterte Befugnisse erhalten sollten.

Windows 10 ist für die Nutzung durch mehrere Benutzer vorgesehen. Für jeden Benutzer muss dazu ein eigenes Benutzerkonto angelegt werden. Mit den entsprechenden Kenndaten, z. B. Name und Passwort, meldet sich der Benutzer beim System an, um es anschließend nutzen zu können. Vorgefertigte Nutzerprofile legen dabei fest, welche Aktionen der Benutzer durchführen darf und welche ihm verwehrt bleiben.

> Bei einem Windows-10-System für die persönliche Verwendung (siehe Kap. 2.2.1.1) kann ein Benutzerkonto als **lokales Benutzerkonto** (Offline-Konto) oder als **Microsoft-Konto** (Online-Konto) eingerichtet werden.

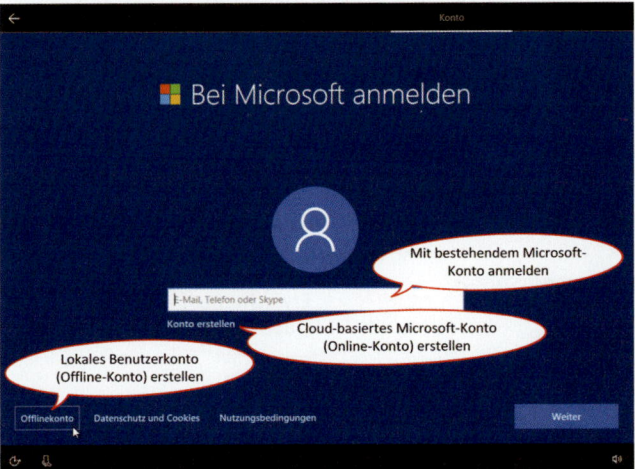

Bild 2.44: Ersteinrichtung von Windows 10: Erstellung des ersten Benutzerkontos

Windows-Anmeldungen sind bei Microsoft-Konten nach der Einrichtung in der Regel auch ohne bestehende Internetverbindung möglich. Wird allerdings zwischenzeitlich online das Passwort geändert, ist diese Änderung dem lokalen System dann noch nicht bekannt. Der Benutzer muss sich noch mit dem alten Passwort anmelden. Erst wenn die Internetverbindung wiederhergestellt wird, werden die Profildaten synchronisiert und die Passwortänderung übernommen.

> Im Rahmen der Installation wird der angelegte Benutzer mit **Administrator-Rechten** ausgestattet. Deshalb ist es sinnvoll, ihn als **lokalen Benutzer** einzurichten. Das Konto ist dann an das lokale Gerät gebunden und unabhängig von externen Änderungen, z. B. einer online erfolgten Passwortänderung oder der Schließung des betreffenden Microsoft-Kontos.

Microsoft favorisiert jedoch die Verknüpfung mit einem Microsoft-Konto. Falls noch keins besteht, wird im Rahmen der Windows-10-Installation ein Microsoft-Konto eingerichtet. Dabei handelt es sich um ein Online-Konto, das auch für die Nutzung von Microsofts Online-Diensten wie dem Cloud-Speicher „OneDrive", dem cloudbasierten Office-365-Softwarepaket oder dem Internet-Telefondienst „Skype" erforderlich ist. Mit einem reinen Offline-Konto (lokales Benutzerkonto) können diese Dienste dann in der Regel nicht direkt genutzt werden.

> **Microsoft-Konten** können als **Familie** organisiert werden. Konten, die **Kindern** zugeordnet sind, können von **Erwachsenen** eingeschränkt und überwacht werden.

Eltern können mit Familienkonten das Nutzungsverhalten ihrer Kinder weitreichend überwachen. Auf Wunsch erstellt Windows 10 wöchentliche Berichte über Computernutzungszeiten, aufgerufene Webadressen und wann welche Spiele oder Apps wie lange genutzt wurden.

Bild 2.45: Familien-Benutzerverwaltung in der Microsoft-Cloud

Voreingestellt ist z. B., dass Käufe im Microsoft Store erst von einem Erwachsenen genehmigt werden müssen (Bild 2.46). Außerdem stehen Jugendschutzfunktionen bereit, um unangemessene Apps, Spiele oder Internetseiten zu blockieren. Wahlweise kann auch eine Liste zu sperrender Internetadressen (Black-List) oder eine Liste ausschließlich erlaubter Internetadressen (White-List) angegeben werden. Die entsprechenden Einstellungen sind mit den Microsoft-Konten verknüpft und werden online in der Microsoft-Cloud verwaltet.

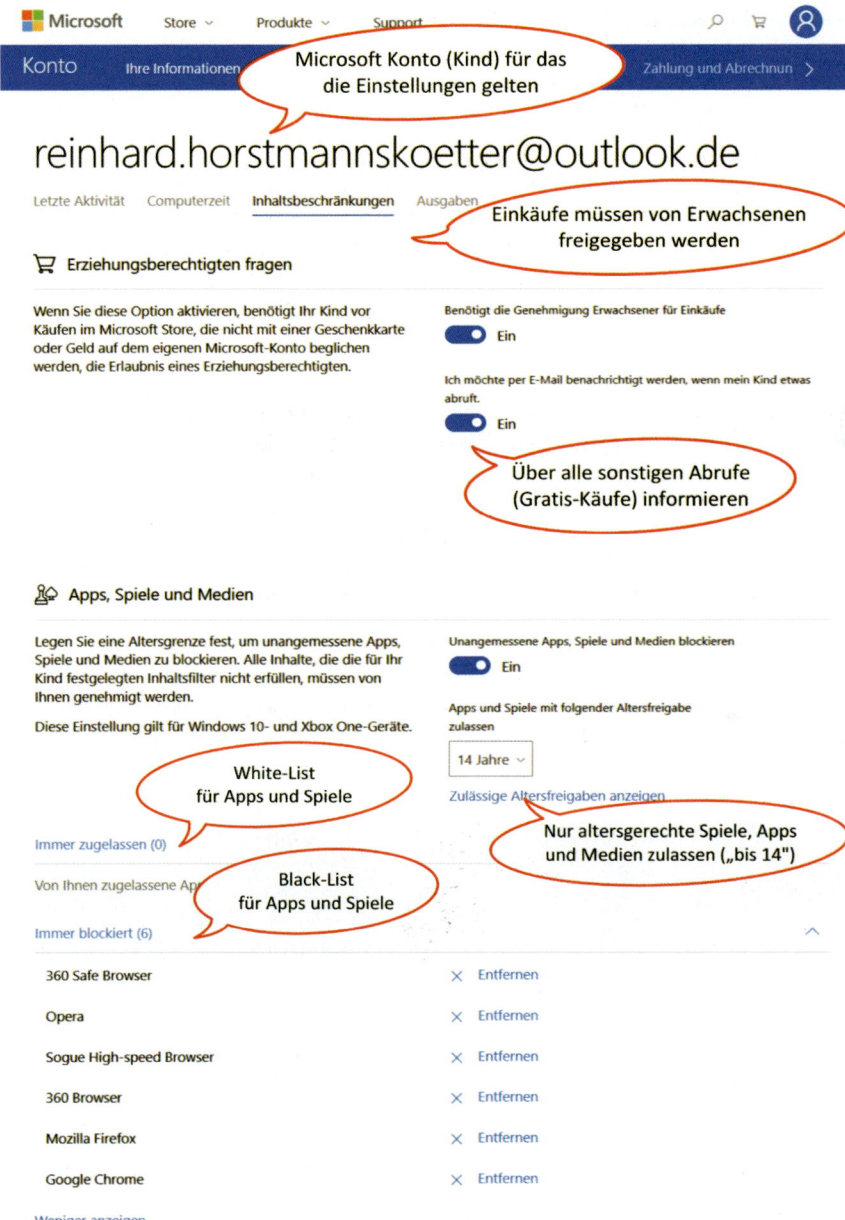

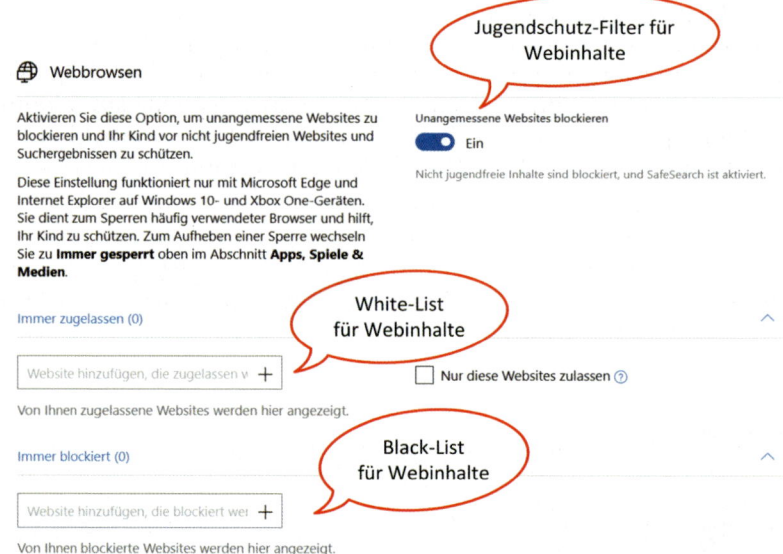

Bild 2.46: Einstellungen der Inhaltsbeschränkungen für Kinder

Durch die Verwendung eines Microsoft-Kontos gelangen also kontinuierlich Informationen über die lokale Nutzung nach außen an Microsoft. Wer das unterbinden möchte, wählt ein lokales Benutzerkonto. Allerdings können dann einige Microsoft-Dienste nicht mehr genutzt werden.

Das versteckte Administratorkonto

Bei der Erstinstallation von Windows 10 wird zusätzlich noch das versteckte „Administrator"-Benutzerkonto eingerichtet. Es unterscheidet sich von dem ersten Benutzerkonto, das bei der Installation ebenfalls als ein Administratorkonto erstellt wird. Um es nutzen zu können, muss es erst aktiviert werden.

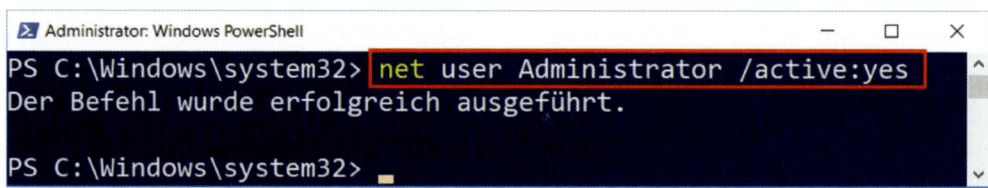

Bild 2.47: Aktivierung des versteckten Administrator-Benutzerkontos

Bei der Windows-10-Installation wird das Administratorkonto inaktiv und **ohne Passwort** angelegt. Wird das Administratorkonto aktiviert, sollte unbedingt ein Passwort eingestellt werden!

Meldet man sich anschließend als „Administrator" an, laufen die gestarteten Programme direkt mit Administrator-Rechten. Der erste eingerichtete Benutzer, der auch als Administrator verzeichnet ist, gewährt Administrator-Rechte allerdings erst auf Anforderung. Wird eine solche Anforderung nicht gestellt, erfolgt keine Anhebung der Rechte auf Administrator-Niveau. Das Programm wird dann weiterhin nur mit eingeschränkten Rechten ausgeführt und bricht dann in der Regel mit einer Fehlermeldung ab.

Beispielsweise erfordert der Befehl „net config server" Administrator-Rechte (Bild 2.36). Öffnet der ursprünglich installierte Benutzer mit Administrator-Berechtigung eine gewöhnliche PowerShell und führt den Befehl aus, erhält er eine Fehlermeldung (Bild 2.48, rechts unten). Als „Administrator"-Benutzer wird die PowerShell direkt mit Administrator-Rechten geöffnet und der Befehl ohne Fehlermeldung ausgeführt (Bild 2.48, rechts oben).

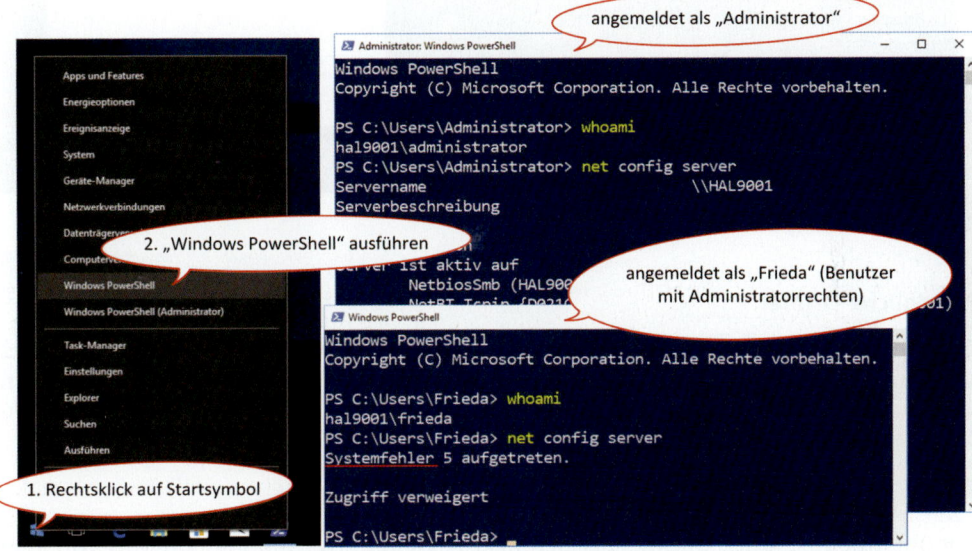

Bild 2.48: Aktivierung des versteckten Administrator-Benutzerkontos

Benutzergruppen

Benutzer lassen sich verschiedenen Gruppen zuordnen. So gehören der bei der Ersteinrichtung von Windows 10 erstellte Benutzer und der versteckt angelegte „Administrator"-Benutzer der Gruppe „Administratoren" an (Bild 2.49). Alle weiteren Benutzer werden standardmäßig als Standardbenutzer angelegt und damit der Gruppe „Benutzer" zugeordnet.

Die Unterteilung in Gruppen bietet sich üblicherweise erst bei einer Vielzahl von Nutzern an, sodass sich der Aufwand zur Verwaltung der Zugriffsrechte im Wesentlichen auf die Konfiguration der Gruppenrechte reduziert.

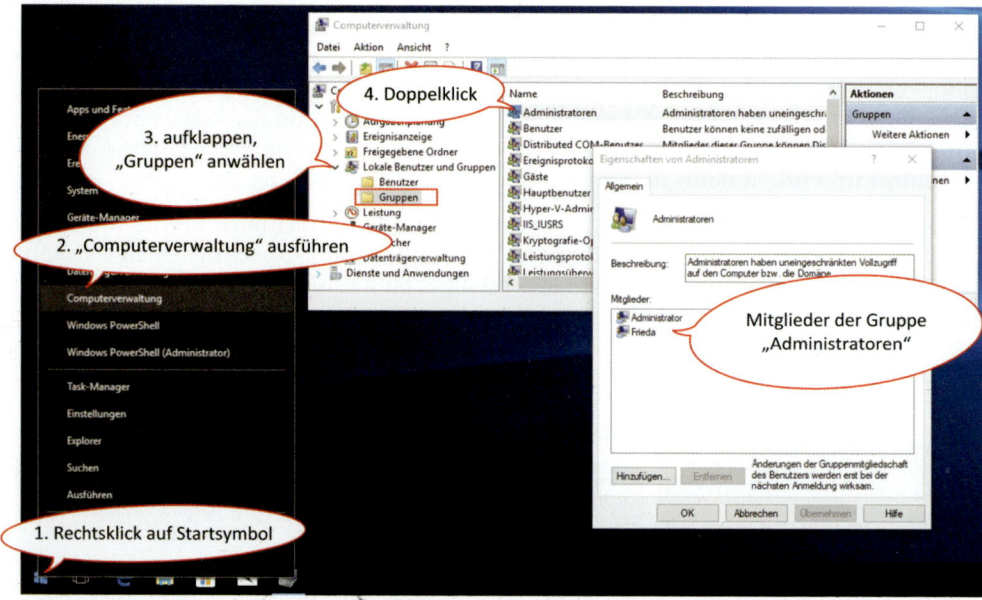

Bild 2.49: Verwaltung der lokalen Benutzergruppen

Persönliche Ordner

Zu jedem Benutzerkonto gehören Ordner, auf die nur der jeweilige Benutzer zugreifen kann, z. B. „Eigene Dateien". Der Zugriff auf die persönlichen Ordner anderer Nutzer wird blockiert. Eine Ausnahme stellen Benutzer mit Administrator-Rechten dar. Sie können auf die lokalen Daten aller Benutzer zugreifen.

Öffentliche Ordner

Auf öffentliche Ordner können alle Benutzer zugreifen. Dateien können dort von allen gelesen, erstellt, verändert, verschoben und gelöscht werden. Die Ordner sind bei Windows 10 dem Benutzerkonto „Öffentlich" zugeordnet und sind in der Regel auf dem C-Laufwerk im Verzeichnis „C:\Users\Public" zu finden. Bei Windows 10 mit deutscher Spracheinstellung zeigt der Windows Explorer die übersetzten Verzeichnisnamen an (Bild 2.50). Aktiviert man in den Ordneroptionen („Ansicht" > „Optionen") die Einstellung „Vollständigen Pfad in der Titelleiste anzeigen", zeigt die Titelleiste den tatsächlichen Verzeichnispfad an. Eine andere Möglichkeit, diesen in Erfahrung zu bringen, ist der Klick in den freien Bereich neben dem übersetzten Verzeichnispfad (Bild 2.50). Die Pfadanzeige wird dadurch in ein Eingabefeld mit dem tatsächlichen Verzeichnispfad umgeschaltet.

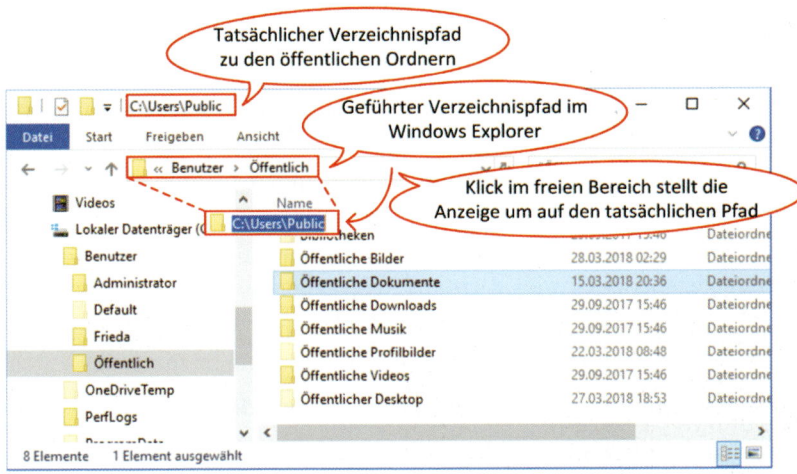

Bild 2.50: Verzeichnispfad zu den öffentlichen Ordnern im Windows Explorer

Um in der PowerShell oder der Eingabeaufforderung auf die öffentlichen Verzeichnisse zuzugreifen, müssen immer die tatsächlichen Verzeichnisnamen verwendet werden. Die deutschen Übersetzungen, die der Windows Explorer verwendet, funktionieren nicht (Bild 2.51).

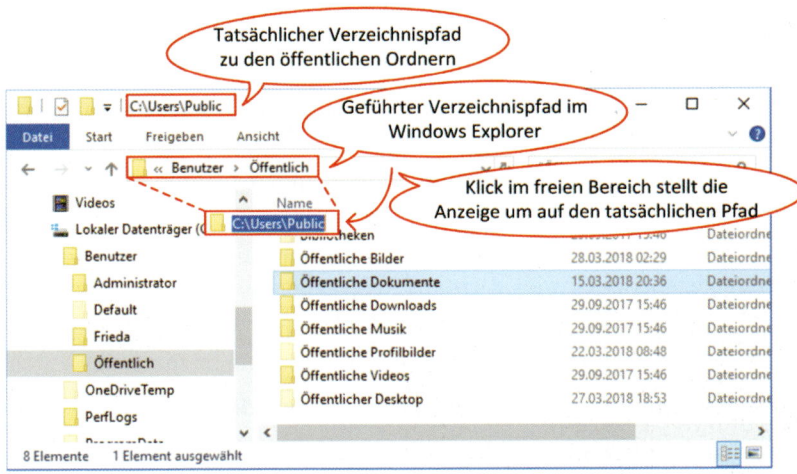

Bild 2.51: Verzeichnispfad zu den öffentlichen Ordnern in der PowerShell

2.2.1.3 Freigaben unter Windows 10

Während die öffentlichen Ordner (siehe Kap. 2.2.1.2) nur für den Datenaustausch zwischen den Benutzern eines Computers vorgesehen sind, ermöglichen Freigaben den Datenaustausch mit anderen Benutzern über das Netzwerk. Jeder Benutzer kann eigene Order freigeben, auf die andere Netzwerkteilnehmer dann zugreifen können. Abhängig vom gewählten Netzwerkprofil kann die Freigabefunktion auch komplett abgeschaltet werden. Das ist besonders bei mobilen Computern wichtig, die sich z. B. unterwegs mit öffentlichen Hotspots verbinden. Bei aktivierter Freigabefunktion hätten Fremde in solchen Fällen Zugriff auf die Freigabeordner. Deshalb weist man solchen Netzwerkverbindungen das öffentliche Netzwerkprofil mit abgeschalteter Freigabefunktion zu. Für vertrauensvolle Netzwerke gilt das private Netzwerkprofil mit aktivierter Freigabe (siehe Kap. 2.2.1.1).

Grundlegende Freigabeoptionen der Netzwerkprofile lassen sich im Netzwerk- und Freigabecenter ändern (Bild 2.38 und Bild 2.39).

- Erst wenn die Netzwerkkennung eingeschaltet ist, können andere Computer des Netzes diesen Computer sehen.

- Dateien können nicht freigegeben werden, sondern nur Ordner. Allerdings werden Dateien innerhalb freigegebener Ordner ebenfalls freigegeben.

- Auf den öffentlichen Ordner kann intern jeder jederzeit zugreifen. Über das Netzwerk gibt es die Möglichkeit, den Zugriff von einem Passwort abhängig zu machen.

- Drucker müssen freigegeben werden, wenn man über das Netz drucken will.

- Generell kann man den Zugriff über das Netz auf Ordner von einem Passwort abhängig machen. Benutzer des Computers haben dann von anderen Computern Zugriff, wenn sie ihren Namen und das Passwort angeben. Andere Benutzer müssen entweder den Benutzernamen und das Passwort kennen oder ein Konto auf dem Rechner besitzen, auf den sie zugreifen wollen. Am besten ist es, auf jedem Computer für jeden Benutzer des Netzes ein Konto zu erstellen. Dies ist natürlich nur in kleinen Netzen möglich. In großen Netzen braucht man deshalb eine zentrale Verwaltung aller Benutzer.

Einstellung der Freigaben

Ist ein Ordner gefunden, der freigegeben werden soll, kann über den Windows Explorer per Kontextmenü die Freigabe erteilt werden. Bild 2.52 zeigt die Einrichtung einer Freigabe für den Ordner „Dorfgeschehen". Dazu wird im Kontextmenü „Zugriff gewähren auf" angefahren und „Bestimmte Personen..." ausgewählt. Es öffnet sich ein Fenster mit den aktuellen Freigaben für diesen Ordner. Im Beispiel führt die Liste zu diesem Zeitpunkt nur den angemeldeten Benutzer auf. Damit alle Netzwerkteilnehmer Zugriff erhalten, wird der Benutzer „Jeder" hinzugefügt. Voreingestellt sind nur lesende Zugriffsrechte. Sollen andere Benutzer auch schreiben können, muss der Eintrag entsprechend umgestellt werden.

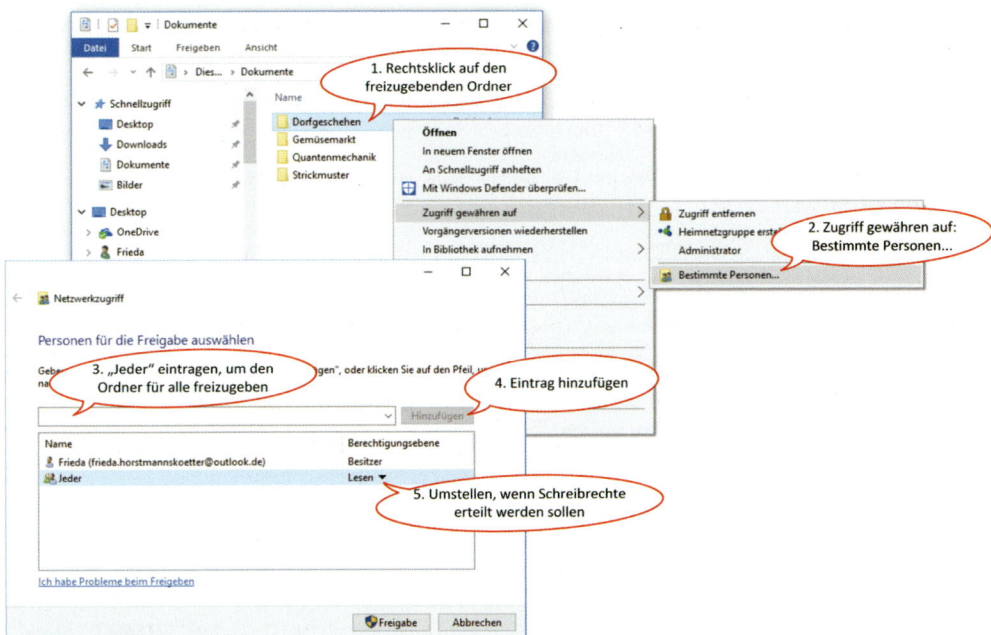

Bild 2.52: Ordnerfreigabe

2.2.1.4 Druckereinbindung unter Windows 10

Um einen Drucker für andere Benutzer über das Netzwerk zugänglich zu machen, muss er erst freigegeben werden. Die Freigabe muss dabei auf dem Computer erfolgen, an dem der Drucker angeschlossen ist. Kommen mehrere Computer infrage, reicht die Freigabe auf einem.

Bild 2.53 zeigt die Schritte zur Freigabe eines lokalen Druckers. Im Beispiel lautet der Name des Computers „HAL9002". Der Netzwerkfreigabename des Druckers lautet „Netzwerkdrucker".

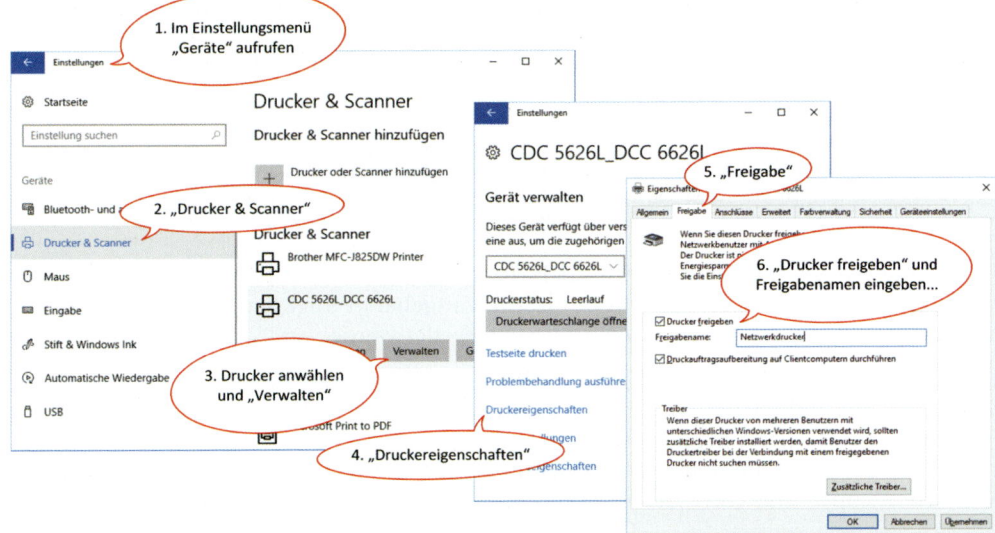

Bild 2.53: Druckerfreigabe

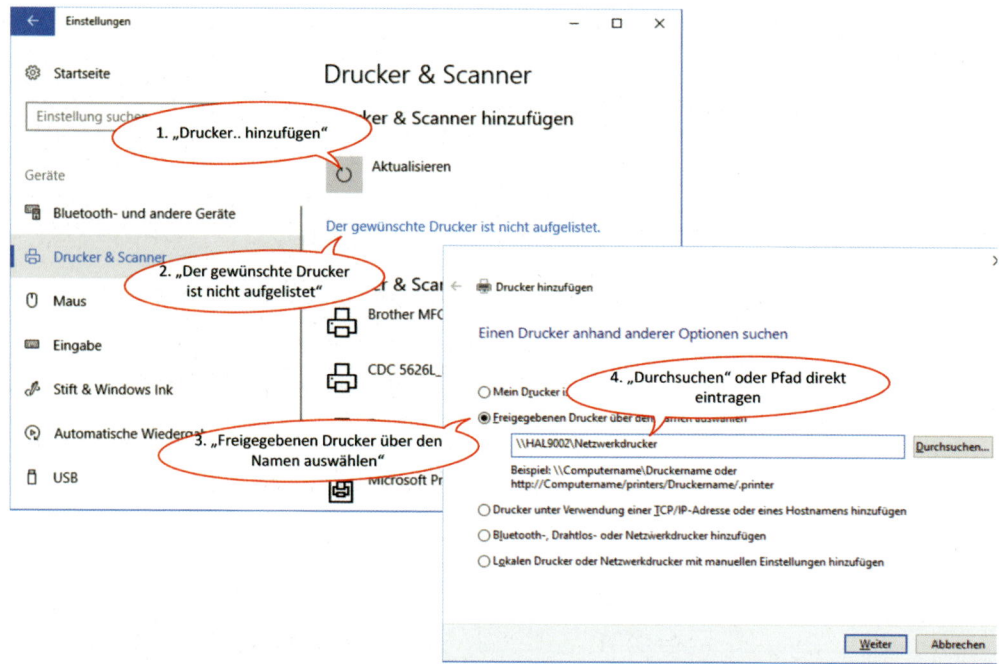

Bild 2.54: Einbinden eines freigegebenen Druckers

Handelt es sich sowohl bei den freigebenden als auch bei den freigabenutzenden Computern um Windows-10-Systeme, erleichtert dies die Installation. In diesem Fall werden die notwendigen Treiber direkt zwischen den Windows-Computern ausgetauscht.

2.2.1.5 PowerShell

Die Windows PowerShell entstand als Kombination aus erweiterter MS-DOS-Shell (Eingabeaufforderung) und Skript-Sprachumgebung. Mit ihr lassen sich vor allem wiederholende oder zeitgesteuerte Aufgaben mit wenig Aufwand erledigen oder Windows-Komponenten und -Dienste konfigurieren. Deshalb ist die PowerShell gerade bei Systemadministratoren sehr beliebt.

> PowerShell-Kommandos sind entweder sogenannte **Cmdlets** (ausgesprochen „Commandlets"), Funktionen, Aliase oder Skript-Aufrufe.

Der Name eines Cmdlets ist einheitlich aufgebaut. Er beginnt mit einem **Verb**, das beschreibt, was das Cmdlet tut. Mit Bindestrich angehängt folgt dann als **Substantiv** ein beschreibender Begriff für das **Objekt**, das verarbeitet werden soll.

Beispiele für solche Verben sind „Get", „Set", „Add" und „Remove". Das Cmdlet „Get-Verb" listet alle verfügbaren Verben auf. Eine Liste der verfügbaren Kommandos (Cmdlets, Funktionen und Aliase) liefert das Cmdlet „Get-Command". „Get-Alias" zeigt die eingerichteten Alias-Verknüpfungen an. Standardmäßig sind viele der gewohnten DOS-Befehle, z. B. „cd", „copy" und „dir", als Alias-Verknüpfungen eingerichtet (Bild 2.55, rechts).

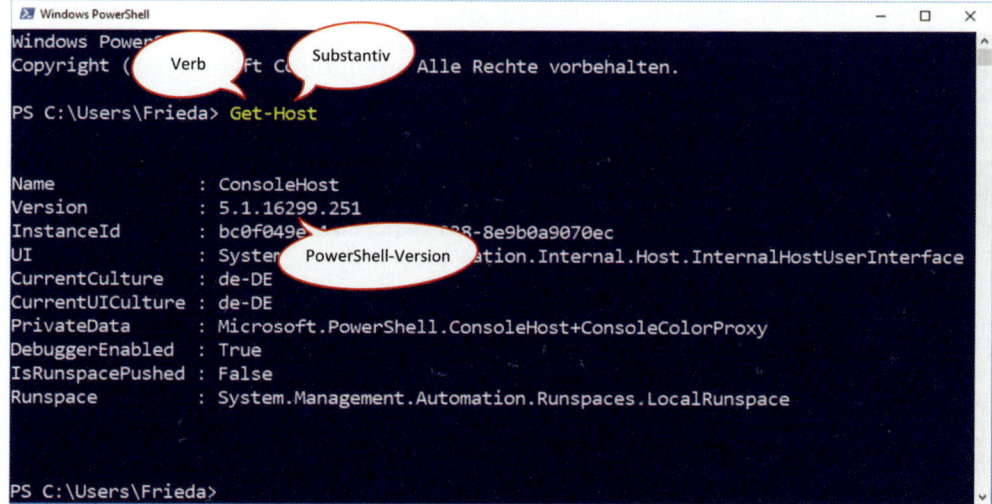

Bild 2.55: Ausgabe der verfügbaren Verben (l), der Kommandos (m) und der Aliase (r)

Seit Windows 7 bzw. Windows Server 2008 R2 ist PowerShell standardmäßig in Windows enthalten. Mit Windows 10 bzw. Windows Server 2016 wird die PowerShell-Version 5 ausgeliefert. Die genaue Versionsangabe lässt sich z. B. über das PowerShell-Cmdlet „Get-Host" ermitteln (Bild 2.56).

```
Windows PowerShell                                              —  □  ×
Windows Power
Copyright (      Verb        ft C    Substantiv    Alle Rechte vorbehalten.

PS C:\Users\Frieda> Get-Host


Name              : ConsoleHost
Version           : 5.1.16299.251
InstanceId        : bc0f049e            8-8e9b0a9070ec
UI                : Syste  PowerShell-Version  ation.Internal.Host.InternalHostUserInterface
CurrentCulture    : de-DE
CurrentUICulture  : de-DE
PrivateData       : Microsoft.PowerShell.ConsoleHost+ConsoleColorProxy
DebuggerEnabled   : True
IsRunspacePushed  : False
Runspace          : System.Management.Automation.Runspaces.LocalRunspace


PS C:\Users\Frieda>
```

Bild 2.56: Ausgabe der PowerShell-Version über das Cmdlet „Get-Host"

Den Kommandos können auch Parameter übergeben werden. In der DOS-Umgebung haben sich für die Kennzeichnung von Parametern bereits drei Varianten gebildet: Je nach Kommando musste einem Parameter ein Minuszeichen, ein Schrägstrich oder zwei Minuszeichen vorangestellt werden. Für PowerShell-Kommandos wurde einheitlich ein vorangestelltes Minuszeichen festgelegt. Ein Parameter kann dabei ein Schalter sein, also ein Verhalten ein- oder ausschalten, oder eine Eigenschaft, die über einen direkt folgenden Parameterwert gesteuert werden. Man spricht dann von dem Argument des Parameters.

Auf die Angabe von Parameternamen kann unter Umständen auch verzichtet werden (Bild 2.57). Bei mehreren Parametern müssen die Argumente jedoch in der vorgesehenen Reihenfolge angegeben werden. Solche Parameter werden als **Positionsparameter** bezeichnet. Werden optionale Parameter ausgelassen, muss trotzdem die Zuordnung der Folgeparameter eindeutig sein, z. B. anhand des Objekttyps. Ist das nicht gewährleistet, sind dort Parameterbenennungen erforderlich.

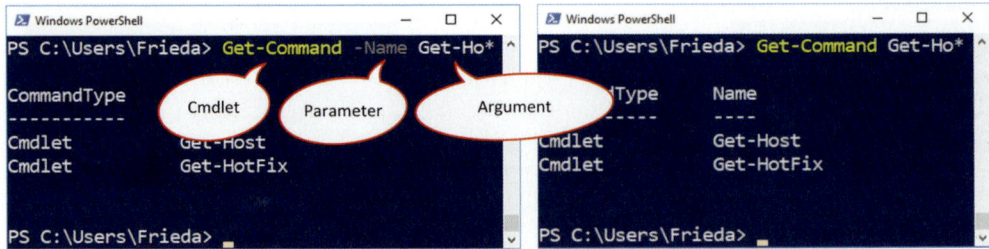

Bild 2.57: Cmdlet mit Positionsparameter

Informationen zur Benutzung der Kommandos liefert das Cmdlet „Get-Help". Als Argument übergibt man ihm den Namen des jeweiligen Kommandos. „Get-Help -Name Get-Help" oder einfach „Get-Help Get-Help" liefert weitere Hinweise über sich selbst und damit zur Benutzung dieses zentralen Hilfs- und Informationssystems der PowerShell.

Über das Cmdlet „Get-Host" erhält man unter anderem Zugriff auf die Benutzerschnittstellen-Eigenschaft „UI" (User Interface, siehe Bild 2.56). Es enthält ein Objekt mit weiteren Eigenschaften, die wiederum jeweils ein Objekt enthalten. Mit Punkt und Angabe des Namens kann man sich bis zur gewünschten Eigenschaft durchhangeln. Bild 2.58 zeigt, wie auf diese Weise eine Hintergrundfarbe und der Fenstertitel des aktuellen PowerShell-Fensters geändert werden können.

```
PS C:\Users\Frieda> (Get-Host).UI.RawUI.BackgroundColor = "DarkGreen";
PS C:\Users\Frieda> (Get-Host).UI.RawUI.WindowTitle = "Friedas PowerShell-Fenster";
PS C:\Users\Frieda>
```

Bild 2.58: Änderungen von Host-Eigenschaften

Insgesamt ist PowerShell **objektorientiert**. Das gilt für die Eingabedaten der Cmdlets genauso wie für die Ausgabedaten. So liefert das Kommando „Get-Command" aus Bild 2.57 eine Liste mit Objekten. Die Ausgabe wird im angegebenen Beispiel nicht umgeleitet und erfolgt damit auf die Konsole in das PowerShell-Fenster. Das Standardverhalten von PowerShell ist es, die Objekte in einer Tabelle mit Angaben zu den Eigenschaften aufzulisten. Die Ausgabe kann allerdings auch umgeleitet werden, z. B. in eine Datei. Oder sie kann als Eingabe für ein weiteres Kommando dienen (Bild 2.59). Eine solche Umleitung nennt man auch **Pipelining** (siehe Bild 2.2: Methoden der Interprozesskommunikation).

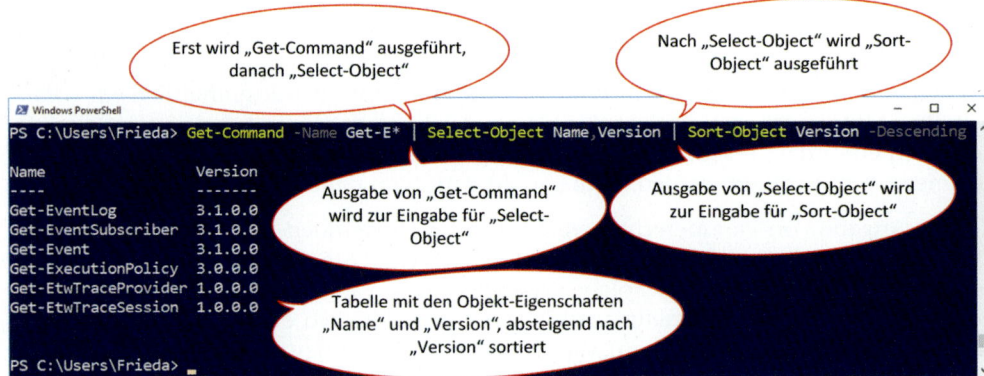

Bild 2.59: Ausgabeobjekte werden durch Pipelining zu Eingabeobjekten des Folgekommandos

Unverbindliche Textausgabe

Bei den Textausgaben muss beachtet werden, dass Microsoft deutlich unterstreicht, dass diese nicht verbindlich sind.[1] So behält sich Microsoft ausdrücklich vor, die Textausgaben der PowerShell-Kommandos zu verändern. Unter Linux-Programmierern ist es durchaus üblich, die textbasierten Ausgaben von Shell-Befehlen zu „parsen", um auf diese Weise an gesuchte Parameter zu gelangen. Durch die Objektorientierung der PowerShell ist solch ein Vorgehen gar nicht mehr notwendig, da zahlreiche Filter- und Auswahlmöglichkeiten bestehen. Müssen trotzdem Objekteigenschaften „geparst" werden, sollte nicht auf die Textausgaben, sondern z. B. auf CSV- oder XML-Datenexporte der Objekte zurückgegriffen werden.

Windows PowerShell ISE

Microsoft bietet zur PowerShell eine kompakte integrierte Skriptumgebung, die das Erstellen von Skripten mit diversen Hilfsfunktionen erleichtern soll. Die Windows Power-Shell ISE (Integrated Scripting Environment) setzt sich direkt nach dem Start von der schlichten Windows-PowerShell-Konsole ab (Bild 2.60).

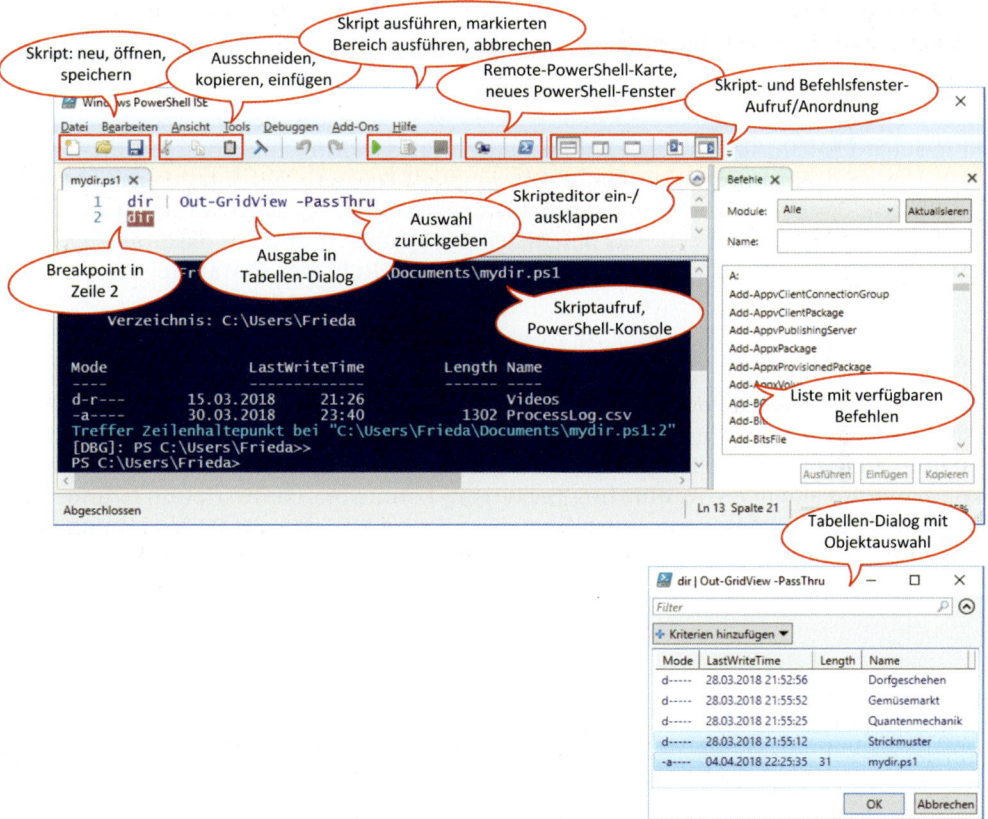

Bild 2.60: Windows PowerShell Integrated Scripting Environment (ISE)

---

[1] Vgl. Snover, Jeffrey/Microsoft Corporation: Text Output Is Not a Contract, veröff. am 03.09.2008 unter https://blogs.msdn.microsoft.com/powershell/2008/09/03/text-output-is-not-a-contract/ [31.05.2018]

Neben der gewohnten PowerShell-Konsole fällt rechts der Befehlsinformationsbereich auf und direkt über dem PowerShell-Fenster kann ein Skript-Editor ein- und ausgeklappt werden (Bild 2.60). Im Editor können einzelne Zeilen mit Breakpoints (Haltepunkte) versehen werden. Das hat zur Folge, dass ein Skript seinen Ablauf an solchen Stellen unterbricht und erst nach Freigabe durch den Benutzer wieder fortführt.

Im Konsolen- wie auch im Editor-Fenster steht mit IntelliSense die automatische Vervollständigung zur Verfügung. Dabei werden schon nach wenigen Tastendrücken mögliche Befehls- oder Parameter-Vervollständigungen angeboten (Bild 2.61). Mit den Pfeiltasten kann man durch die Liste der Vorschläge navigieren und sich weiterführende Informationen anzeigen lassen.

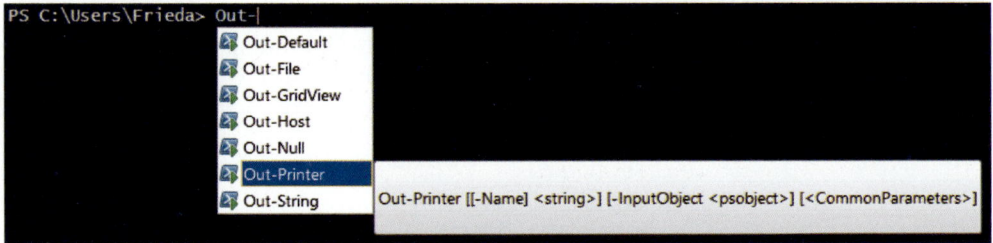

Bild 2.61: Automatische Vervollständigung und Hilfe durch IntelliSense

Eine solche Hilfsfunktion zählt bei modernen Entwicklungsumgebungen inzwischen zum Standard. Im normalen Windows-PowerShell-Fenster steht IntelliSense nicht zur Verfügung. Wer trotzdem nicht drauf verzichten möchte, kann weiterhin die Windows PowerShell ISE nutzen, das Befehlsfenster schließen und das Skriptfenster minimieren. Danach bietet das Konsolen-Fenster ähnlich viel Platz wie das normale PowerShell-Fenster.

PowerShell-Skripte und Ausführungsrichtlinien

Der erste Versuch, ein PowerShell-Skript auszuführen, schlägt in der Regel fehl. Grund dafür sind die restriktiven Windows-Voreinstellungen der Ausführungsrichtlinien. Diese Richtlinien legen fest, unter welchen Bedingungen PowerShell-Skripte ausgeführt werden können. Wird einem die Ausführung verweigert, könnte man das Skript im Grunde Zeile für Zeile im PowerShell-Fenster ausführen. Damit wird klar, dass die Richtlinien gar nicht zum Ziel haben, Benutzeraktionen wirklich zu beschränken. Vielmehr sollen unbeabsichtigte Regelverstöße verhindert werden.

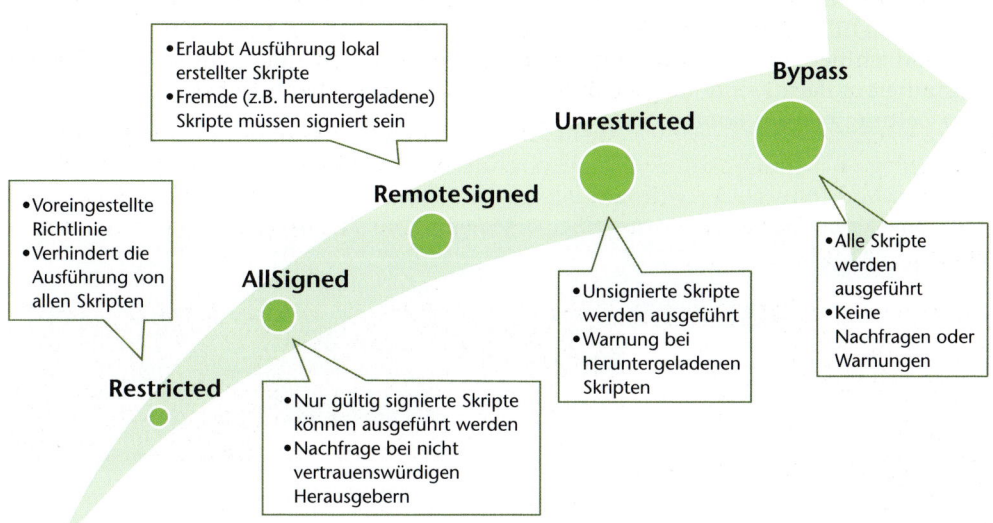

Bild 2.62: Hierarchie der Ausführungsrichtlinien

Die Bandbreite der Einstellungen reicht von „Restricted", bei der keinerlei Skriptausführung erlaubt ist, bis hin zu „Bypass", bei der ohne Beschränkung alle Skripte ausgeführt werden können.

Die aktuell wirksame Einstellung kann mit dem Cmdlet „Get-ExecutionPolicy" angezeigt werden. Ruft man das Cmdlet mit dem Parameter „-List" auf, erscheint eine Auflistung von Ausführungsrichtlinien nach ihrem Geltungsbereich (Scope).

Im abgebildeten Beispiel (Bild 2.63) wurden keine Richtlinien konfiguriert („Undefined"). In diesem Fall kommt die „Restricted"-Richtlinie als Voreinstellung zum Tragen.

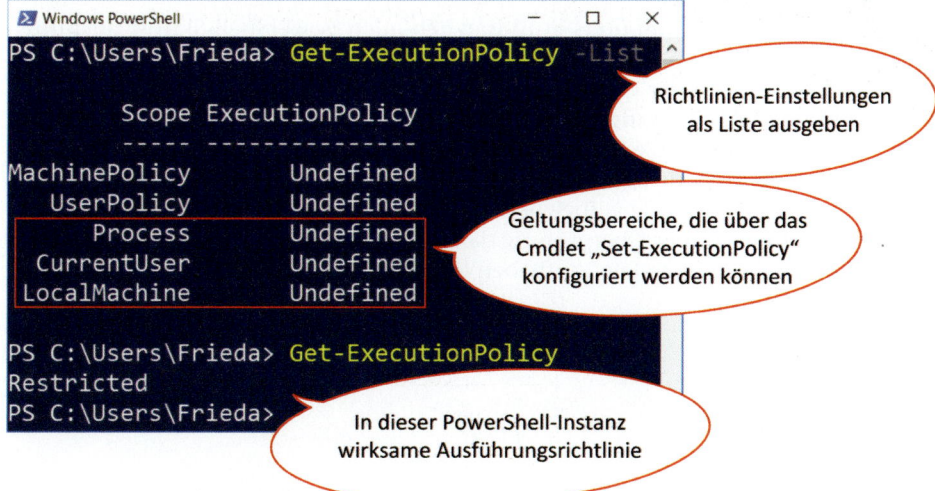

Bild 2.63: Konfigurationen und Geltungsbereiche von Ausführungsrichtlinien

Die verschiedenen Geltungsbereiche sind hierarchisch gegliedert. Dabei weist die „MachinePolicy" die höchste Priorität auf, gefolgt von der „UserPolicy". Beide werden über eine Gruppenrichtlinie konfiguriert. Der Geltungsbereich mit der niedrigsten Priorität ist „LocalMachine". Die hier eingestellte Ausführungsrichtlinie gilt für alle Benutzer des Computers, sofern keiner der anderen Geltungsbereiche konfiguriert ist. Ist überhaupt kein Geltungsbereich konfiguriert, gilt die Vorgabe „Restricted" (Bild 2.64).

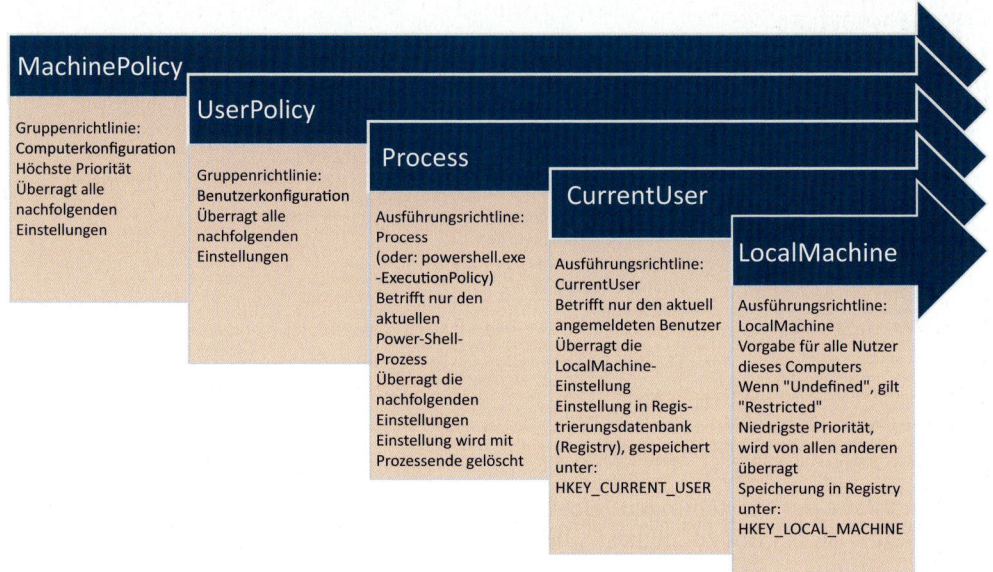

Bild 2.64: Hierarchie der Geltungsbereiche der Ausführungsrichtlinien

> Es gilt immer genau die konfigurierte Ausführungsrichtlinie mit der höchsten Priorität. Selbst restriktivere Einstellungen werden ignoriert, wenn es eine Einstellung mit höherer Priorität gibt!

Sollen die Benutzer eines Computers grundsätzlich auch PowerShell-Skripte ausführen können, ist es selten sinnvoll, eine Ausführungsrichtlinie mir hoher Priorität zu konfigurieren. Üblicherweise wird der Geltungsbereich „LocalMachine" mit der Ausführungsrichtlinie „**RemoteSigned**" konfiguriert, während alle anderen Bereiche unkonfiguriert („Undefined") bleiben. Auf diese Weise kann der Benutzer alle lokal erstellten PowerShell-Skripte ausführen. Fremde, unsignierte Skripte, z. B. aus dem Internet heruntergeladene oder aus einem E-Mail-Anhang abgespeicherte, werden zunächst blockiert. Will der Benutzer solch ein Skript nach einer Überprüfung dann doch ausführen, kann er die Blockade anhand des Cmdlets „Unblock-File" aufheben (Bild 2.65).

```
Windows PowerShell                                                           —  □  ×
PS C:\Users\Frieda> .\BIOS.ps1
.\BIOS.ps1 : Die Datei "C:\Users\Frieda\BIOS.ps1" kann nicht geladen werden. Die Datei
"C:\Users\Frieda\BIOS.ps1" ist nicht digital signiert. Sie können dieses Skript im aktuellen System nicht
ausführen. Weitere Informationen zum Ausführen von Skripts und Festlegen der Ausführungsrichtlinie erhalten
Sie unter "about_Execution_Policies" (https://go.microsoft.com/fwlink/?LinkID=135170)..
In Zeile:1 Zeichen:1
+ .\BIOS.ps1
+ ~~~~~~~~~~
    + CategoryInfo          : Sicherheitsfehler: (:) [], PSSecurityException
    + FullyQualifiedErrorId : UnauthorizedAccess
PS C:\Users\Frieda> Unblock-File .\BIOS.ps1
PS C:\Users\Frieda> .\BIOS.ps1
Name                           : PhoenixBIOS 4.0 Release 6.0
Version                        : INTEL  - 6040000
Manufacturer                   : Phoenix Technologies LTD
SMBIOSBIOS Version             : 6.00

PS C:\Users\Frieda>
```

Bild 2.65: Aufheben der Ausführungsblockade bei einem heruntergeladenen Skript

Heruntergeladene, aber gültig signierte Skripte, werden nicht blockiert.

Als Alternative erlaubt die Ausführungsrichtlinie „**AllSigned**" ausschließlich die Ausführung gültig signierter PowerShell-Skripte. Neben der Blockade heruntergeladener oder lokal erzeugter Skripte (sofern nicht gültig signiert) kann eine wesentliche Motivation sein, dass nur freigegebene (signierte) Skripte eingesetzt werden. Wird ein Skript verändert, verliert die zugehörige Signatur automatisch ihre Gültigkeit. Damit kann das veränderte Skript jetzt nicht mehr ausgeführt werden.

Die Ausführungsrichtlinie „AllSigned" bewirkt für jeden Skriptaufruf eine rechenintensive Signaturprüfung. Bei fortgesetzt häufigen Skript-Aufrufen, z. B. wenn ein Skript in einer Schleife weitere Skripte aufruft, kann dadurch die Ausführungsgeschwindigkeit beeinträchtigt werden.

Beispiel zur PowerShell-Skript-Signierung

Im Folgenden soll an einem Beispiel der Umgang mit geltender „AllSigned"-Ausführungsrichtlinie demonstriert werden. Dazu müssen einige Vorbereitungen getroffen werden. Vor allem wird ein Zertifikat zur Signierung des Programmcodes (Code-Signing-Certificate) benötigt, um die eigenen PowerShell-Skripte mit der erforderlichen Signatur versehen zu können. Solche Zertifikate können käuflich erworben oder aber auch mit etwas mehr Aufwand selbst erzeugt werden.

Hinweis: Um den Umgang mit signierten Skripten nachvollziehen und üben zu können, werden die erforderlichen Zertifikate im Beispiel lokal erzeugt. Für produktive Systeme ist von diesem Vorgehen allerdings dringend abzuraten!

Die Ausgangslage bildet ein Computer mit „RemoteSigned"-Ausführungsrichtlinie im Geltungsbereich „LocalMachine". Um Signaturen für PowerShell-Skripte zu erzwingen, wird im Beispiel die Ausführungsrichtlinie für den angemeldeten Benutzer auf „AllSigned" eingestellt (Bild 2.66).

Bild 2.66: Konfiguration der Ausführungsrichtlinien

Das Skript „mydir.ps1" aus Bild 2.60 lässt sich jetzt nicht mehr ausführen.

Um dieses Skript signieren zu können, müssen die erforderlichen Zertifikate erzeugt und eingebunden werden. Bild 2.67 zeigt ein Windows-PowerShell-ISE-Fenster, das mit Administrator-Rechten geöffnet wurde. Oben im Skriptbereich ist das Installationsskript „Install-TestCerts.ps1" abgebildet. Da dieses Skript selbst auch nicht signiert ist und die aktuellen Einstellungen die Ausführung unsignierter Skripte blockieren, muss die Blockade dafür kurz aufgehoben werden. Dazu wird das Skript in einer neuen PowerShell-Instanz mit „RemoteSigned"-Ausführungsrichtlinie gestartet (Bild 2.67, oberste Zeile im Konsolenfenster). Nach Abarbeitung des Skripts gilt dann wieder die vorherige „AllSigned"-Einstellung.

Hinweis: Um dieses Beispielskript kurz zu halten, wurden Fehlerbehandlungen weggelassen. Auch wird davon ausgegangen, dass zuvor noch keine eigenen Zertifikate installiert wurden.

Im Installationsskript wird die Microsoft-Anwendung „makecert.exe" verwendet. Ihr Aufruf wird mit vollständiger Pfadangabe in Zeile 4 eingestellt. Hier muss gegebenenfalls der Pfad entsprechend angepasst werden. Der erste „makecert.exe"-Aufruf in den Zeilen 7 und 8 erstellt ein eigenes Stammzertifikat. Solche Stammzertifikate dienen dazu, weitere Zertifikate zu beglaubigen. Im vorliegenden Fall wird es zur Ausfertigung des Codesignierungszertifikats benötigt. Weil Stammzertifikaten immer vertraut wird, sollte die Passwortvergabe auf keinen Fall übersprungen werden. Mit dem Passwort wird der Private-Key geschützt. Deshalb wird nach der Passwortvergabe für den Selbstsignaturvorgang erneut die Passworteingabe verlangt. Zu beachten ist, dass die erzeugten Stammzertifikats- und Private-Key-Dateien „myroot.cer" und „myroot.pvk" in das Verzeichnis, das durch die Variable „$certdir" in Zeile 5 vorgegeben wurde, abgelegt werden. Anschließend wird in den Zeilen 10 und 11 das Codesignierungszertifikat erzeugt. Das geschieht mittels Beglaubigung durch das Stammzertifikat, sodass ein drittes Mal nach dem Passwort gefragt wird.

Zum Schluss muss das Codesignierungszertifikat als vertrauenswürdig eingestuft werden, damit die entsprechend signierten PowerShell-Skripte ohne zusätzliche Rückfrage ausführt werden. Dazu wird das Zertifikat dem Bereich „Vertrauenswürdige Herausgeber" (Trusted Publisher) zugeordnet. Im Installationsskript geschieht das in den Zeilen 13 bis 15.

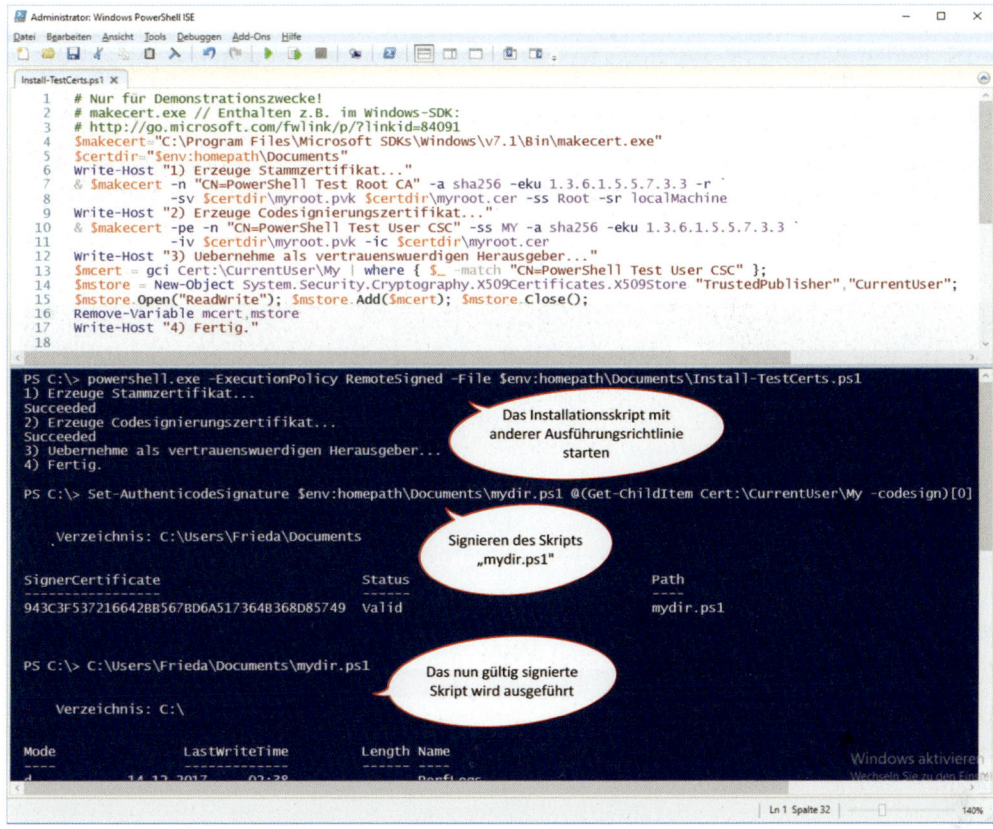

Bild 2.67: Installation der Zertifikate und Skript-Signierung

Sind die vorherigen Schritte fehlerfrei ausgeführt worden, können jetzt eigene Skripte signiert und gültig signierte Skripte ausgeführt werden. Mit dem Cmdlet „Set-Authenti-codeSignature" wird in Bild 2.67 das Skript „mydir.ps1" signiert. Danach verfügt es über eine gültige Signatur, sodass die Ausführung nicht mehr blockiert wird.

Um den gesamten Vorgang wiederholen zu können, müssen die vorher installierten Zertifikate und die Stammzertifikatsdateien wieder gelöscht werden:

```
PS C:\> del $env:homepath\Documents\myroot.*

PS C:\> dir -r Cert:\CurrentUser\ | where {$_ -match "CN=PowerShell Test*"} | del
```

2.2.2   Zentral verwaltete Netzwerke mit Windows Server 2016

Nach der Installation ist Windows Server 2016 kein Server, sondern eine Workstation wie Windows 10. Damit könnte man Peer-to-Peer-Netzwerke aufbauen und verwalten. Peer-to-Peer bedeutet, dass alle Computer gleichberechtigt in einer Arbeitsgruppe integriert sind. Bei größeren Netzen führt dies schnell zu chaotischen Zuständen, weil es keine zentrale Verwaltung gibt. Erst wenn man Windows Server 2016 zum Server heraufstuft, kann man das Netz zentral über eine Domäne verwalten und Ordnung schaffen. Als Clients werden Windows 7, Windows 8.0/8.1 und Windows 10 eingesetzt.

Installation von Windows Server 2016

Die Installation von Windows Server 2016 beginnt mit den Spracheinstellungen (Bild 2.68). Im zweiten Schritt muss die zu installierende Betriebssystem-Edition ausgewählt werden (Bild 2.69). Das ist im vorliegenden Beispiel die deutsche Standardausgabe von Windows Server 2016 mit Desktopdarstellung.

Bild 2.68: Spracheinstellungen

Betriebssystem	Architektur	Geändert am
Windows Server 2016 Standard	x64	16.07.2016
Windows Server 2016 Standard (Desktopdarstellung)	x64	16.07.2016
Windows Server 2016 Datacenter	x64	16.07.2016
Windows Server 2016 Datacenter (Desktopdarstellung)	x64	17.07.2016

Bild 2.69: Auswahl der Server-Edition

Nach Akzeptieren der Rechtshinweise und Lizenzbedingungen erscheinen zwei Optionen zur Installationsart (Bild 2.70). Die erste erlaubt ein Upgrade einer bestehenden Server-Installation. Zum Einsatz kommt aber hier die zweite Option, da Windows Server 2016 auf dem Computer neu installiert werden soll.

Upgrade: Windows installieren und Dateien, Einstellungen und Anwendungen behalten
Wenn Sie diese Option auswählen, werden Dateien, Einstellungen und Anwendungen in Windows verschoben. Diese Option ist nur verfügbar, wenn auf dem Computer bereits eine unterstützte Windows-Version ausgeführt wird.

Benutzerdefiniert: nur Windows installieren (für fortgeschrittene Benutzer)
Bei Verwendung dieser Option werden keine Dateien, Einstellungen und Anwendungen in Windows verschoben. Wenn Sie die Partitionen und Laufwerke ändern möchten, starten Sie den Computer mit dem Installationsdatenträger. Wir empfehlen, die Dateien erst zu sichern und dann fortzufahren.

Bild 2.70: Auswahl der Installationsart

Nun folgt die Festlegung, auf welchen Datenträger die Installation erfolgen soll. Dazu zeigt das Auswahlfenster in Bild 2.71 die verfügbaren Laufwerke mit ihren Partitionen an. Der Beispielcomputer verfügt nur über eine unformatierte Festplatte. Über die Schaltflächen unter dem Auswahlfeld kann der Zieldatenträger partitioniert und formatiert werden. Falls erforderlich, lassen sich die entsprechenden Treiber für den Laufwerkcontroller manuell nachladen.

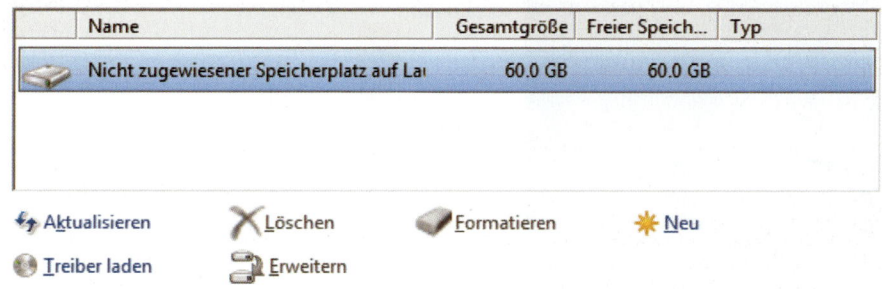

Name	Gesamtgröße	Freier Speich...	Typ
Nicht zugewiesener Speicherplatz auf Lau	60.0 GB	60.0 GB	

Aktualisieren   Löschen   Formatieren   Neu
Treiber laden   Erweitern

Bild 2.71: Auswahl und Einrichtung des Zieldatenträgers

Ist dieser Schritt erledigt, wird mit der Durchführung der Installation begonnen (Bild 2.72). Nach einigen automatischen Neustarts schließt die Installation mit der Festlegung des Administrator-Passworts ab (Bild 2.73).

Windows-Dateien werden kopiert
Dateien werden für die Installation vorbereitet (3%)
Features werden installiert
Updates werden installiert
Aktion wird abgeschlossen

Bild 2.72: Durchführung der Installation

Einstellungen anpassen

Geben Sie ein Kennwort für das integrierte Administratorkonto ein, mit dem Sie sich an diesem
Computer anmelden können.

Benutzername	Administrator
Kennwort	••••••••
Kennwort erneut eingeben	•••••••••

Bild 2.73: Festlegung des Administrator-Passworts

Der Benutzer kann sich jetzt als Administrator anmelden (Bild 2.74). Nach der Anmeldung
öffnet sich auf dem Arbeitsplatz automatisch bildschirmfüllend das Dashboard des Server-
Managers (Bild 2.75). Es ist die zentrale Konfigurations- und Informationsanwendung des
Servers. Von hier ausgehend müssen Rollen installiert und konfiguriert werden, um die
gewünschten Serverdienste bereitstellen zu können. Darauf wird im folgenden Abschnitt
eingegangen.

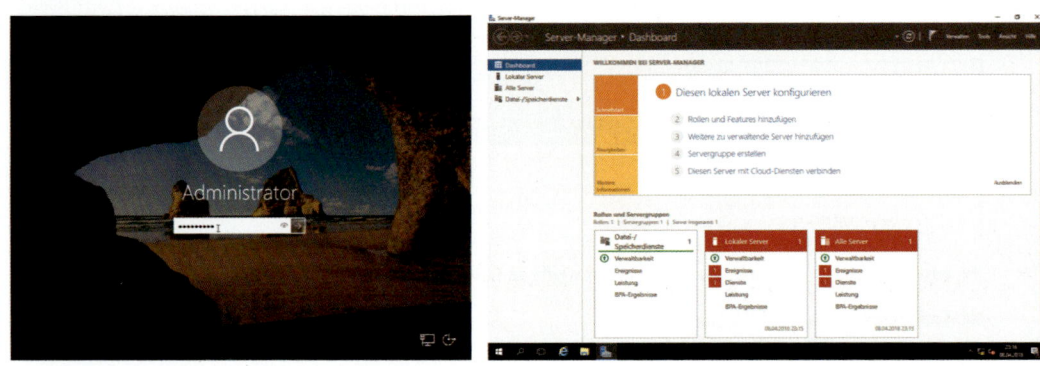

Bild 2.74: Anmeldebildschirm   *Bild 2.75: Dashboard des Server-Managers*

2.2.2.1 Serverrollen und Features unter Windows Server 2016

Nach der Installation ist der Computer noch kein Server, sondern nur eine Workstation.
Zum Server wird er erst, wenn mindestens eine der zahlreichen Rollen installiert wird. Die
Installation muss gut vorbereitet sein, damit sie reibungslos gelingt. Folgende Vorausset-
zungen müssen erfüllt sein:

- Der Computer muss eine statische Adresse erhalten.
- Die statische Adresse sollte als primäre DNS-Server-Adresse eingetragen werden.
- Ein funktionierender Internetanschluss für Updates sollte vorhanden sein.
- Während der Installation müssen Angaben über die Gesamtstruktur des Netzes gemacht
  werden.
- Es sollte überlegt werden, welchen Namen (DNS-Suffix) der erste Domänencontroller
  erhalten soll.

Bild 2.76 zeigt, welche **Rollen** (Server Roles) der Computer im Netz einnehmen kann. Es müssen mindestens der DNS-Server, die Active Directory Domain Services und der DHCP-Server installiert werden. Die Installation sollte in dieser Reihenfolge durchgeführt werden.

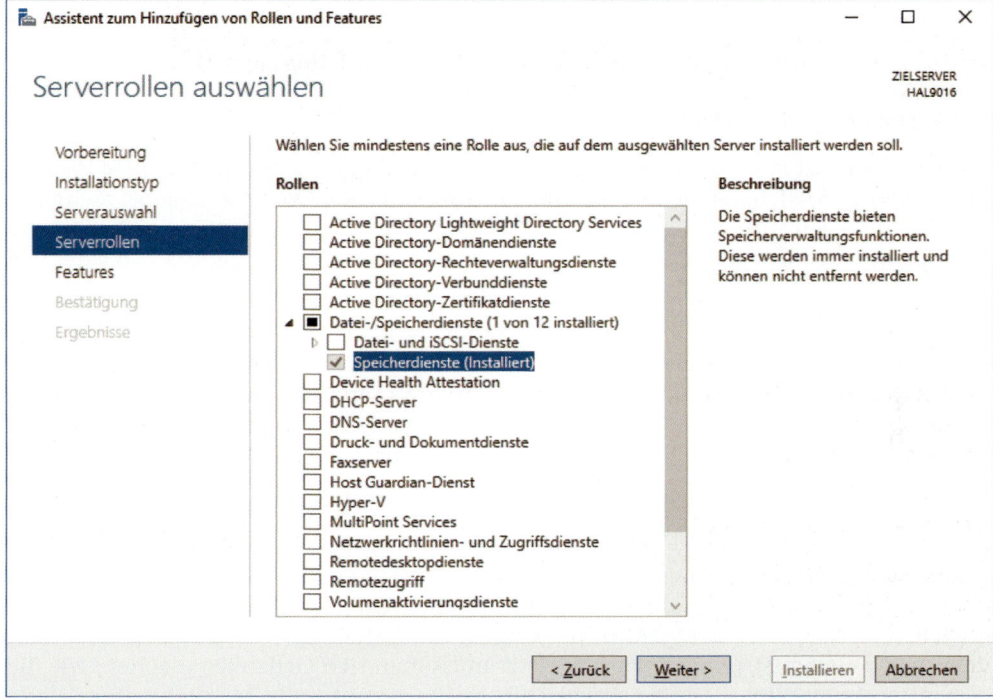

Bild 2.76: Serverrollen

In Windows Server 2016 gibt es fünf verschiedene Active Directory Services, die im Folgenden erläutert werden.

Active Directory Lightweight Directory Services (AD LDS)

Dieser Service ist ein LDAP-Verzeichnisdienst (Lightweight Directory Access Protocol, siehe auch Kap. 2.1.5), der AD-aktivierte Anwendungen ohne die Abhängigkeiten und domänenbezogenen Einschränkungen von Active Directory-Domänendiensten (Active Directory Domain Services, AD DS) unterstützt. Vor allem auf Mitgliedsservern oder auf eigenständigen Servern wird dieser Service eingesetzt. Man kann auch mehrere Instanzen von AD LDS auf einem Server ausführen. Jede Instanz erhält dabei ein eigenes unabhängiges Schema.

Active-Directory-Domänendienste (AD DS)

Dieser Verzeichnisdienst wird von Microsoft in allen Servern eingesetzt. Er ist eine Datenbank, in der alle Objekte des Netzes gespeichert werden. Dieser zentrale Dienst muss installiert werden, um Domänen überhaupt einrichten zu können.

Active-Directory-Rechteverwaltungsdienste (AD RMS)

Dieser Dienst bietet Lösungen zum Schützen von Informationen an. Die RMS-Technologie arbeitet unabhängig von Formaten und Anwendungen. Sie stellt dauerhafte Nutzungsrichtlinien für vertrauliche Informationen bereit und kann mit jeder beliebigen RMS-fähigen Anwendung eingesetzt werden. Zu den Informationen, die mit RMS geschützt werden können, gehören Intranet-Websites, E-Mail-Nachrichten und Dokumente.

Active-Directory-Verbunddienste (AD FS)

Mit diesem Dienst kann man Web-SSO-Technologien (Single-Sign-On, einmalige Webanmeldung) bereitstellen. Ein Benutzer kann z. B. während einer Onlinesitzung bei mehreren Webanwendungen authentifiziert werden. Dies wird möglich durch die sichere gemeinsame Nutzung der digitalen Identität.

Active-Directory-Zertifikatsdienste (AD CS)

Dieser Dienst erstellt und verwaltet Zertifikate mit öffentlichen Schlüsseln (Public Keys). Diese Rolle ersetzt die Zertifikatsdienste von Windows Server 2003.

Installation der Rollen

Die Installation gelingt am leichtesten mit dem Rollen-Installations-Wizard, der über den Server-Manager gestartet wird.

Der Assistent installiert die Active Directory Services und den DNS-Server. Die Installation sollte im erweiterten Modus durchgeführt werden, um alle Komponenten entsprechend einstellen zu können. Zwingend notwendig ist die Erstellung einer neuen Domäne in einer neuen Gesamtstruktur. Spätestens jetzt muss man sich Gedanken machen, wie die Gesamtstruktur untergliedert werden soll. Dafür gibt es viele Möglichkeiten, siehe Bild 2.77.

> Eine Gesamtstruktur kann in eine oder mehrere Strukturen untergliedert werden. Jede Struktur kann aus einer Domäne und vielen Unterdomänen bestehen.

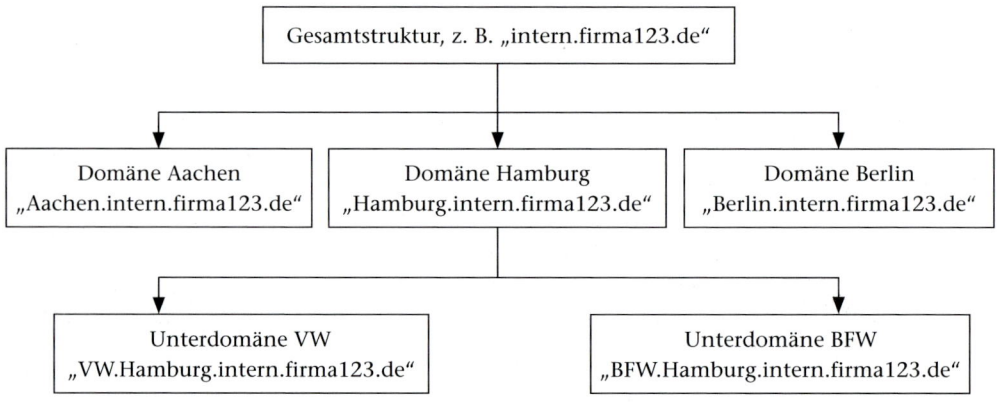

Bild 2.77: Beispiel einer Gesamtstruktur

Der Name der Gesamtstruktur kann zwar beliebig gewählt werden, jedoch sollte sie idealerweise einmalig sein, um später einmal mögliche Kollisionen zu vermeiden. In der Vergangenheit wurde oft die reservierte Endung „.local" empfohlen, um damit eine Abgrenzung von gültigen Internet-Domainadressen zu erreichen. Kollisionen sind damit aber keinesfalls ausgeschlossen. Inzwischen wird die Verwendung der eigenen Internet-Domainadresse empfohlen. Ist man im Besitz der Adresse „firma123.de" (siehe Bild 2.77), dann könnte man beispielsweise die Subdomain „intern" für die netzinterne Struktur reservieren. Im Kontext des Internets bleibt „intern.firma123.de" undefiniert. Auf diese Weise lassen sich Kollisionen sicher ausschließen.

> Die Hierarchie der Bezeichnung der Domänen der Gesamtstruktur entspricht der DNS-Namensgebung und muss unbedingt eingehalten werden.

Tipp: Für die erste Installation eines Netzes sollte man nur eine Domäne erstellen und nicht gleich eine komplizierte Struktur aufbauen.

Der Computer ist nun zu einem **Domänencontroller** geworden, mit dem man folgende Aufgaben durchführen kann:

- Richtlinien konfigurieren, die alle Objekte des ADS betreffen

- Benutzer zu der Domäne hinzufügen und den Zugriff konfigurieren

- Gruppen entsprechend der Firmenstruktur definieren und die Benutzer diesen Gruppen hinzufügen

- Berechtigungen für den Zugriff auf Ordner und Dateien vergeben

- Anwendersoftware installieren und dem Netz zur Verfügung stellen

- Überwachung der Systemabläufe mit den entsprechenden Tools

- Datensicherung durchführen bzw. diese Sicherung automatisieren

- Die interne und externe Sicherheit durch Firewalls und andere Maßnahmen gewährleisten

- Dokumentation aller Vorgänge, um Sicherheitslücken aufzuspüren.

2.2.2.2 Einrichtung des DHCP-Dienstes unter Windows Server 2016

Grundsätzlich gibt es zwei Möglichkeiten, IP-Adressen zu vergeben: einerseits durch eine automatische Verteilung durch einen Computer, auf dem der DHCP-Dienst läuft, oder andererseits manuell durch den Administrator des Netzes (siehe Kap. 1.4.4.1).

Beide Varianten haben Vor- und Nachteile. Während bei der manuellen Verteilung der IP-Adressen jeder Client eine feste Adresse erhält, hängt dies bei der automatischen Verteilung der IP-Adressen von der Reihenfolge der Anmeldung im Netz ab. Dadurch erhalten die Clients bei jeder Anmeldung eine andere Adresse, zumindest wenn keine oder eine zu kurze Lease-Time eingestellt wurde.

Installation des DHCP-Dienstes

Den DHCP-Dienst erreicht man im Server-Manager über den Dashboard-Eintrag „DHCP" oder dem „DHCP"-Eintrag im Tools-Menü.

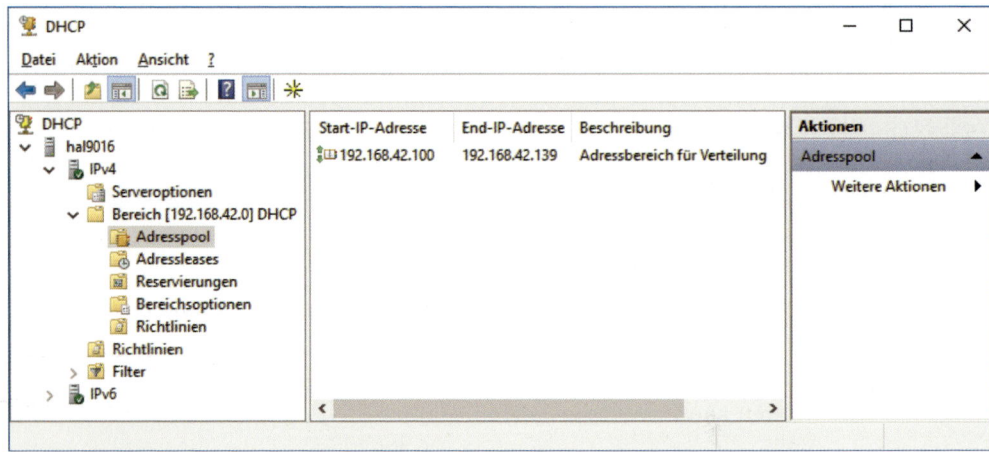

Bild 2.78: DHCP-Dienst

In der Struktur des DHCP-Dienstes ist in Bild 2.78 an erster Stelle der Server mit seiner IP-Adresse aufgeführt. Diese Adresse kann hier nicht geändert werden, sondern nur in der Netzwerkumgebung.

Folgende Einstellungen kann man vornehmen:

- Der Bereich der Adressen, die verteilt werden sollen, muss mit dem Bereich der IP-Adresse des Servers übereinstimmen. In Bild 2.78 gehören z. B. die Serveradresse und der Bereich, der verteilt werden soll, zu einem /24-Netz. Im Kontextmenü können neue Bereiche erstellt und aktualisiert werden.

- Der Adressen-Pool listet die Adressen auf, die der DHCP-Server an die Clients vergeben darf. Der Bereich wird durch eine Anfangs- und Endadresse markiert. Neben der Subnetzmaske wird noch ein Ausschlussbereich von IP-Adressen angegeben. Dieser Bereich wird dann vom DHCP-Server nicht vergeben. Im Kontextmenü „Eigenschaften" kann ein neuer Ausschlussbereich erstellt werden.

- Im Feld „Adress-Leases" wird die Dauer der Vergabe der IP-Adressen angezeigt.

- Im Feld „Reservierungen" werden alle statischen Adressen aufgelistet. Statisch bedeutet, dass die aufgelisteten Clients bei der Anmeldung immer die gleiche vorgegebene IP-Adresse vom DHCP-Dienst erhalten. Im Kontextmenü können neue Reservierungen erstellt werden. Dabei muss der Name des Clients und dessen IP- und Mac-Adresse angegeben werden.

Nach den Bereichseinstellungen muss der Server im Active Directory autorisiert werden; dieser Vorgang kann einige Minuten dauern. Nur dann kann er die IP-Adressen an die Clients verteilen. Die Autorisierung erkennt man an dem grünen Haken im Serversymbol.

DHCP und DNS

Der DHCP-Dienst kann den DNS-Dienst dynamisch aktualisieren, indem er nach der IP-Zuteilung die Daten der Clients an den DNS-Dienst weiterleitet. Im Kontextmenü „Eigenschaften" des Adressbereiches auf der Registerkarte „DNS" wird die Weiterleitung der Client-Namen und deren IP-Adressen an den DNS-Dienst aktiviert.

DHCP-Client

Auf jedem Client muss der DHCP-Client aktiviert werden. Diese Aktivierung erreicht man über die Netzwerkumgebung und Eigenschaften des TCP/IP-Protokolls sowie die Aktivierung des entsprechenden Kontrollkästchens.

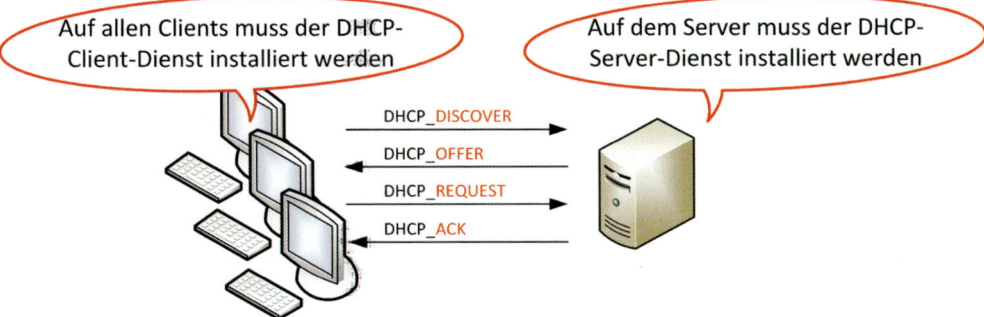

Bild 2.79: Client-Server-Modell

Für den Ablauf des automatischen IP-Adress-Bezugs mittels DHCP siehe Kap. 1.4.4.1 (Bild 1.89 bis 1.93).

> Die IP-Adressen, die durch den DHCP-Server vergeben wurden, können an jedem Client mit dem Konsolenbefehl „ipconfig /all" angezeigt werden.

DHCP-Datenbank

Alle Einstellungen des DHCP sind in einer Datenbank gespeichert. Diese befindet sich auf dem DHCP-Server im Verzeichnis „\Windows\system32\dhcp". In diesem Verzeichnis befinden sich mehrere Dateien. Die Datei „dhcp.mdb" ist die eigentliche Datenbank. Die anderen Dateien sind Hilfsdateien zur Eintragung der Daten. Die Sicherung der Datenbank erfolgt standardmäßig jede Stunde. Dabei wird die Sicherungskopie in das Verzeichnis „.\backup\new" übertragen.

2.2.2.3   Einrichtung des DNS unter Windows Server 2016

Ein lokaler DNS ist nicht nötig, wenn jeder Computer über eine öffentliche Adresse verfügt. In diesem Fall lösen DNS-Server des Providers die DNS-Namen in IP-Adressen auf. In großen Netzen mit sehr vielen PCs müssten die DNS-Namen der einzelnen Computer und deren IP-Adressen zur Namensauflösung im DNS-Server des Providers gespeichert werden. Dies ist prinzipiell möglich, verursacht aber Kosten, weil kein Provider diesen Service kostenlos zur Verfügung stellt.

Da ein lokaler DNS-Server Bestandteil von Windows Server 2016 ist, bietet es sich an, diesen auch einzusetzen. Er verursacht dadurch kaum Mehrkosten und lässt sich leicht installieren und verwalten.

DNS-Server

Während der Installation des ADS mithilfe des Assistenten wird auch der DNS-Server automatisch installiert. Alternativ kann man ihn über den Server-Manager ebenfalls installieren. Danach steht er als eigenständiges Snap-In in der Verwaltung zur Verfügung und kann entsprechend den Vorgaben konfiguriert werden. Allen Clients muss der DNS-Server bekanntgegeben werden.

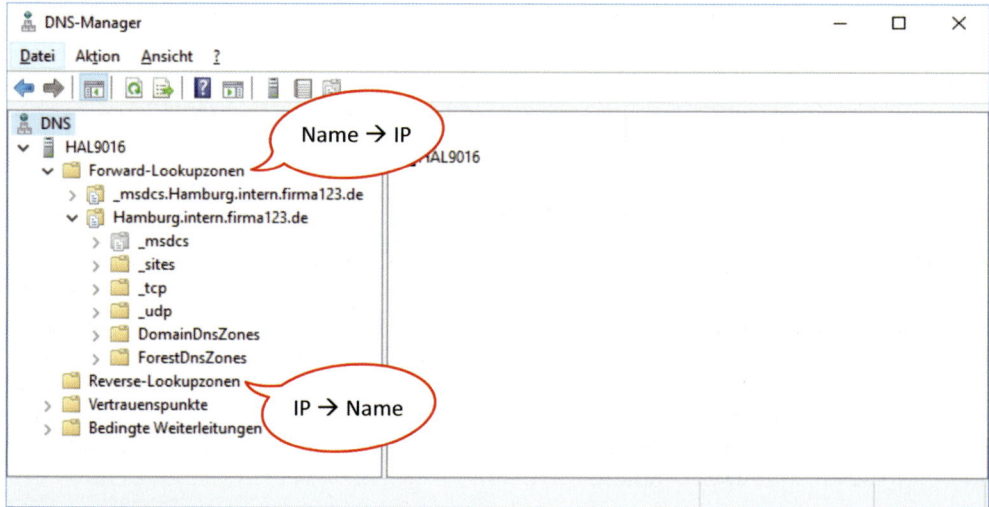

Bild 2.80: DNS-Server

In Bild 2.80 ist die Struktur des DNS-Dienstes dargestellt. Die Angabe „HAL9016" ist der Host-Name des Computers, auf dem der DNS-Dienst installiert wurde. Die Angabe „Forward-Lookupzonen" bedeutet, dass DNS-Namen in IP-Adressen aufgelöst werden. Reverse-Lookupzonen lösen IP-Adressen in DNS-Namen auf. Während der Installation wurde nach Angaben des Administrators die Forward-Lookupzone „Hamburg.intern.firma123.de" eingerichtet. Solche Namen sind beliebig wählbar, solange sie sich nicht mit den öffentlichen Namen überschneiden.

Struktur einer DNS-Namensauflösung

Die Strukturierung des DNS-Dienstes unter Windows Server 2016 gliedert sich in Zonen, Domänen, Unterdomänen und Hosts (siehe Kap. 1.4.4.2 und Kap. 2.1.2). In den Forward- und Reverse-Lookupzonen muss man mindestens jeweils eine Zone erstellen. Man kann aber auch, wie Bild 2.80 zeigt, mehrere Zonen einrichten. Jede Zone kann in beliebig viele Domänen, z. B. Einkauf und Verkauf, unterteilt werden. Diese Domänen können durch beliebig viele Subdomänen, z. B. Raum 12 und Raum 13, weiter strukturiert werden. Zu jeder Zone oder Domäne können Computernamen und deren IP-Adressen eingetragen werden. Durch diese Strukturierung kann man die Computer einer Firma den einzelnen Abteilungen zuordnen und eine optimale DNS-Namensauflösung erreichen. In kleinen Firmen kann die DNS-Strukturierung auch auf eine einzige Zone begrenzt werden.

Der FQD-Name (siehe Kap. 1.4.4.2) des Computers client1 des Bildes 2.80 lautet: „client1. Raum12.Verkauf.Hamburg.intern.firma123.de." Damit ist der Computer genau lokalisiert.

Unter Windows Server 2016 wird die DNS-Datenbank in eine oder mehrere Zonen unterteilt. Diese Zonen können weiter durch Domänen gegliedert werden. Die Namen der Computer mit den zugehörigen IP-Adressen werden manuell in den entsprechenden Zonen oder Domänen eingetragen.

DNS-Client

Der DNS-Client-Dienst wird auch als Resolver bezeichnet, weil er die Anfragen des Clients zunächst durch seinen internen Cache auflöst und erst, wenn diese Auflösung fehlschlägt, die Anfrage an den DNS-Server weiterleitet.

Auf allen Clients muss unter „Netzwerk" die IP-Adresse des DNS-Servers eingetragen werden.

DDNS (Dynamisches DNS)

Ursprünglich sollte DNS nur für die Auflösung statischer Adressen eingesetzt werden. Die DNS-Namen und deren IP-Adressen können in einem statischen Modell nur manuell in den entsprechenden Zonen bzw. Domänen eingetragen werden (Bild 2.81). Das hat natürlich schwerwiegende Folgen, wenn sich die Namen oder die IP-Adressen ändern. Im besten Fall muss der Administrator die Daten neu eingeben, andernfalls ist eine Namensauflösung nicht mehr möglich. Deshalb ist es unter Windows Server 2016 möglich, eine dynamische Namensauflösung zu nutzen. Dynamisch bedeutet, dass jede Änderung automatisch der DNS-Datenbank mitgeteilt wird.

Während des Anmeldevorganges bittet der Client den DHCP-Server um eine IP-Adresse. Der DHCP-Server gibt dem Client eine freie IP-Adresse und teilt dem DNS-Server den Namen des Computers mit der dazugehörigen IP-Adresse mit. Mit diesen Daten wird die DNS-Datenbank dynamisch aktualisiert.

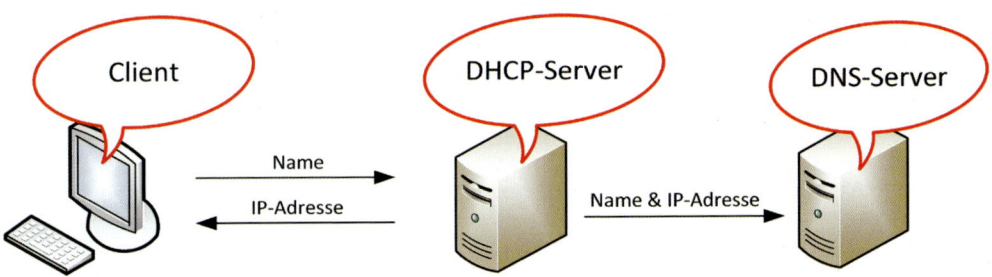

Bild 2.81: Dynamische Namensauflösung (DDNS)

Primäre und sekundäre DNS-Server

Man kann in einem LAN mehrere DNS-Server installieren. Während der erste Server als primärer DNS-Server installiert werden muss, kann der zweite Server als sekundärer DNS-Server konfiguriert werden. Analog zur Funktion des PDC und BDC des NT-Netzes (siehe

Kap. 2.3.2.4) beinhaltet der sekundäre DNS-Server eine Kopie des primären DNS-Servers. Bei Ausfall des primären DNS-Servers ist durch diese Kopie die Namensauflösung weiterhin möglich. Um die Ausfallsicherheit zu erhöhen, sollten sich die geografische und die netztopologische Position beider DNS-Server möglichst stark unterscheiden. Für DNS-Server im Internet wird dieses strengere Prinzip vom Internet-Standard RFC 2182 gefordert (siehe Kap. 1.4.4.2).

2.2.2.4 Aufgaben und Merkmale einer Domäne und eines Domänencontrollers

Im Gegensatz zu einem Peer-to-Peer-Netzwerk besitzt ein serverbasierendes Netzwerk mindestens einen Domänencontroller für die zentrale Verwaltung des Netzes. Diese zentrale Verwaltung erhöht die Sicherheit, weil eine Verteilung der Verwaltung auf viele Computer viel leichter angreifbar ist. Außerdem ist eine zentrale Verwaltung wesentlich einfacher zu kontrollieren und zu administrieren. Die zentrale Verwaltung wird in einer Datenbank-SAM (Security Account Manager) gespeichert.

Wie unter Windows Server 2012 R2 können unter Windows Server 2016 beliebig viele Domänencontroller in einer Domäne vorhanden sein. Da sie alle gleichberechtigt sind, tauschen sie ständig alle Verwaltungsdaten der Domäne untereinander aus. Das hat den Vorteil, dass für Wartungszwecke jeder Domänencontroller ohne Probleme abgeschaltet werden kann, weil die anderen die Verwaltung der Domäne sofort übernehmen. Beim Einschalten gleicht er sich automatisch mit den anderen Domänencontrollern ab.

Wie in vorherigen Serversystemen können unter Windows Server 2016 in einer Domäne noch mehrere Mitgliedsserver eingerichtet werden. Im Unterschied zu Domänencontrollern befinden sich auf Mitgliedsservern keine SAM für die Verwaltung der Netze. Sie können dem Netz daher nur Daten und Programme zur Verfügung stellen.

In diesen Netzwerken übernimmt immer ein Server die zentrale Verwaltung aller Computer einer Domäne. Alle Computer müssen Mitglied der Domäne sein und alle Benutzer müssen ein Konto in dieser Domäne besitzen.

Grundlage der Verwaltung ist der Verzeichnisdienst ADS (Active Directory System), siehe Kap. 2.1.5.3. Dieser Dienst ist eine Datenbank, die sich auf dem Server befindet. Alle Objekte und deren Attribute werden in dieser Datenbank gespeichert und gesichert. Die Datenbank erhält während der Installation einen beliebigen Namen, der als Domäne bezeichnet wird.

> Eine Domäne ist eine Datenbank, in der Objekte des Netzes mit ihren Attributen gespeichert werden.

Die Datenbank kann wie eine Festplatte untergliedert werden. Alle Teilabschnitte bekommen individuelle Namen und werden als Organisationseinheiten bezeichnet. Damit kann man die Struktur einer Firma im Netz abbilden, ohne mehrere Domänen einzurichten. Bei sehr großen Netzen können mehrere Domänen zu Strukturen und mehrere Strukturen zu Gesamtstrukturen zusammengefasst werden.

Unter Windows Server 2016 können folgende Komponenten zur Erstellung von logischen Verzeichnissen benutzt werden.

- Objekte (siehe Kap. 2.1.5.2) sind die kleinsten Einheiten, die in einer Datenbank verwaltet werden können. Alle Ressourcen und jeder einzelne Vorgang im Netz sind Objekte. Ein Benutzer, ein Drucker, ein Computer oder eine Software sind Objekte. Jedes Objekt besitzt einen Namen und einen Satz von Attributen. Außerdem können gleichartige Objekte in Klassen zusammengefasst werden. Benutzer können z. B. zu der Klasse „Benutzer" zusammengefasst werden.

- Die Domäne ist das Kernstück von ADS. In ihr können Millionen von Objekten gespeichert werden (siehe Bild 2.82).

- Um eine Domäne übersichtlicher gestalten zu können, gliedert man sie in Organisationseinheiten (Organizational Units, OU). Die Domäne „Meier & Schulze" kann z. B. in die OU „Verwaltung", „Verkauf", „Warenannahme" usw. unterteilt werden. Der Aufbau der Domäne entspricht dann der Struktur der Firma Meier & Schulze. In die einzelnen OU werden die gewünschten Objekte wie beispielsweise Drucker, Dateien und Benutzer integriert.

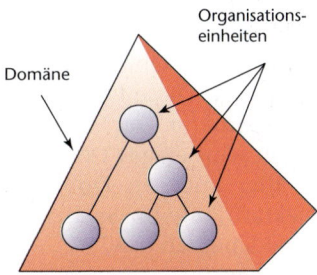

Bild 2.82: Domäne

Organisationseinheiten können nebeneinander und untereinander organisiert werden. Die OU „Verwaltung" kann z. B. nochmals in die OU „Einkauf" und „Verkauf" gegliedert werden.

> Eine Domäne kann in Organisationseinheiten (OU) gegliedert werden. OU können weitere OU beinhalten.

- Mehrere hierarchisch angeordnete Domänen ergeben eine Struktur; häufig wird diese Struktur als Baum bezeichnet. In Bild 2.83 sind die Domänen A bis C hierarchisch angeordnet, d. h., Domäne A leitet Berechtigungen zu B und C weiter, Domäne B kann nur Berechtigungen zu C weiterleiten und Domäne C kann überhaupt keine Berechtigungen weiterleiten. Der Berechtigungsfluss geht nur in eine Richtung, und zwar von oben nach unten und nicht umgekehrt.

  Verwaltet werden die Domänen durch den globalen Katalog. Diese Datenbank beinhaltet die wichtigsten Informationen aller Objekte aller Domänen. Das hat zur Folge, dass sich Benutzer in einer beliebigen Domäne anmelden und auf ihre zugeteilten Ressourcen zugreifen können, egal in welcher Domäne sich diese befinden.

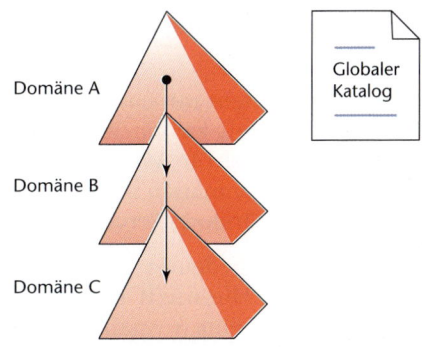

Bild 2.83: Struktur

- Mehrere Strukturen (Bäume bzw. Trees) ergeben eine Gesamtstruktur, die man auch als Wald (Forest) bezeichnet.

- Alle Strukturen (Bäume) einer Gesamtstruktur benutzen ein gemeinsames Schema, d. h. Regeln über die Organisation von Objekten. Auch hier wird der Zusammenhalt der Gesamtstruktur durch einen globalen Katalog gewährleistet. Benutzer können sich von jedem Ort der Gesamtstruktur anmelden und auf ihre Ressourcen zugreifen, zu denen sie die entsprechende Berechtigung besitzen.

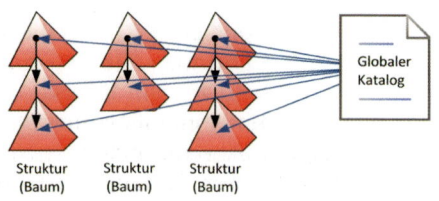

Bild 2.84: Gesamtstruktur (Wald, Forest)

- Attribute aller Objekte einer Gesamtstruktur werden in einer zentralen Datenbank gespeichert. Diese Datenbank befindet sich auf dem ersten Domänencontroller der Gesamtstruktur. Der Domänencontroller wird auch als globaler Katalogserver bezeichnet. Für seine eigene Domäne speichert er alle Attribute seiner Objekte. Von den Objekten aller anderen Domänen speichert er nur die am häufigsten gebrauchten Objektattribute für Suchzwecke. Das sind z. B. Vor- und Nachnamen von Benutzern, Anmeldenamen usw.

- Replikation bedeutet Abgleich von Daten, die sich auf verschiedenen Servern befinden. So müssen z. B. die Daten des globalen Katalogs ständig abgeglichen werden, damit Benutzer sich an allen Geräten des Netzwerks anmelden können. Innerhalb einer Domäne erfolgt die Replikation automatisch. Innerhalb einer Struktur bzw. Gesamtstruktur kann man die Replikation steuern. Der Administrator kann z. B. festlegen, wann und wie oft die Replikation erfolgen soll. Geschicktes Administrieren verringert dabei die Netzlast.

Windows Server 2016 unterscheidet zwei Typen von Vertrauensstellungen, und zwar die transitive und die nicht transitive Vertrauensstellung. Von einer transitiven (indirekten) Vertrauensstellung spricht man, wenn zwei Domänen ihre gegenseitige Vertrauensstellung über eine dritte Domäne erhalten.

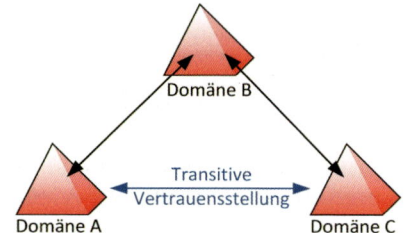

Bild 2.85: Transitive Vertrauensstellung

In Bild 2.85 besteht nur eine direkte gegenseitige Vertrauensstellung zwischen den Domänen A und B und zwischen den Domänen C und B. Dadurch besteht in Windows Server 2016 auch eine gegenseitige Vertrauensstellung zwischen den Domänen A und C. Auf Grundlage dieser Beziehung vertrauen sich alle Domänen in Windows Server 2016 untereinander.

Nicht transitiv bedeutet, dass sich die Domänen A und C in Bild 2.85 nicht gegenseitig vertrauen. Die nicht transitive Vertrauensstellung kommt unter Windows Server 2016 bis auf eine Ausnahme nicht vor. Diese Ausnahme macht Windows Server 2016 nur bei einseitigen Vertrauensstellungen, weil beim Zusammenschluss von Windows Server 2016 mit den älteren Windows NT 4.0-Domänen, die transitive Vertrauensstellung von Windows NT 4.0 nicht unterstützt wird.

2.2.2.5 Installation eines Domänencontrollers und Verwaltung von Active Directory (AD) Komponenten unter Windows Server 2016

Die Installation des Domänencontrollers ist mithilfe der Rolleninstallationsassistenten schnell erledigt. Dazu wählt man im Abschnitt „Serverrollen" die Rolle „Active Directory-Domänendienste" aus. Es folgt ein Hinweis über weitere Komponenten, die benötigt werden und gleichzeitig mitinstalliert werden sollen (Bild 2.86).

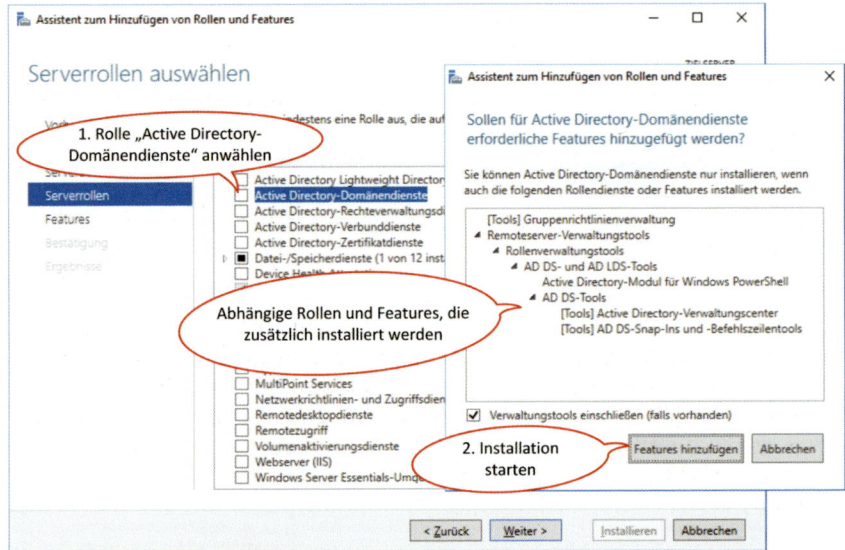

Bild 2.86: Installation der Domänendienste-Rolle

Nach Bestätigung erfolgt die Installation. Sobald diese abgeschlossen ist, bietet der Assistent die Heraufstufung des Servers zum Domänencontroller an (Bild 2.87).

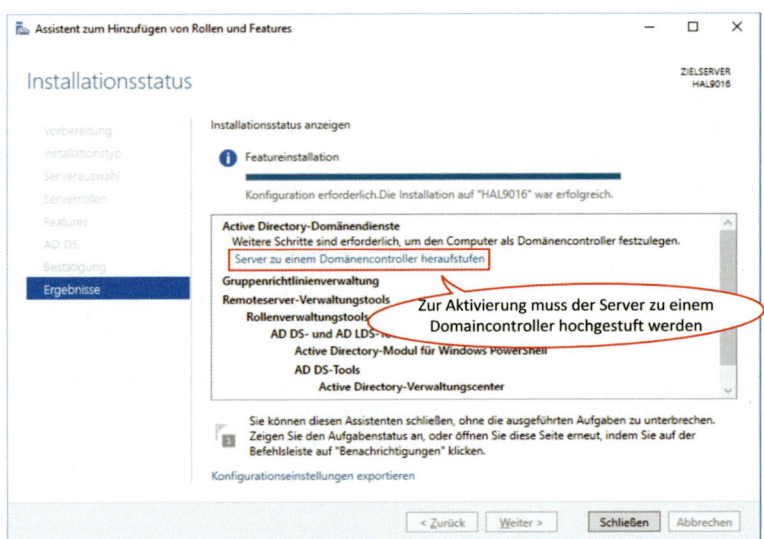

Bild 2.87: Abschluss der Rolleninstallation

Die Verknüpfung zur Heraufstufung kann auch im Benachrichtigungsmenü gefunden werden, sollte man den Assistenten irrtümlich zu schnell beendet haben.

Mit der Heraufstufung wird der Domänencontroller aktiviert. Im Rahmen der Aktivierung werden einige notwendige Einstellungen und Optionen abgefragt. Weil im vorliegenden Fall noch keine Domäne besteht, muss die Gesamtstruktur neu aufgebaut werden (Bild 2.88 oben). Als Name für die Stammdomäne ist im Beispiel „Hamburg.intern.firma123.de" angegeben. Im folgenden Dialog muss ein Passwort für den Wiederherstellungsmodus festgelegt werden, die restlichen Vorgaben können beibehalten werden (Bild 2.88 unten).

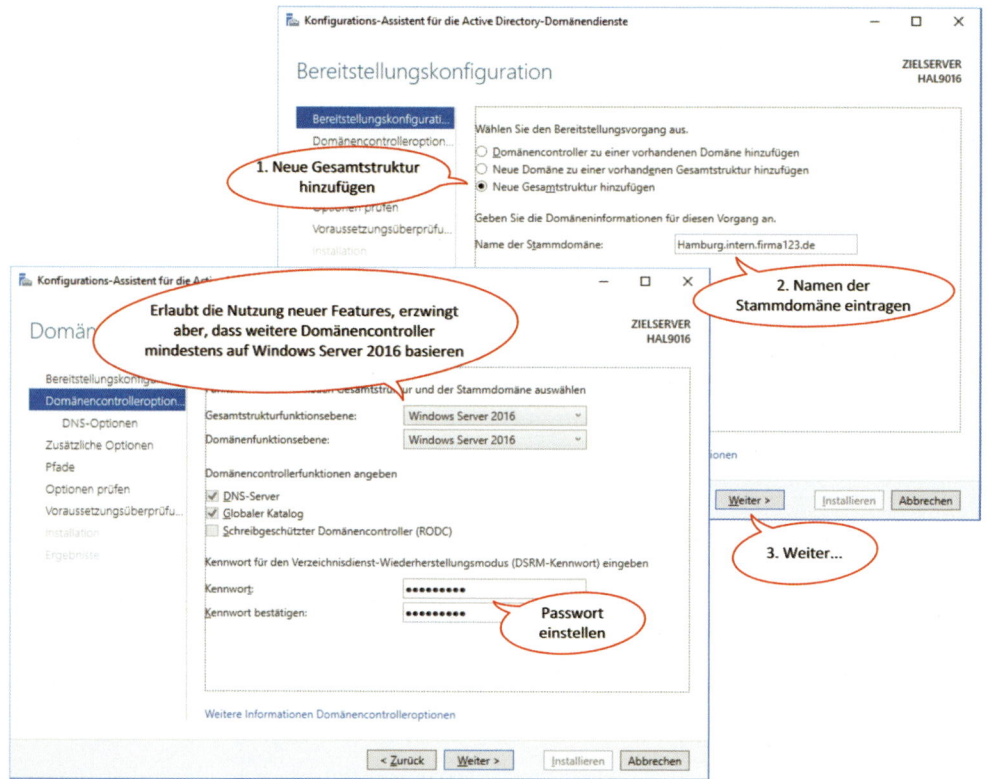

Bild 2.88: Einstellen der Konfigurationsoptionen

Da der Stammdomänenname über DNS aufgelöst wird, versucht der Installationsassistent, die DNS-Einstellungen an übergeordnete DNS-Server zu delegieren. Da die Intranet-Domäne ohnehin nicht aus dem Internet erreicht werden soll, bestätigt die Warnmeldung oben in Bild 2.89 letztlich genau die verfolgte Absicht und kann ansonsten ignoriert werden.

Die Einstellung des NetBIOS-Domänennamens ist unabhängig vom zuvor als Stamm-domäne angegebenen DNS-Domänennamen. Im Beispiel wurde die Vorgabe abgeändert auf „FIRMA123HH" (Bild 2.89). Die voreingestellten Verzeichnispfade können in der Regel direkt übernommen werden.

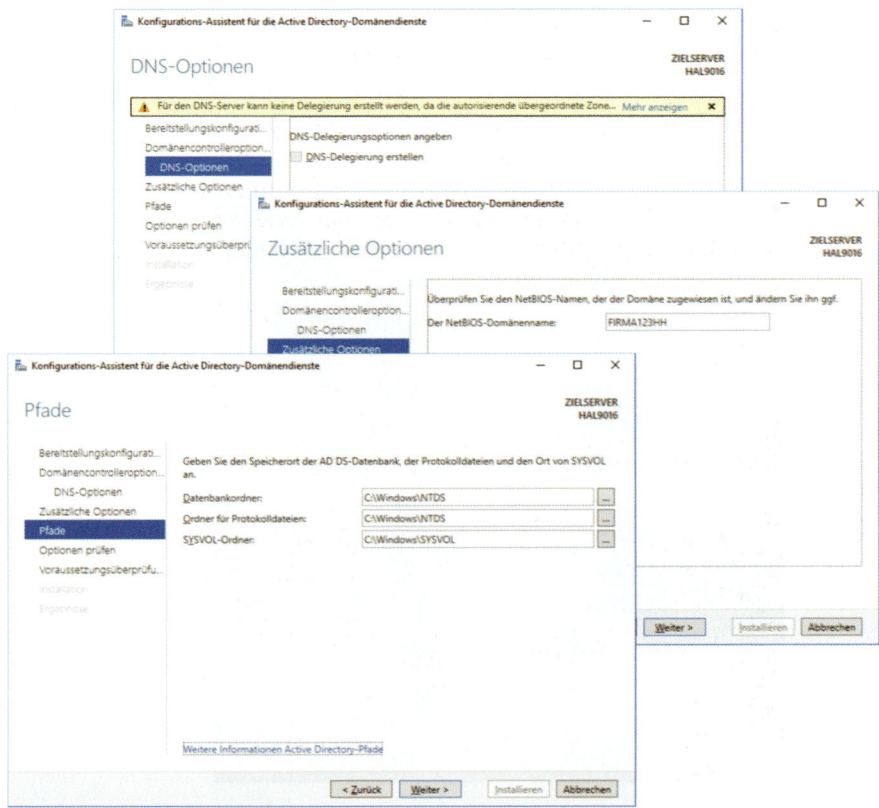

Bild 2.89: DNS-Warnmeldung, Einstellung des NetBIOS-Domänennamens und der Verzeichnispfade

Danach ist der Domänencontroller ausreichend konfiguriert und wird nach dem automatischen Neustart direkt aktiv.

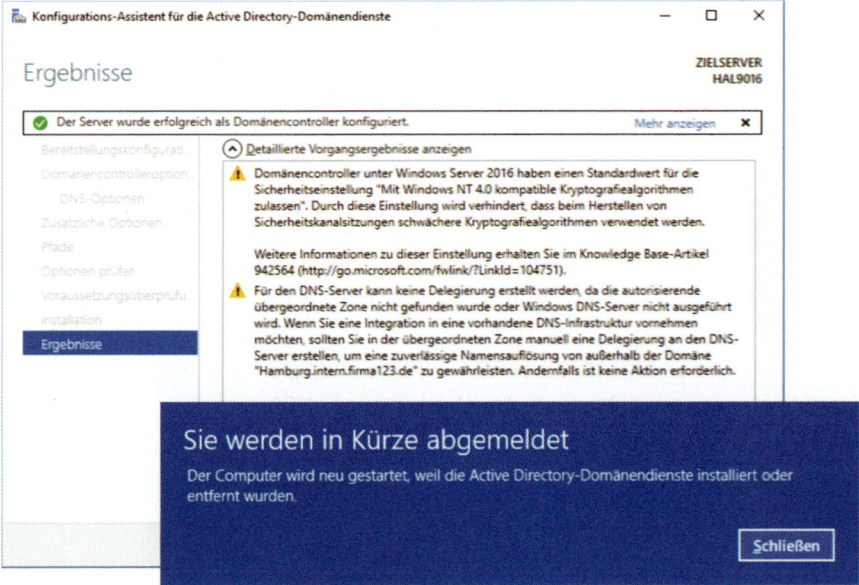

Bild 2.90: Installationsende mit anschließendem Neustart

Der Anmeldebildschirm zeigt jetzt die typische Schreibweise der Login-Kennung aus NetBIOS-Domänenname, Backslash und dem Benutzernamen (Bild 2.91). Alternativ ist die Anmeldung mit den DNS-Domänennamen möglich. Die Anmeldekennung hat dann die Form „Benutzernamen@DNS-Domänenname", im Beispiel also „Administrator@Hamburg.intern.firma123.de".

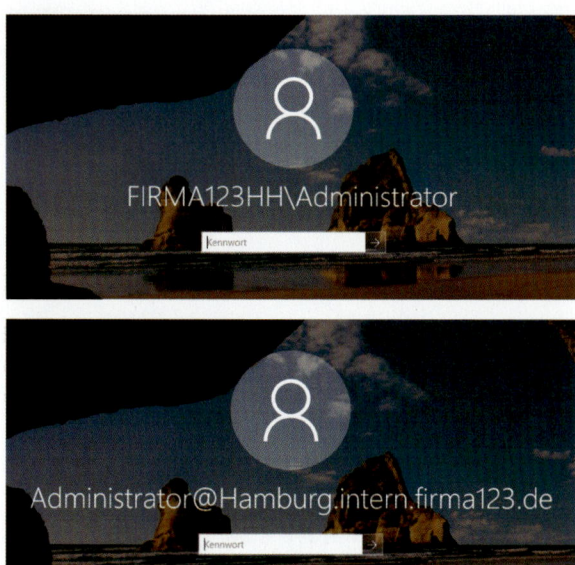

Bild 2.91: Anmeldung nach dem Neustart

Um sich über ein lokales Benutzerkonto anzumelden, trägt man statt des NetBIOS-Domänennamens den NetBIOS-Computernamen oder einfach einen Punkt ein, in diesem Fall also „.\Administrator". Allerdings müssen bei einem Server, der zum Domänencontroller hochgestuft wurde, alle Anmeldungen über die Domäne erfolgen. Eine Anmeldung über ein lokales Benutzerkonto ist nicht mehr möglich.

Verwaltung der AD-Komponenten

Das Dashboard des Server-Managers bietet über die Kacheln im mittleren Bereich und die Rollenmenüs am linken Rand vor allem Unterstützung in der Überwachung und Steuerung des laufenden Active-Directory-Betriebs. Programme zur Konfiguration können im Tools-Menü gefunden werden (Bild 2.92).

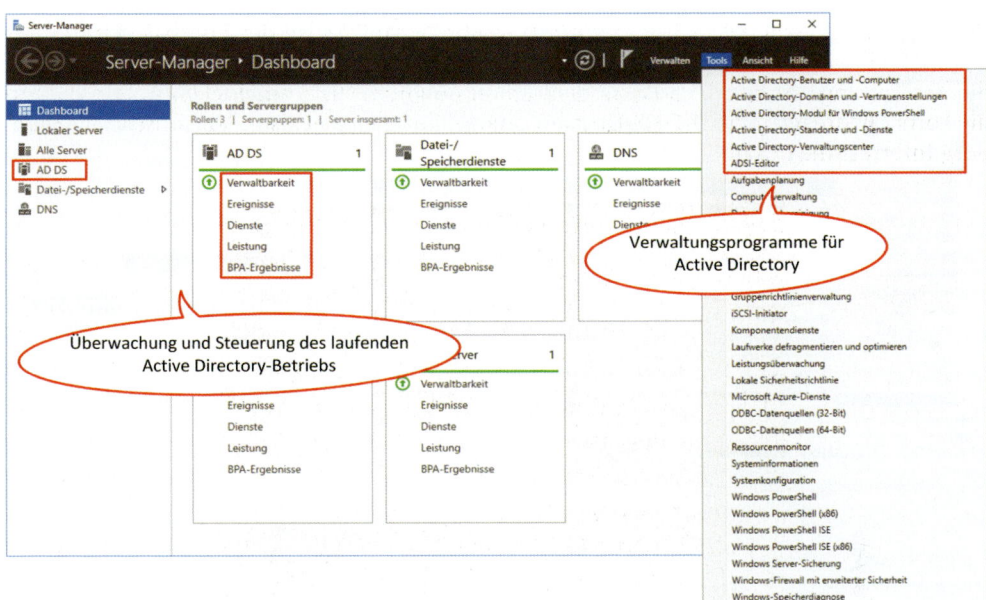

Bild 2.92: Konfiguration und Überwachung des Active Directory

Es stehen eine PowerShell-Verknüpfung, ein Schnittstellen-Editor und drei kompakte Konfigurationsanwendungen sowie das Active-Directory-Verwaltungscenter zur Verfügung. Zwar kapselt das neue Verwaltungscenter die Funktion der drei kompakten Anwendungen, trotzdem wirkt die Windows-10-Optik dadurch überladen.

Einrichten eines neuen Benutzerkontos

Im folgenden Beispiel soll ein neuer Windows-10-Arbeitsplatzrechner an das Active Directory angeschlossen werden. Die Nutzerin Anneliese soll sich nur an diesem Computer während der Arbeitszeiten einloggen können.

Die Erstellung eines Benutzerkontos kann auf unterschiedliche Weisen erfolgen. Bild 2.93 zeigt die Verwendung des Active-Directory-Verwaltungscenters. Der Domänenname wird hier mit „Hamburg (lokal)" abgekürzt. In der Strukturansicht kann der Domäneneintrag „Hamburg (lokal)" ausgeklappt werden. Aus der Liste der Organisationseinheiten muss „Users" ausgewählt werden. Im rechten Menüstreifen erscheint der Bereich „Users" mit der Option „Neu" und dem Unterpunkt „Benutzer".

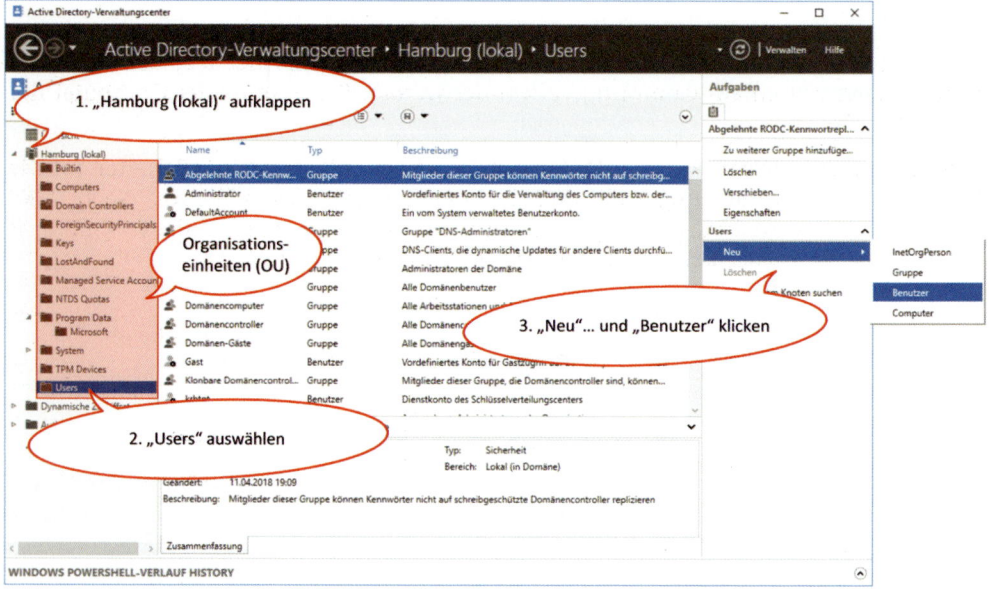

Bild 2.93: Anlegen eines neuen Active-Directory-Benutzerkontos im Verwaltungscenter

Die notwendigen Eingaben beschränken sich auf den oberen Teil der Parameterseite. Dazu gehören der vollständige Name, der Anmeldename und ein vorläufiges Kennwort. Über die Verknüpfung „Anmeldestunden" wird die zeitliche Anmeldebeschränkung in einem Wochenraster konfiguriert. Die Festlegung, dass das gerade erstellte Benutzerkonto ausschließlich für Anmeldungen an dem Computer HAL9001 verwendet werden kann, wird über die Verknüpfung „Anmelden an…" erledigt (Bild 2.94).

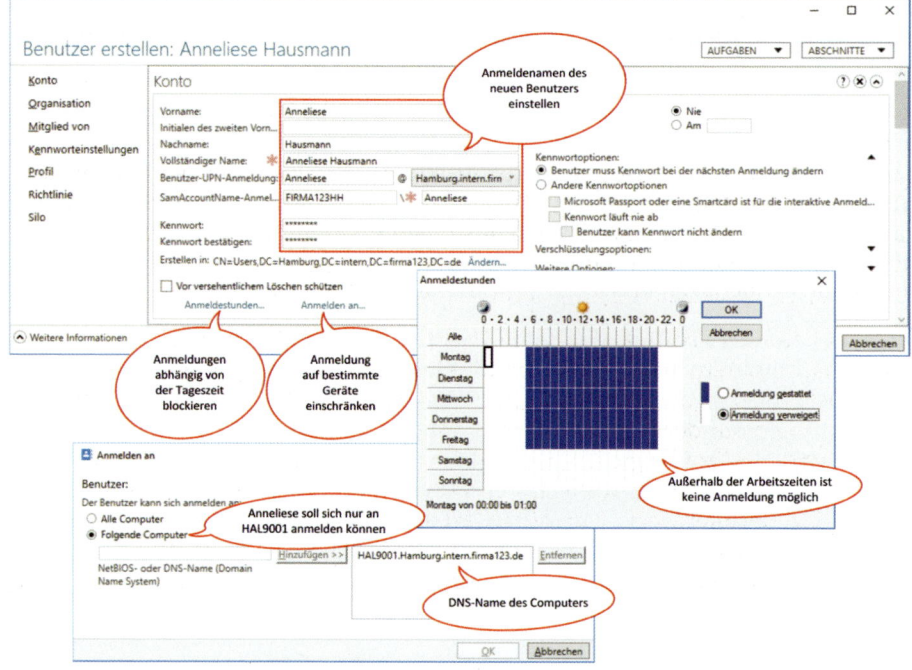

Bild 2.94: Einstellen der Benutzerkontodaten

Domänenbeitritt

Damit der Benutzerprofildienst des Domänencontrollers zur Abwicklung von Benutzer-anmeldungen mit einem Computer verwendet werden kann, muss der Computer der Domäne beitreten.

Im Systemeigenschaften-Fenster (Windows+R „sysdm.cpl") muss der Schalter auf die Domänenmitgliedschaft umgestellt und die Domäne eingetragen werden. Nach „OK" erscheint der Passwortabfrage-Dialog, der mit den neuen Zugangsdaten bedient wird. Läuft alles wie geplant, ist der Beitritt danach erfolgreich abgeschlossen.

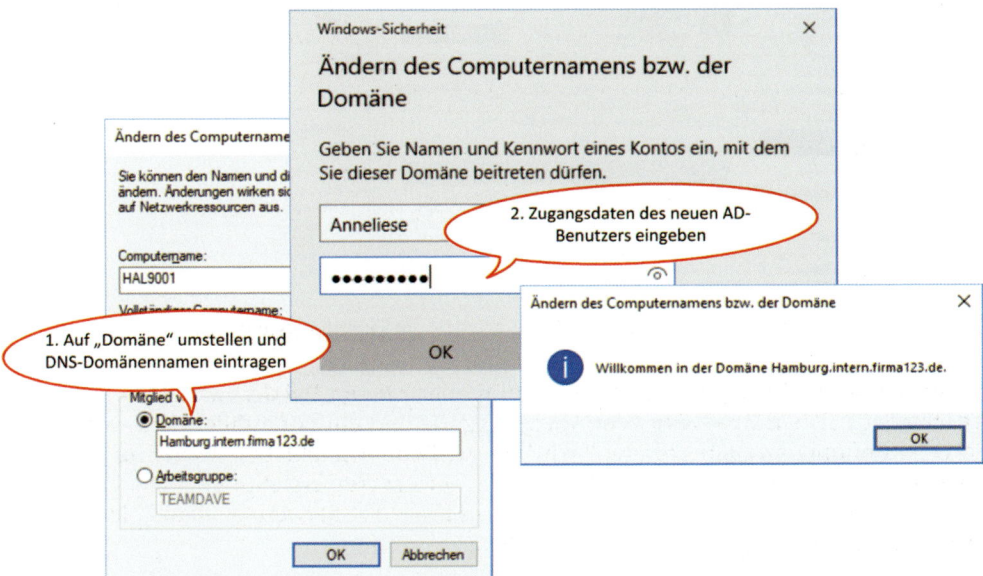

Bild 2.95: Domänenbeitritt eines Windows-10-Computers

Servergespeicherte Profile

Der Domänencontroller bietet neben der zentralen Verwaltung der Anmeldeinformationen für jedes Benutzerkonto die Option, die Daten und Einstellungen des Benutzerprofils zentral zu speichern. Zu den Benutzerprofildaten zählen Einstellungen wie das Desktop-Hintergrundbild und die Anordnung von Icons auf dem Arbeitsplatz, aber vor allem auch die Nutzerdaten wie die Verzeichnisse „Eigene Dateien", „Downloads" usw.

Mit **servergespeicherten Profilen** (Roaming User Profiles) würden Benutzer, die häufig an wechselnden Computern arbeiten, überall die gleichen Einstellungen und Dokumente vorfinden. Zu bedenken ist aber, dass mit jedem An- und Abmeldevorgang die Benutzer-profildaten mit denen auf dem Server synchronisiert werden. Deshalb muss der Einsatz von servergespeicherten Profilen genau überlegt werden. Denn je nach Anzahl der Benut-zer und der Menge der zu synchronisierenden Daten können sich erhebliche Nachteile ergeben. Das reicht beispielsweise von verlängerten An-/Abmeldevorgängen bis hin zu Datenverlust durch Synchronisationsfehler. Im Beispiel aus Bild 2.94 ist das Benutzerkonto nur für einen Computer gültig, sodass ein servergespeichertes Profil in dieser Situation wenig sinnvoll erscheint.

Um servergespeicherte Profile nutzen zu können, muss der Ablageort auf dem Server eingerichtet und die Einstellungen der Benutzerkonten angepasst werden. Zuerst muss ein Verzeichnis erzeugt werden, in dem die Profildaten abgelegt werden sollen. Im folgenden Beispiel ist das der Ordner „C:\Profiles". Danach wird für diesen Ordner im Server-Manager eine Freigabe eingerichtet (Bild 2.96 bis Bild 2.99).

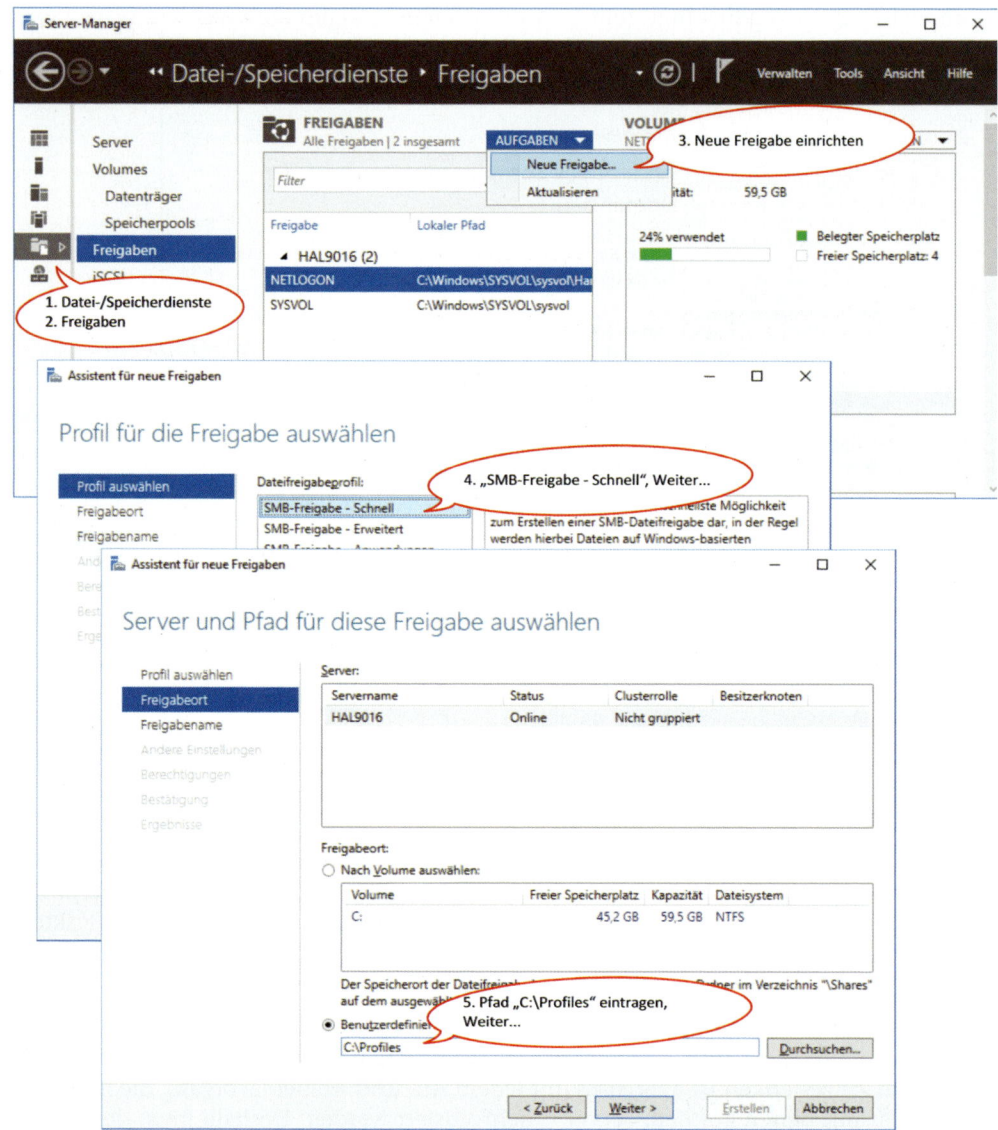

Bild 2.96: Freigabe des Profilablageordners

Das vom Assistenten vorgeschlagene Freigabeprofil „SMB-Freigabe – Schnell" wird übernommen. Im nächsten Schritt wird der Pfad benutzerdefiniert auf „C:\Profiles" eingestellt. Danach wird als Freigabename „Profiles$" angegeben, während die restlichen Vorgaben übernommen werden. Durch das angehängte „$"-Zeichen wird der Ordner als versteckt markiert. Beim Freigabeverhalten ist nur das obere der beiden Häkchen zu setzen. Anschließend müssen die Zugriffsberechtigungen angepasst werden.

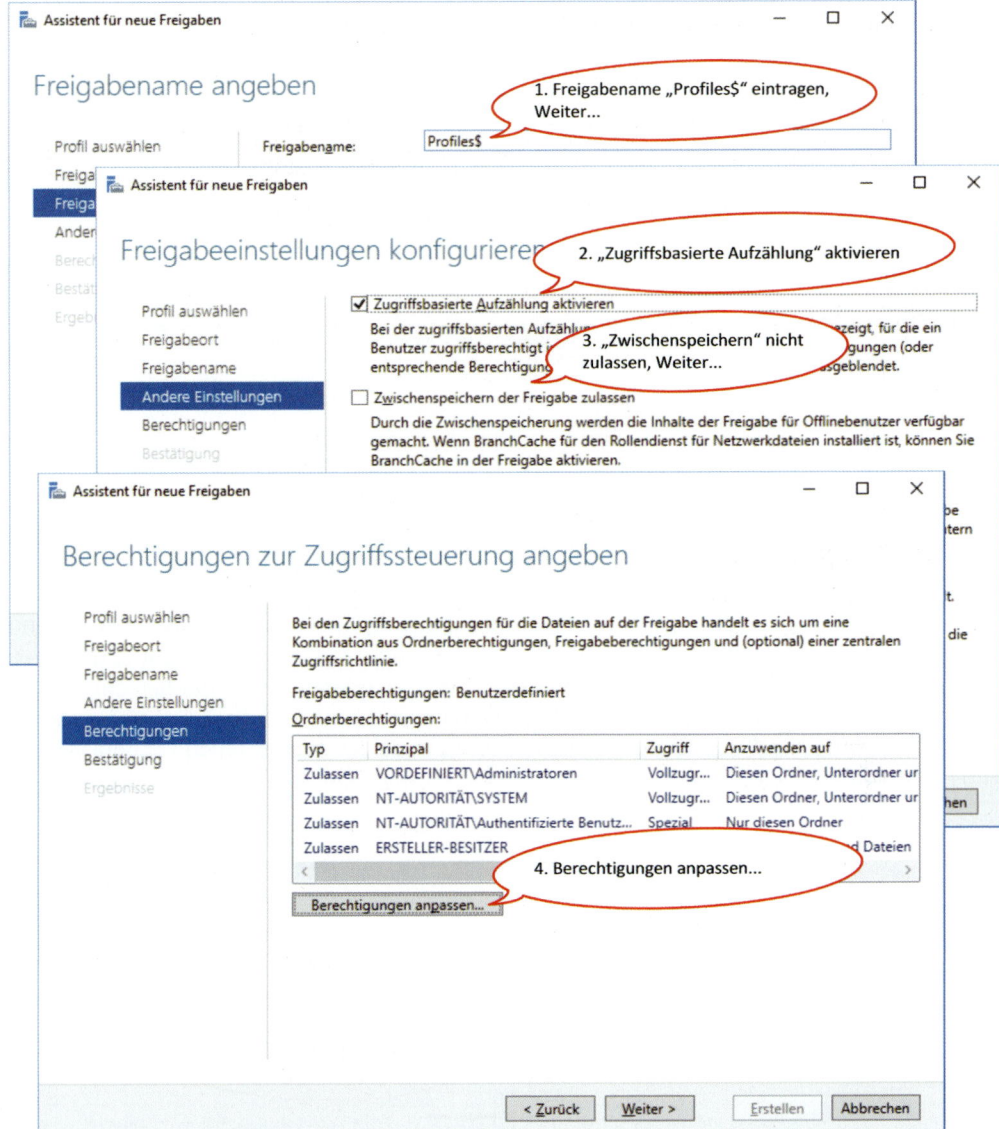

Bild 2.97: Freigabe des Profilablageordners (Fortsetzung)

Ein Klick auf „Berechtigungen anpassen" öffnet ein weiteres Fenster. Unter dem Reiter „Berechtigungen" werden die konfigurierten NTFS-Zugriffsrechte angezeigt (Bild 2.98). Mit Ausnahme der Einträge „System", „Administratoren" und „Ersteller-Besitzer" werden alle anderen gelöscht. Dazu muss aber vorher die Vererbung deaktiviert werden – der Button ist in dem Fall entsprechend beschriftet. Anschließend muss ein Eintrag für „Authentifizierte Benutzer" hinzugefügt werden (Bild 2.99).

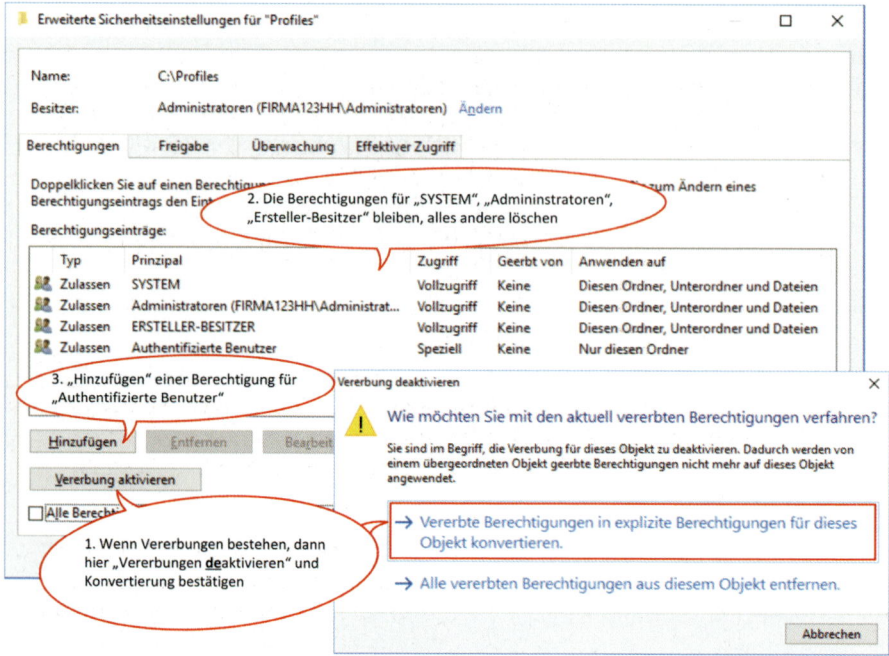

Bild 2.98: Anpassung der Zugriffsberechtigungen

„Hinzufügen" öffnet das in Bild 2.99 abgebildete Fenster. Als Prinzipal muss „Authentifizierte Benutzer" angegeben werden. Die Berechtigungseinstellungen sind auf „Zulassen" und „Nur auf diesen Ordner" einzustellen (Bild 2.98). Nach Erweiterung der Berechtigungs-Auswahlliste werden „Ordner durchsuchen / Datei ausführen", „Ordner auflisten / Daten lesen", „Attribute lesen", „Erweiterte Attribute lesen" und „Ordner erstellen / Daten anhängen" ausgewählt.

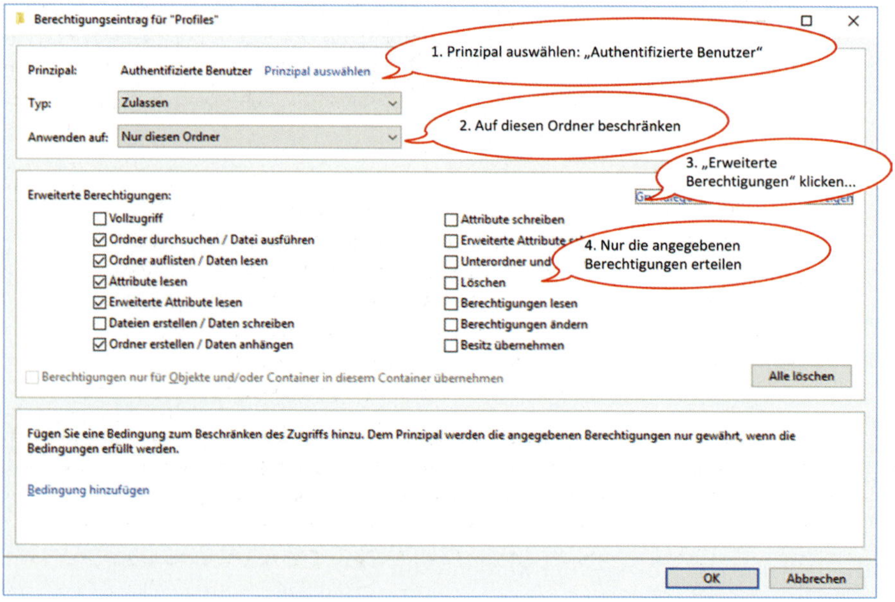

Bild 2.99: Anpassung der Zugriffsberechtigungen

Nun sind alle Parameter erfasst und die Freigabeerstellung kann abgeschlossen werden.

Die Umstellung eines Benutzerkontos auf ein servergespeichertes Profil ist mit der Angabe des Profilpfads bereits erledigt (Bild 2.100).

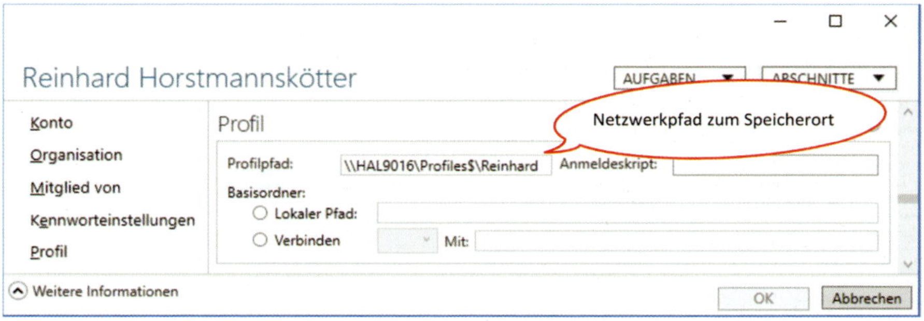

Bild 2.100: Benutzerkontoumstellung auf servergespeichertes Profil

Die Pfadangabe erfolgt nach UNC-Notation (Universal Naming Convention) in der Form „\\Servername\Freigabeverzeichnisname\Benutzername". Im Beispiel lautet der Pfad für den Benutzer Reinhard zu seiner Profildatenablage im Verzeichnis mit dem Freigabenamen „Profiles$" auf dem Domänencontroller HAL9016: „\\HAL9016\Profiles$\Reinhard".

Das Benutzerkonto „Reinhard" ist für Anmeldungen an allen Computern der Domäne freigegeben.

Organisationseinheiten

Alle neuen Benutzerkonten werden üblicherweise im Container „Users" angelegt. Mit steigender Zahl von Benutzern wird dies schnell unübersichtlich. Deshalb ist es sinnvoll, eine logische Unterteilung vorzunehmen. Handelt es sich um die Mitarbeiter eines Unternehmens, bietet sich die Unterteilung in Unternehmensbereiche an, also beispielsweise Verwaltung, Entwicklung, Produktion usw. Diese Unternehmensbereiche können im Active Directory durch Organisationseinheiten (OU) abgebildet werden. Bild 2.101 zeigt den Ablauf zur Erstellung der OU „Verwaltung" und „Entwicklung". Diese OU könnten auch weiter über OU untergliedert werden, z. B. die OU „Entwicklung" in die OU „Elektronik" und „Software".

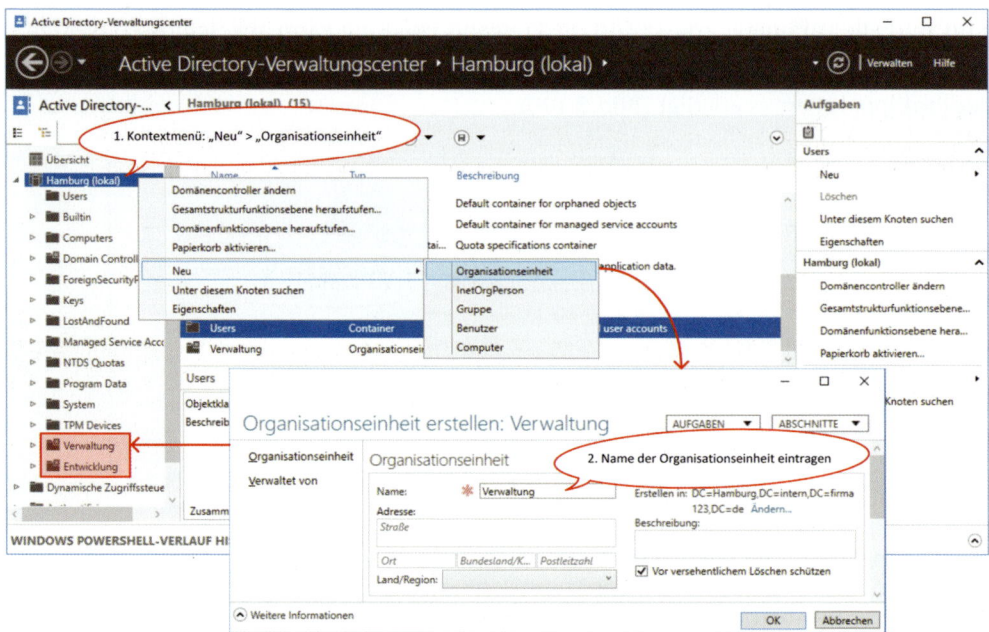

Bild 2.101: Hinzufügen von Organisationseinheiten

Als Nächstes werden die Benutzerkonten und die Computer in die entsprechenden OU verschoben. Bild 2.102 zeigt das Vorgehen am Beispiel des Benutzers Reinhard.

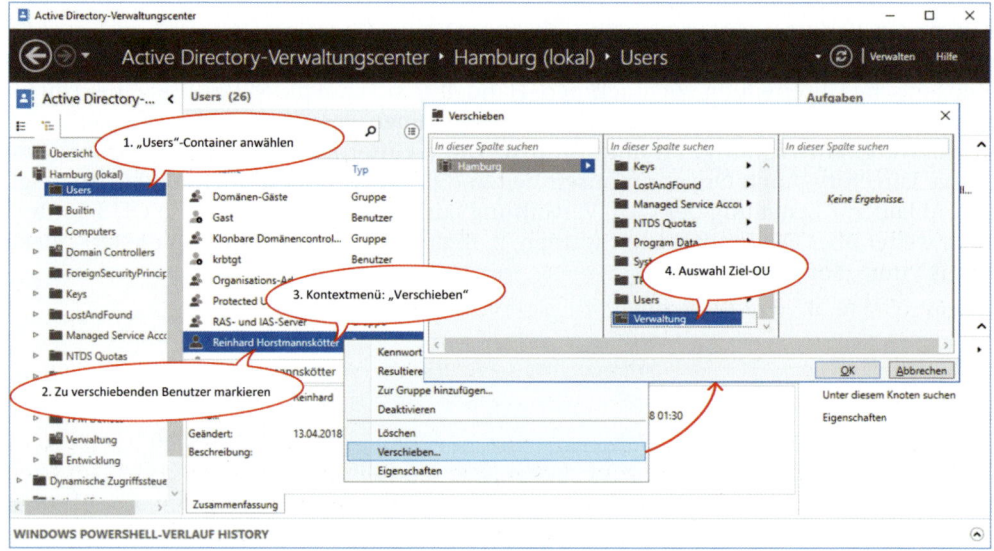

Bild 2.102: Verschieben eines Benutzerkontos in eine Organisationseinheit

Das Ergebnis der Umorganisation zeigt Bild 2.103. Schwierigkeiten könnte die Zusammenfassung verschiedener Objekte wie Computer und Benutzerkonten in derselben OU bereiten. Abhilfe könnte eine weitere Unterteilung der OU bieten oder eine bessere Objektfilterung und Fehlerbehandlung in den betreffenden PowerShell-Skripten.

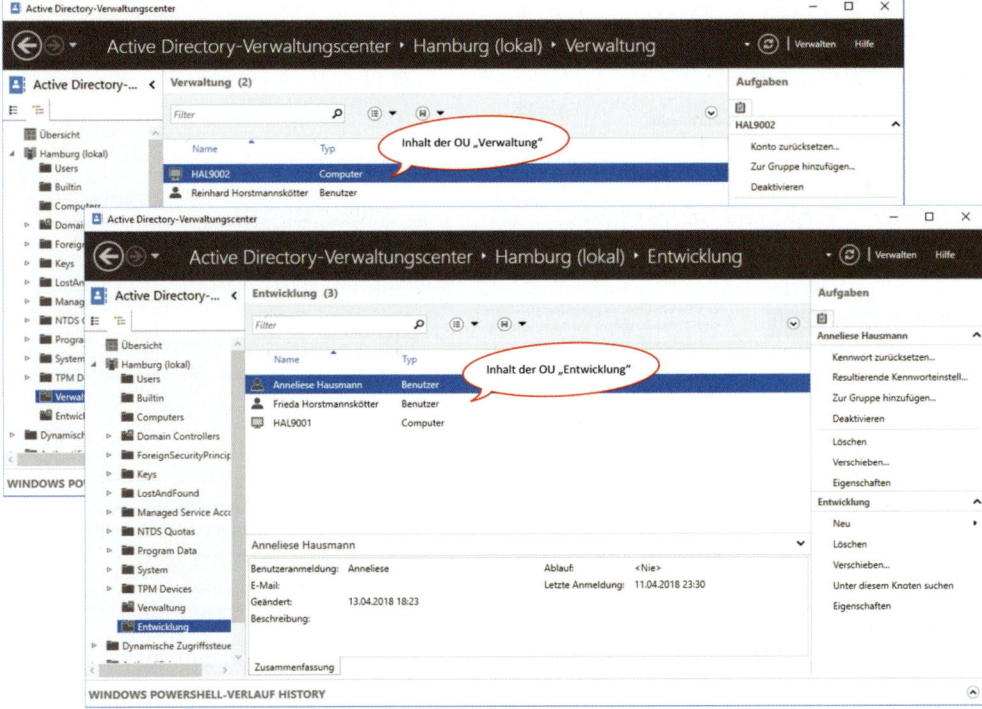

Bild 2.103: Inhalt der Organisationseinheiten „Verwaltung" und „Entwicklung"

2.2.2.6   Einrichtung eines Druckerservers unter Windows Server 2016

Für einen am Arbeitsplatzrechner genutzten Drucker bestehen im Wesentlichen die folgenden vier Möglichkeiten:

- ein lokal (z. B. über USB) angeschlossener Drucker,
- ein Drucker mit Netzwerkfreigabe,
- ein Netzwerkdrucker (Drucker mit Netzwerkanschluss),
- ein in einer Active-Directory-Domäne bereitgestellter Drucker.

Ein lokal angeschlossener Drucker kann zunächst nur vom angeschlossenen Arbeitsplatzrechner verwendet werden. Mit zusätzlicher Netzwerkfreigabe steht er dann auch anderen Computern zu Verfügung. Allerdings muss der Computer dazu eingeschaltet bleiben. Abhilfe bietet z. B. ein Drucker mit Netzwerkanschluss. Oder es wird der zu benutzende Drucker an einen Computer angeschlossen, der ohnehin ständig eingeschaltet bleibt, z. B. der Server.

Im einfachsten Fall kann ein Drucker am Windows-Server durch eine Netzwerkfreigabe verfügbar gemacht werden. Dagegen ist die Einrichtung der Druckerserver-Komponenten mit Hilfe des Serverrollen-Installationsassistenten und die Freigabe des Druckers in der

Domäne mit geringem Aufwand ebenfalls recht schnell erledigt. Dafür bietet die Umsetzung mit dem Druckerserver neben weiteren Funktionen einen vergleichsweise geringeren Administrationsaufwand.

Für den Betrieb des Druckerservers muss die Rolle „Druck- und Dokumentdienste" installiert werden (Bild 2.104).

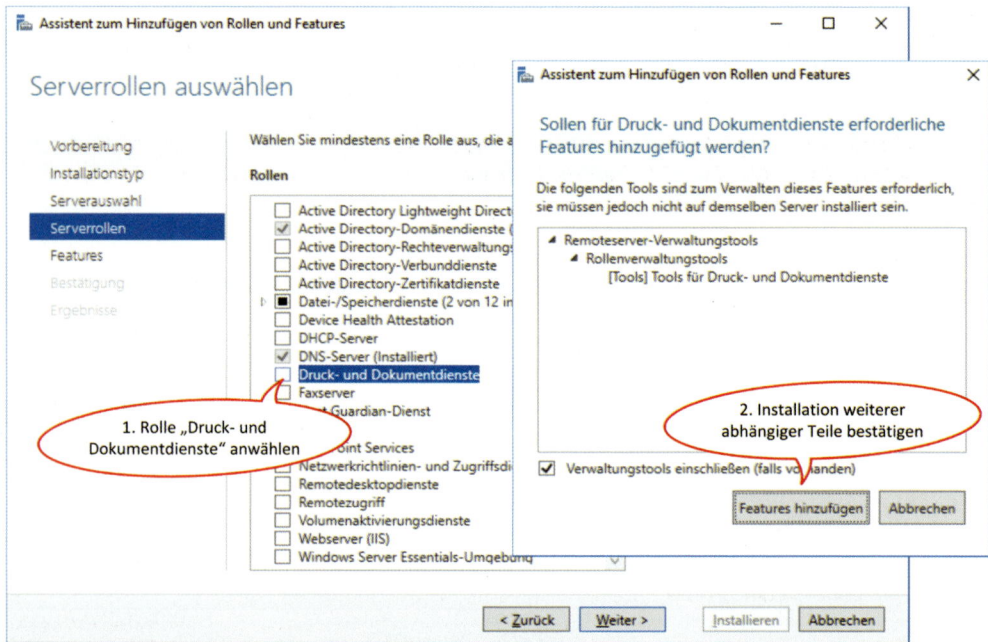

Bild 2.104: Installation der Druck- und Dokumentdienstrolle

Weitere Bestandteile, die in diesem Zusammenhang ebenfalls benötigt werden, sind automatisch zur Installation vorgemerkt. Nach einigen Klicks erfolgt die Auswahl der einzurichtenden Rollendienste. Hier ist darauf zu achten, dass „Druckerserver" per Haken ausgewählt ist, die restlichen Dienste werden hier nicht benötigt und müssen nicht installiert werden (Bild 2.105).

Ist die Installation durchlaufen, muss nun ein Drucker in der Domäne freigegeben werden. Dazu wird die Anwendung „Druckerverwaltung" aus

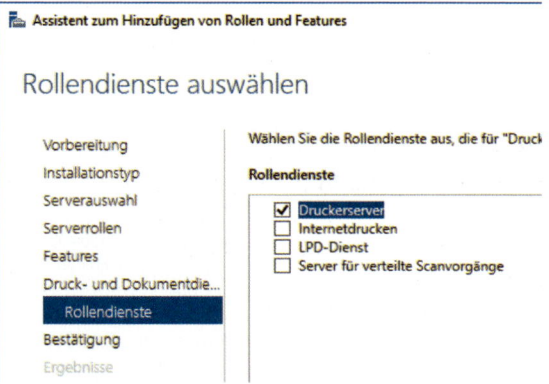

Bild 2.105: Auswahl des Druckerserver-Rollendienstes

dem Tools-Menü des Server-Managers heraus gestartet (Bild 2.106).

Links im Navigationsbereich der Anwendung muss die Druckerverwaltung bis zum Element „Drucker" aufgeklappt und „Drucker" angewählt werden (Bild 2.107). Im Mittelbereich erscheinen dann die auf dem Server installierten Drucker. Ist der Drucker, der freigegeben werden soll, noch nicht installiert, kann das jetzt nachgeholt werden: Auf einer freien Stelle im mittleren Feld kann per Kontextmenü (rechter Mausbutton) über den Eintrag „Drucker hinzufügen..." ein Installationsassistent gestartet werden.

Im abgebildeten Beispiel soll der vorhandene Drucker „CDC 5626L_DCC 6626L KX" freigegeben werden. Die entsprechende Zeile wird angeklickt und im Kontextmenü „Freigabe verwalten…" aufgerufen.

Bild 2.106: Druckverwaltungs-Anwendung im Tools-Menü

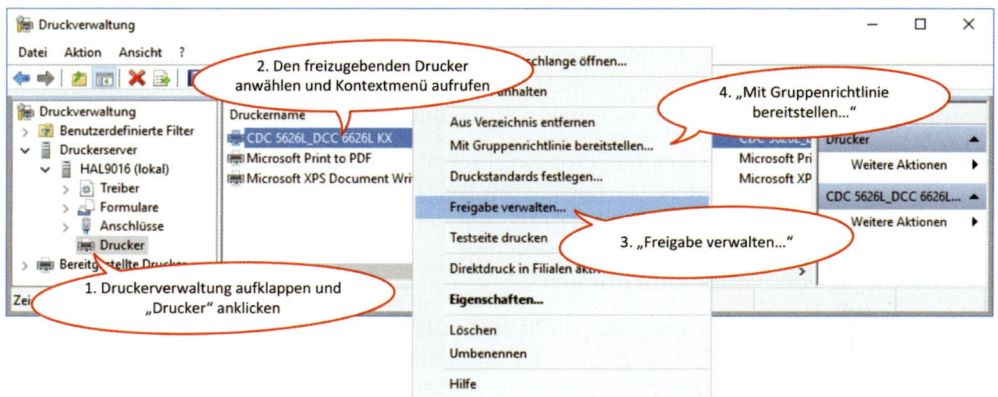

Bild 2.107: Druckerverwaltung

Im Freigabedialog (Bild 2.108) müssen alle drei Optionen angewählt werden. Die erste Option gibt den Drucker im Netzwerk frei. Der Freigabename kann im Eingabefeld auf Wunsch geändert werden. Die dritte Option sorgt dafür, dass der Drucker im Windows-Netzwerk unter dem Freigabenamen im Active Directory angezeigt wird. Die zweite Option bewirkt, dass die Druckauftragswarteschlange vom Drucker verwaltet wird.

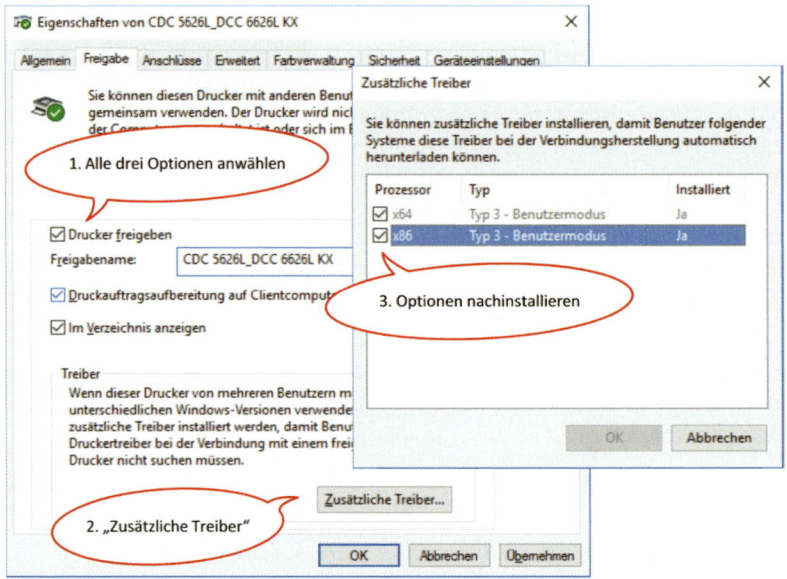

Bild 2.108: Druckerverwaltung

Über die Schaltfläche „Zusätzliche Treiber…" können optionale Treiber installiert und anderen Benutzern mit unterschiedlichen Windows-Versionen zur Verfügung gestellt werden. Im Beispiel wurde der optionale x86-Treiber nachinstalliert.

Jetzt ist der Drucker im Active Directory verfügbar und kann von den Benutzern eingebunden und installiert werden. Die benötigten Treiber bietet der Druckerserver zum Download direkt mit an. Das funktioniert allerdings nur bei treiberkompatiblen Betriebssystemen.

Bereitstellung über Gruppenrichtlinien

Um die Benutzer in einer Domäne nicht mit einer manuellen Druckerinstallation zu behelligen, kann dieser Vorgang auch automatisiert werden. Das geschieht über eine sogenannte Gruppenrichtlinie.

Im folgenden Beispiel soll der Drucker für die Computer der OU „Entwicklung" bereitgestellt werden. Dazu wird in der Druckerverwaltung über das Kontextmenü des freigegebenen Druckers der Menüpunkt „Mit Gruppenrichtlinie bereitstellen…" (Bild 2.107, Schritt 4) aufgerufen. Es öffnet sich ein Dialogfenster, das die Angabe eines Gruppenrichtlinienobjekts erwartet (Bild 2.109). Mit Klick auf „Durchsuchen…" erscheint eine Liste unter anderem mit der OU „Entwicklung". Durch Doppelklick wird in diese OU gewechselt. In dem leeren Feld kann nun ein Gruppenrichtlinienobjekt mit dem Namen „Drucker" erstellt werden (Kontextmenü: „Neu"). Danach wird dieses Fenster per Doppelklick auf „Drucker" verlassen.

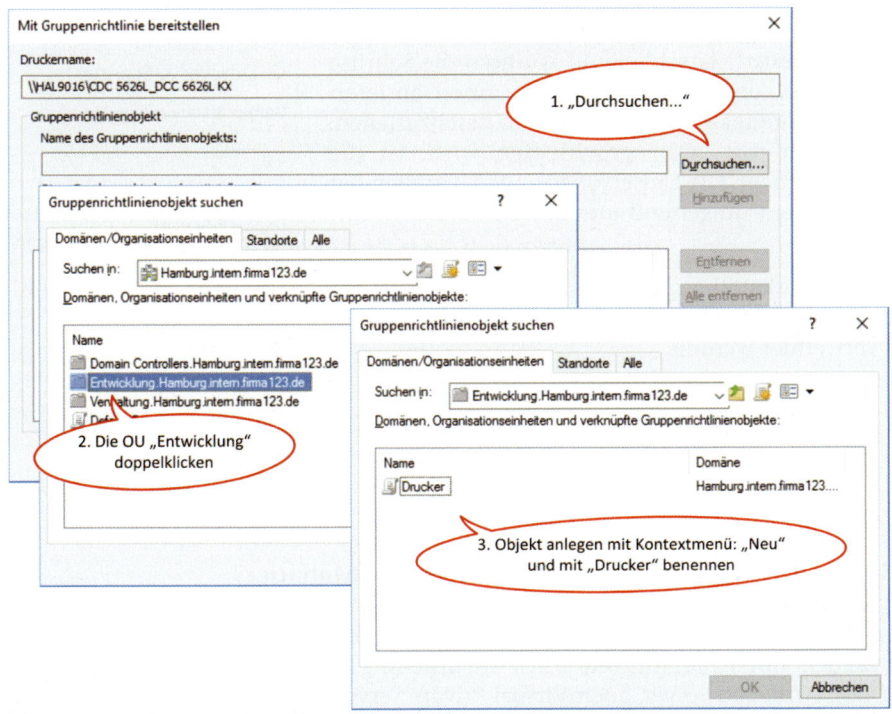

Bild 2.109: Gruppenrichtlinienobjekt anlegen

Damit ist das Gruppenrichtlinienobjekt ausgewählt. Jetzt muss die Art der Bereitstellung angegeben werden. Da der Drucker für alle Benutzer eines Computers bereitgestellt werden soll, wird nur die zweite Option für die Installationsoption pro Computer ausgewählt (Bild 2.110).

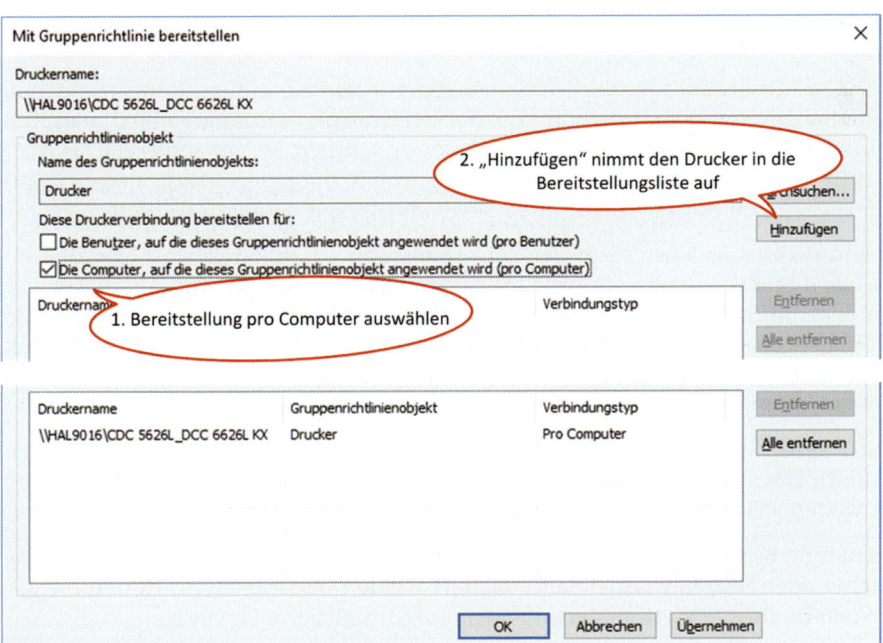

Bild 2.110: Gruppenrichtlinie für die Bereitstellung festlegen

Mit Klick auf „Hinzufügen" wird dieser Installationsschritt in die Liste aufgenommen. Anschließend könnten die Schritte wiederholt werden, um diesen oder auch einen anderen Drucker für die Computer in einer anderen OU bereitzustellen. Wenn das Fenster mit „OK" geschlossen wird, ist die Bereitstellung beauftragt. Die Umsetzung auf den betreffenden Computern geschieht umgehend und ohne Interaktion mit dem Benutzer.

Nach erfolgter Bereitstellung erscheint der Drucker in der Liste der installierten Drucker (Bild 2.111) und kann von den Benutzern verwendet werden.

Bild 2.111: Erfolgte Bereitstellung auf dem Computer HAL9001

2.2.2.7 Server-Virtualisierung mittels des Hyper-V-Managers

Von **Server-Virtualisierung** spricht man, wenn einer oder mehrere physikalische Server verwendet werden, um darauf mithilfe von Virtualisierungssoftware virtuelle Server bereitzustellen. Diese virtuellen Server, auch Virtual Private Server (VPS) genannt, sind virtuelle Maschinen, bei denen die jeweiligen Benutzer je nach Vorgabe nur virtuelle Hardware-Komponenten sehen. Die physikalische Hardware bleibt vor den Benutzern verborgen. Cloud-Computing-Produkte (siehe Kap. 2.4.2.2) wie Azure von Microsoft oder AWS von Amazon sind nach diesem Prinzip aufgebaut. Sie bieten je nach Bezahlung die Leistung z. B. eines Arbeitsplatz-PCs bis hin zu der eines Großrechners.

Im kleineren Maßstab findet dieses Vorgehen oft auch in der betrieblichen IT Anwendung.

> **Beispiel für den Einsatz von Server-Virtualisierung in einem kleinen Unternehmen:** Ein Internet-Dienstleister benötigt zehn Web-Server. Um auch umfangreiche dynamisch erzeugte Webseiten ausreichend schnell bereitstellen zu können, ist pro Server die Rechenleistung X erforderlich. Auch wenn die Rechenleistung X nur gelegentlich ausgeschöpft wird, muss sie dennoch für jeden einzelnen Sever abrufbereit gehalten werden.
>
> Alternativ könnte ein Computer mit der Rechenleistung 10*X gewählt und zur Server-Virtualisierung eingesetzt werden. Aus den Servern würden dann virtuelle Server. Die pro Server geforderte maximale Rechenleistung X würde dann zur Mindestrechenleistung, denn die nicht abgerufene Leistung einzelner virtueller Server könnte infolgedessen den anderen zusätzlich zur Verfügung gestellt werden.

Einen virtualisierten Server oder allgemein eine virtuelle Maschine bezeichnet man auch als **Gast** (Guest). Das System, das die virtuelle Umgebung bereithält, also diesen Gast und meist auch weitere Gäste beherbergt, bezeichnet man als **Wirt** (Host).

Das oben genannte Beispiel kann noch um weitere Hardware-Ressourcen wie beispielsweise Arbeitsspeicher oder Festplattenspeicher erweitert werden. Entsprechend treffen die allgemeinen **Vorteile durch Virtualisierung** auch auf virtualisierte Server zu:

- Die nicht genutzten Ressourcen einzelner Gast-Systeme können von anderen Gästen zusätzlich genutzt werden. Das erlaubt eine **effizientere Ausnutzung der Hardware** des Wirt-Systems.

- Jeder physikalische Server weist eine elektrische Mindestleistungsaufnahme auf, selbst wenn er untätig auf Arbeit wartet. Ebenso das Host-System. Bei mehreren Gästen fällt dieser Mindestverbrauch damit also nur einmal an, sodass **geringere Energiekosten** entstehen. Mit wachsender Prozessorauslastung steigt allerdings die Leistungsaufnahme, sodass der Unterschied immer weniger deutlich ausfällt.

- Defekte Hardware kann es bei Gast-Systemen nicht geben. Aber auch der **Austausch** und die **Erweiterung von Komponenten** (Arbeitsspeicher, Festplattenspeicher, zusätzliche Netzwerkkarten) sind **einfach und schnell** während des laufenden Betriebs erledigt. Ein physikalisches System muss immer noch ausgeschaltet und manuell umgebaut werden. Die vom Host betriebenen Gast-Systeme können hingegen im laufenden Betrieb unterbrechungsfrei von einer Hardware-Plattform auf eine andere übertragen (migriert) werden, während dann z. B. die ursprüngliche Hardware gewartet oder erweitert wird.

- Mit **wenig Administrationsaufwand** ist ein neuer **virtueller Server** durch ein paar Mausklicks eingerichtet und betriebsbereit, man sagt auch: **provisioniert**. Langwierige Bestellprozesse und Lieferzeiten entfallen. Nicht mehr benötigte Server werden vollständig „recycelt", indem sie gelöscht und die belegten Ressourcen wieder freigegeben werden.

- Die virtuelle Hardwareausstattung der Gastsysteme lässt sich beliebig einstellen. Auf diese Weise kann man **alte Software**, die mit aktueller Hardware nicht mehr kompatibel ist, noch **länger betreiben**.

Windows Server 2016 und Windows 10 bringen (mit Ausnahme von Windows 10 Home und Mobile) bereits alle notwendigen Mittel mit, um selbst als Wirt-System virtuelle Maschinen zu „hosten". Die Virtualisierungssoftware benennt Microsoft in Anlehnung an die Bezeichnung Hypervisor mit **Hyper-V**. Der **Hypervisor**, auch **Virtual Machine Monitor** (**VMM**) genannt, ist das Kernstück der Virtualisierungssoftware. Er bildet die Grundlage zum Betrieb der virtuellen Maschinen.

> Je nach Ausführung kann ein Hypervisor auch ganz ohne Betriebssystem quasi auf der „blanken Hardware" (**bare-metal**) betrieben werden (siehe Bild 2.273 oben rechts). In solch einem Fall spricht man von einem **Typ-1 Hypervisor**. Hyper-V wird von Microsoft auch als Typ-1 Hypervisor unter der Bezeichnung „Microsoft Hyper-V Server 2016" angeboten.
>
> Wenn auf der Hardware ein **Betriebssystem** installiert ist, z. B. Windows 10, und die Virtualisierungssoftware auf diesem Betriebssystem läuft, dann kommt ein **Typ-2-Hypervisor** zum Einsatz (siehe Bild 2.273 unten links).

Um Hyper-V unter Windows (oder „bare-metal") nutzen zu können, müssen einige Voraussetzungen erfüllt sein.

Systemanforderungen für den Einsatz von Hyper-V:

- Host-Betriebssystem: Windows 10 Professional/Education/Enterprise, Windows Server 2016 oder Microsoft Hyper-V Server 2016
- Mindestens 4 GiB Arbeitsspeicher
- 64-Bit-Prozessor
- Prozessor mit Adressübersetzung in der zweiten Ebene (SLAT)
- Prozessor mit VM-Überwachungsmonitormodus (Intel VT bzw. AMD-V)
- Prozessor mit Datenausführungsverhinderung (Intel DEP bzw. AMD NX)

Die letzten beiden Prozessorerweiterungen sind konfigurierbar. Deshalb sollte sichergestellt werden, dass beide Optionen im BIOS aktiviert sind.

Alternativ gibt Windows Auskunft, ob die vorliegende Hardware zum Betrieb von Hyper-V geeignet ist. In der PowerShell oder in der Eingabeaufforderung liefert das Kommando „systeminfo" die relevante Information (Bild 2.112).

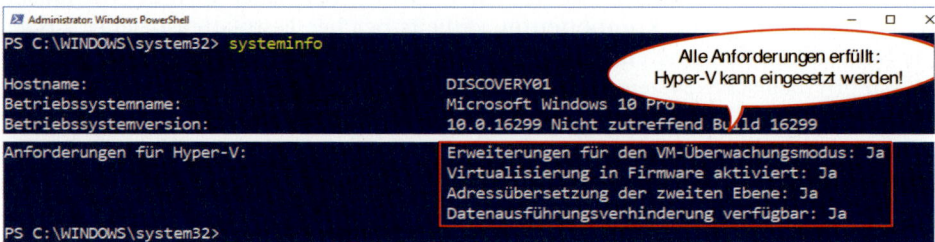

Bild 2.112: Das Systeminfo-Kommando informiert über die Hyper-V-Anforderungen

Alle vier Punkte müssen erfüllt sein. Sobald ein „Nein" auftaucht, kann Hyper-V nicht eingesetzt werden. Das liegt daran, dass diese Prozessor-Erweiterungen inzwischen zur Standardausstattung aktueller Prozessoren gehören, mit Ausnahme von Modellen im Niedrigpreissegment. Hyper-V und andere moderne Hypervisors haben ihren Betrieb auf diese Prozessor-Erweiterungen ausgelegt und machen sie damit zur zwingenden Voraussetzung. Das war ursprünglich anders. Als es diese Erweiterungen noch nicht gab, bzw. sie noch nicht nennenswert verbreitet waren, war die Virtualisierung aufwendiger und mit spürbaren Geschwindigkeitseinbußen verbunden.

Exkurs: Virtualisierung mit und ohne Hardware-Unterstützung

Ein Betriebssystem ist in verschiedene Teilbereiche untergliedert, die mit unterschiedlichen Aufgaben und Privilegien ausgestattet sind. Das Schalenmodell (siehe „Einfache IT-Systeme", Kap. 2.3.1) verdeutlicht diesen Zusammenhang. Unterstützt wird die Umsetzung dieses Prinzips von den Prozessoren durch verschiedene Privilegierungsstufen, auch Ringe genannt. Bild 2.113 a) zeigt die Ringstruktur am Beispiel des x86-Prozessors (vgl. „Einfache IT-Systeme", Kap. 1.3). Ring 0 ist dabei die am meisten privilegierte Stufe, Ring 3 die am stärksten eingeschränkte. Im nicht virtualisierten Normalbetrieb sind der Betriebssystem-Kernel und teilweise die Hardwaretreiber dem Ring 0 zugeordnet. Die Ringe 1 und 2 bleiben ungenutzt. Anwendungsprogramme und generische Teile des Betriebssystems werden schließlich im unprivilegierten Ring 3 ausgeführt. Die Ringe 1 und 2 waren ursprünglich für Treiber gedacht, haben sich jedoch nicht durchgesetzt. Einerseits, weil Windows ursprünglich auch für andere Prozessoren mit nur zwei Privilegierungsstufen entwickelt wurde und andererseits, weil jeder Kontextwechsel, also ein Wechsel in einen anderen Ring, zeitverzögernd wirkt.

Zur Virtualisierung hat man dann den Hypervisor in Ring 0 ausgeführt und die Betriebssystemteile in Ring 1

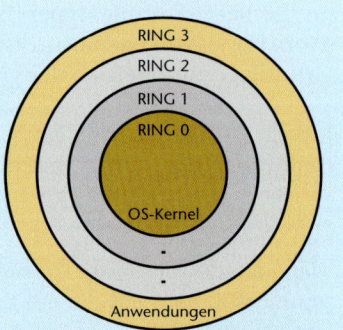

a) Normalbetrieb ohne Virtualisierung

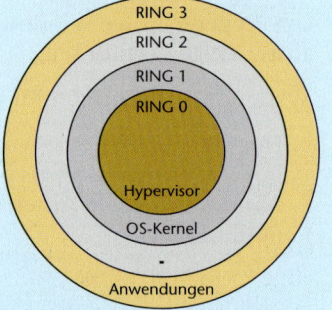

b) Virtualisierung ohne Hardware-Unterstützung

verschoben (Bild 2.113 b). Die in Ring 1 nicht mehr erlaubten Zugriffe wurden dann vom Hypervisor abgefangen und entsprechend behandelt. In der Regel waren noch zusätzliche Eingriffe an dem Gastsystem in Ring 1 erforderlich. Das war insgesamt aufwendig und die Virtualisierung insgesamt nicht besonders schnell.

Erst die Prozessorerweiterungen zur Virtualisierung entspannten die Situation: Der Kernel kann seitdem grundsätzlich unverändert im Ring 0 verbleiben und der Hypervisor genießt notwendige Zusatzprivilegien. Entsprechend der Ring-Zählweise ordnet man den Hypervisor damit dem Ring -1 zu (Bild 2.113 c).

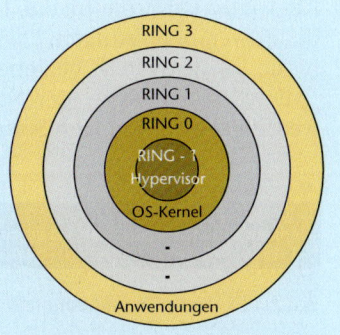

c) Virtualisierung mit Hardware-Unterstützung

Bild 2.113: x86-Privilegierungsstufen

Hyper-V-Installation unter Windows 10

In Windows 10 ist Hyper-V als Windows-Feature nachinstallierbar. Über das Einstellungsmenü gelangt man im „Apps"-Einstellungsbereich durch Klick auf „Programme und Features" bei „Verwandte Einstellungen" (Bild 2.114). Alternativ über die Befehlsausführung (Windows+R): „appwiz.cpl".

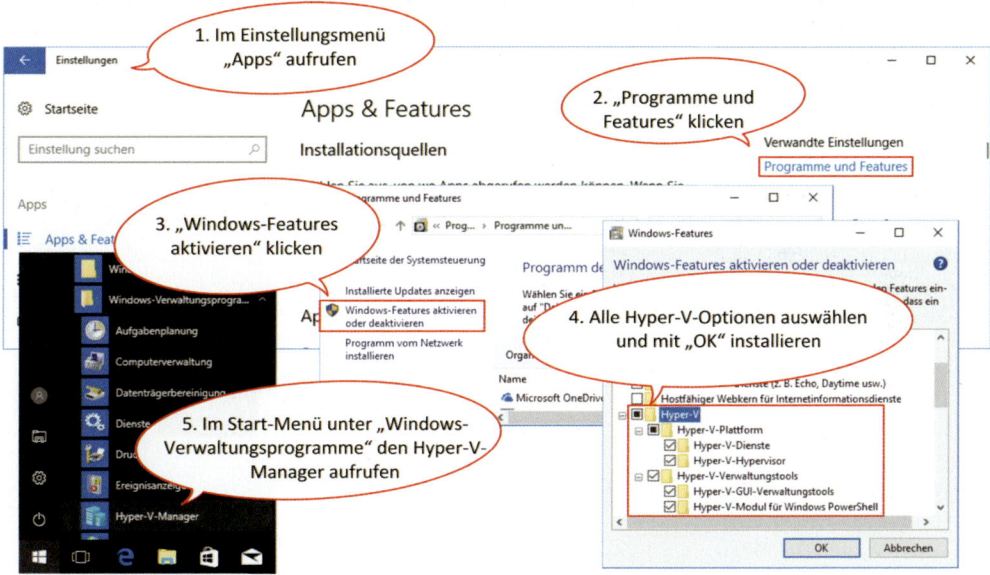

Bild 2.114: Installation von Hyper-V in Windows 10

Mit dem „Programme und Features"-Einstellungsdialog öffnet sich ein Relikt vorangegangener Windows-Versionen. Aktuell ist es notwendig, mittels Klick auf „Windows-Features aktivieren oder deaktivieren" im neuen Fenster die Hyper-V-Unterstützung per Maussteuerung zu aktivieren. Mit Klick auf „OK" startet die Installation, die durch einen Neustart abgeschlossen wird. Danach steht der Hyper-V-Manager im Start-Menü im Ordner „Windows-Verwaltungsprogramme" zur Verfügung.

Alternativ kann die Installation über das Cmdlet „Enable-WindowsOptionalFeature" in der PowerShell erfolgen. Der Schalter „-Online" besagt, dass sich die Aktion auf das laufende lokale System beziehen soll. Nach der Einleitung mit „-FeatureName" folgt mit „Microsoft-Hyper-V" der Name des gewünschten Features. Durch den Schalter „-All" werden alle abhängigen Softwarepakete mitinstalliert.

```
Administrator: Windows PowerShell                                    —   □   ×
PS C:\WINDOWS\system32> Enable-WindowsOptionalFeature -Online -FeatureName Microsoft-Hyper-V -All
Möchten Sie den Computer jetzt neu starten, um den Vorgang abzuschließen?
[Y] Yes  [N] No  [?] Hilfe (Standard ist "Y"): _
```

Bild 2.115: PowerShell-Kommando zur Installation von Hyper-V in Windows 10

Hyper-V-Installation unter Windows Server 2016

Die Hyper-V-Unterstützung wird in Windows Server 2016 genauso wie andere Serverrollen installiert: Der Klick auf „Hyper-V" öffnet ein Fenster mit dem Hinweis auf die abhängigen und deshalb mit zu installierenden Komponenten (Bild 2.116). Das bestätigt man und wählt bei der folgenden Nachfrage einen Netzwerkanschluss aus, der zur Versorgung der virtuellen Maschinen an einen virtuellen Switch angeschlossen wird. Alle weiteren Nachfragen können mit der Voreinstellung beantwortet werden. Ist die Installation abgeschlossen, muss noch ein Neustart des Computers erfolgen. Danach ist der Hyper-V-Manager sowohl im Start-Menü unter „Windows-Verwaltungsprogramme" zu erreichen als auch im Tools-Menü des Server-Managers.

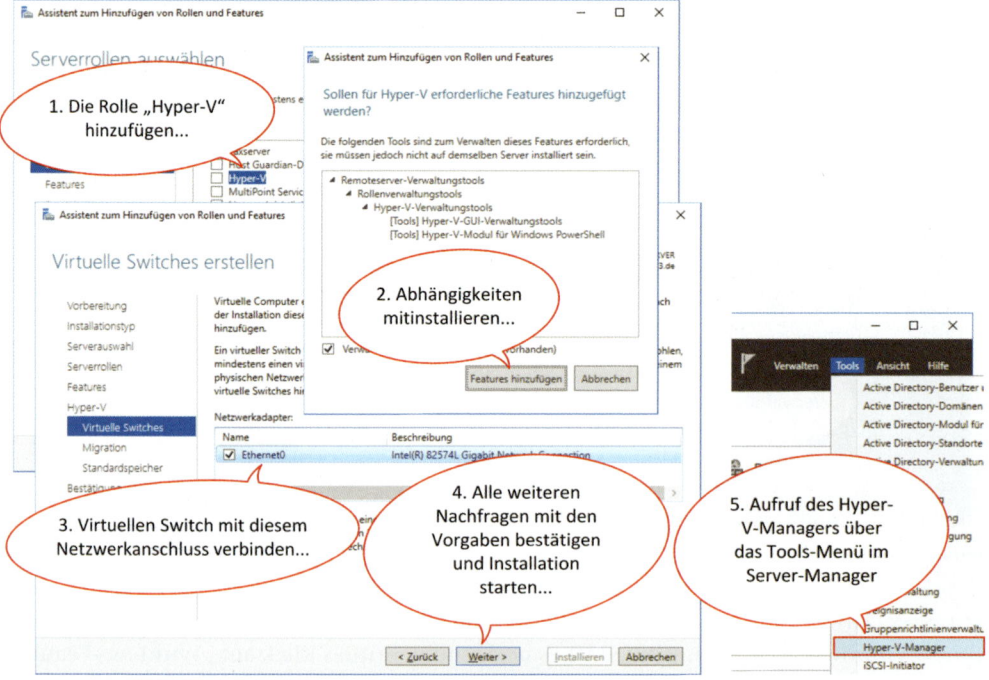

Bild 2.116: Installation der Hyper-V-Rolle in Windows Server 2016

Auch mit Windows Server 2016 kann die Installation ersatzweise in der PowerShell erfolgen. Auf das Cmdlet „Install-WindowsFeature" folgt als Positionsparameter („-Name") der Feature-Name „Hyper-V". Der Schalter „-IncludeManagementTools" stellt sicher, dass die Hyper-V-Verwaltungs-Tools mitinstalliert werden.

```
Administrator: Windows PowerShell                                          —  □  ×
PS C:\Users\Administrator> Install-WindowsFeature -Name Hyper-V -IncludeManagementTools

Success Restart Needed Exit Code       Feature Result
------- --------------- ---------       --------------
True    Yes             SuccessRest... {Hyper-V}
WARNUNG: Sie müssen den Server neu starten, um den Installationsprozess abzuschließen.


PS C:\Users\Administrator> _
```

Bild 2.117: PowerShell-Kommando zur Installation von Hyper-V in Windows Server 2016

Hyper-V-Manager

Der Hyper-V-Manager ist die grafische Verwaltungskonsole des Hypervisors Hyper-V. Mit ihm lassen sich virtuelle Maschinen, Netzwerke, Ablagespeicher und Systemressourcen verwalten, Daten- und Zustandssicherungen vornehmen und Gast-Systeme migrieren.

Direkt nach dem Start (siehe Schritt 5 in Bild 2.114 und Bild 2.116) erscheint das Dialogfenster des Hyper-V-Managers in einer dreispaltigen Ansicht (Bild 2.118). In der linken Spalte ist die Verbindung zum lokalen Hyper-V aufgeführt und gegebenenfalls noch weitere Hyper-V-Instanzen, die z. B. über eine Netzwerkverbindung eingebunden wurden. Die rechte Spalte zeigt die jeweils verfügbaren Host- und Gast-Aktionen an. Alle Aktionen lassen sich aber auch über das Kontextmenü des Host- bzw. Gast-Eintrags oder über das Aktionsmenü erreichen, sodass die beiden äußeren Spalten bei Bedarf über die Symbolleiste ausgeblendet werden können.

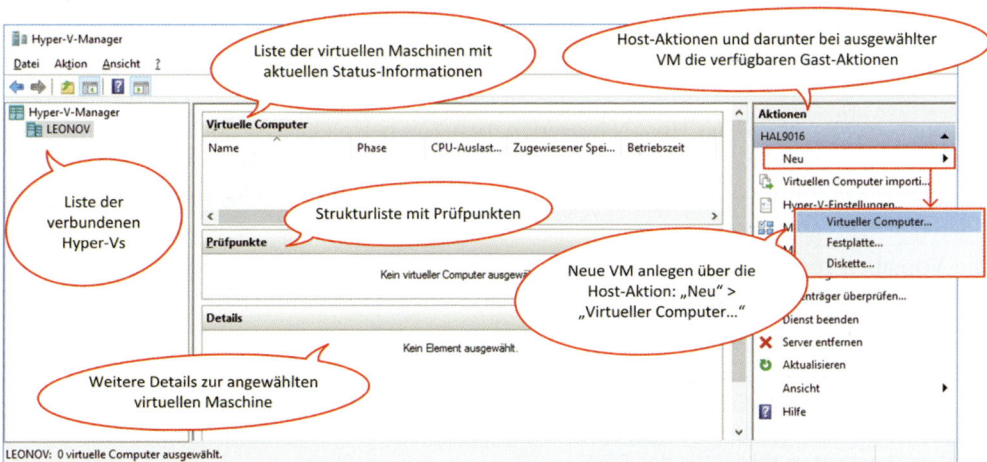

Bild 2.118: Hyper-V-Manager

Erstellen eines virtuellen Servers

Im Folgenden soll ein virtueller Server auf Basis von Windows Server 2016 mit Desktopdarstellung aufgebaut werden.

Die Erstellung virtueller Maschinen wird vom Hyper-V-Manager mit einem Assistenten unterstützt. Er wird über „Neu" > „Virtueller Computer…" im Host-Aktionsmenü (Bild 2.118) gestartet.

Nach den Vorbemerkungen muss ein Name für die neue virtuelle Maschine angegeben und bei Bedarf der Speicherpfad geändert werden. Danach, im Punkt „Generation angeben", muss die Generation der zu erstellenden virtuellen Maschine ausgewählt werden (Bild 2.120).

Im Unterschied zu den anderen Einstellungen kann die Generation nach der Erstellung der VM nicht mehr geändert werden und sollte deshalb sorgfältig überlegt sein.

Vorbemerkungen
Name und Pfad angeben
Generation angeben
Speicher zuweisen
Netzwerk konfigurieren
Virtuelle Festplatte verbinden
Installationsoptionen
Zusammenfassung

Bild 2.119: Ablauf: Assistent für neue VM

Wählen Sie die Generation dieses virtuellen Computers aus.

⦿ Generation 1
Diese Generation virtueller Computer unterstützt 32-Bit- und 64-Bit-Gastbetriebssysteme und stellt virtuelle Hardware bereit, die in allen früheren Versionen von Hyper-V verfügbar gewesen ist.

○ Generation 2
Diese Generation virtueller Computer unterstützt neuere Virtualisierungsfeatures, verfügt über UEFI-basierte Firmware und erfordert ein unterstütztes 64-Bit-Gastbetriebssystem.

⚠ Sobald ein virtueller Computer erstellt wurde, kann seine Generation nicht mehr geändert werden.

Bild 2.120: Auswahl der VM-Generation

Die Generation 2 unterstützt ausschließlich 64-Bit-Betriebssysteme und verwendet statt eines konventionellen BIOS eine UEFI-Firmware (vgl. „Einfache IT-Systeme", Kap. 3.1) mit erzwungenem Secure Boot. Das schränkt die infrage kommenden Gast-Systeme spürbar ein. Vorteilhaft ist aber, dass einige Treiber, die Host-Ressourcen an den Gast durchreichen, moderner umgesetzt wurden und dabei ressourcensparsamer und effizienter sind. Auch der Boot-Datenträger ist jetzt nicht mehr auf 2 TiB begrenzt. Dennoch dürften die Unterschiede für den Benutzer nur selten spürbar sein.

Im Punkt „Speicher zuweisen" sind 1024 MiB vorgegeben. Da Microsoft für Windows Server 2016 mit Desktopdarstellung als Mindestanforderung 2 GiB angibt, muss dieser Wert auf 2048 MiB erhöht werden.

Soll der Gast Zugriff auf das Host-Netzwerk haben, um beispielsweise auch auf das Internet zugreifen zu können, muss im nächsten Schritt ein Netzwerkanschluss ausgewählt werden. Dieser wird dann mit einem virtuellen Switch verbunden, an dem auch der virtuelle Server angeschlossen ist.

Die Vorgaben für die neu anzulegende virtuelle Festplatte können direkt übernommen werden. Bei Bedarf kann diese Einstellung nachträglich noch angepasst werden.

Zur Installation startet man den Server mit der Installations-DVD (Bild 2.121). Liegt diese als Abbilddatei im ISO-Format vor, kann sie direkt angegeben werden. Ansonsten gibt man das Laufwerk mit der eingelegten DVD an.

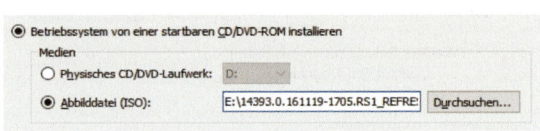

Bild 2.121: Einbinden der Installations-DVD als ISO-Abbild

Zum Abschluss werden alle Einstellungen in einer Zusammenfassung aufgelistet. Mit dem Klick auf „Fertig stellen" wird die Erstellung durchgeführt. Anschließend ist die VM im Bereich „Virtuelle Computer" aufgeführt (Bild 2.122).

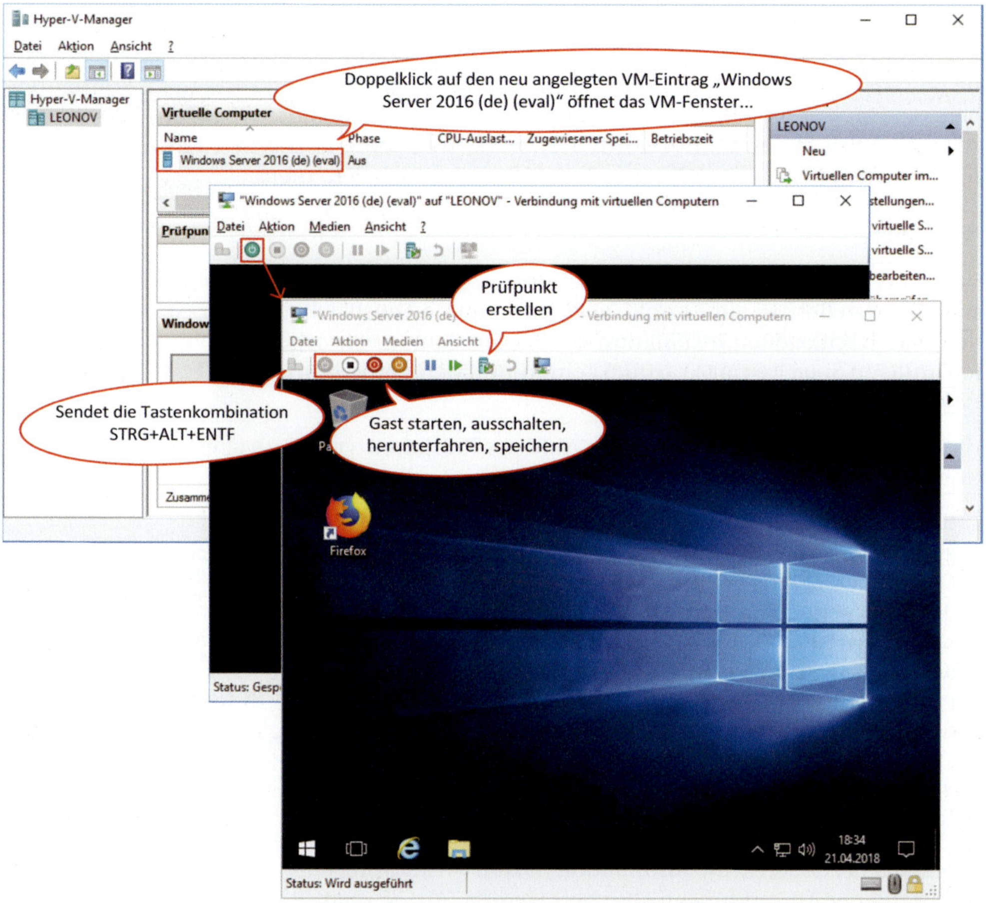

Bild 2.122: Starten der VM

Ein Doppelklick auf den neu angelegten Eintrag „Windows Server 2016 (de) (eval)" öffnet das VM-Fenster. Mit „Aktion" > „Starten" oder Klick auf den Start-Button fährt die VM hoch und beginnt mit der Server-Installation.

Virtuelle Hardware-Erweiterung

In der Standardkonfiguration sind die virtuellen Computer beispielsweise mit nur einem Netzwerkanschluss ausgestattet. Server benötigen aber oft mindestens noch einen zweiten Netzwerkanschluss. Die Nachrüstung ist bei virtuellen Maschinen allerdings kein Problem: Im Kontextmenü der virtuellen Maschine öffnet der Punkt „Einstellungen" das Einstellungsfenster der VM. Gleich der oberste Punkt im Navigationsbereich (Bild 2.124) führt zum Einstellungsbereich „Hardware hinzufügen" (Bild 2.123).

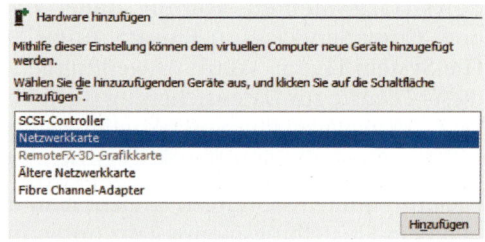

Bild 2.123: Hinzufügen von virtueller Hardware

Die „Ältere Netzwerkkarte" sollte nur dann verwendet werden, wenn eine netzwerkbasierte Installation des Gast-Systems beabsichtigt ist. In allen anderen Fällen ist „Netzwerkkarte" die bessere Wahl. Nach dem Hinzufügen muss die neue Netzwerkkarte noch konfiguriert werden. Die Voreinstellungen können in der Regel beibehalten werden. Nur im Feld „Virtueller Switch" muss noch eine Netzwerkverbindung angegeben werden, z. B. über den virtuellen Switch zum Netzwerkanschluss des Host-Rechners.

Prüfpunkte

Ein großer Vorteil von virtuellen Maschinen ist es, dass man ihren aktuellen Zustand auch im laufenden Betrieb auf Knopfdruck einfrieren und abspeichern kann. Später, z. B. nach einer fehlgeschlagenen Installation, kann man dann zum vorherigen oder einem beliebigen anderen Speicherpunkt zurückkehren und den Betrieb fortsetzen. Dieser Komfort ist inzwischen gewohnter Standard.

Microsoft bietet für Hyper-V mit der Wahl des Prüfpunkttypen nun aber die Entscheidung zwischen zwei Strategien an, wie diese Sicherung erfolgen soll.

- Bei **Standardprüfpunkten** handelt es sich um sogenannte anwendungskonsistente Prüfpunkte, bei denen neben den Daten auch der aktuelle Ausführungszustand der Anwendungen gespeichert wird. Wenn ein Standardprüfpunkt beispielsweise während eines Datenbankabgleichs erzeugt wird, kann es nach Wiederherstellen des Zustands zu Dateninkonsistenzen kommen. Microsoft sieht Standardprüfpunkte in erster Linie für Entwicklungs- und Testzwecke vor. Das Funktionsprinzip ist vergleichbar mit dem des Windows-Ruhezustands im Abschaltmenü.

- **Produktionsprüfpunkte** sind datenkonsistente Prüfpunkte, bei denen keine Informationen zum Ausführungszustand der Anwendungen gesichert werden. Am Namen ist erkennbar, dass Microsoft diesen Prüfpunkttypen für den Produktiveinsatz vorgesehen hat. Das Funktionsprinzip eines Produktionsprüfpunkts entspricht dem einer System-Datensicherung (Backup). Nach Rückspielen eines Prüfpunktes befindet sich die VM im abgeschalteten Zustand.

Voreingestellt sind die Produktionsprüfpunkte. Unter Windows-Gastsystemen kommt dabei der Volume Shadow Copy Service zum Einsatz, unter Linux-Gästen ein File System Freeze. Wenn Anwendungen z. B. die Signale dieser Dienste zur Datensicherung nicht beachten und diese Anwendungen bei Prüfpunkterstellung gestartet sein müssen, sollte zum Standardprüfpunkt gegriffen werden.

Die Prüfpunkteinstellungen erreicht man im Navigationsbereich des Einstellungsmenüs ganz unten im Abschnitt „Verwaltung" (Bild 2.124).

Bild 2.124: VM-Einstellungen für Prüfpunkte und zusätzliche Hardware

Ein Prüfpunkt ersetzt keine Datensicherung! Erstellt man einen Prüfpunkt, werden keine Daten, sondern nur die seitdem vorgenommenen Änderungen gespeichert. Kommt es zum Datenverlust, kann ein Prüfpunkt in der Regel auch keine Daten mehr rekonstruieren.

Einsatz von Prüfpunkten

Ein Prüfpunkt kann über die Symbolleiste des VM-Fensters (Bild 2.122) oder über den Eintrag „Prüfpunkt" im Kontextmenü der VM angelegt werden. Er erscheint als neuer Eintrag in der „Prüfpunkte"-Strukturliste im Hyper-V-Manager.

Beispiel für den Einsatz von Prüfpunkten:
Eine Windows-Server-VM wurde zum Domänencontroller hochgestuft und ein Druckserver eingerichtet. Zwischendurch wurden Prüfpunkte angelegt und aussagekräftig benannt (Bild 2.125). Um die Situation vor dem Hochstufen zum Domänencontroller untersuchen zu können, wird zunächst der aktuelle Zeitpunkt als Ausgangspunkt festgehalten. Da nach den Untersuchungen wieder hierher zurückgekehrt werden soll, wird der vorgegebene Prüfpunktname übernommen. Er setzt sich aus dem VM-Namen und einem (im Bild verdeckten) Zeitstempel zusammen.

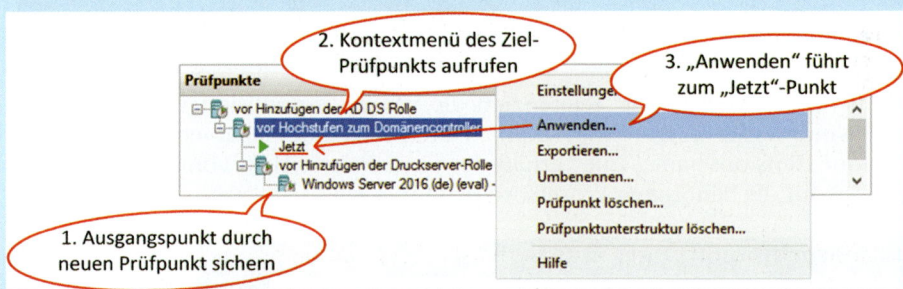

Bild 2.125: Erstellen und Anwenden von Prüfpunkten

Der Wechsel zum Zustand „vor Hochstufen zum Domänencontroller" geschieht durch Selektieren des Prüfpunktes und Auswahl des Eintrags „Anwenden" im Kontextmenü. Ist der neue Systemzustand hergestellt, verschiebt sich der „Jetzt"-Marker und fügt sich in die Zeile direkt unterhalb des Prüfpunktes ein.

Sind die Untersuchungen beendet, kann auf gleiche Weise zum Ausgangspunkt zurückgekehrt werden. Weil der Prüfpunkt damit seinen Zweck erfüllt hat und nicht mehr benötigt wird, kann er über das Kontextmenü wieder gelöscht werden.

Geschachtelte Virtualisierung

Durch den Einsatz von Virtualisierungssoftware kann das Verhalten mehrerer Computer untersucht werden, ohne dass entsprechend viel Computerhardware zur Verfügung stehen muss. Übertragen auf einen Server mit Virtualisierungssoftware und mehreren virtuellen Servern bedeutet das, dass der Virtualisierungsserver ebenfalls virtualisiert werden müsste.

Hyper-V ist seit Windows Server 2016 bzw. Windows 10 in der Version 1607 (Anniversary Update) zu dieser **geschachtelten Virtualisierung** (Nested Virtualization) in der Lage.

Voraussetzung für geschachtelte Virtualisierung:

- Die virtuellen Maschinen müssen die VM-Konfiguration 8.0 oder darüber aufweisen. Diese Konfiguration ist mit Windows 10 bzw. Windows Server 2016 von Hyper-V eingeführt worden.

- Der Prozessor muss die Erweiterungen Intel VT-x und EPT bereitstellen. Gegenwärtig wird die geschachtelte Virtualisierung nur für Intel-Prozessoren unterstützt.

- Die geschachtelte Virtualisierung funktioniert nur mit Windows Server 2016 und Windows 10 (ab Version 1607), d. h., sowohl Gast als auch Host müssen dabei jeweils eines dieser beiden Windows-Betriebssysteme einsetzen.

- Für die Schachtelung ist der Zugriff des virtualisierten Hosts auf die Prozessorerweiterungen erforderlich. Die Freigabe kann über das folgende PowerShell-Kommando erfolgen:

Bild 2.126: Aktivierung der geschachtelten Virtualisierung

Das Cmdlet „Set-VMProcessor" referenziert die VM des virtualisierten Hosts mit den Namen „Windows Server 2016 (de) (eval)". Durch Setzen des Parameters „-ExposeVirtualiztationExtensions" auf „True" erhält der virtualisierte Host vom physikalischen Host Zugriff auf die benötigten Prozessor-Erweiterungen.

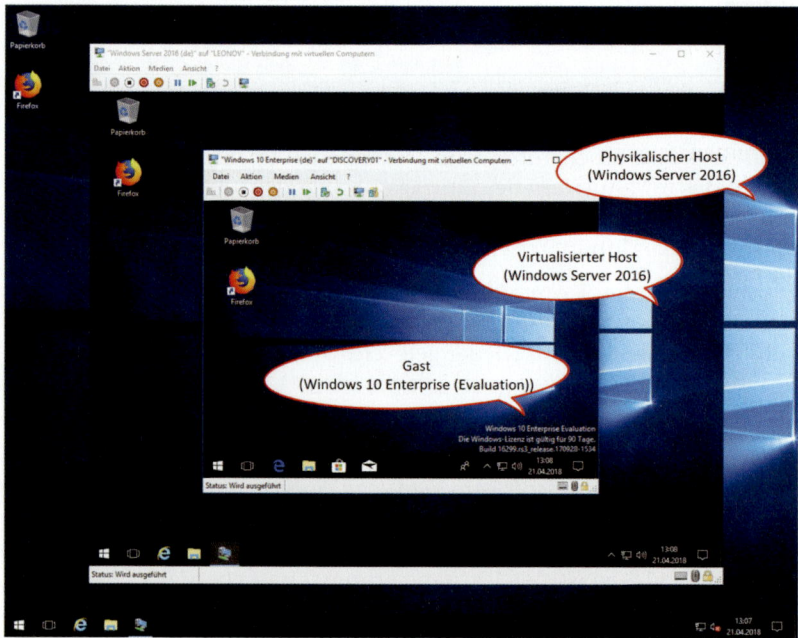

Bild 2.127: Beispiel einer geschachtelten Virtualisierung

Windows-Evaluierungsversionen

Microsoft bietet unter anderem Windows 10 Enterprise und Windows Server 2016 kostenlos zum Ausprobieren an. Die Fassungen sind jeweils in ihrer Laufzeit beschränkt. Windows 10 Enterprise ist auf 90 Tage begrenzt, Windows Server 2016 auf 180 Tage. Bei dem ebenfalls im Evaluation Center erhältlichen Microsoft Hyper-V Server 2016 handelt es sich um die kostenlose Typ-1-Hypervisor-Umgebung ohne Laufzeitbeschränkung.

Windows 10 Enterprise:
www.microsoft.com/de-de/evalcenter/evaluate-windows-10-enterprise [31.05.2018]

Windows Server 2016:
www.microsoft.com/de-de/evalcenter/evaluate-windows-server-2016 [31.05.2018]

Microsoft Hyper-V Server 2016:
www.microsoft.com/de-de/evalcenter/evaluate-hyper-v-server-2016 [31.05.2018]

2.2.2.8 Unterschiede zu Windows Server 2012 R2

Neu geregelt wurde mit Windows Server 2016 die hardwarebezogene Lizenzierung. Ausschlaggebend ist jetzt die Anzahl der Prozessorkerne und nicht mehr die der Prozessorsockel. Das hat zur Folge, dass die Lizenzkosten besonders für leistungsfähige Systeme, die Prozessoren mit jeweils mehr als acht Kernen einsetzen, steigen.

Besonders starke Änderungen hat es beim Ausstattungsumfang von Datacenter- und Standard-Edition gegeben. Während beide Fassungen bislang den gleichen Funktionsumfang aufwiesen und sich lediglich in den Virtualisierungsrechten unterschieden, sind jetzt wichtige Bestandteile der Datacenter-Edition vorbehalten. Das betrifft insbesondere Speicherlösungen wie Storage Spaces Direct und Storage Replica sowie das Virtualisierungsfeature „Shielded Virtual Machines".

Verschlüsselung und Signatur sollen bei Shielded Virtual Machines unautorisierte Einsichtnahme und Manipulation verhindern. Konkret wird dies genutzt, um mithilfe von Hardwaresicherheitselementen wie einem TPM (Trusted Platform Module) sicherzustellen, dass Shielded Virtual Machines nur von autorisierter Hardware ausgeführt wird. Sollten beispielsweise durch Hack-Angriffe Daten von Shielded Virtual Machines abgegriffen worden sein, wären sie ohne die notwendigen kryptografischen Schlüssel nicht zu entschlüsseln und damit wertlos.

Die Virtualisierungsrechte sehen vor, dass die Standard-Edition maximal zwei virtuelle Betriebssysteminstanzen und maximal zwei Hyper-V-Container erlaubt. Für die Datacenter-Edition gelten diese Beschränkungen nicht. Windows-Container sind generell ohne Limit belegt.

Eine weitere wichtige Neuerung stellt die Unterstützung von Docker-kompatiblen Containern dar (siehe Kap. 2.4.2.2). Microsoft unterscheidet dabei zwei Laufzeitfassungen: den Windows Server Container und den Hyper-V-Container. In dem Zusammenhang ist auch Nano Server zu sehen, der zwar unbeschränkt eingesetzt werden kann, dazu aber einen Wartungsvertrag mit Microsoft bedingt.

Hyper-V wartet mit Nested Virtualization (Kap. 2.2.2.8) und VM-Snapshots für den Produktiveinsatz (Produktionsprüfpunkte, Kap. 2.2.2.8) auf und erlaubt das Hinzufügen von Netzwerkkarten und virtuellem Arbeitsspeicher im laufenden Betrieb. Darüber hinaus sind die Ausbaugrenzen des physikalischen Hosts mit Blick auf Could-Service-Provider deutlich angehoben worden (24 TiB RAM und 512 logische Prozessoren pro physikalischem Host, 16 TiB RAM und 240 virtuelle Prozessoren pro virtueller Maschine).

Wer ein Upgrade auf Windows Server 2016 plant, hat also einiges zu berücksichtigen. Zwar besteht die Möglichkeit, mithilfe des Upgrade-Assistenten nach einigen Überprüfungen ein Upgrade durchzuführen, nur garantiert das keinen reibungslosen Ablauf. Microsoft rät ohnehin davon ab und empfiehlt in solchen Fällen die Neuinstallation. Auch andere Komponenten, die unter Windows Server 2012 R2 funktionierten, müssen nicht zwangsläufig auch unter Windows Server 2016 laufen. Selbst Exchange Server 2016 läuft auf Windows Server 2016 erst seit dem dritten kumulativen Update (CU3). Ein Umstieg zur Probe in einer virtuellen Umgebung ist sicherlich in jedem Fall eine empfehlenswerte Option.

AUFGABEN

1. Was bedeutet WaaS?

2. Was sind Qualitäts-Updates und was unterscheidet sie von den bisherigen Windows-Updates?

3. Was sind Feature-Updates?

4. Was ist daran vorteilhaft, wenn umfangreiche Upgrades nicht auf einmal, sondern einzeln und zeitlich versetzt durchgeführt werden?

5. Welche Gründe sprechen für die Wahl einer langzeitunterstützten (LTSC) Windows-Version?

6. Was bezweckt die Option für Unternehmen, Feature-Updates systematisch verzögern zu können?

7. Was ist die Konsequenz, wenn Feature-Updates generell blockiert werden?

8. Was ist der grundsätzliche Unterschied zwischen Windows Server und Windows Server 2016?

9. Was kennzeichnet ein Windows-Peer-to-Peer-Netzwerk?

10. Was ist die maximale Benutzeranzahl einer Arbeitsgruppe?

11. Unter welchen Umständen kann die maximale Benutzeranzahl einer Arbeitsgruppe überschritten werden?

12. Was sind Heimnetzgruppen und worin besteht der Unterschied zu Arbeitsgruppen?

13. Weshalb sollte man Heimnetzgruppen in Zukunft nicht mehr verwenden?

14. Was bewirkt eine Umstellung des Netzwerkprofils von „Öffentlich" auf „Privat"?

15. Ein PC von drei vernetzten PCs kann keine Dateifreigaben der anderen sehen. Was sind mögliche Ursachen?

16. Zur Windows-Anmeldung kann ein Offline-Konto oder ein Online-Konto eingesetzt werden. Worin bestehen die Unterschiede?

17. Weshalb ist es ratsam, ein Administratorkonto als lokales Benutzerkonto einzurichten?

18. Welche benutzerkontengesteuerte Jugendschutzfunktionen gibt es und wie kann man sie einsetzen?

19. Was ist das versteckte Administratorkonto und worin unterscheidet es sich von anderen Administratorkonten?

20. Welchen Vorteil bietet die Einteilung von Benutzern in Benutzergruppen?

21. Was sind öffentliche und persönliche Ordner?

22. Wie unterscheiden sich öffentliche Ordner von freigegebenen Ordnern?

23. Im Windows Explorer klicken Sie das Laufwerk „C:" an. Danach klicken Sie auf „Benutzer" und dann auf „Öffentlich". Nun sollen Sie in der PowerShell auch in dieses Verzeichnis wechseln. Warum erhalten Sie bereits nach „cd c:\Benutzer" eine Fehlermeldung?

24. Was ist die Windows PowerShell und was zeichnet sie aus?

25. Welche Arten von PowerShell-Kommandos gibt es und wie sind die Kommandonamen aufgebaut?

26. Wie gelangt man an Informationen zur Benutzung eines PowerShell-Kommandos wie z. B. „Get-Host"?

27. Was sind Positionsparameter?

28. Weshalb sollte die Textausgabe eines PowerShell-Kommandos nicht „geparst" werden?

29. Erläutern Sie den Mechanismus, der dafür sorgt, dass ein aus dem Internet heruntergeladenes PowerShell-Skript zunächst nicht ausgeführt werden kann. Was können Sie tun, um es doch noch ausführen zu können?

30. Was sind Geltungsbereiche und Ausführungsrichtlinien, welche gibt es und wie hängen diese zusammen?

31. In der MachinePolicy wurde „Bypass" konfiguriert. Sie haben LocalMachine auf „AllSigned" eingestellt. Können Sie ein unsigniertes PowerShell-Skript ausführen? (Antwort mit Begründung!)

32. Welche Voraussetzungen müssen erfüllt sein, um Serverrollen erfolgreich installieren und nutzen zu können?

33. Ist für den Betrieb eines Domänencontrollers die AD-DS-Rolle erforderlich oder genügt die AD-LDS-Rolle? (Antwort mit Begründung!)

34. Welche Aufgaben und Tätigkeiten führt ein Domänencontroller aus?

35. Ihnen wird das Beispiel einer Gesamtstruktur vorgelegt, die auf dem Domänennamen «ad.local» basiert. Wie beurteilen Sie die Namensentscheidung?

36. Die PCs der zwei Firmenstandorte Bonn und Aachen der Firma Meier sollen unabhängig voneinander in Domänen organisiert werden. Jeder Standort hat drei Abteilungen (Verwaltung, Entwicklung, Kundendienst). Als zukünftige Option soll eine Verbindung der beiden Domänen untereinander und mit Geschäftspartnern bedacht werden. Schlagen Sie Domänennamen für die beiden Standorte vor und begründen Sie Ihre Entscheidung.

37. Nachdem Sie einen DHCP-Serverdienst eingerichtet und konfiguriert haben, muss er im Active Directory autorisiert werden. Woran erkennen Sie, dass die Autorisierung erfolgt ist?

38. Was sind Forward- und Reverse-Lookupzonen?

AUFGABEN

39. Was gilt idealerweise für die logische und für die örtliche Platzierung von DNS-Servern?

40. Wie viele Domänencontroller dürfen einer Domäne angehören?

41. Erläutern Sie die Begriffe Domäne, Objekte und Organisationseinheiten.

42. Was bedeuten die Begriffe „Baum" und „Wald" in einer Gesamtstruktur?

43. Wann ist das Vertrauen zwischen zwei Domänen transitiv und wann nicht transitiv?

44. Was müssen Sie tun, um sich an einem Domänencontroller mit dem lokalen Administratorkonto anzumelden?

45. Der Benutzer Kurt aus der Domäne BEIGERTRUD möchte sich an seinem PC mit seinem lokalen Benutzerkonto „Kurt" anmelden. Was muss er bei der Anmeldung in das Feld für den Benutzernamen eintragen?

46. Was sind servergespeicherte Profile? Welche möglichen Vorteile bieten sie und wann sind sie eher von Nachteil?

47. Welchen Vorteil hat die Bereitstellung eines Druckers über das Active Directory?

48. Was bedeutet Server-Virtualisierung und welche möglichen Vorteile bietet sie?

49. Worin unterscheiden sich Hypervisors vom Typ 1 und Typ 2?

50. Was ist damit gemeint, wenn man sagt, dass Windows in den Ringen 0 und 3 ausgeführt wird?

51. Kann Virtualisierung genutzt werden, wenn der Prozessor keine Virtualisierungserweiterungen aufweist? (Antwort mit Begründung!)

52. Was sind Prüfpunkte?

53. Sie öffnen Wordpad in einem Gast-System und schreiben einen Text, ohne ihn abzuspeichern. Welchen Prüfpunkttypen müssen Sie setzen, damit Sie nach einer Wiederherstellung am Text weiterarbeiten können? Was passiert, wenn sie den anderen möglichen Prüfpunkttypen verwenden?

54. Was versteht man unter „Nested Virtualization"?

55. Auf einem Windows Server 2016 mit AMD Ryzen-Prozessor betreiben Sie einen Windows-10-Hyper-V-Gast. In diesem Gast soll wiederum eine virtuelle Maschine mit Hyper-V eingerichtet werden. Als Gast-System soll dabei Windows 7 zum Einsatz kommen. Sind alle Voraussetzungen erfüllt? Begründen Sie Ihre Antwort und schlagen Sie gegebenenfalls Änderungen vor.

56. Um Ihren Server immer auf dem aktuellsten Stand zu halten, entscheiden Sie sich dafür, Ihr Windows-Server-2012-R2-System mit Erscheinen von Windows Server 2016 direkt mithilfe des Upgrade-Assistenten auf das neue System umzustellen. Wie bewerten Sie dieses Vorgehen?

2.3 Die Unix-/Linux-Familie

Das Betriebssystem Unix entstand Ende der 1960er-Jahre bei der US-amerikanischen Tele-fongesellschaft Bell Telephone Laboratories Inc. (damalige Eigentümer: Western Electric und AT&T), heute Alcatel-Lucent. In welcher Liga die „Bell Labs" anzusiedeln sind, zeigt ein Blick auf die Liste der von dort stammenden Entwicklungen[1]. Auf Grundlage dieses „Ur-Unix" entstanden sehr viele Varianten[2]: Große Firmen brachten eigene, kommerzia-lisierte Geschmacksrichtungen hervor (Bild 2.128), wobei „AT&T-Unix" („System V") und „BSD-UNIX" die Hauptentwicklungsstränge waren.

Hersteller	Produktname	Erscheinungsjahr (ca.)
Microsoft	Xenix	1980
AT&T	System V	1981 (kommerziell)
Sun	SunOS (basierend auf BSD-Unix)	1982
Siemens	Sinix	1984
IBM	AIX	1985
Hewlett-Packard	HP-UX	1985
Sun	Solaris	1991
Apple	macOS (OS X) (basierend auf BSD-Unix)	1999

Bild 2.128: Kommerzielle UNIX-Varianten (Auswahl)

Die Unixe der 1980er-Jahre waren für Bildungseinrichtungen unerschwinglich, sodass Prof. Andrew S. Tanenbaum 1987 in Amsterdam Unix nachprogrammierte und es „Minix" nannte, vermutlich weil es auf 2–3 Disketten passte. Linux wurde 1991 als ein Experiment des finnischen Informatikstudenten Linus Torvalds auf der Basis von Minix entwickelt und unterscheidet sich unter anderem durch die liberale Lizenzgestaltung[3] von kommer-ziellen Betriebssystemen wie Microsoft Windows oder Mac OS. Ein weiterer wichtiger Unterschied liegt darin, dass Linux

- nicht in einem geschlossenen Umfeld (z. B. firmeneigenes Entwicklungslabor) entstand, sondern auf internationaler Ebene von vielen einzelnen Personen ohne spezielle Eigen-interessen,

- aus diesem Grund seine Entwicklung im gerade weltweit aufkommenden Internet stattfand und dieses seinerseits durch kostenlose Software befruchtete und

- wie schon Unix nicht für eine bestimmte Hardware-Basis zugeschnitten war und ist.

Auch Linux unterlag der Evolution und existiert heute fragmentiert in sehr vielen Vari-anten, allerdings sind nur wenige im professionellen Server-Umfeld zu Bedeutung gelangt. Dazu zählen:

- RHEL (Red Hat Enterprise Linux), das in den USA den Linux-Markt dominiert

---

[1] Siehe z. B. den entsprechenden Eintrag „Bell Laboratories" bei Wikipedia.
[2] Siehe https://de.wikipedia.org/wiki/Datei:Unix_history-simple.svg [31.05.2018].
[3] Siehe https://de.wikipedia.org/wiki/GNU_General_Public_License [31.05.2018].

- OES (Open Enterpise Server von Novell/Micro Focus), eine Erweiterung zu SLES (siehe unten), die das geballte Know-how von Novell mitbringt

- Ubuntu, gilt in der Desktopversion als benutzerfreundlich und wird von Microsoft als „Windows Subsystem for Linux" (WSL) ohne GUI unter Windows 10 integriert. Die Server-Version wird auch ohne grafische Oberfläche verwaltet.

- SLES (SUSE Linux Enterprise Server)

Daneben dürfen die vielen kleinen Linux-Systeme nicht vergessen werden, die eingebettet und damit unerkannt in Geräten wie Fernsehern, Fitnessarmbändern, Videorecordern, Telefonanlagen und WLAN-Routern arbeiten.

In den Jahren 2007/2008 wurde Android (Google) auf einem Linux-Kern entwickelt und stellt heute stückzahlmäßig wahrscheinlich das am häufigsten verwendete Betriebssystem dar. Im Gegensatz zu Android beruhen Apples macOS (OS X) und iOS auf BSD-Unix. Es wird zunächst die Netzwerk-Client-Konfiguration betrachtet, auf die später die Netzwerk-Server-Konfiguration aufbaut, sobald dieser Unterbau fertig konfiguriert ist. Dies zeigt darüber hinaus auch die Einrichtung reiner Client-Systeme und Mobilgeräte.

2.3.1 Client-Konfiguration

Die Client-Konfiguration ist der Beginn der eigentlichen Server-Konfiguration. Es werden nun einige Beispiele mit den Schwerpunkten Ubuntu Server 16.04 Xenial Xerus (Long Term Support bis April 2021) und SLES 12 SP1 betrachtet, die die Mehrheit der Anwendungsfälle abdecken dürften. Für Arbeitsplatzrechner und bei grafisch unterstützten Desktopversionen ist das meiste heutzutage selbsterklärend und bedarf keines großen Hintergrundwissens. Fehlt jedoch die grafische Oberfläche, sind grundlegende Kenntnisse des Kommandozeilen-Interpreters *bash* erforderlich. In folgenden Unterkapiteln sind auf der Kommandozeile ausgeführte **Einstellungen** durch das Werkzeug-Symbol gekennzeichnet, **Konfigurationsdateien** durch ein Papier-Symbol.

Bild 2.129: Werkzeug- und Papier-Symbol bei nachfolgenden Textdarstellungen

2.3.1.1 Installation

In der Regel erfolgt die Installation auf PC-artiger Hardware von einem lokalen Medium (CD/DVD als Bootmedium, Bootreihenfolge einstellen!) oder von einem Installationsserver. Diese Medien werden mit einem Brennprogramm aus sogenannten ISO-Dateien erstellt, die vom jeweiligen Distributor heruntergeladen werden können.

ISO-Dateien sind CD/DVD-Abbilder nach einem von der ISO genormten Verfahren (zur ISO siehe Bild 1.9).

Dabei treten große Unterschiede in der Größe der ISO-Dateien auf: 671 MB beim Ubuntu-Server, aber 3097 MB bei SLES. Der Vorteil bei SLES: Nachzuinstallierende Software ist meist schon lokal vorhanden und muss nicht über das Netz aus einem „Repository" des Distributors (vergleichbar mit dem „App Store" oder „Play Store") nachgeladen werden. Der Vorteil bei Ubuntu: Nachinstallierte Software ist sofort aktuell.

Das jeweilige Installationsprogramm versucht die Hardware zu erkennen und die zugehörige Treibersoftware auszuwählen; die Zeitzone (Bild 2.130) und die Benutzersprache sowie das Tastaturlayout (Empfehlung: Schon hier einstellen) werden abgefragt.

YaST2

Sie haben lokale Zeit gewählt, aber es scheint nur Linux auf Ihrem System installiert zu sein. In diesem Fall empfehlen wir dringend, UTC zu benutzen und auf Abbrechen zu klicken.

Falls Sie lokale Zeit beibehalten wollen, müssen Sie zwei Mal im Jahr wegen der Sommerzeitumstellung die CMOS-Uhr stellen. Wenn Sie es verpassen, die Uhr zu stellen, können Datensicherungen fehlschlagen, Ihr E-Mailsystem könnte E-Mails verlieren, usw.

Wenn Sie UTC verwenden, stellt Linux die Zeit automatisch um.

Möchten Sie mit Ihrer gewählten Einstellung (lokale Zeit) fortfahren?

Abbrechen   Fortfahren

Bild 2.130: Warnung bezüglich der Zeitzone bei SLES

Der Installateur kann auch Wünsche bezüglich der Software angeben (Bild 2.131).

```
Welche Software soll installiert werden?

                        [ ] Manual package selection
                        [ ] DNS server
                        [ ] LAMP server
                        [ ] Mail server
                        [ ] PostgreSQL database
                        [ ] Samba file server
                        [*] standard system utilities
                        [ ] Virtual Machine host
                        [*] OpenSSH server
```

Bild 2.131: Softwareauswahl bei der Ubuntu-Installation: Der openSSH-Server sollte gleich mitinstalliert werden

Häufig ist zu diesem Zeitpunkt noch keine Grafik verfügbar, sodass die Steuerung über die Tastatur erfolgen muss, d. h., mit den Pfeiltasten und der Tabulatortaste wird der im Bild 2.131 rote Cursor bewegt, Marken zwischen den Klammern („[ ]") werden mit der Leertaste gesetzt. Suse-Linux verfügt schon bei seiner Installation über eine grafische Oberfläche (Bild 2.133). Dagegen kommt der Ubuntu-Server, im Gegensatz zur Ubuntu-Desktopversion, ganz ohne GUI. Viele Administratoren lehnen einen Server mit GUI grundsätzlich ab, weil sie Speicherplatz und Prozessorleistung kostet (die ISO-Datei für Ubuntu-Desktop ist 1 451 MB groß). Auch die Core-Installationen der Windows-Server kommen aus diesem Grunde ohne GUI daher.

Der *typische* Server steht nicht mit einem Grafik-Bildschirm auf einem Benutzerschreibtisch, sondern ohne Tastatur und Bildschirm im Keller und wird fernbedient (SSH).

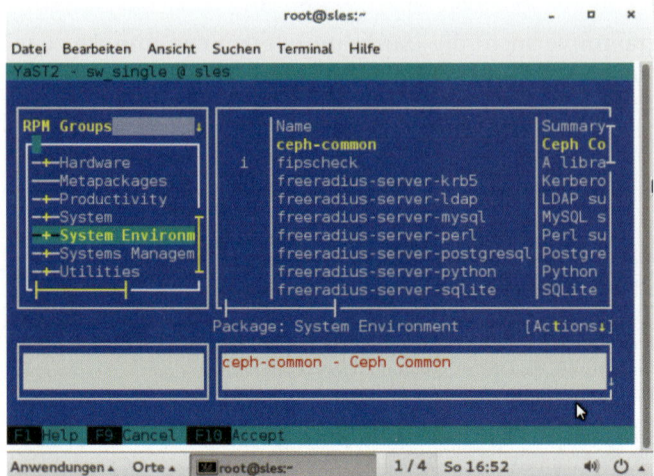

Bild 2.132: Softwareverwaltung mit YaST im Textmodus

SLES braucht keine Grafikoberfläche (Bild 2.132), aber sie ist für den Anfänger doch hilfreich (Bild 2.133).

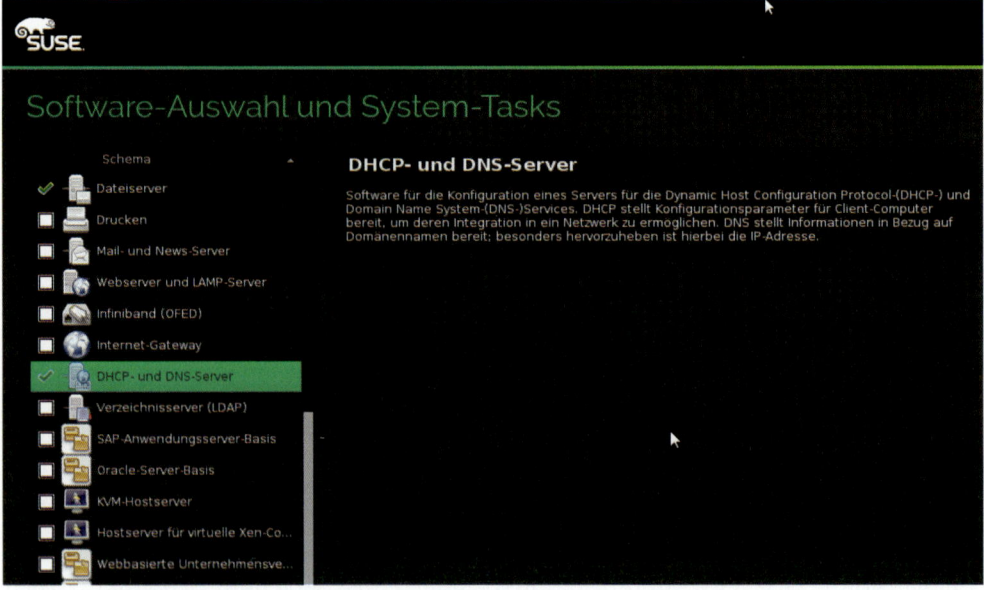

Bild 2.133: Softwareauswahl bei der SLES-Installation

Schwierig kann es werden, wenn das zu installierende Betriebssystem nicht das einzige auf dem Rechner ist. Für Arbeitsplatzrechner ist dann statt dieser sogenannten „nativen" Installation eine virtuelle Maschine die bessere Lösung. Für die Verwendung als Server stellt sich diese Frage i. d. R. nicht.

Massenspeicher

Ein anderer Gesichtspunkt, der aber für Server schon bei der Installation bedacht werden sollte, ist die Zuordnung einzelner Zweige des Verzeichnisbaumes[1] auf unterschiedliche Geräte bzw. Partitionen[2]. Alle neueren Linux-Distributionen arbeiten einer Zersplitterung im Lauf der Entwicklung insoweit entgegen, als sie ihre Verzeichnisstruktur vereinheitlicht haben.[3]

Insbesondere empfiehlt es sich bei File-Servern, den Zweig „/home" mit den Benutzerdaten auf einer separaten Platte anzusiedeln. Das erspart späteres schwierigeres „Umsiedeln".

> Benutzerdaten erfordern den besonderen Schutz durch den Systemverwalter.

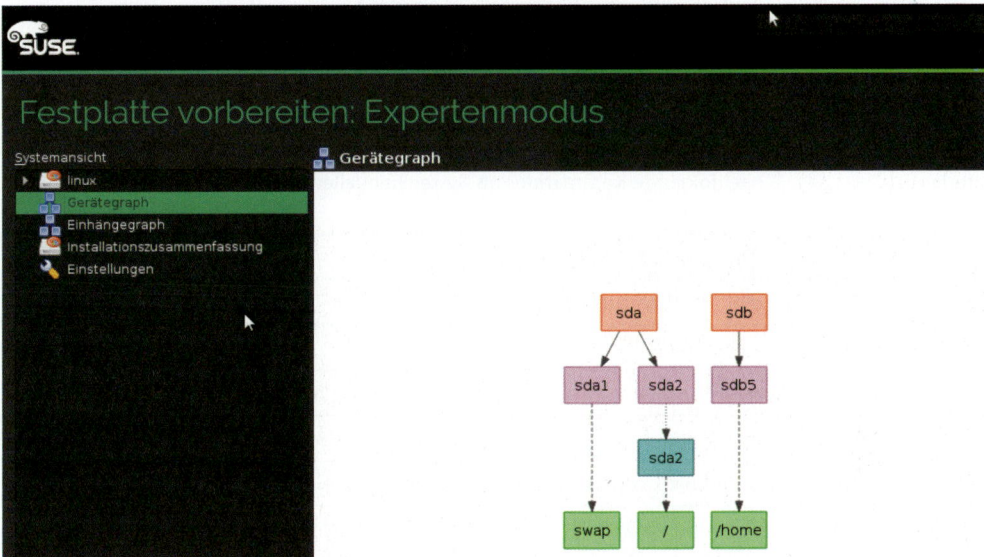

Bild 2.134: Der Gerätegraph bei diesem SLES zeigt, dass „/home" auf der zweiten Platte (sdb) liegt

Linux kennt keine Laufwerksbuchstaben wie bei MS-Betriebssystemen, sondern Namen von Gerätedateien, welche im Linux-Verzeichnisbaum unter „/dev" zu finden sind. Dabei werden die Gerätedateinamen für Massenspeicher nach einem bestimmten Schema (Bild 2.135) gebildet (mehr dazu in Kap. 2.3.1.2).

---

[1] *Siehe auch „Einfache IT-Systeme", Kap. 2.3.6.*
[2] *Siehe auch „Einfache IT-Systeme", Kap. 3.2.2*
[3] *Siehe dazu http://refspecs.linuxfoundation.org/fhs.shtml [31.05.2018].*

Gerätename	Bedeutung
sda	„erste" gefunden Platte
sda1	erste Partition auf erster Platte
sda2	zweite Partition auf erster Platte
. . .	(usw. bis maximal sda4 bei MBR-Partitionierung)
sdb	zweite gefundene Platte
sdb1	erste „erweiterte" Partition auf zweiter Platte
sdb5	logisches Laufwerk in der erweiterten Partition sdb1 der zweiten Platte
. . .	(logische Laufwerke zählen immer ab 5)
sr0	erstes optisches Laufwerk
sr1	zweites optisches Laufwerk

Bild 2.135: Gerätenamen für Massenspeicher bei SLES

Linux-Kommandos

Elementarste Linux-Kommandos sind:

Kommandoname	Beschreibung in Kurzform
sudo	nachfolgende Kommandos als Systemverwalter ausführen (speziell bei Ubuntu)
shutdown -h now	System sofort herunterfahren
cat	gibt Textdatei aus
cd	wechselt das Verzeichnis
dir	zeigt Verzeichnisinhalt an, ähnlich wie bei Microsofts Eingabeaufforderung
echo	gibt Text auf die Standardausgabe aus (meist Bildschirm oder Datei)
ifconfig	konfiguriert ein Netzwerkinterface; abgelöst von ip
ip	zeigt und verändert Netzwerkinterfaces Route etc.; löst ifconfig ab
less	zeigt Inhalt einer Textdatei komfortabel an (Verlassen mit „q", Hilfe mit „h")
ls	zeigt Verzeichnisinhalt an, aber nur die Namen
lsblk	zeigt Block-Devices (Massenspeichergeräte)
man	zeigt das Handbuch zu einem Befehl und benutzt dazu less (siehe oben)
joe	kann gut Texte editieren (Verlassen mit Strg + K + x, Hilfe mit Strg + K + h)
route	zeigt die Routingtabelle an; abgelöst von ip

Bild 2.136: Elementarste Linux-Kommandos

Die Bedeutung der Verzeichnisse der obersten Verzeichnisebene ist schon in „Einfache IT-Systeme", Kap. 2.3.6 dargestellt worden.

Für eine angemessen sichere Beherrschung der Administration sollte unbedingt ein spezielles Werk herangezogen werden, z. B. Bleßmann, B./Bleßmann, J., „Linux – Aufbau und Einsatz eines Betriebssystems" (ISBN: 978-3-427-01146-0). Weiterführende Literatur zu Installation und Administration allgemein findet man bei Kofler, M., „Linux – Das umfassende Handbuch" (ISBN: 978-3-8362-3775-8).

Online gibt es viele Hilfsmittel zu diesem Thema, z. B.:

- https://wiki.ubuntuusers.de/Shell/Befehls%C3%BCbersicht/[31.05.2018]
- https://www.howtoforge.com/tutorial/ubuntu-minimal-server-install/[31.05.2018]
- https://www.suse.com/de-de/documentation/sled-12/book_quickstarts/data/sec_sle_installquick.html [31.05.2018]
- https://www.suse.com/documentation/sled-12/pdfdoc/book_sle_admin/book_sle_admin.pdf [31.05.2018]

2

macOS (OS X)

Bei macOS (OS X) und bei Mobilgeräten (iOS und Android) ist die Erstinstallation beim Erwerb des Gerätes schon erfolgt. Es kann nur eine nachträgliche Neuinstallation durchgeführt werden.

macOS (OS X) verfügt dazu über ein **Wiederherstellungssystem**, das durch Drücken der Tasten „cmd" gleichzeitig mit „R" beim Hochfahren aufgerufen wird und das mehrere Optionen vorsieht (Bild 2.137).

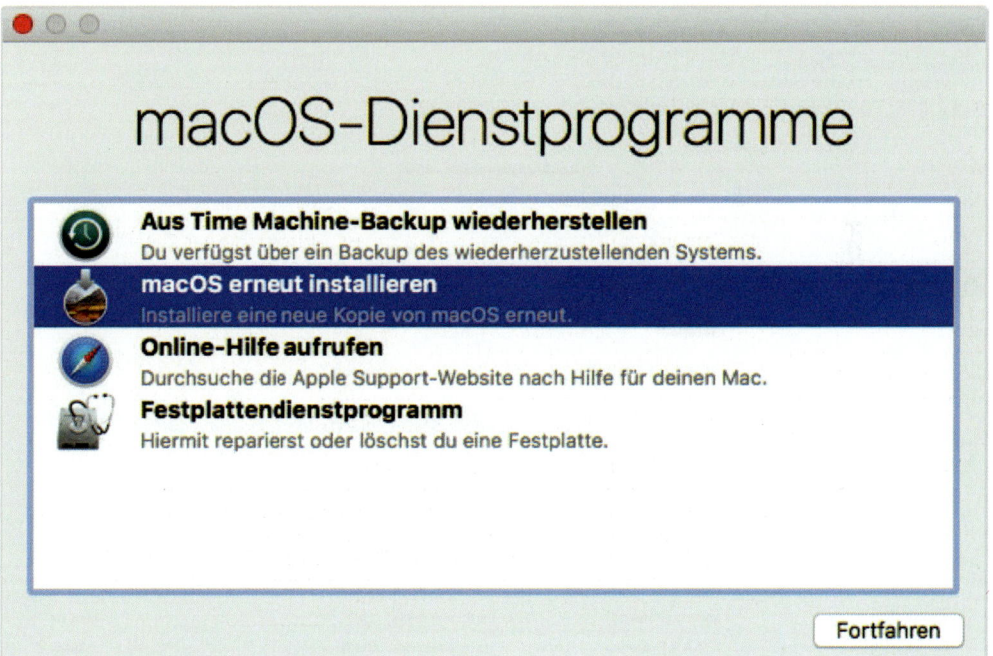

Bild 2.137: macOS erneut installieren[1]

---

[1] Siehe diese beiden Seiten: https://support.apple.com/de-de/HT204904 [31.05.2018] und https://support.apple.com/de-de/HT201314 [31.05.2018].

Zur Neuinstallation ist eine Internetverbindung nötig. Es wird die neueste Betriebssystemversion installiert, die zuletzt installiert war.

Ist jedoch das Wiederherstellungssystem nicht verfügbar, weil etwa die Festplatte gelöscht oder ausgetauscht wurde, aktivieren neuere Macs eine funktionsreduzierte Firmwareversion des Wiederherstellungssystems und leiten eine „Internetwiederherstellung" ein: Man kann dann vom Apple-Server ein Wiederherstellungssystem-Image laden und daraus kann das Festplattendienstprogramm (Bild 2.138) zur Bearbeitung (Partitionierung, Formatierung) der Platte gestartet werden.

Bild 2.138: Partitionieren einer neuen Platte mit macOS (OS X)

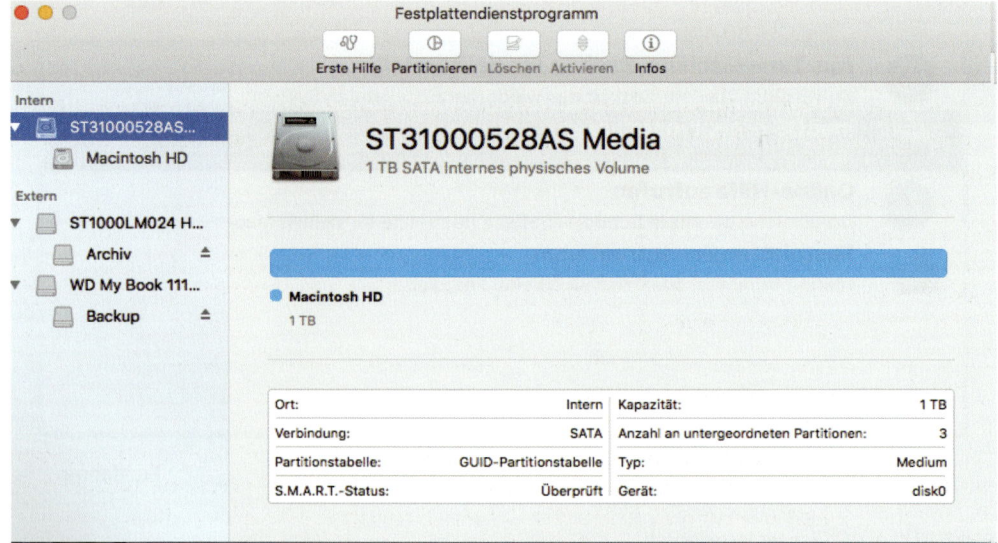

Bild 2.139: Status der neuen Platte nach dem Partitionieren bei macOS (OS X)

Es wird durch „macOS erneut installieren" (Bild 2.137) die ursprünglich mit dem Gerät ausgelieferte Version installiert. Danach kann wieder auf neuere Versionen nachgerüstet werden.

Mobilgeräte

Es kann auch hier nur ein Rücksetzen auf die Werkeinstellungen durchgeführt werden, solange und soweit die bisherige Installation noch funktionsfähig ist. Danach werden vorher installierte Apps automatisch nachinstalliert, weil sie im Google-Konto vermerkt waren.

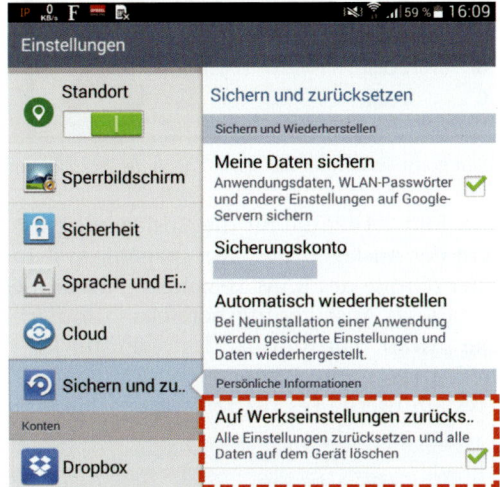

Bild 2.140: Android zurücksetzen

2.3.1.2 Massenspeicherverwaltung

Exkurs

Will der „normale" Benutzer in die Rolle des Systemverwalters schlüpfen, sind die Wege unterschiedlich (Bild 2.141); hierauf wird noch in Kap 2.3.1.5 („Benutzerverwaltung") eingegangen.

```
werfri@sles:~> su -
Passwort:
sles:~ # dhclient eth1
```

```
werfri@ubuntuXX:~$ sudo dhclient enp0s8
[sudo] Passwort für werfri:
```

Bild 2.141: Der Benutzer „werfri" wird zum Systemverwalter (root)

Die rot dargestellte Eingabeaufforderung enthält den Benutzernamen und den Hostnamen des Computers. Nach dem Doppelpunkt erscheint der Pfad zum aktuellen Verzeichnis; das Zeichen ~ heißt Tilde und kennzeichnet das Heimatverzeichnis des Benutzers. Das Zeichen > markiert einen normalen Benutzer. Bei Ubuntu ist dies das Dollarzeichen, wie bei Unix. Der Systemverwalter hingegen erhält das Doppelkreuz; ein Benutzername wird nicht gebraucht.

Nach der Installation kann sich der Linux-Systemverwalter vom ordnungsgemäßen Zustand des Speichergerätes überzeugen.

```
sles:~ # lsblk
NAME          MAJ:MIN    RM    SIZE    RO    TYPE    MOUNTPOINT
sda            8:0       0     10G     0     disk
├── sda1       8:1       0     1.1G    0     part    [SWAP]
└── sda2       8:2       0     8.9G    0     part    /boot/grub2/i386-pc
sdb            8:16      0     4G      0     disk
├──sdb1        8:17      0     1K      0     part
└──sdb5        8:21      0     4G      0     part    /home
sr0            11:0      1     55.5M   0     rom
sr1            11:1      1     3G      0     rom
```

Bild 2.142: Anzeigen der vorliegenden Gerätenamen mit dem Konsolenkommando „lsblk" nach der Installation

Zu erwähnen ist die „Swap"-Partition, „sda1" in Bild 2.142, die für die Auslagerung des Arbeitsspeichers verwendet wird. Dies entspricht der Auslagerungsdatei „pagefile.sys" in Windows und vergrößert den virtuellen Speicher (Größe des RAM-Speichers plus Größe des Auslagerungsbereichs). Um die Verwaltung dieses Auslagerungsbereichs kümmern sich die Betriebssystemkerne in Eigenregie. Die „Swap"-Partition ist deswegen für kein Dateisystem (siehe unten) formatiert. Übliche Dateisysteme (siehe auch „Einfache IT-Systeme", Kap. 3.2.7) bei Linux und OS X für systeminterne Festplatten sind:

Datei-system	Max. Dateigröße (in TByte)	Max. Dateisystemgröße (in TByte)	Bemerkungen
Btrfs	16777216	16777216	Standard bei SLES; auch möglich bei Ubuntu
Ext3	2	32	Nicht mehr aktuell, aber noch verwendbar
Ext4	16	1048576	Standard bei Ubuntu
XFS	9437184	9437184	Stammt von der Fa. SGI (Silicon Graphics).
APFS	8.388.608	8.388.608	Standard bei macOS (seit 2017)

Bild 2.143: Übliche Dateisysteme

Darüber hinaus werden jedoch viele weitere Dateisysteme unterstützt, wie aus der Manualseite von Linux zum Kommando „mount" entnommen werden kann (Bild 2.144).

adfs, affs, autofs, btrfs, cifs, coda, coherent, cramfs, debugfs, devpts, efs, ext, ext2, ext3, ext4, hfs, hfsplus, hpfs, iso9660, jfs, minix, msdos, ncpfs, nfs, nfs4, ntfs, proc, qnx4, ramfs, reiserfs, romfs, squashfs, smbfs, sysv, tmpfs, ubifs, udf, ufs, umsdos, usbfs, vfat, xenix, xfs, xiafs.

Bild 2.144: Liste unterstützter Dateisystem bei SLES

Weitere Information über die eingehängten Platten liefert das Kommando „mount", dessen Ausgabe in Bild 2.145 (mit „grep" gefiltert auf die zweite Platte sdb) wiedergegeben ist:

```
sles:~ # mount | grep sdb
/dev/sdb5 on /home type xfs (rw,relatime,attr2,inode64,noquota)
```

Bild 2.145: Das Kommando mount ohne Parameter (durch den Filter grep beschränkt auf die 2. Platte)

Man erkennt, dass bei der Installation die zweite Platte mit dem Dateisystem XFS eingerichtet wurde.

Linux abstrahiert vom Dateisystem des jeweiligen Speichermediums (Diskette mit FAT16, CD-ROM mit iso9660 oder Platte mit einem oben genannten Dateisystem) zu einem **virtuellen Dateisystem**, sodass der Benutzer sich darum nicht kümmern muss. Der Systemverwalter muss es auch nur bei solchen Wartungsarbeiten, die direkten Bezug auf das Medium nehmen.

Mit dem Kommando „mount" („montieren") kann man Platten in das Verzeichnissystem einhängen (an der Position **/home** als **Mountpoint**) oder mit der Umkehroperation „unmount" aushängen.

Die nachfolgenden Abbildungen zeigen die Verwendung im Zusammenhang. Nachdem sich der Systemverwalter davon überzeugt hat, dass kein Benutzer mehr im System ist (Bild 2.146), hängt er die zweite Platte aus und führt die Wartung aus. Kein Benutzer kann sich nun einloggen. Danach wird die Platte wieder an der gleichen Stelle eingehängt (Bild 2.147).

Dass dieser letzte Schritt scheinbar wie von selbst richtig abläuft, liegt ausschließlich daran, dass es eine Beschreibungsdatei („/etc/fstab") gibt, die festlegt, welches Gerät wie und wo eingehängt sein muss.

Die Einzelheiten dazu findet man in den Manualseiten zu „man mount" und „man fstab".

```
sles:~ #      who
root            :0              Jun 10  11:36  (console)
root            console         Jun 10  11:36  (:0)
root            pts/0           Jun 10  15:20  (:0)
root            pts/1           Jun 10  15:49  (192.168.3.54)
sles:~ #      umount /home
sles:~ #      lsblk
NAME          MAJ:MIN    RM      SIZE    RO   TYPE MOUNTPOINT
sda            8:0        0       10G     0   disk
├─ sda1        8:1        0       1.1G    0   part [SWAP]
└─ sda2        8:2        0       8.9G    0   part /boot/grub2/i386-pc
sdb            8:16       0       4G      0   disk
├─ sdb1        8:17       0       1K      0   part
└─ sdb5        8:21       0       4G      0   part
sr0            11:0       1       1024M   0   rom
```

Bild 2.146: Aushängen der zweiten Platte

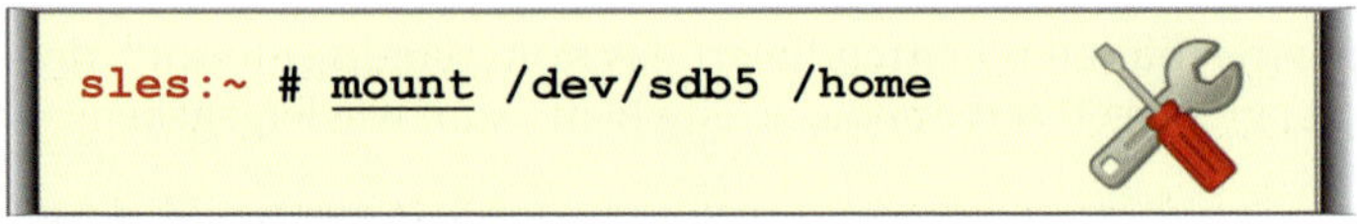

```
sles:~ # mount /dev/sdb5 /home
```

Bild 2.147: Einhängen der zweiten Platte

Externe Massenspeicher

Externe Speicher sind fast immer USB-Geräte, die zur Datensicherung (Backup) benutzt werden. Moderne Linuxe mounten diese Speicher selbsttätig, z. B. bei SLES mit einem Mountpoint unterhalb von /media.

> Automatische gemountete externe Speicher müssen manuell wieder ausgehängt werden!
> Beispiel SLES: „umount /media/<mountpoint>"

Auf Freigaben anderer Computer kann über Netzwerkdateisysteme wie

- das Unix-eigene Network File System (NFS) oder
- das windowseigene Common Internet File System (CIFS)

zugegriffen werden, wenn die entsprechende Clientsoftware geladen und aktiviert ist. CIFS ist eine Erweiterung des Protokolls Server Message Block (SMB) und die Clients von SMB und NFS kommen beim SLES schon bei der Installation mit. Der Dateimanager Dateien kann sofort mit SMB-Freigaben verbinden (Bild 2.148).

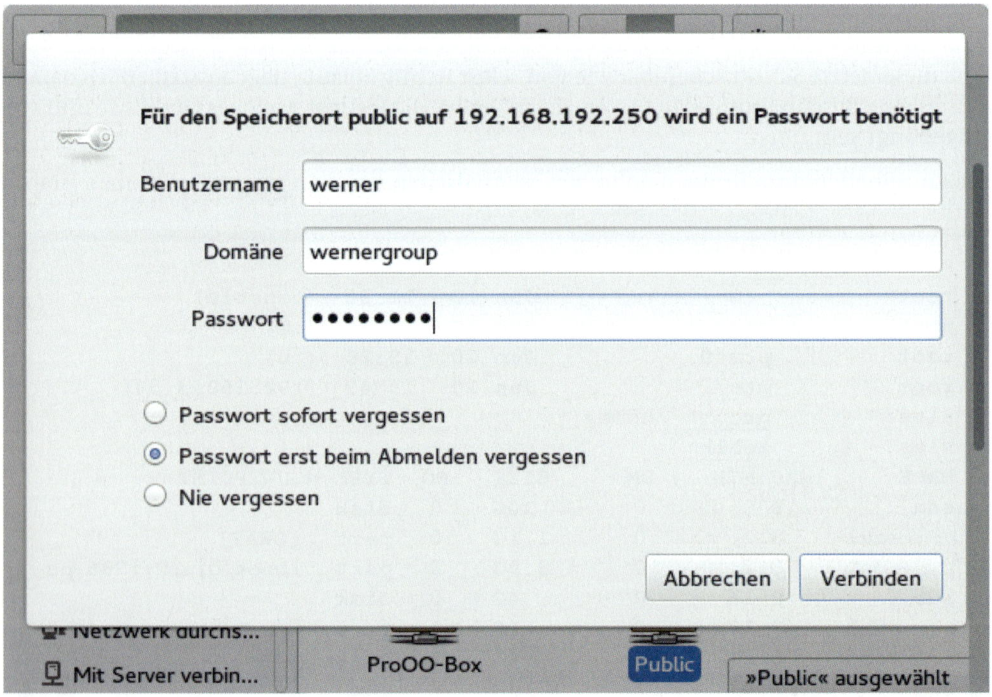

Bild 2.148: Zugriff auf eine SMB-Freigabe bei SLES

NFS-Freigaben findet man normalerweise nicht auf Windows-Servern (wenngleich ebenfalls möglich), sondern nur auf lokalen Unix-/Linux-Servern.

Auf dem Ubuntu-Server muss das Programmpaket erst noch installiert werden. Apt holt drei Pakete (116 kB) von der Seite http://de.archive.ubuntu.com/ubuntu und belegt anschließend 343 kB Plattenplatz (Bild 2.149).

```
werfri@ubuntuXX:~$ sudo apt install  cifs-utils
. . . .
werfri@ubuntuXX:~$ sudo mount -v -t cifs //192.168.1.250/Public
 /mnt -o username=werner,password=12345
mount.cifs kernel mount options: ip=192.168.1.250,
unc=\\192.168.1.250\Public, user=werner,pass=********
```

Bild 2.149: Mounten einer SMB-Freigabe beim Ubuntu Server

macOS (OS X)

Wie interne Massenspeicher verwaltet werden, wurde schon in Kap. 2.3.1.1 („macOS") gezeigt.

Externe Speichermedien (USB-Laufwerke, Flash-Speicherkarten, aber auch Geräte wie iPods etc.) können mittels Steckanschlüssen oder Bluetooth mit dem System verbunden werden. Das Erkennen und Mounten der Geräte erfolgt dabei automatisch und es erscheint auf dem Desktop je Gerät ein neues Symbol (z. B. ein Laufwerk) mit einer Bezeichnung.

Dieses Laufwerk wird auch in der Finder-Seitenleiste (unter der Rubrik „Geräte") angezeigt. Zusätzlich ist hier noch ein Symbol mit einem Dreieck und Unterstrich abgebildet. Ein Rechtsklick mit der Maus auf dieses Symbol (oder auch auf das Desktop-Symbol) sorgt nach einer Nutzung für eine korrekte Trennung des Laufwerks vom System (Aushängen).

Von anderen Computern im Netzwerk freigegebener Speicher (Bild 2.150) kann ebenfalls eingebunden werden.

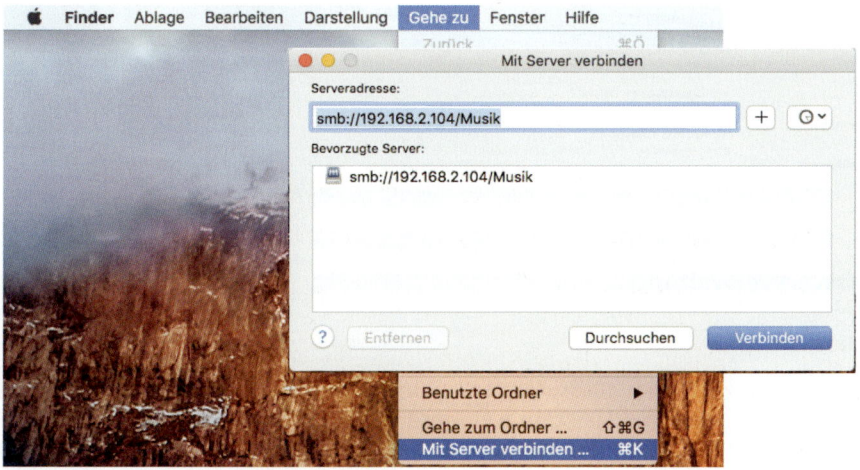

Bild 2.150: Mit Server verbinden → Anmeldedaten in Schlüsselbund speichern

Bei langfristiger Nutzung von externen Speichermedien ist eine ständige Anmeldung (Bild 2.151) über die „Systemeinstellungen" realisierbar. Unmittelbar nach dem Hochfahren des Rechners sind dann alle externen Laufwerke direkt verfügbar.

Bild 2.151: Systemeinstellungen – ständige Anmeldung: über Pluszeichen Laufwerk(e) hinzufügen

Mobilgeräte

Bei Mobilgeräten beschränken sich die Möglichkeiten auf das Einsetzen einer Speicherkarte (z. B. microSD). Eine bisher unbenutzte neue Karte muss nicht formatiert werden. Auch hier besteht die Notwendigkeit des manuellen „Auswerfens".

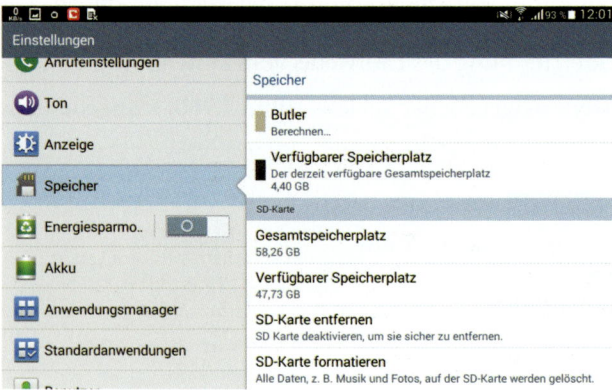

Bild 2.152: Verwaltung der SD-Karte bei Android

2.3.1.3 Netzwerkverwaltung

Netzwerk-Hardware

Nach der Installation wird das neue System erstmalig gestartet, dabei sind im Normalfall alle Voreinstellung so getroffen, dass kein weiterer Eingriff erforderlich ist – Netzwerkinterfaces dienen als DHCP-Client. Soll die Maschine später als Server arbeiten, ist es dringend geraten, eine statische IP-Adresse zu verwenden.

Ein Server braucht eine statische IP-Adresse. SLES/OES verweigert die Installation der OES-Erweiterung, wenn keine statische IP-Adresse verfügbar ist!

Beim SLES kann das zentrale Verwaltungstool YaST die Einstellung(en) des (bzw. der) Netzwerkinterfaces inspizieren und ändern (Bilder 2.153–2.155).

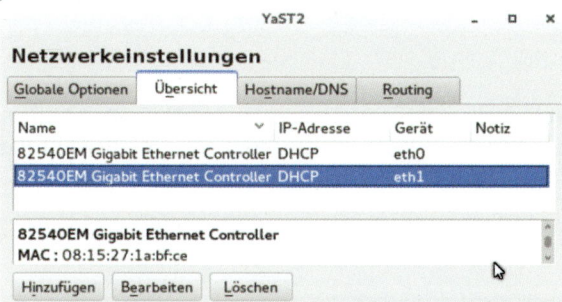

Bild 2.153: YaST hat die Netzwerkinterfaces im Blick (vorher)

Über die Schaltfläche „Bearbeiten" erreicht man den Dialog „Netzwerkkarte einrichten".

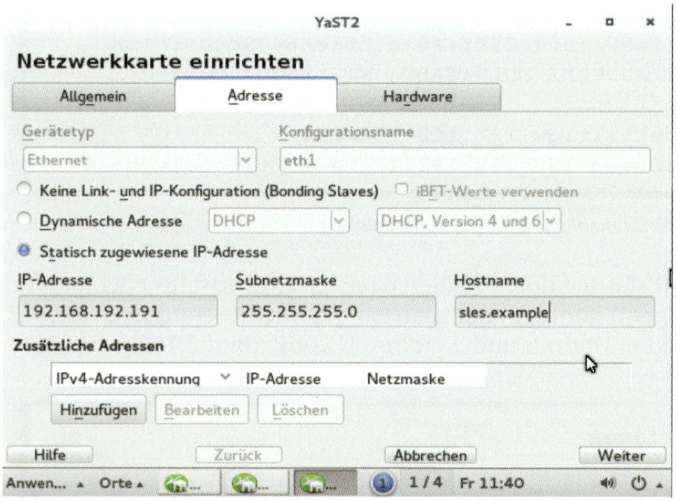

Bild 2.154: YaST konfiguriert das Netzwerkinterface eth1 mit einer statischen IP-Adresse

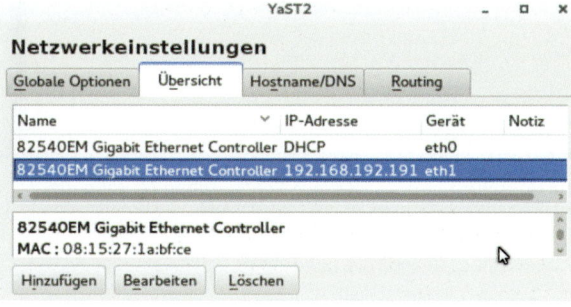

Bild 2.155: YaST hat die Netzwerkinterfaces im Blick (nachher)

Im obigen Fall wurde das Netzwerkinterface erkannt und der Treiber geladen. Wird es aber nach der Erstinstallation nicht von YaST erkannt, ist das Interface wahrscheinlich ungeeignet, bis ein Treibermodul vorliegt.

> Vor der Installation muss bei der Zusammenstellung der Hardware die Verfügbarkeit der Treibermodule unbedingt geprüft werden, um Zeitverlust und Kosten zu sparen. Gängige Interfaces bereiten normalerweise keine Probleme.

Netzwerk-Basiskonfiguration

Im obigen Fall wurde auch das Vorhandensein eines DHCP-Servers in einer IPv4-Umgebung vorausgesetzt. Sollte das nicht der Fall sein, kann das Interface manuell wie folgt konfiguriert werden:

Erste Möglichkeit: Nur bis zum nächsten Systemstart mit Elementarbefehlen in einer Konsole (Bild 2.156):

```
sles:~ # ifconfig eth1 up 192.168.192.191/24
sles:~ # ifconfig eth1
eth0    Link encap:Ethernet  HWaddr 08:00:27:1A:BF:CE
        inet addr:192.168.192.98  Bcast:192.168.192.255
Mask:255.255.255.0
        inet6 addr: fe80::a00:27ff:fe1a:bfce/64 Scope:Link
        UP BROADCAST RUNNING MULTICAST  MTU:1500  Metric:1
        . . .
sles:~ # route add default gw 192.168.192.254
sles:~ # echo "nameserver 192.168.192.1" >> /etc/resolv.conf
```

Bild 2.156: Elementarbefehle zur Interfacekonfiguration (Bildschirmdialog)

Zweite Möglichkeit: Dauerhaft statisch durch Editieren (als Systemverwalter) der (gegebenenfalls distributionsabhängigen!) Konfigurationsdateien des Initialisierungssystems, z. B. mit „/etc/network/interfaces" bei Ubuntu und „/etc/resolv.conf" (Bild 2.157).

```
# /etc/network/interfaces
auto eth1
iface eth1 inet static
address 192.168.192.191
netmask 255.255.255.0
gateway 192.168.192.254
. . . .
# /etc/resov.conf
nameserver 192.168.192.1
```

Bild 2.157: Im Ubuntu Server Guide dargestellte statische manuelle Interface-Konfiguration (Auszug der Dateiinhalte)

Bei **IPv6** werden die eigene IP-Adresse, der/die Router und der/die Nameserver **selbsttätig** gefunden (siehe auch Kap. 1.4.2.8 und Kap. 1.4.4.1).

macOS (OS X)

Für die Netzwerk-Basiskonfiguration (z. B. Ethernet) wird in den Systemeinstellungen „Netzwerk" zur Bearbeitung ausgewählt (Bild 2.158).

Bild 2.158: Netzwerk-Konfiguration auswählen

Danach die Umgebung „Automatisch" auswählen, unter dem Punkt „IPv4 konfigurieren" die Auswahl „DHCP" treffen.

Bild 2.159: Ethernet-Konfiguration

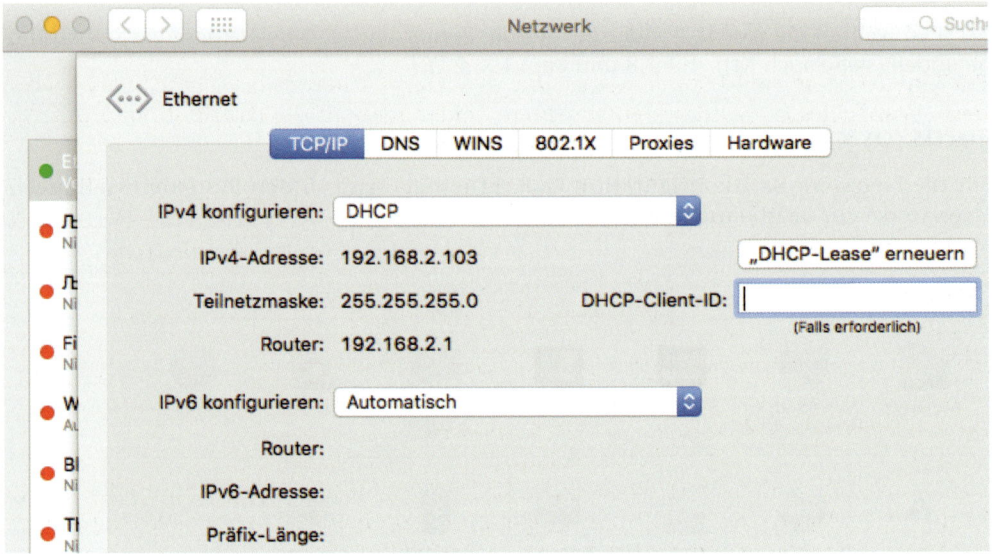

Bild 2.160: TCP/IP-Konfiguration

Wurde dem Rechner seine Adresse zugeordnet, erscheint in der Liste neben dem Eintrag Ethernet ein grüner Punkt (Bild 2.159). Bild 2.161 zeigt die Client-Konfiguration für DNS.

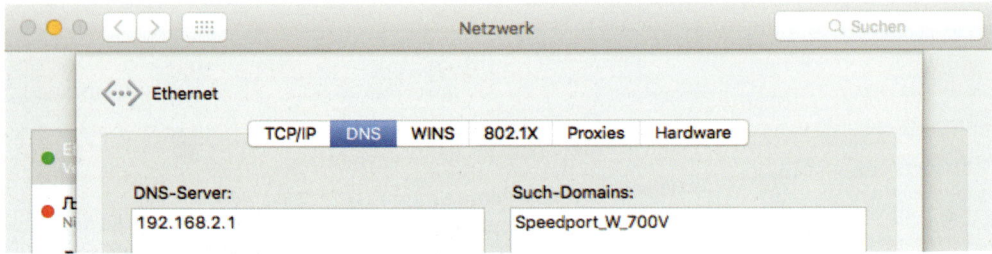

Bild 2.161: DNS-Client-Konfiguration

Der Hersteller bietet gute Online-Hilfen an, z. B. auf folgenden Seiten:

- https://support.apple.com/de-de/HT202663
- https://support.apple.com/de-de/HT202068

Mobilgeräte

Bei Mobilgeräten beschränken sich die Möglichkeiten auf die Auswahl des Funkmediums: Mobilfunk (GPRS/UMTS/HSPDA/LTE etc., siehe Kap. 3) oder WLAN, wobei meist die Kosten die Entscheidung bestimmen. Bei WLAN muss nur einmalig der Zugangspunkt ausgewählt und gegebenenfalls der Netzwerkschlüssel eingegeben werden.

Es besteht die Möglichkeit, das Mobilgerät über das Mobilfunk-Interface mit dem Internet zu verbinden, einen WLAN-Accesspoint für andere Mobilgeräte einzurichten und als NAT-Router zu fungieren (Internet Connection Sharing). Diesen Vorgang nennt man **Tethering**.

2.3.1.4   Softwareverwaltung

Für Linux-Systeme wird Software in Form von sogenannten Paketen geliefert, die etwa den „*.cab"-Files in Windows entsprechen. Leider arbeiten die Distributionen mit verschiedenen Paketformaten und Programmen (Bild 2.162).

Distribution	Paketformat	Paketverwaltungs-Programme
SLES	RPM (Redhat Packet Manager)	yast (empfohlen), zypper
RHEL		yum
OES		yast
Ubuntu	DEB	apt

Bild 2.162: Paketverwaltung verschiedener Linux-Distributionen

Diese Softwarepakete werden von einem Repository (Installationsmedium oder Downloadserver) geladen. Die Verwaltungsprogramme erkennen gegenseitige Abhängigkeiten der Pakete und erledigen die Einzelheiten der Installation.

Paketverwaltung bei SLES

Der grafische YaST bietet praktisch die gleichen Möglichkeiten wie der textkonsolenbasierte. Gewünschte Pakete lassen sich nach Stichwort (z. B. „server") finden (Bild 2.163) und installieren.

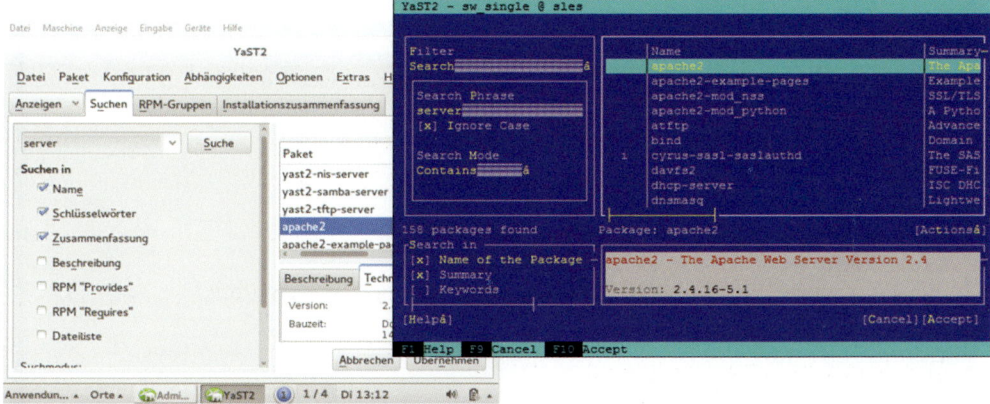

Bild 2.163: Paketauswahl im YaST (links mit GUI, rechts in der Textkonsole)

Außer einer Gliederung nach einzelnen Paketnamen sind bei YaST auch thematisch zusammengehörige Paketgruppen, hier Schemata genannt, im Angebot (Bild 2.164) und teilweise sinnvoll vorgegeben:

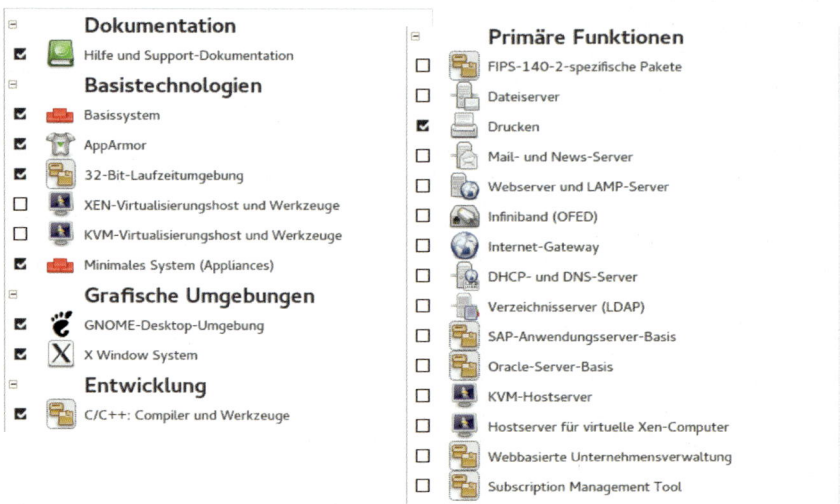

Bild 2.164: Schemata von YaST

Ohne jegliche Oberfläche geht es mit „zypper" (Bild 2.165).

```
sles:~ # zypper info apache2
Loading repository data...
Reading installed packages...

Information for package apache2:
-------------------------------
Repository: SLES12-SP1-12.1-0
Name: apache2
Version: 2.4.16-5.1
Arch: x86_64
Vendor: SUSE LLC <https://www.suse.com/>
Support Level: Level 3
Installed: No
Status: not installed
Installed Size: 3.6 MiB
Summary: The Apache Web Server Version 2.4
Description:
 This version of httpd is a major release of the 2.4 stable branch,
 and represents the best available version of Apache HTTP Server.
 New features include Loadable MPMs, major improvements to OCSP
 support, mod_lua, Dynamic Reverse Proxy configuration, Improved
 Authentication/Authorization, FastCGI Proxy, New Expression Parser,
 and a Small Object Caching API.
 See /usr/share/doc/packages/apache2/, http://httpd.apache.org/,
 and http://httpd.apache.org/docs-2.4/upgrading.html.
```

Bild 2.165: Paketinformation durch zypper

Das Kommando zur Installation (Bild 2.166) lautet dann „zypper install apache2".

```
sles:~ # zypper install apache2
Loading repository data...
Reading installed packages...
Resolving package dependencies...

The following 5 NEW packages are going to be installed:
  apache2 apache2-prefork apache2-utils libapr-util1 libapr1

5 new packages to install.
Overall download size: 1.6 MiB. Already cached: 0 B. After the
operation,
additional 4.9 MiB will be used.
Continue? [y/n/? shows all options] (y): y
Retrieving package libapr1-1.5.1-2.7.x86_64
(1/5),   99.6 KiB (232.8 KiB unpacked)
Retrieving package libapr-util1-1.5.3-1.77.x86_64
(2/5),   89.0 KiB (229.8 KiB unpacked)
Retrieving package apache2-utils-2.4.16-5.1.x86_64
(3/5), 131.5 KiB (221.0 KiB unpacked)
Retrieving package apache2-2.4.16-5.1.x86_64
(4/5),    1.0 MiB (3.6 MiB unpacked)
Retrieving package apache2-prefork-2.4.16-5.1.x86_64
(5/5), 256.5 KiB (599.8 KiB unpacked)
Checking for file
conflicts: ........................................[done]
(1/5) Installing: libapr1-1.5.1-2.7 ...................[done]
(2/5) Installing: libapr-util1-1.5.3-1.77 .............[done]
(3/5) Installing: apache2-utils-2.4.16-5.1 ............[done]
(4/5) Installing: apache2-2.4.16-5.1 ..................[done]
Additional rpm output:
/usr/sbin/suexec: cannot verify root:root 0755 - not listed in /
etc/perm
Updating /etc/sysconfig/apache2...
(5/5) Installing: apache2-prefork-2.4.16-5.1 .........[done]
```

Bild 2.166: Zypper installiert Software

YaST und zypper sind beide nur Frontends zum Programm **rpm**, das auf elementarerer Ebene abläuft.

Das Konfigurationsverzeichnis zu zypper ist „/etc/zypp/", im Unterverzeichnis „repos.d/" sind die Paketquellen mit ihren Eigenschaften aufgelistet.

Paketverwaltung bei Ubuntu-Server

Hier entfällt die Wahl des Werkzeugs (Bild 2.167).

```
werfri@ubuntuXX:~$ sudo apt install apache2
[sudo] Passwort für werfri:
Paketlisten werden gelesen... Fertig
Abhängigkeitsbaum wird aufgebaut.
Statusinformationen werden eingelesen.... Fertig
Die folgenden Pakete wurden automatisch installiert und werden
nicht mehr benötigt:
  linux-headers-4.4.0-21 linux-headers-4.4.0-21-generic linux-
image-4.4.0-21-generic
  linux-image-extra-4.4.0-21-generic
Verwenden Sie »sudo apt autoremove«, um sie zu entfernen.
The following additional packages will be installed:
  apache2-bin apache2-data apache2-utils libapr1 libaprutil1
libaprutil1-dbd-sqlite3 libaprutil1-ldap
  liblua5.1-0
Vorgeschlagene Pakete:
  www-browser apache2-doc apache2-suexec-pristine | apache2-
suexec-custom
Die folgenden NEUEN Pakete werden installiert:
  apache2 apache2-bin apache2-data apache2-utils libapr1 libapru-
til1 libaprutil1-dbd-sqlite3   libaprutil1-ldap liblua5.1-0
0 aktualisiert, 9 neu installiert, 0 zu entfernen und 15 nicht
aktualisiert.
Es müssen 1.532 kB an Archiven heruntergeladen werden.
Nach dieser Operation werden 6.350 kB Plattenplatz zusätzlich
benutzt.
Möchten Sie fortfahren? [J/n]   J
Holen:1 http://de.archive.ubuntu.com/ubuntu xenial/main amd64
libapr1 amd64 1.5.2-3 [86,0 kB]
------ [gekürzt] -------

------ [gekürzt] -------
Enabling site 000-default.
Trigger für libc-bin (2.23-0ubuntu3) werden verarbeitet ...
Trigger für systemd (229-4ubuntu6) werden verarbeitet ...
Trigger für ureadahead (0.100.0-19) werden verarbeitet ...
Trigger für ufw (0.35-0ubuntu2) werden verarbeitet ...
```

Bild 2.167: Apt installiert Software

Die Datei „/etc/apt/sources.list" enthält Beschreibungen der Paketquellen.

Apt ist nur ein Frontend zum Programm **dpkg** (Debian Package), das auf elementarerer Ebene abläuft.

Hilfreich zur Einarbeitung ist die Seite https://debian-handbook.info/browse/de-DE/stable/ sect.apt-get.html#sidebar.directory.d.

macOS (OS X)

OS X Systemsoftware und Applikationen werden im App Store angeboten (Bild 2.168) und dort auch verwaltet (Aktualisierungen). Der Vorgang der Installation bzw. Deinstallation wird nach einer Authentifizierung (Benutzer-ID/Passwort) automatisch durch den internen *Apple Installer* in Gang gesetzt und läuft im Hintergrund.

Bild 2.168: Softwareauswahl macOS (OS X)

Bei anderen Anbietern muss man die Installation selbst durchführen. Die Programmdateien liegen nach dem Download als Disk-Image File (Dateiendung „.dmg") oder als Package (Endung „.pkg") vor.

Durch Doppelklick auf die .dmg-Datei (Bild 2.169) erscheint das Laufwerkssymbol des Disk-Image und ein Installationsfenster (mit App-Icon und Ordner „Applications") auf dem Desktop. Durch einfaches Verschieben des App-Icons in den Applications-Ordner wird die eigentliche Installation gestartet.

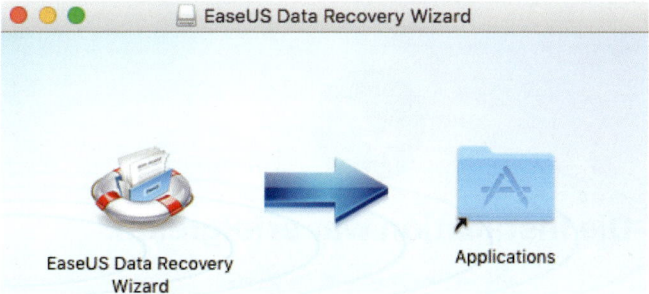

Bild 2.169: Auslösen einer App-Installation aus einer .dmg-Datei bei macOS (OS X)

Durch Doppelklick auf die .pkg-Datei (Bild 2.170) wird auch hier ein Installationsprozess gestartet, wobei die aufgeführten Unterpunkte (Bilder 2.171–2.172) nacheinander abgearbeitet werden.

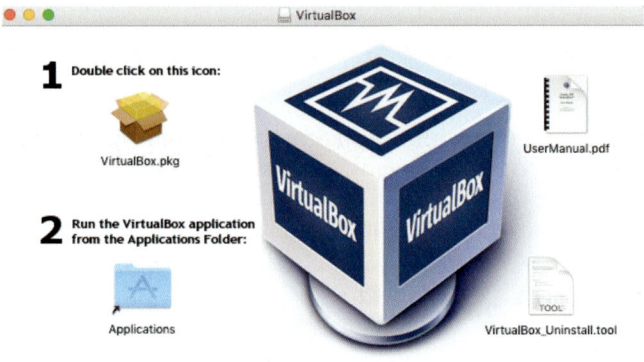

Bild 2.170: Auslösen einer App-Installation aus einer .pkg-Datei bei macOS (OS X)

Bild 2.171: Prüfung der Installierbarkeit

Bild 2.172: Installationsende

Mobilgeräte

Bei Android wird die Software-Installation über die System-App Google Play durchgeführt (Bild 2.173):

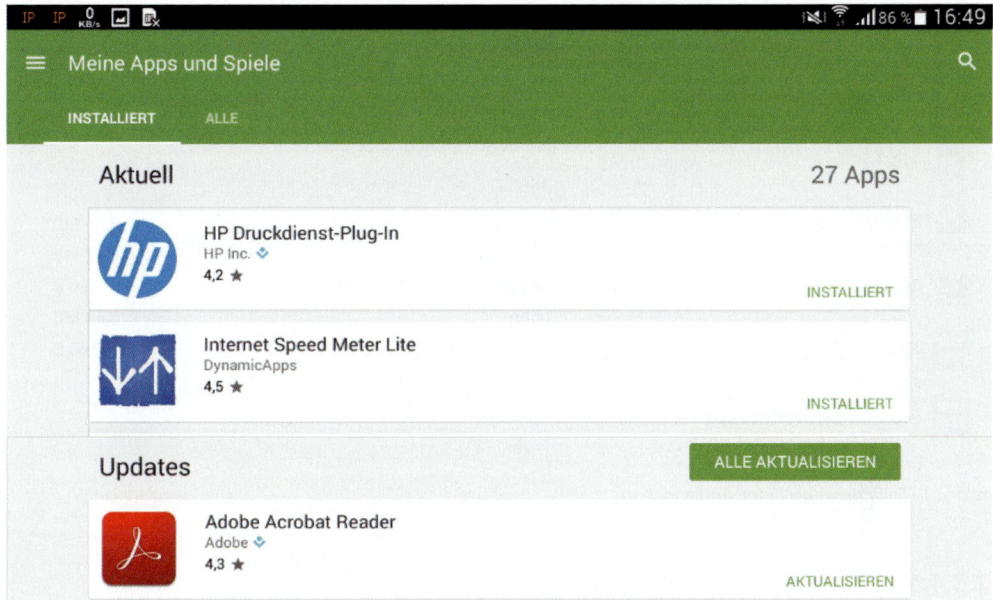

Bild 2.173: Installierte und aktualisierte Software und Updates bei Android

Bereits installierte Apps werden von der System-App Einstellungen gezielt bearbeitet (Bilder 2.174–2.175).

Bild 2.174: Anwendungsmanager bei Android

Bild 2.175: Bearbeiten einer Android-App

2.3.1.5 Lokale Benutzerverwaltung

Linux unterscheidet drei Klassen von „Usern":

- **root** (der Superuser bzw. Systemadministrator des Linux-/Unix-Hosts)
- **daemons** (keine interaktiven Login-Accounts, Verwaltungsinstanzen im Hintergrund, z. B. „wwwrun" als Inkarnation des Webservers)
- **User** (Benutzer im eigentlichen Sinne)

Zweck der Benutzerverwaltung ist es, die Benutzer

- zu identifizieren (eindeutige Kennzeichnung),
- zu authentifizieren (Nachweis der Identität, z. B. durch Kenntnis eines Passwortes oder anders),
- nur mit den Rechten auszustatten (Autorisierung), die sie benötigen, und vor „Übergriffen" anderer Benutzer zu schützen.

Die Aufgaben des Administrators sind diesbezüglich in das Sicherheitskonzept des Unternehmens eingebettet, siehe hierzu auch Kap. 1.7.1.2 (Gefährdungen G3 und G5, Maßnahmen M4.1 und M4.21) sowie Kap. 1.7.2.2 (Aufrechterhaltung der übrigen Informationssicherheit/Organisatorische Maßnahmen). Bei der Installation der meisten Betriebssysteme wird der Name (und ein dazugehöriges Passwort) eines „Hauptbenutzers" abgefragt. Dieser hat dann entweder sehr weitgehende Rechte, wie bei Windows und Android, oder er muss sich fallweise „ausweisen" (Bild 2.176) durch Angabe seines Passwortes wie bei Ubuntu oder wie ein normaler Windowsbenutzer durch Angabe des Administrator-Passwortes:

```
werfri@ubuntuXX:~$ dhclient enp0s8
RTNETLINK answers: Operation not permitted
werfri@ubuntuXX:~$ sudo dhclient enp0s8
[sudo] Passwort für werfri:
```

Bild 2.176: Fallweise Authentifizierung bei Ubuntu (enp0s8 = Name des Interfaces, wie eth0)

Das Kommando „dhclient", welches auf einem Interface die DHCP-Client-Funktion anwirft, darf nur vom Systemverwalter ausgeführt werden, nicht vom Benutzer werfri. Er muss erst mit „sudo" diese Rolle übernehmen.

In der Konsole gibt es bei der Eingabe des Passwortes kein Bildschirm-Echo und keine Sternchen. Dies ist eine Sicherheitsmaßnahme. Anders ist das Konzept bei SLES. Hier kann entweder dieses Verhalten auch eingestellt werden, oder es wird vernünftigerweise ein separates Konto eingerichtet mit separatem Passwort nur für den Systemverwalter, der auch „Superuser" oder unixtypisch „root" genannt wird (weil von ihm alles ausgeht). Alle anderen sind dann „normale" Benutzer, denen root ihre Rechte zuweist (siehe unten, Arten von Rechten). Jeder Benutzer hat sein Heimatverzeichnis (home directory); die Heimatverzeichnisse der normalen Benutzer liegen standardmäßig alle innerhalb des Verzeichnisses /home (Bild 2.177), welches mit dem Heimatverzeichnis /root des Systemverwalters in der Hauptverzeichnisebene (auch Basis- oder Wurzelverzeichnis genannt) liegt.

```
sles:~ # ls /
bin  boot  dev  etc  home  lib  lib64  mnt  opt  proc  root  run
sbin   selinux   srv   sys   tmp   usr   var
sles:~ # ls /home/
werfri   otto
sles:~ # ls /root
.bash_history   .gnupg        .lesshst    .rnd     .xauthILwo04
autoinst.xml   inst-sys
.dbus          .joe_state   .local       .ssh      .xauthcFo0le    bin
```

Bild 2.177: Das Heimatverzeichnis des SLES-Systemverwalters liegt separat

Bei dieser von Unix übernommenen Anordnung kann der Systemverwalter (wie in Kap. 2.3.1.1 angedeutet) die zweite Platte mit den Benutzerverzeichnissen „aushängen", aber selbst weiterarbeiten.

Nicht zu verwechseln sind:

Name des Dateiverzeichnisses	Bedeutung
/	Basisverzeichnis, Wurzelverzeichnis (root directory), oberste Verzeichnisebene
/root	Heimatverzeichnis des Systemverwalters (Superuser, Administrator, root)

Bild 2.178: Was ist das root directory?

Die Benutzerdaten befinden sich in den später näher besprochenen Dateien „/etc/passwd", „/etc/shadow" und „/etc/group" und werden dort von den distributionsabhängigen Programmen verwaltet.

Das Verzeichnis **/etc/skel** (abgeleitet vom engl. skeleton = Skelett) ist eine Vorlage für den anfänglichen Inhalt des neuen Benutzerverzeichnisses.

Alle Benutzer werden in der Datei „/etc/passwd" geführt und erhalten eine natürliche Zahl als User-ID (UID). Der Systemverwalter root erhält die UID 0, die daemon-Konten Werte von 1–999 und normale Benutzer Werte ab 1 000 aufsteigend. Der Benutzer werfri hat folgenden Eintrag:

```
werfri:x:1000:100:Werner Frisch:/home/werfri:/bin/bash
```

Die Felder dieses Datensatzes sind durch Doppelpunkte getrennt. Das zweite Feld enthält ein **x**, was bedeutet, dass der Benutzer ein Passwort hat. Dieses steht jedoch verschlüsselt in der Datei „/etc/shadow".

Im dritten Feld steht die Benutzer-ID (UID) **1 000**, im vierten die Gruppen-ID (GID) **100**. Das fünfte Feld ist der technisch nicht relevante Klartextname. Feld 6 gibt das Heimatverzeichnis /home/werfri und Feld 7 das erste für den Benutzer gestartete Programm an, üblich ist ein Kommandozeilen-Interpreter (bash).

Aber einem Benutzer sind noch weitere Attribute zugeordnet, z. B. eine Liste von Verzeichnispfaden, die Befehlsverzeichnisse (Verzeichnisse mit ausführbaren Programmen) führen. Diese Liste liegt als Zeichenkette vor und ist einer sogenannten Umgebungsvariablen zugewiesen, die in diesem Fall $PATH heißt.

```
werfri@sles:~> echo $PATH
/home/werfri/bin:/usr/local/bin:/usr/bin:/bin:/usr/bin/X11:/usr/
games
--------------------------------------------------------------
werfri@ubuntuXX:~$ echo $PATH
/usr/local/sbin:/usr/local/bin:/usr/sbin:/usr/bin:/sbin:/bin:\
/usr/games:/usr/local/games:/snap/bin
```

Bild 2.179: Auslesen der Umgebungsvariablen $PATH; die Listenelemente sind wieder durch Doppelpunkte getrennt

Alle Programme in diesen Verzeichnissen können (unabhängig vom aktuellen Standort des Benutzers im Verzeichnissystem) ohne weitere Pfadangabe aufgerufen werden, weil automatisch nach ihnen gesucht wird (Bilder 2.179–2.180).

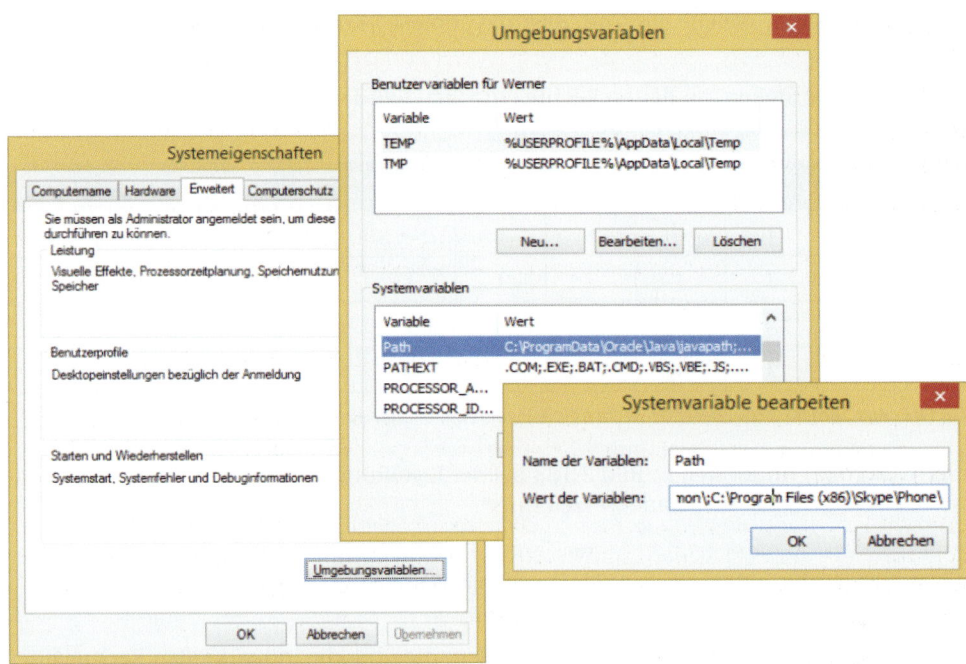

Bild 2.180: Umgebungsvariablen bei Windows zum Vergleich

Arten und Gültigkeitsbereiche von Rechten

Rechte sind hier Rechte, mit Dateien (oder Verzeichnissen) etwas tun zu dürfen:

- Lesen (engl.: to **r**ead)
- Schreiben (engl.: to **w**rite) sowie Umbenennen oder Löschen
- Ausführen einer Programmdatei (engl.: to e**x**ecute)

Diese Rechte an einer Datei können in unterschiedlichem Umfang verteilt werden:

- nur an den Benutzer (engl.: **u**ser), dem die Datei gehört
- an die Gruppe (engl.: **g**roup), der der Benutzer angehört (siehe nächster Abschnitt)
- an alle anderen (engl.: **o**thers)

So ergibt sich ein Rechtefeld von neun Positionen je Datei, welches sehr kompakt im Directory-Eintrag abgespeichert wird (als Oktalzahl nach Bild 2.181, wobei ein bestehendes Recht durch ein 1-Bit gekennzeichnet ist):

Klasse	u			g			o		
Rechtsart	r	w	x	r	w	x	r	w	x
Wert (binär)	0/1	0/1	0/1	0/1	0/1	0/1	0/1	0/1	0/1
Stellenwert (oktal)	8^2			8^1			8^0		

Bild 2.181 Oktale Kodierung der Rechte an einer Datei oder einem Verzeichnis

Wären alle Rechte vorhanden, also alle Rechte-Bits gesetzt, entspräche dies dem oktalen Wert 777. Beim Erstellen einer neuen Datei oder eines neuen Verzeichnisse bleiben einige

Rechte vorenthalten. Welche das sind, zeigt das „umask"-Kommando (Bild 2.183): u = 111, g = 101, o = 101.

Markiert man die Stellen, an denen Rechte entzogen wurden, mit 1, dann ergibt sich (Bild 2.182) als Resultat: $000\ 010\ 010_2$ oder 022_8.

Klasse	u			g			o		
Rechtsart	r	w	x	r	w	x	r	w	x
alle gesetzt	1	1	1	1	1	1	1	1	1
umask	0	0	0	0	1	0	0	1	0
Resultat (binär)	1	1	1	1	0	1	1	0	1

Bild 2.182: Aus „umask" resultierende Rechte einer neuen Datei oder eines neuen Verzeichnisses

Dieser Wert (022) findet sich in Bild 2.188 bei der Erstellung eines neuen Heimatverzeichnisses im Feld „Umask für Home-Verzeichnis".

Der Vorgabewert für **umask** wird in /etc/login.defs festgelegt (Ubuntu und SLES).

Einer Gruppe können Rechte zugewiesen werden, die über die individuellen Rechte eines Benutzers hinausgehen. Wird der Benutzer vom Systemverwalter dieser Gruppe hinzugefügt, bekommt er für die Dauer seiner Mitgliedschaft diese Rechte ebenfalls. So können auch viele Benutzer einfach verwaltet werden.

Jeder Benutzer muss mindestens einer Gruppe (initial group, Standardgruppe) angehören. Er kann weiteren Gruppen (supplementary groups, sekundäre Gruppen) angehören.

Das Kommando „dir" zeigt im Textmodus unter anderem Benutzer, Gruppe und Rechte an:

```
sles:~ # umask -S
u=rwx,g=rx,o=rx
sles:~ # dir
. . . .
-rw-r--r-- 1  werfri  users  1637 Jun  9 13:50  .emacs
. . . .
drwxr-xr-x 1  werfri  users     0 Jun  9 14:59  Bilder
drwxr-xr-x 1  werfri  users     0 Jun  9 14:59  Dokumente
. . . .
drwxr-xr-x 1  werfri  users     0 Jun  9 13:50  bin
drwxr-xr-x 1  werfri  users     0 Jun  9 14:59  Downloads
```

Bild 2.183: Eigentümer, Gruppen und Rechte im Directory (Auszug)

Das Verzeichnis „Bilder" darf also von seinem Eigentümer werfri gelesen, beschrieben (geändert, gelöscht) und ausgeführt (d.h. zum Arbeitsverzeichnis gemacht) werden, alle anderen dürfen nichts ändern. Die Datei „.emacs" ist nicht als Befehl ausführbar, darf von werfri verändert werden und von allen anderen nur gelesen. Der Punkt vor dem Dateinamen emacs ist kein Versehen, sondern er bewirkt, dass der Verzeichniseintrag normalerweise nicht angezeigt wird. Bei diesen „Punkt-Dateien" handelt es sich um Initialisierungsdateien für Anwendungen, deren ständig wiederkehrendes Erscheinen im Alltag eher stören würde.

Es erscheint vor den Rechten noch ein Zeichen, welches die Art des Eintrags kennzeichnet (Bild 2.184).

Zeichen	Bedeutung
-	normale Datei
d	Directory
b	blockorientierte Gerätedatei (Massenspeicher)
c	zeichenorientierte Gerätedatei (Tastatur, Drucker, Textbildschirm)
s	Socket
l	Symbolischer Link (Verknüpfung)
p	Pipe (Interprozesskommunikation: Ausgabe eines Prozesses wird automatisch zur Eingabe eines anderen); vgl. Bild 2.2

Bild 2.184: Arten von Verzeichniseinträgen

Neben diesen Grundrechten gibt es noch drei weitere rechtswirksame Bits für erweiterte Rechte:

- Das „Setuid"-Bit: Es bewirkt bei Programmdateien, dass der neue Prozess die Rechte des Eigentümers des Programms erhält (z. B. bei „sudo").

- das „Setgid"-Bit: Es bewirkt bei Programmdateien, dass der neue Prozess die Rechte der Gruppe der Datei erhält.

- das „Sticky"-Bit bei Verzeichnissen: Es bewirkt, dass (unabhängig von den Grundrechten) eine Datei dieses Verzeichnisses nur noch von seinem Eigentümer gelöscht oder umbenannt werden darf; auf das Schreibrecht hat es keinen Einfluss.

Alle diese Kennzeichnungen lassen sich mit dem Kommando „chmod" verändern. Bild 2.185 zeigt den Entzug („-") des Lese- und Ausführungsrechtes („rx") für Außenstehende („o") vom Verzeichnis Bilder.

```
sles:~ # chmod o-rx Bilder/
sles:~ # dir
. . . .
drwxr-x--- 1 root root      0 Jun 11 12:30 Bilder
. . . .
```

Bild 2.185: Das Kommando „chmod" ändert den Datei-Modus

Weitere Kommandos sind im nachfolgenden Abschnitt „Benutzerverwaltung bei Ubuntu" tabelliert (Bild 2.190).

Noch mehr Flexibilität als mit diesen klassischen Unix-Dateirechten erreicht man mit einer Access Control List (ACL), die in die heutigen Dateisysteme (seit ext2, OS X Tiger, NTFS bei Win2000) eingearbeitet sind.

Bild 2.186 zeigt beispielhaft, wie einem einzelnen Benutzer (butler) das Leserecht auf das Verzeichnis „Bilder" eingeräumt werden kann.

```
werfri@ubuntuXX:~$ getfacl Bilder/
# file: Bilder/
# owner: werfri
# group: werfri
user::rwx
group::rwx
other::r-x
werfri@ubuntuXX:~$  chacl  u::rwx,g::rwx,o::r--,u:butler:
r--,m::r-x Bilder/
werfri@ubuntuXX:~$ getfacl Bilder/
# file: Bilder/
# owner: werfri
# group: werfri
user::rwx
user:butler:r--
group::rwx                        #effective:r-x
mask::r-x
other::r--
```

Bild 2.186: Auslesen und Verändern der ACL für ein Verzeichnis

- Das Kommando **chacl** kann nur vollständige ACLs zuweisen.

- Will man Rechte ergänzen, muss man den bestehenden Zustand vorher mit **getfacl** auslesen und den Ergänzungen hinzufügen.

- ACL-Beschränkungen überlagern die klassischen Dateirechte, siehe **group** in Bild 2.186.

Benutzerverwaltung bei SLES

Wieder ist YaST (→ Securiy and Users → Benutzer) das Mittel der Wahl (Bild 2.187).

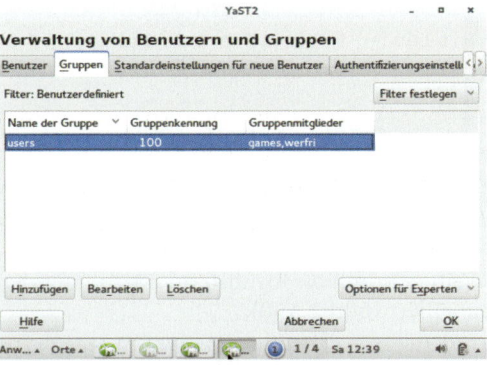

Bild 2.187: Benutzerverwaltung in YaST

Die Standardgruppe (→ Security and Users → Gruppen) heißt „users".

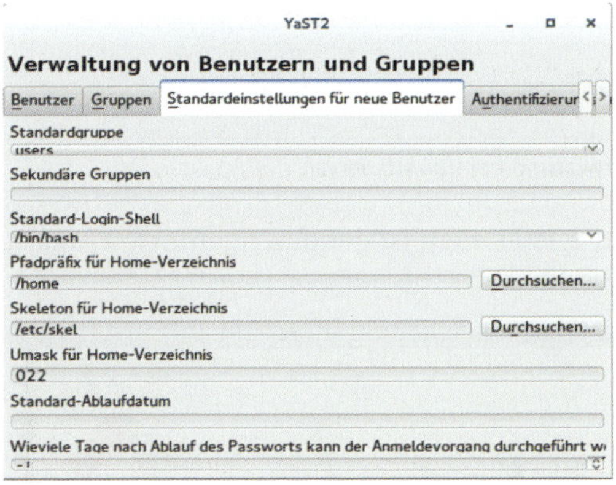

Bild 2.188: Gruppenverwaltung in YaST und Standardeinstellungen für neue Benutzer

Man erkennt im rechten Teil von Bild 2.188, dass hier mit /home der Ort für neue Benutzerverzeichnisse eingestellt ist. Die Datei „/etc/group" (Bild 2.189) enthält alle definierten Gruppen.

```
sles:/home/werfri # cat /etc/group
. . . .
ftp:x:49:
. . .
root:x:0:
. . . .
vnc:x:491:
. . . .
users:x:100:
```

Bild 2.189: Auszug aus /etc/group bei SLES

Bei SLES ist die Gruppe **users** für alle Benutzer die Standardgruppe.
Die Standardvorgaben für das Anlegen eines neuen Benutzers befinden sich in /etc/default/useradd.

Benutzerverwaltung bei Ubuntu

Ubuntu verfügt über einen Satz von Kommandozeilen-Programmen zur Verwaltung der Benutzer und Gruppen, der in Bild 2.190 teilweise wiedergegeben ist.

Kommando	Bedeutung
adduser	richtet im System einen Benutzer ein
deluser	entfernt einen Benutzer aus dem System
groups	zeigt die Gruppen an, denen der Benutzer angehört
addgroup	richtet im System eine Gruppe ein

Kommando	Bedeutung
delgroup	entfernt eine Gruppe aus dem System
chown	change file owner and group
chmod	change file mode bits

Bild 2.190: Kommandos zur Benutzer- und Gruppenverwaltung bei Ubuntu Server

Wie der nachfolgend dargestellte Ablauf (Bild 2.191) zeigt, ist der durchgeführte Vorgang grundsätzlich nicht überraschend anders als bei SLES.

```
werfri@ubuntuXX:~$ dir /home
werfri
werfri@ubuntuXX:~$ sudo adduser butler
[sudo] Passwort für werfri:
Lege Benutzer »butler« an ...
Lege neue Gruppe »butler« (1001) an ...
Lege neuen Benutzer »butler« (1001) mit Gruppe »butler« an ...
Erstelle Home-Verzeichnis »/home/butler« ...
Kopiere Dateien aus »/etc/skel« ...
Geben Sie ein neues UNIX-Passwort ein:
Geben Sie das neue UNIX-Passwort erneut ein:
passwd: password updated successfully
Changing the user information for butler
Enter the new value, or press ENTER for the default
        Full Name []: Bernd Butler
        Room Number []:
        Work Phone []:
        Home Phone []:
        Other []:
Sind diese Informationen korrekt? [J/n] J
werfri@ubuntuXX:~$ dir /home
butler   werfri
werfri@ubuntuXX:~$ dir -a /etc/skel/
.  ..  .bash_logout  .bashrc  .profile
```

Bild 2.191: Einrichten eines neuen Benutzers beim Ubuntu Server

Die blau hervorgehobenen Ergänzungen für das Klartextnamensfeld sind eine nette Erleichterung für das Verwalten vieler Benutzer.

```
adm:x:4:syslog,werfri
werfri:x:1000:
. . . .
butler:x:1001:
```

Bild 2.192: Auszug aus /etc/group bei Ubuntu Server

Die Datei „/etc/group" (Bild 2.192) offenbart:

Bei Ubuntu bekommt jeder Benutzer eine eigene Gruppe seines Namens als seine Standard-gruppe.
Die Standardvorgaben für das Anlegen eines neuen Benutzers befinden sich in /etc/adduser.conf.

Benutzerverwaltung bei macOS (OS X)

Der Administrator legt neue Benutzer (oder Benutzergruppen) fest und bestimmt auch deren Aktionsmöglichkeiten auf dem System (Bild 2.193).

Bild 2.193: Anlegen eines neuen Benutzers bei macOS (OS X)

Benutzer mit der Klassifizierung „Standard" (Bild 2.194) erhalten auch die Möglichkeit, die Arbeitsumgebung zu verändern oder auch Apps zu installieren. Neue Benutzer oder Benutzergruppen können von ihnen jedoch nicht angelegt werden.

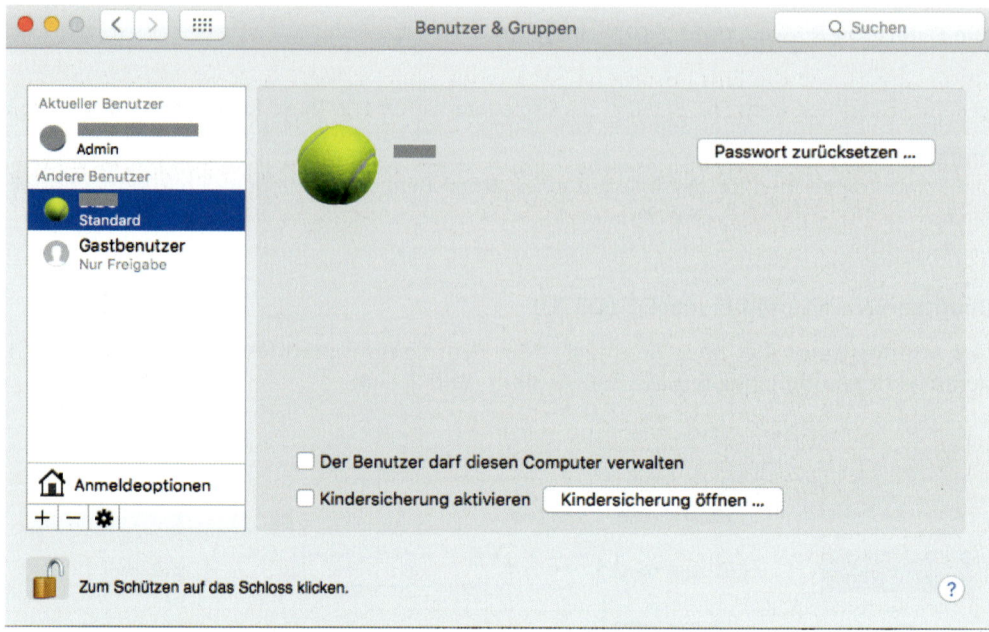

Bild 2.194: Eigenschaften eines Standardbenutzers bei macOS (OS X)

Für „Gastbenutzer" (Bild 2.195) ist kein Benutzerkonto erforderlich. Hier bestimmen vorherige Einschränkungen bzw. die Freigaben von Dateien oder Objekten die Handlungsmöglichkeiten des Benutzers. Alle Daten werden nach der Nutzung automatisch aus dem System gelöscht.

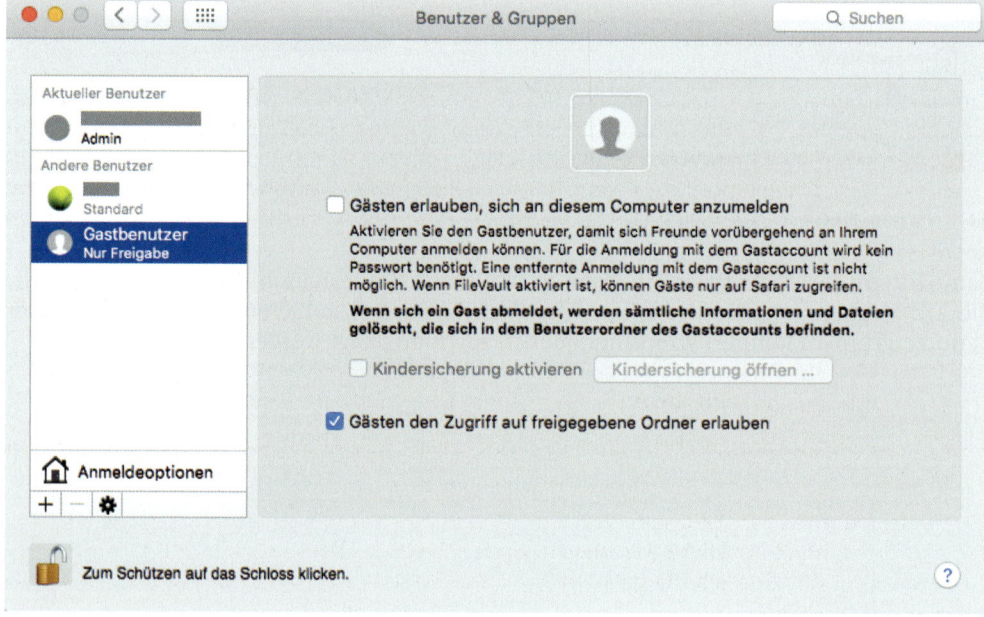

Bild 2.195: Eigenschaften des Gastbenutzers bei macOS (OS X)

Mobilgeräte

Android gestattet die Einrichtung weiterer Benutzer, entweder vollwertige oder mit eingeschränkten Rechten. Der Besitzer als Systemverwalter legt diese Rechte fest (Bild 2.196).

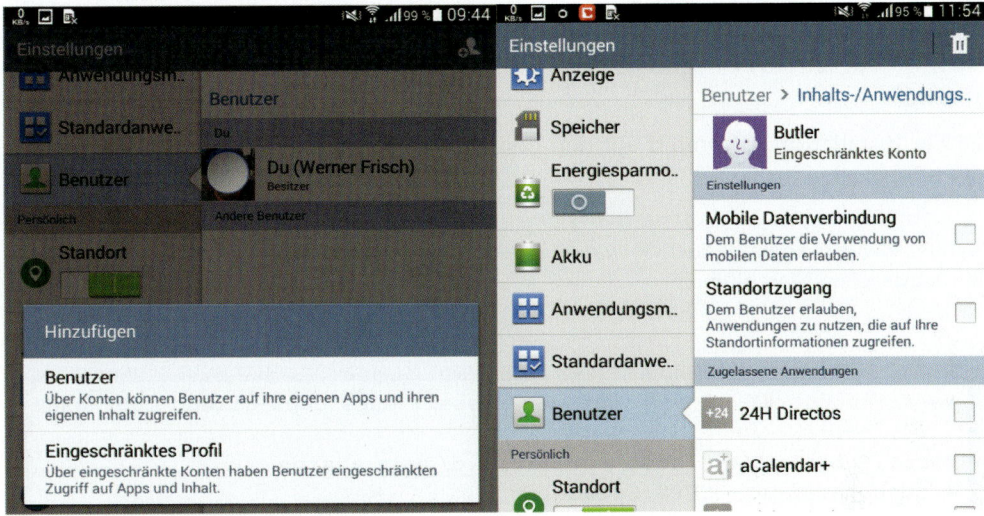

Bild 2.196: Benutzerverwaltung bei Android

> Sobald ein weiterer Benutzer angelegt wird, ist die Festlegung einer Authentifizierungsmethode für den Sperrbildschirm zwingend.

2.3.1.6 Druckerverwaltung

Drucken bedeutet unter Unix und Linux, dass Applikationen ihre Druckaufträge an einen lokalen Dienst übergeben. Ausgeführt wird dieser Dienst von einem Hintergrundprozess (daemon). Der Dienst nimmt die Druckdaten zunächst einmal an und speichert sie in einer Warteschlange (Spooling = Simultaneous Peripheral Operation On-Line) nach dem FIFO-Prinzip (First In/First Out). Der Grund für diese Vorgehensweise ist, dass in diesen Betriebssystemen

- mehrere Benutzer gleichzeitig arbeiten und damit auch gleichzeitig einen oder mehrere Druckaufträge absetzen können, aber

- ein Drucker nur exklusiv von einem Druckauftrag gleichzeitig verwendet werden kann, und das Betriebssystem die Aufträge voneinander trennen muss, und

- mehrere Drucker angeschlossen sein könnten, für die eine Lastverteilung gewünscht sein kann.

Des Weiteren unterscheiden sich Drucker hinsichtlich ihrer physikalischen Parameter und der Steuerbefehlssätze. Diese Besonderheiten sollen vom Benutzer ferngehalten werden. Der Daemon muss folglich die gelieferten Druckdaten den Warteschlangen zuordnen und sie passend bearbeiten.

Früher hieß dieser Dienst lpd (lp = line printer, d = daemon); heute erledigt das sein Nachfolger CUPS (Common Unix Printing System), sowohl unter SLES als auch Ubuntu Server. Die CUPS-Software muss installiert und der Daemonprozess gesteuert werden (Status, Start, Stop, Restart; siehe auch Kap. 2.3.2).

Weitergehende Informationen findet man bei Kofler, M.: Linux – Das umfassende Handbuch, Bonn, Rheinwerk Verlag, 14., aktualisierte Aufl., 2016.

Ubuntu

Bei der Installation informiert apt den Benutzer darüber, dass CUPS auf der Festplatte 133 MB belegt.

Es muss sowohl Client- als auch Serversoftware installiert werden. Client und Server laufen auf der der gleichen Maschine.

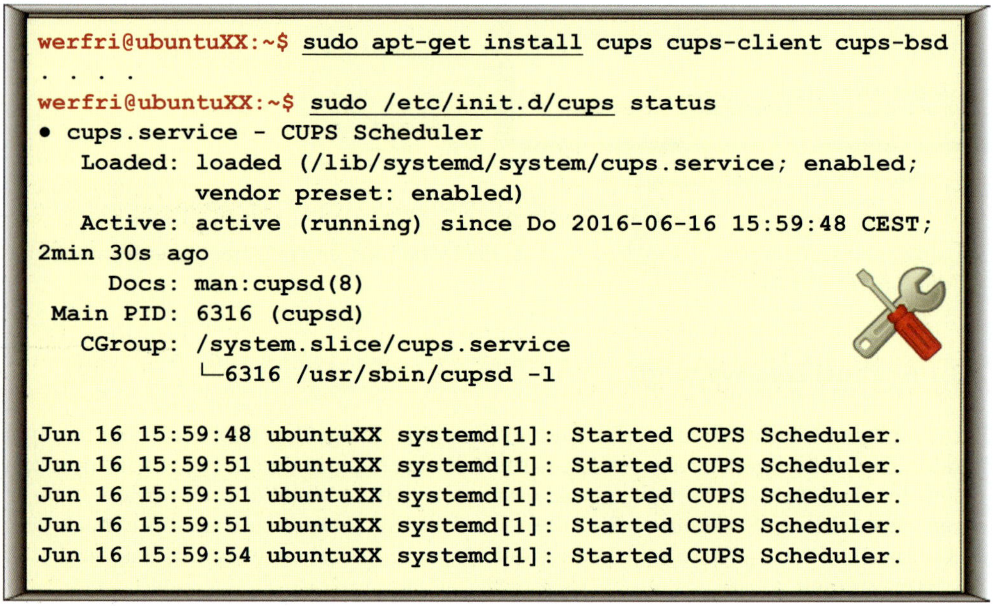

```
werfri@ubuntuXX:~$ sudo apt-get install cups cups-client cups-bsd
. . . .
werfri@ubuntuXX:~$ sudo /etc/init.d/cups status
● cups.service - CUPS Scheduler
   Loaded: loaded (/lib/systemd/system/cups.service; enabled;
           vendor preset: enabled)
   Active: active (running) since Do 2016-06-16 15:59:48 CEST;
2min 30s ago
     Docs: man:cupsd(8)
 Main PID: 6316 (cupsd)
   CGroup: /system.slice/cups.service
           └─6316 /usr/sbin/cupsd -l

Jun 16 15:59:48 ubuntuXX systemd[1]: Started CUPS Scheduler.
Jun 16 15:59:51 ubuntuXX systemd[1]: Started CUPS Scheduler.
Jun 16 15:59:51 ubuntuXX systemd[1]: Started CUPS Scheduler.
Jun 16 15:59:51 ubuntuXX systemd[1]: Started CUPS Scheduler.
Jun 16 15:59:54 ubuntuXX systemd[1]: Started CUPS Scheduler.
```

Bild 2.197: Installation und Statusabfrage von CUPS unter Ubuntu

Im Verzeichnis „/etc/init.d" befinden sich Befehlsdateien (Shellscripts) zur Steuerung von Diensten, eben auch CUPS. Beim Start von CUPS wird die Datei „/etc/init/cups.conf" ausgewertet, sie bestimmt sein Verhalten. Für die direkte Steuerung (durch Veränderung von „cups.conf") dient das Frontend „cupsctl" (siehe auch Kap. 2.3.2.3).

Eine Onlinehilfe zu CUPS gibt es unter: https://wiki.ubuntuusers.de/CUPS/.

SLES mit lokalem Drucker

Die Druckerkonfiguration in YaST findet man unter der Kategorie „Hardware" (Bild 2.198). YaST liegt hier in der Version 1.7.5.-9.1 vor.

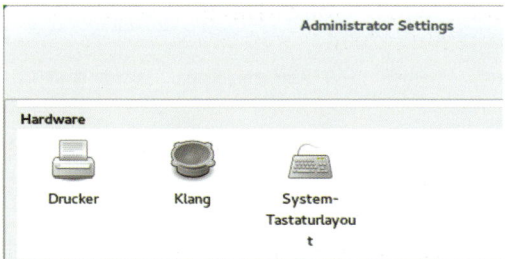

Bild 2.198: Druckereinstellung in YaST orten

Durch Klick auf „Drucker" startet die Druckerkonfiguration (Bild 2.199).

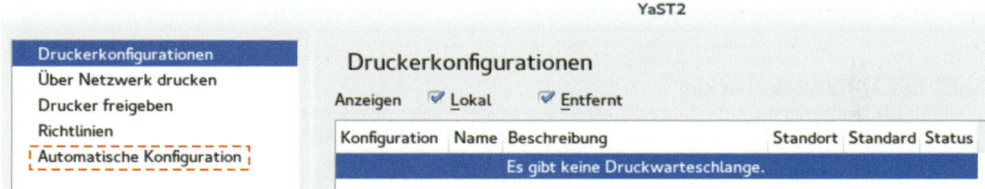

Bild 2.199: Beginn der Konfiguration (SLES)

Ein lokaler Drucker, hier über USB angeschlossen, kann automatisch („Automatische Konfiguration") schnell und einfach in Betrieb genommen (Bilder 2.200–2.201) und eine Testseite ausgedruckt (Bild 2.202) werden.

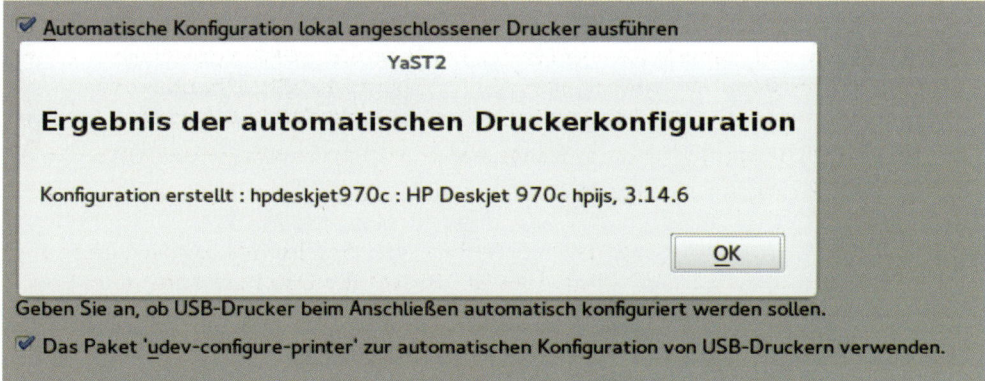

Bild 2.200: Ergebnis der automatischen Druckerkonfiguration (SLES)

Bild 2.201: Ende der Konfiguration (SLES)

Testdruck

Drucken sie ein oder zwei Seiten um z.B. Duplexdruck zu testen.

Bild 2.202: Testdruck ohne oder mit Duplexdruck (falls vom Drucker unterstützt)

SLES mit Netzwerkdrucker

Ähnlich verläuft die Benutzung eines Netzwerkdruckers (Bild 2.203).

Bild 2.203: Netzwerkdrucker einrichten (SLES)

Die IP-Adresse des Netzwerkdruckers sollte bekannt sein, andernfalls kann der Verbindungsassistent helfen (Bild 2.204).

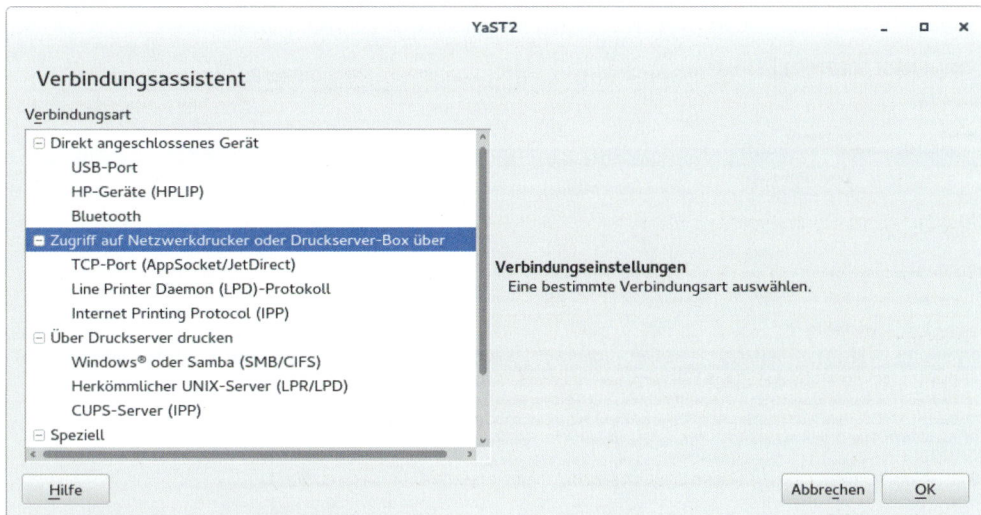

Bild 2.204: Der Verbindungsassistent (SLES)

Es sind für Druckverbindungen mehrere Protokolle definiert (Bild 2.205); heutzutage sollte dem Internet Printing Protokoll (IPP) der Vorzug gegeben werden.

Protokoll	Port	RFC
IPP	631	2567-2569, 2910–2911
SMB/CIFS	137, 445	
LPDP	515	1179

Bild 2.205: Kleine Übersicht über Druckprotokolle

Laufende Druckaufträge werden abgebrochen (Bild 2.206)

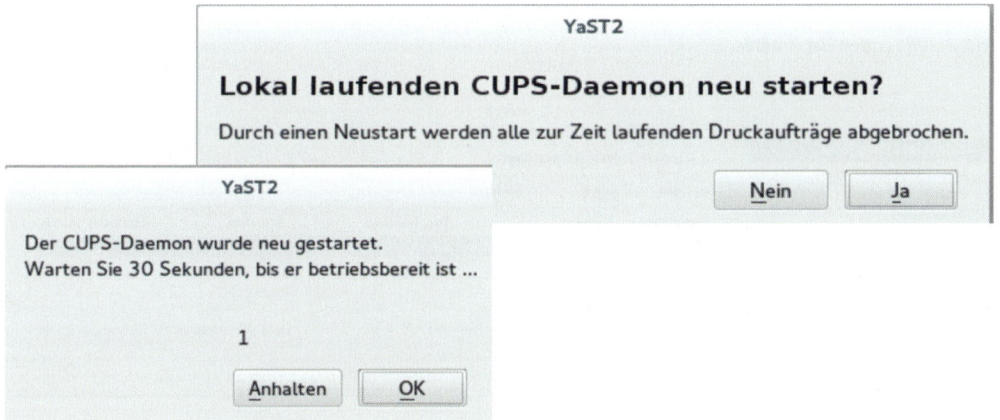

Bild 2.206: CUPS wird neu gestartet

Wurde eine Verbindung zu einem Drucker gefunden, muss ein Treiber für ihn ausgesucht werden (Bild 2.207).

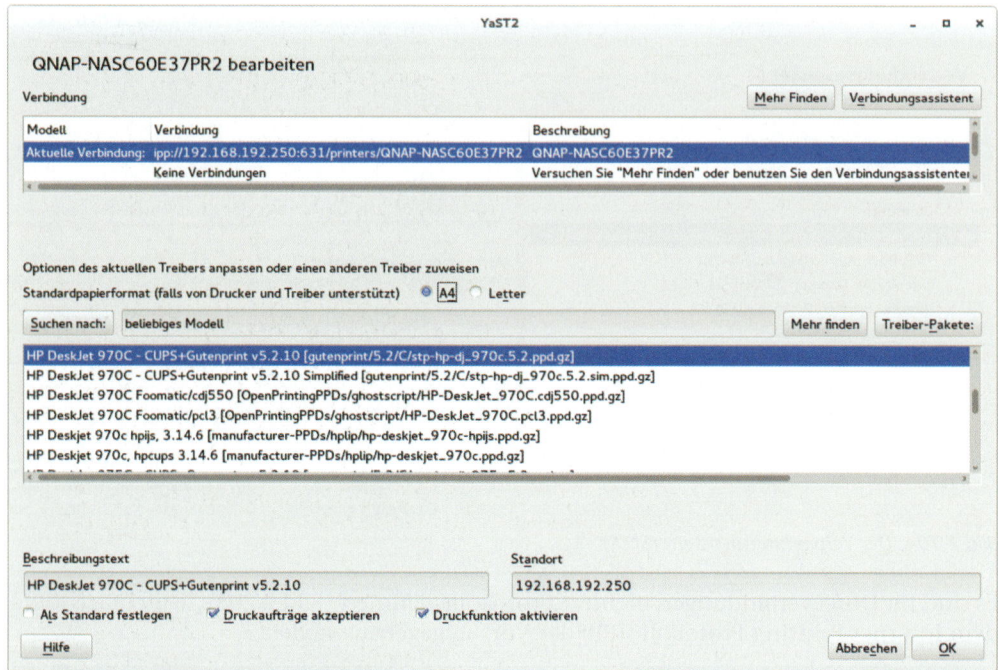

Bild 2.207: Treiberauswahl für Netzwerkdrucker

Nach dem Laden der Treiber (Bild 2.208) steht der Drucker zur Verfügung (Bild 2.209).

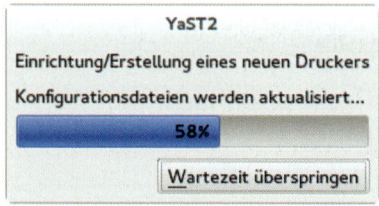

Bild 2.208: Laden der Treiber

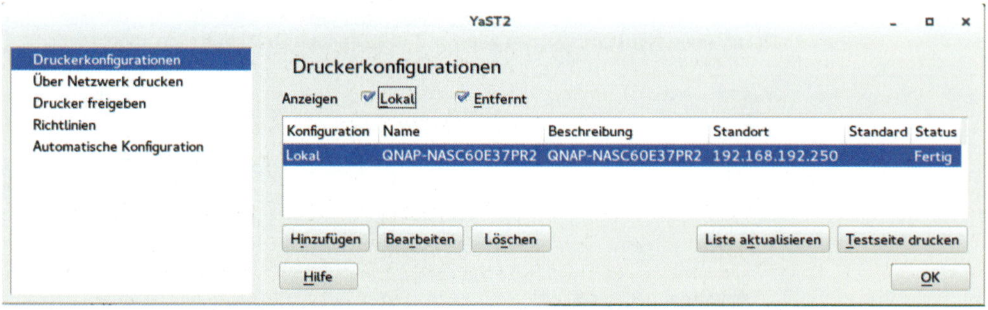

Bild 2.209: Der Netzwerkdrucker ist eingerichtet

macOS (OS X)

Die Druckerverwaltung erfolgt wieder über die Systemsteuerung, Rubrik „Drucker & Scanner" (Bild 2.210):

Bild 2.210: Verwaltung der Drucker bei macOS (OS X)

Die Installation von neuen Druckern oder Veränderungen an Einstellungen bereits installierter Drucker werden von dort aus geregelt (Bild 2.211).

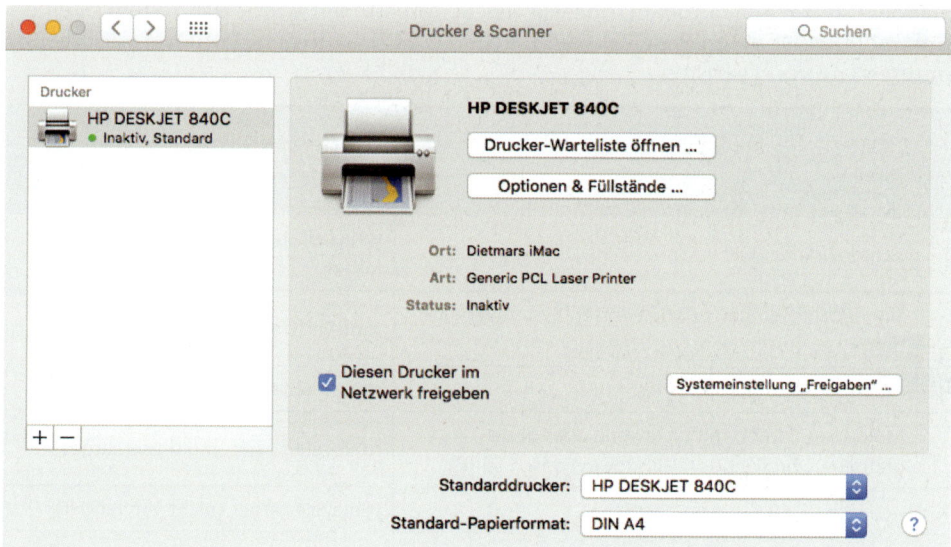

Bild 2.211: Konfiguration eines Druckers bei macOS (OS X)

Mobilgeräte

Android bietet bis einschließlich Version 4.3 auf Systemebene keine Druckerunterstützung für lokale Drucker, nur auf dem Umweg über die Google-Cloud. Dagegen können datenschutzrechtliche Bedenken stehen. Aber, wie Bild 2.173 zeigt, gibt es Lösungen auf Anwendungsebene von Druckerherstellern oder von dritter Seite (Third Party, z. B. Printbot). Meist kommen sowieso nur netzwerkfähige Drucker oder lokale Drucker an Rechnern infrage, die diesen im Netz freigegeben haben. Eine ausführliche Lösungsbeschreibung befindet sich auf dieser Seite: https://www.droidwiki.de/Drucken.

2.3.2 Server-Konfiguration

Server bedeutet im Folgenden ein **Serverprozess** (meist im Hintergrund). Wenn eine Maschine (Host) gemeint ist, auf der solch ein Prozess abläuft, wird die Bezeichnung **Servermaschine** gebraucht.

Hintergrundprozesse für Dienste (daemons) können grundsätzlich in zwei Betriebsarten ausgeführt werden:

- Als sogenannter Stand-Alone-Dienst, der ständig läuft und schnell einsatzbereit ist, dafür aber Rechenzeit und Speicherplatz beansprucht. Diese Betriebsart verwendet man für stark nachgefragte Dienste, z. B. Webserver.

- Oder, bei gelegentlichem Bedarf, nach Aufruf durch einen Wrapper (Superdaemon xinetd), der stellvertretend für andere Serverprozesse Aufrufe annimmt und diesen Dienst dann in Gang setzt, z. B. Ftp-Server auf der Maschine eines Webservers.

Die Namen dieser Hintergrundprozesse enden stets mit einem „d" (z. B. „ftpd" für den Ftp-Server), womit ihre „daemonische" Eigenschaft deutlich wird. Frühere Linux-Versionen führten ihren Systemstart nach der klassischen „**System-V-Init**"-Methode durch, ein System von Shell-Scripts. Der Kernel startete als ersten und einzigen den Prozess **init**, welcher der Urvater aller anderen Prozesse war. Scriptgesteuert wurde das System in einen als **Runlevel** bezeichneten Zustand versetzt (Bild 2.212). Zu jedem Runlevel gehörte ein bestimmter Satz von Diensten.

Run-level	Bedeutung	Systemd Ziel-Units (lt. SLES12 SP1 Administrations-handbuch)
0	Shutdown mit Halt	runlevel0.target, halt.target, poweroff.target
1	Singel-User-Betrieb zur ungestörten Systemverwaltung	runlevel1.target, rescue.target
2	Multi-User-Betrieb ohne Netzwerk	runlevel2.target, multi-user.target
3	Multi-User-Betrieb mit Netzwerk, aber ohne grafische Oberfläche (X-Window), typisch Server	runlevel3.target, multi-user.target
4	--	runlevel4.target (nicht verwendet)
5	Multi-User-Betrieb mit Netzwerk und mit grafischer Oberfläche (X-Window), typisch Desktop	runlevel5.target, graphical.target
6	Shutdown mit Reboot	runlevel6.target, reboot.target

Bild 2.212: Bedeutung der System-V-Runlevel

Der Ubuntu Server und SLES verwenden den moderneren **systemd** als Nachfolger; er ist ein kompiliertes Programm und läuft schneller ab. Auch er ist der Urvater aller anderen, von ihm und seinen Kindern gezeugten Prozesse. Allerdings werden bei systemd Prozesse prinzipiell erst dann gestartet, wenn sie gebraucht werden; das gilt auch für xinetd. Die Konfiguration erfolgt nicht durch Scripts, sondern über einfache Textdateien; an die Stelle der Runlevel sind **Ziel-Units** (Bild 2.214) oder **Targets** getreten. Es gibt darüber hinaus aber noch mehr Targets, z. B. startet das mail-transfer-agent.target alle Dienste, die zum Senden und Empfangen von E-Mails erforderlich sind. Das Konzept ist flexibler, weil Targets kombinierbar sind. Das Frontend zur Steuerung von Diensten heißt **systemctl**.

> Die allgemeine Befehlssyntax lautet:
> systemctl   start | status | stop | reload | restart< … <servicename>

Beispiele sieht man in Bild 2.213 und Bild 2.214.

```
werfri@ubuntuXX:~$ systemctl status swap.target
● swap.target - Swap
   Loaded: loaded (/lib/systemd/system/swap.target; static; ven-
dor preset: enabl
   Active: active since Sa 2016-06-18 15:08:43 CEST; 2h 7min ago
     Docs: man:systemd.special(7)

Jun 18 15:08:43 ubuntuXX systemd[1]: Reached target Swap.
```

Bild 2.213: Beispiel für systemctl

```
werfri@ubuntuXX:~$ systemctl list-units --type=target
UNIT                    LOAD     ACTIVE   SUB      DESCRIPTION
basic.target            loaded   active   active   Basic System
cryptsetup.target       loaded   active   active   Encrypted Volumes
getty.target            loaded   active   active   Login Prompts
graphical.target        loaded   active   active   Graphical Interface
local-fs-pre.target     loaded   active   active   Local File Systems (Pre)
local-fs.target         loaded   active   active   Local File Systems
mail-transport-agent.
target                  loaded   active   active   Mail Transport Agent
multi-user.target       loaded   active   active   Multi-User System
network-online.target   loaded   active   active   Network is Online
network.target          loaded   active   active   Network
nss-user-lookup.target  loaded   active   active   User and Group Name
                                                   Lookups
paths.target            loaded   active   active   Paths
printer.target          loaded   active   active   Printer
remote-fs-pre.target    loaded   active   active   Remote File Systems (Pre)
remote-fs.target        loaded   active   active   Remote File Systems
slices.target           loaded   active   active   Slices
sockets.target          loaded   active   active   Sockets
sound.target            loaded   active   active   Sound Card
swap.target             loaded   active   active   Swap
sysinit.target          loaded   active   active   System Initialization
time-sync.target        loaded   active   active   System Time Synchronized
timers.target           loaded   active   active   Timers
```

```
LOAD    = Reflects whether the unit definition was properly loaded.
ACTIVE  = The high-level unit activation state, i.e. generali-
          zation of SUB.
SUB     = The low-level unit activation state, values depend on
          unit type.

22 loaded units listed. Pass --all to see loaded but inactive
units, too.
To show all installed unit files use 'systemctl list-unit-files'.
```

Bild 2.214: Auflisten aller Targets

Detailliertere Informationen zu systemd erhält man unter: https://www.freedesktop.org/wiki/Software/systemd/

Die aktuelle Prozesslage kann man sich ansehen mit den folgenden Kommandos:

- ps (statisch, Bild 2.215)
- pstree (Stammbaum, Bild 2.216)
- top (dynamisch, Bild 2.217)

```
werfri@sles:~> ps
  PID TTY          TIME CMD
 2175 pts/1    00:00:00 bash
 2378 pts/1    00:00:00 ps
```

Bild 2.215: Prozesse des Benutzers werfri

```
werfri@sles:~> pstree
systemd┬─accounts-daemon─┬─{gdbus}
       │                 └─{gmain}
       ├─agetty
       ├─at-spi-bus-laun─┬─dbus-daemon
       │                 ├─{dconf worker}
       │                 ├─{gdbus}
       │                 └─{gmain}
       ├─at-spi2-registr───{gdbus}
       ├─cron
       ├─2*[dbus-daemon]
       ├─dbus-launch
       ├─dconf-service─┬─{gdbus}
       │               └─{gmain}
       ├─gconfd-2
       ├─gdm─┬─gdm-simple-slav─┬─Xorg
       │     │                 ├─gdm-session-wor─┬─gnome-session
       │     │                 │                 ├─gnome-setti+
       │     │                 │                 ├─gnome-shell+
```

Bild 2.216: Ausschnitt aus dem Stammbaum mit pstree

```
werfri@sles:~> top
~~~~~~~~~~~~~~~~~~~~~~~~~~~~~~~~~~~~~~~~~~~~~~~~~~~~~~~~~~~~~~~~~~~~~~~~~~~~~
Tasks:    124 total,    1 running,    123 sleeping,    0 stopped,    0 zombie
%Cpu(s):  0,3 us,  0,0 sy,  0,0 ni, 99,7 id,  0,0 wa,  0,0 hi,  0,0 si,  0,0 st
KiB Mem:    1943820 total,    698752 used,   1245068 free,      876 buffers
KiB Swap:   2103292 total,         0 used,   2103292 free.   388728 cached Mem


 PID  USER      PR   NI    VIRT    RES    SHR  S   %CPU   %MEM   TIME+    COMMAND
  20  root      20    0       0      0      0  S  0,332  0,000  0:01.83  kworker/0:1
2519  werfri    20    0   15332   1604   1116  R  0,332  0,083  0:00.01  top
   1  root      20    0   33644   4520   2140  S  0,000  0,233  0:01.33  systemd
   2  root      20    0       0      0      0  S  0,000  0,000  0:00.00  kthreadd
   3  root      20    0       0      0      0  S  0,000  0,000  0:00.07  ksoftirqd/0
   5  root       0  -20       0      0      0  S  0,000  0,000  0:00.00  kworker/0:0H
~~~~~~~~~~~~~~~~~~~~~~~~~~~~~~~~~~~~~~~~~~~~~~~~~~~~~~~~~~~~~~~~~~~~~~~~~~~~~
```

Bild 2.217: Top zeigt sekündlich die „Hitparade" der CPU-Belastung (Ende mit Taste „q")

Außer Kontrolle geratene (eigene!) Prozesse lassen sich mit „kill -9 4711" gewaltsam unter Angabe der PID (hier 4711) beenden. Dem Prozess wird das Signal 9 geschickt. Nur der Systemverwalter darf fremde Benutzerprozesse beenden.

Server für Netzdienste

Bei der Planung eines Netzes spielen die Kosten eine wichtige Rolle. Daher lockt die Versuchung, möglichst viele Server(-prozesse) auf möglichst wenigen Servermaschinen (oder gar nur einer) anzusiedeln. Für kleine und/oder unkritische Versuchsaufbauten mag das zulässig sein – für Produktivumgebungen oder etwa sicherheitskritische Anwendungen kann nur davon abgeraten werden, dieser Verlockung nachzugeben! Das alte Prinzip „Teile und herrsche!" ist der bessere Rat: ein Dienst – eine Maschine. Störungen lassen sich so viel besser eingrenzen. Außerhalb von Produktivumgebungen kann man natürlich mehrere Server auf einer Maschine konzentrieren.

Zusätzlich empfiehlt es sich die Serverfunktionalität in ein separates Subnetz zu verlagern, das durch eine Firewall vom Netz der Client-Workstations getrennt ist. Im Administrationshandbuch von SLES wird als Anhang C eine sinnvolle Beispielkonfiguration angegeben (Bild 2.218). Diese „Serverfarm" ist vorzugsweise in einem separaten und abgeschlossenen Raum untergebracht (siehe Kap. 1.7.1.2, Infrastrukturmaßname M 1.2).

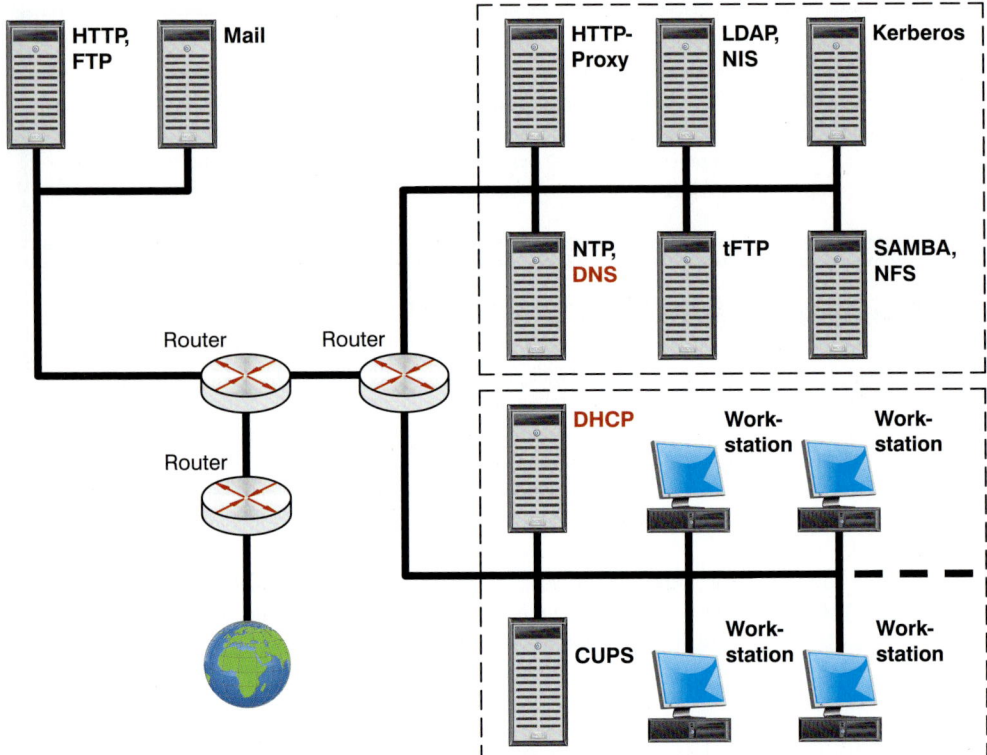

Bild 2.218: Beispielkonfiguration, frei nach SLES-Administrationshandbuch

Unabdingbar sind die Basisdienste DHCP für IPv4-Clients und DNS, alle anderen optional, je nach Anforderung. In jedem Fall gilt:

> Für jeden angebotenen Dienst muss der zugehörige **Serverport**
>
> - auf der Firewall der **Servermaschine** und
> - den Firewalls dazwischenliegender **Router**
>
> freigeschaltet werden.

Die nachstehend beschriebenen Vorgehensweisen können nur als die „Schönwetter-Variante für einfache Anforderungen" angesehen werden. Angesichts der Komplexität der Thematik muss auf die spezielle Dokumentation von Betriebssystemen und Anwendungssoftware verwiesen werden.

2.3.2.1 DHCP-Server mit Linux

SLES

Für die Verwaltung von Diensten können in YaST Module nachgeladen werden (Bild 2.219), wenn dies nicht schon bei der Installation des Betriebssystems geschehen ist.

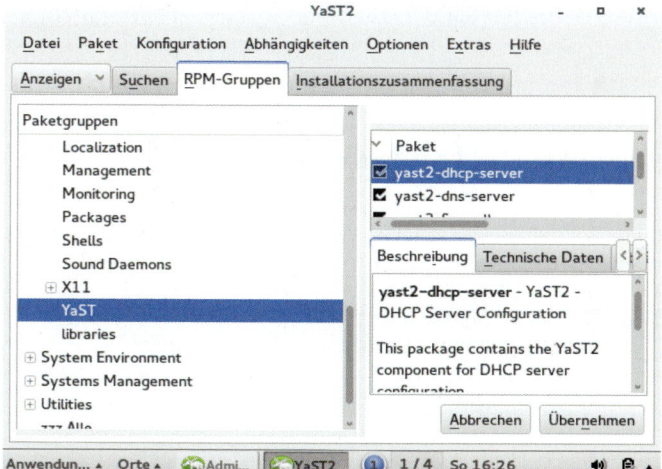

Bild 2.219: YaST-Module zur Diensteverwaltung

Das YaST-Modul erkennt, dass die Serversoftware noch nicht installiert ist, und holt dies nach (Bild 2.220).

Bild 2.220: Installation der Serversoftware

Die Erstkonfiguration erfolgt in vier Schritten (Bild 2.221):

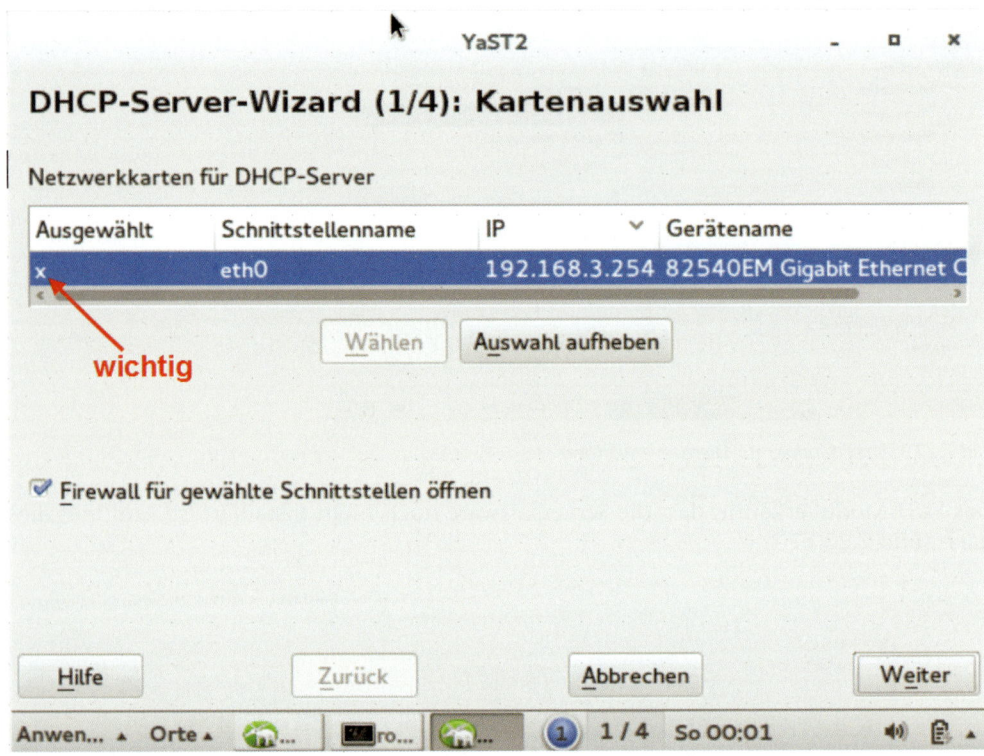

Bild 2.221: Auswahl der Schnittstelle für den DHCP-Server

Zwischendurch weist YaST darauf hin, dass die Schnittstelle einer Firewall-Zone zugeordnet sein muss (Bild 2.222). Dies kann zwischenzeitlich erledigt werden.

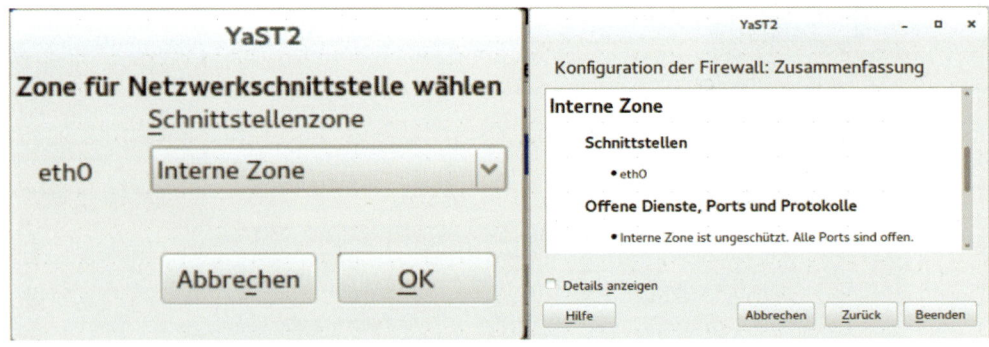

Bild 2.222: Auswahl der Firewall-Zone beim DHCP-Server

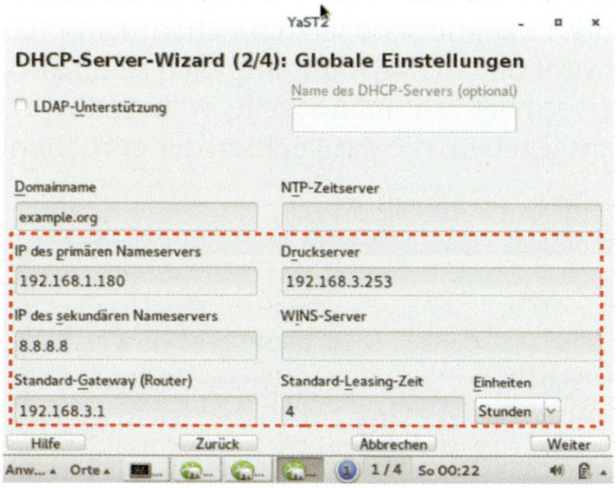

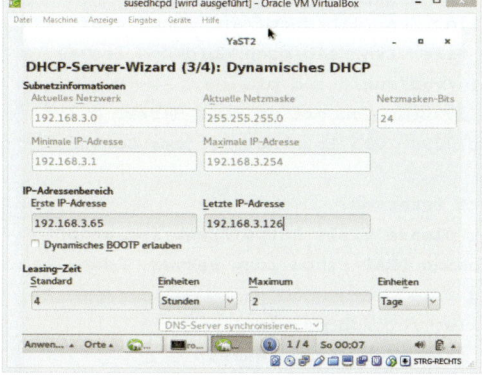

Bild 2.223: Globale DHCP-Einstellungen

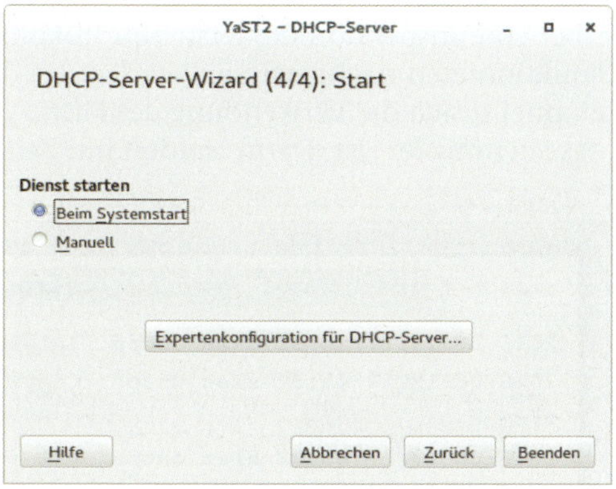

Bild 2.224: Startverhalten des DHCP-Servers

Bild 2.225: DHCP-Leasing-Bereich

Bild 2.226: Verwalten des DHCP-Servers nach erfolgter Installation

Die gerade geschilderte Vorgehensweise ist beispielhaft für andere Serverinstallationen mit grafischem YaST. Daher wird im Folgenden der Schwerpunkt auf die Konfiguration über die Kommandozeile gelegt.

Die Konfigurationsdaten aus den Dialogen der grafischen Oberfläche werden hinterlegt in der Datei „/etc/dhcpd.conf" (Bild 2.227).

```
#/etc/dhcpd.conf
option domain-name "example.org";
option domain-name-servers 192.168.1.180, 8.8.8.8;
option routers 192.168.3.1;
option lpr-servers 192.168.3.253;
ddns-update-style none;
default-lease-time 14400;
subnet 192.168.3.0 netmask 255.255.255.0 {
   range 192.168.3.65 192.168.3.126;
   default-lease-time 14400;
   max-lease-time 172800;
}
```

Bild 2.227: Konfigurationsdatei des DHCP-Servers bei SLES

Über eine Inspektion des Systemprotokolls (Bild 2.228, die vier letzten Zeilen) kann das Funktionieren nachgewiesen werden. Da die Protokolldatei sehr umfangreich sein kann, empfiehlt sich die Verwendung des Filters „grep" auf der Kommandozeile, wobei „dhcpd" das Suchmuster[1] ist. Dann werden nur Zeilen ausgegeben, die das Suchmuster enthalten:

```
sles:~ # grep dhcpd /var/log/messages
2016-06-19T17:45:32 sles dhcpd: Internet Systems Consortium DHCP Server 4.3.3
2016-06-19T17:45:32 sles dhcpd: Copyright 2004-2015 Internet Systems Consor-
tium.
2016-06-19T17:45:32 sles dhcpd: All rights reserved.
2016-06-19T17:45:32 sles dhcpd: For info, please visit https://www.isc.orgp/
2016-06-19T17:45:32 sles dhcpd: Not searching LDAP since ldap-server, ldap-
port and ldap-base-pecified in the config file
2016-06-19T17:45:32 sles dhcpd: Config file: /var/lib/dhcp//etc/dhcpd.conf
2016-06-19T17:45:32 sles dhcpd: Database file: /var/lib/dhcp/db/dhcpd.leases
2016-06-19T17:45:32 sles dhcpd: PID file: /var/run/dhcpd.pid
2016-06-19T17:45:32 sles dhcpd: Internet Systems Consortium DHCP Server 4.3.3
2016-06-19T17:45:32 sles dhcpd: Copyright 2004-2015 Internet Systems Consor-
tium.
2016-06-19T17:45:32 sles dhcpd: All rights reserved.
2016-06-19T17:45:32 sles dhcpd: For info, please visit https://www.isc.orgp/
2016-06-19T17:45:32 sles dhcpd: Not searching LDAP since ldap-server, ldap-
port and ldap-base-pecified in the config file
2016-06-19T17:45:32 sles dhcpd: Config file: /etc/dhcpd.conf
2016-06-19T17:45:32 sles dhcpd: Database file: /db/dhcpd.leases
2016-06-19T17:45:32 sles dhcpd: PID file: /var/run/dhcpd.pid
2016-06-19T17:45:32 sles dhcpd: Wrote 0 leases to leases file.
2016-06-19T17:45:33 sles dhcpd: Listening on LPF/eth0/00:08:54:568.192.0/24
2016-06-19T17:45:33 sles dhcpd: Sending on   LPF/eth0/00:08:54:568.192.0/24
2016-06-19T17:45:33 sles dhcpd: Sending on   Socket/fallback/fallback-net
2016-06-19T17:45:33 sles dhcpd: Server starting service.
2016-06-19T17:45:33 sles dhcpd[15261]: Starting ISC DHCPv4 Server [chroot]..
done
2016-06-19T18:28:03 sles dhcpd: DHCPDISCOVER  from 08:00:27:e3:ed:b2 (linux-
                               jg20) via eth0

2016-06-19T18:28:03 sles dhcpd: DHCPOFFER  on 192.168.3.65 to
                               08:00:27:e3:ed:b2 via eth0

2016-06-19T18:28:03 sles dhcpd: DHCPREQUEST  for 192.168.3.65 (192.168.1.180)
                               from 08:00:27:e3:ed:b2 via eth0

2016-06-19T18:28:03 sles dhcpd: DHCPACK  on 192.168.3.65 to
                               08:00:27:e3:ed:b2 via eth0
```

Bild 2.228: Spuren des DHCP-Servers im Systemprotokoll (Zeilen für die Darstellbarkeit gekürzt) bei SLES

---

[1] *Das Suchmuster kann komplizierter (und damit mächtiger) sein; Stichwort „reguläre Ausdrücke".*

Die eigene Buchführung legt der Server in der Datei „dhcpd.leases" an (Bild 2.229):

```
# The format of this file is documented in the dhcpd.leases(5)
manual page.
# This lease file was written by isc-dhcp-4.3.3

server-duid "\000\001\000\001\036\371u\276\000\010TVY\011"; #
->Kap. 1.4.4.1

lease 192.168.3.65 {
  starts 0 2016/06/19 16:28:03;
  ends 0 2016/06/19 20:28:03;
  cltt 0 2016/06/19 16:28:03;
  binding state active;
  next binding state free;
  rewind binding state free;
  hardware ethernet 08:00:27:e3:ed:b2;
}
```

Bild 2.229: Die Datei „dhcpd.leases" bei SLES

Ubuntu Server

Während SLES stillschweigend die Serversoftware des Herstellers ISC lädt und installiert, gibt es bei Ubuntu noch die Möglichkeit, das Paket „Busybox" zu verwenden. Busybox ist nach Aussage seiner Entwickler „das Schweizer Taschenmesser für embedded Linux", weil hier viele Serverfunktionen in einem monolithischen Block vereint sind. Busybox ist klein und flink und sicher gut für Embedded Systems (Kap. 2.4.1.1) geeignet. Wie in der Einleitung begründet, ist hier aber der ISC-Server vorzuziehen. Man muss ihn nur explizit benennen (Bild 2.230).

```
werfri@ubuntuXX:~$ sudo apt-get install isc-dhcp-server
Paketlisten werden gelesen... Fertig
Abhängigkeitsbaum wird aufgebaut.
Statusinformationen werden eingelesen.... Fertig
Die folgenden Pakete wurden automatisch installiert und werden
nicht mehr benötigt:
  linux-headers-4.4.0-21 linux-headers-4.4.0-21-generic linux-
image-4.4.0-21-generic
  linux-image-extra-4.4.0-21-generic
Verwenden Sie »sudo apt autoremove«, um sie zu entfernen.
The following additional packages will be installed:
  libirs-export141 libisccfg-export140
Vorgeschlagene Pakete:
  isc-dhcp-server-ldap policycoreutils
Die folgenden NEUEN Pakete werden installiert:
  isc-dhcp-server libirs-export141 libisccfg-export140
```

```
0 aktualisiert, 3 neu installiert, 0 zu entfernen und 19 nicht
aktualisiert.
Es müssen 468 kB an Archiven heruntergeladen werden.
Nach dieser Operation werden 1.579 kB Plattenplatz zusätzlich
benutzt.
Möchten Sie fortfahren? [J/n] J
Holen:1 http://de.archive.ubuntu.com/ubuntu xenial-updates/main
amd64 libisccfg-export140 amd64 1:9.10.3.dfsg.P4-8ubuntu1 [38,6 kB]
Holen:2 http://de.archive.ubuntu.com/ubuntu xenial-updates/main
amd64 libirs-export141 amd64 1:9.10.3.dfsg.P4-8ubuntu1 [17,5 kB]
Holen:3 http://de.archive.ubuntu.com/ubuntu xenial/main amd64
isc-dhcp-server amd64 4.3.3-5ubuntu12  [412 kB]
Es wurden 468 kB in 0 s geholt (1.143 kB/s).
Vorkonfiguration der Pakete ...
Vormals nicht ausgewähltes Paket libisccfg-export140 wird gewählt.
(Lese Datenbank ... 135843 Dateien und Verzeichnisse sind derzeit
installiert.)
Vorbereitung   zum   Entpacken   von   .../libisccfg-
export140_1%3a9.10.3.dfsg.P4-8ubuntu1_amd64.deb ...
Entpacken von libisccfg-export140 (1:9.10.3.dfsg.P4-8ubuntu1) ...
[...gekürzt...]
isc-dhcp-server (4.3.3-5ubuntu12) wird eingerichtet ...
Generating /etc/default/isc-dhcp-server...
Trigger für libc-bin (2.23-0ubuntu3) werden verarbeitet ...
Trigger für systemd (229-4ubuntu6) werden verarbeitet ...
Trigger für ureadahead (0.100.0-19) werden verarbeitet ...
```

Bild 2.230: Installation des ISC-DHCP-Servers bei Ubuntu

Die Konfigurationsdatei im Verzeichnis „/etc/dhcp/dhcpd.conf" ist ein Muster mit vielen, aber auskommentierten Beispielen und Vorlagen. Da sie von Hand editiert werden muss, sollte zuerst eine Sicherheitskopie angelegt werden, z. B. so:

werfri@ubuntuXX:/etc/dhcp$ sudo cp dhcpd.conf dhcpd.conf.org

Nicht auskommentiert sind lediglich die folgenden Zeilen:

```
ddns-update-style none;
option domain-name "example.org";
option domain-name-servers ns1.example.org, ns2.example.org;
default-lease-time 600;
max-lease-time 7200;
log-facility local7;
```

Wenn man die ersten fünf Zeilen auch noch auskommentiert, könnte man die Einstellungen des SLES-Servers hier direkt übernehmen und hinten anhängen. Als effektive Konfiguration bleibt dann (Bild 2.231):

```
#/etc/dhcp/dhcpd.conf

log-facility local7;

option domain-name "example.org";
option domain-name-servers 192.168.1.180, 8.8.8.8;
option routers 192.168.3.1;
option lpr-servers 192.168.3.253;
ddns-update-style none;
default-lease-time 14400;
subnet 192.168.3.0 netmask 255.255.255.0 {
  range 192.168.3.129 192.168.3.190;
  default-lease-time 14400;
  max-lease-time 172800;
}
```

Bild 2.231: Konfigurationsdatei des DHCP-Servers bei Ubuntu

Der Server lässt sich nicht wie erwartet mit „systemctl" starten (Bild 2.232):

```
werfri@ubuntuXX:~$ sudo systemctl start dhcpd
Failed to start dhcpd.service: Unit dhcpd.service not found.
werfri@ubuntuXX:~$ /etc/init.d/isc-dhcp-server start
[....] Starting isc-dhcp-server (via systemctl): isc-dhcp-server.
service====                    AUTHENTICATING FOR org.free-
desktop.systemd1.manage-units ===
Legitimierung ist zum Starten von »isc-dhcp-server.service«
notwendig.
Authenticating as: Werner Frisch,,, (werfri)
Password:
==== AUTHENTICATION COMPLETE ===
. ok
```

Bild 2.232: Inbetriebnahme des ISC-DHCP-Servers bei Ubuntu

Als Funktionsnachweis genügt hier die Inspektion (Bild 2.233) der Datei „/var/lib/dhcp/dhcpd.leases".

```
# The format of this file is documented in the dhcpd.leases(5)
manual page.
# This lease file was written by isc-dhcp-4.3.3

server-duid "\000\001\000\001\036\374\003\376\010\025'\003D\235";

lease 192.168.3.129 {
  starts 2 2016/06/21 14:47:29;
  ends 2 2016/06/21 18:47:29;
  cltt 2 2016/06/21 14:47:29;
  binding state active;
  next binding state free;
  rewind binding state free;
  hardware ethernet 08:00:27:e3:ed:b2;
}
```

Bild 2.233: Die Datei „dhcpd.leases" bei Ubuntu

Besondere Einstellungen beim ISC-DHCP-Server (SLES und Ubuntu, Auswahl)

Binden an einen Server
Der Client in Bild 2.233 (derselbe wie beim Test des SLES-Servers) soll daran gehindert werden, von einem anderen als dem Ubuntu-Server die IP-Adresse zu beziehen; die Adress-„ranges" beider Server sind verschieden. Bestimmte Server kann man ausschließen, indem man beim Client in „dhclient.conf" beispielsweise die folgende Zeile einfügt: „reject 192.168.1.1, 192.168.1.180".

Binden an ein Interface
Hat die Servermaschine des DHCP-Servers mehr als ein Interface, kann der Dienst an ein bestimmtes Interface gebunden werden, indem das Statement „interface eth0;" im subnet-Abschnitt der Datei „dhcpd.conf" eingefügt wird.

Binden an eine MAC-Adresse
Man kann die IP-Adresse fest einer MAC-Adresse zuordnen, wenn ein entsprechender Host-Abschnitt da ist.

```
host testclient {
        hardware ethernet 08:00:27:E3:ED:B2;
        fixed-address 192.168.3.129;
        option host-name "testclient";
}
```

Bild 2.234: Binden an eine MAC-Adresse

Der ISC-DHCP-Server kann auch als DHCPv6-Server arbeiten (siehe Manual).

2.3.2.2 DNS-Server mit Linux

Bei den meisten Linux-Systemen wird das Softwarepaket ISC-BIND verwendet. Die zentrale Konfigurationsdatei heißt „named.conf". Sie enthält einen Abschnitt globaler Optionen (Schlüsselwort „options") mit globalen Definitionen (Bild 2.235) sowie einen Abschnitt mit Zonen-„Deklarationen", die jeder Zone (Schlüsselwort „zone") mit Namen, Typ (master/slave/...) und Pfadnamen zur jeweiligen Zonendatei zuordnen.

Parameter	Bedeutung
directory	Arbeitsverzeichnis des Servers, alle folgenden Angaben beziehen sich hierauf
forwarders	Liste von IP-Adressen von Forwardern
listen-on-v6	Auch IPv6-Unterstützung
...	(weitere 144 mögliche Optionen)

Bild 2.235: Drei der wichtigsten globalen Optionen des BIND-NS

Mithilfe von „include"-Anweisungen können Teile in andere Dateien ausgelagert werden. Das steigert die Übersichtlichkeit und vermindert die Fehlerwahrscheinlichkeit, wenn nur an diesen Dateien administriert wird.

SLES

Installation und Inbetriebnahme gestalten sich in bekannter Weise (Bild 2.236):

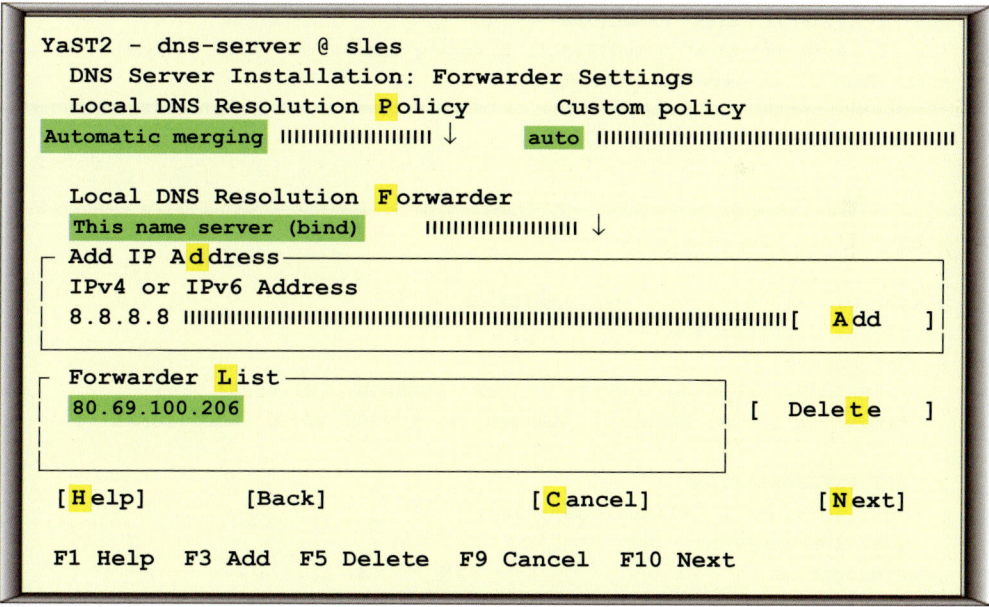

Bild 2.236: Erstkonfiguration des DNS-Servers BIND, YaST-geführt

Nach Installationsende muss der NS in Betrieb genommen werden (Bilder 2.237–2.238):

```
sles:~ # systemctl status named
named.service - LSB: Domain Name System (DNS) server, named
   Loaded: loaded (/etc/init.d/named)
   Active: inactive (dead)
sles:~ # systemctl start named
sles:~ # systemctl status named
named.service - LSB: Domain Name System (DNS) server, named
   Loaded: loaded (/etc/init.d/named)
   Active: active (running) since Wed 2016-06-22 14:58:54 CEST; 5min ago
  Process: 3835 ExecStart=/etc/init.d/named start (code=exited, status=0/
SUCCESS)
   CGroup: /system.slice/named.service
           └─3887 /usr/sbin/named -t /var/lib/named -u named


Jun 22  14:58:54  sles  named[3887]: configuring command channel from '/e...'
Jun 22  14:58:54  sles  named[3887]: command channel listening on ::1#953
Jun 22  14:58:54  sles  named[3887]: the working directory is not writable
Jun 22  14:58:54  sles  named[3887]: managed-keys-zone: loaded serial 0
Jun 22  14:58:54  sles  named[3887]: zone 0.0.127.in-addr.arpa/IN: loaded...2
Jun 22  14:58:54  sles  named[3887]: zone 0.0.0.0.0.0.0.0.0.0.0.0.0.0.0.0...2
Jun 22  14:58:54  sles  named[3887]: zone localhost/IN: loaded serial 42
Jun 22  14:58:54  sles  named[3887]: all zones loaded
Jun 22  14:58:54  sles  named[3887]: running
Jun 22  14:58:54  sles  named[3835]: Starting name server BIND ..done
Hint: Some lines were ellipsized, use -l to show in full.
```

Bild 2.237: Inbetriebnahme des BIND bei SLES

```
sles:~ # dig www.google.de

; <<>> DiG 9.9.6-P1 <<>> www.google.de
;; global options: +cmd
;; Got answer:
;; ->>HEADER<<- opcode: QUERY, status: NOERROR, id: 45284
;; flags: qr rd ra; QUERY: 1, ANSWER: 1, AUTHORITY: 0, ADDITIONAL: 1

;; OPT PSEUDOSECTION:
; EDNS: version: 0, flags:; udp: 1232
;; QUESTION SECTION:
;www.google.de.                      IN      A

;; ANSWER SECTION:
www.google.de.        173      IN      A        216.58.209.35
```

```
;; Query time: 19 msec
;; SERVER: 80.69.100.206#53(80.69.100.206)
;; WHEN: Thu Jun 23 13:05:06 CEST 2016
;; MSG SIZE  rcvd: 58
```

Bild 2.238: Funktionsprüfung des BIND bei SLES

Nach diesem „start" arbeitet der Server zwar, aber nur bis zum nächsten Neustart. Um ihn ins ständige Dienstangebot aufzunehmen und bei jedem Systemstart mitzustarten, muss er „enabled" werden:

```
sles:~ # systemctl enable named
```

Die zentrale Konfigurationsdatei „named.conf" befindet sich in „/etc". Sie enthält eine Reihe von Systemvariablen, die in der Datei „/etc/sysconfig/network/config" definiert sind und inkludiert zwei weitere Dateien (Bild 2.239). Die Datei „named.conf" kann zwar, sollte aber nicht manuell editiert werden, weil dadurch ein sehr ausgeklügeltes System von Skripten und Steuerdateien gestört werden könnte. Stattdessen modifiziert man die in der Tabelle gelisteten und aus diesem Grund ausgelagerten Dateien.

Datei	Inhalt
/etc/sysconfig/network/config	Steuervariable, auch für „named.conf"
/etc/named.d/forwarders.conf	Liste von Forwarder-IP-Adressen als Zeichenkette
/etc/named.conf.include	(leer)

Bild 2.239: Dateien, die bei SLES den Inhalt von „named.conf" beeinflussen

```
sles:~ # grep NETCONFIG_DNS /etc/sysconfig/network/config
NETCONFIG_DNS_POLICY="auto"
NETCONFIG_DNS_FORWARDER="resolver"
NETCONFIG_DNS_FORWARDER_FALLBACK="yes"
NETCONFIG_DNS_STATIC_SEARCHLIST="example.org."
NETCONFIG_DNS_STATIC_SERVERS="192.168.192.1  80.69.98.110
80.69.100.12 8.8.8.8"
NETCONFIG_DNS_RANKING="auto"
NETCONFIG_DNS_RESOLVER_OPTIONS=""
NETCONFIG_DNS_RESOLVER_SORTLIST=""
```

Bild 2.240: DNS-relevante Definitionen in „/etc/sysconfig/network/config"

Direkt in „named.conf" werden unter anderem das Arbeitsverzeichnis des Servers „/var/lib/named" und die obligatorischen Zonen definiert (Bild 2.241).

Namen der deklarierten Zonen in „named.conf"	Bedeutung
Nie veränderte Zonen (master)	
„localhost" Dateiname „localhost.zone"	Vor- u Rückwärtsauflösung zwischen „localhost" und
„0.0.127.in-addr.arpa" Dateiname „127.0.0.0.zone"	
„0.0.0.0.0.0.0.0.0.0.0.0.0.0.0.0.0.0.0.0.0.0.0.0.0.0.0.0.0.0.0.0.ip6.arpa" Dateiname „127.0.0.0.zone"	↔ 127.0.0.1 bei IPv4 bzw. ↔ ::1 bei IPv6
Selten veränderte Zonendatei	
„." Dateiname „root.hint"	Adressen der 13 internationalen Root-NS

Bild 2.241: Obligatorische Zonen bei SLES

Ubuntu Server

```
werfri@ubuntuXX:~$ sudo apt-get install bind9
werfri@ubuntuXX: /etc/bind$ sudo /etc/init.d/bind9 start
[ ok ] Starting bind9 (via systemctl): bind9.service.
werfri@ubuntuXX: /etc/bind$ systemctl status bind9
● bind9.service - BIND Domain Name Server
   Loaded: loaded (/lib/systemd/system/bind9.service; enabled; vendor preset:
enabled)
  Drop-In: /run/systemd/generator/bind9.service.d
           └50-insserv.conf-$named.conf
   Active: active (running) since Do 2016-06-23 19:43:45 CEST; 3min 22s ago
     Docs: man:named(8)
 Main PID: 9417 (named)
    Tasks: 4
   Memory: 14.6M
      CPU: 51ms
   CGroup: /system.slice/bind9.service
           └9417 /usr/sbin/named -f -u bind

Jun 23 19:43:46 ubuntuXX named[9417]: managed-keys-zone: loaded serial 0
Jun 23 19:43:46 ubuntuXX named[9417]:  zone 0.in-addr.arpa/IN: loaded serial 1
Jun 23 19:43:46 ubuntuXX named[9417]:  zone 127.in-addr.arpa/IN: loaded serial 1
Jun 23 19:43:46 ubuntuXX named[9417]:  zone 255.in-addr.arpa/IN: loaded serial 1
Jun 23 19:43:46 ubuntuXX named[9417]:  zone localhost/IN: loaded serial 2
Jun 23 19:43:46 ubuntuXX named[9417]:  all zones loaded
Jun 23 19:43:46 ubuntuXX named[9417]:  running
```

Bild 2.242: Installation und Inbetriebnahme des BIND-NS unter Ubuntu Server

Dieser „start" ist persistent, d. h., er läuft auch wieder nach einem Neustart des Systems.

Die zentrale Konfigurationsdatei „named.conf" befindet sich in „/etc/bind"; sie enthält Include-Anweisungen (Bild 2.243) für drei weitere Dateien mit selbsterklärenden Namen:

```
#/etc/bind/named.conf
// This is the primary configuration file for the BIND DNS ser-
ver named.
//
// Please read /usr/share/doc/bind9/README.Debian.gz for infor-
mation on the
// structure of BIND configuration files in Debian, *BEFORE* you
customize
// this configuration file.
//
// If you are just adding zones, please do that in /etc/bind/
named.conf.local

include "/etc/bind/named.conf.options";
include "/etc/bind/named.conf.local";
include "/etc/bind/named.conf.default-zones";
```

Bild 2.243: Datei „named.conf" beim Ubuntu Server

In „named.conf.options" wird unter anderem das Arbeitsverzeichnis des Servers als „/var/cache/bind" definiert. Es fällt auf, dass Zonendateien nicht im /var-Zweig des Verzeichnisbaumes gespeichert werden wie bei SLES, sondern im /etc-Zweig.

Namen der deklarierten Zonen in default-zones	Bedeutung
Nie veränderte Zonen (master)	
„localhost" Dateiname „/etc/bind/db.local"	Vor- u Rückwärtsauflösung zwischen „localhost" und ↔ 127.0.0.1 bei IPv4 bzw ↔ ::1 bei IPv6
„127.in-addr.arpa" Dateiname „/etc/bind/db.127""	
„0.in-addr.arpa" Dateiname „/etc/bind/db.0"	
Selten veränderte Zonendatei	
„." Dateiname „/etc/bind/db.root"	Adressen der 13 internationalen Root-Server

Bild 2.244: Obligatorische Zonen beim Ubuntu Server

2.3.2.3   Druckdienst mit CUPS

SLES als Druckserver

So wie der Drucker in Kap. 2.3.1.6 eingerichtet wurde, steht der von CUPS angebotene Dienst zunächst nur für lokales Drucken zur Verfügung: Client und Server (Port 631 für ipp) befinden sich auf der gleichen Maschine. Man muss aber nur noch den Drucker freigeben (2.245), um von anderen Clients darauf zugreifen zu können (2.246).

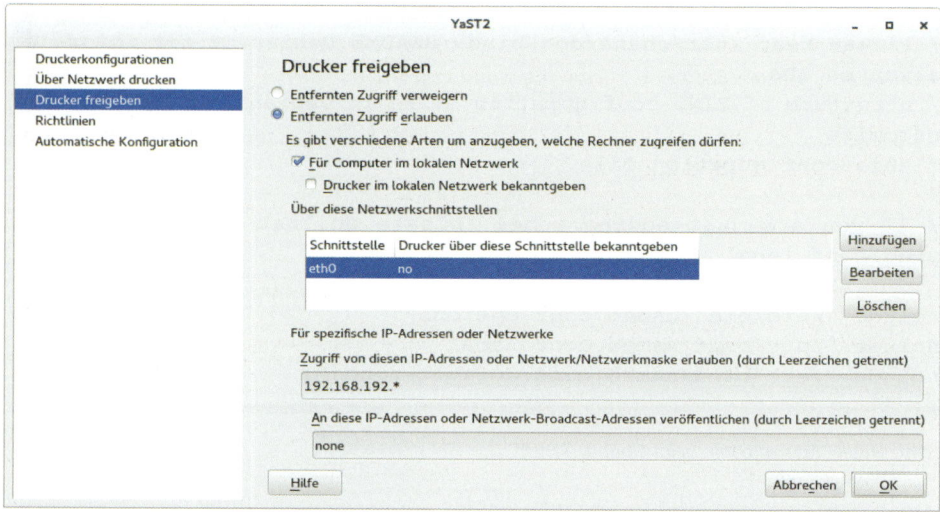

Bild 2.245: Drucker freigeben unter SLES

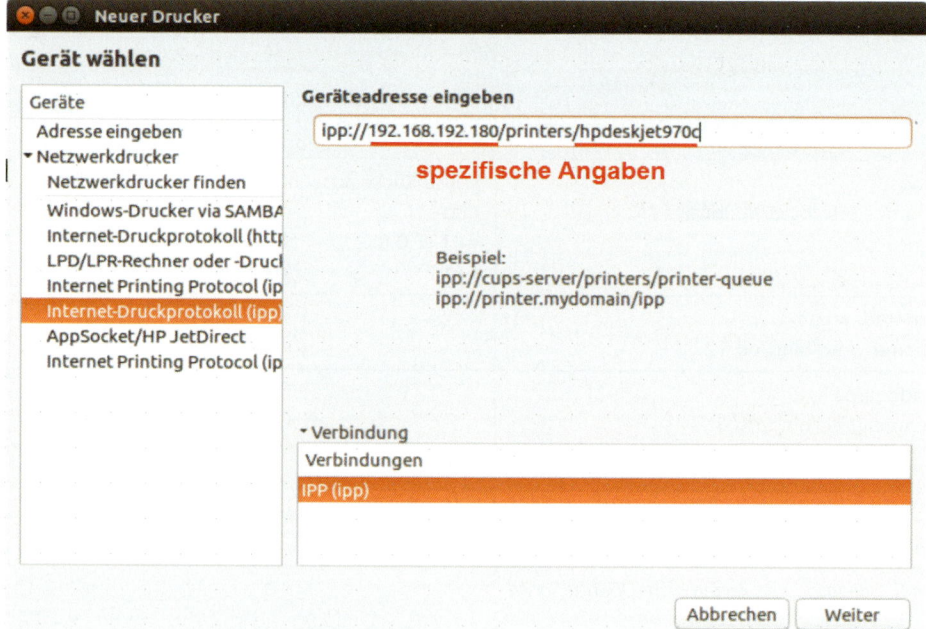

Bild 2.246: Drucker finden unter Ubuntu Desktop

Man sollte die IP-Adresse und den Namen der Druckerwarteschlange kennen.

Ubuntu als Druckserver

CUPS enthält einen integrierten Webserver, der über Port 631 erreichbar ist. Die Fernadministration muss gestattet sein (Bild 2.247):

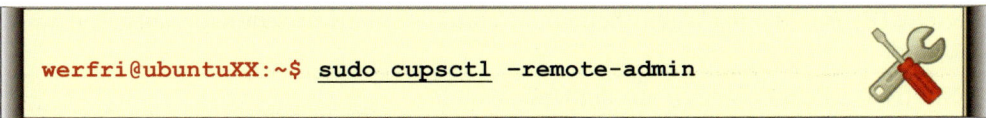

```
werfri@ubuntuXX:~$ sudo cupsctl -remote-admin
```

Bild 2.247: Steuern von cups über cupsctl: Fernadministration gestatten

Dann kann man von einem beliebigen Client aus mit seinem Lieblingsbrowser auf den CUPS-Server zugreifen (Bild 2.248).

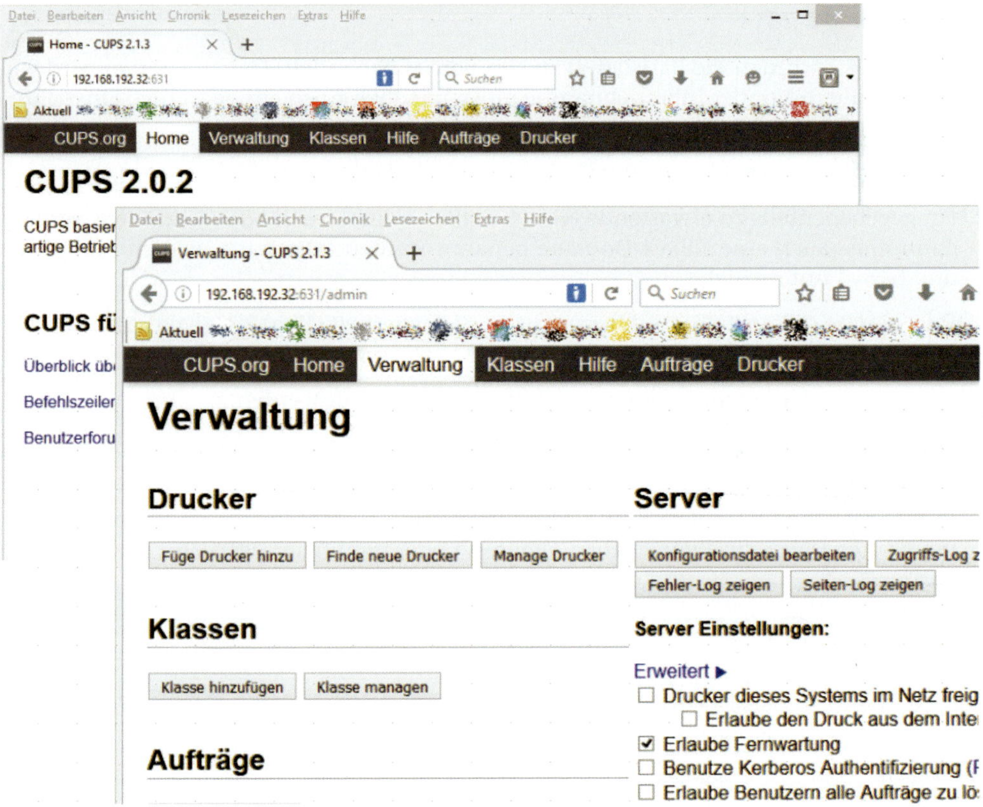

Bild 2.248: Zugriff auf den CUPS-Server mit einem Webbrowser

2.3.2.4 Dateiserver mit NFS und Samba

Zu den gefragtesten Dienstleistungen in einem Netz gehört es, Verzeichnisse mit ihren Unterverzeichnissen und Dateien netzweit zur Verfügung zu stellen (Freigaben, Shares).

Das im Weitverkehr des Webs beliebte WebDAV (siehe Kap 1.4.4.3) stellt keinen eigenen Dienst dar, sondern eine Erweiterung des Webservers. Daneben existieren schon länger spezielle Dienste, die im Wesentlichen auf Unternehmensumgebungen ausgelegt sind. Dies sind:

- NFS (**N**etwork **F**ile **S**ystem) aus der Unix-Welt

- SMB (**S**erver **M**essage **B**lock) aus der Windows-Welt mit der Erweiterung zu CIFS (**C**ommon **I**nternet **F**ile **S**ystem)

In reinen Unix-/Linux-Umgebungen trifft man eher auf NFS, in gemischten Umgebungen eher auf SMB, obwohl NFS-Clients auch für Microsofts Betriebssysteme verfügbar sind.[1]

NFSv3 nach RFC 1813

In Kap. 1.4.4.7 wurden die Basisdaten zu NFS bereits behandelt. Der NFS-Server wird wie üblich installiert. Vor der Inbetriebnahme müssen jedoch noch einige wenige Einstellungen getätigt werden (SLES):

1. Bei aktivierter Firewall muss der Port geöffnet werden.

2. Für gegebenenfalls zu erwartende NFSv4-Clients müsste auch NFSv4 aktiviert werden; dann muss auch eine NFSv4-Domäne benannt werden. Alternativ werden nur NFSv2 und NFSv3 unterstützt.

3. Falls die GSS-API installiert ist, kann auch GSS-Sicherheit (Kap. 2.1.4) aktiviert werden. Der Server müsste aber kerberisiert sein.

4. Die zu exportierenden Verzeichnisse müssen ausgewählt werden.

5. Die **Rechner**, von denen aus der Zugriff gestattet sein soll, müssen festgelegt werden; Voreinstellung ist „* ", also alle.

6. NFS-spezifische Optionen (Bild 2.249) können übernommen (ro, root_squash, sync, no_subtree_check sind vorgegeben, defensiv) oder modifiziert werden.

Export-Option	Bedeutung
ro/rw	nur lesen/lesen und schreiben
root_squash	Client mit Root-Rechten auf entferntem Rechner wird auf lokalen User „nobody" abgebildet, der wenig Rechte hat.
sync/async	Client-Request erst beantworten, wenn Speicheroperation stabil/Client-Request schon vorher beantworten.
no_subtree_check	lockert bestimmte Sicherheitsüberprüfungen auf dem exportierenden Server
...	(Mehr im Manual unter „man 5 exports")

Bild 2.249: Vorgeschlagene NFS-Export-Optionen

---

[1] *Installation des Clients für NFS unter Windows: https://support.microsoft.com/de-de/help/323966/ how-to-install-services-for-unix [31.05.2018].*

Die o. g. Einstellungen 4. bis 6. landen je Freigabe in einer Zeile der NFS-Konfigurationsdatei „/etc/exports". Aus dem folgenden Beispiel (Bild 2.250) kann man auch die Gestaltungsmöglichkeiten für Rechnerfestlegungen (Einstellung 5) ersehen.

```
# sample /etc/exports file
/                master(rw) trusty(rw,no_root_squash)
/projects        proj*.local.domain(rw)
/usr             *.local.domain(ro) @trusted(rw) # @nisgruppe
/home/joe        pc001(rw,all_squash,anonuid=150,anongid=100)
/pub             *(ro,insecure,all_squash)
/srv/www         -sync,rw server @trusted @external(ro)
/foo             2001:db8:9:e54::/64(rw) 192.0.2.0/24(rw)
/build           buildhost[0-9].local.domain(rw)
```

Bild 2.250: Beispiel aus dem Manual für einen NFS-Export in der Datei „/etc/exports"

Der Benutzer am Client (Ubuntu Desktop) kann entweder vorübergehend mounten (mit dem Kommando in Bild 2.251) oder dauerhaft durch Eintragen einer Zeile in der Datei „/etc/fstab" (Bild 2.252), die beim Systemstart ausgewertet wird.

```
werfri@ubclient:~$   sudo   mount.nfs   <IP-Adress_oder_
Name>:/<exportverz> /<mountverz>
```

Bild 2.251: Vorübergehender NFS-Import

```
# sample /etc/fstab
. . . .
<IP-Adress_oder_Name>:/<exportverz> /<mountverz> nfs <mountop-
tionen>
. . . .
```

Bild 2.252: NFS-Import-Eintrag in „/etc/fstab"

So einfach die Benutzung von NFSv3 ist, so groß sind die Nachteile.

Nachteile von **NFSv3** sind:

- Keine Verschlüsselung.
- Clientseitige Benutzer werden nur durch ihre UID/GID repräsentiert und erhalten die Rechte, die zu dieser UID auf dem Server gehören.
- Weitere Schwächen bezüglich der Performance, besonders im Weitverkehr

NFSv4 nach RFC 7530

NFSv4 behebt diese Mängel unter anderem durch Einsatz eines „ID-Mappers" und GSS-Sicherheit mit Kerberos 5. Der ID-Mapper bildet die lokalen Benutzer-Identitäten ab auf Repräsentationen nach dem Muster „werfri@work1141.example.org". Der Benutzer kann jetzt auf allen Rechnern der Domain „work1141.example.org" identifiziert werden.

Diese Protokollversion ist erwartungsgemäß deutlich aufwändiger.

SAMBA als NT-Server in einer Arbeitsgruppe

Mit diesem Paket kann ein Unix-artiger Rechner in der Windows-Netzwerkumgebung auftreten (Bild 2.253) und Dateiserver- sowie Druckdienste anbieten. Über TCP/IP als Transportschicht wird die NetBIOS-Schnittstelle dargestellt und zur Kommunikation mit Windows-Rechnern das Protokoll SMB CIFS verwendet.

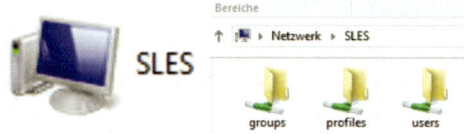

Bild 2.253: SLES mit Freigaben in der Netzwerkumgebung

SLES

Samba wird wie üblich (YaST) installiert. Vor der Inbetriebnahme müssen jedoch bei Erstaufruf des YaST-Moduls zur Samba-Verwaltung noch einige wenige Einstellungen getätigt werden:

- Zugehörigkeit zu einer Windows-Arbeitsgruppe oder Windows-Domäne
- Art des Samba-Servers:
  - Primary Domain Controller (PDC)
  - oder alternativ Backup Domain Controller (BDC)
  - oder alternativ gar kein Domain Controller (einfach nur Dateiserver)

Bei nachfolgendem Aufruf kann im Karteireiter des Dialogs „Samba-Konfiguration" das Startverhalten (manuell oder bei Systemstart) festgelegt werden. Weitere Karteireiter zeigt Bild 2.254. Bei den Freigaben kann noch festgelegt werden, ob und wie Benutzer ihre Verzeichnisse freigeben dürfen.

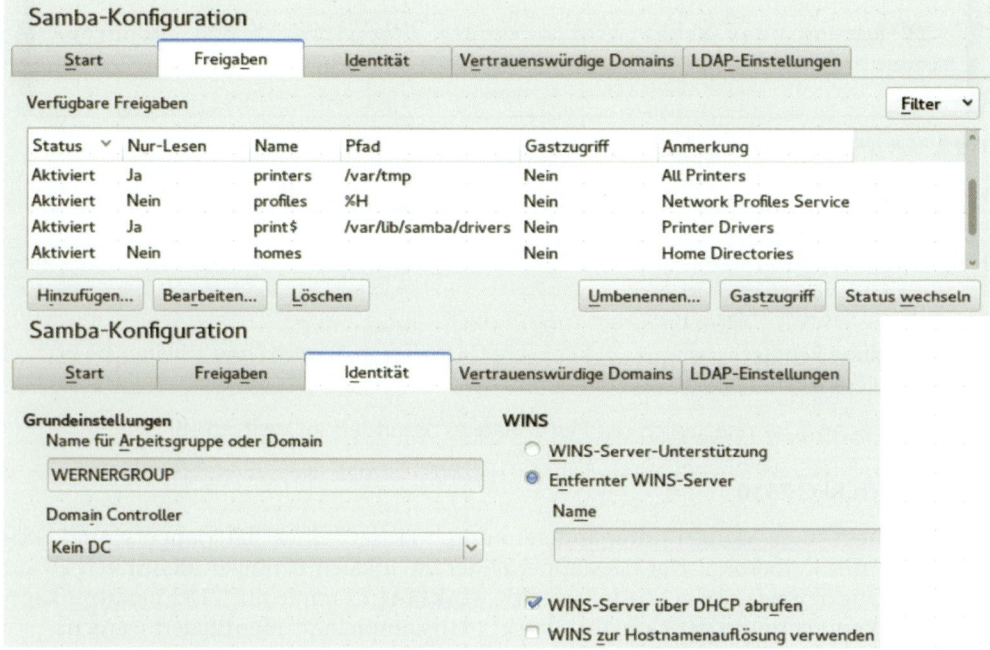

Bild 2.254: Samba-Konfiguration mit YaST-Modul

Als Systemverwalter (root) kann man nun, ohne dass Samba schon läuft, einen Benutzer einrichten (Bild 2.255). Ein Linux-Konto ist notwendige Voraussetzung dafür, Samba-Benutzer zu werden. Samba führt seine eigene Benutzerverwaltung. Nach erfolgter Konfiguration (mit manuellem Start) wird dieser in bekannter Weise durchgeführt.

```
sles:~ # smbpasswd -a werfri
New SMB passwd:
Retype new SMB passwd:
Added user werfri.
sles:~ # systemctl start nmb smb
```

Bild 2.255: Einrichten eines Samba-Benutzers und Start des Servers

- Ein Benutzer mit **Linux-Konto** auf der Server-Maschine ist **nicht automatisch** ein **Samba-Benutzer**.

- **Ohne Linux-Konto** auf der Server-Maschine kann man **nicht** Samba-Benutzer werden.

- Ein **Samba-Konto** braucht ein **eigenes Passwort**, weil Samba anders verschlüsselt.

Bei laufendem Samba kann auch ein normaler Benutzer mit dem Kommando „smbpasswd" sein Passwort ändern. Man erkennt aus der letzten Zeile in Bild 2.255, dass Samba aus den beiden Diensten **nmb** für die NetBios-Namensauflösung und **smb** als eigentlicher SMB-Server besteht. Dabei gilt:

Der Dienst **nmb** muss immer **vor** smb **gestartet** und **nach** smb **beendet** werden.

Der Server ist dann online und zeigt auch seine Freigaben (Bild 2.256).

Name	Änderungsdatum	Typ
bin	12.07.2016 12:55	Dateiordner
public_html	12.07.2016 12:55	Dateiordner
werfri20160730	30.07.2016 17:21	Datei

Bild 2.256: Benutzerverzeichnis vom Windows-Client aus gesehen

Alle Konfigurationsdaten für Samba laufen, unabhängig von ihrer Entstehungsgeschichte[1], in der Datei „/etc/samba/smb.conf" zusammen.

Sie kann sehr komplex sein und ihre innere Logik ist nicht immer leicht nachvollziehbar; deshalb wird unbedingt auf

- das Manual (man (5) smb.conf) bzw.
- die Seite https://www.samba.org/samba/docs/man/manpages-3/smb.conf.5.html sowie
- auf spezielle Literatur verwiesen.

---

[1] Mit SWAT existiert auch ein Web-basiertes Tool zur SMB-Konfiguration.

Eine adäquate Behandlung sprengt den Rahmen dieses Buches. Deshalb beschränkt es sich auf den Minimalfall eines frei zugänglichen Nur-Lese-Servers, wie er auch im „Ubuntu Server Guide"[1] in Kap. 2 beschrieben ist. Eine minimale Version der „smb.conf" ist auf der Samba-Projektseite angegeben. Diese Darstellung dient nur zu einem ersten Verständnis. Man sollte die mit der Linux-Distribution mitgelieferte Version als Basis für eigene Modifikationen verwenden (vorher Sicherheitskopie anfertigen!).

Die Datei ist in mehrere Abschnitte gegliedert:

- **global**: Parameter für den Server als Ganzes, z. B. der NetBios-Name, mit dem der Server in der Netzwerkumgebung auftaucht oder die Arbeitsgruppe
- **homes**: Automatisches Verbinden des Benutzers mit seinem Home-Directory
- **printers**: Freigegebene Drucker
- **<srv>**: Wählbarer „Dienst"-Name: Dateifreigabe oder Druckdienst

Der Abschnitt „homes" beim SLES (Bild 2.257) zeigt den prinzipiellen Aufbau und auch die Gestaltungsmöglichkeiten mit Variablen.

```
[homes] comment = Home Directories
        valid users = %S, %D%w%S
        browseable = No
        read only = No
        inherit acls = Yes
```

Bild 2.257: „homes-"Abschnitt bei SLES

Die Variable „%S" steht beispielsweise für den Namen des aktuellen „Dienstes", hier der Benutzername, „%D" ist der Name der Arbeitsgruppe (workgroup) aus dem global-Abschnitt.

Ubuntu Server

Samba wird wie üblich installiert und ist danach sofort „online", hat aber noch keine Freigaben. Die Konfiguration erfolgt durch Bearbeiten der Datei „/etc/samba/smb.conf".

```
werfri@ubuntuXX:~$ sudo apt install samba
```

Bild 2.258: Samba-Installation beim Ubuntu Server

Dann wird das Freigabe-Verzeichnis erstellt und mit Rechten versehen (Bild 2.259):

```
werfri@ubuntuXX:~$ sudo mkdir -p /srv/samba/share
werfri@ubuntuXX:~$ sudo chown nobody:nogroup /srv/samba/share/
werfri@ubuntuXX:~$ sudo systemctl restart smbd.service nmbd.service
```

Bild 2.259: Freigabe-Verzeichnis erstellen bei Ubuntu

---

[1] Zu finden unter https://www.ubuntu.com/download/server [31.05.2018].

Soll ein Benutzer nur als Samba-Benutzer auftreten können, legt man ein Rumpf-Konto an:

```
werfri@ubuntuXX:~$  sudo  adduser  --no-create-home
--disabled-login --shell /bin/false <username>
```

Bild 2.260: Rumpf-Konto für einen „Nur-Samba"-Benutzer

SAMBA als Druck-Server

Ein bestehender CUPS-Druckdienst lässt sich auch via Samba an Clients vermitteln. Dazu sind keine weiteren Maßnahmen erforderlich, die vorhanden Sektionen „printers" und „print$" in „smb.conf" (Bild 2.262) genügen. Der Drucker erscheint als Freigabe von SLES (Bild 2.261):

Bild 2.261: Druckerfreigabe via Samba vom Windows-Client aus gesehen

```
[printers]
        comment = All Printers
        path = /var/tmp
        printable = Yes
        create mask = 0600
        browseable = No
[print$]
        comment = Printer Drivers
        path = /var/lib/samba/drivers

        write list = @ntadmin root        force group = ntadmin
        create mask = 0664
        directory mask = 0775
```

Bild 2.262: Standardmäßige Druckdienst-Konfiguration in „smb.conf"

SAMBA im Windows-Umfeld

Soll der Samba-Server in eine Windows-Domäne bzw. in ein Active Directory (AD) integriert werden, muss noch (nach smb und nmb) als Drittes der Dienst „winbind" installiert werden. Ab Version 4 kann Samba bis zum AD-Controller ausgebaut werden. Weitere Informationen erhält man auf dieser Seite: https://wiki.samba.org/index.php/User_Documentation

2.3.2.5 Erweiterte DNS-Konfiguration

Zonendelegation

In größeren Organisationen (example.org) kann sich die Notwendigkeit ergeben, das gesamte Netz den organisatorischen (Unter-)Einheiten (farm1141, work1141, Bild 2.263) strukturell anzugleichen. Auf der IP-Ebene geschieht dies durch Subnettierung, der auf DNS-Ebene die Einführung von Subdomains entspricht. Dazu muss die DNS-Struktur entsprechend angepasst werden: Die Subnetze erhalten eigene Zonen, die theoretisch alle von einem NS geführt werden können. Erfolgt die Zergliederung jedoch wegen der Größe, macht es Sinn, die Last zu verteilen. Von außen betrachtet ist kein Unterschied erkennbar. Anfragen zu

- example.org,
- farm1141.example.org oder
- work1141.example.org

können alle an den zentralen NS „ns.example.org" (Bild 2.263) gerichtet werden.

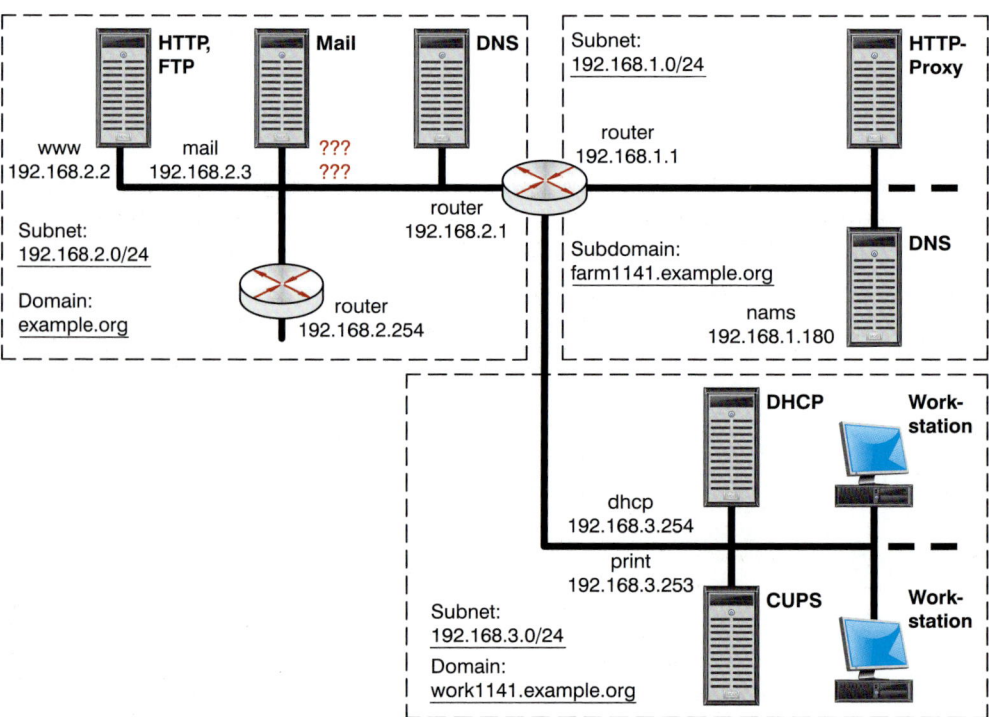

Bild 2.263: Netz zur erweiterten DNS-Konfiguration

In Wirklichkeit werden aber nur Anfragen zu example.org von ns.example.org beantwortet, Anfragen beispielsweise zu „farm1141.com" werden via NS-RR an „nams.farm1141.example.org" durchgereicht und dort beantwortet. Damit dies funktioniert, muss die Zonendatei für die Zone example.org entsprechend angepasst werden. Dies geht allerdings nicht ohne einen „kalten Umschlag". Der markierte A-RR in Bild 2.264 heißt auch **Glue-Record**.

```
$TTL 2d
@              IN SOA      ns.example.org.      root.ns.example.org. (
                          2016062901   ; serial
                          3h           ; refresh
                          1h           ; retry
                          1w           ; expiry
                          1d )         ; minimum


                          IN NS        ns.example.org.
                          IN MX 10     mail.example.org

; -- Start Delegation -- @ = example.org wird nicht angehängt
farm1141.example.org. IN NS           nams.farm1141.example.org.
nams.farm1141.example.org.  IN A         192.168.1.180
; -- Ende Delegation -- @ = example.org wird wieder angehängt

www    IN A   192.168.2.2
mail              IN A      192.168.2.3
ns                IN A      192.168.2.4
```

Bild 2.264: Zonendatei auf dem delegierenden NS

Secondary NS und Zonentransfer

Der NS „nams.farm1141.example.org" kann unabhängig von der Delegation die Rolle eines Secondary NS für „ns.example.org übernehmen". Dazu muss er zusätzlich in die Zonendatei beim Master „ns.example.org" eingetragen werden, wie Bild 2.265 zeigt.

```
$TTL 2d
@              IN SOA      ns.example.org.      root.ns.example.org. (
                          2016062901   ; serial
                          3h           ; refresh
                          1h           ; retry
                          1w           ; expiry
                          1d )         ; minimum


                          IN NS        ns.example.org.
                          IN NS        nams.farm1141.example.org.
                          IN MX  10    mail.example.org

; -- Start Delegation -- @ = example.org wird nicht angehängt
farm1141.example.org.     IN NS        nams.farm1141.example.org.
nams.farm1141.example.org.  IN A         192.168.1.180
; -- Ende Delegation -- @ = example.org wird wieder angehängt

www                       IN A         192.168.2.2
mail                      IN A         192.168.2.3
ns                        IN A         192.168.2.4
```

Bild 2.265: Zonendatei für Vorwärtsauflösung mit Secondary NS-RR beim Master

In die Zonendeklaration „named.conf" beim Master wird die IP-Adresse des Slaves einge-tragen:

```
zone "example.org" in {
        allow-transfer { 192.168.1.180 }; #IP-Adresse des Slaves
        file "master/farm1141.example.org";
        notify yes;
        type master;
};
```

Bild 2.266: Geänderter Abschnitt in „named.conf" auf dem Master

Zusätzlich kann hier die Option „notify" auf den Wert „yes" gesetzt werden. Dadurch wird ein Zonentransfer sofort ausgelöst, ohne den im SOA-RR vorgesehenen Zyklus abzu-warten.

Der Secondary NS (Slave NS) „nams.farm1141.example.org" hingegen bekommt seine Zuständigkeit durch einen Eintrag (Bild 2.267) in die zentrale Konfigurationsdatei „named.conf" zugewiesen:

```
zone "example.org" in {
        file "slave/example.org";
        type slave;
        masters( 192.168.2.4; ); #IP-Adresse des Masters
};
```

Bild 2.267: Geänderter Abschnitt in named.conf auf dem Slave (Secondary)

Das Zusammenspiel Master/Slave zeigt sich im Systemprotokoll (Bild 2.268).

```
sles: # journalctl|grep named
Jun 30 15:51:32 sles named[6478]: running
Jun 30 15:51:32 sles named[6478]: zone example.org/IN: Transfer
                                  started.
Jun 30 15:51:32 sles named[6478]: transfer of 'example.org/IN'
                                  from 192.168.2.4#53: connected
                                  using 192.168.1.180#52287
Jun 30 15:51:32 sles named[6478]: zone example.org/IN:
                                  transferred serial 2016062602
Jun 30 15:51:32 sles named[6478]: transfer of 'example.org/IN'
                                  from 192.168.2.4#53: Transfer
                                  completed: 1 messages, 8
                                  records, 251 bytes, 0.001 secs
                                  (251000 bytes/sec)
```

Bild 2.268: Zonentransfer im Systemprotokoll

2.3.3 macOS (OS X)

Früher stellte die Firma Apple eigene Server-Hardware her und es gab ein eigenständiges Netzwerk-Betriebssystem. Heute gibt es nur noch eine Serverkomponente („macOS Server"), die als Systemerweiterung zu macOS High Sierra modular hinzugeladen werden kann.

Die Server-Verwaltung gestaltet sich in gewohnt einfacher, begrifflich klarer Art und Weise, wie sie schon in der Client-Verwaltung (Kap. 2.3.1) erkennbar war. Das gestattet auch eine Administration durch ambitionierte Laien.

Einen Eindruck erhält man von den Hilfeseiten zur Administration im Netz unter: https:// help.apple.com/serverapp/mac/5.0/#/.

Dennoch ist im „Terminal"-Programm eine Kommandozeilenumgebung verfügbar, in der standardmäßig wie bei Linux die Shell „bash" zur Verfügung steht; dazu gibt es etwa 26 Kommandozeilenprogramme[1], die einen tieferen Eingriff möglich machen. Seit August 2016 ist auch Microsofts Powershell unter macOS (und Linux) verfügbar.

Apple hat sein eigenes Netzwerk-Dateidienst-Protokoll AFP (Apple Filing Protocol).

Dateidienst	AFP	SMB	NFS	FTP
Ports	548	139, 445	2049	21
Transportsystem	TCP/IP			

Bild 2.269: Einordnung von AFP

Im Frühjahr 2016 war in der Presse die Vermutung aufgekommen, Apple wolle sein Netzwerkprotokoll vom hauseigenen AFP auf SMB umstellen, obwohl SMB bereits länger in der selbst entwickelten Variante SMBX unterstützt wird. Der spezialisierte Consulting-Dienstleister „Apfelwerk" berichtet allerding auch dazu: „Aber 2015 gilt immer noch: SMB macht Probleme, AFP ist das robustere Protokoll zwischen Mac OS X Client und Server."[2]

Dadurch, dass ein Desktop-Computer zur Servermaschine wird und diese quasi vom Endanwender administriert wird, empfiehlt sich das Produkt eher für kleinere Arbeitsgruppen als für flächendeckenden Einsatz in großen Unternehmen.

---

[1] Vgl. Apple Inc.: Bei der OS X Server-Verwaltung verwendete Befehlszeilenprogramme. Abgerufen unter https://help.apple.com/serverapp/mac/5.0/#/apd85EF3879-DB6B-483F-873F-5796ACC9E424 [31.05.2018].

[2] Kemmer, Thomas: SMB oder AFP?, veröff. am 28.02.2016 unter: https://www.apfelwerk.de/2015/02/ smb-oder-afp/ [31.05.2018].

AUFGABEN

1. Welches Unix ist älter: AIX von IBM oder Sinix von Siemens?

2. Ab wann wurde Linux entwickelt?

3. Was sind ISO-Dateien?

4. Wie nennt ein Linux-Distributor seinen „App Store"?

5. Wie lautet unter Linux der Gerätename des zweiten logischen Laufwerks auf der dritten Festplatte?

6. Mit welchem Linux-Kommando geben Sie eine Textdatei „mit einem Schlag" auf dem Bildschirm aus?

7. Mit welchem Linux-Kommando geben Sie eine Textdatei „bildschirmweise" auf dem Bildschirm aus?

8. Wie ruft man das Wiederherstellungssystem von Mac OS auf?

9. Wie groß kann eine Datei im Ext4-Dateisystem werden?

10. Mit welchem Unix-/Linux-Kommando wird ein Datenträger manuell in das Dateisystem eingebunden?

11. Unter welchem Menütitel bei Mac OS findet man den Menüpunkt „Mit Server verbinden"?

12. Bei der Installation des Ubuntu-Servers war versehentlich das Netzwerkkabel nicht eingesteckt. Sie verwerfen die Warnung des Installationsprogramms um schneller voranzukommen und lassen das Interface unkonfiguriert. Diesen letzten Schritt bereuen Sie jetzt – was tun Sie?

13. Welches Software-Paketformat verwenden die Distributionen Red Hat und SUSE?

14. Wie heißen die Paketformate bei Mac OS?

15. Mit welchem Konsolenkommando installiert man Softwarepakete beim SLES und womit beim Ubuntu-Server?

16. Was versteht man in der Unix-/Linux-Welt unter einem daemon?

17. Welcher Vorgang geht bei der Anmeldung am System der Authentifizierung voraus?

18. Mit welchem Befehl geben Sie dem Verzeichnis „Bilder" in Bild 2.185 das Leserecht für Außenstehende zurück?

19. Was bedeutet die Abkürzung ACL?

20. Mit welchem Kommando wird beim Ubuntu-Server ein neuer Benutzer angelegt?

21. Was unterscheidet die Standardgruppe eines neuen Ubuntu-Users von der Standardgruppe eines neuen SLES-Users?

22. Wie viele Einträge hat PATH für werfri@sles?

23. Was besagt das FIFO-Prinzip?

24. Wie heiß das in modernen Linux-Systemen gebräuchliche Drucksystem?

25. Warum ist die DHCP-Servermaschine nicht auch bei den anderen Servermaschinen separiert?

26. Warum ist die HTTP-Servermaschine nicht auch bei den anderen Servermaschinen in der „Farm" abgetrennt?

AUFGABEN

27. Wie informieren Sie sich auf der Kommandozeile über den Zustand des DHCP-Servers?

28. In welchem Verzeichnis befindet sich bei SLES die Datei „dhcpd.leases"?

29. Welcher Port muss für den Nameserver geöffnet sein?

30. Wann wurde die Zonendatei in Bild 2.265 zum letzten Mal aktualisiert?

31. Warum beginnt wohl in Bild 2.231 der Bereich (range) bei 129 und nicht bei 128?

32. Aus welchem Serverumfeld (SLES/Ubuntu) stammt Bild 2.5 (Begründung!)?

33. Warum wird an einer Stelle in Bild 2.264 nicht „example.org" angehängt?

34. Woher hat der GLUE-Record seinen Namen?

35. Ist der NS „ns.example.org" ein Master- oder ein Slave-NS?

36. Wie heißt das Kommando zum Stoppen des Samba-Servers?

37. Welchen TCP-Port verwendet AFP?

2.4 Neue IT-Architekturen

Neben den „klassisch" gewachsenen Strukturen aus Servern und Servergruppen, die beim Anwender (*on premises* = im eigenen Gebäude) stehen, entwickeln sich derzeit zwei IT-Einsatzgebiete, die ein Rauschen im Blätterwald bewirken: **Internet of Things (IoT)** und **Cloud Computing**.

2.4.1 Internet Of Things

Jeder kennt, auch wenn nur medial vermittelt, mit Bildschirmen und Steuerungpanelen ausgestattete Leitstände von größeren Anlagen. Telemetrisch erfasste Daten von Sensoren werden dem Personal dargestellt und von diesem in telematisch übermittelte Aktionen umgesetzt. Noch in den 1970er-Jahren wurden Telefongebühren auf mechanischen Zählwerken ermittelt, die in rechteckiger Anordnung in großer Zahl abfotografiert wurden, damit auf der Basis des Fotos die Rechnungen erstellt werden konnten. Die Verbrauchserfassung für Heizungen mit Wärmemessern an jedem Heizkörper und deren direkte Ablesung durch einen Menschen ist ein noch personalintensiveres Geschäft; insbesondere dann, wenn ein Teil der Hausbewohner gerade nicht zu Hause ist. In den genannten Beispielen ist der agierende Mensch meistens ein Hemmnis im Gesamtablauf. Die technische Entwicklung ermöglicht die direkte Kommunikation der Geräte (*things*) miteinander über Techniken des Internets. In Wirtschaft und Verwaltung kennt man schon länger die direkte Maschine-zu-Maschine-Kommunikation (M2M), um Buchhaltungssysteme zusammenarbeiten zu lassen (*Edifakt*). Auch der Börsenhandel ist weitgehend automatisiert.

Beim **Internet der Dinge** (IoT = Internet of Things) handelt es sich nicht um ein neuartiges Kommunikationsnetz, sondern vielmehr um eine Erweiterung der Funktionalität bestehender Internetstrukturen.

Im „klassischen" Internet steht die Kommunikation zwischen einzelnen Nutzern sowie deren Nutzung von angebotenen Services im Vordergrund. Hierzu zählen beispielsweise der private Informationsaustausch (Mailen, Chatten, Dateiübertragung), geschäftliche Aktivitäten (E-Commerce, Online-Shopping), die gemeinsame Nutzung von Ressourcen (Online-Datenbanken) oder die Unterhaltung (Online-Spiele, Videostreaming).

Beim IoT hingegen kommunizieren „Smart Objects" miteinander, d. h. Objekte, die durch entsprechende technische Ausstattung in der Lage sind, ohne die direkte Aktion durch einen Nutzer miteinander Daten auszutauschen (**IED** = **I**ntelligent **E**lectronic **D**evice). Hierzu gehören heute teilweise bereits Sensoren bzw. Aktoren

- in Fabriken, an Maschinen und Produktionseinrichtungen zur Steuerung und Kontrolle des Fertigungsablaufs,

- an medizinischen Geräten zur Patientenüberwachung, gegebenenfalls mit automatischer Notrufeinrichtung („Smart Wearables"),

- an Produkten eines Warensortiments, sodass gegebenenfalls rechtzeitig automatisiert eine Nachbestellung erfolgen kann,

- in der Logistik zur Überwachung von Transportwegen z. B. mittels RFID-Technologie (siehe „Einfache IT-Systeme", Kap. 4.3.8),

- in der Gebäudeautomation zur Steuerung von Heizung und Rollläden, gegebenenfalls mit automatischer Schadens- oder Einbruchsmeldung,

- in der bedarfsorientierten Steuerung von Gas-, Wasser- und Stromnetzen.

Jeder einzelne Gegenstand im IoT wird – mit mehr oder weniger „intelligenter" Technik ausgestattet – künftig eindeutig mit einer IP-Adresse gekennzeichnet sein und über das Internet lokalisiert und angesprochen werden können. Eine hinreichend große Anzahl von Adressen steht bei der Verwendung von IPv6 zur Verfügung. Gleichzeitig kann jeder dieser Gegenstände bei Bedarf selbstständig und damit ohne menschliche Aktion mit anderen Komponenten interagieren, bei entsprechender technischer Ausstattung auch leitungsungebunden über Funkfrequenzen (**WIoT** = **W**ireless **I**nternet **o**f **T**hings).

Im Aufbau befindliche Systeme sind beispielsweise die **Car-to-Car-Communication** (C2C) und die **Car-to-Infrastructure-Communication** (C2I), um Verkehrsinformationen miteinander auszutauschen.

Einen wesentlichen Schritt stellt hierbei zukünftig auch der Einsatz von **6LoWPAN** (IPv6 over **L**ow-**P**ower **W**ireless **P**ersonal **A**rea **N**etworks) dar, einem Kommunikationsprotokoll zur Übertragung von IPv6-Paketen über energiesparende Funknetzwerke.

2.4.1.1 Embedded Systems

Unter „Embedded Systems" versteht man Computer, die als Steuereinheit integraler Bestandteil eines Gerätes oder einer Anlage sind. Wer durch einen modernen Schnellzug geht, sieht gelegentlich hinter Glas die Gestellrahmen mit der Zugsteuerungstechnik. Oft aber sind sie gar nicht als Computer erkennbar, weil sie nicht mit der Peripherie ausgestattet sind, die üblicherweise bei solchen Computern vorkommen, mit denen der Mensch umgeht: kein Bildschirm, keine Tastatur, keine Maus, keine Festplatte. Für den Einsatzzweck wären PC-artige System zu laut, zu schwer, zu teuer und zu energiehungrig (Beispiel: Fitness-Armbänder). Die gleiche Technik kann auch in kleinerem Maßstab eingesetzt werden (ohne gleich in größere Netze einzutreten), um beispielsweise physische Bedienelemente einzusparen. Das Gerät enthält einen Accesspoint, zu dem man über die App eines Smartphones Kontakt aufnimmt. Im Beispiel eines WiFi-Endoskops (Bild 2.270) wird außerdem das Display eingespart und das Endoskop kann in schwierig zu erreichende räumliche Lagen gebracht werden, ohne dass der Anwender ihm dorthin folgen muss.

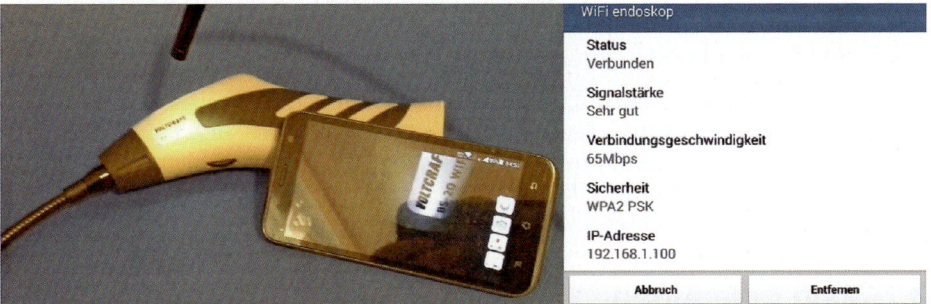

Bild 2.270: Ein WiFi-Endoskop als Streaming-Server

2.4.1.2 Echtzeitbetriebssysteme

Nach der Norm ISO/IEC 2382 ist die Echtzeitverarbeitung eine Verarbeitungsart, bei der die Programme für die Datenverarbeitung ständig betriebsbereit sind, sodass die Ausgangsdaten innerhalb einer bestimmten Zeitspanne zur Verfügung stehen. Es kommt also nicht darauf an, wie schnell die Informationsverarbeitung abläuft, sondern auf die Bereitstellung von Daten innerhalb eines definierten Zeitraumes.

Leider können weder Windows noch Linux dieser Anforderung wirklich gerecht werden, insbesondere im Bereich der „harten" Echtzeit mit geforderten Reaktionszeiten im Mikrosekundenbereich. Reine Echtzeit-Betriebssysteme (RTOS = **R**eal **T**ime **O**perating **S**ystems, z. B. „VxWorks" von Windriver Systems[1] oder „QNX" von QNX Software Systems GmbH) können dies, sind aber oft sehr „spröde" im Umgang mit dem Benutzer. Daher gibt es einerseits Lösungen, die den Linux-Kernel modifizieren[2], und andererseits solche, die Linux als **einen** Prozess eines Echtzeit-Betriebssystems integrieren. Wartezeiten bei der Benutzeroberfläche in der Größenordnung von Sekundenbruchteilen sind akzeptabel.

2.4.1.3 Big Data

Der Begriff „Big Data" ist nicht klar definiert, es handelt sich eher um ein Schlagwort. Allgemein wird unter dem Begriff eine Datenmenge verstanden, die zu groß, zu komplex und zu schnelllebig ist, um sie mit „klassischen" Methoden der Datenverarbeitung zu strukturieren und auszuwerten[3]. Im Gabler Wirtschaftslexikon heißt es: „Mit ‚Big Data' werden große Mengen an Daten bezeichnet, die u. a. aus Bereichen wie Internet und Mobilfunk, Finanzindustrie, Energiewirtschaft, Gesundheitswesen und Verkehr und aus Quellen wie intelligenten Agenten, sozialen Medien, Kredit- und Kundenkarten, Smart-Metering-Systemen, Assistenzgeräten, Überwachungskameras sowie Flug- und Fahrzeugen stammen und die mit speziellen Lösungen gespeichert, verarbeitet und ausgewertet werden."[4]

---

[1] *Seit 2009 bei Intel.*

[2] *Siehe www.fh-wedel.de/~si/seminare/ws01/Ausarbeitung/6.linuxrt/LinuxRT2.htm [31.05.2018].*

[3] *Diese Definition stützt sich auf die Verwendung bei Gartner; vgl. Gartner, Inc. (Hrsg.): IT Glossary, Big Data, veröff. o. J. unter www.gartner.com/it-glossary/big-data [31.05.2018].*

[4] *Bendel, Oliver: Big Data. In: Gabler Wirtschaftslexikon, veröff. am 06.01.2015 unter https://wirtschaftslexikon.gabler.de/definition/big-data-54101/version-185967 [31.05.2018].*

Der Hersteller Ericsson erwartete im Juni 2016, „dass die Zahl der im Internet der Dinge vernetzen Geräte zwischen 2015 und 2021 um jährlich 23 Prozent wachsen wird, wobei für Mobilfunklösungen die höchsten Steigerungsraten prognostiziert werden. Bei fast 16 Milliarden der insgesamt 28 Milliarden vernetzten Geräte, die im Jahr 2021 weltweit im Einsatz sein werden, wird es sich um IoT-Geräte handeln.“[1]

Wenn so viele Daten schon erfasst sind, will man daraus natürlich auch einen Nutzen ziehen. Die Daten müssen verifiziert, strukturiert, analysiert und in Funktions- und Prognosemodelle umgesetzt werden. Methoden der künstlichen Intelligenz (KI) kommen hierbei zunehmend zum Einsatz: Von Marktforschung im klassischen Sinne bis zur Verbrechens-Vorhersage (*Predictive Policing*) in manchen Stadtteilen zu bestimmten Zeitpunkten.[2]

2.4.2　Cloud Computing

Dieser Bereich entwickelt sich noch lebhaft, so dass nur ein Zwischenstand beschrieben werden kann.

2.4.2.1　Definition von Cloud Computing

Der Begriff Cloud Computing bezeichnet eine Form der bedarfsgerechten und flexiblen Bereitstellung von IT-Leistungen, die von entsprechenden IT-Dienstleistern (IT-Service-Providern) über verteilte Hardware- und Softwareressourcen angeboten werden. Diese Leistungen werden in Echtzeit als Service über einen schnellen Datenzugang bereitgestellt und nach Nutzung abgerechnet. Der Anwender kann diese Dienste jederzeit von jedem Ort aus nutzen.

Vorreiter der Cloud-Entwicklung sind zahlreiche Gratisangebote im Internet, die von den meisten Privatkunden genutzt werden, z. B.:

- webgestützte E-Mail-Dienste wie Google Mail oder Web.de
- Auslagerung von Bildern auf Plattformen wie Picasa oder Flickr
- Sammlung und Bereitstellung von Dokumenten auf Informationsservern wie Dropbox

Der Begriff Cloud (Wolke) steht hierbei synonym für die örtlich nicht genau identifizierbare Hardware (Router, Server, Speicher), die irgendwo im Internet angesiedelt ist und über eine skalierbare Netzstruktur mit höchsten Datenraten untereinander verbunden ist.

Neben Privatkunden verlagern inzwischen auch immer mehr Unternehmen ihre Daten, Anwendungen und Netze auf die Hardware entsprechender externer Anbieter.

Mit der Kommerzialisierung dieser Angebote hat sich im Zusammenhang mit dem Begriff Cloud Computing eine Einteilung der angebotenen IT-Leistungen in drei Ebenen/Bereichen etabliert (Bild 2.271). Allen Ebenen ist hierbei gemeinsam, dass die entsprechenden IT-Leistungen als Dienst (*as a Service*) bereitgestellt werden. Man unterscheidet folgende Arten von Services:

---

[1] Bremmer, Manfred: 2018 wird das Internet der Dinge das Mobiltelefon überholen. In: computerwoche.de. Veröff. am 01.06.2016 unter www.computerwoche.de/a/2018-wird-das-internet-der-dinge-das-mobiltelefon-ueberholen,3229342 [31.05.2018].

[2] Lesenswert in diesem Zusammenhang ist auch die Studie „Kommerzielle digitale Überwachung im Alltag" des Institut Cracked Labs im Auftrag der österreichischen Bundesarbeitskammer aus dem Jahr 2014, abrufbar unter http://crackedlabs.org/dl/Studie_Digitale_Ueberwachung.pdf [31.05.2018].

	Bezeichnung	Erläuterung
1. Ebene	SaaS: Software-as-a-Service	■ Bereitstellung von Softwaresammlungen, Applikationen oder Anwendungsprogrammen (Mietsoftware) ■ Oft in Kombination mit Ebene 1 zu einem Gesamtbündel kombiniert ■ Beispiele: Telefonanlage in der Cloud („Communication as a Service"); in der Regel verbirgt sich hinter einem solchen Angebot die Zusammenstellung von „Unified Communications-Diensten", wie Voice over IP-Telefonie, Instant Messaging, Webkonferenzen, E-Mail ■ Leichte Erweiterbarkeit und bedarfsorientierte Anpassung ■ Nutzungsabhängige Abrechnung
2. Ebene	PaaS: Platform-as-a-Service	■ Nutzungszugang zu Programmierungs- oder Laufzeitumgebungen mit flexiblen, dynamisch anpassbaren Rechen- und Datenkapazitäten ■ Entwicklung von Softwareanwendungen innerhalb einer eigenen oder von einem Dienstanbieter bereitgestellten Softwareumgebung ■ Beispiele: technische Frameworks, Datenbanken, Middleware oder die gesamte Anwendungssoftware (z. B. Windows Azure) ■ Nutzungsabhängige Abrechnung
3. Ebene	IaaS: Infrastructure-as-a-Service	■ Bereitstellung einer (für den Anwender meist virtuellen) Infrastruktur von IT-Komponenten durch einen entsprechenden IT-Dienstleister ■ Beispiele: Server, Rechenleistung, Netzkapazitäten, Kommunikationsgeräte, Speicher, Archivierungs- und Backup-Systeme ■ Vorteile: hohe Effizienz, bedarfsorientierte Skalierbarkeit, große Flexibilität, kostengünstige Nutzung stets aktueller Hardware ■ Nutzungsabhängige Abrechnung

Bild 2.271: 3-Ebenen-Modell für Cloud-Services

Vom Grundsatz her handelt es sich bei Cloud Computing somit um eine **Outsourcing-Technik**, bei der bisher firmenintern erledigte IT-Aufgaben an ein externes Unternehmen vergeben werden. Hieraus resultieren einige gravierende Vorteile: Server und Softwarelösungen müssen vom Unternehmen nicht selbst angeschafft werden, sondern werden von professionellen Anbietern bedarfsorientiert gemietet. Dadurch ergeben sich geringere Investitionskosten sowie ein geringerer Personal- und Verwaltungsaufwand für die Hard- und Softwarebereitstellung und deren Pflege und Wartung. Diesen Vorteilen stehen jedoch auch Nachteile gegenüber, die insbesondere in der Sicherheit und Zuverlässigkeit der Cloud-Dienstleistungen liegen. Probleme können sich auch beim Wechsel zu einem anderen Anbieter ergeben, wenn deren Systeme nicht kompatibel zueinander sind. Die Interoperabilität zwischen den verschiedenen Cloud-Services muss deshalb sichergestellt werden, damit ein Cloud-Computing-Nutzer nicht dauerhaft an einen einzelnen Anbieter gebunden ist. Des Weiteren gilt als Schwachstelle die fehlende Kontrollierbarkeit der Daten auf fremden Servern und das Problem des gesicherten Zugriffs auf die Daten beim Transfer zwischen Nutzer und den meist länderübergreifenden Standorten webbasierter Server (Datensicherheit, siehe Kap. 1.7). Zu beachten ist auch, dass in anderen Ländern gegebenenfalls unbekannte Datenschutzregeln gelten.

Bei den bereitgestellten IT-Dienstleistungen muss auch sichergestellt werden, dass die tatsächliche Leistung dem erwarteten und vereinbarten Umfang vollkommen entspricht. Ebenso muss auch festgelegt werden, wie zu verfahren ist, wenn es Abweichungen von der vereinbarten Leistung gibt. Für ein Unternehmen spielt hierbei stets die Risikoabwendung für seine Geschäftsprozesse (z. B. zeitliche Verfügbarkeit einer ausgelagerten Applikation) eine entscheidende Rolle, die neben der technischen auch immer eine juristische Dimension aufweist. Neben festen Verträgen (gegebenenfalls mit Sonderkonditionen) zwischen einem Dienstleister und einem einzelnen Kunden bieten Service-Provider ihre Services oft generalisierend in unterschiedlichen Service Levels an.

> **Service Level Agreements (SLA)** legen fest, welche messbaren IT-Dienstleistungen ein Service-Provider einem Kunden zu erbringen hat.

Zu den wesentlichen SLA-Parametern bei IT-Dienstleistungen zählen:

- Antwortzeiten (z. B. auf eingehende Anfragen)
- Performance (z. B. Geschwindigkeit der Datenverarbeitung und Übertragungsraten der Schnittstellen)
- Verfügbarkeit (z. B.: Wie viele Stunden pro Tag muss ein Dienst abrufbar sein?)
- Reaktions- bzw. Entstörzeiten (z. B.: Wie schnell ist nach einem Ausfall der Normalbetrieb wiederhergestellt?)

Die Cloud-Strukturen umfassen drei unterschiedliche Arten (Bild 2.272), die sich hinsichtlich des Zugriffs, der Sicherheit und der Kosten voneinander unterscheiden.

Private Cloud	– Vom Kunden selbst betriebene Cloud-Umgebung, vielfach auch im eigenen Rechenzentrum – Effiziente, standardisierte und sichere IT-Betriebsumgebung – Beschränkter Zugang (z. B. Kunde selbst, Geschäftspartner, Lieferanten) – Zugriff über Intranet oder VPN – Hoher Datenschutz, da komplette Kontrolle durch den Anwender – Erforderliche Services lassen sich optimal an die Firmenstruktur anpassen.
Public Cloud	– Von einem externen Internet-Provider angebotene Cloud-Umgebung – Öffentlich, von jedermann nutzbar – Vielfach werden standardisierte Services angeboten, die nicht auf individuelle Bedürfnisse eines Unternehmens abgestimmt sind. – Zugriff über Internet (potenziell unsicher) – International agierende Anbieter verletzen gegebenenfalls nationale Datenschutzbestimmungen. – Bezahlung auf der Basis „pay-per-use" – Skalierung benötigter Kapazitäten möglich – Unterscheidung zwischen „Exclusive Clouds" (Anbieter und Nutzer kennen sich; fester Vertrag) und „Open Clouds" (Anbieter und Nutzer kennen sich nicht; Beschreibung des Dienstangebots in Form von SLAs)
Hybrid Cloud	– Kombination aus Privater Cloud und Public Cloud – Public Cloud wird nur bei Bedarf genutzt (z. B. bei Belastungsspitzen oder zur Erweiterung des eigenen Dienstangebotes)

Bild 2.272: Cloud-Arten

2.4.2.2 Realisationen von Cloud Computing

Software-as-a-Service

Ein bekanntes Beispiel wurde schon in Bild 2.1 gezeigt: Google Docs. Der Anwender braucht nur einen Browser, die genutzte Software läuft auf dem Server. Ein weiteres Beispiel ist Microsofts MS Office 365.

Platform-as-a-Service

Dem Benutzer wird eine (virtuelle oder physische) Betriebssystemumgebung zur Verfügung gestellt. Dabei ist man bei der Virtualisierung einen Schritt weiter gegangen als **Appliances** (siehe unten) und verpackt Applikationen in einen **Container** (Bild 2.273).

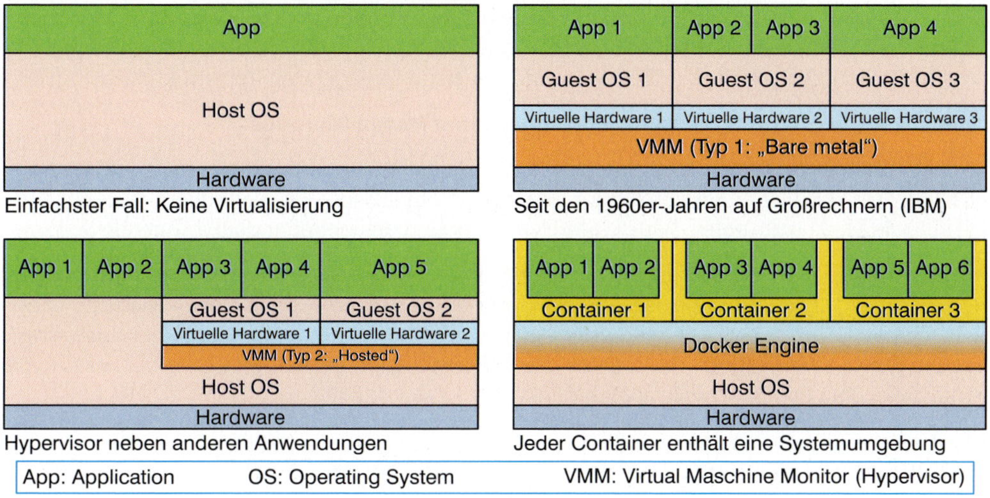

Bild 2.273: Arten von Virtualisierung und Container

Container sind eine „Virtualisierung light", weil nur noch **ein** Betriebssystem-Kern gebraucht wird, den sich die Container teilen; die Applikationen App 1 und App 2 in Bild 2.273 unten rechts befinden sich in derselben Betriebssystem-Umgebung. Die Container 1 und 2 sind voneinander getrennt[1]. Häufig wird hierfür die freie Software „Docker" verwendet.

Anmerkung zum Begriff Appliance: Bei dem Typ-2-Hypervisor Virtualbox kann man eine oder mehrere Anwendungen zusammen mit dem Betriebssystem, in dem sie laufen, portabel in eine sogenannte Appliance kompaktieren, die von einem Virtualbox-Hypervisor einer anderen physischen Umgebung importiert werden kann. Importiert man eine zweite Appliance, so lädt man damit aber auch das Betriebssystem ein weiteres Mal.

---

[1] Vgl. Diedrich, Oliver: Container: Apps für Server – Wie Docker-Container die IT industrialisieren, in: c't, Heft 5/2016, S. 108

Exkurs: Container vs. Virtualisierung

Container schaffen eine stabile Ablaufumgebung für Anwendungen, zum Beispiel wenn die Software „umziehen" muss - vom Laptop eines Entwicklers in eine Test-Umgebung, ein Data Center oder die Public Cloud.

Hierbei können Probleme auftreten, wenn die Software-Umgebungen nicht identisch sind, wie Docker-Gründer Solomon Hykes weiß: [...] Wobei es aber nicht so sei, dass nur unterschiedliche Software für Probleme sorgen kann: „Es können auch Unterschiede bei Netzwerk-Topologie, Security Policy oder Storage bestehen - aber die Software muss darauf laufen."

Wie lösen Container dieses Problem?

Einfach ausgedrückt besteht ein Container aus einer kompletten Laufzeit-Umgebung: der Applikation (mit allen Anhängseln), Programmbibliotheken, Konfigurationsdateien und allen sonst nötigen Tools. Durch die Containerisierung von Applikations-Plattformen werden Unterschiede hinsichtlich Betriebssystem-Distributionen und der darunterliegenden Infrastruktur abstrahiert.

Was ist der Unterschied zwischen Containern und Virtualisierung?

Bei der Virtualisierung ist das Paket das herumgeschickt wird, eine virtuelle Maschine und beinhaltet sowohl ein komplettes Betriebssystem als auch die Applikation. Ein physischer Server auf dem drei virtuelle Maschinen laufen, hätte einen Hypervisor und drei getrennt darauf laufende Systeme.

Im Gegensatz dazu läuft auf einem Server mit drei containerisierten Applikationen nur ein Betriebssystem. Die Container teilen sich den Betriebssystem-Kernel untereinander. Diese Bereiche beschränken sich auf ‚read only' - darüber hinaus besitzt jeder Container auch einen eigenen Bereich für ‚writing'-Tasks. Dank dieser Konstellation benötigen Container wesentlich weniger Ressourcen als virtuelle Maschinen.

Rubens, Paul/Maier, Florian: Docker FAQ – Wofür Sie Container brauchen. In: tecchannel.de. Veröff. am 30.09.2015 unter https://www.tecchannel.de/a/container-vs-virtualisierung,3201845 [31.05.2015].

Infrastructure-as-a-Service

„Outsourcing" von IT-Dienstleistung ist nicht neu. Im Gegensatz zum herkömmlichen „Hosting" jedoch wird eine komplette IT-Infrastruktur automatisiert zur Verfügung gestellt; man spricht von Einrichtungszeiten im Minuten- und Sekundenbereich.

IaaS wird vollautomatisch eingerichtet und abgewickelt.

Wie Bild 2.274 zeigt, kann der Kunde sich wie bei einem Baukasten selbst bedienen, um sich seine IT-Infrastruktur zusammenzustellen.

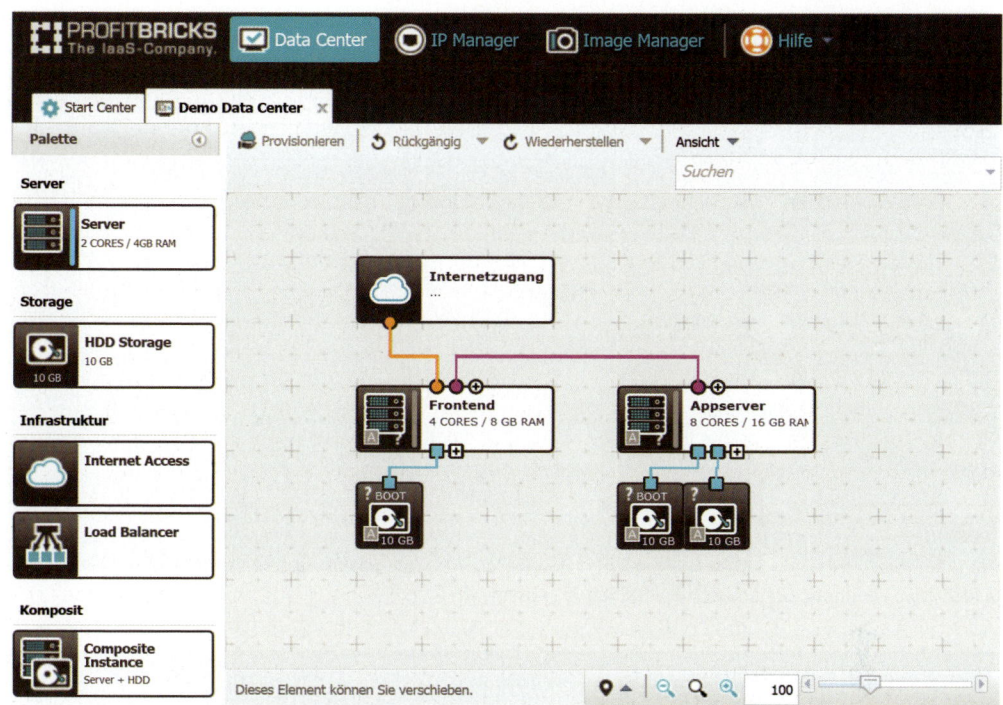

Bild 2.274: Baukasten für Infrastrukturen beim Anbieter ProfitBricks

Marktübersicht

Es existiert eine Reihe von Anbietern für proprietäres IaaS, z. B.:

- *Compute Engine* von Google
- *Azure* von Microsoft
- *Amazon Webservices* (AWS) von Amazon

Bild 2.275 zeigt das Angebot von Microsofts Azure, darunter neben anderen auch Ubuntu Server (Bild 2.276).

Bild 2.275: Verfügbare Ressourcen bei MS Azure (Ausschnitt)

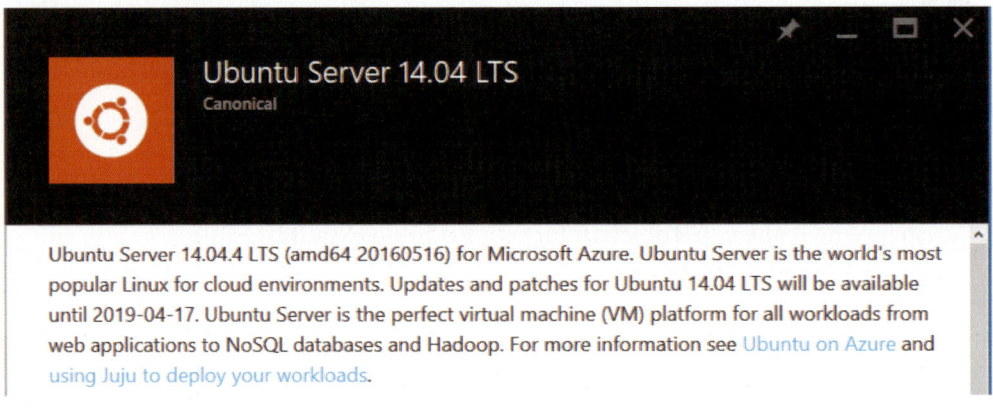

Bild 2.276: Ubuntu Server bei MS Azure

Daneben gibt es eine Gruppe namhafter IT-Firmen, die zu der Marktdominanz von AWS ein Gegengewicht bilden wollen und Iaas-Cloud-Dienste auf der Basis von Open-Source-Software bereitstellen. Diese Software heißt **OpenStack** und gestattet einen Einblick in die Komplexität solcher Software (Bild 2.277). Man bezeichnet OpenStack (wie auch die drei oben genannten Konkurrenten) deswegen auch als „**Betriebssystem für die Cloud**" im Vergleich zu Windows/Linux als Betriebssystem für einen Server.

Unterstützer und/oder Verwender von OpenStack
Diese Liste liest sich wie das Who's who der IT-Branche (siehe www.openstack.org/foundation/companies/): IBM, Intel, AMD, Cisco Systems, Oracle, VMware, NASA, Citrix Systems, EMC^2, SUSE Linux GmbH, Canonical, Red Hat, Hewlett-Packard Enterprise, Deutsche Telekom, SAP und viele mehr.

Dienst	Projektname	Beschreibung
Dashboard	Horizon	Kunden-Webinterface als Selbstbedienungsportal für die OpenStack-Konfiguration
Compute	Nova	Verwaltet Computing Ressourcen: Startet und stoppt VMs, unterstützt verschieden Hypervisor-Varianten
Networking	Neutron	Managt das Software Defined Networking (SDN), alle VMs an einem „Switch"
Object Storage	Swift	bietet *Object Storage* für beliebige unstrukturierte Daten an, einschließlich automatischem Backup
Block Storage	Cinder	Stellt persistenten Speicher für VMs zur Verfügung
Identity Service	Keystone	Authentifizierung und Authorisierung von Benutzern; kennt Richtlinien und unterstützt auch LDAP-Backend
Image Service	Glance	Repository für Festplatten-Images, auch vom Kunden bestückbar
Telemetry	Ceilometer	Protokolliert Dienstleistungen für Abrechnung, Leistungsmessung und Statistik
Orchestration	Heat	Das flexible Kombinieren mehrerer Dienste zu einer Komposition, die einen ausführbaren Geschäftsprozess beschreibt

Bild 2.277: Die wichtigsten Komponenten von OpenStack

Das komplexe Zusammenspiel der Komponenten zeigt Bild 2.278 in seiner konzeptuellen Architektur, die noch komplexere logische Architektur kann man bewundern unter: http://docs.openstack.org/admin-guide/common/get-started-logical-architecture.html, bzw. https://docs.openstack.org/de/install-guide/overview.html#example-architecture

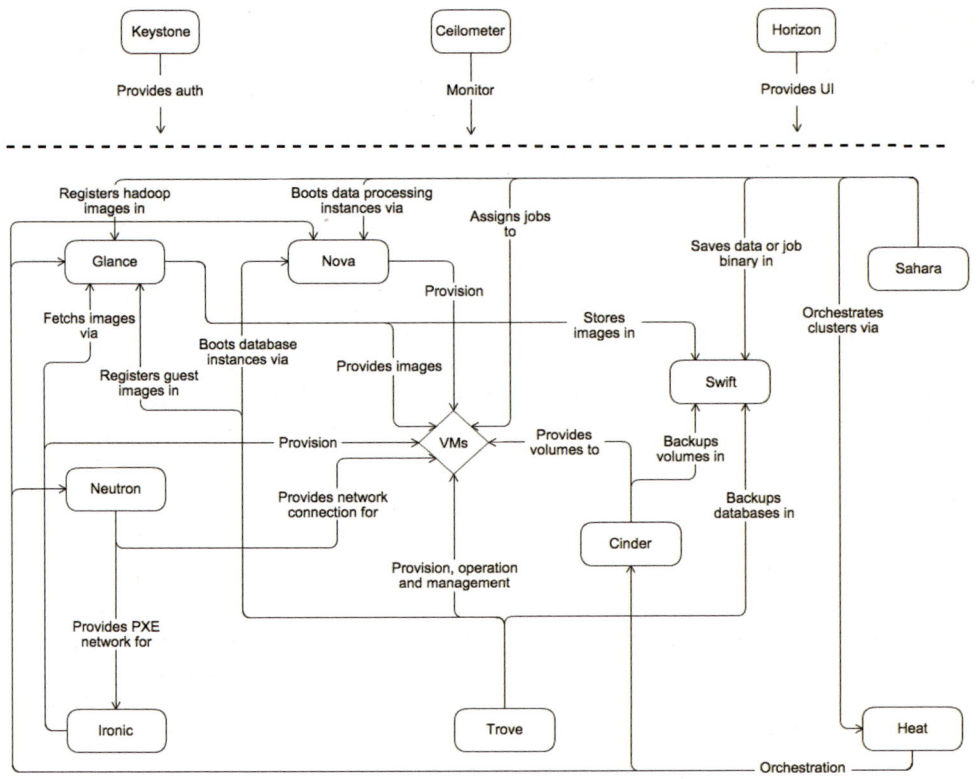

Bild 2.278: Architektur-Konzept von OpenStack

Das Zusammenwirken von

- Internet of Things, auch mit Nanotechnologie,

- Cloud Computing und

- Big Data, auch verbunden mit künstlicher Intelligenz

wird in Zukunft beachtenswerte Synergie-Effekte hervorbringen, vielleicht auch einige sehr **unerwünschte**.

AUFGABEN

1. Was bedeuten die Abkürzungen C2C und M2M?

2. Was bedeutet der Begriff „Predictive Policing"?

3. Wie viele MB sind ein ZB: Eine Billiarde oder eine Trillion?

4. Übersetzen Sie den englischen Text am Beginn von Kap. 2.4.1.3 ins Deutsche.

5. Was versteht man allgemein unter dem Begriff Cloud Computing?

6. Nennen und erläutern Sie die drei Service-Ebenen beim Cloud Computing.

7. Welche Cloud-Arten unterscheidet man? Wo liegen die Unterschiede?

Die Unterteilung von Kommunikationsnetzen in **öffentliche** und **nicht öffentliche Netze** ist historisch gewachsen und orientiert sich an den ursprünglich rechtlichen Unterschieden zwischen beiden. Bezüglich der verwendeten Technik bestehen heute zwischen öffentlichen und nicht öffentlichen Netzen keine Unterschiede.

> Ein Netz wird dann als **öffentliches Netz** bezeichnet, wenn der Netzbetreiber prinzipiell jedem den Zugang ermöglicht und bestimmte staatlich kontrollierte Anforderungen erfüllt.

Zu diesen Anforderungen zählten beispielsweise beim klassischen Telefonnetz (alte Bezeichnung: Fernsprechnetz) die Veröffentlichung von Telefonbüchern und die Unterstützung von Notrufeinrichtungen.

In der Vergangenheit wurden nur von einem einzigen staatlichen Monopolbetreiber öffentliche Netze mit Dienstleistungen angeboten, die jedermann zugänglich waren (ehemaliger Dienstleister: Deutsche Post, jetzt Deutsche Telekom AG, kurz: DTAG). Nach der Öffnung des Telekommunikationsmarktes für private Betreiber bietet heute eine Vielzahl von Unternehmen öffentliche Netze mit unterschiedlichen Dienstleistungen an (z. B. Mobilfunknetze).

Hierbei ist zu unterscheiden zwischen den **Betreibern von Kommunikationsnetzen** (sogenannte **Carrier**), den **Anbietern von Dienstleistungen** (sogenannte **Service Provider**) und den **Herstellern von Kommunikationslösungen** (sogenannte **Supplier**).

Die staatlichen Anforderungen, die ein Anbieter/Betreiber in Deutschland zu erfüllen hat, sind im **Telekommunikationsgesetz** (Abkürzung: TKG) festgelegt (z. B. Vorratsdatenspeicherung; siehe auch www.gesetze-im-internet.de/tkg_2004/).

Als **nicht öffentliches Netz** kann prinzipiell jedes firmeninterne Kommunikationsnetz angesehen werden, welches einigen Nutzungsbeschränkungen unterliegt (z. B. eingeschränkter Nutzerkreis). Diese Netze sind räumlich meist auf den Firmenstandort beschränkt. Verfügt eine Firma über verschiedene geografisch getrennt liegende Standorte, werden die lokalen privaten Netze oftmals über öffentliche Kommunikationsleitungen miteinander vernetzt. In einem solchen Fall spricht man auch von einem virtuellen privaten Netz (**VPN**: **V**irtual **P**rivate **N**etwork; Kap. 3.6.1).

Kommunikationsnetze werden heute weniger in öffentliche oder nicht öffentliche Netze unterteilt, sondern vielmehr nach den in Kap. 1.2 genannten Merkmalen unterschieden. Sie dienen auch nicht nur zur *Sprach*kommunikation, sondern generell zur *Daten*kommunikation zwischen den unterschiedlichen Endgeräten (z. B. Smartphone, PC, Tablet). Im Gegensatz zu früher kann ein modernes Kommunikationsnetz hierzu mehrere unterschiedliche Kommunikationsdienste anbieten (z. B. Sprachdienst, E-Mail-Dienst).

Von den hierbei in Bild 1.5 aufgelisteten Netzgrößen werden in den folgenden Kapiteln schwerpunktmäßig grundsätzliche Bezeichnungen, Strukturen und Leistungsmerkmale unterschiedlicher Weitbereichsnetze sowie die Zugangsmöglichkeiten zu diesen Netzen für Privat- und Firmenkunden dargestellt.

3.1 Grundsätzlicher Aufbau von Weitbereichsnetzen (WAN)

Ein **WAN** (Wide Area Network) besteht prinzipiell aus den **Netzzugangspunkten** (Netzschnittstellen) und den **Netzknoten** (Vermittlungs- und Verteilstellen). Bei den Netzknoten unterscheidet man zwischen **Durchgangsnetzknoten**, die lediglich als Verteiler arbeiten, und **Zugangsnetzknoten**, an denen die Netzzugangspunkte sternförmig angeschlossen sind.

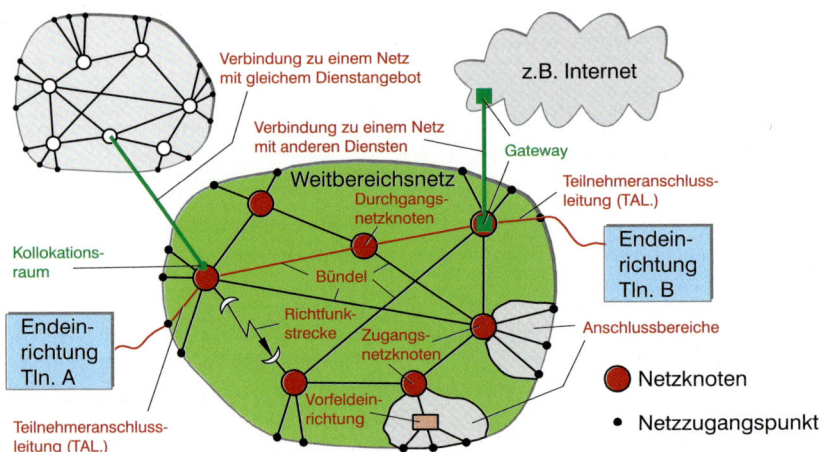

Bild 3.1: *Prinzipielle Struktur eines Weitbereichsnetzes*

Das obige Bild visualisiert vereinfacht den prinzipiellen Aufbau eines Weitbereichsnetzes, es beinhaltet aber keine Informationen zu den in den Knoten verwendeten technischen Einrichtungen. Diese unterscheiden sich je nach Art und Dienstangebot des jeweiligen Netzes (z. B. ATM-Router, IP-DSLAMs, Add-Drop-Multiplexer, Broadband Remote Access Server usw.).

Die Knoten sind untereinander maschenförmig oder ringförmig verbunden. Es können auch Mischformen auftreten. Je nach Netz erfolgen die Verbindungen zwischen den einzelnen Knoten über

- Lichtwellenleiter (Kap. 4.2.2),
- terrestrische Richtfunkstrecken (Kap. 3.11) oder
- Satellitenfunkverbindungen (Kap. 3.11).

Besteht die Verbindung zwischen zwei Netzknoten aus mehreren untereinander gleichwertigen Leitungen, so werden diese als **Bündel** bezeichnet. Weitbereichsnetze werden national von verschiedenen Netzbetreibern angeboten, die größtenteils über eigene Netzknoten und eigene Verbindungswege zwischen diesen Knoten verfügen. Aus diesem Grunde sind in den meisten geografischen Regionen mehrere gleichartige Kommunikationsnetze vorhanden, die zwar die gleichen Dienste anbieten (z. B. Sprachkommunikation), jedoch völlig unabhängig voneinander arbeiten und gegeneinander konkurrieren.

Die Netzknoten und die dazwischenliegenden Verbindungswege eines Anbieters bezeichnet man als **Verbindungsnetz** (Backbone Network), **Kernnetz** (Core Network) oder **Transportnetz** (Transport Network).

Damit auch Teilnehmer miteinander kommunizieren können, die an Netzen konkurrierender Betreiber angeschlossen sind, muss zwischen diesen Netzen eine Verbindung hergestellt werden können. Diese Verbindung erfolgt in den sogenannten **Kollokationsräumen** (lat. *collocare* = zusammenkommen, sich treffen).

Infolge des Zusammenwachsens bestehender Kommunikationsnetze (Konvergenz der Netze) bestehen auch Verbindungen zwischen Netzen, die unterschiedliche Dienste anbieten (z. B. Sprachkommunikation, Bildkommunikation, Datenkommunikation). Diese Verbindungen werden über entsprechende **Gateways** hergestellt (Kap. 1.4.4.9). Der Entwicklungstrend geht hierbei in Richtung eines vereinheitlichten Transportnetzes, bei dem die Informationsübertragung auf einer einzigen gemeinsamen Kommunikationsplattform erfolgt (z. B. NGN = Next Generation Network, Kap. 3.2).

Der Bereich zwischen einem Netzknoten des Kernnetzes und den jeweils angeschlossenen Netzzugangspunkten wird **Anschlussbereich** genannt (Bild 3.1). Die Netzzugangspunkte befinden sich in der Regel direkt bei den jeweiligen Teilnehmern (z. B. 1. TAE, Kap. 3.2).

> Die Verbindungswege zwischen einem Core-Netzknoten und den von diesem verwalteten Netzzugangspunkten werden als **Zugangsnetz** (Access Network) bezeichnet.

3

Im Gegensatz zu den Kernnetzen der verschiedenen Betreiber basiert in Deutschland das Zugangsnetz für Privatkunden größtenteils auf dem vorhandenen Leitungsnetz der Deutschen Telekom AG, welches aus Kupferdoppeladern (z. B. Sternvierer, Kap. 4.1.1.3) besteht und meist noch aus dem klassischen analogen Telefonnetz stammt. Dieser Bereich wird umgangssprachlich oft auch als „**die letzte Meile**" bezeichnet.

Ursprünglich wurden diese Kupferleitungen im Anschlussbereich nur für die Übertragung schmalbandiger Sprachsignale (Datenrate < 128 kbit/s) genutzt. Heutzutage ermöglicht der Einsatz spezieller Übertragungstechniken (z. B. DSL, Kap. 3.8) über diese Leitungen auch eine weltweite breitbandige Datenkommunikation. Hierbei werden vielfach sogenannte **Vorfeldeinrichtungen** (Bild 3.1) eingesetzt, um die Signale von einzelnen Kupferleitungen zu bündeln und diese dann zusammen über eine einzige Glasfaserleitung zum nächstgelegenen Netzknoten zu leiten. Die hierbei pro Teilnehmer übertragbaren Datenmengen sind umso größer, je kürzer die jeweiligen Kupferleitungen sind.

> Die Leitung zwischen einem Core-Netzknoten (bzw. einer Vorfeldeinrichtung) und einem Netzzugangspunkt bezeichnet man als **Anschlussleitung** (Asl) oder **Teilnehmeranschlussleitung** (TAL).

Mehrere Vorfeldeinrichtungen können auch zu einer eigenständigen Netzstruktur ausgebaut werden, die dann dem Kernnetz vorgelagert ist. Bild 3.2 stellt die unterschiedlichen Anschlussszenarien vereinfacht dar.

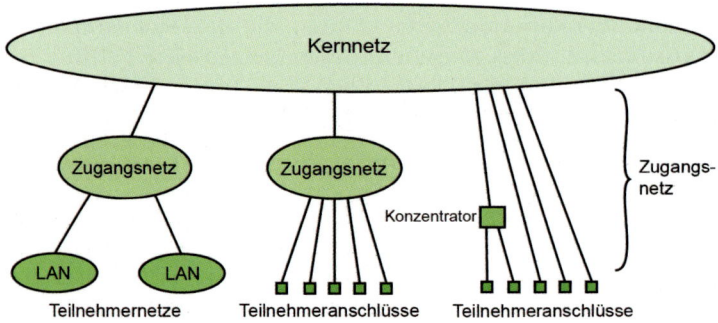

Bild 3.2: Teilnehmeranschlussszenarien

Die Verwendung alternativer leitungsgebundener Zugangswege (z. B. BK-Kabelnetz: Kap. 3.5.3, FTTH: Kap. 3.7.2) oder der Einsatz von Funktechnologien (z. B. WiMax: Kap. 3.10.5) bieten inzwischen aber auch Alternativen zur Überbrückung der letzten Meile.

An den Netzzugangspunkten endet im Allgemeinen die Zuständigkeit des Netzbetreibers. An einem solchen Netzzugangspunkt kann ein Teilnehmer beliebige **Endeinrichtungen** (**TE**: Terminal Equipment; z. B. Router, Telefon, Fax, PC) anschließen, sofern diese die jeweiligen Schnittstellenspezifikationen erfüllen. Gegebenenfalls sind hierzu auch entsprechende Wandler zur Anpassung der zu übertragenden Nachrichten an die Eigenschaften des Übertragungsmediums erforderlich (z. B. Verwendung eines Analogtelefons an einem IP-Anschluss). Endgeräte, die der reinen Datenkommunikation dienen, werden genauer als **Dat**en**ein**richtungen (Abk.: **DEE**) bezeichnet. Bild 3.3 stellt modellhaft eine Kommunikationsverbindung über ein Weitbereichsnetz (Alternativbezeichnung: Weitverkehrsnetz) dar.

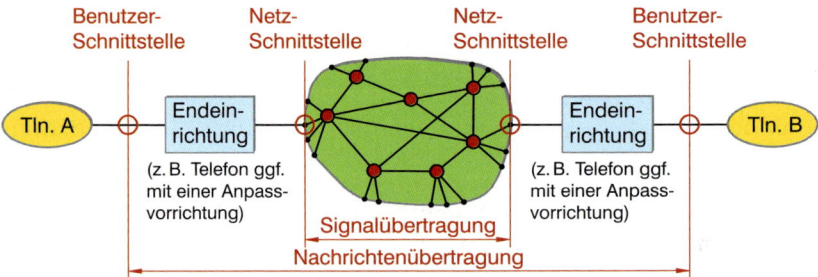

Bild 3.3: Kommunikationsmodell einer WAN-Verbindung

Im **Kommunikationsmodell** wird der Ursprungsort einer Nachricht als **Quelle** und der Zielort als **Senke** bezeichnet. Die Signalübertragung erfolgt über einen sogenannten **Kanal**.

Dieser Kanal wird auch **Übertragungskanal** oder **Kommunikationskanal** genannt. Ein solcher Kanal kann technisch unterschiedlich realisiert sein. Ein Kanal kann

- ein physikalisch vorhandenes Medium – z. B. in Form eines Adernpaares – sein, das nach dem Verbindungsaufbau **zeitkontinuierlich** („Einfache IT-Systeme", Kap. 4.1.2) für den Informationsaustauch zur Verfügung steht (z. B. Anschlussleitung eines analogen Telefons);

- eine Verbindung sein, bei der über eine physikalisch vorhandene Leitung lediglich **in äquidistanten Zeitabständen** (Zeitmultiplex, Kap. 4.1.8.4) Übertragungskapazitäten zur Verfügung gestellt werden. Diese Übertragungskapazität bleibt nach Aufbau einer Verbindung auch dann für die angeschlossenen Endgeräte reserviert, wenn diese gerade keine Informationen austauschen (z. B. ISDN-Verbindung; Hinweis: technische Unterstützung nur noch bis 2018);

- eine **bedarfsorientierte zeitliche Zuordnung** von Übertragungskapazität auf einer physikalisch vorhandenen Leitung sein. Die Übertragungskapazität steht angeschlossenen Endgeräten allerdings nur dann zur Verfügung, wenn tatsächlich Informationen ausgetauscht werden. Da es sich für die Endgeräte scheinbar um eine ständige Verbindung handelt, spricht man auch von einer **virtuellen Verbindung** (z. B. Verbindung zwischen zwei ATM-Netzknoten; Kap. 3.3).

Bei der zeitkontinuierlichen Informationsübertragung im analogen Telefonnetz wurden die für den Verbindungsaufbau erforderlichen Signale (Teilnehmerrufnummer, Rufton usw.) über die gleiche Leitung bzw. den gleichen Kommunikationskanal übertragen wie die eigentlichen Nutzdaten (z. B. Sprache). Bei der äquidistanten und der bedarfsorientierten zeitlichen Zuordnung von Übertragungskapazität ist ein über den Verbindungsauf- und -abbau hinausgehender Signalisierungs- und Steuerungsaufwand erforderlich. Dieser ist nur durch Einsatz von digitaler Übertragungs- und Vermittlungstechnik (z. B. IP-Routing) realisierbar. Hierbei werden Signalisierungsinformationen und Nutzdaten zwar oft auf den gleichen physikalischen Leitungen, aber grundsätzlich in unterschiedlichen, voneinander unabhängigen Kanälen übertragen. Im Kernbereich einiger Netze gibt es hierzu auch Netzknoten, die nur Signalisierungsinformationen verarbeiten (**Signalisierungsnetzknoten**). Diese Netzknoten bilden zusammen mit den Signalisierungskanälen das sogenannte **Signalisierungsnetz**, das unabhängig vom Verbindungsnetz arbeitet und sämtliche Einrichtungen eines Kommunikationsnetzes mittels entsprechender Signalisierungsprotokolle steuert.

3.1.1 Anforderungen an Netzarchitekturen

Ein technisch ausgereiftes Weitbereichsnetz muss grundsätzlich folgende Anforderungen erfüllen können:

- Abgesehen von Ausnahmen in besonderen Fällen muss zu jeder Zeit eine Verbindungsmöglichkeit von einem Zugangspunkt A zu jedem beliebigen anderen Zugangspunkt B möglich sein.

- Jeder Benutzer muss das gewünschte Ziel selbst bestimmen können, d. h., er muss steuernd eingreifen können. Die Zielbestimmung erfolgt durch entsprechende Wahlinformationen (z. B. Rufnummer oder IP-Adresse).

- Das Netz muss hinreichend groß dimensioniert sein, um eine genügende Anzahl gleichzeitiger Verbindungsmöglichkeiten für verschiedene Teilnehmer bzw. Endeinrichtungen zur Verfügung zu stellen.

Aus Kostengründen muss insbesondere bei dem letztgenannten Punkt der notwendige technische Aufwand bei der Bemessung der Anzahl der verfügbaren Übertragungswege durch statistische Auswertung des praktischen Verkehrsaufkommens begrenzt werden.

Weitere wichtige Aspekte der Architektur sind die Ausfallsicherheit, die Flexibilität und die Validierung seiner Leistungsfähigkeit.

Unter der **Netzausfallsicherheit** (Network Reliability) versteht man die Fähigkeit eines Netzes, bei Ausfall einer Netzkomponente (z. B. einer kompletten Übertragungsleitung oder eines Netzknotens) den Verkehr wiederherzustellen. Da Ausfallzeiten eines Kommunikationsnetzes in der Regel mit Umsatzverlusten angeschlossener Firmen verbunden sind, ist das Ziel eines jeden Netzbetreibers die schnelle und automatische Beseitigung einer Störung. Die Verfahren zur Wiederherstellung der Verkehrsverfügbarkeit bei Störungen von Kommunikationsnetzen werden in ITU-Empfehlungen definiert (z. B. mehrfache getrennte Verbindungsleitungen zwischen Netzknoten, parallel geschaltete Reservekomponenten). Hierdurch wird eine automatische Störungsbeseitigung in weniger als 50 ms (!) bzw. eine halbautomatische Beseitigung innerhalb von 10 Minuten angestrebt.

Die **Flexibilität** (Flexibility) stellt ein Maß für die Möglichkeit des Netzes dar, auf veränderte zukünftige Verkehrsanforderungen zu reagieren.

Unter **Validierung** (Validity Check) versteht man die Analyse von Verkehrsdaten mit dem Ziel, ihre Vollständigkeit und Konsistenz hinsichtlich vordefinierter Parameter zu prüfen. Hierzu gehören Prozeduren zur Qualitätsüberwachung, zur Fehlererkennung und zur Fehlerreduzierung (**TCM:** **T**andem **C**onnection **M**onitoring; **POM:** **P**ath **O**verhead Monitoring). Die Überwachung erfolgt durch vorhandene Management-Systeme und Wartungszentren.

3.1.2   Vermittlungsprinzipien

Der Nachrichtenaustausch in einem Weitbereichsnetz erfolgt durch Vermittlung der zu transportierenden Informationen zwischen zwei oder mehreren Netzzugangspunkten.

> Unter dem Begriff „**Vermittlung**" versteht man ein Kommunikationsverfahren, bei dem Verbindungen für den Nachrichtenaustausch *temporär* geschaltet werden.

Grundsätzlich lassen sich zwei verschiedene Vermittlungsprinzipien unterscheiden:

- Die Durchschaltevermittlung bzw. Leitungsvermittlung (Circuit Switching)
- Die Speichervermittlung bzw. Paketvermittlung (Store-and-Forward Switching, Packet Switching)

3.1.2.1   Leitungsvermittlung

Bei der **Durchschalte-** bzw. **Leitungsvermittlung** wird eine Nachrichtenverbindung zwischen einem Teilnehmer A und einem Teilnehmer B nach Aufforderung von Tln. A zwischen den Knotenpunkten für die Dauer der Verbindung durchgeschaltet. Der Übertragungskanal (bzw. die Übertragungskanäle) bleibt (bleiben) für die gesamte Zeitdauer der Verbindung im durchgeschalteten Zustand. Die gesamte Verbindung steht hierbei ausschließlich den beiden Kommunikationspartnern zur Verfügung (Vorteil: konstante, garantierte Übertragungsrate; Nachteil: keine effiziente Ausnutzung vorhandener Übertragungskapazitäten; Beispiel: analoges Telefonnetz).

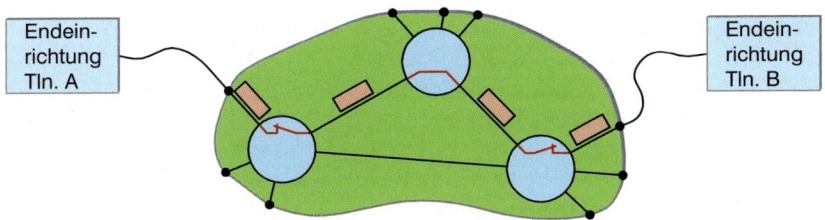

Bild 3.4: Grundprinzip Leitungsvermittlung

3.1.2.2 Paketvermittlung

Bei der **Speicher-** bzw. **Paketvermittlung** wird die zu übertragende Information in einzelne Blöcke bestimmter Länge aufgeteilt. Jedem Block wird zusätzlich eine Steuerinformation vorangestellt. Die Steuerinformation enthält eine Nummerierung und eine Kennzeichnung, wodurch der Block eindeutig einer Verbindung von Tln. A1 zu Tln. B1 bzw. von Tln. A2 zu Tln. B2 zugeordnet werden kann. Die Nutzinformation und die Steuerinformation bilden zusammen ein Paket.

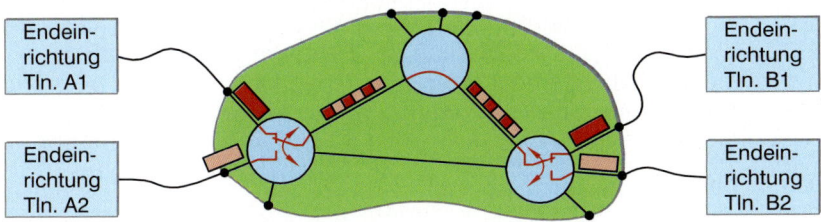

Bild 3.5: Grundprinzip Paketvermittlung

Die Pakete werden zum gewünschten Ziel übertragen, wenn sie vorliegen. Um Paketkollisionen zu vermeiden, müssen entsprechende Transportprotokolle zur Steuerung der Übertragung (im Bild vereinfacht: zur Steuerung der beiden Schalter) verwendet werden. Obwohl für die Benutzer die Verbindung scheinbar während der gesamten Zeit zu bestehen scheint, existiert sie zwischen den jeweiligen Teilnehmern nur während der Laufzeit der Pakete. Man spricht in diesem Zusammenhang auch von **virtuellen Verbindungen** (Vorteil: effizientere Ausnutzung vorhandener Übertragungskapazitäten; Nachteil: keine konstante, garantierte Übertragungsrate; Beispiel: IP-basierende Netze).

Der Verbindungsaufbau erfolgt bei beiden Verfahren nach Aufnahme der Wahlinformationen durch den Netzknoten des Initiators, der als „rufender" Teilnehmer oder als „A-Teilnehmer" bezeichnet wird. Das Ziel bei einem Verbindungsaufbau ist, einen möglichst kurzen Weg durch das Netz zum gewünschten Zielort („B-Teilnehmer" bzw. „gerufener" Teilnehmer) zu finden und hierbei möglichst wenig Netzknoten zu durchlaufen.

> Die Technik der optimalen Wegesuche durch ein Nachrichtennetz bezeichnet man als **Verkehrslenkung**.

Der Informationsaustausch für die Steuerung einer Nachrichtenverbindung innerhalb des Netzes oder zwischen dem Netz und den Endeinrichtungen wird **Signalisierung** genannt.

3.1.3   Übertragungsarten

Bei der Nachrichtenübermittlung unterscheidet man grundsätzlich zwischen verbindungsorientierter und verbindungsloser Nachrichtenübertragung.

3.1.3.1   Verbindungsorientierte Übertragung

Bei der verbindungsorientierten Kommunikation (Connection Oriented Transmission)
muss zunächst eine Verbindung zwischen den Teilnehmern aufgebaut werden. Danach
kann die Sendestation ihre Daten übertragen und die Empfangsstation empfängt sie in
der gleichen Reihenfolge. Treten während der Übertragung Probleme auf, werden diese
unmittelbar der Gegenseite mitgeteilt. Bei dieser Übertragungsart unterscheidet man
zwischen Wählverbindungen und Festverbindungen.

Bei einer **Wählverbindung** werden die Kommunikationspartner aufgrund der Zielinformation des Initiators für eine gewisse Zeit miteinander verbunden. Dieser Vorgang gliedert
sich in die folgenden drei Phasen:

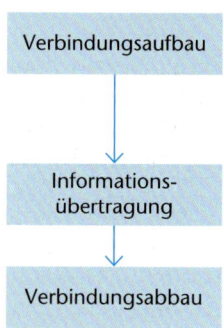

Die vom Initiator der Verbindung übermittelte Zieladresse
(z. B. Wahl der Rufnummer) wird vom Netz ausgewertet, die
Kommunikationsbereitschaft des Ziels wird überprüft; sofern
diese besteht, werden die erforderlichen technischen
Einrichtungen für eine Verbindung zur Verfügung gestellt.

Zwischen den Kommunikationspartnern findet ein
Informationsaustausch statt.

Die Verbindung wird abgebaut, die verwendeten technischen
Einrichtungen werden freigegeben und stehen für eine weitere
Verbindung zur Verfügung.

Bild 3.6: Vorgänge bei einer Wählverbindung

Des Weiteren werden auch nicht gewählte Verbindungen, sogenannte **Festverbindungen**,
verwendet. Diese Verbindungen werden auf Kundenwunsch zwischen zwei Netzschnittstellen fest eingerichtet und stehen dann ohne weitere Auswertung von Wahlinformationen zur Verfügung.

3.1.3.2   Verbindungslose Übertragung

Bei der verbindungslosen Nachrichtenübertragung (Connectionless Transmission) stehen
(in der Regel) mehrere Kommunikationspartner über entsprechende technische Einrichtungen ständig miteinander in Verbindung. Ein Verbindungsaufbau und ein Verbindungsabbau findet nicht statt; es gibt nur die Phase der Nachrichtenübertragung. Diese Art der
Nachrichtenvermittlung findet man beispielsweise in einem LAN. Die angeschlossenen
Stationen senden spontan Datenpakete, die neben der Nutzinformation auch die
Ursprungs- und die Zieladresse enthalten. Die Zielstation übernimmt aus dem ständigen

Datenstrom auf dem Verbindungsweg (Netzwerkkabel) ohne Bestätigung die an sie adressierten Informationen. Um Datenkollisionen zu vermeiden, sind entsprechende Übertragungsprotokolle (Kap. 1.3.1) erforderlich.

Während die Leitungsvermittlung nur verbindungsorientiert arbeiten kann, hängt es bei der Paketvermittlung vom verwendeten Übertragungsprotokoll ab, ob eine Datenübertragung verbindungsorientiert oder verbindungslos arbeitet (z. B. UDP: verbindungslos, Kap. 1.4.3.3; TCP: verbindungsorientiert, Kap. 1.4.3.4). Moderne MPLS-Netze (Kap. 3.4) unterstützen sowohl die verbindungsorientierte als auch die verbindungslose Übertragung.

3.1.4 Übertragungsverfahren

Als Übertragungsverfahren werden in Abhängigkeit vom jeweiligen Kommunikationsnetz der **synchrone Transfermodus**, der **Paket-Transfermodus** und der **asynchrone Transfermodus** eingesetzt.

3.1.4.1 Synchroner Transfer-Modus

Beim **Synchronen Transfer-Modus** (**STM**: Synchronous Transfer Mode) wird für die Übertragung von Informationen eine feste Bandbreite in Form von Zeitschlitzen mit fester Bitrate in einem Übertragungsrahmen mit fester Rahmenfrequenz zur Verfügung gestellt. Hierbei wird in einem vermittelnden Netz der Weg zwischen zwei Endgeräten über Leitungen festgelegt, deren Kapazität auch dann belegt ist, wenn die angeschlossenen Endgeräte gerade keine Informationen über die aufgebaute und bestehende Verbindung austauschen. Weil diese Technik eine konstante Bitrate auf der Leitung erfordert, werden in den Pausen zwischen Datenblöcken nutzlose Bits übertragen. Da die Übertragung nutzloser Bits (aus heutiger Sicht) völlig ineffizient ist, verliert dieses Verfahren zunehmend an Bedeutung (Anwendungsbeispiel: ISDN, Bild 3.17).

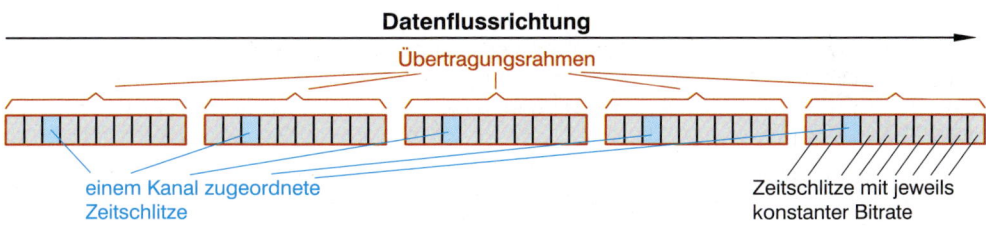

Bild 3.7: Übertragungsprinzip bei STM

Bei STM werden Steuer- und Synchronisationsinformationen jeweils zu Beginn eines Rahmens übertragen.

3.1.4.2 Paket-Transfer-Modus

Beim **Paket Transfer Modus** (**PTM**: Packet Transfer Mode) erfolgt die Übertragung von Nachrichten in Form von Datenpaketen, die aus Steuer- und Nutzinformationen bestehen. Die Menge der Nutzinformationen (Payload) in einem solchen Paket hängt vom erforderlichen Bedarf ab, d. h., die Pakete haben eine *variable* Länge.

Die zur Verfügung stehende Bandbreite einer Anschlussleitung kann gleichzeitig für verschiedene Verbindungen mit unterschiedlichen Datenraten genutzt werden.

Die Pakete werden jeweils in den Netzknoten zwischengespeichert und zum gewünschten Ziel übertragen. Die Zielinformation ist im Steuerkopf (Header) eines jeden Pakets enthalten, abhängig vom verwendeten Protokoll können die Pakete prinzipiell auch auf verschiedenen Wegen den Zielort erreichen. Da die Verbindung nur während der Laufzeit der Pakete besteht, handelt es sich um eine **virtuelle Verbindung** (VC: Virtual Channel). Dieses Verfahren wird beispielsweise innerhalb von Ethernet-Strukturen eingesetzt (Kap. 3.6.3).

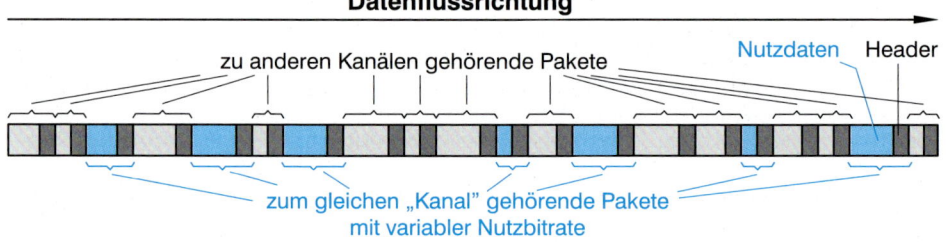

Bild 3.8: Übertragungsprinzip bei PTM

3.1.4.3 Asynchroner Transfer-Modus

Der Asynchrone Transfer–Modus (**ATM**: Asynchronous Transfer Mode) benutzt für die Informationsübertragung ebenfalls Datenpakete, die bedarfsorientiert übertragen werden. Im Unterschied zum PTM-Verfahren haben diese Pakete jedoch eine konstante Länge (53 Byte). Zur Abgrenzung von der PTM-Technik werden diese Pakete als **Zellen** (Cells) bezeichnet. Die Zellen bestehen ebenfalls aus Steuer- und Nutzinformationen und werden in einem Netz während einer bestehenden Verbindung zum gewünschten Ziel übertragen. Hierbei handelt es sich ebenfalls um eine **virtuelle Verbindung**. Dieses Verfahren wird beispielsweise innerhalb von ATM-Netzen eingesetzt (Kap. 3.3).

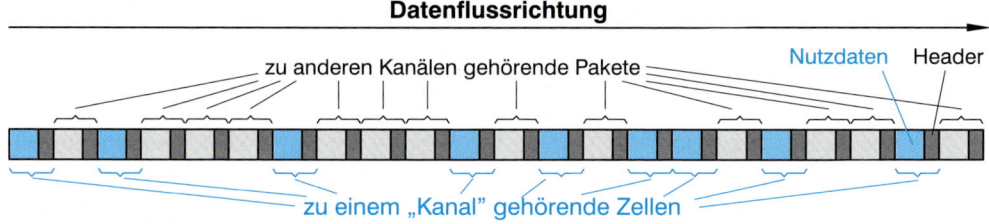

Bild 3.9: Übertragungsprinzip bei ATM

3.1.5 Digitale Hierarchien

Öffentliche Kommunikationsnetze arbeiten weltweit digital. Durch den Einsatz verschiedener Multiplexverfahren (Kap. 4.1.8) wird hierbei eine effektive Ausnutzung vorhandener Übertragungskapazitäten ermöglicht. Die resultierenden Multiplexsignale werden in einer abgestuften Hierarchie mit jeweils festgelegten Bitraten bzw. mit festgelegten Kanalzahlen erzeugt. International haben sich folgende standardisierte Hierarchien etabliert:

- Plesiochrone digitale Hierarchie (**PDH:** **P**lesiochronous **D**igital **H**ierarchy)
- Synchrone digitale Hierarchie (**SDH:** **S**ynchronous **D**igital **H**ierarchy)
- Optische Transport-Hierarchie (**OTH:** **O**ptical **T**ransport **H**ierarchy)

Die jeweils erreichbaren Datenraten werden traditionell meistens mit bedeutungsrichtigem Dezimalpräfix und weniger häufig mit Binärpräfix angegeben (Dezimal- und Binärpräfixe siehe "Einfache IT-Systeme", Kap. 4.3.2).

3.1.5.1   Plesiochrone digitale Hierarchie (PDH)

Die ersten digital arbeitenden Kommunikationsnetze verwendeten (insbesondere) für die Sprachübertragung Kanäle von jeweils 64 kbit/s (Kap. 3.2). Mehrere dieser Datenkanäle wurden dann zu Pulsrahmen bzw. Mehrfachrahmen mit jeweils fest *vorgegebenen Übertragungsraten* zusammengefasst (Kap. 4.1.8.4).

> Die **plesiochrone digitale Hierarchie** weist eine Multiplexstruktur auf, die auf Übertragungsraten mit ganzzahligen Vielfachen von 64 kbit/s aufbauen.

Weltweit existieren verschiedene Spezifikationen der PDH. Bei der europäischen Spezifikation sind insgesamt fünf verschiedene Multiplexebenen definiert.

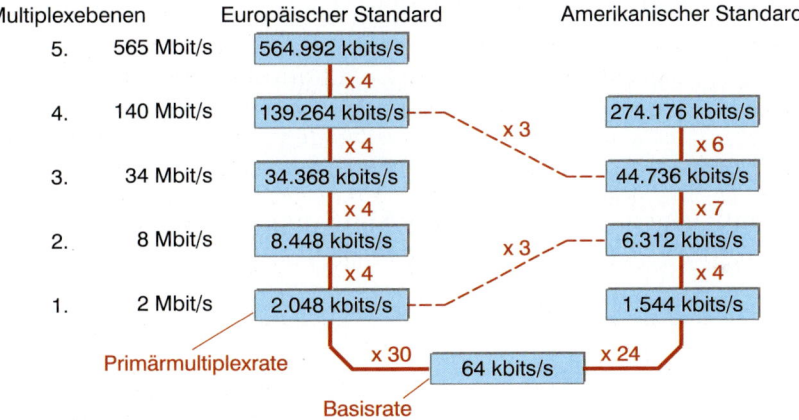

Bild 3.10: Multiplexebenen der PDH

Bei der PDH werden die einzelnen Kanäle senderseitig zu Systemen mit einer immer höheren, fest vorgegebenen Kanalzahl zusammengefasst. Auf der Empfängerseite müssen dann dieselben Hierarchiestufen vollständig in umgekehrter Reihenfolge durchlaufen werden, um die einzelnen Kanäle wieder verteilen zu können. Diese Struktur ist nur wenig flexibel, da durch die starre Hierarchie stets Bündel mit bestimmten Kanalzahlen mit jeweils fester Bandbreite gebildet werden müssen. Die PDH erlaubt es nicht, einen Kanal von 64 kbit/s beispielsweise aus einem 565-Mbit/s-Datenstrom direkt zu entnehmen.

Um einen Datentransport auf den einzelnen Multiplexebenen ohne Bitverluste zu gewährleisten, müssen wegen den entfernungsabhängigen Signallaufzeiten und den technisch bedingten Gleichlaufschwankungen der Taktgeneratoren zusätzliche „Stopfbits" eingefügt werden (daher die Bezeichnung „plesiochron", d.h. „nahezu zeitlich synchron").

Hierdurch reduziert sich die übertragbare Nutzbitrate (Anmerkung: Die in Bild 3.10 angegebenen roten Multiplikatoren ergeben dadurch rein rechnerisch nicht die in kbit/s angegebenen Übertragungsraten der jeweiligen Multiplexebenen.).

> Das Einfügen von zusätzlichen Bits in den Datenstrom zur Erzeugung von Synchronität zwischen den einzelnen Multiplexebenen wird als **Stopfverfahren** bezeichnet.

Damit ist die PDH den Ansprüchen nach einem flexiblen Management vorhandener Übertragungsressourcen nicht mehr gewachsen und ist in den meisten Bereichen von den Strukturen der sogenannten synchronen digitalen Hierarchie abgelöst worden.

3.1.5.2 Synchrone digitale Hierarchie (SDH)

Die synchrone digitale Hierarchie ist eine wirtschaftliche Übertragungstechnik, mit der ein weltweit einheitliches Übertragungsnetz realisiert werden kann. Sie leitet sich von dem Ende der 80er-Jahre in Amerika entwickelten **SONET**-Konzept (**S**ynchronous **O**ptical **Net**work) ab, bei dessen Spezifikation insbesondere die digitale Übertragung über optische Medien zugrunde gelegt wurde. Die Übertragung von Nutzdaten zwischen den einzelnen Netzknoten erfolgt bei SDH nicht mehr in einer Rahmenstruktur mit einer fest vorgegebenen Anzahl von Kanälen, die jeweils eine konstante Bitrate aufweisen müssen, sondern in sogenannten **synchronen Transportmodulen** (**STM**: **S**ynchronous **T**ransport **M**odule).

> Unter einem **Transportmodul** versteht man einen Multiplexrahmen der SDH, in dem Nutzdaten von mehreren Kanälen, die auch unterschiedliche Datenraten aufweisen können, übertragen werden.

Das kleinste Transportmodul mit der Bezeichnung **STM-1** ist ein Multiplexrahmen, der folgende vereinfacht dargestellte Strukturen aufweisen kann.

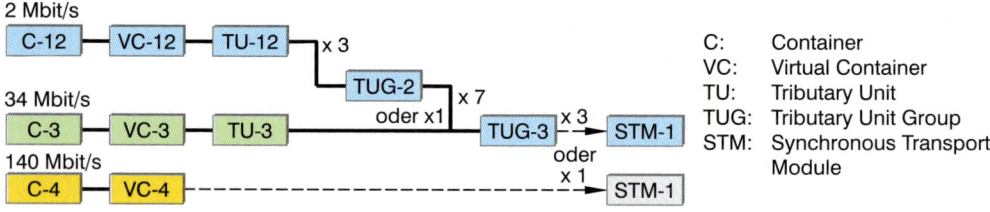

Bild 3.11: Strukturen von Transportmodulen (Auszug)

Die eigentliche Transportkapazität in einem STM-1-Rahmen ist der „**Container**", der – je nach Größe – Systeme unterschiedlicher Bitraten transportieren kann (C-12, C-3, C-4). Jedem Container wird ein „**Path Overhead**" (POH) zugeordnet, der Informationen über die Struktur des zu transportierenden Containers sowie zusätzliche Steuerinformationen enthält. Beides zusammen bildet einen „**virtuellen Container**" (VC). Diese virtuellen Container lassen sich zu weiteren Einheiten zusammenfassen, die als **Tributary Unit (TU)** bzw. als **Tributary Unit Group (TUG)** bezeichnet werden. Hierbei handelt es sich – vereinfacht beschrieben – um logische Strukturen, die aus den VC und zusätzlichen Informationen bestehen, die sich teilweise im Kopffeld eines STM-1-Rahmens befinden (z. B. SOH:

Sector Overhead, Pointer, siehe Bild 3.12 dunkel blaue und rote Bereiche). Diese logischen Strukturen sind für das System erforderlich, um einzelne Informationsströme im Gesamtdatenstrom identifizieren zu können.

Die Ziffern hinter den Bezeichnungen kennzeichnen den europäischen ETSI-Standard, der sich teilweise bezüglich der transportierten Bitraten innerhalb der vorgestellten Strukturen vom amerikanischen Standard (SONET) unterscheidet. Die beiden Standards sind kompatibel zueinander.

Betrachtet man den Aufbau eines STM-1-Rahmens genauer, so erkennt man folgende Strukturen. Jeder STM-1-Rahmen besteht aus einer Matrix aus 9 Zeilen mit jeweils 270 Bytes. In jeder Reihe befinden sich jeweils 9 Bytes für das Kopffeld (Overhead) und 261 Bytes für das Nutzfeld (Payload). Die STM-1-Rahmen werden alle 125 µs mit einer Bruttodatenrate von maximal 155,52 Mbit/s übertragen. In Abhängigkeit von der Struktur und der Übertragungsrate der zu transportierenden Informationen ist das Nutzfeld unterschiedlich aufgebaut.

Wie in Bild 3.12 dargestellt, bildet beispielsweise ein 2-Mbit/s-System einen C-12-Container, der zusammen mit dem zugehörigen POH einen VC-12 ergibt. In Verbindung mit den zugehörigen Informationen im Kopffeld des STM-1-Rahmens ergibt sich als logische Einheit eine TU-12. Drei TU-12 bilden den Inhalt einer TUG-2. Sieben TUG-2 bilden wiederum einen TUG-3. Drei TUG-3 werden schließlich als Payload innerhalb eines STM-1-Rahmens transportiert.

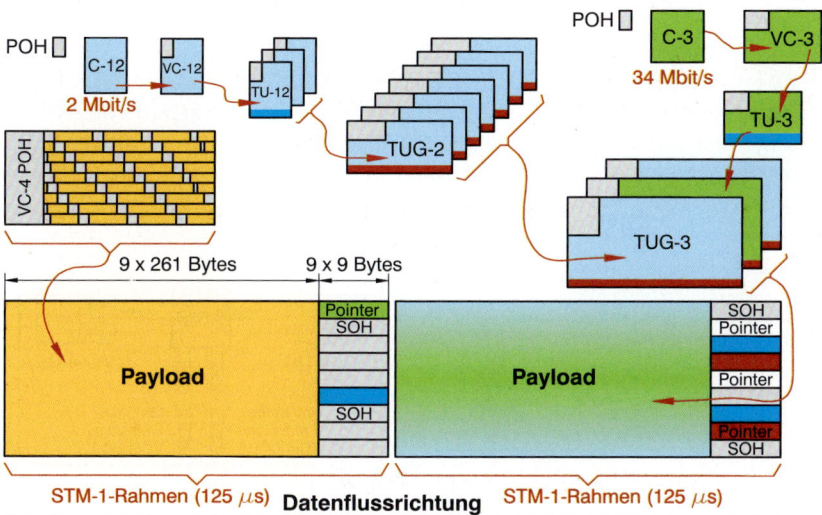

Bild 3.12: Möglicher Aufbau von STM-Rahmen (vereinfachte Darstellung)

Im folgenden Rahmen befindet sich dann beispielsweise ein VC-4 mit ATM-Zellen (ATM vgl. Kap. 3.3). Die einzelnen Rahmen werden seriell übertragen. Welche Bitraten die zu übertragenden Systeme im Nutzfeld haben und wie sie strukturiert sind, ist ebenfalls im Kopffeld des jeweiligen Rahmens festgehalten. Der Beginn eines Informationsstroms im Nutzfeld wird jeweils über die „Pointer" gekennzeichnet.

Durch diese Strukturen können in aufeinanderfolgenden STM-1-Rahmen sowohl mehrere 2,048-Mbit/s-Systeme, mehrere 34-Mbit/s-Systeme oder auch eine kontinuierliche Folge von ATM-Zellen transportiert werden.

Aufgrund der Kennzeichnung jeder einzelnen Transportgruppe und jedes Containers sind diese jederzeit identifizierbar und können in unterschiedlicher Zusammenstellung durch das Netz geleitet werden.

Aus dem STM-1-Rahmen leiten sich die höheren Hierarchieebenen der SDH ab (ITU-Spezifikation G.707).

International gibt es auch Transportmodule anderer Größen, bis hin zum STM-1024-Rahmen. Gegenüber SDH mit der Basisdatenrate um 155,52 Mbit/s, baut das amerikani-

Multiplexebenen	Europäischer Standard	
5.	39.813,12 Mbit/s	STM-256
	x 4	
4.	9.953,28 Mbit/s	STM-64
	x 4	
3.	2.488,32 Mbit/s	STM-16
	x 4	
2.	622,08 Mbit/s	STM-4
	x 4	
1.	155,52 Mbit/s	STM-1

Bild 3.13: Hierachieebene der SDH (europäische Norm)

sche SONET-Konzept auf ganzzahligen Vielfachen der Datenrate von 51,48 Mbit/s auf. Diese Datenrate wird als **Optical Carrier (OC)** bezeichnet. OC-3 (3x 51,48 Mbit/s = 155,52 Mbit/s) entspricht dann der Datenrate eines STM-1-Rahmens. Während sich STM-1-Rahmen über elektrische und optische Schnittstellen übertragen lassen, können alle höherwertigeren Rahmenstrukturen nur über optische Schnittstellen angekoppelt werden. Insgesamt sind alle SDH-Rahmen auf höchste Dienstgüte und Dienstverfügbarkeit ausgelegt. Im Fall einer Störung auf dem Übertragungsweg erfolgt automatisch die Umschaltung auf Ersatzwege.

> Die SDH-Technologie ermöglicht den direkten Zugriff auf Signale unterschiedlicher Bandbreite innerhalb eines hochkanaligen Systems, ohne die gesamte Multiplex-Hierarchie durchlaufen zu müssen. Mittels sogenannter **Add/Drop-M**ultiplexer (**ADM**) können Nutzinformationen bis zur Containerebene herunter aus jeder Multiplexebene direkt hinzugefügt (add) oder entnommen (drop) werden.

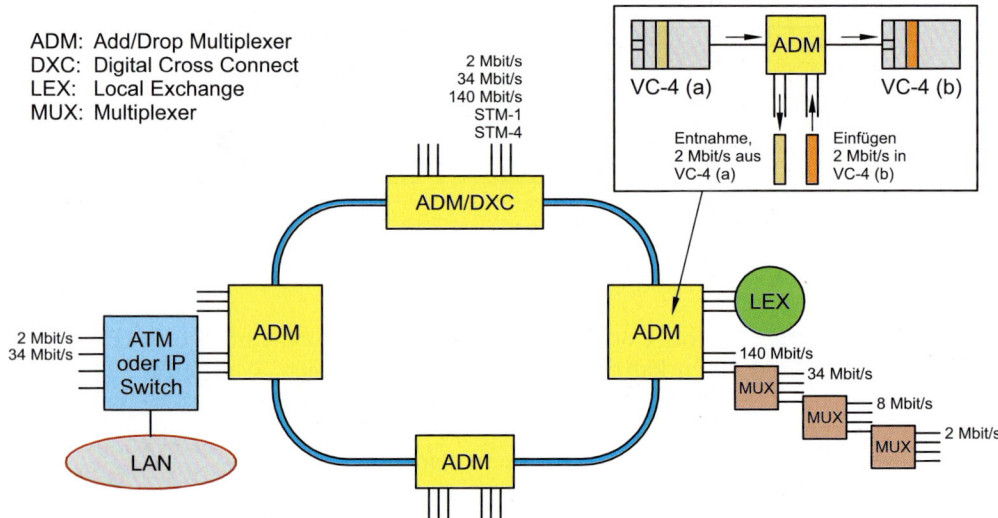

Bild 3.14: Prinzipielle SDH-Netzstruktur mit Add/Drop-Multiplexer

Bei der Entwicklung der SDH stand ursprünglich die problemlose Implementierung bestehender PDH-Netze im Vordergrund. Hieraus resultierte unter anderem die 125 µs Taktung bei der Übertragung und die den Multiplexebenen der PDH entsprechenden Größen der Container (z. B. C12: 2 Mbit/s; C3: 34 Mbit/s; C4: 140 Mbit/s).

Die Implementierung der heute üblichen höheren Datenströme anderer Standards ergaben allerdings Probleme bei der effizienten Nutzung der bereitgestellten Übertragungskapazität. So ist etwa bei einer 100-Mbit/s-Ethernet-Übertragungsrate (Ethernet, Kap. 3.6.3) innerhalb der SDH ein STM-1-Rahmen mit 155,52 Mbit/s erforderlich. Hierbei bleibt zunächst aber etwa ein Drittel des Rahmens ungenutzt. Um einen so gefüllten Rahmen mit PDH- oder anderen sehr großen Datenströmen effizient zu kombinieren, mussten zusätzliche Protokollstrukturen entwickelt werden. Die SDH-Hierarchie mit diesen Protokollerweiterungen gemäß ITU-Spezifikation G.707 bezeichnet man als **Next Generation-SDH** (NG-SDH).

3.1.5.3 Optische Transport-Hierarchie (OTH)

Die optische Transport-Hierarchie kann prinzipiell als eigenständige Weiterentwicklung der SDH mit anderen Spezifikationen angesehen werden. Während die ursprüngliche Entwicklung der SDH geprägt war von der Abwärtskompatibilität zur PDH mit ihren vergleichsweise geringen Datenraten, steht bei der OTH die effiziente Einbindung von Datenströmen anderer hochbitratiger Netzstrukturen im Vordergrund (z. B. Gigabit-Ethernet, Fiber-Channel). Die Übertragung dieser hohen Datenraten erfordert einen zusätzlichen Aufwand an Fehlerkorrekturverfahren sowie andere Multiplextechniken, die in der ITU-Spezifikation G.709 (ITU: International Telecommunication Union) standardisiert sind. Wegen dieser Unterschiede werden trotz ähnlicher Rahmenstrukturen und identischer Übertragungsmedien (Glasfaser) bei der OTH zur Abgrenzung gegenüber der SDH andere Bezeichnungen für die Transportrahmen verwendet (Bild 3.15).

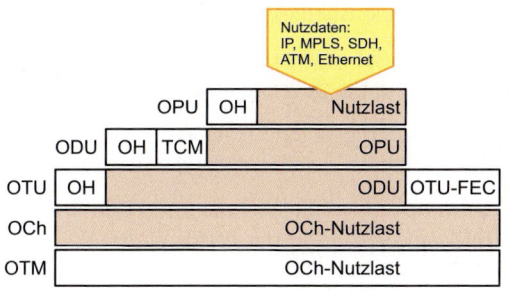

FEC:	Forward Error Correction
OCh:	Optical Channel
ODU:	Optical Data Unit
OH:	Overhead
OPU:	Optical Payload Unit
OTM:	Optical Transport Module
OTU:	Optical Transport Unit
TCM:	Tandem Connection Monitoring

Bild 3.15: Prinzipieller Aufbau eines OTH-Transportrahmens

Der Transport von Datenströmen erfolgt bei der OTH in sogenannten Optischen Payload Units (**OPU**), die funktional den virtuellen Containern der SDH-Technologie entsprechen. In den **Optical Data Units** (**ODU**) und den **Optical Transport Units** (**OTU**) werden die OPUs mit zusätzlichen Headern und Fehlerkorrekturinformationen versehen und als sogenannter Optischer Channel (**OCh**) in Datenrahmen übertragen, die als **Optical Transport Module** (**OTM**) bezeichnet werden.

Gemäß ITU-Standard G.709 sind hierbei die folgenden Übertragungsraten definiert:

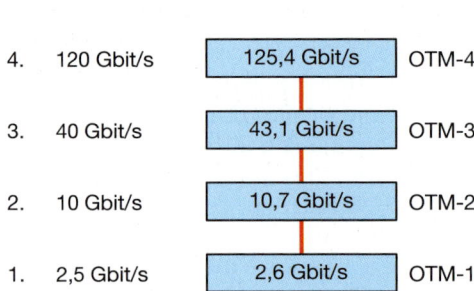

Netzebenen		ITU-Standard	
4.	120 Gbit/s	125,4 Gbit/s	OTM-4
3.	40 Gbit/s	43,1 Gbit/s	OTM-3
2.	10 Gbit/s	10,7 Gbit/s	OTM-2
1.	2,5 Gbit/s	2,6 Gbit/s	OTM-1

Bild 3.16: Optische Transportmodule gemäß ITU-Standard (Werte gerundet)

Bei Datenraten oberhalb von 40 Gbit/s kommt die spezielle Modulationsart **RZ-DQPSK** (**R**eturn to **Z**ero **D**ifferential **Q**uadrature **P**hase **S**hift **K**eying, Kap. 4.1.5) zum Einsatz. In Kombination mit dem optischen Wellenlängenmultiplex **DWDM** (**D**ense **W**avelength **D**ivision **M**ultiplex, Kap. 4.1.8.3) lassen sich über einen Lichtwellenleiter mehrere Terabit/s (Tbit/s) übertragen.

AUFGABEN

1. Welche Unterschiede bestehen zwischen einem öffentlichen und einem nicht öffentlichen Kommunikationsnetz?

2. Beschreiben Sie den Aufbau und die Struktur von Weitbereichsnetzen.

3. Welcher Unterschied besteht zwischen einem Zugangsnetzknoten und einem Durchgangsnetzknoten?

4. Welche unterschiedlichen Arten von Verbindungswegen werden in der Praxis zur Kommunikation zwischen den Netzknoten eines Weitbereichsnetzes eingesetzt?

5. Im Bereich der technischen Kommunikation verwendet man auch die Begriffe „Quelle" und „Senke". Erläutern Sie in diesem Zusammenhang die jeweilige Bedeutung.

6. Welcher Unterschied besteht zwischen einer verbindungslosen und einer verbindungsorientierten Datenübertragung. Nennen Sie für beide Verfahren jeweils ein Anwendungsbeispiel.

7. Was versteht man im Zusammenhang mit der Kommunikationstechnik unter dem Begriff der „Vermittlung"? Welche Arten von Vermittlung werden in der Praxis eingesetzt und wie unterscheiden sie sich?

8. Wie unterscheiden sich grundsätzlich die in Kommunikationsnetzen eingesetzten Übertragungsverfahren STM, PTM und ATM voneinander? Nennen Sie jeweils ein Anwendungsbeispiel.

9. Ein Kunde möchte sich allgemein über Anforderungen an Kommunikationsnetze und die in öffentlichen Netzen eingesetzten digitalen Hierarchien informieren. Welche Informationen können Sie ihm geben? Bereiten Sie hierzu gegebenenfalls eine kleine Präsentation vor, bei der Sie erlernte Präsentationstechniken einsetzen.

10. Wozu benötigt man im Zusammenhang mit der SDH-Multiplextechnik einen sogenannten ADM? Erläutern Sie die Bezeichnung und die Funktion.

3.2   Next Generation Network (NGN)

Bei der Entwicklung technischer Kommunikationsnetze entstanden zunächst für *jede* Art von Dienst eigenständige, voneinander *unabhängig* arbeitende Netze und Spezifikationen (z. B. Telefonnetze, Datennetze). Der Einsatz neu entwickelter Technologien führte im Laufe der Zeit aber auch dazu, dass für das *gleiche* Dienstangebot *verschiedene* Infrastrukturen zur Verfügung standen (z. B. bei der Sprachkommunikation: klassische Festnetz-, Mobilfunk- und Internettelefonie). Aus heutiger Sicht verursachen beide Entwicklungen wegen der Bereitstellung der hierfür jeweils erforderlichen unterschiedlichen technischen Einrichtungen erhebliche Mehrkosten für die Netzanbieter. Um diese Kosten einzusparen, verfolgen die Netzanbieter seit geraumer Zeit das Ziel, insbesondere im Backbone-Bereich eine einzige, effiziente und wirtschaftliche Übertragungstechnik für sämtliche Dienste einzusetzen. Dies führt gegenwärtig zum Aufbau des sogenannten Next Generation Networks.

Next Generation Network (NGN) ist die (Marketing-)Bezeichnung für ein universelles und wirtschaftliches Telekommunikationsnetz, welches als Nachfolger der vorhandenen *leitungsvermittelnden* Netze angesehen werden kann. Das NGN führt Echtzeitkommunikationen (z. B. Sprach-, Daten-, Video-, Mobilfunkanwendungen) und Multimediaanwendungen (z. B. TV on Demand) unterschiedlicher Bandbreiten auf einer gemeinsamen *paketorientierten* Transportplattform zusammen und bildet so ein zu bestehenden Technologien kompatibles konvergentes Netz. Das Switching und Routing übernimmt ein TCP/IP- bzw. MPLS-Backbone-Netz (Kap. 3.4), das auch Verkehrsströme mit unterschiedlichen QoS-Anforderungen unterstützt.

Alternativ findet man auch die Bezeichnung **N**ext **G**eneration **A**ccess **N**etwork (**NGA**-Netz).

Die Internationale Fernmeldeunion (ITU) definiert das NGN folgendermaßen (ITU-T-Standard Y.2001):

A Next Generation Network (NGN) is a packet-based network able to provide telecommunication services and able to make use of multiple broadband, QoS-enabled transport technologies and in which service-related functions are independent from underlying transport-related technologies. It enables unfettered access for users to networks and to competing service providers and/or services of their choice. It supports generalized mobility which will allow consistent and ubiquitous provision of services to users.

[...]

The NGN can be further defined by the following fundamental characteristics:

- packet-based transfer;
- separation of control functions among bearer capabilities, call/session, and application/service;
- decoupling of service provision from transport, and provision of open interfaces;
- support for a wide range of services, applications and mechanisms based on service building blocks (including real time/streaming/non-real time and multimedia services);
- broadband capabilities with end-to-end QoS (Quality of Service);
- interworking with legacy networks via open interfaces;
- generalized mobility [...];

3

- unrestricted access by users to different service providers;

- a variety of identification schemes;

- unified service characteristics for the same service as perceived by the user;

- converged services between fixed/mobile;

- independence of service-related functions from underlying transport technologies;

- support of multiple last mile technologies;

- compliant with all regulatory requirements, for example concerning emergency communications, security, privacy, lawful interception, etc.

International Telecommunication Union (ITU)/ITU-T (Telecommunication Standardization Sector of ITU): Series Y: Global Information Infrastructure, Internet Protocol Aspects and Next Generation Networks; Next Generation Networks – Frameworks and functional architecture models, Y.2001 (12/2004), veröff. am 17.12.2004 unter https://www.itu.int/rec/T-REC-Y.2001-200412-I/en, S. 2–3 [31.05.2018]

Das NGN-Konzept sieht nicht vor, im *Zugangsbereich* aktuell vorhandene Netzstrukturen und Spezifikationen zu ersetzen, sondern diese zu implementieren (z. B. GSM, UMTS, LTE, Bild 3.23). Außerdem werden – insbesondere bei Privatkunden – auch viele noch aus dem analogen Telefonnetz (POTS) und dem ISDN stammende Strukturen unverändert übernommen bzw. bei Bedarf nur technisch angepasst. Hierzu gehören insbesondere:

Netzbezeichnung	Ursprüngliche Merkmale und Strukturen	Übernahme ins NGN
POTS **P**lain **O**ld **T**elephone **S**ervice („einfacher alter Telefondienst", internationale Bezeichnung für das klassische, *analoge* Telefonnetz)	– Jeder Teilnehmer (Tln.) ist über eine elektrische, zweiadrige Anschlussleitung (Leitungslänge $\leq$ 6 km; Alternativbezeichnungen: **a/b-Ader**, CuDA, d. h. Kupferdoppelader) mit einer Vermittlungsstelle (oder Vorfeldeinrichtung, Kap. 3.1) verbunden; hierüber ist ursprünglich nur *eine einzige* bidirektionale Sprechverbindung im Vollduplex möglich (Richtungstrennung mittels Gabelschaltung; Kap. 4.1.7.4).	Die elektrische, zweiadrige Anschlussleitung des Analognetzes wird weiterhin verwendet, per Multiplex (Kap. 4.1.7) jedoch *mehrfach* ausgenutzt.
	– Die **V**ermittlungs**st**ellen (VSt.) bilden ein Maschennetz (Kap. 1.2.3); im gesamten Netz werden die elektrischen Signale *wert-* und *zeitkontinuierlich* übertragen („Sprechwechselspannung"; „Einfache IT-Systeme", Kap. 4.1.2).	Die Informationen werden zwischen den vermaschten Netzknoten *wert-* und *zeitdiskret* per Lichtwellenleiter (LWL, Kap. 4.2.2) übertragen.
	– Jeder Teilnehmer erhält in der Regel eine einzige Rufnummer. Durch Eingabe dieser Rufnummer kann der jeweils gewünschte Gesprächsteilnehmer angewählt werden („Selbstwähleinrichtung"), zu dem dann die Sprechverbindung *verbindungsorientiert* und *leitungsvermittelnd* aufgebaut wird (Kap. 3.1.2 und 3.1.3).	Die Rufnummernwahl wird beibehalten, pro Tln. werden 3–10 Rufnummern (vgl. ISDN) vergeben. Die Sprechverbindung wird *paketvermittelnd* aufgebaut.

Netzbezeichnung	Ursprüngliche Merkmale und Strukturen	Übernahme ins NGN
	– Die Netzstruktur ist hierarchisch unterteilt in die **Ortsebene** mit den voneinander unabhängigen Ortsnetzen, die **Fernebene**, über die Ortsnetze miteinander verbunden sind, und die **internationale Ebene** für weltweite Verbindungen.	Das IP-Routing erfordert keine hierarchische Struktur mehr.
	– Innerhalb eines Ortsnetzes ist jeder Teilnehmer durch alleinige Eingabe der ihm zugewiesenen Rufnummer erreichbar (z.B. 1234567). Die Rufnummern von Teilnehmern an derselben VSt. beginnen stets mit der gleichen Ziffernfolge (z.B. 1234567 und 1231654). Für den Verbindungsaufbau zu einem Teilnehmer eines anderen Ortsnetzes muss der Teilnehmer-Rufnummer eine Null *und* die entsprechende **Ortsnetzkennzahl** (ONKZ) vorangestellt werden (z.B. 0241-1234567). Eine internationale Rufnummer besteht aus zwei Nullen, gefolgt von der **Länderkennzahl** (LKZ), der Ortsnetzkennzahl und der Teilnehmer-Rufnummer (Bestandteile und Ziffernzahl sind festgelegt in der ITU-Richtlinie **E.164**; z.B. 0049 241-1234567).	Das bestehende Rufnummernsystem bleibt erhalten (wird netzintern aber gegebenenfalls in IP-Adressen umgewandelt, Kap. 3.8.4). Rufnummern von Teilnehmern an demselben Netzknoten müssen aber nicht mehr zwangsläufig mit der gleichen Ziffernfolge beginnen.
ISDN **I**ntegrated **S**ervices **D**igital **N**etwork („Dienste-integrierendes digitales Netzwerk", internationaler Standard für ein *digital* arbeitendes Kommunikationsnetz, welches *erstmalig* die Übertragung unterschiedlicher Kommunikationsdienste – z.B. Sprache, Bilder, Daten – über ein einziges gemeinsames Netz ermöglicht) Allgemein auch: **PSTN: P**ublic **S**witched **T**elephone **N**etwork	– Ein Teilnehmeranschluss besitzt eine *fest vorgegebene* Kanalstruktur, bei der digitale Nutzkanäle (**B**-Kanäle, **B**earer Channels) mit einer garantierten Übertragungsrate von jeweils 64 kbit/s zur Verfügung gestellt werden; zusätzlich ist ein Steuerkanal (**D**-Kanal, **D**ata-Channel) erforderlich. Die **B**-Kanäle können gleichzeitig und unabhängig voneinander oder gebündelt zur Übertragung genutzt werden. Jeder Teilnehmer erhält 3, auf Antrag bis zu 10 Rufnummern, die er seinen angeschlossenen Geräten beliebig zuordnen kann.	Es besteht keine feste Kanalstruktur mehr, Übertragungskapazität wird *bedarfsorientiert* (gegebenenfalls mit Priorisierung von Sprachdaten) zugeordnet; die Basisdatenrate für Sprache beträgt weiterhin 64 kbit/s (Bild 3.20).
	– Beim sogenannten **Basisanschluss** erhält der Teilnehmer über *eine* Kupferdoppelader zwei B-Kanäle (2 x 64 kbit/s) und einen D-Kanal (16 kbit/s). Der sogenannte **Primärmultiplexanschluss** stellt (über *zwei* Kupferdoppeladern) 30 B-Kanäle (30 x 64 kbit/s) zur Verfügung, zusätzlich sind ein D-Kanal sowie ein Synchronisationskanal erforderlich (jeweils mit 64 kbit/s).	Es werden grundsätzlich zwei IP-Sprachkanäle zur Verfügung gestellt, gegebenenfalls auch mehr, zusätzlich ein Internetzugang (Datenrate abhängig vom Tarif und der Übertragungskapazität der Anschlussleitung).

3

Netzbezeichnung	Ursprüngliche Merkmale und Strukturen	Übernahme ins NGN
	– Die digitalen Vermittlungsstellen (DIV) sind untereinander mittels Cu-Leiter oder LWL vermascht; es werden STM-Übertragungsrahmen (Synchroner Transfer-Modus, Kap. 3.1.4.1) zur *verbindungsorientierten* Übertragung mit garantiertem QoS (Quality of Service) verwendet.	Die Übertragung erfolgt *paketorientiert* zwischen den Netzknoten (IP-Pakete, protokollabhängig *verbindungsorientiert* oder *verbindungslos*), QoS besteht, kann aber nicht immer garantiert werden.
	– Die hierarchische Ebenenstruktur des Analognetzes wird beibehalten; die 64 kbit/s-Kanäle werden zu höherwertigeren Systemen durch Einsatz der PDH-Multiplextechnik (Kap. 3.1.5.1) zusammengefasst.	Die PDH- wird durch die SDH- und OTH-Multiplextechnik ersetzt (Kap. 3.1.5.2 ff.).

Bild 3.17: Merkmale von POTS und ISDN sowie deren Übernahme ins NGN

Die derzeit (auch noch in vielen Firmennetzen) verfügbare ISDN-Technik wird in den öffentlichen Weitbereichsnetzen voraussichtlich bis zum Jahresende 2018 vollständig durch IP-Technik ersetzt werden. Daher wird diese Technologie ausführlich nur noch in den Zusatzmaterialien (siehe BuchPlusWeb) erörtert.

Bild 3.18 visualisiert die verschiedenen derzeitigen Anschluss-Szenarien im NGN für Teilnehmer der DTAG.

Die klassische, aus dem Analognetz stammende Anschaltung erfolgt – vom Netzknoten ausgehend – mit einem mehrpaarigen Kupferkabel, welches über den HVT (Hauptverteiler) bis zu einem KVZ (Kabelverzweiger; ursprünglich passive, am Straßenrand platzierte Verteilerkästen; sog. Vorfeldeinrichtung) geführt wird. Vom KVZ bis zum APL (Abschlusspunkt Linientechnik; Verteildose, meist im Hausanschlussraum des Teilnehmers platziert) sind vierpaarige (Sternvierer, Kap. 4.1.1.3) oder mehrpaarige Kupferdoppeladern verlegt. Diese Anschlussart wird im NGN bei Bestandskunden auch zukünftig unterstützt, sofern es sich um einen reinen *analogen* Telefonanschluss handelt („Single-Play", d. h. ohne DSL; Kap. 3.8). Im 1. Netzknoten (oder einer entsprechenden Vorfeldeinrichtung) existieren spezielle POTS-Anschlussports, welche die analogen Sprachsignale digitalisieren und dann jeweils in IP-Pakete (und umgekehrt) umsetzen. Für Neuanschlüsse wird diese Anschlusstechnik aber nicht mehr verwendet.

Im Zuge des kontinuierlich fortschreitenden breitbandigen (DSL-)Netzausbaus (Kap. 3.8) im Anschlussbereich des NGNs werden die bestehenden KVZs zunehmend erweitert (oder ersetzt) und mit aktiven, elektronischen Komponenten ausgestattet (z. B. Linecards, Outdoor-DSLAMs; Kap. 3.8.1.1). Die ehemaligen KVZs werden wegen ihrer Mehrfachfunktion dann MFG (Multifunktionsgehäuse) genannt. Die Verbindung zwischen der hierbei im Netzknoten befindlichen ONU (Optical Line Unit; zur elektrisch-optischen Signalumsetzung) und dem Outdoor-DSLAM erfolgt über eine Glasfaserleitung (LWL; Kap. 4.2.2) und wird erst im kundennah platzierten MFG wieder auf Kupferleitungen umgesetzt. Der Teilnehmer erhält hierbei einen sogenannten All-IP-Anschluss.

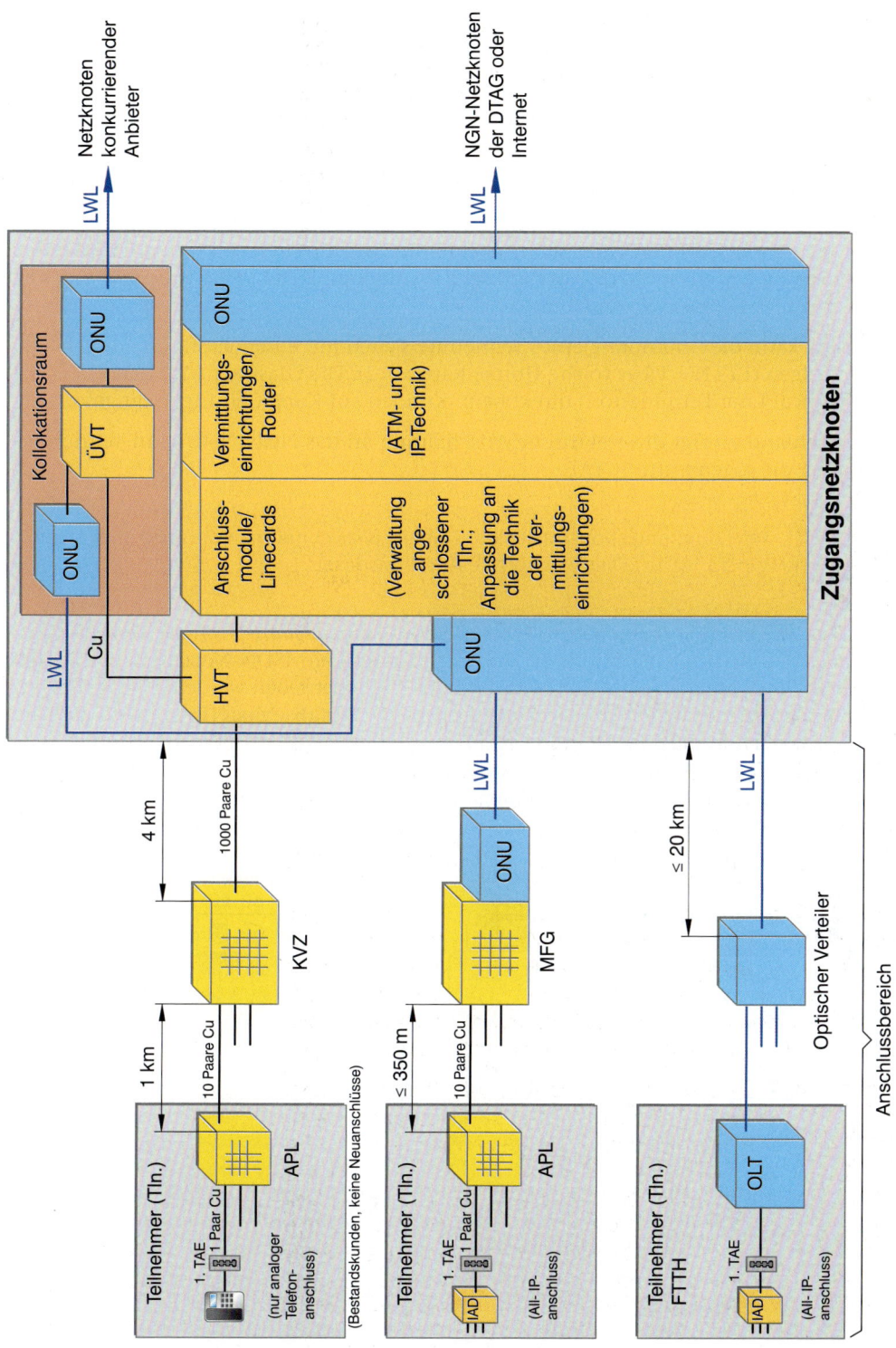

Bild 3.18: Teilnehmer-Anschlussvarianten im NGN (Grundprinzipien bei Festnetzanschluss; HVT: Hauptverteiler, ÜVT: Übergabeverteiler)

> Der Begriff **All-IP** bezeichnet die vereinheitlichende Umstellung von den bisher in Kommunikationsnetzen eingesetzten unterschiedlichen Übertragungstechniken auf die Basis des Internet-Protokolls **(IP)** und damit auf die Paketvermittlung.

Das beim Teilnehmer installierte **IAD** (Integrated Access Device; Kap. 3.8.1.1) dient bei NGN-Anschlüssen als Netzabschluss und fungiert gleichzeitig als Media Gateway (Kap. 3.2.4). Meist wird es in Kombination mit integriertem DSL-Modem, LAN-/WLAN-Routerfunktionen sowie erforderlichen Schnittstellen für den internen Anschluss von Geräten zur Verfügung gestellt (je nach Ausstattung z. B. Analog-, ISDN-, DECT- oder IP-Telefon; IPTV-fähige AV-Geräte).

Alternativ kann die Anbindung eines Teilnehmers auch mit einer Glasfaserleitung bis ins Haus erfolgen (**FTTH** = Fiber to the Home; Kap. 3.7.2). Die Glasfaser wird dann über das **OLT** (Optical Line Termination) direkt beim Kunden auf Kupferleitungen umgesetzt.

In Deutschland erfolgt die elektrische Anschaltung an das NGN-Netz beim Teilnehmer meist über die sogenannte 1. TAE.

> Als **1. TAE** (1. **T**elekommunikations-**A**nschluss-**E**inheit) bezeichnet man die erste vom Netzbetreiber beim Teilnehmer installierte genormte Anschlussdose.

An dieser universell verwendbaren Anschlussdose kann *abhängig von der Verwaltung im Netzknoten* ein Analogtelefon, (bis ca. Ende 2018 noch) ein ISDN-Netzabschluss (NTBA, siehe BuchPlusWeb) oder ein All-IP-Netzabschluss (IAD) betrieben werden. Nur in dieser 1. TAE befindet sich zusätzlich ein sogenannter **p**assiver **P**rüf**a**bschluss (PPA), bestehend aus einem Widerstand und einer Diode. Hiermit ist es möglich, die elektrischen Eigenschaften der Anschlussleitung vom Netzknoten aus messtechnisch zu überprüfen, ohne dass der Endteilnehmer Geräte angeschlossen hat.

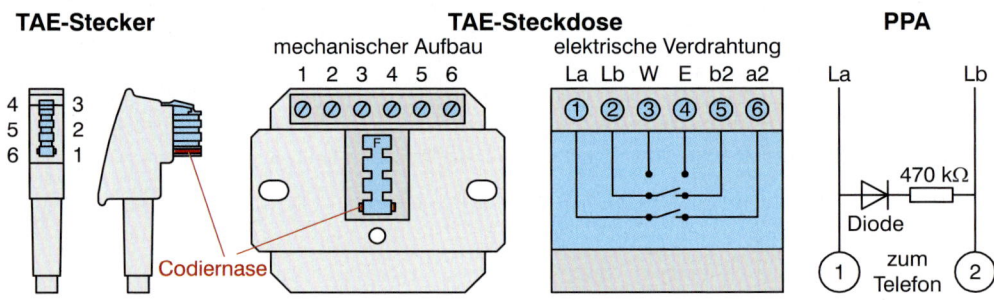

Bild 3.19: F-codierter TAE-Stecker und TAE-Steckdose mit passivem Prüfabschluss

TAE-Stecker und -Dosen verfügen jeweils über sechs elektrische Kontakte, die zweiadrige Anschlussleitung liegt stets auf den Kontakten 1 und 2 (an der Dose auch mit „La" und „Lb" bezeichnet). Möchte man an anderer Stelle eine zusätzliche TAE-Dose platzieren, so darf die Anschlussleitung zu dieser TAE nur an die Klemmen 5 und 6 der 1. TAE angeschlossen werden, sodass die Dosen in Reihe zueinander liegen (Reihenschaltung siehe „Einfache IT-Systeme", Kap. 5.2.1). Hierbei bewirkt der mechanische Aufbau des TAE-Stecksystems, dass stets nur eine einzige Dose aktiv genutzt werden kann, da das Einführen eines Steckers in eine Dose die intern vorhandenen Kontakte öffnet, sodass nachgeschaltete Dosen automatisch vom Netz getrennt werden. Die mit „W" und „E" bezeichneten Anschlüsse werden heute nicht mehr benutzt.

Das TAE-Stecksystem verfügt zusätzlich noch über eine aus dem Analognetz stammende mechanische Codiernase (in Bild 3.19 rot markiert). Hiermit wurde im Analognetz zwischen dem Anschluss von Fernsprechapparaten („**F-Codierung**") und Nicht-Fernsprechapparaten („**N-Codierung**", Codiernase bei Kontakten 3 und 4; z. B. bei Anrufbeantworter und Fax) unterschieden, die an einer 1. TAE mit *drei* entsprechenden Anschlussbuchsen gleichzeitig betrieben werden konnten. Viele Bestandskunden verfügen noch über eine solche NFN-codierte 1. TAE (Aufbau siehe BuchPlusWeb). Bei Umwandlung in einen All-IP-Anschluss wird nur noch deren F-Anschluss benötigt.

Der Einsatz der All-IP-Technik besitzt zwar Vorteile für den Netzbetreiber (z. B. Abbau von Anschalttechnik, Einsparung von Wartungs- und Energiekosten), aber auch einige Nachteile für den Kunden:

- Damit man für eingehende Anrufe jederzeit erreichbar ist, muss das IAD permanent online sein. Einige Anbieter bauen hierbei eine für den Anwender unsichtbare separate Verbindung zum Netzknoten auf („PPPoE-Session", Kap. 1.5.6).
- IAD-terminierte NGN-Anschlüsse erhalten keine Stromversorgung vom Netzknoten, wie sie bei den Analog- oder ISDN-Anschlüssen vorzufinden war; die Energiekosten des IADs gehen dadurch stets zulasten des Teilnehmers.
- Bei Stromausfall im Haus des Teilnehmers funktioniert der NGN-Anschluss nicht mehr, da dann auch der IAD stromlos ist.
- Aufgrund der fehlenden Stromversorgung durch den Netzknoten ist ein NGN-Anschluss über ein IAD auch nur bedingt für Hausnotrufe oder ähnliche Dienste geeignet, die stets eine garantiert *ununterbrochene* Verfügbarkeit voraussetzen. Hier ist dann zusätzlich eine hausinterne Notstromspeisung erforderlich.
- Die Sprachkommunikation mittels der insbesondere bei Firmen noch verbreiteten ISDN-Technik ist extern (d. h. ins öffentliche Netz) nur über eine entsprechende **ISDN-Emulation** (ISDN-Nachbildung) im IAD möglich. Durch das Fehlen des bei ISDN vorhandenen D-Kanals (Bild 3.17) sind einige ISDN-Dienste extern aber nur eingeschränkt verfügbar (z. B. Kanalbündelung).
- Die Nutzung von Faxgeräten ist bei einem NGN-Anschluss nicht bzw. nur eingeschränkt möglich (abhängig von den unterstützten Protokollen des IAD, z. B. T.38, sowie von entsprechenden Fax-Gateways seitens des Netzbetreibers).

Alternative Anschlussmöglichkeiten an ein öffentliches Kommunikationsnetz lassen sich auch über das BK-Netz (Kap. 3.5) oder diverse Funktechniken (Kap. 3.10) realisieren.

3.2.1 Sprachkommunikation im NGN

Für die Sprachkommunikation existiert praktisch kein eigenständiges Netz mehr, sie wird im NGN lediglich als „Dienst" (zusammen mit anderen Diensten) angeboten. Dieser Dienst basiert technisch aber immer noch auf den Spezifikationen der Sprachübertragung im analogen Netz sowie der Digitalisierung im ISDN (Bild 3.17). Da Sprache im NGN-Backbone nur noch in Form von IP-Paketen transportiert wird, ist zusätzlich eine entsprechende Umwandlung erforderlich.

Netzart	Spezifikationen zur Sprachübertragung
POTS	– Ein Mikrofon („akustisch-elektrischer Wandler"; Kap. 4.1.4) im sendenden Endgerät (z. B. Telefon) wandelt die menschliche Stimme in ein analoges, elektrisches Signal um (Stimm-Frequenzbereich ca. 100 Hz–10 kHz, mit einem für jeden Menschen individuellen, d. h. wiedererkennbaren Verteilmuster). – Basierend auf international gültigen Festlegungen wird durch Filterung der übertragene Frequenzbereich des Signals auf 300 Hz–3,4 kHz begrenzt, um Übertragungsbandbreite einzusparen (im Vordergrund stand ursprünglich nicht die naturgetreue Sprachwiedergabe, sondern nur die Verständlichkeit der Sprachsilben). – Ein Lautsprecher („elektrisch-akustischer Wandler") im empfangenden Endgerät wandelt den empfangenen Sprechwechselstrom wieder in Schallschwingungen zurück.
ISDN	– Bei der Sprachübertragung wird der bandbegrenzte Sprachfrequenzbereich des Analognetzes (300 Hz–3,4 kHz) als Basis für die Digitalisierung übernommen. – Die Digitalisierung der Sprache erfolgt im jeweiligen Endgerät des Teilnehmers nach der akustisch-elektrischen Wandlung durch entsprechende **A**nalog-**D**igital-**C**onverter (**ADC**, siehe „Einfache IT-Systeme", Kap. 4.4.4). – Das bandbegrenzte elektrische Signal wird hierzu 8 000-mal pro Sekunde abgetastet, jeder Abtastwert wird mit 8 bit codiert, woraus sich eine Folge von Codeworten mit einer Datenrate von 64 kbit/s pro Sprachkanal ergibt (PCM-Verfahren, Kap 4.1.5.4; Codec 7.11, Kap. 4.1.6). – Ein **D**igital-**A**nalog-**C**onverter (**DAC**, siehe „Einfache IT-Systeme", Kap. 4.4.4) im empfangenden Endgerät wandelt das Signal wieder zurück in die erforderliche analoge Form.
NGN	– Bei einem All-IP-Anschluss wird das Sprachsignal je nach verwendeter Technik entweder direkt im Endgerät (bei ISDN- und DECT-Telefon, Kap. 3.10.4) oder im IAD (bei Analogtelefon) digitalisiert. – Standardmäßig wird hierbei die oben genannte 8-kHz-Abtastung für den Sprachfrequenzbereich 300 Hz–3,4 kHz verwendet. – Alternativ ist geräteabhängig auch eine 16-kHz-Abtastung für die Übertragung der Sprachfrequenzen von ca. 50 Hz–7 kHz möglich („HD-Telefonie"; durch Komprimierung beträgt die Datenrate ebenfalls maximal 64 kbit/s; Codec 7.22; Kap. 4.1.6). – Die erforderliche Umwandlung in IP-Pakete erfolgt jeweils im IAD.

Bild 3.20: Sprachübertragung im POTS, ISDN und NGN

Bild 3.21 visualisiert die unterschiedlichen Signalformen bei der Sprachübertragung im POTS (a), ISDN (b) und NGN (c).

Die Sprachübertragung mittels IP-Paketen wird im allgemeinen Sprachgebrauch auch als **Voice over IP (VoIP)** bezeichnet (Kap. 3.8.4). Insbesondere wegen den bei der Übertragung von IP-Paketen unvermeidlichen und wechselnden Verzögerungszeiten (Latenzzeiten, Bild 3.21 c) liegt hier die Störungswahrscheinlichkeit bis hin zu Unterbrechungen höher als bei der rein PCM-codierten Sprachdatenübertragung (Bild 3.21 b).

Bei VoIP dauert es nach dem Wählen auch manchmal ein paar Sekunden, bis das Freizeichen ertönt. Das liegt daran, dass beim Rufaufbau per VoIP die Telefonnummer in einem Stück an den Telefonie-Server übergeben werden muss und nicht Ziffer für Ziffer wie im herkömmlichen Netz. Daher wartet der VoIP-Router nach jeder Zifferneingabe ein paar Sekunden, ob noch eine weitere folgt. Die Wartezeit lässt sich unter Umständen verkürzen, indem man nach der letzten Ziffer die Raute-Taste (#) auf dem Telefon drückt.

Die VoIP-Technik unter Verwendung von SIP (Kap. 3.8.4) wird bereits seit längerem zur Sprachübertragung im Internet verwendet, vielfach auch mittels PC oder Smartphones

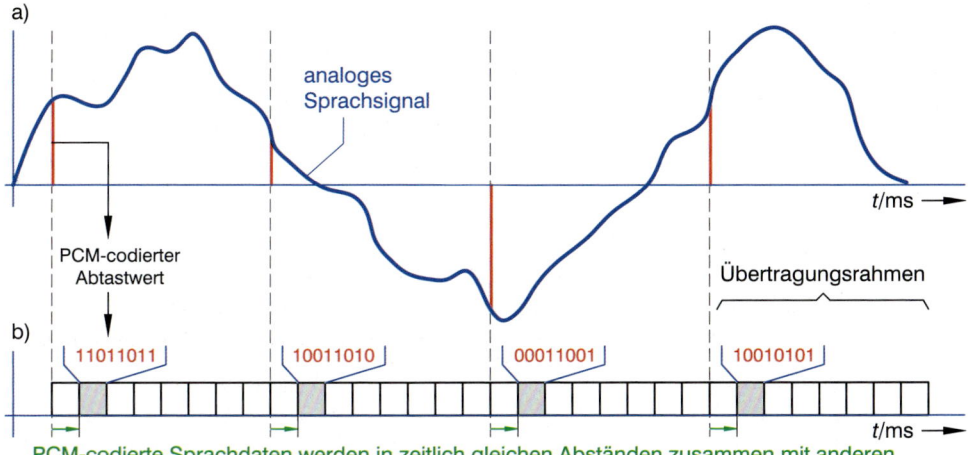

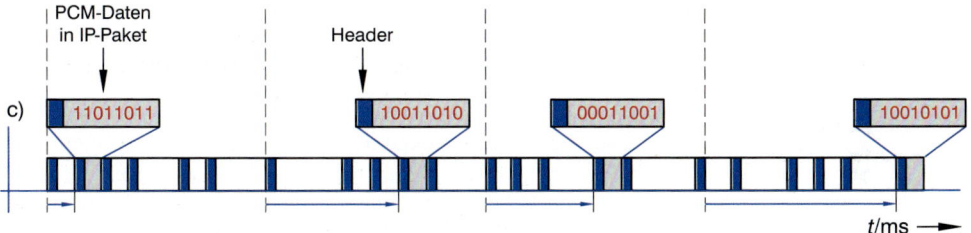

Bild 3.21: Vergleich der Signalformen bei der Sprachübertragung

mit entsprechenden Apps (z. B. Skype, Facetime). Sowohl für die Sprachübertragung als auch für andere qualitäts- und bandbreitenkritische Anwendungen (Echtzeitdienste, z. B. IP-TV) setzen die NGN-Netzanbieter aber weniger auf bestehende Internetstrukturen, sondern primär auf jeweils eigene, von ihnen kontrollierbare Netzknoten und Übertragungsstrecken mit einer größtenteils reservierten und garantierten Übertragungsbandbreite (QoS). So können sie die Daten auf dem kürzesten Weg zum Empfänger leiten und auf der gesamten Strecke priorisieren. Ermöglicht wird das durch spezielle Protokolle und Implementierungen von Soft- und Hardware im eigenen Netz des jeweiligen Anbieters. Die Netzabschnitte des öffentlichen Internets hingegen liegen in der Verantwortung ganz verschiedener Betreiber, bei denen sich beispielsweise temporäre Kapazitätsengpässe ergeben können, wodurch die Wahrscheinlichkeit von Störungen im Sprachverkehr höher liegt als im NGN.

Sind beide Gesprächsteilnehmer Kunden beim gleichen Netzanbieter und verwenden Telefone, die den Sprachcodec G.722 unterstützen, ergibt sich innerhalb des NGN hingegen eine deutlich bessere *Sprachqualität* als bei herkömmlicher Telefonie. Das Verfahren ist auch als „**HD-Telefonie**" oder – bei Schnurlos-Telefonen – als „**CAT-iq**" bekannt (Kap. 3.10.4).

Prinzipiell ist ein IP-Telefonzugang nicht mehr fest an eine physische Telefonleitung gekoppelt, sondern lässt sich mit entsprechender VoIP-Hard- bzw. -Software von jedem Internetzugang aus verwenden („nomadische Nutzung"). Da es für fast alle Smartphones VoIP-Software gibt, könnte man somit auch unterwegs im Inland und im Ausland – eine

Mobilfunk-Datenverbindung oder WLAN vorausgesetzt – zusätzlich zur Mobilfunknummer unter der eigenen Festnetznummer erreichbar sein und ausgehende Gespräche zum Festnetztarif führen. In der Praxis schränken die NGN-Anbieter diese Möglichkeit jedoch ein, indem der All-IP-Anschluss weiterhin mit einer Teilnehmer-ID verknüpft ist, die jeweils an eine feste Anschlussleitung gebunden ist.

Der All-IP-Anschluss bietet – bis auf wenige Ausnahmen – bei der Sprachkommunikation auch die aus den Vorgängernetzen bekannten Dienstmerkmale. Hierzu gehören:

Abkürzung	Bezeichnung	Beschreibung
CFB	call forwarding on busy	**Anrufweiterschaltung bei Besetzt;** Rufe werden nur dann an einen angegebenen C-Anschluss weitergeleitet, wenn der B-Anschluss besetzt ist. Im öffentlichen Netz ist nur eine einmalige Umleitung möglich.
CFNR	call forwarding on no reply	**Anrufweiterschaltung bei Nichtmelden;** Rufe werden nur dann an einen C-Anschluss weitergeleitet, wenn der B-Tln. den Ruf in einer vorgegebenen Zeit nicht annimmt. Im öffentlichen Netz ist nur eine einmalige Umleitung möglich.
CFU	call forward unconditional	**direkte Anrufweiterschaltung;** alle eingehenden Rufe beim B-Tln. werden zu einem C-Tln. umgeleitet; der A-Tln. erhält die Information, dass umgeleitet wurde; der C-Tln. erhält die Information über den umleitenden B-Anschluss. Im öffentlichen Netz ist nur eine einmalige Umleitung möglich.
CLIP	calling line identification presentation	**Rufnummernübermittlung;** die Rufnummer des A-Tln. wird dem B-Tln. vor der Gesprächsannahme mitgeteilt.
CLIR	calling line identification restriction	**Unterdrückung der Rufnummernübermittlung zum B-Tln.;** der A-Tln. kann entscheiden, ob die Unterdrückung dauerhaft oder für den Einzelfall gelten soll.
COLR	connected line identification restriction	**Unterdrückung der Rufnummernübermittlung zum A-Tln.;** der gerufene Tln. hat die Möglichkeit der dauerhaften oder fallweisen Unterdrückung.
CW	call waiting	**Anklopfen;** während eines Telefonats wird dem B-Tln. ein weiterer Ruf signalisiert; die Anklopfdauer ist auf 120 s beschränkt. Der B-Tln. entscheidet, ob er den Ruf annimmt, zurückweist oder ignoriert. Der rufende A-Tln. wird mit der Nachricht „call is a waiting call" vom Anklopfen unterrichtet, sofern dies nicht vom B-Tln. unterdrückt wurde. Bei Rufannahme durch den B-Tln. wird die bereits bestehende Verbindung aufgelöst oder mit dem Dienstmerkmal „Hold" in den Haltezustand gebracht.

Bild 3.22: Dienstmerkmale bei der Sprachkommunikation im NGN (Beispiele; A: rufender Tln.; B: gerufener Tln.; C: Tln. an den weitergeleitet wird)

3.2.2 NGN-Netzaufbau

Dem NGN können im Wesentlichen folgende Komponenten zugeordnet werden:

- die Endeinrichtungen des Teilnehmers
- die Zugangsnetze mit ihren unterschiedlichen Technologien (DSL, ATM, Ethernet, GSM/ UMTS/LTE sowie spezifische Kundennetze)
- das IP/Optical-Backbone als Hauptnetz
- eine Vielzahl von Anwendungsservern
- unterschiedliche Gateways
- die Elemente für das Netzmanagement

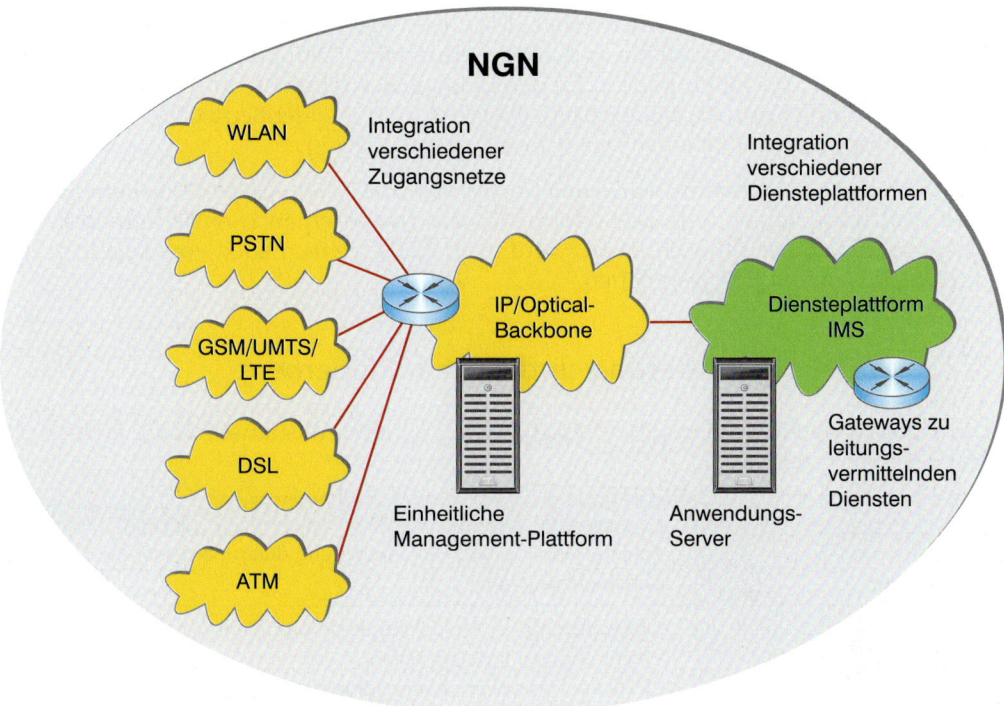

Bild 3.23: NGN-Netzstruktur (Grundprinzip)

Gegenüber den sehr unterschiedlichen Übertragungs- und Vermittlungsverfahren sowie den verwendeten Protokollen innerhalb der Zugangsnetze besitzt das NGN im Backbone-Bereich eine einheitliche Transportstruktur mit einer klaren Trennung in drei Funktions-bereiche (Schichten).

Diese eindeutige Dreiteilung im Schichtenmodell ist mit offenen, d. h. jedermann zugäng-lichen Schnittstellen kombiniert und erleichtert so die kostengünstige Einführung neuer Dienste und ermöglicht deren Bereitstellung unabhängig von der Technik des jeweiligen Zugangsnetzes. Sie stellt somit einen Entwicklungsschritt von einer konvergenten **Netz**-Zugangstechnik hin zu einer konvergenten **Dienst**-Zugangstechnik dar. Die Transport-funktionen unterstützen hierbei alle Verbindungs- und Übertragungsarten (Kap. 3.1.3), die in den Zugangsnetzen vorhanden sind. Die Steuerung der Transportfunktionen wird von Subsystemen übernommen (z. B. **NASS** = **N**etwork **A**ttachment **S**ubsystem;

RACS = **R**esource **A**dmission **C**ontrol **S**ubsystem; Vergabe von Zugangsberechtigungen und IP-Adressen). Den Diensten werden entsprechende Bandbreiten und Dienstgüten bereitgestellt (QoS: z.B. Vermeidung von Rückkopplungen oder hohe dauerhafte Bildqualität). Das Konzept hierzu heißt **IP Multimedia Subsystem (IMS)**, es basiert auf dem Signalisierungsprotokoll **SIP** (Session Initiation Protocol, Kap. 1.4.4.8).

Die Übertragungsgrundlage des NGN bildet das Internet Protokoll sowie ein gemeinsames Backbone auf Basis von **Multi Protocol Label Switching (MPLS**, Kap. 3.4). Dieses Backbone ist nicht identisch mit dem öffentlichen Internet; das Internet wird im NGN vielmehr selbst als Dienst realisiert (wie andere Dienste auch, z.B. Fernsprechen). Das Angebot an Diensten ist allerdings wesentlich umfassender als das der klassischen TK-Netze. Hierzu gehören beispielsweise die Bereitstellung und Vermarktung von Online-Inhalten oder von Interworking-Services, die unterschiedliche Datenbestände, Netze, Protokolle und Anwendungen miteinander verknüpfen (z.B. Home-Entertain). Darüber hinaus werden auch Steuerungs- und Kontrollfunktionen für den Heimbereich (**Home-Control**, z.B. Heizungssteuerung; **Home-Security**, z.B. Gebäudeüberwachung) und der Betrieb von Netzen und Diensten für Kunden angeboten (z.B. Cloud-Telefonanlagen).

Das intelligente Informationsmanagement des NGN ermöglicht es den Netzteilnehmern, die Leistungsmerkmale und die Performance der gewünschten Dienste individuell zu gestalten und zu beeinflussen. Daher wird beim NGN vielfach auch vom sogenannten **I**ntelligent **N**etwork (IN) gesprochen.

3.2.3 NGN-Signalisierung und Netzmanagement

Das Netzmanagement beinhaltet verschiedene, voneinander unabhängig arbeitende Managementsysteme.

Managementsysteme	Aufgaben (Beispiele)
Fehlermanagement	– Fehlererkennung und Fehlerbehebung durch Hardware- und Softwarekorrekturen
Performancemanagement	– Überwachung der Auslastung der Informationswege – Erkennung von Problemstellen – Lieferung von Informationen für den weiteren Ausbau des Netzes
Securitymanagement	– Abwehr unberechtigter Zugriffe – Verschlüsselung und Entschlüsselung von Nutzdaten
Konfigurationsmanagement	– Verbindungserstellung für die jeweils erforderliche Dienstgüte
Accountingmanagement	– Tarifierung einer Kommunikationsbeziehung in Abhängigkeit von der Zeit, der Datenmenge, der Bandbreite oder des QoS

Bild 3.24: Beispiele für Managementsysteme im NGN

Zentrales Element für das Netzwerkmanagement ist der **Softswitch**, der für das übergreifende Zusammenwirken aller Netzbestandteile sorgt. Zu ihm gehören:

- **Protocol Interfaces für die Signalisierung**: Protokollschnittstellen für Signalisierungsströme, zum Beispiel Session Initiation Protocol (**SIP**) als Signalisierungsprotokoll in IP-Netzen und (voraussichtlich nur noch bis 2018) das **S**ignaling **S**ystem Nr. **7** (SS7) für die Signalisierung im ISDN, um eine Signalisierungsumwandlung und -steuerung durchzuführen

- **Protocol Interfaces für die Mediensteuerung**: Funktion des Media Gateway Controllers (**MGC**) mit dem Media Gateway Control Protocol

- **Funktionsmanager**: Überwachung und Kontrolle der Anwendungsserver, der Leitweglenkung und der Kommunikationserfassung; verwendet wird das **S**imple **N**etwork **M**anagement **P**rotocol (**SNMP**)

Sämtliche für die Steuerung und Überwachung erforderlichen Funktionen werden im NGN über entsprechende Server bereitgestellt. Diese sind entweder hardwaremäßig vorhanden oder softwaremäßig als Server*funktion* in den Softswitch implementiert. Serverfunktionen können auch zusammengefasst sein und werden unter Umständen abhängig von der Herstellerfirma unterschiedlich benannt.

Bezeichnung	Funktion
Inbound-/ Outbound-Server	Zuständig für Routingaufgaben
STUN-/TURN-Server	**S**imple **T**raversal of **U**DP through **N**AT Server **T**ransversal **U**sing **R**elay **N**AT Server – Server zur Überprüfung von Zugangsberechtigungen; z. B. bei gesicherten Netzen über Firewalls, wenn im Internet eine andere IP-Adresse verwendet wird als im gesicherten privaten Netz. Mithilfe eines NAT (Kap. 1.4.3.5) wird geprüft, ob ein Teilnehmer auf ein privates Netz zugreifen darf. Dazu wird eine Anfrage beim STUN-Server über ein gesichertes Protokoll gestartet. Nach der Berechtigungserteilung wird die Verbindung aufgebaut. – Der TURN-Server hat die gleichen Aufgaben wie der STUN-Server, er besitzt jedoch zusätzliche Routingfunktionen zum Weiterleiten von Meldungen.
Redirect-Server	– Server nur für Anfragen, nicht für die Weiterleitung einer Anforderung – Verfügt über eine Datenbasis, auf die er bei Anfragen zurückgreift (z. B. Anfrage über den temporären Standort eines Teilnehmers; vergleichbar mit dem VLR innerhalb des GSM (Kap. 3.10.1)
P-CSCF-Server I-CSCF-Server S-CSCF-Server	**P**roxy-**C**all **S**ession **C**ontrol **F**unction Server, **I**nterrogation-**C**all **S**ession **C**ontrol **F**unction Server, **S**ervice-**C**all **S**ession **C**ontrol **F**unction Server: – Die P-CSCF-, I-CSCF und S-CSCF-Server arbeiten zusammen und bilden die Schnittstellen zu den Mobilfunknetzen. – In Zusammenarbeit mit dem HLR (Kap. 3.10.1) ermöglichen sie den Zugriff eines mobilen Endgerätes (Smartphones) auf Dienstleistungen im Internet.

Bezeichnung	Funktion
Registration-Server	– Verarbeitet alle Registermeldungen, wenn ein SIP-Anwender Kontakt mit einem Server aufnimmt – Stellt diese Informationen allen Proxy- Redirect- und Routingservern zur Verfügung; z. B. empfängt die Meldung vom Anwender mit seiner neuen Kontaktadresse und aktualisiert die entsprechende Datenbank (vergleichbar mit HLR bei GSM) – Verbindet die SIP-URI (**U**niform **R**esource **I**dentifier) und die IP-Adresse des Anwenders
Location-Server	– Stellt die Datenbasis für den Verbindungsauf- und -abbau zur Verfügung (z. B. in Zusammenarbeit mit dem VLR, siehe Kap. 3.10.1), die den augenblicklichen Aufenthaltsort des Kunden beinhalten und welche Leistungsmerkmale er abrufen kann. – Arbeitet in der Regel mit Registration- und Proxy-Servern zusammen, nicht über das SIP, sondern unter Verwendung des **L**ightweight **D**irectory **A**ccess **P**rotocol (LDAP, Kap. 2.1.5)

Bild 3.25: Serverbezeichnungen im NGN (Beispiele)

3.2.4   NGN Media Gateways

Ein **M**edia **G**ateway (MG) ist zuständig für die entsprechende Anpassung der Mediendatenströme an ein beteiligtes Netz mit seinen jeweiligen Spezifikationen. Es wird vom Media Gateway Controller im Softswitch über das **M**edia **G**ateway **C**ontrol Protocol H.248 (**Megaco**) gesteuert. Das Megaco-Protokoll ist von der **ITU-T** (International Telecommunication Union-Telecommunication) und der **IETF** (Internet Engineering Task Force) für die Mediensteuerung im NGN spezifiziert. Es unterstützt unter anderem folgende Funktionen:

- Einfügen von neuen Netzelementen und Teilnehmerendeinrichtungen
- Steuerung und Kontrolle dieser Netzelemente sowie der Teilnehmereinrichtungen
- Steuerung und Kontrolle des Mediendatenstromes

Einige Media-Gateway-Typen sind in Bild 3.26 zusammengefasst.

Bezeichnung	Erläuterung
PSTN-Gateway	Wandelt den IP-Datenstrom unter Verwendung von **RTP** (**R**eal **T**ime Protocol, Kap. 1.4.4.8) in **PCM**-Daten (**P**uls-**C**ode-**M**odulation, Kap. 4.1.5.4) um und umgekehrt;
Trunking Media Gateway	Wandelt Medienströme von einem Netz (z. B. leitungsvermitteltes PSTN) in ein anderes Netz (z. B. paketvermitteltes IP-Netz) um. Das Media Gateway verarbeitet alle Arten von Medienströmen (Audio, Video) und wird gesteuert vom Media Gateway Controller, der sich im Softswitch befindet.
Network-Gateway	Protokollübersetzer zwischen verschiedenen Netzwerken, z. B. ATM-Pakete in IP-Pakete und umgekehrt

Bezeichnung	Erläuterung
IAD	**I**ntegrated **A**ccess **D**evice; Allgemeine Bezeichnung für ein Media Gateway beim Teilnehmer; stellt die Teilnehmerschnittstellen beim Kunden zur Verfügung; gleichzeitig verschiedene Kommunikations- und Datendienste sind möglich, z. B. Analog-Telefonie, VoIP-Telefonie, LAN-Anschluss; kann auch einen DSL-Netzabschluss enthalten
Residential Gateway	Vergleichbare Funktion wie der IAD; zusätzliche, direkte Anschaltemöglichkeit von analogen Leitungen für Modems und/oder Faxgeräte

Bild 3.26: Beispiel für Media Gateways im NGN

Die **S**ignaling **G**ateways (SG) sind erforderlich zur Umsetzung von IP-basierenden Protokollinformationen auf TDM-basierende Netze und umgekehrt (**TDM** = Time Division Multiplex, Kap. 4.1.8.4).

Die Anwendungen (Applications) werden über entsprechende Anwendungsserver bereitgestellt.

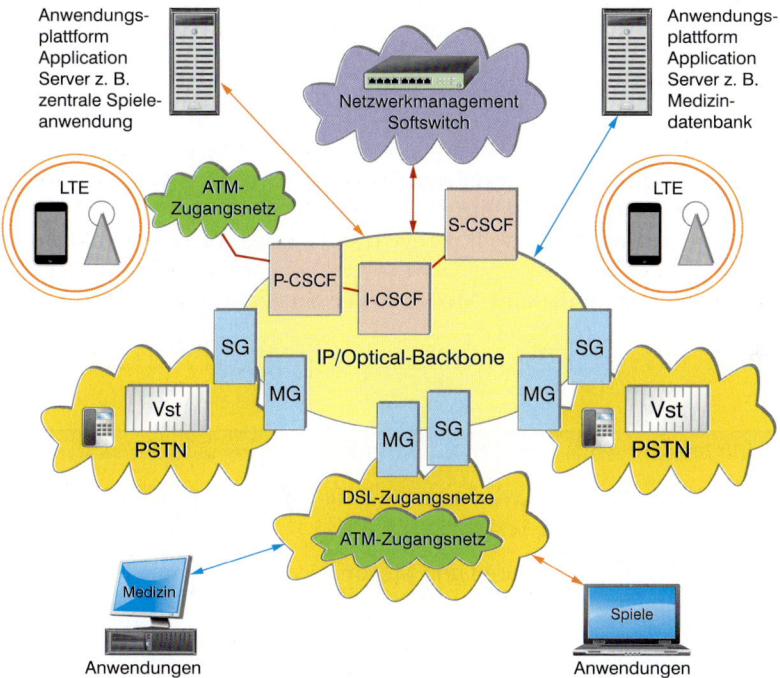

ATM	Asynchronous Transfer Mode
DSL	Digital Subscriber Line
I-CSCF	Interrogating-Call Session Control Function
MG	Media Gateway
P-CSCF	Proxy-Session Control Function
PSTN	Public Switched Telephone Network
S-CSCF	Serving-Call-Session Control Function
SG	Signaling Gateway
UMTS	Universal Mobile Telecommunications System
VSt	Vermittlungsstelle

Bild 3.27: Server und Gateways im NGN (Beispiele; Hinweis: PSTN-Unterstützung nur noch bis 2018)

3.2.5   IP Multimedia Subsystem

Die NGN-Dienstebene ist in verschiedene, dem jeweiligen Dienst angepasste Untersysteme strukturiert. Wesentlicher Bestandteil ist hierbei das Internet-Protocol Multimedia Subsystem.

> Als **Internet-Protocol Multimedia Subsystem** (kurz: **IMS**) bezeichnet man eine Sammlung von Spezifikationen, die von der 3GPP für eine universelle Architektur einer Multimedia-Plattform entwickelt wurde. Diese Plattform besteht aus Software und Netzwerkkomponenten und spezifiziert eine IP-basierende Ende-zu-Ende-Netzstruktur für mobile und feste IP-Netze. IMS ermöglicht den standardisierten Zugriff auf vereinheitlichte Dienste, die über alle Zugangsnetze genutzt werden können.

Das IMS arbeitet unabhängig vom jeweils genutzten Zugangsnetz; es besitzt eine Architektur, die vollständig auf IP basiert. Alle Steuerungs- und Kontrollfunktionen werden einheitlich über das Session Initiation Protocol (SIP, Kap 1.4.4.8) umgesetzt. Die Umwandlung der verwendeten IP-SIP-Protokolle in für herkömmliche (leitungsvermittelte) Sprach- und Kommunikationsnetze verständliche Protokollstrukturen und umgekehrt erfolgt durch den Einsatz entsprechender SIP-Gateways. Das IMS kann daher sowohl über die klassischen Festnetz-Zugänge als auch über Breitband-Technologien (z. B. Ethernet, DSL, WLAN) oder über Mobilfunk (z. B. GPRS, UMTS, LTE) genutzt werden.

Die IMS-Architektur beinhaltet:

- Zentrale Komponenten zur Authentifikation und Autorisierung der einzelnen Nutzer
- Komponenten zur Steuerung aktiver Sessions
- Gateway-Funktionen zu leitungsvermittelten Diensten (solange diese generell noch unterstützt werden)
- Netzübergreifende Mechanismen, die eine Mobilität der Nutzer erlauben

Sämtliche Grundlagen des IMS sind in der „Technischen Spezifikation TS 23.228" veröffentlicht.

AUFGABEN

1. Was bedeutet die Abkürzung NGN und wie lautet die Definition der ITU? (Hinweis: Übersetzen Sie hierzu den entsprechenden Text in Kap. 3.2.)

2. Nennen Sie einige maßgeblichen Strukturen und Merkmale von POTS und ISDN. In welcher Weise wurden diese in das NGN übernommen bzw. angepasst?

3. Beschreiben Sie mit eigenen Worten, welche Unterschiede bei der Übertragung von Sprache bei POTS, ISDN und NGN bestehen.

4. Welche Funktion hat der sogenannte Kollokationsraum in einem NGN-Netzknoten?

5. Im Zusammenhang mit einem NGN-Anschluss werden die Abkürzungen APL, KVZ, MFG, All-IP, ONU und IAD verwendet. Nennen Sie die Bedeutung der Abkürzungen und erläutern Sie jeweils kurz die Funktion.

6. Welche Funktion hat die sogenannte 1. TAE? Wo befindet sie sich und wie ist sie technisch aufgebaut?

7. Welche Vor- und Nachteile bietet ein All-IP-Anschluss?

8. Aus welchen maßgeblichen Komponenten besteht das NGN?

9. Welche Aufgaben haben die Media-Gateways im NGN? Nennen Sie Beispiele und erläutern Sie deren Funktionen.

10. Was verbirgt sich im Zusammenhang mit dem NGN unter der Bezeichnung IMS? Erläutern Sie die Aufgaben des IMS.

3.3   ATM-Netze

ATM steht für **A**synchronous **T**ransfer **M**ode (asynchroner Transfermodus) und bezeichnet ein verbindungsorientiertes Übertragungsverfahren. Netzstrukturen, die das ATM-Verfahren zur Übertragung von Daten nutzen, werden allgemein als **ATM-Netze** bezeichnet.

Beim ATM-Übertragungsverfahren werden aus einem Datenstrom „Pakete" mit einer konstanten Länge erzeugt und nacheinander übertragen. Wie bereits bekannt, werden diese Pakete als **Zellen** bezeichnet, um sie sprachlich von der PTM-Übertragungstechnik abzugrenzen (Kap. 3.1.4, Bild 3.8). Durch die Übertragung von Daten in lediglich 53 Byte großen Zellen (Kap. 3.3.2) ist es möglich, die sehr unterschiedlichen Anforderungen von Breitband-Kommunikationsquellen bezüglich ihrer jeweils erforderlichen Übertragungsbandbreite zu erfüllen und diese Daten gemeinsam über eine einzige Kommunikationsverbindung zu übertragen. Bild 3.28 verdeutlicht das Grundprinzip.

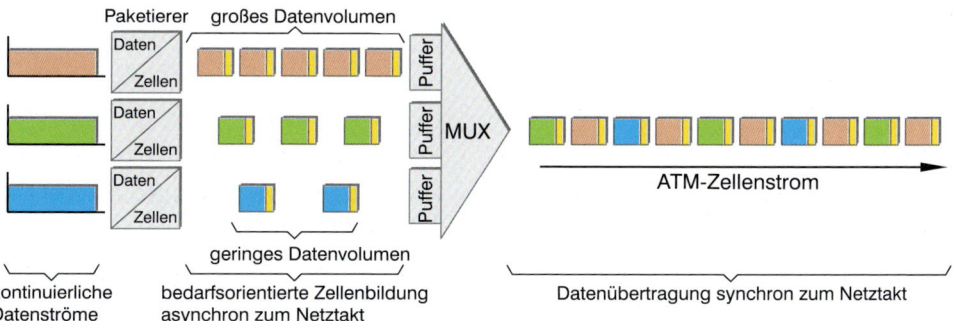

Bild 3.28: Zellenbildung und ATM-Multiplexing

Der zu übertragende Datenstrom einer Quelle wird zunächst mithilfe eines Paketierers zerlegt. Die erzeugten Zellen werden mit einem Header versehen und sind sendebereit, sobald sie durch die Nutzbits der zugehörigen Datenquelle aufgefüllt sind. Aufgrund der geringen Zellengröße entstehen vergleichsweise kurze Wartezeiten, bis eine Zelle aufge-füllt ist und gesendet werden kann. Die Bildung der Zellen erfolgt nicht in einem festen Zeitraster, sondern asynchron zum Übertragungstakt des Netzes und nur abhängig von der zu übertragenden Datenmenge. Mittels Zeitmultiplex (Kap. 4.1.8.4) lassen sich auch Datenströme mit unterschiedlich großen zu übertragenden Datenmengen kombinieren, ohne dass jeweils längere Wartezeiten bei der Übertragung entstehen. Hierbei belegen Quellen mit höherem Datenaufkommen eine größere Anzahl von Zellen innerhalb eines Zeitabschnitts als Quellen mit geringerem Datenaufkommen (Bild 3.28). Dadurch ist eine effiziente Ausnutzung der vorhandenen Übertragungskapazität einer Übertragungsstrecke möglich.

> Der asynchrone Transfermodus (ATM) basiert auf einem Zeitmultiplex-Verfahren, bei dem Zellen fester Größe asynchron zum Netztakt erzeugt werden. Hierdurch können Datenströme mit unterschiedlichen Bitraten bedarfsorientiert übertragen und flexibel vermittelt werden.

Die Zellen werden zwar asynchron zum Übertragungstakt erzeugt (daher die Bezeichnung des Verfahrens), sie werden jedoch in einem festen Netztakt übertragen. Bis zum nächsten Sendezeitpunkt nach der Paketierung der Zellen kann deshalb gegebenenfalls eine kleine Wartezeit entstehen, in der die Zellen zwischengespeichert werden müssen (Pufferspei-cher). Hierdurch kann eine tolerierbare Übertragungsverzögerung entstehen, die in der Praxis zwischen 100 µs und 250 µs liegt. Im Einzelnen werden diese Verzögerungen ver-ursacht durch die:

- Zeit für das Bilden der Zellen
- Übertragungsverzögerung aufgrund der Laufzeit der elektrischen Signale auf der Leitung
- Vermittlungsverzögerungen innerhalb der Netzknoten
- Zeit zur Rückwandlung der Zellen in einen kontinuierlichen Datenstrom

Wegen ihrer asynchronen Arbeitsweise lässt sich die ATM-Zellenbildung sowohl auf kontinuierliche Datenströme von leitungsvermittelnden Netzen als auch – mit einigen Einschränkungen – auf Datenpakete von paketbasierenden Netzen anwenden. Dadurch lassen sich vielfältige Datenströme unterschiedlichster Art zusammenführen und übertragen.

3.3.1   ATM-Netzaufbau

Ein öffentliches ATM-Netz weist grundsätzlich eine Maschenstruktur auf. Bei den ATM-Netzknoten unterscheidet man zwischen **Teilnehmervermittlungsstellen** (**LEX**: Local Exchange) und **Transitvermittlungsstellen** (**TEX**: Transit Exchange), die im Wesentlichen Router- und Switchfunktionen haben. An die Teilnehmervermittlungs-stellen werden Endeinrichtungen und Leitungen zu anderen Vermittlungsstellen angeschlossen, während die Transitvermittlungsstellen lediglich Verbindungen zwi-schen Netzknoten herstellen. Die Schnittstelle zwischen einem Teilnehmer und dem öffentlichen Netzwerk ist standardisiert und wird allgemein als **Public-UNI** (Public User Network Interface) bezeichnet, sie weist eine andere Spezifikation auf als die ebenfalls standardisierten Schnittstellen zwischen den Netzknoten (**NNI**: Network Node Interface).

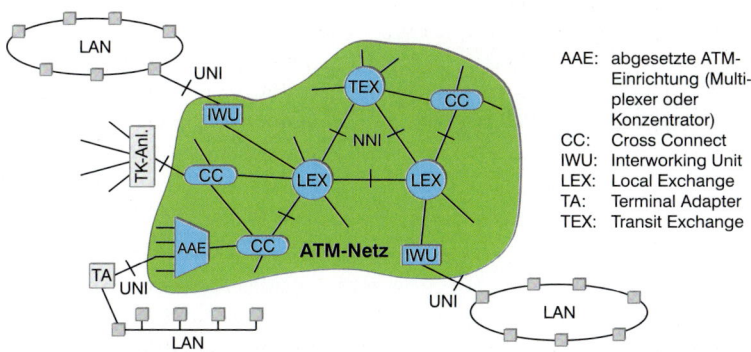

Bild 3.29: Prinzipieller Aufbau eines ATM-Netzes

Zusätzlich findet man neben den Vermittlungsstellen noch sogenannte **Vorfeldeinrichtungen**. Hierbei handelt es sich um abgesetzte Einheiten oder zusätzliche Netzelemente, die dem Zusammenfassen, dem Verzweigen, dem Umleiten oder der Anpassung von Verkehrsströmen dienen.

Vorfeldeinrichtung	Funktion
Multiplexer	Zusammenfassen von Verkehrsströmen ohne Bearbeitung der Signalisierung
Konzentratoren	Zusammenfassen von Verkehrsströmen mit Bearbeitung der Signalisierung; ausgelagerter Teil einer VSt
Cross-Connect (CC)	Umlenken und Verteilen von zusammengehörenden Kanalbündeln; Einsatz im Anschlussbereich; bearbeitet keine Signalisierung
Interworking Unit (IWU)	Anpasseinrichtungen für die Verbindung zwischen bestehenden größeren PC-LANs oder MANs

Bild 3.30: Vorfeldeinrichtungen

In einem ATM-Netz erfolgt die Übertragung der Zellen verbindungsorientiert (Kap. 3.1.3). Um über ein solches Netz auch Verbindungen zwischen verschiedenen verbindungslos arbeitenden Netzen aufbauen zu können (z. B. zwischen lokalen IP-basierenden PC-Netzen), sind spezielle Maßnahmen erforderlich, die im Folgenden vereinfacht dargestellt werden.

Bei verbindungslos arbeitenden IP-Netzen erfolgt die Adressierung bekanntlich in den höheren Schichten des OSI-Modells (Layer-3, siehe Kap. 1.3.2), die in verbindungsorientiert arbeitenden ATM-Netzen nicht ausgewertet werden. Mittels spezieller Anpasseinrichtungen (z. B. IWU) lassen sich die IP-Pakete zerlegen und in ATM-Zellen packen. Die IP-Adressinformationen werden in eine ATM-Adressinformation umgewandelt und im Header der ATM-Zelle (Kap. 3.3.2) hinterlegt. Mit dieser Information können die Zellen zur nächsten Vermittlungsstelle übertragen werden. In jeder ATM-Vermittlungsstelle (LEX) befindet sich ein spezieller Server (**CLS: Connectionless Server**), der die implementierte IP-Adressinformationen erneut auswertet und dann jeweils den nächsten günstigsten Wegeabschnitt festlegt (**Hop-by-Hop-Verfahren**).

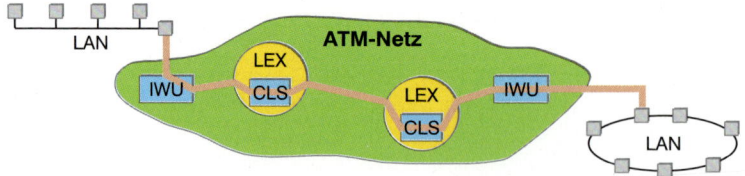

Bild 3.31: Verbindungslose Kommunikation mittels Connectionless Server

Die Auswertung von Layer-3-Zieladressen in jedem Netzknoten sowie das jeweils erforderliche „Umcodieren" in eine ATM-Adressierung verzögert das Routing von IP-basierenden Datenpaketen. Bei Übertragungsraten oberhalb von 622 Mbit/s stoßen die Server
deshalb an ihre technischen Grenzen. Daher werden zunehmend Verfahren eingesetzt,
bei denen die verbindungslosen IP-Datenpakete zerlegt und lediglich zu Beginn der Datenübertragung in einem verbindungsorientierten Netz Routinginformationen zugefügt werden. Diese werden dann auf einem vordefinierten Weg übertragen; am Übertragungsende
werden diese Informationen wieder entfernt (Kap. 3.4).

Die ATM-Technik wurde früher maßgeblich in öffentlichen Breitbandnetzen als Trans-
porttechnologie verwendet, beispielsweise für globale Internet- und Telefonie-Backbones.
Auch die Datenübertragung bei DSL-Anschlüssen basiert (noch) auf einer ATM-
Zellenstruktur, wobei hierbei allerdings die „Zelleninhalte" mit analogen Modulationsverfahren auf einer Kupferleitung übertragen werden (Kap. 3.8). Inzwischen werden
alternativ aber auch vermehrt kostengünstigere und bei hohen Datenraten effizientere
Verfahren eingesetzt (z. B. Ethernet-basierend). Grundlegende ATM-Prinzipien finden sich
nach wie vor in modernen MPLS-Netzen wieder (z. B. Priorisierungsmethoden für Datenströme; flexibles Bandbreitenmanagement und virtuelle Verbindungen; Kap. 3.3.3).

3.3.2   ATM-Zellen

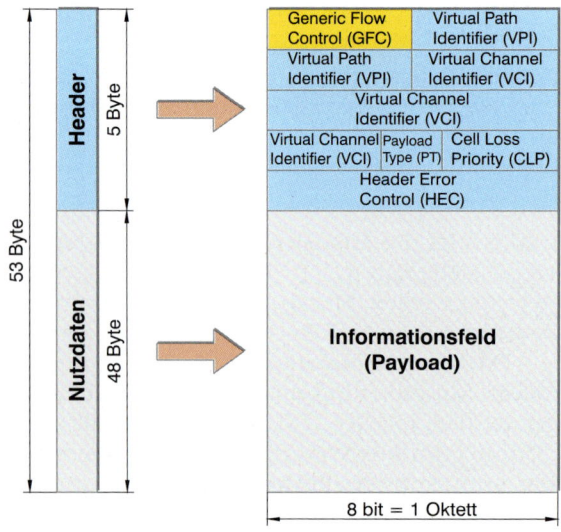

*Bild 3.32: Aufbau einer ATM-Zelle
(UNI-Zelle)*

Eine ATM-Zelle hat stets eine konstante Länge von 53 Bytes, von denen fünf Bytes den Zellkopf (Header) mit den Adress- und Steuerinformationen bilden. Die restlichen 48 Bytes der Zelle beinhalten die jeweiligen Nutzinformationen (Payload). Die einzelnen Bytes werden auch als **Oktette** bezeichnet, da sie jeweils aus 8 bit bestehen. Man unterscheidet zwei Arten von ATM-Zellen, **UNI**- Zellen (User Network Interface) und **NNI**-Zellen (Network Node Interface). Die UNI-Zellen werden zur Kommunikation an der Benutzer-Netzwerk-Schnittstelle verwendet, die NNI-Zellen entsprechend an den Schnittstellen zwischen den ATM-Netzknoten.

Im Einzelnen beinhalten die Felder des UNI-Zellkopfes folgende Informationen:

Bezeichnung	Größe	Erläuterung
Generic Flow Control (GFC)	4 bit	**Datenflusskontrolle** lokale Steuerung und Kontrolle des Datenverkehrs auf der Teilnehmerseite (Standardwert im öffentlichen Netz: 0000)
Virtual Path Identifier (VPI)	4 bit + 4 bit	**Verbindungserkennung** Kennzeichnung einer eindeutigen virtuellen Verbindung zwischen Quelle und Senke; setzt sich zusammen aus der Pfadkennung (VPI) Identifier 8 bit + und der Kanalkennung (VCI)
Virtual Channel Identifier (VCI)	4 bit + 8 bit + 4 bit	
Payload Type (PT)	3 bit	**ATM-Zellentyp** Festlegung des ATM-Zellentyps: man unterscheidet unter anderem Nutzzellen, OAM-Zellen (**O**perating **a**nd **M**aintenance) und RM-Zellen (**R**esource **M**anagement)
Cell Loss Priority (CLP)	1 bit	**Zellenwertigkeit** CLP = 0: niedrige Wertigkeit, CLP = 1: hohe Wertigkeit
Header Error Control (HEC)	8 bit	**Fehlerkontrolle** Prüfung der ersten vier Oktette zur Fehlerkontrolle des Headers

Bild 3.33: Informationsgehalt des Zellkopfes an der UNI-Schnittstelle

Die Aufteilung des Zellkopfes an einer NNI-Schnittstelle unterscheidet sich von der an der UNI-Schnittstelle dadurch, dass die Bits für die Datenflusskontrolle (GFC) entfallen und zusätzlich der Pfadkennung (VPI) dienen. Die Länge des Informationsfeldes (Payload: 48 Byte) einer Zelle stellt einen Kompromiss zwischen den Anforderungen der Daten- und der Echtzeitdienste dar.

> Ein **Echtzeitdienst** stellt kommunikationstechnisch die Datenübertragung eines Vorgangs dar, die ohne zeitliche Verzögerung zu diesem real ablaufenden Vorgang erfolgt.

Für Datendienste sind längere Dateneinheiten sinnvoll, um die Informationen möglichst schnell, d. h. mit wenig Unterbrechungen durch jeweilige Steuerinformationen, zu übertragen. Bei Echtzeitdiensten, wie etwa Audio- und Videoübertragungen, sind vergleichsweise kleine Dateneinheiten vorteilhafter, um die für das Füllen benötigten Wartezeiten (Paketierungsverzögerung) möglichst gering zu halten (geringe Latenzzeit). Bei zu großen Pausen zwischen zwei Zellen können Störungen in der Übertragung auftreten.

3.3.3   ATM-Vermittlungs- und -Übertragungstechnik

Der ATM-Zellentransport erfolgt über sogenannte virtuelle Verbindungen.

Unter einer **virtuellen Verbindung** versteht man beim ATM-Verfahren die bedarfsorientierte Reservierung einer Übertragungskapazität auf einer physikalisch vorhandenen Übertragungsstrecke.

Hierbei ist es unerheblich, ob die zu übertragenden Daten ursprünglich einen verbindungsorientierten oder einen verbindungslosen Charakter hatten. Zu beachten ist, dass für eine bidirektionale Kommunikation für jede Richtung jeweils eine separate virtuelle Verbindung erforderlich ist.

Die physikalisch vorhandene Leitung wird hierbei in mehrere virtuelle Kanalbündel aufgeteilt, die auch als virtuelle Pfade (**VP** = **V**irtual **P**ath) bezeichnet werden. Ein solcher Pfad ist durch den Virtual Path Identifier (VPI) im Zellheader gekennzeichnet.

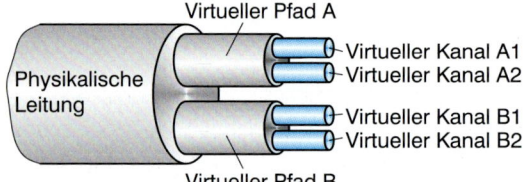

Bild 3.34: Virtueller Pfad mit virtuellem Kanal

Ein **virtueller Pfad** (**VP**: **V**irtual **P**ath) ist der logische Weg zwischen zwei Netzknoten bzw. zwischen einem Netzknoten und einem Endgerät.

Jeder virtuelle Pfad beinhaltet eine begrenzte Anzahl von virtuellen Kanälen (VC: Virtual Channel), in denen einzelne **Dienstekomponenten** übertragen werden. Dienstekomponenten können Bestandteile eines Dienstes sein, z. B. bei einer Multimediaanwendung Bild, Sprache und Texte. Für den Datentransfer zwischen einer Quelle und einer Senke können ein oder mehrere virtuelle Kanäle erforderlich sein. Ein solcher Kanal ist durch den Virtual Channel Identifier (VCI) im Zellheader gekennzeichnet.

Ein **virtueller Kanal** (**VC**: **V**irtual **C**hannel) ist die logische Verbindung für den Datentransfer eines Dienstes.

Ein virtueller Pfad wird an einem Referenzpunkt aus einer Gruppe virtueller Kanäle gebildet, die die gleiche Pfad-Identifikation enthalten. Ein solcher Referenzpunkt ist beispielsweise eine ATM-Vermittlungsstelle. Die zu einem virtuellen Pfad zusammengefassten virtuellen Kanäle können auch unterschiedlichen Kommunikationsverbindungen angehören, die für eine Teilstrecke den gleichen Weg durch das Netz gehen.

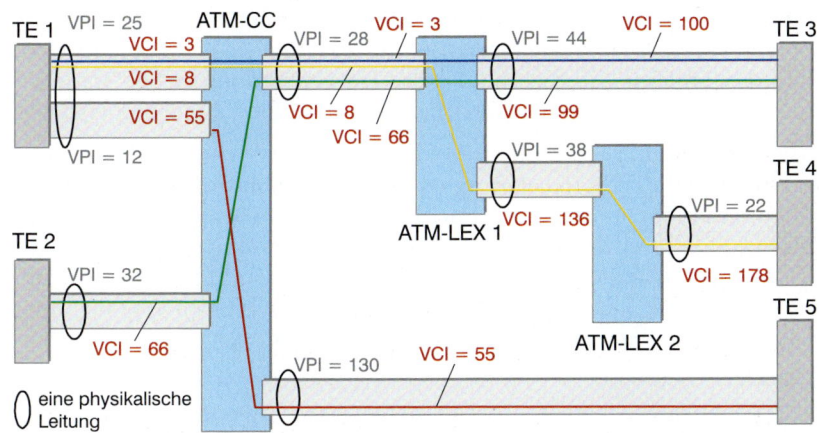

CC: Cross-Connect   VCI: Virtual Channel Identifier
LEX: Local Exchange   VPI: Virtual Path Identifier
TE: Terminal-Equipment

Bild 3.35: VPI- und VCI-Zuordnung bei einer ATM-Verbindung

Bild 3.35 stellt lediglich eine Kommunikationsrichtung von TE 1 nach TE 3, 4 und 5 sowie von TE 2 nach TE 3 dar. Für die Gegenrichtungen sind entsprechend andere Kanäle erforderlich. Die Kanalnummern für beide Richtungen sind hierbei jeweils identisch. In den ATM-Netzknoten (LEX) und dem vorgelagerten Cross-Connect (CC) werden die Zellen anhand der VPI- und der VCI-Informationen einer Verbindung zugeordnet und vermittelt. Der VCI-Wert wird abschnittsweise vergeben, d. h., er gilt jeweils nur für die Verbindung zwischen zwei Netzknoten und nicht für die gesamte Verbindung. In einem CC hingegen werden nur die VPI-Werte verändert. Für jede Verbindung wird der Weg durch das Koppelnetz in sogenannten **Verbindungstabellen** (VCI- und VPI-Werte) festgelegt.

ATM				ATM-LEX 1				ATM-LEX 2			
kommend		gehend		kommend		gehend		kommend		gehend	
VPI	VCI	VPI	VCI	VPI	VCI	VPI	VCI	VPI	VCI	VPI	VCI
25	8	28	8	28	8	38	136	38	136	22	178
25	3	28	3	28	3	44	100				
32	66	28	66	28	66	44	99				
12	55	130	55								

Bild 3.36: Prinzipieller Aufbau der Routingtabellen

Jede Zelle einer Verbindung nimmt dann nicht nur den gleichen Weg durch das Koppelnetz in der ATM-VSt, sondern auch durch das gesamte ATM-Netz. Damit wird sichergestellt, dass beim Zellentransport im Netz die ursprüngliche Reihenfolge erhalten bleibt.

Die Verbindungstabellen werden in den Netzknoten aufgrund der Signalisierung angelegt. Zu diesem Zweck findet vor der eigentlichen Nutzdatenübertragung ein gesonderter Datenaustausch zwischen den Endeinrichtungen und den ATM-Vermittlungsstellen statt. Für diese Signalisierung sind ebenfalls virtuelle Kanäle erforderlich. Diese Kanäle sind in Bild 3.35 nicht dargestellt.

Ein wesentlicher Bestandteil der Signalisierung ist unter anderem die Anmeldung des Bedarfs an Übertragungsbandbreite durch die Nachrichtenquelle. Die Bereitstellung entsprechender Leitungskapazitäten muss vor der Übertragung der Nutzdaten vom Netz bestätigt werden, um Überlastungen des Netzes zu vermeiden. Steht die angeforderte Bandbreite nicht zur Verfügung, kann keine Verbindung aufgebaut werden oder die Übertragung erfolgt – sofern dies datentechnisch möglich ist – mit geringerer Bandbreite.

> ATM stellt einer Anwendung oder einem Dienst lediglich die tatsächlich erforderliche Übertragungskapazität zur Verfügung. Dies bezeichnet man als **flexibles Bandbreitenmanagement**.

Der Vorteil der ATM-Technologie ist, dass für die Übertragung verschieden großer Datenstöme keine unterschiedlichen Übertragungseinrichtungen benötigt werden.

AUFGABEN

1. Erläutern Sie den prinzipiellen Aufbau einer ATM-Zelle. Welche Zellentypen unterscheidet man?

2. Ein Telefongespräch soll mithilfe von ATM-Zellen übertragen werden. Wie lange dauert es theoretisch, bis das Nutzfeld einer Zelle voll ist und die Übertragung der Zelle erfolgen kann? (Lösungshinweis: Verwenden Sie gegebenenfalls auch Informationen aus Kap. 4.1.5.4)

3. Was versteht man unter einer virtuellen Verbindung, einem virtuellen Pfad und einem virtuellen Kanal?

4. Was versteht man bei einem ATM-Netz unter dem flexiblen Bandbreitenmanagement?

5. Erläutern Sie den Begriff „asynchron" in der Bezeichnung asynchroner Transfermodus.

3.4   MPLS-Netze

> **MPLS** ist die Abkürzung für **M**ulti **P**rotocol **L**abel **S**witching. Hierbei handelt es sich um eine Technik, die eine *verbindungsorientierte* Übertragung von Datenpaketen innerhalb eines an sich *verbindungslosen* Netzes entlang eines zuvor festgelegten Weges ermöglicht. Ein Netz, welches diese Übertragungstechnik bereitstellt, wird als **MPLS-Netz** bezeichnet.

Die MPLS-Technik macht die Vorteile verbindungsorientierter Protokolle (z. B. QoS) auch in verbindungslosen Netzen (in der Regel IP-Netze) nutzbar. Mittels MPLS lassen sich insbesondere IP-Datenströme schneller verbindungsorientiert transportieren als in einem klassischen ATM-Netz. Bild 3.37 zeigt den prinzipiellen Aufbau eines MPLS-Netzes.

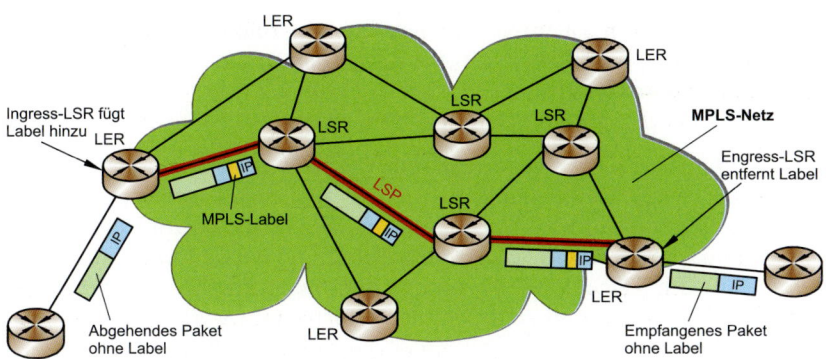

Bild 3.37: Prinzipieller Aufbau eines MPLS-Netzes

Ein MPLS-Netz besteht aus untereinander vermaschten **Label Switching Routern** (LSR). Vor einer Nutzdatenübertragung erhalten zunächst alle beteiligten LSRs in einer verbindungslosen Übertragung die notwendigen Verbindungsinformationen. Diese werden den Headern der IP-Pakete im ersten auf dem Weg durch das MPLS-Netz liegenden LSR entnommen. Dieser erste LSR-Router trägt die Bezeichnung **Ingress-LSR** oder allgemein **Label Edge Router** (LER). Er teilt die zu transportierenden IP-Datagramme in sogenannte **Forwarding Equivalents Classes** (FEC) ein, wobei er sich an den Layer-3-Zieladressen orientiert. Diejenigen IP-Pakete, die zu derselben FEC gehören, bilden einen gemeinsamen Datenstrom (Stream) und werden alle auf demselben Weg zum Ziel übertragen. Der hierzu geschaltete Verbindungsweg innerhalb eines MPLS-Netzes heißt **Label Switch Path** (LSP). Der letzte Router auf dem Verbindungsweg trägt die Bezeichnung Engress-LSR oder ebenfalls allgemein **Label Edge Router** (LER).

Damit die einzelnen Datenpakete ihren Weg durch das MPLS-Netz finden, wird deren Adresskopf um eine Information erweitert.

> Die Kennzeichnung eines Datenpaketes innerhalb eines MPLS-Netzes wird als **Label** bezeichnet. Das Weiterleiten von Datenpaketen anhand dieses Labels nennt man **Label-Switching**.

Bei IP-Paketen wird dieses Label vom Ingress-LSR zwischen dem Layer-2- und dem Layer-3-Header (Kap. 1.4.2.8) eingeschoben und auch als **MPLS-Shim-Header** oder **MPLS-Shim-Layer** bezeichnet. Dieser Layer ermöglicht innerhalb eines MPLS-Netzes das Switchen von Datenpaketen allein auf der Grundlage der Label-Information.

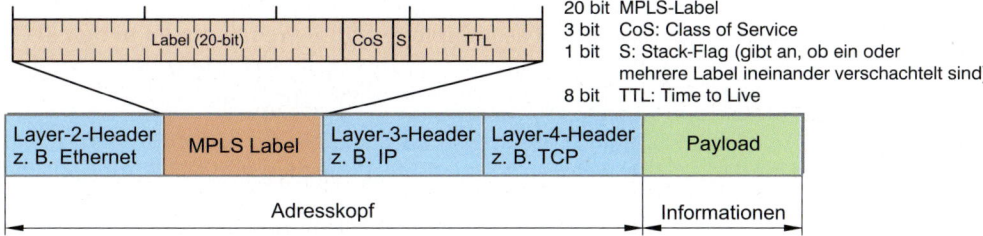

Bild 3.38: MPLS-Label im IP-Header

Die Labelinformation beinhaltet quasi einen Tabellenindex, in dem der nächste Knoten genannt ist. In jedem Knoten wird der Tabellenindex aktualisiert und das Datenpaket zum nächsten Knoten gesendet. Beim Austritt aus dem MPLS-Netzwerk werden die vorhandenen MPLS-Label vom Engress-LSR aus den Datenpaketen entfernt.

Anhand der Labelinformation erkennt jeder LSR, zu welchem Stream ein Datenpaket gehört. Dadurch ist bei den nächsten Knoten keine Analyse der Layer-3-Information mehr erforderlich. Über zusätzlich vorhandene Informationen lassen sich sowohl Prioritäten (Service Class) als auch Bandbreiten (QoS) zuordnen. Durch die Verwendung von speziellen Transport-Profilen (**MPLS-TP** = **M**ulti **P**rotocol **L**abel **S**witching-Transport **P**rofile; RFC 5654) lässt sich die Übertragungseffizienz weiter steigern.

Die Labelzuweisung erfolgt durch die Signalisierungsprotokolle **LDP** (**L**abel **D**istribution **P**rotocol) bzw. **RSVP-TE** (**R**esource **R**eservation **P**rotocol-Traffic Engineering). Während das LDP einen Verbindungsweg anhand vorgegebener Algorithmen findet, umfasst das RSVP-TE sämtliche Maßnahmen für eine Optimierung des Weges für die jeweilig unterschiedlichen Anforderungen einer Übertragung (z. B. Echtzeitdaten, Streaming, File-Transfer, E-Mail usw.). Hierzu gehören das **Traffic-Shaping** für optimale Wegewahl, das **Traffic-Policing** für die Kontrolle der Konformität das Datenverkehrs, das **Bandbreitenmanagement** zur effektiven Ausnutzung vorhandener Leitungsressourcen sowie die Überwachung der Verzögerungszeiten und der Laufzeitschwankungen bei der Übertragung.

Der Vorteil des Label-Switching im Gegensatz zu den Hop-by-Hop-Verfahren liegt in der höheren Effizienz bei der Weiterleitung von IP-Paketen, bei denen die Weiterleitung für jedes einzelne Paket durch Analyse des Headers im Router getroffen wird. Mit dieser Technik lassen sich auch Layer-2-VPNs und Layer-3-VPNs als Punkt-zu-Punkt-Verbindungen schalten. Die Datenströme verschiedener VPNs werden hierbei logisch getrennt über die gleichen Verbindungswege übertragen. Das MPLS vereint somit die Vorteile der schnellen ATM-Vermittlungstechnik mit der Flexibilität des IP-Routings. Multi Protocol Label Switching ist eine Virtuell Private Network-(VPN)Technik. Sie bietet die Möglichkeit, verschiedene virtuelle private Netze mit identischen IP-Adressbereichen ohne die Vermischung von Adressinformationen transparent über eine gemeinsame MPLS-Plattform zu verbinden. Jedes VPN ist ein in sich geschlossenes IP-Netzwerk. Dies trifft ebenfalls für das Internet zu, sodass auf einer MPLS-Plattform sowohl VPNs als auch Internet-Dienste realisiert werden können.

Darüber hinaus zeichnet sich als weitere Entwicklung **VPLS** (**V**irtual **P**rivate **LAN S**ervices) ab. VPLS bietet als Layer-2-VPN auch Multipoint-Verbindungen, die auf der bestehenden Ethernet-Technologie abgebildet werden können. Aus Sicht des Kunden verhält sich ein solches Netz wie ein herkömmlicher LAN-Switch; der Einsatz teurer WAN-Interfaces und -Router ist nicht mehr erforderlich. Die komplette MPLS-Architektur ist in den RFCs 3031 und 3032 beschrieben. Darüber hinaus kann man sich im „MPLS-Forum" über den jeweils aktuellen Stand der Entwicklung informieren (www.mplsforum.org).

Eine Erweiterung des MPLS-Standards stellt **GMPLS** (**G**eneralized **M**ulti **P**rotocol **L**abel **S**witching; RFC 3945) dar. Hierbei werden die Label-Mechanismen von MPLS auf optische Switching-Komponenten (z. B. Add/Drop-Multiplexer, optische Switches) übertragen. Hierdurch lassen sich auch in rein optischen Netzen die vorhandenen Ressourcen dynamischer und effizienter zuweisen. GMPLS wird beispielsweise in den sogenannten **Automatically Switched Optical Networks** (ASON; intelligente optische Netze, Kap. 3.7.1) in Verbindung mit **Wellenlängenmultiplex** (WDM, siehe Kap. 4.2.8) eingesetzt.

AUFGABEN

1. Was bedeutet die Abkürzung „MPLS" im Zusammenhang mit Datennetzen? Erläutern Sie die hierbei verwendete Übertragungstechnik und nennen Sie deren Vorteile.

2. Mit „LSR" und „LER" werden Komponenten eines MPLS-Netzes bezeichnet. Erläutern Sie die Abkürzungen und die Aufgaben dieser Komponenten.

3. Wo befindet sich das MPLS-Label im IP-Header eines Datenpaketes? Wie ist es aufgebaut?

3.5 Broadcast-Netze

Unter einem **Broadcast-Netz** versteht man ein flächendeckendes Verteilnetz, über das Informationen an eine größere Gruppe **unbestimmter** Empfänger übertragen werden können.

Im Gegensatz zu den Kommunikationsnetzen, in denen jeder Teilnehmer über eine eindeutige Adresse (Telefon-Nr., IP-Adresse, MAC-Adresse) verfügen muss, um Informationen empfangen zu können (und über die er dann auch identifizierbar ist), ist in einem klassischen Broadcastnetz ein Teilnehmer zunächst *unbestimmt*, d. h. auch nicht identifizierbar. Eine eindeutige „Adresse" ist nicht erforderlich, das Vorhandensein entsprechender technischer Einrichtungen genügt, um Informationen empfangen zu können (z. B. Antenne und Receiver).

Zu den bekanntesten öffentlichen Broadcast-Netzen gehören das Fernseh- und das Rundfunk-Netz, bei denen bis auf wenige Ausnahmen nur noch digitale Übertragungstechniken eingesetzt werden. Hierbei kommen die folgenden von der ETSI international festgelegten Standards zum Einsatz:

Abk.	Bezeichnung	Erläuterung
DVB	Digital Video Broadcasting	flächendeckendes Verteilnetz zur digitalen Übertragung von Video-, Audio- und Datendiensten
DAB	Digital Audio Broadcasting	digitaler terrestrischer Übertragungsstandard für Hörfunksignale, geeignet für Übertragungsfrequenzen von ca. 30 MHz bis 3 GHz (somit neben terrestrischer Ausstrahlung prinzipiell auch verwendbar für Kabel und Satellit), in Deutschland wird terrestrisch (T-DAB = Terrestrial DAB) vornehmlich der Bereich 174–230 MHz verwendet
DRM	Digital Radio Mondiale	digitale terrestrische Übertragung von Hörfunksignalen im (klassischen) Mittel-, Lang- und Kurzwellen-Bereich (Mittelwelle: ca. 526–1 606 kHz; Langwelle: 148–284 kHz; Kurzwelle: freie Frequenzbänder zwischen 3,9 und 26 MHz)

Bild 3.39: Digitale Broadcast-Netzstandards

Diese Standards beschreiben jeweils die physikalische Bitübertragungsschicht, bezogen auf die verwendeten Übertragungsmedien (z. B. elektrische Leitungen oder terrestrische Funkwellen), nicht aber die Art der Audio- und Videocodierung der Inhalte. Die verwendeten digitalen Techniken können die Anforderungen einer modernen Informationsgesellschaft, die insbesondere durch Mobilität und hohe Datenraten gekennzeichnet ist, wesentlich besser erfüllen als die alten analogen Broadcast-Netze, die sukzessive abgeschaltet werden.

3.5.1   DVB

Beim DVB-Standard wird je nach Übertragungsweg unterschieden zwischen **DVB-S** (Satellit), **DVB-C** (Kabel) sowie **DVB-T** (terrestrisch). Bild 3.40 visualisiert die unterschiedlichen Übertragungswege der DVB-Technologien, sowie von DAB+ und DRM.

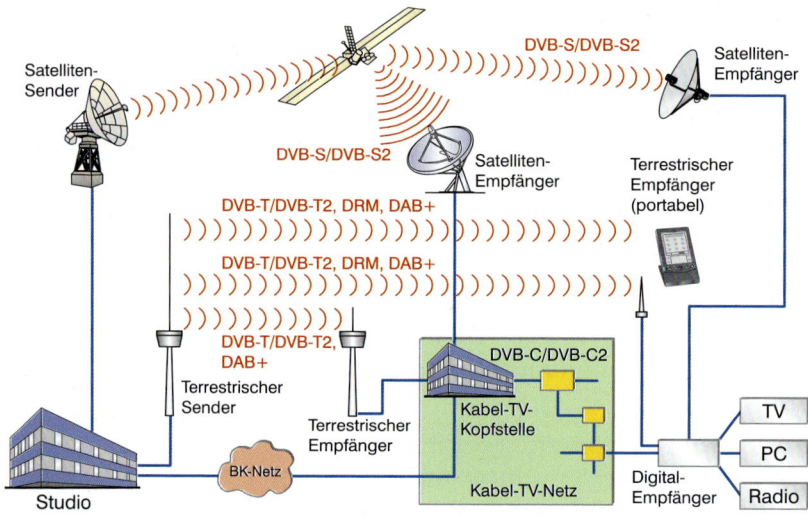

Bild 3.40: DVB-Technologien (Hinweis: DVB-T wurde in Deutschland 2017 abgeschaltet.)

Die jeweils technisch verbesserten Nachfolgestandards werden mit DVB-S2, DVB-T2 bzw. DVB-C2 bezeichnet. Obwohl die genannten DVB-Techniken unterschiedliche Übertragungswege nutzen, liegt allen das gleiche technische Prinzip zugrunde, welches in Bild 3.41 vereinfacht dargestellt ist.

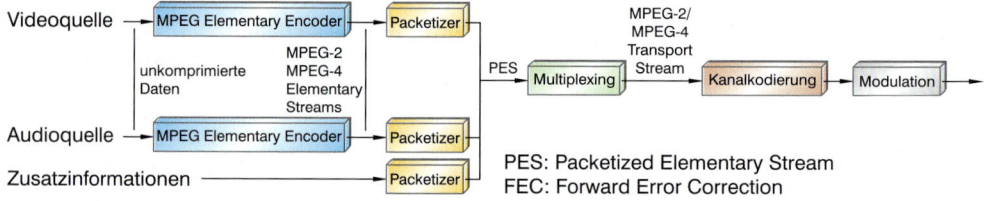

Bild 3.41: Grundprinzip der DVB-Technik

Die zunächst analogen Audio- und Videodaten werden separat mittels entsprechendem Encoder in sogenannte digitale **Elementary Streams** umgewandelt (Quellcodierung, Kap. 4.1.9). Alle DVB-Techniken verwenden hierzu je nach Standard **MPEG-2** bzw. **MPEG-4** zur Datenreduktion, wodurch hohe, verlustfreie Kompressionsraten ermöglicht werden.

Bei der analogen Übertragung eines TV-Senders war früher - abhängig vom verwendeten Frequenzbereich - jeweils ein Übertragungskanal mit einer Bandbreite (Kap. 4.1.5.3) von

7 MHz bzw. 8 MHz erforderlich. Auf einem solchen Kanal lassen sich bei digitaler Übertragung mithilfe von Multiplextechniken gleich mehrere TV-Sender übertragen (Bild 3.42). Die Audiodaten werden hierbei standardmäßig mit 192 kbit/s codiert (Stereo), alternativ auch in Dolby Digital oder DTS mit den entsprechend größeren Datenvolumen (Soundverfahren siehe „Einfache IT-Systeme", Kap. 1.9.2).

Anschließend werden die Daten in einzelne Pakete gepackt (**PES: Packetized Elementary Stream**), gegebenenfalls mit Zusatzinformationen versehen und dann gemultiplext. Zur Anpassung an die Eigenschaften des jeweiligen Übertragungskanals erfolgt dann die Kanalcodierung (Kap. 4.1.9), bei der unter anderem verschiedene Fehlerschutzmaßnahmen zur Verringerung von Übertragungsfehlern hinzugefügt werden (z. B. FEC: Forward Error Correction; Blockcodierung; Byte-Verschachtelung). Hierdurch können DVB-Decoder das Signal bei Bitfehlerraten (**BER: Bit Error Rate**) von bis zu 10^{-3} noch einwandfrei decodieren! Erst darüber hinaus treten zunächst Blockartefakte und dann komplett zerstörte Videobereiche auf, im schlimmsten Fall bleibt das Bild einfach stehen. Die Pakete bestehen aus 188 Bytes, sie beginnen jeweils mit einem vier Byte großen Header.

Für die eigentliche Übertragung werden die DVB-Ströme dann auf elektromagnetische Trägerwellen moduliert. Hierbei werden je nach Standard unterschiedliche Modulationsverfahren eingesetzt und verschiedene Frequenzbereiche genutzt.

	DVB-S/DVB-S2	DVB-C/DVB-C2	DVB-T[1]/DVB-T2
ETSI-Standard	DVB-S: EN 300421 DVB-S2: EN 302307	DVB-C: EN 300429 DVD-C2: EN 302769	DVB-T: EN 300744 DVB-T2: EN 302755
Modulations-verfahren (Kap. 4.1.5)	DVB-S: QPSK DVB-S2: 32-APSK	DVB-C: 64-QAM 256-QAM DVB-C2: COFDM mit bis zu 4096-QAM	DVB-T: COFDM in Verbindung mit QPSK und 16-QAM DVB-T2: COFDM in Verbindung mit 64-QAM und 256-QAM
Frequenzbereiche (Europa bzw. Deutschland)	ca. 10,7–12,7 GHz (downlink; künftig auch erweiterbar)	ca. 68–862 MHz (klassisches Kabelnetz, abh. von Ausbaustufe, künftig erweiterbar)	DVB-T: 474-786 MHz DVB-T2: 470-694 MHz
Kanalbandbreite	26 bis 54 MHz (Transponderband- breite)	7 bzw 8 MHz	DVB-T: 7 bzw. 8 MHz DVB-T2: bedarfsorien- tiert 1,7-10 MHz
verwendete Audio/ Videokompression (Kap. 4.1.6, nicht Teil der DVB-Standards)	DVB-S: MPEG-2 DVB-S2: MPEG-4/ AVC	DVB-C: MPEG-2; MPEG-4/H.264 DVB-C2: MPEG-4/AVC	DVB-T: MPEG-2 DVB-T2: MPEG-4 AVC DVB-T2 HD: MPEG-4/ HEVC (zurzeit nur in Deutschland)

---

[1] *In Deutschland 2017 abgeschaltet; frei werdende Bereiche werden für Mobilfunk genutzt.*

	DVB-S/DVB-S2	DVB-C/DVB-C2	DVB-T/DVB-T2
Nutzkapazität (Downstream, dynamische Zuordnung)	ca. 17 bis 65 Mbit/s (abh. von Transponderbandbreite)	64-QAM: bis ca. 38 Mbit/s; 256-QAM: bis 52 Mbit/s; 4096-QAM: bis 84 Mbit/s (DVB-C2)	QPSK: bis 10 Mbit/s 64-QAM: bis 32 Mbit/s; 256-QAM: bis 45,5 Mbit/s
Sender pro Kanal	bis zu 8 (ca. 200 Transponderkanäle)	bis zu 10, abhängig von der Auflösung (z. B. SDTV oder HDTV)	1–4, abhängig von der Auflösung (z. B. SDTV oder HDTV)
Rückkanalfähig	prinzipiell ja, aber kaum angeboten: DVB-RCS (**R**eturn **C**hannel for **S**atellite)	ja, DOCSIS-Standard (Kap. 3.5.3) oder DVB-RCC (**R**eturn **C**hannel for **C**able; kaum angeboten und nicht kompatibel zu DOCSIS)	prinzipiell ja, aber kaum angeboten: DVB-RCT (Return Channel for Terrestrial)
Sonstiges	– Frequenz-Doppelnutzung durch horizontale u. vertikale Polarisation – DVB-S2 mit effizienterer Fehlerkorrektur (LDPCCodec)	Derzeit werden in Deutschland Frequenzen oberhalb von 300 MHz für DVB-C C2 genutzt; im darunter liegenden Frequenzbereich werden Radio und TV regional noch bis Ende 2018 analog übertragen.	– DVB-T2: kürzeres Guard-Intervall, dadurch höhere Nutzdatenrate; verbesserter Fehlerschutz durch LDPC (Low Density Parity Check)

Bild 3.42: Technische Daten der DVB-Übertragungsstandards

Die Anzahl der übertragbaren Sender pro Kanal ist unter anderem abhängig von der gesendeten TV-Qualität und damit von der jeweils erforderlichen Datenrate.

Qualitätsstufe	Auflösung	Datenrate
LDTV: Low Definition-TV	376 × 282	bis ca. 1,5 Mbit/s
SDTV: Standard Definition-TV (PAL-Standard, siehe „Einfache IT-Systeme", Kap. 1.9.4; hiervon abweichende Auflösungen werden gegebenenfalls auch als SDTV bezeichnet.)	768 x 576	bis ca. 3 Mbit/s (MPEG-2)
HDTV: High Definition-TV (Full-HD)	1 920 × 1 080	bis ca. 6 Mbit/s (MPEG-4AVC) (auch abhängig vom Bildaufbauverfahren: 1 080i oder 1 080p; siehe „Einfache IT-Systeme", Kap. 1.9.4)
UHDTV: Ultra High Definition-TV (kurz: UHD)	3 840 × 2 160	bis ca. 25 Mbit/s (MPEG 4/HEVC)

Bild 3.43: TV-Qualitätsstandards und erforderliche Datenraten

Wegen der zu ihren jeweiligen Vorgängern unterschiedlichen Modulationsverfahren bzw. Kompressionsverfahren sind sämtliche Nachfolgestandards nicht abwärtskompatibel. Um die neuen Standards nutzen zu können, sind entsprechende neue Empfangsgeräte bzw. Decoder erforderlich. Die in Deutschland ab 2016 begonnene Umstellung auf den Standard DVB-T2 HD verwendet gegenüber dem „normalen" T2-Standard als Besonderheit den aktuelleren, aber nicht kompatiblen HEVC-Video-Codec (Kap. 4.1.6). Hierdurch lässt sich der Sende-Frequenzbereich - bei besserer Bildqualität (bis zu 1 080p) und ohne Reduzierung der Senderanzahl - erheblich einschränken. Die frei werdenden Frequenzen oberhalb von 700 MHz werden dann für den Mobilfunk bereitgestellt (Kap. 3.10).

Neben den aufgeführten Standards existiert auch ein DVB-Standard für die Übertragung von Audio- und Videodiensten über das Internetprotokoll (**DVB-IPTV** bzw. **DVB-IPI**: DVD-Internet Protocol Infrastructure). Hierbei werden die Audio- und Videodaten wie bei DVB-C/C2 zunächst digital aufbereitet und komprimiert und können dann eingebettet in eine IP-Rahmenstruktur über jedes IP-basierende Netz verteilt werden. Dieses Verfahren liegt derzeit auch der Verbreitung der öffentlichen Sender im VDSL-Netz der Deutschen Telekom zugrunde (T-Home-Entertain).

Ein aktiv nutzbarer Rückkanal per Kabel (BK-Netz oder DSL) wird - unabhängig von der jeweiligen Zugangstechnik zum Fernsehprogramm - von allen TV-Anbietern über den direkt an das Internet angeschlossenen Fernseher offeriert. Hieraus ergeben sich unter anderem die folgenden realisierbaren Dienste-Szenarien:

- Ausstrahlung von TV mit bidirektionalem, programmgebundenem Punkt-zu-Punkt-Rückkanal (z. B. Chat über aktuelles Programm, E-Commerce per Direktbestellung, interaktive Icons im Bild)

- Abruf von TV-Sendungen oder auch Webseiten in Kombination mit einem programmgebundenen oder -ungebundenen Punkt-zu-Punkt-Interaktionskanal (z. B. Video-on-Demand, Web-on-Demand, Pay-TV, E-Mail, Chat)

- Internetzugang mit Video-Abruf mittels Punkt-zu-Punkt Ausstrahlung (z. B. PC-basiertes Web-Video-Portal mit spezialisierten Video-Archiven, Multi-Channel-Live-TV)

Diese neuen zielgerichteten Dienste erfordern stets die vorherige eindeutige Identifizierung des Teilnehmers. Der vorhandene Rückkanal ermöglicht darüber hinaus auch vielfältige Kontroll- und Überwachungsmöglichkeiten des individuellen TV-Konsumverhaltens. Die Anonymität eines Teilnehmers wie in einem klassischen (analogen) Broadcastnetz ist somit nicht mehr gegeben! Die Kombination aus Digital-TV und den entsprechenden Angeboten aus dem Internet firmiert auch unter der Bezeichnung **HbbTV** (**H**ybrid **B**roadcast **B**roadband **TV**), bzw. wird sie unter dem Namen **Smart-TV** vermarktet (siehe auch Kap. 3.5.5).

Eine zusammenfassende Darstellung möglicher Übertragungswege und Zugangstechniken von flächendeckenden TV-Verteilnetzen zeigt das Bild 3.44.

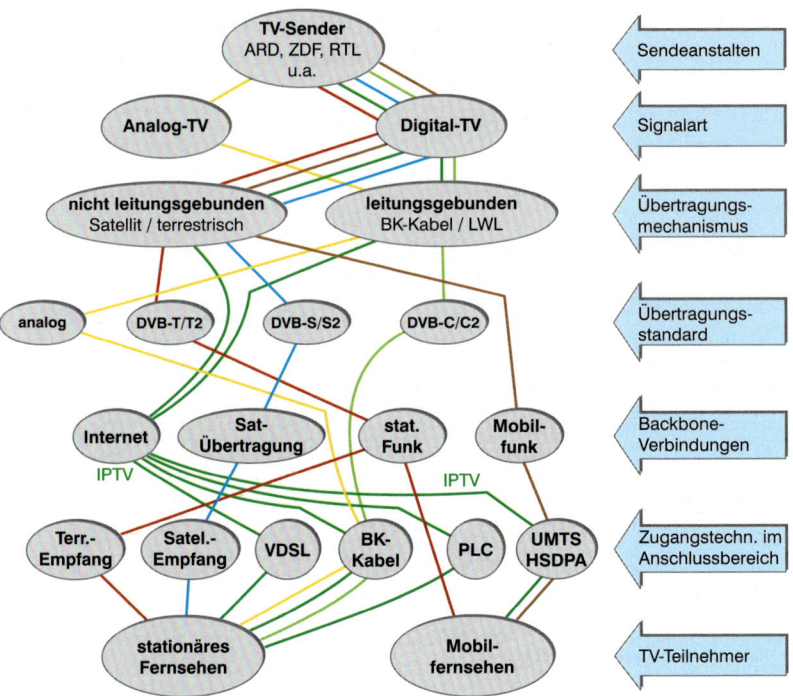

Bild 3.44: Zugangstechniken und Übertragungswege von TV-Broadcastnetzen (Analog-TV regional nur noch zeitlich begrenzt bis Ende 2017)

3.5.2 Gleichwellennetz

Im analogen, terrestrisch ausgestrahlten TV-Netz ließ sich pro Kanal nur ein einziges TV-Programm übertragen. Aufgrund der erforderlichen Übertragungsbandbreite pro Kanal (7 oder 8 MHz) war die Anzahl der Kanäle in den zur Verfügung stehenden VHF- und UHF-Frequenzbändern (VHF = Very High Frequency; UHF = Ultra High Frequency) vergleichsweise gering (ca. 40 Kanäle).

Zudem mussten benachbarte Sendestationen das gleiche TV-Programm stets auf unterschiedlichen Frequenzen ausstrahlen, um sich aufgrund von **Interferenzen** des **HF-Signals** (HF = **H**igh **F**requency) nicht gegenseitig zu stören (Interferenz = Eigenschaft von Wellen, sich bei Überlagerung gegenseitig auszulöschen). Bei einer flächendecken- den Ausstrahlung wurde somit ein großer Frequenzbereich belegt.

Der analoge TV-Empfänger (TV-Tuner) musste aus technischen Gründen alle empfangenen Signale in Echtzeit verarbeiten. Durch Reflexionen des Sendesignals an Hindernissen (z.B. Berge, Häuser) und dem physikalisch bedingten, zeitlich verzögerten Eintreffen der reflektierten Signale an der Empfangsantenne ergaben sich dann die sogenannten „Geister- oder Schattenbilder" (**Mehrwegeempfang**).

Durch den Einsatz komplexer digitaler Multiplextechniken ist es bei DVB-T/T2 möglich, mehrere Programme pro Kanal zu übertragen, wodurch die Anzahl der TV-Programme im Vergleich zur analogen Übertragung in den zur Verfügung stehenden Frequenzbändern steigt.

Die geringere Nutzkapazität eines Kanals bei DVB-T/T2 gegenüber DVB-S/S2 und DVB-C/C2 (Bild 3.42) resultiert aus dem wesentlich höheren Aufwand bei terrestrischer Signalausstrahlung, der für den störungsfreien Empfang insbesondere bei Eigenbewegung im mobilen Empfangsbetrieb erforderlich ist. Die Übertragung erfolgt bei DVB-T/T2 über ein sogenanntes Gleichwellennetz.

> Unter einem **Gleichwellennetz** (**SFN** = **S**ingle **F**requency **N**etwork) versteht man ein flächendeckendes Sendernetzwerk mit verteilten Sendeanlagen, bei dem die Sender dieselben Programme *isochron* auf den gleichen Sendefrequenzen ausstrahlen.

Isochron bedeutet in diesem Zusammenhang, dass die Sendeantennen die Informationen *zeitgleich* und *bitidentisch* ausstrahlen. Etwaige Zeitdifferenzen aufgrund von Signallaufzeiten auf den Leitungen vom Signaleinspielpunkt zu den Sendeanlagen müssen hierbei ausgeglichen werden (**SFN-Synchronisation**). Um diese zeitliche Synchronität der Ausstrahlung unabhängig vom Sendeort zu realisieren, verwendet man ein weltweit empfangbares Signal, den Sekundenimpuls des **Global Position Systems (GPS)**.

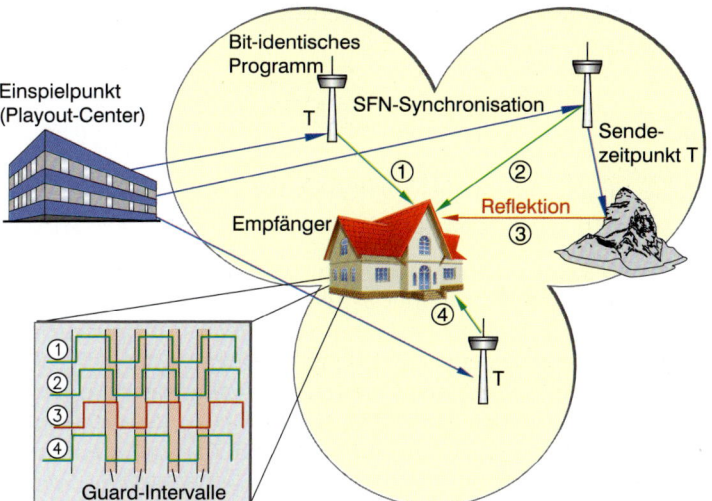

Bild 3.45: SFN-Synchronisation und Guard-Intervall

Zu den wesentlichen Vorteilen eines digitalen Gleichwellennetzes zählt auch die Bewältigung der oben dargestellten Mehrwegeempfangssituationen. Bei einem DVB-T/T2-Empfänger erfolgt die Auswertung der blockweise ausgestrahlten Nutzinformationen nämlich nicht direkt, sondern erst nach Ablauf einer festgelegten Zeitspanne, dem sogenannten **Guard-Intervall** (Bild 3.45).

Aufgrund von Reflexionen können zwar auch hierbei gleiche Informationsblöcke zeitlich versetzt beim Empfänger ankommen, die Auswertung nach Ablauf des Guard-Intervalls verändert jedoch nicht den Informationsgehalt und führt somit auch nicht zu einer Bildverschlechterung. In Gebieten, in denen DVB-T/T2-Signale verfügbar sind, ist der Empfang mit einer einfachen Stabantenne (DVB-T2 mit Yagi-Antenne) und einem entsprechenden DVB-T/T2-Empfänger möglich. DVB-Empfänger aller Übertragungsstandards sind aber auch als Erweiterungskarten oder in Form eines USB-Sticks für den PC, den Laptop oder das Tablet erhältlich.

3.5.3 Breitband-Kabelnetz (BK-Netz)

Der Begriff Breitband-(Kabel)Netz wird im allgemeinen Sprachgebrauch mit unterschiedlicher Bedeutung verwendet.

- Als **Breitband-(Kabel)Netz** wird einerseits generalisierend ein Kommunikationsnetz bezeichnet, welches – unabhängig von der Übertragungsart – über eine hohe Datenübertragungsrate verfügt.

- Als **Breitband-(Kabel)Netz** wird andererseits ein Netz bezeichnet, welches Signale – unabhängig von der Datenübertragungsrate – auf unterschiedliche Trägerfrequenzen aufmoduliert und in einzelnen Frequenzkanälen überträgt.

- In beiden Fällen verwendet man meist die Abkürzung **BK-Netz**.

Die trägermodulierte Technik wird in Deutschland im sogenannten **TV-Kabelnetz** eingesetzt; die Bezeichnung BK-Netz resultiert somit aus der Verwendung einzelner Frequenzkanäle für die Datenübertragung. Dieses Kabelnetz basiert auf den in den 1980er-Jahren vor allem durch die Deutsche Bundespost verlegten Koaxialkabeln (Kap. 4.1.1.2) und wurde ursprünglich als **unidirektionales Breitband-Verteilnetz** (Informationsfluss nur vom Sender zu den Empfängern) konzipiert.

3.5.3.1 BK-Netzstruktur

Organisatorisch wird das deutsche BK-Netz in 4 bzw. 5 Netzebenen unterteilt (Bild 3.46; Ebene 5 wird teilweise nicht als „offizielle" Ebene anerkannt).

Vom Studio oder einem externen Veranstaltungsort (Ebene 1) gelangt das Signal über Lichtwellenleiter oder eine Richtfunkstrecke zu einer Sendestation (Ebene 2). Von dort wird das Signal terrestrisch oder über Satellit zu den regional verteilten **Kopfstationen** (Head End Stations) übertragen. Die Signale der verschiedenen Fernsehsender (ARD, ZDF, RTL usw.) werden mit entsprechenden Wandlern auf unterschiedliche Trägerfrequenzen aufmoduliert (früher Analog-TV und analoge Radiosender, heute fast nur noch digital DVB-C/C2 und DAB; Kap. 3.5). Die Trägerfrequenzen werden dann in die Stammleitungen (LWL) des Netzes zur regionalen Weiterverbreitung eingespeist (Ebene 3). Über Verteilstellen (Hubs), Verstärker und Abzweiger gelangt das Signal dann über Koaxialleiter (z. B. RG-6-Kabel: doppelt geschirmtes Kabel, Außendurchmesser 8,4 mm, Durchmesser Innenleiter 0,72 mm) zum Teilnehmer. Die Zuständigkeit des Netzbetreibers endet am Übergabepunkt beim Teilnehmer.

Ein Netz, das aus einer Kombination aus Glasfaser- und Koaxialleitungen besteht, wird auch als **HFC-Netz** (**H**ybrid **F**iber **C**oax-Netz) bezeichnet.

Die hausinterne Signalverteilung erfolgt über die stationär verlegten Koaxialleitungen zwischen Übergabepunkt und den Geräteanschlussdosen (Ebene 4). Wurden früher die Anschlussdosen mehrerer Wohneinheiten seriell an einem einzigen Leitungsstrang angeschlossen, erfolgt heute die Verkabelung vom Übergabepunkt ausgehend sternförmig zu jeder Wohneinheit. An jede Geräteanschlussdose (Antennensteckdose) kann ein Teilnehmer dann mit flexiblen Koaxialleitungen seine Endgeräte anschließen (Ebene 5). Eine

Anschlussdose verfügt hierzu meist über zwei getrennte Buchsen für Radio und TV sowie eine zusätzliche Buchse für den Anschluss eines Kabelmodems (siehe unten).

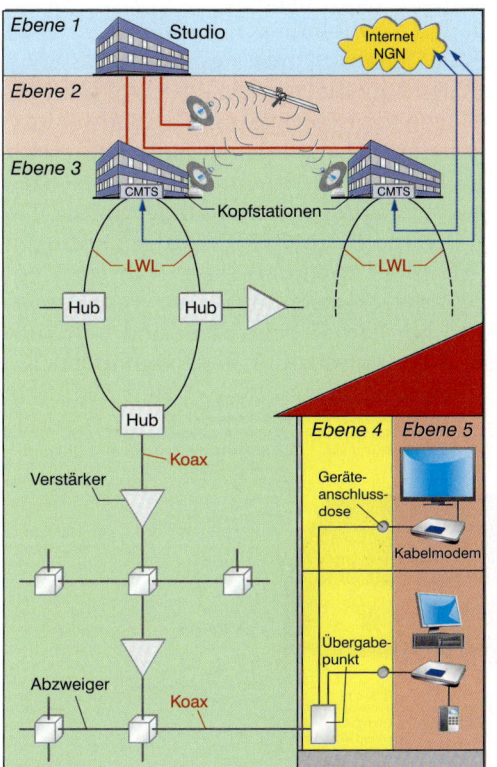

Bild 3.46: Prinzipielle Struktur des deutschen BK-Netzes

Die Netzebene 3 des BK-Netzes (grüne Tönung in Bild 3.46) ist in Deutschland inzwischen im Besitz privater Netzbetreiber (z. B. Unitymedia). Um die vorhandenen Netzstrukturen auch für den bidirektionalen Betrieb nutzen zu können, haben diese Netzbetreiber ihre Netze sukzessive mit einem Rückkanal ausgestattet. Hierzu mussten sämtliche Abzweiger und Verstärker technisch nachgerüstet werden. Der Rückkanal ermöglicht dem Teilnehmer neben dem Fernsehempfang auch den individuellen Zugang zum Internet sowie die Nutzung von Telefondiensten. Das TV-Netz hat sich damit zu einem **bidirektionalen Breitband-Kommunikationsnetz** entwickelt.

> Die Bereitstellung von TV-Zugang, breitbandigem Internetzugang und Telekommunikation über ein gemeinsames Zugangsmedium bezeichnet man als **Triple-Play-Dienst**.

3.5.3.2 CMTS

Die Verbindung des Kabelnetzes zu allen erforderlichen Daten- und Kommunikationsnetzen (Internet, Stadtnetze, Telefon-Festnetz usw.) sowie dem TV-Angebot erfolgt über das in der Kopfstelle befindliche **CMTS** (Cable Modem Termination System, Bild 3.46).

Das CMTS besteht aus mehreren Downstream- und Upstream-Modulatoren, die jeweils einen logischen Port bilden und die bidirektionale Verbindung zum Kabelmodem beim Teilnehmer herstellen. Seine Funktion ist vergleichbar mit einem DSLAM in einem DSL-Netzwerk (Kap. 3.8). Da Up- und Downstream jeweils in unterschiedlichen Frequenzbereichen übertragen werden (Getrenntlageverfahren, Kap. 4.1.7.3), sind für eine bestehende Duplexverbindung immer zwei physikalische Ports im CMTS pro Teilnehmer nötig. Ein CMTS kann mehrere tausend Teilnehmer verwalten. Die Aufgaben des CMTS wird zukünftig die **Converged Cable Access Platform** (**CCAP**) übernehmen, eine Funktionseinheit, die TV-Signale und IP-basierende Kommunikation wesentlich effizienter zusammenfassen kann.

3.5.3.3 Kabelmodem

Zur Nutzung sämtlicher angebotener Dienste ist beim Teilnehmer ein sogenanntes **Kabel-modem** erforderlich. Dieses Kabelmodem stellt den Netzabschluss des Kabelnetzes beim Teilnehmer dar. Es übernimmt die Anpassung der Signalisierung eines angeschlossenen Teilnehmer-Endgerätes an die Kanalstruktur des Kabelnetzes. Unabhängig vom bis ca. 2018 noch möglichen herkömmlichen analogen Fernsehempfang an der Anschluss-dose stellt ein modernes Kabelmodem Schnittstellen für die Telekommunikation und den Datentransfer zur Verfügung (z. B. TAE oder RJ11, HDMI, Ethernet, USB). Gleichzei-tig fungiert es meist auch auch als Media Receiver, kann hochauflösende digitale TV-Kanäle (HDTV) empfangen sowie über eine interne Festplatte TV-Aufzeichnungen erstellen und zeitversetzt wiedergeben. Sofern nicht integriert, lässt sich auch ein (WLAN-)Router zur Nutzung eines privaten PC-Netzes anschließen. Die Teilnehmer-Endgeräte (Customer Premises Equipment) sind mit dem Kabelmodem und weiterhin über das CMTS mit dem gewünschten Backbone-Kommunikationsnetz verbunden.

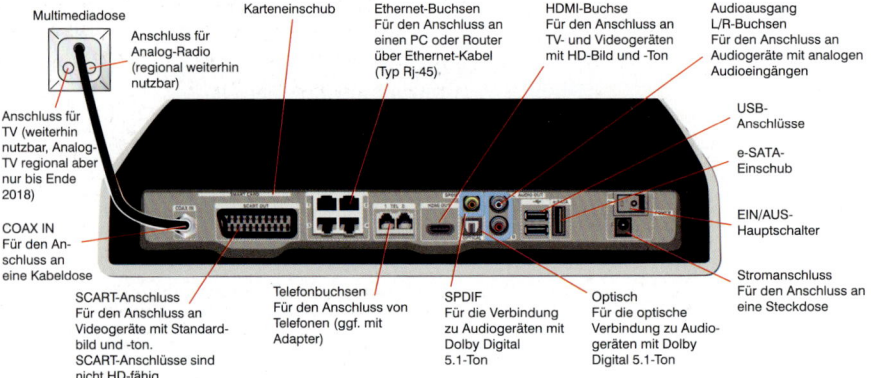

Bild 3.47: Kabelmodem mit Multimediafunktionen (Hinweis: Modellabhängig sind nicht alle Anschlüsse aktiviert!)

Ein Kabelmodem besteht aus folgenden wesentlichen Funktionseinheiten:

Bezeichnung	Funktion
Tuner	Sender/Empfänger für die jeweils erforderlichen Frequenzen (upstream und downstream)
Diplexer	Richtungstrennung kommender und gehender Signale; vergleichbar mit der Gabelschaltung (Kap. 4.1.7.4) bei analogen Telefonen
Modulator/ Demodulator	Umsetzung digitaler Daten auf die für den Upload erforderlichen Frequenzen; Umsetzung der für den Download verwendeten Frequenzen in digitale Daten
Media Access Controller	Codierung/Decodierung der zu übertragenden Daten, Fehlerkorrektur, Trennung/Zusammenführung von TV-/Internet-/Telefondaten usw. und Verteilung auf die bereitgestellten Anschlüsse (z. B. Ethernet, USB, HDMI usw.); Zugriffssteuerung und Kontrolle in Verbindung mit der CPU
CPU	Gerätesteuerung und Überwachung sämtlicher Vorgänge und Funktionen

Bild 3.48: Wesentliche Funktionsweise eines Kabelmodems

3.5.3.4 EuroDOCSIS

Die angebotenen Triple-Play-Dienste stellen unterschiedliche Anforderungen an die bidirektionale Übertragungstechnik. Dies führte letztendlich zur Entwicklung eines gemeinsamen europäischen Standards für die bidirektionale Übertragung von Daten über das Kabelnetz.

> Die europäische Version der Standardisierung von bidirektionalen Datenübertragungen im Breitband-Kabelnetz trägt die Bezeichnung **EuroDOCSIS** (Euro **D**ata **O**ver **C**able **S**ervice **I**nterface **S**pecification).

EuroDOCSIS existiert in verschiedenen Entwicklungsstufen (z. B. Version 2.0; Version 3.0, Version 3.1) und umfasst im Wesentlichen die Festlegungen von Übertragungsfrequenzen, von Kanalbandbreiten, von unterstützten Protokollen und von verwendeten Modulationsverfahren. Darüber hinaus werden die Teilnehmerschnittstellen sowie die Anbindung des Kabelnetzes an Daten- und Kommunikations-Backbonenetze (z. B. Internet, NGN) festgelegt. Hierbei sind bis einschließlich Version 3.0 die speziell für die Triple-Play-Dienste vorgesehenen Frequenzen eingebettet in die bislang genutzten Bereiche für die Übertragung der klassischen Radio- und Fernsehkanäle (Bild 3.49 a). Diese unterscheiden sich in Europa frequenzmäßig von der ursprünglichen amerikanischen DOCSIS-Spezifikation. Der weiterentwickelte DOCSIS-Standard 3.1 ist universell ausgelegt und unterstützt sämtliche weltweit verwendeten Frequenzstandards (d. h., es gibt keine spezielle „Euro"-Version 3.1 mehr).

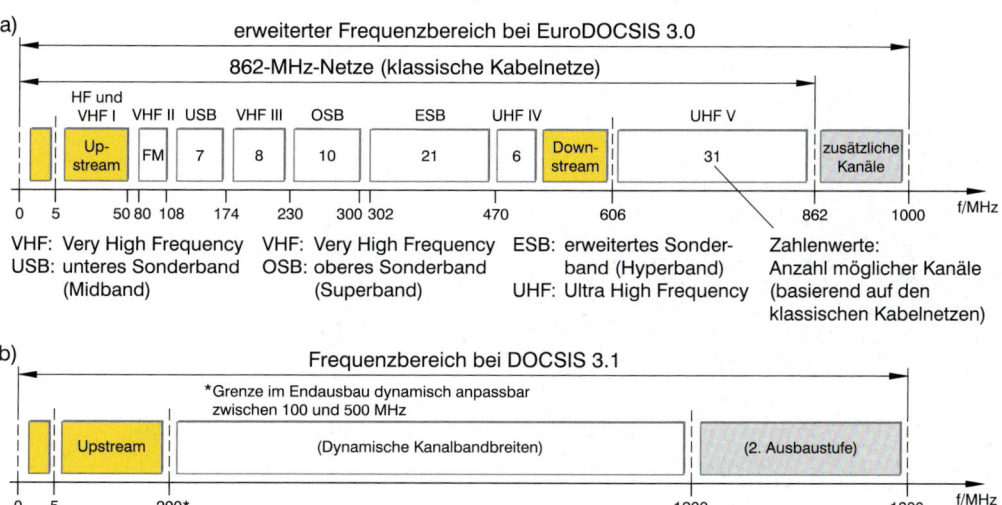

Bild 3.49: Frequenzaufteilung und Frequenznutzung im BK-Netz (Koaxialkabel)

Der bidirektional nutzbare Frequenzbereich bis 5 MHz dient der Netzwerküberwachung und dem Netzwerkmanagement. Hierüber kann der Kabelnetzbetreiber den Teilnehmeranschluss steuern und überwachen, Übertragungsbandbreiten anpassen sowie bestimmte Dienste aktivieren oder sperren.

Da in einem Breitband-Kabelnetz gesendete Informationen wegen seiner Baumstruktur prinzipiell von mehreren angeschlossenen Teilnehmern empfangen werden können, ermöglicht zudem die MAC-Verschlüsselung, die Privatsphäre der Teilnehmer untereinander zu schützen (DES = Data Encryption Standard; 128-Bit-Verschlüsselung).

Bis zur (Euro)DOCSIS-Version 3.0 hielt man wegen der in der Vergangenheit bestehenden gleichzeitigen analogen und digitalen Nutzung an der bestehenden Struktur der klassischen Kabelnetze fest (d.h. VHF- bzw. UHF-Kanäle, Bild 3.49 a). Die Einspeisung analoger Signale wird jedoch (mit wenigen Ausnahmen) nur noch bis zum Jahr 2018 erfolgen. Der Einsatz digitaler Techniken ermöglichte zudem pro Kanal die Übertragung einer wesentlich größeren Anzahl von Sendern sowie zusätzliche interaktive Angebote und Dienstleistungen. Als Upload-Bereich diente hierzu zunächst der Frequenzbereich von 5 MHz bis ca. 50 MHz (z.B. Internetchat und VoIP bzw. „Voice over Cable"). Für den individuellen Downstream (z.B. Video-on-demand) war der UHF-Bereich Band IV (ca. 530-600 MHz) reserviert. Im Zuge der technischen Entwicklung wurde dann der Übertragungsbereich der klassischen Kabelnetze (bis 862 MHz) regional bis auf ca. 1 000 MHz ausgeweitet, um zusätzliche Übertragungskapazitäten zu schaffen (Bild 3.49 a).

Im Gegensatz zu einem DSL-Anschluss (Kap. 3.8), bei dem jeder Teilnehmer über eine eigene Anschlussleitung verfügt (zweiadrige Telefonleitung), sind bei einem Kabelanschluss alle Teilnehmer eines Baumes an ein gemeinsames Übertragungsmedium angeschlossen (Koaxialleitung). Diese müssen sich dann gegebenenfalls die für den Datenverkehr reservierten Frequenzbereiche teilen (Shared Medium). Über diese Koaxialleitung stehen einem Teilnehmer bei EuroDOCSIS 3.0 theoretisch Datenraten bis zu 1 Gbit/s downstream (mit Kanalbündelung) und bis zu 300 Mbit/s upstream über wesentlich größere Entfernungen zur Verfügung als bei einem DSL-Anschluss (Bild 3.50). Die in der Praxis angebotenen Datenraten sind allerdings meist wesentlich kleiner (z.B. bis zu 400 Mbit/s down, bis zu 10 Mbit/s up). Als Modulationsverfahren wird - jeweils auf Einzelträgern - downstream 64-QAM und upstream QPSK eingesetzt (Kap. 5.1.5.2).

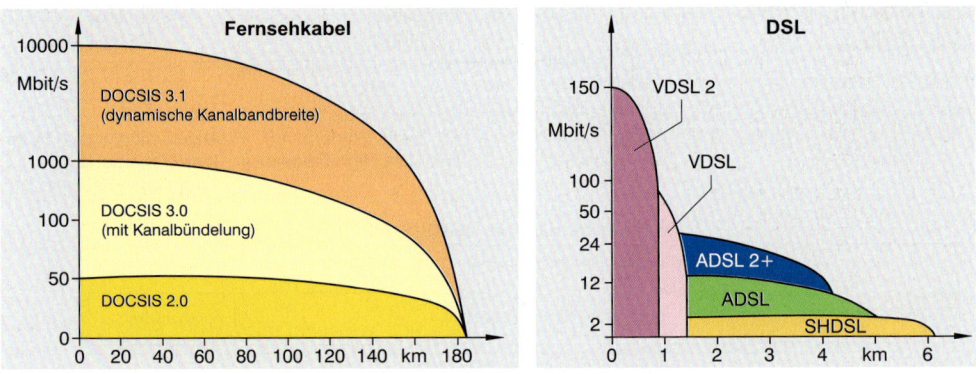

Bild 3.50: Vergleich mögliche Datenraten bei BK-Anschluss und DSL-Anschluss

Die ab ca. 2016 sukzessiv eingesetzte Version DOCSIS 3.1 übernimmt die Spezifikationen von DVB-C2 unter Verwendung einer wesentlich effizienteren Modulation auf der Basis von OFDM (Orthogonal Frequency Division Multiplex mit bis zu 4096-QAM,

Kap. 4.1.5.2). Zwar ist DOCSIS 3.1 abwärtskompatibel mit der Version 3.0 (d.h. Parallelbetrieb ist möglich), das starre 8-kHz-Kanalraster wird aber aufgehoben zugunsten einer jeweils erforderlichen, dynamisch anpassbaren Kanalbandbreite, die im Download maximal 192 MHz und im Upload maximal 96 MHz betragen kann (Bild 3.49 b). Hierdurch sind pro Kanal bis zu 10 Gbit/s im Download und bis zu 1 Gbit/s im Upload möglich (über kürzere Entfernungen später auch bis zu 20 Gbit/s down bzw. 2,5 Gbit/s up), ohne dass die bestehende HFC-Struktur des Kabelnetzes wesentlich verändert werden muss. Der erweiterte Standard Full-Duplex-DOCSIS 3.1 sieht außerdem vor, Up- und Downstream nicht mehr in getrennten Frequenzbereichen (Bild 3.49 b), sondern unter Einsatz verbesserter Echokompensationsverfahren (Kap. 4.1.7.5) im selben Frequenzband zu übertragen (Gleichlageverfahren, Kap. 4.1.7.4).

3.5.4   DAB und DRM

Unter Verwendung vergleichbarer Codiertechniken wie bei DVB werden bei **Digital Audio Broadcasting** und **Digital Radio Mondiale** für die nicht leitungsgebundene Übertragung ebenfalls Gleichwellennetze eingesetzt. Die technischen Entwicklungen von DAB und DRM beruhen insgesamt auf der Grundlage der internationalen Standardisierung EN 300401.

Die Audiosignale werden hierbei zur Bitratenreduzierung einer Quellcodierung gemäß dem Standard **MPEG 1 Layer 2** unterzogen. Dieser Vorgang wird bei DAB auch als **MUSICAM-Verfahren** (Masking Pattern Adapted Universal Subband Integrated Coding and Multiplexing) bezeichnet. Je nach gewünschter Audioqualität resultieren hieraus Nettobitraten für einen DAB-Sender zwischen 32 kbit/s und 384 kbit/s (Mono- bis nahezu CD-Qualität), standardmäßig erfolgt eine Übertragung mit 192 kbit/s. Zusätzlich lassen sich programmbegleitende Informationen übertragen (**PAD: Program Associated Data**), die auf einem entsprechenden Display wiedergegeben werden können (z.B. Musiktitel, Interpret, Verkehrsinformationen, aktuelle Nachrichten). Die Bandbreite eines Kanals beträgt 1,536 MHz, die Verwendung der **OFDM-Modulation** (Orthogonal Frequency Division Multipexing, Kap. 4.1.5.2) ermöglicht die störungsfreie Übertragung von bis zu sechs Sendern pro Kanal. Für die Übertragung werden unterschiedliche Frequenzbänder genutzt, schwerpunktmäßig der Bereich 47–240 MHz. Die verbesserte Variante von DAB wird als **DAB+** bezeichnet. Sie arbeitet mit dem effizienteren Kompressionsverfahren MPEG-4 AAC+ und ermöglicht die Übertragung von bis zu 25 gemultiplexten Sendern auf einem Kanal. DAB+ ist nicht kompatibel zu DAB, moderne Empfänger können aber beide Varianten empfangen.

Die Verbreitung von DAB bzw. DAB+ ist innerhalb von Europa uneinheitlich. Während in Deutschland nur noch DAB+ unterstützt wird, verwenden andere Länder DAB oder unterstützen keinen dieser Übertragungsstandards.

Im Vergleich zu DAB+ besitzt DRM bzw. die Weiterentwicklung DRM+ eine wesentlich schmalere Übertragungsbandbreite (bis 10 kHz). Mit den modernen digitalen Techniken lassen sich hierbei pro Kanal Datenraten bis ca. 30 kbit/s übertragen.

3

3.5.5 Hybridnetze

Sofern ein Broadcast-Netz technisch bedingt keinen Rückkanal zur Verfügung stellen kann, besteht die Möglichkeit, einen solchen Rückkanal über andere existierende Netze bereitzustellen.

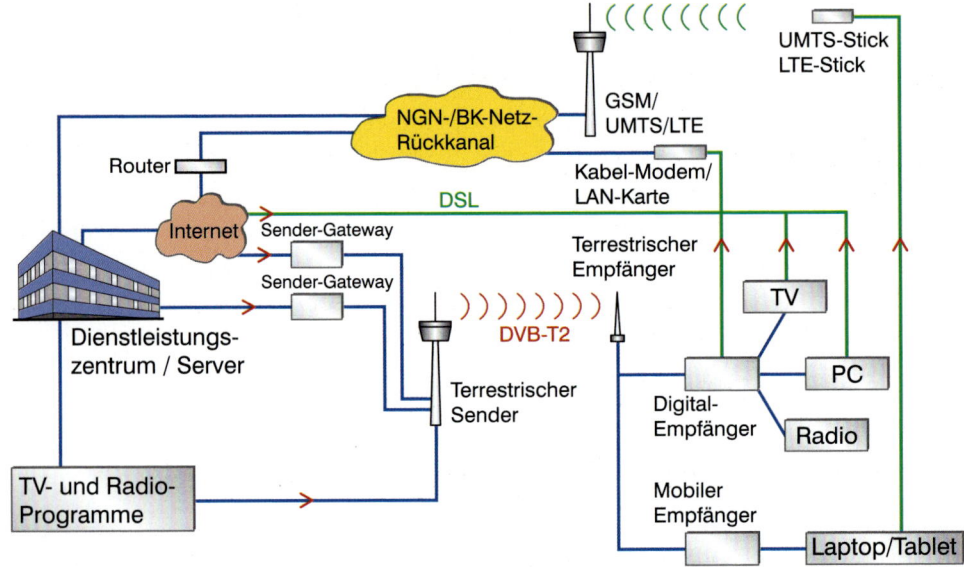

Bild 3.51: Beispiele für hybride Netzstrukturen

> Eine Kommunikationsstruktur, die für eine interaktive Kommunikation verschiedene Netzarten nutzt, bezeichnet man als **hybrides Netz**.

Als Netze für die Bereitstellung eines Rückkanals kommen infrage:

- GSM-Netz in Verbindung mit GPRS, HSCSD oder EDGE
- UMTS- oder LTE-Netz
- Breitbandnetz mit Zugang über DSL oder BK-Netz

AUFGABEN

1. Welcher Unterschied besteht zwischen einem Verteilnetz (z. B. PC-LAN) und einem TV-Broadcast-Netz?

2. Ein Kunde möchte sich über die unterschiedlichen DVB-Standards informieren.

   a) Erläutern Sie die Abkürzung und erklären Sie die unterschiedlichen DVB-Technologien.

   b) Erklären Sie die der DVB-Technik zugrunde liegenden technischen Methoden der Signalverarbeitung mithilfe einer geeigneten Skizze.

3.   Beantworten Sie die folgenden Fragen zu TV-Broadcastnetzen mithilfe von Bild 3.44:

a) Welche Signalarten werden verwendet?

b) Welche Übertragungsmechanismen kommen zum Einsatz?

c) Welche Zugangstechniken stehen im Anschlussbereich zur Verfügung?

d) Welche Zuordnungen bezüglich Signalart, Übertragungsmechanismus, Backboneverbindung und Zugangstechnik ergeben sich bei einem mobilen TV-Teilnehmer?

4.   Bei analogem terrestrischem TV-Empfang entstanden durch Mehrwegeempfang Bildstörungen.

a) Was versteht man unter Mehrwegeempfang und welche Bildstörungen werden hierdurch verursacht?

b) Erläutern Sie, durch welche Maßnahmen diese Bildstörungen beim terrestrischen DVB-Empfang verhindert werden.

5.   Was versteht man unter einem Gleichwellennetz?

6.   Welche Netzebenen unterscheidet man bei einem BK-Netz. Erläutern Sie diese.

7.   Was versteht man unter einem Triple-Play-Dienst?

8.   Was verbirgt sich hinter den Abkürzungen EuroDOCSIS und CMTS? Erläutern Sie diese.

9.   Aus welchen wesentlichen Funktionsbaugruppen besteht ein Kabelmodem?

10. Erläutern Sie, welche Techniken mit den Abkürzungen DAB und DRM bezeichnet werden.

11. Was versteht man unter einem hybriden Netz?

3.6   Sonstige Netzstrukturen

Die bisher aufgeführten Netze wachsen zunehmend zusammen und bilden übergreifende Strukturen, in die auch andere bestehende Übertragungstechniken und Übertragungsprotokolle eingebunden werden. Einige dieser Strukturen werden im Folgenden vorgestellt.

3.6.1   Virtual Private Network (VPN)

Unter einem **Virtual Private Network (VPN)** versteht man im Allgemeinen ein in sich geschlossenes logisches Kommunikationsnetz, bei dem private Endgeräte oder lokale Firmennetze über Einrichtungen eines öffentlichen Netzes miteinander kommunizieren. Die zu übertragenden Daten werden durch entsprechende Sicherheitsmechanismen gegen unbefugte Zugriffe geschützt.

Der Betreiber des öffentlichen Netzes stellt hierbei lediglich die Infrastruktur für den Datentransport zur Verfügung.

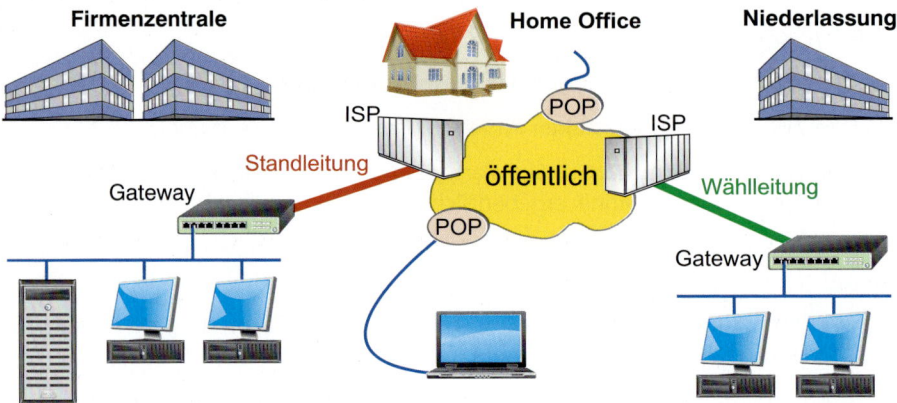

Bild 3.52: Beispiel für den Aufbau eines VPN (ISP = Internet Service Provider; POP = Point of Presence)

Auf diese Weise lassen sich beispielsweise die lokalen Kommunikationsnetze voneinander entfernter Niederlassungen einer Firma ohne große Investitionskosten für Verbindungsleitungen miteinander verbinden. Die Standorte werden in der Regel über VPN-Gateways mit dem öffentlichen Netz verbunden. Für den Anwender erscheint die gesamte Kommunikationsstruktur als ein einziges, zusammenhängendes privates Netz (daher die Bezeichnung „virtuelles privates Netz"). Mit einer entsprechenden VPN-Software (VPN-Client) ist auch die individuelle Einwahl eines Außendienstmitarbeiters in ein solches Netz weltweit über flexible Zugangstechnologien möglich (Remote-Access-VPN). Man unterscheidet folgende Anschlussszenarien:

Bezeichnung	Beschreibung
Side-to-Side	Verbindung von VPN-Gateway zu VPN-Gateway
Side-to-End	Verbindung eines VPN-Gateways zu einem (Privat)-PC
End-to-End	Verbindung eines (Privat)-PCs zu einem (Firmen)-PC, z. B. einem Server

Bild 3.53: Anschlussvarianten bei einem VPN

Über eine End-to-End-Verbindung ist es auch möglich, temporär ein logisch abgekapseltes virtuelles Netz nur zwischen Teilnehmern aufzubauen, die sich ebenfalls mit dem Server verbunden haben.

Die Höhe der bereitgestellten Datenrate wird in allen Fällen nur begrenzt durch die Übertragungskapazität der verfügbaren Übertragungsleitungen des Anbieters; der Anwender kann den erforderlichen Bandbreitenbedarf hierbei selbst definieren oder dynamisch konfigurieren (Bandwidth-on-Demand). Die Verbindungen werden heutzutage in der Regel IP-basierend aufgebaut, die Übertragung ist innerhalb von ATM-Netzen oder MPLS-Netzen möglich. In Abhängigkeit von der Art der bereitgestellten Verbindungsleitungen kann man zwischen „Internet-VPN" und „Backbone-VPN" unterscheiden:

VPN	Aufbau und Eigenschaften
Internet-VPN	– Verbindet Firmenstandorte zu einem Gesamtnetzwerk über das öffentliche Internet – Verbindungsaufbau über die Firmenzentrale mittels DSL, Standleitung oder Funk, auch mobiler Zugriff über GPRS, UMTS/LTE oder WLAN – Weiterleitung der Daten erfolgt durch Auswertung von Routingtabellen in jedem Router – I. Allg. keine Bandbreitenreservierung, da nur freie Übertragungskapazitäten zur Verfügung stehen – Bandbreitenreduzierung durch erforderliche Verschlüsselung zum Schutz vor unberechtigtem Zugriff – Investitionskosten für Endgeräte oder Einrichtungsgebühren
Backbone-VPN	– Nutzung von nicht öffentlichen Backbone-Netzen entsprechender Anbieter – Direkter Verbindungsaufbau ohne Umweg über eine Firmenzentrale möglich – Datenfluss erfolgt über fest vorgegebene Wege bei definierter Bandbreite – Vereinfachtes Routing: durch den Einsatz von MPLS-Technologie erfolgt das Suchen von IP-Adressen in einer Routingtabelle jeweils nur am Anfang und am Ende einer Verbindung

Bild 3.54: Merkmale verschiedener VPN-Realisierungen

VPN setzen in der Regel auf den Schichten 2 oder 3 des OSI-Referenzmodells auf und verwenden Tunneling-Mechanismen für den IP-Verkehr. Zum Schutz vor Datenspionage werden Verschlüsselungsmechanismen eingesetzt (IP-Sec, SSL, Kap. 1.7.2.3).

Ähnlich wie bei der Kommunikation über öffentliche Netze können auch beliebige Clients eines Firmennetzes ein separates, speziell gesichertes und datentechnisch abgekapseltes VPN-Netz bilden. Diese Clients verwenden bis zum VPN-Gateway dieselbe physikalische Leitung wie alle anderen Clients des Netzes auch – mit dem Unterschied, dass sämtliche VPN-Netzpakete bis zum Gateway verschlüsselt übertragen werden können.

3.6.2   Metropolitan Area Network

Als **Metropolitan Area Network (MAN)** bezeichnet man ein Backbone- Netz zur Verbindung von LANs innerhalb eines Stadt- oder Regionalbereiches.

Es erstreckt sich bis zu einem Durchmesser von ca. 50 km bis 100 km und liegt damit in seiner Ausdehnung zwischen einem LAN und einem WAN. Netzwerke dieser Art werden in der Regel von lokal ansässigen Kommunikationsunternehmen angeboten. Die bereitgestellten Stadtnetze (bzw. Regionalnetze) weisen meist ringförmige Netzstrukturen unter Verwendung von Glasfasertechnik auf.

CGW: Customer Gateway
EGW: Edge Gateway
IR: Inter-Router
LAN: Local Area Network
MAN: Metropolitan Area
       Network
NMC: Network Management
       Center
R: Router

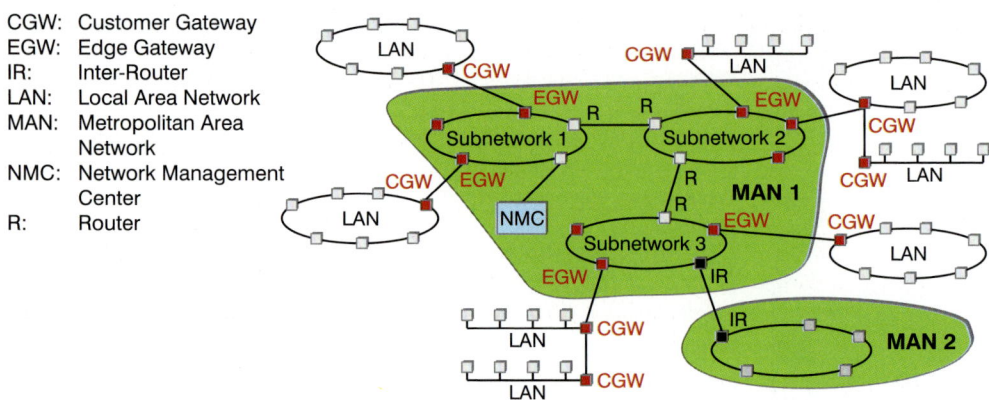

Bild 3.55: Struktur eines MAN (Beispiel)

Das dargestellte MAN besteht aus verschiedenen Subnetzen, die von einem **Management-Center** (NMC) verwaltet werden. Die einzelnen LANs werden an ein **Customer Gateway** (CGW) angeschlossen und über ein **Edge Gateway** (EGW) an ein Subnetz herangeführt. Die einzelnen Subnetze sind miteinander über **Router** (R) verbunden. Die Verbindung zwischen zwei MANs erfolgt über sogenannte **Inter-Router** (IR).

An eine CGW lassen sich eine Vielzahl von LANs anschließen. Das CGW stellt Schnittstellen gemäß IEEE 802.3 (Ethernet) und IEEE 805.5 (Token Ring) zur Verfügung. Die verschiedenen LAN-Typen können auch direkt miteinander kommunizieren. Die Übertragungsgeschwindigkeit innerhalb des MAN liegt zwischen 10 und 100 Gbit/s. Die Verbindungen zwischen den einzelnen Stationen (Router, Edge- oder Customer-Gateways) erfolgt über zwei Ringleitungen, die gegenläufig in Sende- und Empfangsrichtung verwendet werden. Der Zugriff auf den Ring erfolgt konkurrierend zwischen den angeschlossenen Endgeräten. Er wird nach dem **DQDB-Verfahren** (Distributed Queue Dual Bus) geregelt, das nach IEEE 802.6 standardisiert ist. Die Daten auf dem Ring werden hierbei in Rahmen (Frames) mit einer Länge von 125 µs übertragen. Innerhalb dieser Rahmen werden die Nutzdaten in sogenannte DQDB-Slots aufgeteilt, die in ihrer Funktion und in ihrem Aufbau einer ATM-Zelle sehr ähnlich sind (DQDB-Slot: Informationsfeld mit 48 Oktett; Header mit 5 Oktett). In einem MAN sind sowohl verbindungslose als auch verbindungsorientierte Datenübertragungen möglich. Die Datenübertragung erfolgt auf der Basis der SDH-Technologie (Kap. 3.1.5.2). Als vermittelnde Techniken werden zunehmend auch Ethernet-Technologien eingesetzt (**MEN** = Metro Ethernet Network, Kap 3.6.3).

3.6.3 Ethernet

Ethernet bezeichnet eine Technologie für Kommunikationsnetze, die ursprünglich nur für den lokalen Einsatz (LAN) gedacht war. Inzwischen werden ethernetbasierende Strukturen auch in Weitbereichsnetzen eingesetzt. Die Spezifikationen dieser Technologie umfassen die zu verwendende Hardware (Kabel, Verteiler, Stecker und Buchsen), die Software (Protokolle) und die Übertragungsformen (Signale, Paketformate).

Ethernet basiert darauf, dass die Teilnehmer innerhalb eines gemeinsamen Leitungsnetzes Informationen im sogenannten **Basisbandverfahren** übertragen. Hierbei werden die einzelnen Datenströme ohne den Einsatz von Modulationsverfahren (Kap. 4.1.5) übertragen, d. h., sie werden in ihrem ursprünglichen Frequenzbereich – dem Basisband – belassen. Bei der Übertragung kommen verschiedene digitale Multiplexverfahren (Kap. 4.1.8) zum Einsatz.

Sämtliche Teilnehmer sind an einem gemeinsamen Leitungsnetz bzw. einem Leitungssegment angeschaltet. Jede Teilnehmerschnittstelle besitzt einen weltweit eindeutigen 48-Bit-Schlüssel (MAC-Adresse, Kap. 1.5.2) und ist somit eindeutig identifizierbar. Entsprechende Protokolle regeln den Zugriff auf das gemeinsame Übertragungsmedium und verhindern Datenkollisionen (Kap. 1.5.3).

Im Laufe der Zeit wurden unterschiedliche Ethernet-Technologien entwickelt, die sich in der Protokollierung, der Schnittstellenart, der Leitungscodierung, der Leitungslänge oder der Art des Übertragungsmediums voneinander unterscheiden. Im Bereich der öffentlichen Netze sind insbesondere zu finden:

Einsatzbereich	Ethernet-Technologien	Standards	Datenraten
Anschlussbereich	– Ethernet in the First Mile (EFM) – 10G-EPON	– 802.3ah – 802.3av	– 1 Gbit/s – 10 Gbit/s
Metro-Netze	– Metro-Ethernet (MEN)	– 802.3ak – 802.3ae – 802.3an	– 10 Gbit/s bis 100 Gbit/s
Weitbereichsnetze	– 40-Gigabit-Ethernet (40GbE) – 100-Gigabit-Ethernet (100GbE) – 400-Gigabit-Ethernet (400GbE)	– 802.3ba – 802.3bs	– 40 Gbit/s – 100 Gbit/s – 400 Gbit/s

Bild 3.56: Ethernet-Technologien innerhalb öffentlicher Netze (Auswahl)

Ethernet in the first Mile (EFM) bezeichnet den Einsatzbereich von Ethernet im *Anschlussbereich*, der üblicherweise als „letzte Meile" (Last Mile, Kap. 3.1) bekannt ist. Die Betrachtungsrichtung geht hierbei aber vom LAN aus, dem ursprünglichen Einsatzbereich von Ethernet und nicht vom Weitbereichnetz.

EFM überträgt die Ethernet-LAN-Strukturen und -Protokolle (IEEE 802.3) auf den Anschlussbereich. Hierdurch entfallen ansonsten erforderliche Protokollumsetzungen zwischen unterschiedlichen Zugangstechniken, die Netzinfrastruktur eines Teilnehmers kann direkt mit der eines Diensteanbieters verbunden werden. EFM unterstützt sowohl Kupfer- als auch Glasfaseranbindung (Cu-Leitung: $\leq$ 10 Mbit/s bis 750 m; LWL: $\leq$ 1 Gbit/s bis 10 km). Alternativ ist auch Ethernet über VDSL realisierbar (**EoVDSL**), hierbei sind entfernungsabhängig Downloadraten bis ca. 100 Mbit/s erreichbar.

10G-EPON (**10** **G**igabit-Ethernet **P**assiv **O**ptical **N**etwork) stellt eine Erweiterung von EFM dar, die bei symmetrischer Nutzung eine Datenrate von bis zu 10 Gbit/s im Anschlussbereich zur Verfügung stellen kann. Die auf rein optischer Basis funktionierenden Anschlüsse ermöglichen die Überbrückung von Distanzen bis zu 20 km (Kap. 3.7).

Metro-Ethernet-Netze (MEN) sind ethernetbasierte **Metropolitan-Area-Netzwerke (MAN,** Kap. 3.6.2) mit Übertragungsraten ab 10 Gbit/s (**10 Gigabit-Ethernet; 10GbE**) auf der Basis von Lichtwellenleitern.

Im Bereich der 10GbE-Technologie sind unterschiedliche Schnittstellenstandards definiert, deren Bezeichnungen der bekannten (Bild 1.161), fest vorgegebenen Struktur unterliegen (z. B. 10GBase-LW4). Der Information über die Datenrate (hier: 10G für 10 Gbit/s) folgt die Bezeichnung *Base* als Kennzeichen für die Basisbandübertragung. Die sich anschließenden Buchstaben bzw. Ziffern haben folgende Bedeutungen:

Kennzeichnung	Bedeutung	Beispiele
1. Buchstabe	Wellenlänge des verwendeten Lichts	– **S** (Short): 850 nm – **L** (Long): 1310 nm – **E** (Extrem Long): 1550 nm (zusätzlich: **K** für den Einsatz im Backplanebereich)
2. Buchstabe	Codierung oder Wellenlängenmultiplex	– **X**: 8B/10B-Code (Kap. 4.1.9.4); wird auch im LAN verwendet – **R**: 64B/66B-Code; wird auch im LAN verwendet – **W**: Wellenlängenmultiplex (Kap. 4.1.8.3); wird auch im WAN verwendet, kompatibel zu SDH mit STM-64 (Kap. 3.1.5.2)
Ziffer	Anzahl der Pfade/ Leitungen/Lanes oder Anzahl der Wellenlängen (Hinweis: im LAN werden auch Kupferleitungen und elektrische Schnittstellen verwendet)	– **1**: eine Leitung oder eine Lane (mit serieller Übertragung), bzw. eine Wellenlänge; die Ziffer „1" kann gegebenenfalls auch fehlen – **4**: vier Leitungen oder vier Lanes (mit serieller Übertragung) bzw. vier verwendete, nahe beieinander liegende Wellenlängen

Bild 3.57: Bezeichnungen bei 10GbE-Schnittstellen

Abhängig vom jeweiligen Standard können Entfernungen bis zu 40 km überbrückt werden (z. B. 10 GBase-EW mit Monomodefaser, Kap. 4.2.4). Die 10GbE-Technologie ist aber auch im Backplane-Bereich in Kombination mit Kupferleitungen zu finden (z. B. 10 GBase-KX4; vier Kupferleitungen bis zu 1 m; zur Verbindung von Servern, Routern, Switches).

40-Gigabit-Ethernet (40GbE) ist eine Technologie, die speziell darauf abzielt, die in der optischen Transporthierarchie (OTH, Kap. 3.1.5.3) benutzte Datenrate von 40 Gbit/s (OTM 3) zu unterstützen. Über Monomodefasern sind hierbei Entfernungen bis zu 10 km überbrückbar (z. B. 40GBase-LR4, d. h. pro Faser 10 Gbit/s). Es existieren aber auch hier Spezifikationen für Kupferschnittstellen (z. B. 40GBase-CR4; C steht für Copper, also Kupfer).

100-Gigabit-Ethernet (100GbE) ist eine Höchstgeschwindigkeitstechnologie für Backbone- und Server-Anbindungen. Um diese hohe Übertragungsgeschwindigkeit zu erreichen, werden unterschiedliche Techniken eingesetzt:

- Verwendung verschiedener Wellenlängen über einen Lichtwellenleiter (Wellenlängenmultiplex, Kap. 4.2.8)

- Verwendung von vier Lichtwellenleitern mit je 25 Gbit/s bei Verwendung nur einer Wellenlänge (Raummultiplex; z. B. 100GBase-SR4)

- Kombination verschiedener Multiplextechniken, z. B. Wellenlängenmultiplex und Zeitmultiplex (Kap. 4.2.8)

Als Übertragungsmedien werden für kurze Entfernungen neben der Glasfaser auch Kupferleitungen – insbesondere Twinaxial-Kabel (Kap. 4.1.1.2) – eingesetzt (z. B. 100GBase-CR10; 10 Twinaxialleitungen mit je 10 Gbit/s).

400-Gigabit-Ethernet (400GbE) stellt die nächste Entwicklungsstufe im Bereich der Höchstgeschwindigkeitsnetze dar und wird als Projekt unter der Bezeichnung IEEE 802.3bs behandelt. Die Übertragung dieser Datenrate lässt sich – über die bereits genannten Verfahren hinaus – beispielsweise durch eine größere Anzahl von optischen Leitungen bzw. Lanes realisieren, aber auch durch den Einsatz effizienterer Modulationsverfahren. In ersten Versuchen ließen sich auf diese Weise 400 Gbit/s über spezielle Monomodefasern bereits auf einer Entfernung von ca. 5 km übertragen.

AUFGABEN

1. Welche besondere Struktur weist ein VPN auf? Erläutern Sie Vor- und Nachteile eines VPN.

2. Bei einem VPN unterscheidet man die Anschlussvarianten „Side-to-Side", „Side-to-End" und „End-to-End". Erläutern Sie die Unterschiede.

3. Erläutern Sie allgemein die Struktur eines MAN sowie die Aufgaben der Komponenten, die mit den Abkürzungen CGW, EGW, NMC, R und IR bezeichnet werden.

4. Welche Ethernet-Technologien werden im Bereich öffentlicher Netze eingesetzt? Nennen Sie technische Merkmale dieser Technologien.

5. Welche Informationen kann man der Bezeichnung „10GBase-LW4" entnehmen?

3.7 Optische Netze

Als **optisches Netz** (**ON:** **O**ptical **N**etwork) bezeichnet man allgemein ein breitbandiges Hochgeschwindigkeitsnetz, welches auf einer optischen Übertragungstechnologie beruht. Ein optisches Netz verwendet Lichtwellenleiter (LWL) zur Übertragung modulierter Lichtsignale. Alternativ werden auch die Bezeichnungen **Glasfasernetz** oder **photonisches Netz** verwendet.

Als **aktives optisches Netz** (**AON:** **A**ctive **O**ptical **N**etwork) bezeichnet man ein optisches Netzwerk, welches aktive verteilende oder verstärkende Komponenten enthält.

Als **passives optisches Netz** (**PON:** **P**assive **O**ptical **N**etwork) bezeichnet man ein optisches Netzwerk, das bei der Übertragung modulierter Lichtsignale von der Signalquelle bis zum Empfänger ohne aktive (Verstärker-)Komponenten auskommt.

Aktive optische Netze werden als Hochgeschwindigkeits-Backbones im Weitverkehrsbereich und im Metro-Bereich eingesetzt, als Transportstrukturen werden SDH- oder OTH-Hierarchien verwendet (Kap. 3.1.5). Passive optische Netze findet man als Zugangsnetze, im Anschlussbereich und als Firmennetze.

Abhängig vom Einsatzbereich werden zur optischen Datenübertragung Multimode- oder Monomodefasern verwendet (Kap. 4.2.4). Ebenso wie eine elektrische Leitung weist auch die Glasfaserleitung eine Dämpfung auf, die von den Herstellern als *Dämpfungsbelag* angegeben wird (tyischer Wert z. B. 3 dB/km, Kap. 4.1.2.2). Die auf einer Übertragungsstrecke maximal erlaubte Dämpfung, die daraus resultierende maximale Leitungslänge sowie die mögliche Anzahl von Regeneratoren sind in entsprechenden ITU-Spezifikationen festgelegt.

Bezeichnung		Leitungslänge	max. Dämpfung	Bemerkung
I	Intra-Office	bis 25 km *	6 dB	Anschlussbereich und Firmengelände; Multimode- oder Monomodefaser
SH	Short Haul	bis 40 km *	10 dB	Erweiterter Anschlussbereich, Stadtnetze; Monomodefaser
LH	Long Haul	bis 80 km *	22 dB	Weitverkehrsbereich; durch Zwischenverstärkung erweiterbar bis auf 640 km; Monomodefaser
VLH	Very Long Haul	bis 120 km *	33 dB	Weitverkehrsbereich; durch Zwischen- verstärkung erweiterbar bis auf 720 km; Monomodefaser
ULH	Ultra Long Haul	bis 160 km *	44 dB	Weitverkehrsbereich; Monomodefaser

* abhängig von der Wellenlänge

Bild 3.58: ITU-spezifizierte Leitungslängen

Die Dämpfung einer Glasfaser wird von unterschiedlichen Faktoren bestimmt und weist eine andere Abhängigkeit von der Frequenz auf als eine elektrische Leitung. Daher findet eine Signalübertragung in optischen Netzen auch nur in bestimmten Wellenlängenbereichen statt, in denen die Dämpfungswerte vergleichsweise gering sind. Diese Bereiche werden optische Fenster genannt (Kap. 4.2.3.3). Zur Mehrfachausnutzung der Glasfaserleitungen wird Raummultiplex (SDM), Zeitmultiplex (TDM) und Wellenlängenmultiplex (WDM) eingesetzt (Kap. 4.2.8).

3.7.1 Aktive optische Netze

Aktive optische Netze (AON) weisen entweder eine Ringstruktur oder eine Baumstruktur auf (Kap. 1.2.3). Obwohl prinzipiell eine bidirektionale Datenübertragung auf einer einzigen Glasfaser möglich ist, indem man z. B. jeder Richtung unterschiedliche Wellenlängen zuordnet, werden in einem AON für jede Übertragungsrichtung separate Lichtwellenleiter verwendet.

Ein aktives optisches Netz basiert zwar auf einer optischen *Übertragung*stechnologie, die *Vermittlung* von Datensignalen sowie die Signalverstärkung und die Signalregeneration erfolgt jedoch vielfach (noch) auf elektrischer Basis. Hierzu muss in jedem Netzknoten zunächst eine optisch-elektrische Umwandlung (**o-e-Wandlung**) durchgeführt werden. Anschließend werden die elektrischen Signale je nach Netz mit ATM-Switches, IP-Routern, SDH-Multiplexern oder Ethernet-Switches vermittelt. Diese elektrischen Techniken und Strukturen wurden bereits in den vorherigen Kapiteln dargestellt.

Nach der Vermittlung werden die Informationen dann wieder mit einem elektrisch-optischen Wandler (**e-o-Wandler**) in Lichtsignale umgesetzt.

Der Entwicklungstrend geht jedoch zunehmend in Richtung einer rein optischen Vermittlungs-, Verstärkungs- und Regenerationstechnik, da bei sehr großen Übertragungsraten (> 40 Gbit/s) die erforderlichen Schaltfunktionen nur mit sehr großem Aufwand durch elektrisch-optische Verfahren realisiert werden können. Eine o-e- bzw. e-o-Wandlung ist dann im Idealfall nur noch einmal in Kundennähe oder direkt beim Kunden erforderlich (z. B. FTTC, FTTH, Bild 3.64).

> Ein aktives optisches Netz, bei dem die Vermittlung und die Zwischenverstärkung der Lichtsignale (Signalregeneration) auf rein optischer Basis, d. h. ohne die zwischenzeitliche Umsetzung des Lichtsignals in ein elektrisches Signal, erfolgt, nennt man **All Optical Network**.

Durch den Einsatz aktiver Komponenten ergeben sich im Vergleich zu einem PON zwar höhere Investitions- und Betriebskosten, jedoch lassen sich größere Entfernungen überbrücken. An der Datenübertragung in einem solchen Netz sind verschiedene optische Komponenten beteiligt. Maßgeblich erforderlich für eine einwandfreie Funktion des Gesamtsystems sind die in Bild 3.59 dargestellten Funktionseinheiten.

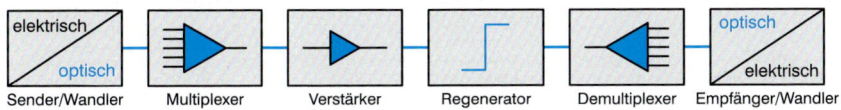

Bild 3.59: Komponenten einer Übertragungsstrecke im All Optical Network

Als **optischer Sender** fungiert meist eine Laserdiode mit fester oder veränderbarer Wellenlänge. Diese wandelt das elektrische Signal in ein optisches Signal um (e-o-Wandler). Die Lichtmodulation erfolgt entweder direkt durch die Laserdiode oder durch einen nachgeschalteten Modulator (Kap. 4.2.7). Die optischen Signale werden mit einer NRZ-Codierung übertragen (Kap. 4.1.9).

Bei den **Multiplexern** ist zu unterscheiden zwischen denjenigen, die *mehrere Datenströme zeitlich auf einer einzigen Wellenlänge* ineinander verschachteln (Zeitmultiplex, Kap. 4.2.8) und denjenigen, die *mehrere unterschiedliche Wellenlängen auf einer einzigen Glasfaser* zusammenführen (Wellenlängenmultiplex, Kap. 4.2.8). Das Zusammenführen mehrerer unterschiedlicher Wellenlängen erfolgt durch **optische Wellenlängenkoppler** (auch: OWMUX, Kap. 4.2.8), die Trennung erfolgt durch entsprechende **optische Wellenlängenfilter** (auch: OWDEMUX, Kap. 4.2.8).

In seiner einfachsten Form erfolgt die Wellenlängenverteilung *statisch* in Abhängigkeit von der jeweiligen Wellenlänge. Bild 3.60 stellt das Prinzip mit jeweils drei Ein- und Ausgängen sowie jeweils drei Signalen unterschiedlicher Wellenlängen dar. Zur Verdeutlichung sind die einzelnen Wellenlängen farblich verschieden gezeichnet (Blau, Grün, Rot), in der Praxis handelt es sich aber nicht um Wellenlängen im sichtbaren Bereich.

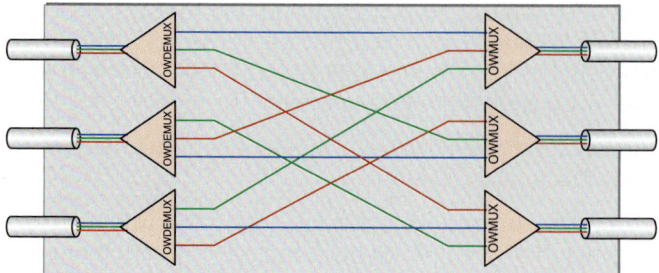

Bild 3.60: Optische Multiplexer und Demultiplexer (Grundprinzip)

Einen erweiterten Funktionsumfang bietet der sogenannte **OADM** (Optical Add-Drop-Multiplexer), der neben den Leitungsanschlüssen auch über lokale Ein- und Ausgänge verfügt. Zusätzlich zu den Wellenlängen, die direkt zwischen den Leitungsanschlüssen verteilt werden, kann hierbei von einem lokalen Sender ein Signal eingespeist oder von einem lokalen Empfänger herausgefiltert werden. Damit lassen sich optische Kanäle in einem optischen Knoten nach Bedarf konfigurieren. Eingesetzt wird entweder ein FOADM oder ein ROADM.

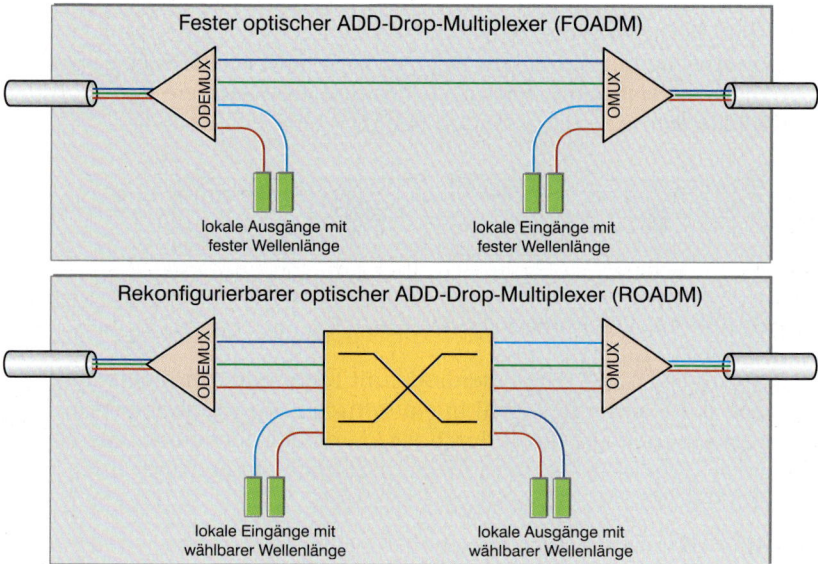

Bild 3.61: Funktionsprinzip des FOADM und des ROADM

Bei einem **FOADM** (Fixed Optical Add-Drop-Multiplexer) kann lediglich auf eine festgelegte Wellenlänge oder einen Wellenlängenbereich zugegriffen werden. Eine Veränderung ist nur durch einen manuellen Eingriff im Netzknoten möglich. Bei einem **ROADM** (Reconfigurable Optical Add-Drop-Multiplexer) hingegen lassen sich die herauszufilternden Wellenlängen frei wählen und per Fernzugriff einstellen (Remotebetrieb).

Darüber hinaus gibt es auch ROADMs, bei denen eine vom Netzwerksmanagement gesteuerte Vermittlung zwischen ganzen Wellenlängenbereichen **(Waveband Switching)**, zwischen einzelnen Wellenlängenkanälen (**Wavelength Channel Switching**) und zwischen allen angeschlossenen Glasfaserleitungen (**Fiber Switching/Port Switching**) auf optischer Basis möglich ist. Ein solches Schaltelement wird als **optischer Cross-Connect**, als **WXC** (Wavelength Cross-Connect) oder als **Optical Switch Fabric** bezeichnet.

Ein **optischer Verstärker** wird benötigt, um die Amplitude eines optischen Signals zu erhöhen, damit man größere Entfernungen überbrücken kann. Ein solcher – auf Halbleiterbasis funktionierender Verstärker (**SOA: S**emiconductor **O**ptical **A**mplifier) – kann Lichtsignale auf rein optischer Basis verstärken ohne den Umweg über eine o-e-o-Wandlung. Ein solcher optischer Verstärker kann ein Lichtsignal um bis zu 30 dB (Kap. 4.1.2) intensivieren.

Der **optische Regenerator** ist zur Kompensation der Auswirkungen von Störfaktoren bei größeren Entfernungen erforderlich. Sie verstärken das optische Signal nicht nur in seiner Amplitude, sondern regenerieren auch die durch Dispersionen (Kap. 4.2.3) hervorgerufenen Abweichungen in seiner Frequenz und seiner Pulsform.

Die vollständige Wiederaufbereitung von Signalen in optischen Übertragungssystemen wird auch als **3R-Regeneration** bezeichnet. 3R steht für

- **Re-Amplification** (Wiederherstellen der Signalamplitude)
- **Re-Shaping** (Wiederherstellen der Pulsform und Entfernen von Rauschanteilen)
- **Re-Timing** (Wiederherstellen der zeitlichen Lage/der Frequenz)

Die Rückwandlung des Lichtsignals in ein elektrisches Signal wird mit speziellen, lichtempfindlichen Dioden bzw. Photodedektoren durchgeführt (o-e-Wandler).

Ein optisches Netz, bei dem das Netzwerkmanagement die Steuerung des Routings der Nutzdaten in sämtlichen Bereichen automatisch durchführt, wird auch **Automatically Switched Optical Network** (**ASON**) genannt. Der Benutzer legt hierbei durch ein entsprechendes Anforderungsprofil lediglich den Zielort, die erforderliche Bandbreite und die Dienstgüte fest, die Komponenten eines ASON verfügen über die erforderliche Intelligenz und die Prozessorleistung, um den optimalen Pfad durch das Netz festzulegen. Die Signalisierung erfolgt hierbei mit dem GMPLS-Protokoll (Kap. 3.4).

3.7.2 Passive optische Netze

Passive optische Netze (PON) haben eine Baumstruktur und verfügen über eine maximale Reichweite von ca. 20 Kilometern. Zwar wäre eine sternförmige Verkabelung, bei der jeder Teilnehmer eine eigene Glasfaser ab dem letzten Netzknoten bekommt (Point-to-Point-Verkabelung), aus übertragungstechnischen Gründen wünschenswert, diese ist jedoch aus Kostengründen nicht realisierbar. Gegenüber einem AON sind die Installations- und Betriebskosten wesentlich geringer, da ein PON von der Signalquelle im letzten Netzknoten bis zum Empfänger ohne aktive Komponenten auskommt. Es werden lediglich passive Elemente wie z. B. Lichtwellenleiter, Spleiße, optische Verteiler und Wellenlängensplitter eingesetzt. Man unterscheidet folgende PON-Varianten:

Bezeichnung	Eigenschaften und Merkmale
APON	ATM PON; symmetrische Datenrate bis 622 Mbit/s; Datenkommunikation innerhalb eines Unternehmens; ATM- und IP-Übertragungstechnik
BPON	Broadband PON; symmetrische Datenrate bis 622 Mbits/s, Entfernungen bis zu 20 km; Uplink auch bis zu 1,2 Gbit/s bei Vermendung separater Wellenlängenbereiche für unterschiedliche Dienste; ATM- und IP-Übertragungstechnik, Zeitmultiplex (TDMA)
EPON	Ethernet PON; symmetrische Datenrate bis ca. 1,25 Gbit/s; Entfernungen bis ca. 20 km; Übertragungstechnik Ethernet-basierend (IP-Protokoll)
GPON	Gigabit PON; symmetrische Datenrate bis ca. 2,5 Gbit/s; Entfernungen bis ca. 20 km, mit FEC bis zu 60 km; Übertragungstechnik ATM- oder Ethernetbasierend
10GEPON	10 Gigabit PON; symmetrische Datenrate bis 10 Gbit/s; Entfernungen bis ca. 20 km; Ethernet-basierend
WDM-PON	Wavelength Division Multiplex PON; symmetrische Datenübertragung; Wellenlängenmultiplex; pro Wellenlänge bis zu 10 bis zu 10 Gbit/s; Entfernung bis ca. 20 km

Bild 3.62: PON-Varianten

Am weitesten verbreitet sind zurzeit BPON und GPON, der Ausbau von 10GEPON und WDM-PON wird in vielen Bereichen zügig vorangetrieben. Die PONs sind meist so konzipiert, dass ein einziger Lichtwellenleiter die Sprach-, Daten- und Videoströme (Triple Play) von bis zu 32 Teilnehmern bidirektional bewältigen kann. Hierbei wird bis zum jeweils letzten Splitter vor dem Teilnehmeranschluss nur ein einziger Lichtwellenleiter benötigt (Einfaserbetrieb, Kap. 4.2.8). Beide Kommunikationsrichtungen arbeiten per Wellenlängenmultiplex mit drei Wellenlängen (1490 nm, 1310 nm, 1550 nm). Zwei Wellenlängen werden für die Sprach- und Datenübertragung, die dritte für Videoübertragung (IP-TV, Video-on-Demand) genutzt.

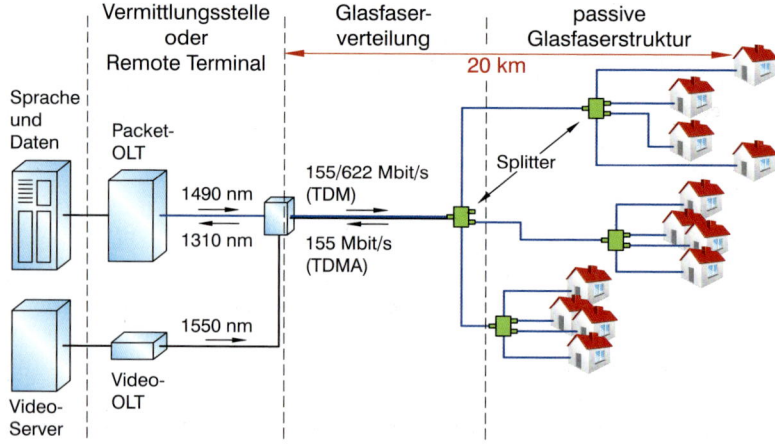

Bild 3.63: Prinzipieller Aufbau eines PON

Über eine solche Struktur ist ebenfalls die direkte, permanente Übertragung der Kabelfernsehkanäle (analog und/oder digital) an jede Teilnehmer-Anschlussdose möglich (**RFoG**: **R**adio **F**requency **o**ver **G**lass; „RF-Overlay-Technik"). Ein PON stellt somit auch eine Alternative zu einem BK-Netz-Anschluss dar (Kap. 3.5.3).

Zu den Hauptkomponenten eines PON gehört eine **OLT** (Optical Line Termination) im Netzknoten, passive Verteiler zur Aufteilung der für jeden Teilnehmer einzeln verschlüsselten Kanäle (Splitter) sowie das Endgerät (**ONU**: Optical Network Unit bzw. **ONT**: Optical Network Termination), das bei FTTH/FTTB-Systemen direkt beim Kunden installiert wird. Je nach Anschlussvariante unterscheidet man:

Abürzung	Glasfaser-Anschlusstechnik
FTTEx	**Fiber to the Exchange** – Glasfaser wird nur bis zum letzten Netzknoten geführt – Die Signalumsetzung auf Kupferleitung erfolgt im Netzknoten – Im Allgemeinen wird pro Teilnehmer eine separate Kupferleitung geschaltet – Typische Datenrate: entsprechend dem jeweiligen ADSL-Angebot (Kap. 3.8.1)
FTTN **FTTC** **FTTS**	**Fiber to the Node, Fiber to the Curb, Fibre to the Street** – Glasfaser wird bis zum „Schaltverteiler" geführt – Im Schaltverteiler (meist der MFG; Kap. 3.2) erfolgt die Signalumsetzung auf Kupferleitung – Im Allgemeinen wird ab dem Schaltverteiler pro Teilnehmer eine separate, zweiadrige Kupferleitung geschaltet – Typische Datenrate: entsprechend dem jeweiligen VDSL-Angebot (siehe Kap. 3.8.2)
FTTB	**Fiber to the Building (auch: Fiber to the Basement)** – Glasfaser wird bis in das Gebäude (mit einer Vielzahl von Teilnehmern) geführt – Im Gebäude erfolgt die Signalumsetzung auf Kupferleitungen, die bis zu den einzelnen Teilnehmer-Anschlussdosen führen – Typische Datenrate: bis ca. 200 Mbit/s bidirektional bei Leitungslängen im Gebäude bis 500 m
FTTH	**Fiber to the Home** – Glasfaser wird bis in das Gebäude eines einzelnen Teilnehmers geführt – Alternativ: Teilnehmeranschaltungsmöglichkeit innerhalb eines PON (Glasfaser als shared medium) oder als individuelle Festverbindung (point-to-point; individuell konfigurierbar) – Typische Datenrate bei PON: gemäß PON-Variante; bei Festverbindung: bis 10 Gbit/s bidirektional
FTTD	**Fiber to the Desk** – Glasfaser wird bis zur Anschlussdose am Arbeitsplatz geführt – Gegebenenfalls kann auch das Endgerät direkt optisch angeschaltet werden – Hohe Bandbreite am Arbeitsplatz – Keine Längenbeschränkung der Anschlussleitung am Arbeitsplatz – Immun gegen Störstrahlung – Typische Datenrate: je nach Anschlussvariante bis zu 10 Gbit/s bidirektional

Bild 3.64: Bezeichnungen der optischen Anschlussvarianten

Ein Vergleich der Eigenschaften von Glasfasernetzen gegenüber Kupfernetzen, die im Anschlussbereich jeweils bis zum Teilnehmer reichen, offenbart sowohl Vorteile als auch Nachteile:

Vorteile	– Höhere Bandbreiten als bei Kupferkabeln möglich – Überbrückung höherer Entfernungen zwischen Teilnehmer und Vermittlungsstelle als z. B. mit DSL möglich – Keine Störungen durch elektromagnetische Einflüsse („Einfache IT-Systeme", Kap. 5.4.4) möglich, dadurch entfallen kostenintensive Abschirmungsmaßnahmen. – Bisherige Vermittlungstechnik kann entfallen, da Telefonie über VoIP stattfindet.
Nachteile	– Über Glasfaserkabel ist keine Übertragung von elektrischer Energie möglich, daher gibt es keine Notstromversorgung durch den Netzbetreiber, falls es zu einem Stromausfall beim Teilnehmer kommt. – Empfindlicher gegenüber mechanischen Belastungen als Kupferleitungen – Neuverlegung von Glasfaserleitungen ist teurer als die Nutzung vorhandener Kupfer-Anschlussleitungen.

Bild 3.65: Vor- und Nachteile der Glasfasertechnik im Anschlussbereich

AUFGABEN

1. Im Zusammenhang mit optischen Netzen findet man die Bezeichnungen ON, AON und PON. Welche Bedeutungen haben diese Abkürzungen?

2. Was wird mit den von der ITU spezifizierten Bezeichnungen „Short Haul" und „Very Long Haul" bei optischen Netzen angegeben? Nennen Sie zugehörige Merkmale! Welche weiteren Bezeichnungen dieser Art gibt es?

3. Was versteht man unter einem All Optical Network? Welche maßgeblichen Funktionseinheiten sind für die Funktion erforderlich?

4. Was versteht man bei optischen Netzen unter einem OADM? Erläutern Sie den Unterschied zwischen einem FOADM und einem ROADM!

5. Im Zusammenhang mit optischen Netzen spricht man von der 3R-Regeneration. Erklären Sie diesen Begriff.

6. Bei optischen Teilnehmeranschlüssen unterscheidet man unter anderem die Varianten FTTC, FTTB, FTTH und FTTD. Erläutern Sie die Abkürzungen und die Unterschiede.

7. Nennen Sie Vorteile und Nachteile der Glasfaseranschlusstechnik gegenüber Kupferleitungen.

3.8   DSL-Techniken

DSL ist die Abkürzung für **D**igital **S**ubscriber **L**ine (Digitale Anschlussleitung) und bezeichnet eine Gruppe von Übertragungsverfahren, die eine breitbandige Nutzung vorhandener Telefonleitungen (Kupferdoppeladern) zwischen dem letzten Netzknoten (oder einer Vorfeldeinrichtung, Kap. 3.1) und dem Teilnehmeranschluss ermöglichen.

Die DSL-Technik ist nur auf Kupferleitungen einsetzbar und ermöglicht einen wesentlich schnelleren Datentransport, als mit früheren Technologien (z. B. Modem, ISDN, Bild 3.17) erreichbar ist. Hierdurch wird die Verbindung zu einem Breitbandnetz oder ins Internet realisierbar, ohne dass eine neue Anschlussleitung verlegt werden muss.

Bei den DSL-Verfahren wird mit folgenden Bezeichnungen zwischen den beiden Übertragungsrichtungen unterschieden:

- **Upstream** für die Richtung vom Teilnehmer zum Netz und
- **Downstream** für die Richtung vom Netz zum Teilnehmer.

Die DSL-Übertragungsverfahren werden grundsätzlich in symmetrische und asymmetrische Verfahren unterteilt:

Bezeichnung	Merkmal	Beispiele
Symmetrisches Verfahren	Die übertragbaren Datenraten sind Upstream und Downstream gleich groß.	**SDSL:** Symmetrical Digital Subscriber Line **VDSL:** Very High Bit-Rate Digital Subscriber Line
Asymmetrisches Verfahren	Die Downstream-Datenrate ist wesentlich höher als die Upstream-Datenrate.	**ADSL:** Asymmetrical Digital Subscriber Line **RE-ADSL2:** Reach Enhanced Asymmetrical Digital Subscriber Line **T-DSL:** Marketingbezeichnung der Deutschen Telekom für ihr ADSL-Angebot

Bild 3.66: Unterscheidung der DSL-Übertragungsverfahren

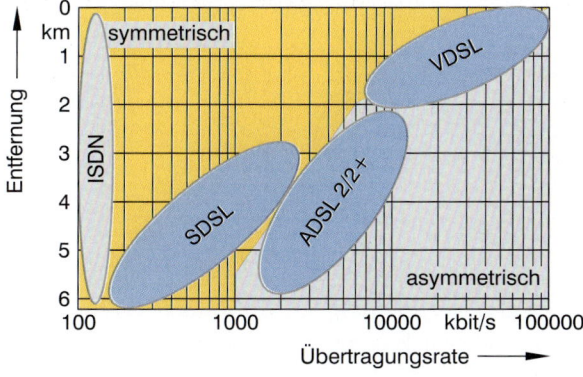

Bild 3.67: Zusammenhang zwischen Übertragungsrate und Reichweite

Bei einigen symmetrischen Verfahren lassen sich die Daten bei Bedarf auch asymmetrisch übertragen (z. B. VDSL). Zur Übertragung verwenden die verschiedenen DSL-Verfahren unterschiedliche Frequenzbereiche; dabei ist im Allgemeinen die Reichweite der Übertragung umso geringer, je höher die Übertragungsfrequenz ist. Bei allen Verfahren wird die praktisch erreichbare Übertragungsrate bestimmt durch die frequenzabhängige Dämpfung der Leitung, den Leitungsdurchmesser sowie durch Störeinflüsse, die von Funkdiensten oder anderen elektrischen Geräten und Leitungen ausgehen können oder die durch Einkopplungseffekte (Nebensprechen, Kap. 4.1.3) von gleichlaufenden Adern im selben Kabel verursacht werden. Bei den im Folgenden angegebenen maximalen Datenraten ist aber auch zu beachten, dass die Tarifverträge der Anbieter stets Formulierungen beinhalten wie „Datenrate bis zu", effektiv steht dem Kunden dann aber oft nur ein Bruchteil der jeweils aufgeführten Datenrate für den Download zur Verfügung. Diesem Umstand will die Bundesnetzagentur durch eine sogenannte Transparenzverordnung entgegenwirken, die jeden Anbieter in Deutschland unter anderem auch dazu verpflichtet, exakt Auskunft über die tatsächlich freigeschalteten Datenraten zu geben.

3.8.1   ADSL

ADSL (**A**symmetrical **D**igital **S**ubscriber **L**ine) wurde ursprünglich entwickelt, um die vorhandene zweiadrige Telefonanschlussleitung gleichzeitig und unabhängig von einem klassischen Telefonanschluss (POTS oder ISDN, Kap. 3.2, Bild 3.17) für den Zugang zu Breitbanddiensten – insbesondere dem Download aus dem Internet – zu verwenden. Damit sich beide Anwendungen bei gleichzeitiger Nutzung nicht gegenseitig stören, erfolgte die Übertragung der ADSL-Signale zunächst oberhalb derjenigen Frequenzen, die für die klassische Telefonie erforderlich waren (POTS: bis 4 kHz, ISDN: bis 120 kHz, Euro-ISDN: bis 80 kHz). Obwohl theoretisch eine ADSL-Übertragung in Kombination mit POTS – inklusive eines Schutzabstandes – bereits ab ca. 20 kHz möglich gewesen wäre (Bezeichnungen: „ADSL-over-POTS"; **Annex A**; lat. *annexus* = Anhang, Verbindung), wurde in Deutschland stets nur die international spezifizierte, in Kombination mit ISDN verwendete ADSL-Übertragung ab 138 kHz geschaltet (Bezeichnungen: „ADSL-over-ISDN", **Annex B**; Bild 3.68a). Die Telefon- und die ADSL-Signale wurden gemeinsam über die zweiadrige Anschlussleitung übertragen und sowohl beim Teilnehmer als auch im ersten Netzknoten (oder einer entsprechenden Vorfeldeinrichtung) durch eine passive Frequenzweiche (**Splitter**) voneinander getrennt (Anschlussvariante 2, Bild 3.71).

Im Laufe der technischen Entwicklung wurden die ADSL-Downloadraten stetig vergrößert, insbesondere durch Erweiterung des Frequenzbereiches für die Übertragung. Am weitesten verbreitet sind heute diejenigen Varianten, die mit ADSL1, ADSL2 und ADSL2+ bezeichnet werden (Bild 3.68 a).

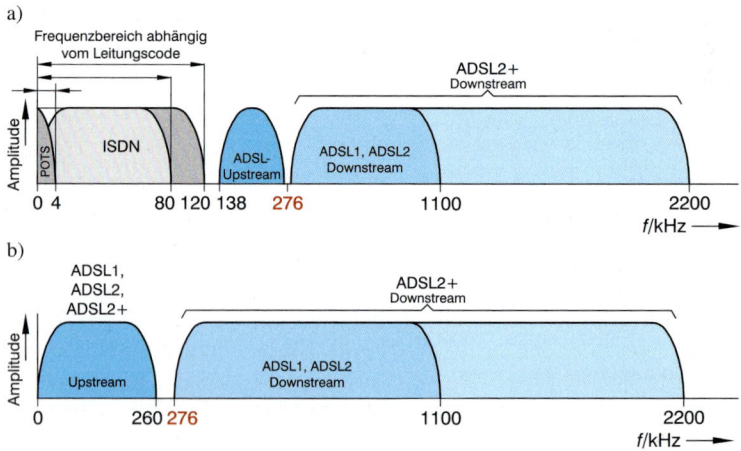

Bild 3.68: Frequenzaufteilung bei ADSL-Systemen (Grundprinzip)
a) Annex B („ADSL-over-ISDN")
b) Annex J („All-Digital-ADSL")

Inzwischen kommt nur noch eine Spezifikation zum Einsatz, bei der gänzlich auf die klassische Analog- und die ISDN-Telefonie verzichtet wird. Hierbei wird der gesamte Frequenzbereich unterhalb von 138 kHz zur Übertragung des ADSL-Signals genutzt (Bild 3.68 b). Ein Splitter ist nicht mehr erforderlich. Dieses Verfahren trägt die Bezeichnung „All-Digital-ADSL" (**Annex J**). Eine Sprachkommunikation ist hierbei nur in Form von VoIP möglich (Kap. 3.8.4).

> Die **Annex J**-Anbindung eines Teilnehmers wird auch als **entbündeltes DSL** oder **splitterloses DSL** bezeichnet.

Die technischen Informationen zu den jeweiligen Verfahren sind in den entsprechend aktualisierten ITU-Standards dokumentiert (Bild 3.69).

Kenngrößen	ADSL1	ADSL2	ADSL2+
ITU-Standard (inkl. Aktualisierung)	G.992.1	G992.3	G.992.5
Anschlussleitung	1 Cu-DA	1 Cu-DA	1 Cu-DA
Upstream	≤ 800 kbit/s (Annex B) ≤ 3,5 Mbit/s (Annex J)	≤ 1,2 kbit/s (Annex B) ≤ 3,5 Mbit/s (Annex J)	≤ 1,2 kbit/s (Annex B) ≤ 3,5 Mbit/s (Annex J)
Downstream	≤ 6 Mbit/s	≤ 8 Mbit/s	≤ 24 Mbit/s
Frequenzbereich	138 kHz–1,1 MHz (Annex B) 0–1,1 MHz (Annex J)	138 kHz–1,1 MHz (Annex B) 0–1,1 MHz (Annex J)	138 kHz–2,2 MHz (Annex B) 0–2,2 MHz (Annex J)
Reichweite	≤ 5 km	≤ 5,5 km	≤ 1,5 km
Übertragungsverfahren (Kap. 3.8.1.2)	DMT	DMT	DMT

Bild 3.69: Kenngrößen verbreiteter ADSL-Varianten (Auszug)

Die praktisch erreichbaren Übertragungsraten hängen allerdings maßgeblich von der Leitungslänge zwischen Teilnehmeranschluss und erstem Netzknoten bzw. Vorfeldeinrichtung ab, sie sind meist geringer als die in Bild 3.69 aufgeführten Werte, die von den Netzbetreibern unter Idealbedingungen gemessen werden. Auch aus marktstrategischen Gründen werden die technisch möglichen Up- und Downstreamraten den Kunden zunächst oft nicht in voller Höhe zur Verfügung gestellt.

ADSL2 verwendet gegenüber ADLS1 verschiedene Techniken, um bei gleichem verfügbarem Frequenzbereich die Übertragungsrate downstream zu erhöhen. Hierzu gehören neben verschiedenen Optimierungsverfahren (Dynamic Spectrum Management, Kap. 3.8.3.1) auch die Verringerung des Verwaltungsaufwandes. So werden beispielsweise gegenüber ADSL1 mit statisch 32 kbit/s die zu übertragenden Steuer- und Synchronisationsinformationen dynamisch bis auf 4 kbit/s reduziert.

Auf den bei ADSL2 verwendeten Techniken baut ADSL2+ auf und nutzt zusätzlich den bis auf 2,2 MHz erweiterten Frequenzbereich. Hierdurch erhöht sich die übertragbare Datenrate bei kurzen Entfernungen (≤ 1,5 km) bis auf ca. 24 Mbit/s, bei einer Entfernung von 3,5 km sind noch Übertragungsraten bis ca. 12 Mbit/s möglich. ADSL2 und ADSL2+ sind abwärtskompatibel zu ADSL1.

Neben den genannten Entwicklungen existieren weitere spezielle asymmetrische Verfahren. Hierzu gehört beispielsweise RE-ADSL (Reach Enhanced-ADSL), welches eine komplexere

Aufteilung der Up- und Downstream-Frequenzbereiche verwendet, wodurch nochmals eine Reichweitenvergrößerung gegenüber ADSL2 von bis zu 900 m erzielt werden kann.

3.8.1.1 ADSL-Anschlusstechnik

Die Anschlussleitungen von ADSL-Teilnehmern werden netzseitig stets an entsprechende DSL-Zugangsmultiplexer (**DSLAM** = **D**igital **S**ubscriber **L**ine **A**ccess **M**ultiplexer) angeschlossen. Je kürzer hierbei die *Kupferleitung* zwischen einem Teilnehmer und dem DSLAM ist, desto größer ist die übertragbare Datenrate. Aus diesem Grunde werden anstelle eines zentralen DSLAMs im Netzknoten (Bild 3.70a) inzwischen nahezu flächendeckend sogenannte **Outdoor-DSLAMs** kundennah in Straßen- oder Hausverteilern eingesetzt (Bild 3.70b).

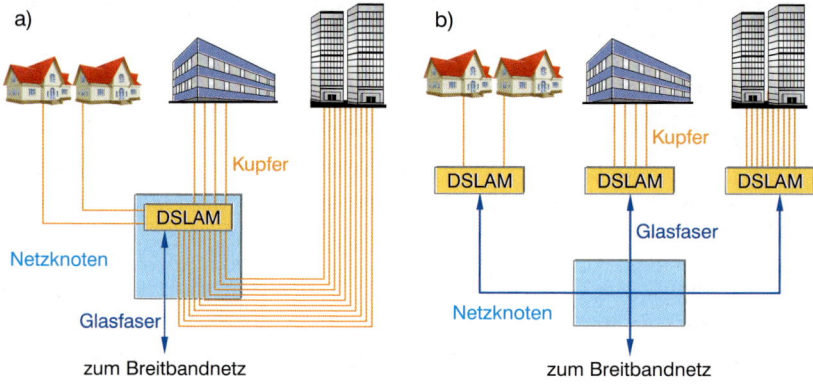

Bild 3.70: a) Zentraler DSLAM (Indoor-DSLAM)   b) Dezentrale Outdoor-DSLAMs

Der ADSL-Anschluss erfordert jeweils eine spezielle Anschaltung beim Teilnehmer und im Netzknoten; Bild 3.71 skizziert unterschiedliche Anschlussmöglichkeiten für Privatkunden.

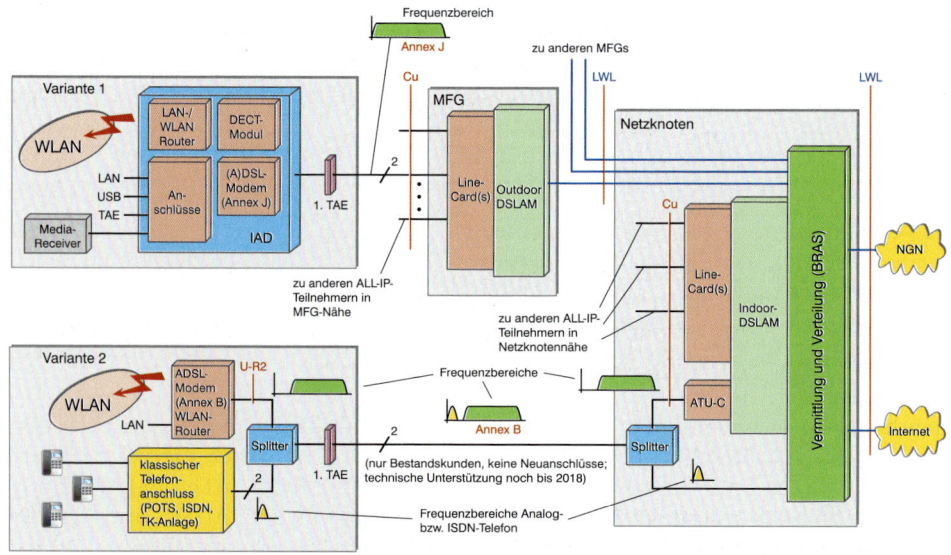

Bild 3.71: ADSL-Anschlussvarianten (Grundprinzip)

Anschlussvariante 1 zeigt die derzeit gängige Annex J-Anschaltung mit einem IAD (Kap. 3.2) für einen All-IP-Teilnehmer. Das IAD ist über die 1. TAE und die daran angeschlossene Kupferdoppelader in der Regel mit einem MFG (Kap. 3.2) verbunden.

Jede Teilnehmeranschlussleitung (TAL) wird im MFG über einen separaten Port auf der sogenannten **Linecard** angeschlossen. Jede Linecard kann abgestuft bis zu 96 Ports verwalten, in einem MFG können mehrere Linecards verbaut werden. Jeder Port verfügt über ein Sende-/Empfangsmodul (**TU** = Transceiver Unit bzw. **ADSL-Modem**). Dieses wird auch als **ATU-C** (ADSL Transmission Unit Central-Office) bezeichnet und stellt sozusagen die Zentrale des DSL-Übertragungssystems zum jeweiligen Kunden dar. Das ATU-C führt die für die Übertragung auf der Anschlussleitung erforderliche Modulation/Demodulation durch und übernimmt die Steuerung des beim Kunden im IAD befindlichen Modems, welches als **ATU-R** (ADSL Transmission Unit Remote, auch **NTBBA** = Network Termination Breitband-Anschluss) bezeichnet wird und dort die entsprechend gleichen Modulations-/Demodulationsaufgaben hat.

Die an den Linecards angeschlossenen Teilnehmer werden von dem **Outdoor-DSLAM** (**DSL**-Access Multiplexer) zusammengefasst und per Glasfaser mit dem nächsten Netzknoten verbunden. Der DSLAM stellt somit den Übergang zwischen Kupferleitungen (Cu) und Lichtwellenleiter (LWL) dar. Er sammelt, überwacht und verteilt auf örtlicher Ebene den gesamten DSL-Datenstrom und reicht ihn über einen **Aggregation-Switch** (Aggregation = Verdichtung, Zusammenfassung) an einen im Netzknoten befindlichen Breitband-Zugangsserver (**BRAS** = Broadband Remote Access Server) weiter, der für das IP-Routing im Backbone-Netz zuständig ist. Die multifunktionalen Netzknoten werden auch als **Multi Service Access Node** (**MSAN**) bezeichnet.

Alternativ kann ein All-IP-Teilnehmer mit einem DSL-Breitbandzugang auch direkt an einem Netzknoten angeschaltet werden, sofern die Entfernung zwischen beiden ca. 1,5 km nicht übersteigt (in Bild 3.71 nicht dargestellt). In allen anderen Fällen ist die Anschaltung über ein kundennah platziertes MFG zwingend erforderlich, um die Kupferleitung möglichst kurz und damit die mögliche ADSL-Downloadrate möglichst groß zu halten.

Anschlussvariante 2 in Bild 3.71 dokumentiert die noch bis ca. 2018 bei Bestandskunden der DTAG unterstützte klassische Anschaltung über einen **Splitter** (engl. *to split* = aufteilen; Telekombezeichnung: **BBAE** = Breitband-Anschluss-Einheit).

Das erforderliche Gegenstück des Splitters beim Kunden kann sich – wie dargestellt – im Netzknoten, alternativ aber auch in einer kundennah platzierten Vorfeldeinrichtung befinden (in Bild 3.71 nicht dargestellt).

Der Splitter beim Teilnehmer trennt das empfangene ADSL-Signal vom Telefonsignal und leitet dieses auf das ATU-R (bzw. führt in Senderichtung beide Signale zusammen). Da der Splitter rein passiv arbeitet, d. h. nur mit Widerständen, Kondensatoren und Induktivitäten (siehe „Einfache IT-Systeme", 9. Aufl., Kap. 5.5) bestückt ist, benötigte er keine eigene Stromversorgung. Der Splitter im Netzknoten befindet sich meist im HVt (Kap. 3.2) und führt in umgekehrter Richtung die gleichen Funktionen aus.

3.8.1.2 ADSL-Übertragungsverfahren

Charakteristisch für alle ADSL-Varianten ist die Anwendung eines Übertragungsverfahrens mit der Bezeichnung **DMT** (Discrete Multitone Transmission = diskrete Mehrträgerübertragung). Bei diesem Verfahren wird der auf der Anschlussleitung verfügbare

Frequenzbereich in einzelne schmale Frequenzbänder – sogenannte **Sub-Channels** – zerlegt (z. B. bei ADSL1 in bis zu 255 Kanäle).

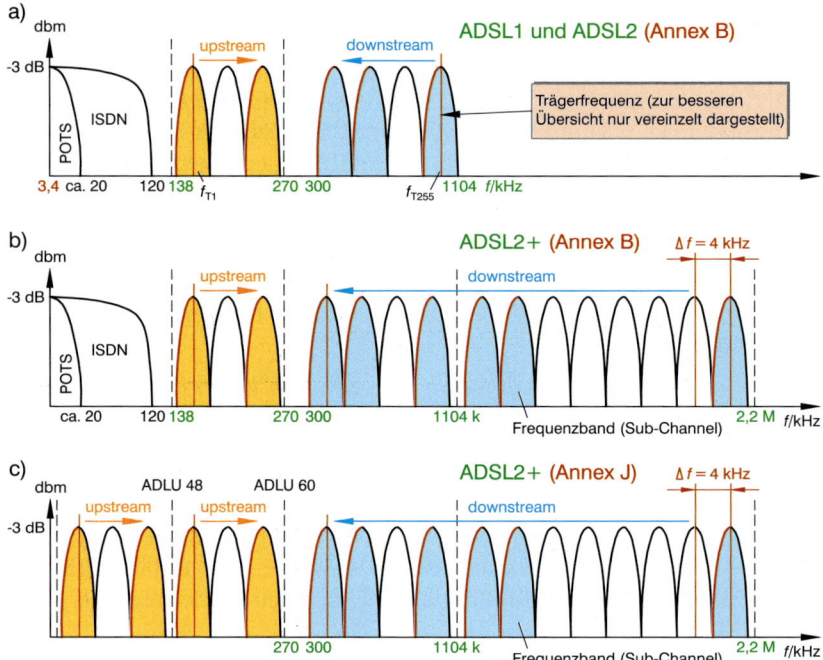

Bild 3.72: Grundprinzip der Discrete Multitone Modulation

In der Mitte eines jeden Frequenzbandes liegt die jeweilige Trägerfrequenz (f_{T1}, f_{T2} usw., siehe Bild 3.72). Der Abstand zwischen den Trägerfrequenzen beträgt ca. 4 kHz. In jedem dieser Frequenzbänder wird ein eigener Übertragungskanal aufgebaut, über den jeweils mittels Quadratur-Amplitudenmodulation (QAM, Kap. 4.1.5.2) eine Datenrate von maximal 32 kbit/s übertragen werden kann. Vor Inbetriebnahme des Systems wird jeder Kanal auf seine Übertragungsqualität geprüft.

> Die Qualitätsprüfung der einzelnen Kanäle in einem ADSL-System wird als **Bitallokation** bezeichnet; durch sie wird bestimmt, wie viele Bits auf jedem einzelnen Kanal übertragen werden können.

Ist die Qualität eines Kanals gut, so wird über ihn eine hohe Bitrate übertragen, ist sie schlechter, so wird eine geringere Bitrate zugeteilt. Diese Zuteilung der Bitraten für die einzelnen Kanäle erfolgt durch eine Software. Daher kann sich das System immer optimal an die Übertragungsqualität der Kanäle anpassen. Die insgesamt im System übertragene Datenrate ist die Summe der auf den einzelnen Kanälen übertragenen Bitraten. Zur Erhöhung der übertragbaren Nutzdatenrate lässt sich das standardmäßig implementierte **Interleaving** (verbesserte Fehlerkorrektur durch verschachtelte Übertragung von Datenpaketen) abschalten. Hierdurch wird die sogenannte Ping-Zeit (Hin- und Rücklaufzeit der Datenpakete) verkürzt.

> Als **FastPath** bezeichnet man bei ADSL eine wählbare Option für den beschleunigten Download, bei der bestehende Mechanismen zur Fehlerkorrektur abgeschaltet werden. Hierbei können allerdings unter Umständen vermehrt Übertragungsfehler auftreten.

Bei Annex B wird der Frequenzbereich von 138 kHz bis ca. 260 kHz für den DSL-Upstream verwendet und in einzelne Sub-Channel zerlegt (Bild 3.72 a und b). Mit einem kleinen Schutzabstand von diesem Bereich werden dann die Frequenzen oberhalb von 276 kHz für den Downstream verwendet (Frequenzgetrenntlageverfahren; Kap. 4.1.7). Der Schutzabstand dient der besseren Trennung der Up- und Downstream-Frequenzbereiche durch passive Filter.

Bei Annex J hingegen steht der gesamte Frequenzbereich bis ca. 260 kHz für den Upstream zur Verfügung (Bild 3.72 c). Hierdurch ist eine Vergrößerung der Upstream-Datenrate möglich. Der Frequenzbereich für den Upstream kann bei Annex J je nach Bedarf unterschiedlich aufgeteilt werden. Insgesamt stehen für den Upstream bis zu 60 Trägerfrequenzen zur Verfügung (Bezeichnung: ADLU 60; ADLU = All Digital Loop Upload). Die DTAG bietet von den anderen möglichen Aufteilungen als zweite Variante auch ADLU 48 an, d. h. einen Upstream mit 48 Trägerfrequenzen (Bild 3.72 c). ADLU 60 bietet den größtmöglichen Upstream mit bis zu 3,5 Mbit/s bei kurzen Leitungen. Bei ADLU-Aufteilungen mit weniger Trägern ist der Schutzabstand zum Downstreambereich größer und kann besser für größere Entfernungen oder – da sich dadurch potenziell weniger Störeinflüsse ergeben – für eine höhere Downloadrate genutzt werden.

3.8.2   VDSL

VDSL (**V**ery High Bit-Rate **D**igital **S**ubscriber **L**ine) ist ein symmetrisches Verfahren, mit dem sich aber auch Daten asymmetrisch übertragen lassen, sodass eine Kompatibilität zu ADSL2/2+ gegeben ist. Die VDSL-Anschaltung erfolgt vom Prinzip her wie in Bild 3.71 dargestellt.

In der Annex-B-Variante nutzt VDSL1 das Frequenzband zwischen 138 kHz und 12 MHz, welches in zwei Downstream- und zwei Upstreambereiche aufgeteilt ist, VDSL2 verwendet Frequenzen bis 30 MHz. Beide nutzen in der Annex-J-Variante auch den Frequenzbereich unterhalb von 138 kHz. Bei der LR-VDSL-Technik (**L**ong **R**each-VDSL = VDSL für lange Reichweiten) beginnt das genutzte Frequenzband bei 25 kHz (Annex A). Neben den in Bild 3.73 dargestellten Bandaufteilungen sind auch andere Bandprofile einstellbar, sodass VDSL2 auch kompatibel zu ADSL2/2+ betrieben werden kann. Ein entsprechender VDSL-2-Chipsatz bietet somit sämtliche technischen Voraussetzungen, sowohl als VDSL2- als auch als ADSL 2/2+-Baustein zu arbeiten. Dies erlaubt den Betreibern einen problemlosen Wechsel zwischen den in einem Netz eingesetzten Verfahren mit nur einer einzigen Chip-Technologie.

Die hohen symmetrischen Datenraten bei VDSL2 lassen sich nur auf wenigen hundert Metern erreichen. Daher lässt sich VDSL nur durch den Einsatz entsprechender VDSL-kompatibler Hardware im MFG oder in Verbindung mit FTTC bzw. FTTH (Kap. 3.7.2) flächendeckend anwenden.

	VDSL 1 (wenig verbreitet)	VDSL 2	LR-VDSL
ITU-Standard	G.993.1	G.993.2	G.993.3
Frequenzbereich	0 kHz–12 MHz (Annex J)	0 kHz–30 MHz (Annex J)	25 kHz–30 MHz (Annex A)
Bandaufteilung (Beispiele)			
Reichweite	≤ 350 m ≤ 1,5 km	≤ 350 m ≤ 1,5 km ≤ 5 km	≤ 350 m ≤ 5 km
Up-/ Downstream[1] (symmetrisch)	≤ 50/50 Mbit/s ≤ 10/10 Mbit/s	≤ 100/100 Mbit/s ≤ 30/30 Mbit/s ≤ 6/6 Mbit/s	≤ 100/100 Mbit/s ≤ 8/8 Mbit/s
Up-/ Downstream[1] (asymmetrisch)	≤ 1/100 Mbit/s ≤ 1/10 Mbit/s	ADSL 2/2+ kompatible Datenraten	ADSL 2/2+ kompatible Datenraten
Modulationsver- fahren	QAM oder DMT	DMT	DMT

Bild 3.73: Kenngrößen verschiedener VDSL-Verfahren

Im Gegensatz zu Breitbandzugängen über das BK-Netz (Kap. 3.5.3) oder drahtlose Zugangstechniken handelt es sich bei VDSL aber um eine Punkt-zu-Punkt-Verbindung. Die angebotenen Datenraten von bis zu 100 Mbit/s stehen somit jedem Teilnehmer, unabhängig von der Anzahl der gleichzeitig aktiven Teilnehmer (Quality of Service) zur Verfügung. Um diese hohen Datenraten über die vorhandenen Kupferleitungen zu realisieren, sind, abhängig von der Leitungslänge, gegebenenfalls zusätzliche technische Maßnahmen erforderlich (Bonding, Phantom-Betrieb, Vectoring; Kap. 3.8.3.2). Mit den hohen Datenraten lassen sich die gewinnversprechenden sogenannten **Triple-Play-Dienste** (Sprache, Daten und Video) uneingeschränkt vermarkten. Beinhaltet der gebuchte Zugangstarif eines Teilnehmers zusätzlich noch Elemente aus dem Mobilfunkbereich (z. B. Internetzugang in Kombination mit LTE-Anbindung; Kap. 3.10.3), spricht der Anbieter werbewirksam auch von Quad-Play.

3.8.3   Sonstige DSL-Techniken und -Anwendungen

Der Begriff **SDSL** kann zwei unterschiedliche Bedeutungen haben: Symmetric oder Single-Line DSL. Innerhalb Europas ist die unter der Bezeichnung SDSL geführte Technologie eine Erweiterung von HDSL (**H**ighbitrate **DSL**) und bietet skalierbare, garantierte (!) Bandbreiten zwischen 256 kbit/s und ca. 20 Mbit/s auf einer Entfernung bis zu 2,5 km über eine Kupferdoppelader. Up- und Downstream belegen zusammen den Frequenzbereich von 0 bis ca. 387 kHz. SDSL wird als reiner Datenanschluss ohne physikalische Kopplung an einem herkömmlichen Telefonanschluss angeboten und ist aufgrund der höheren Kosten (im Vergleich zu VDSL) primär für Firmenkunden gedacht. Abgerechnet wird

---

[1] *Maximalwerte nur unter Laborbedingungen über kurze Strecken realisierbar; derzeitige Werte in der Praxis z. B. bei VDSL2: 40/100 Mbit/s.*

hierbei nicht die Nutzungsdauer, sondern der tatsächliche Datentransfer. SDSL kommt zum Einsatz in Multimediaanwendungen und zur LAN-Kopplung.

3.8.3.1 Dynamic Spectrum Management

Unter der Bezeichnung **Dynamic Spectrum Management** (**DSM**) fasst man unterschiedliche Optimierungsverfahren zusammen, die bei DSL zur Erhöhung der Übertragungsrate auf der Teilnehmer-Anschlussleitung (TAL) eingesetzt werden.

Einerseits lässt sich eine solche Erhöhung erreichen, indem die Anzahl der Anschlussleitungen eines Teilnehmers vergrößert wird und diese mittels Bonding oder durch eine Phantom-Schaltung genutzt werden.

Beim **Bonding** werden lediglich mehrere vorhandene Kupferdoppeladern zur Teilnehmeranschaltung parallel genutzt. Hierzu ist allerdings ein spezieller Multipath-Router für die Lastverteilung (Load-Balancing) auf den Leitungen erforderlich.

Bei der **Phantom-Schaltung** werden die einzelnen Adernpaare zunächst jeweils einzeln als DSL-Verbindung genutzt; so ergibt sich beispielsweise bei zwei Aderpaaren zunächst eine Verdopplung der Datenrate. Zusätzlich lässt sich dann eine weitere, „virtuelle" DSL-Verbindung *zwischen* den beiden Adernpaaren schalten, wodurch sich ohne zusätzlichen Leitungsaufwand die Datenrate nochmals erhöht. Beide Verfahren werden allerdings nur vereinzelt eingesetzt.

Andererseits lässt sich eine Erhöhung erreichen, indem diejenigen Störeffekte kompensiert werden, die bei der Übertragung durch **Übersprechen** (Kap. 4.1.3) zwischen zwei Kupferdoppeladern entstehen. Dies tritt auf den Anschlussleitungen auf, da diese im Leitungsbündel über keine Paarabschirmung (Kap. 4.1.1.3) verfügen. Bei der Kompensation dieser Effekte unterscheidet man verschiedene DSM-Level.

DSM-Level	Merkmale
1	**Bitratenadaption** (**B**it **R**ate **A**daption, **BRA**) Für jede DMT-Trägerfrequenz (Bild 3.72) einer DSL-Leitung wird ein eigener Sendepegel festgelegt, der sich an der Anzahl der entstehenden Bitfehler orientiert. Der Signalpegel und damit die Anzahl übertragbarer Bits (Minimum: 1 bit pro Sub-Channel; Kap. 3.8.1.2) kann dabei so weit gesenkt werden, dass er gerade noch über dem Rauschpegel (Kap. 4.1.3) liegt, um die Störeinflüsse durch Übersprechen so gering wie möglich zu halten.
2	**Spectrum Balancing** In dem Leitungsbündel mit mehreren TAL erfolgt eine Anpassung (in Form unterschiedlicher Aufteilung) der jeweils verwendeten DMT-Trägerfrequenzen (Kap. 3.8.1.2) für jede einzelne DSL-Leitung, damit diese sich gegenseitig so wenig wie möglich beeinträchtigen.
3	**Interferenzunterdrückung** (**I**nterference **C**ancellation, **IFC**) Unter Interferenz versteht man die Überlagerung und gegenseitige Beeinflussung von Wellen gleicher oder eng benachbarter Frequenzen. Diese entstehen durch Übersprechen von Signalen zwischen nebeneinander liegenden Kupferleitungen. Mittels IFC werden diese gegenseitigen Interferenzen unterdrückt, wodurch sich der Störabstand (Kap. 4.1.3) und damit die übertragbare Datenrate vergrößert.

Bild 3.74: DSM-Level

Alle genannten Verfahren werden einzeln oder kombiniert eingesetzt. Bei Level 1 und 2 ist eine zentrale Steuerung erforderlich, welche den DSLAM jeweils in Echtzeit darüber informiert, mit welcher Sendeleistung und in welchem Frequenzbereich die überwachten, eigenen Anschlussleitungen jeweils gespeist werden müssen, um eine effiziente Übertragung zu realisieren. Von Fremdanbietern angemietete Leitungen werden nicht in die Überwachung einbezogen. Level 3 bedarf einer komplexeren Steuerung und wird beim sogenannten Vectoring eingesetzt.

3.8.3.2 Vectoring

Vectoring bezeichnet ein von der ITU standardisiertes, *leitungsübergreifendes* Verfahren zur Reduzierung von Störeinflüssen durch Übersprechen im Anschlussbereich auf der Kupferdoppeladern (ITU-Standard G.933.5).

Es wird maßgeblich von der DTAG bei VDSL2 eingesetzt und basiert zum großen Teil auf der Interferenzunterdrückung in Echtzeit (DSM-Level 3, Bild 3.74).

Hierbei wird das Signal einer Kupferdoppelader ständig analysiert und das eingespeiste Originalsignal mit dem gestörten Signal verglichen. Mittels komplexer mathematischer Algorithmen werden Kompensationssignale berechnet, die quasi gegenphasig zum Störsignal sind und dem gestörten Signal in Echtzeit überlagert werden. Hierdurch wird das Störsignal ausgelöscht.

Vectoring kann aber nur dann effizient bei VDSL2 eingesetzt werden, wenn *alle* Leitungen eines DSLAMs zentral überwacht und entsprechend gesteuert werden. Dies ist in der Praxis jedoch nur dann möglich, wenn sie von einem *einzigen* Anbieter stammen. Konkurrierende Mitanbieter können daher zwangsläufig keine VDSL-Anschlüsse über einzelne, angemietete Leitungen der DTAG realisieren, die an MFGs mit Vectoring-Funktion angeschaltet sind. Hierzu ist dann entweder ein eigenes Zugangsnetz erforderlich oder die Anmietung und anschließende *Komplettversorgung* eines gesamten Anschlussbereichs durch den Fremdanbieter.

Entsprechende gesetzliche, regulatorische Vorgaben seitens der Bundesnetzagentur, die in diesem Geschäftsfeld den Belangen aller beteiligten Anbieter gerecht werden und die den EU-Richtlinien entsprechen, müssen abschließend noch formuliert werden.

In Kombination mit Vectoring lässt sich mit VDSL2 in der Praxis derzeit eine Download-Datenrate bis zu 100 Mbit/s und eine Upload-Datenrate bis zu 40 Mbit/s für eine wesentlich größere Anzahl von Teilnehmern als bisher bereitstellen, die gemeinsam an einem bis zu 300 m langen Leitungsbündel angeschlossen sind. Die nächste geplante Entwicklung mit der Bezeichnung **Super-Vectoring** soll die Datenraten nochmals auf bis zu 300 Mbit/s erhöhen. Hierzu ist eine Vergrößerung der Übertragungsbandbreite bis 35 MHz erforderlich.

3.8.3.3 G.fast

G.fast bezeichnet einen neuen ITU-Standard für DSL und wird als Nachfolger von VDSL2 angesehen. Hierbei werden – anders als bei VDSL2 – OFDM-modulierte Frequenzen (Kap. 5.1.5.2) zunächst bis 106 MHz verwendet, in einer zweiten Entwicklungsstufe – unter der Bezeichnung **NG.fast** – dann auch bis 212 MHz. In beiden Fällen werden die Frequenzen per **Time Division Duplex** (TDM; Kap. 4.1.7.4) wechselweise für den Up- und den

Downstream genutzt. Mit G.fast soll in der zweiten Ausbaustufe eine Gesamtübertragungsrate von bis zu 1 Gbit/s auf einer Kupferdoppelader realisiert werden, wobei sich diese Gesamtrate bedarfsorientiert richtungsweise splitten und dynamisch anpassen lässt. Aufgrund der bei diesen hohen Frequenzen auftretenden Dämpfungen (Kap. 4.1.2) kann G.fast allerdings nur bei Entfernungen bis 250 m sinnvoll eingesetzt werden. Damit die Anschlussleitungen bei diesen hohen Frequenzen nicht wie lange Antennen wirken und Störungen verursachen (z. B. im UKW-Bereich 87,5–108 MHz) wird dieser Bereich herausgefiltert (Notchfilter, Kerbfilter). Wegen der bei diesen Frequenzen erheblichen Anfälligkeit für Übersprechen ist auch hier Vectoring unbedingt erforderlich. G.fast wird in den ITU-Spezifikationen G.9700 und G.9701 beschrieben.

3.8.4 Voice over IP

Mit Voice over IP (VoIP) wird allgemein die Möglichkeit des Telefonierens über IP-basierende Netze bezeichnet.

Die grundsätzliche Struktur einer Sprachübertragung mittels VoIP zeigt Bild 3.75.

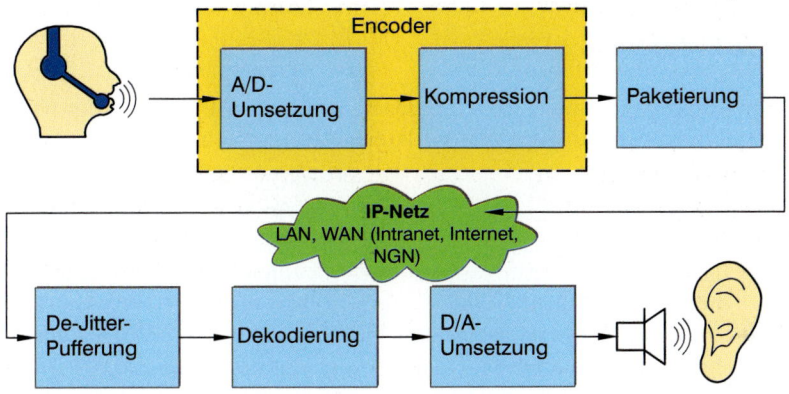

Bild 3.75: Sprachübertragung mittels VoIP (Grundprinzip)

Die menschliche Sprache wird zunächst wie bei einem herkömmlichen Telefon mit einem Mikrofon in ein analoges elektrisches Signal umgewandelt. Ein Analog/Digital-Wandler (siehe „Einfache IT-Systeme", Kap. 4.4.4) erzeugt hieraus einen Bitstrom, der anschließend mehrfach komprimiert wird. Beide Vorgänge zusammen werden in der Praxis von einem sogenannten Encoder Chip vorgenommen. Anschließend wird der konstante Bitstrom von einem Paketierer in IP-Pakete umgewandelt, die schließlich über ein IP-Netz übertragen werden (Signalvisualisierungen siehe Bild 3.21).

Beim Empfänger werden diese Pakete zunächst in einem Puffer zwischengespeichert.

Dies ist erforderlich, da in einem paketorientierten Netz die Wege der einzelnen Pakete nicht grundsätzlich vorherzubestimmen sind und sich hierdurch Schwankungen der Laufzeitverzögerung ergeben können, was wiederum einen Einfluss auf die Wiedergabequalität hat.

Die Schwankung der Laufzeitverzögerung verschiedener Pakete wird als **Jitter** bezeichnet.

Durch die Pufferung wird sichergestellt, dass an die nachfolgenden Decodier- und A/D-Wandeleinheiten ein nahezu kontinuierlicher (= isochroner) Datenstrom abgegeben werden kann. Ein Lautsprecher wandelt die elektrischen Signale dann wieder in akustische Signale um. Um eine optimale Sprachübertragung zu realisieren, sollte die Signallaufzeit gemäß einer ITU-Empfehlung maximal 125 ms und die Jitterzeit höchstens bis zu 10 ms betragen.

Wegen der erforderlichen Signalbearbeitung sowohl im Sender als auch im Empfänger ergeben sich zusätzliche Verzögerungen, die in Summe mit der reinen Übertragungszeit durchaus Werte > 1 Sek. annehmen können (Bild 3.76).

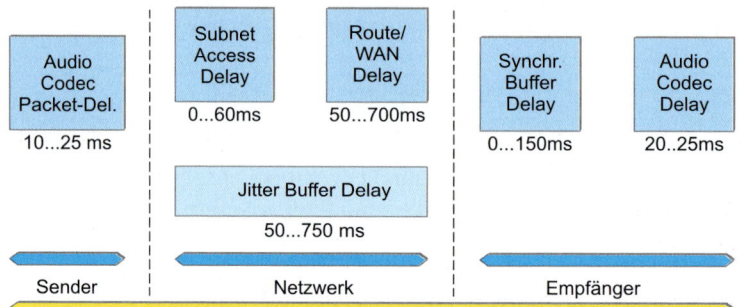

Bild 3.76: Verzögerungen bei VoIP-Übertragung

Obwohl im allgemeinen Sprachgebrauch stets die Bezeichnung „VoIP" verwendet wird, unterscheidet sich je nach Anwendung die verwendete Technik voneinander.

Anwendung	Merkmale
VoIP im NGN	<ul><li>Verwendung international standardisierter Protokolle (z. B. SIP), zusätzlich optimierende Anpassung an die NGN-Infrastruktur, gegebenenfalls mit QoS-Implementierung</li><li>in sich geschlossene Netzstruktur, dadurch autonome Serverkonfiguration durch den Anbieter</li><li>netzintern verbesserte Sprachqualität („HD-Voice", Codec G.722; Kap. 4.1.6)</li></ul>
Direkte „Internettelefonie"	<ul><li>Verwendung international standardisierter Protokolle (z. B. H.323, SIP)</li><li>Informationsübertragung mittels bestehender Internetstrukturen, Sprachqualität und Zuverlässigkeit können schwanken, da diese in der Verantwortung verschiedener Betreiber liegen</li><li>Endgeräte unterschiedlicher Hersteller grundsätzlich untereinander kommunikationsfähig</li></ul>
Messenger Dienste	<ul><li>Verwendung nicht-standardisierter, proprietärer Protokolle (z. B. Skype, Facetime)</li><li>Verwendung bestehender Internetstrukturen</li><li>Kommunikation nur zwischen Teilnehmern möglich, die dasselbe Protokoll verwenden</li><li>meist auch multimediale Kommunikation möglich (z. B. Videochat)</li><li>vom Grundsatz her meist kostenlos, Zusatzangebote zum Teil kostenpflichtig</li></ul>

Bild 3.77: Unterschiede bei VoIP-Anwendungen

Neben Sprache lassen sich hierbei zugleich weitere multimediale Daten per IP-Verbindung austauschen (Video over IP, verteiltes kooperatives Arbeiten usw.). Allerdings stellt die Integration von Sprache und Daten ein gemeinsam genutztes IP-Netz – z. B. das Internet – jeweils vor die schwierige Aufgabe, Dienste mit völlig unterschiedlichem Verkehrsverhalten über eine gemeinsame Verbindung übertragen zu müssen. Die Integration von zeitkritischen Diensten wie Sprache, Streaming, Audio und Video ist zum Teil mit erweiterten Anforderungen an die Netzinfrastruktur verbunden.

> Als **zeitkritisch** bezeichnet man einen Dienst, bei dem bereits kleine Verzögerungszeiten während der Übertragung zu einem Qualitätsverlust führen bzw. als störend empfunden werden.

Eine VoIP-Kommunikation kann mit unterschiedlichen Endgeräten durchgeführt werden, z. B. mit

- einem PC, Laptop, Tablet oder Smartphone, auf dem eine entsprechende Software oder App installiert ist ("Softphone");
- einem herkömmlichen Telefon (z. B. Analog- oder DECT-Telefon; Kap. 3.10.4), welches dann an einen entsprechenden Adapter anschließbar ist (z. B. IAD, Kap. 3.2);
- einem VoIP-Telefon, welches z. B. direkt an ein lokales LAN/WLAN anschließbar ist.

Durch den Einsatz entsprechender Gateways werden auch Sprechverbindungen zwischen unterschiedlichen IP-basierenden Netzen ermöglicht (z. B. Internet und NGN).

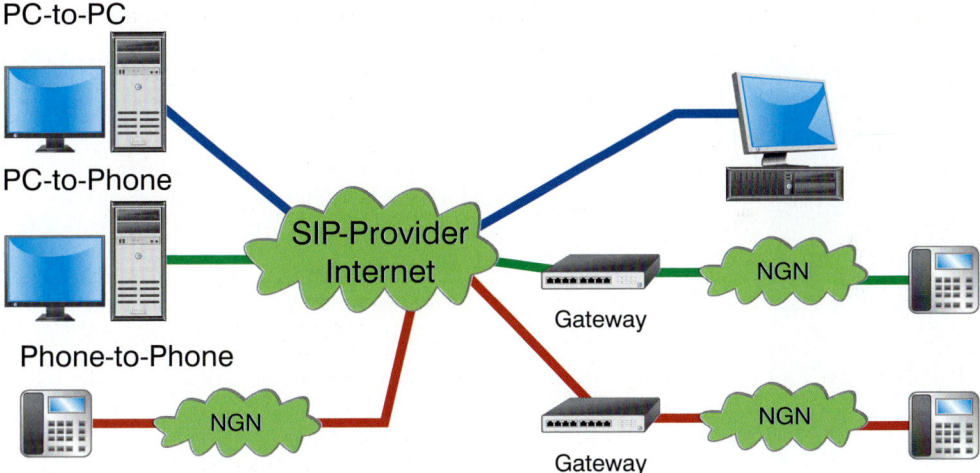

Bild 3.78: Kommunikationsmöglichkeiten mit VoIP

Vor der eigentlichen Sprachübertragung müssen bei VoIP bestimmte Parameter festgelegt werden. Hierzu gehören neben der Auswertung der Rufkennung (IP-Adresse oder Rufnummer) eines gewünschten Ziels der Austausch von Codierverfahren oder Informationen über die erforderliche Bandbreite. Hierfür haben sich – neben herstellerspezifischen Signalisierungsprotokollen – für VoIP-Anwendungen allgemein die Protokolle **H.323** und **SIP** etabliert (Kap. 1.4.4.8). Der H.323-Standard wurde von der ITU-T entwickelt und beinhaltet die technischen Voraussetzungen für die multimediale Kommunikation über

Netzwerke, die selbst keinen „Quality-of-Service", also keine Dienstgüte zur Verfügung stellen. Das **Session Initiation Protocol (SIP)** ist ein von der IETF entwickeltes Signalisierungsprotokoll auf Anwendungsebene (OSI-Schicht 5–7). Beide Protokolle sind nicht kompatibel zueinander. Für die Signalisierung ist in jedem Fall ein eigener Kommunikationsweg im IP-Netz erforderlich.

Zu den erforderlichen Elementen einer H.323- bzw. SIP-Umgebung gehören:

Bezeichnung	Erläuterung
Terminal	„Multimedialer Endpunkt" einer Kommunikationsverbindung (z. B. IP-Telefon, Softphone), der die erforderlichen Audio- bzw. Videocodecs sowie die Signalisierung unterstützt; gemäß H.323 muss ein Terminal mindestens die Sprachübertragung unterstützen.
Gateway	Verbindungselement zwischen unterschiedlichen Netzen (z. B. Internet, NGN, private Netze); hierbei verhält sich das Gateway in jedem der Netze wie ein Terminal; Aufgabe: „Übersetzungs- und Anpassfunktionen" (Transcodierung) der Mediaströme für Sprache und Video sowie der Signalisierung (**MGCP: M**edia **G**ateway **C**ontrol **P**rotocol); kann Verbindungen zu beiden Netzen auf- und wieder abbauen.
Gatekeeper/ SIP-Proxy	Optionale Komponente, da innerhalb eines LAN auch direkte Verbindungen von Terminal zu Terminal möglich sind (Direct Routed Call). Sofern vorhanden, erfüllt ein Gatekeeper folgende Aufgaben: – Terminal-Registrierung – Steuerung von Verbindungsauf- und -abbau zwischen registrierten Terminals – Steuerung des Bandbreitenmanagements – Aushandeln von Leistungsmerkmalen (vergleichbar mit den Dienstmerkmalen im NGN) – Adressumsetzung: Umsetzung von Alias-Namen nach IP-Adressen und/oder E.164- Adressen (ENUM: Electronic Numbering, RFC 2916: globale Nummerierung in Telekommunikationsnetzen), z. B. 10.121.12.99/16 nach 0241/12345678 (siehe weiter unten)
Multipoint Control Unit (MCU)	Erforderlich bei Sprach- und Videokonferenzen mit mehr als zwei Terminals; besteht aus Multipoint Controller (MC) und Multipoint Processor (MP). MC: – Aushandeln der Terminaleigenschaften – Steuerung der Konferenz MP: – Mixen, Switchen und Verarbeiten von Sprache, Daten und Video

Bild 3.79: Komponenten einer H.323-Umgebung

In Bild 3.80 ist eine grundsätzliche VoIP-Netzstrukur prinzipiell dargestellt.

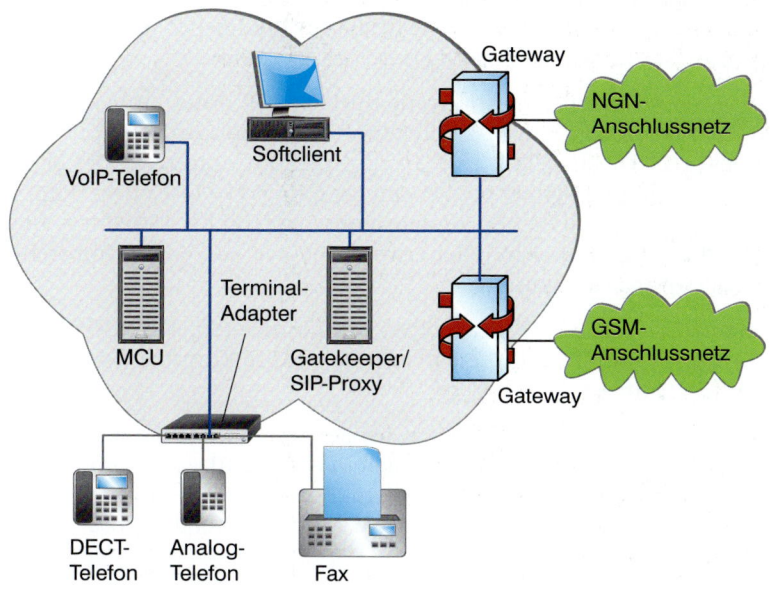

Bild 3.80: Komponenten einer VoIP-Umgebung

IP-Telefonie funktioniert vom Grundsatz her ortsunabhängig, d. h., geografisch feste Anschlüsse wie im Festnetz gibt es nicht. Die Erreichbarkeit eines gewünschten IP-Teilnehmers muss somit – ähnlich wie in Mobilfunknetzen – durch eine vorangehende Authentifizierung des Gerufenen und einer damit verbundenen Information über seinen momentanen Aufenthaltsort in Erfahrung gebracht werden.

Zu diesem Zweck erhält jedes VoIP-Endgerät bei der ersten Anmeldung an dem Registrierungs-Server eines entsprechenden Diensteanbieter eine eindeutige SIP-Adresse im **URI**-Format (**U**niform-**R**esource-**I**dentifier; z. B. *sip:160554@Beispiel.com*). Diese ist nicht wie eine NGN-Rufnummer (Kap. 3.2) an einen festen Anschluss gebunden, sondern prinzipiell von jedem Internetanschluss der Welt nutzbar (NGN-Einschränkungen siehe Kap. 3.2). Nach jedem Einschalten baut das Endgerät dann automatisch eine Verbindung mit dem Registrierungs-Server des eigenen Diensteanbieters auf und meldet sich mit seiner SIP-Adresse an. Nach der Anmeldung ist dem Server dann die momentane IP-Adresse bekannt, unter der dieses Endgerät erreichbar ist.

Zum Aufbau einer Verbindung schickt das Endgerät eines potenziellen Anrufers zunächst eine Ruf-Nachricht mit der SIP-Adresse des gewünschten Teilnehmers an einen Server, der dem DNS (Kap. 1.4.4.2) unter dem Domainnamen *Beispiel.com* bekannt sein muss. Da diesem die momentane IP-Adresse des gerufenen Teilnehmers bekannt ist - dem rufenden Teilnehmer hingegen nicht-, kann nur dieser Server den Verbindungswunsch an den gerufenen Teilnehmer weiterleiten. Sofern diese Nachricht dort verarbeitet werden kann, schickt das gerufene Endgerät eine entsprechende Nachricht zurück an den Server, der diese an den Anrufer weiterleitet.

Eine direkte Kommunikation zwischen den beiden Endgeräten hat bis jetzt noch nicht stattgefunden. Für das eigentliche Telefongespräch ist der Server danach nicht mehr notwendig, die Endgeräte senden sich ihre Daten direkt an die jeweils übermittelten IP-Adressen in Form von IP-Datenpaketen zu.

Die Sprachdaten werden bei der Internettelefonie mittels UDP unter Einbeziehung von RTP (**R**ealtime **T**ransport **P**rotocol) und RTCP (**R**ealtime **T**ransport **C**ontrol **P**rotocol) übertragen. SIP vermag neben UDP auch TCP als Transportmedium zu nutzen. Der Bandbreitenbedarf einer VoIP-Verbindung beträgt bei Verwendung eines G.711-Codecs (Kap. 4.1.6) ohne Berücksichtigung der erforderlichen Signalisierung ca. 100 bis 150 kbit/s. Engpass bei einem DSL-Anschluss ist hierbei möglicherweise die *real* zur Verfügung stehende, Vergleichsweise kleine *Upstream*-Datenrate.

SIP-Terminals können auch mit H.323-Endgeräten kommunizieren, sofern ein spezielles Gateway dazwischengeschaltet ist, das die Umsetzung der SIP-Kommandos in entsprechende H.323-Befehle vornimmt.

Unabhängig vom verwendeten Protokoll besteht bei der IP-Telefonie das Sicherheitsproblem, dass es ohne großen Aufwand möglich ist, sich in eine Multimediakommunikation einzuschalten, sodass ohne entsprechende Schutzmaßnahmen ein Abhörschutz nicht gegeben ist. Neben einer Reihe herstellerspezifischer Verfahren bietet der Einsatz von IPsec (Kap. 1.7.2.3) eine Ende-zu-Ende-Verschlüsselung, die unabhängig von der gewählten VoIP-Applikation ist.

Damit ein Teilnehmer bei einer IP-basierenden Kommunikation weiterhin die ihm bekannten E.164-Rufnummern (NGN-Rufnummern, Kap. 3.2) verwenden kann, wird für deren IP-Adressierung **ENUM** (**E**.164 **T**elephone **Nu**mber **M**apping) eingesetzt. In der Spezifikation RFC 3761 zu ENUM wird das Verfahren zur Umwandlung von Telefonnummern zu einer IP-Adresse beschrieben. Bild 3.81 zeigt prinzipiell die einzelnen Schritte am Beispiel der Telefonnummer +49-214-74757.

Umwandlungsschritte	Ergebnis
Entfernen aller nicht numerischen Zeichen	4921474757
Einsetzen von Punkten zwischen den Ziffern	4.9.2.1.4.7.4.7.5.7
Umkehren der Reihenfolge	7.5.7.4.7.4.1.2.9.4
Anfügen der Zeichenfolge „e164.arpa"	7.5.7.4.7.1.2.9.4.e164.arpa

Bild 3.81: Umwandlung einer E.164-Rufnummer in eine IP-Adresse (arpa: Address and Routing Parameter Area)

AUFGABEN

1. Was bedeutet die Abkürzung DSL und wo werden die damit bezeichneten Verfahren eingesetzt?

2. Wodurch unterscheiden sich symmetrische von asymmetrischen DSL-Verfahren?

3. Mit Annex A, Annex B und Annex J werden bei ADSL unterschiedliche Standards der Frequenzausnutzung bei der Datenübertragung bezeichnet. Aus welchem Grund benötigt man insbesondere diese Standards? Skizzieren oder benennen Sie die jeweils verwendeten Frequenzbereiche.

AUFGABEN

4. Bei der bidirektionalen Datenübertragung unterscheidet man zwischen dem Gleichlageverfahren und dem Getrenntlageverfahren. Beschreiben Sie den Unterschied. Welches dieser Verfahren wird bei ADSL eingesetzt?

5. Welche technischen Unterschiede bestehen zwischen den Standards ADSL1, ADSL 2 und ADSL 2+?

6. ADSL und VDSL verwenden zur Übertragung auf der Anschlussleitung das DMT-Verfahren. Benennen und beschreiben Sie das Verfahren. Welche Vorteile ergeben sich?

7. Was versteht man im Zusammenhang mit DSL unter ADLU48 und ADLU60? Welcher Unterschied besteht?

8. Skizzieren Sie eine mögliche Anschaltung eines All-IP-Kunden an das NGN. Benennen Sie alle dargestellten Elemente und geben Sie deren jeweilige Funktion an.

9. Unter der Bezeichnung Dynamic Spectrum Management werden verschiedene Verfahren zur Erhöhung der Datentransferrate auf einer DSL-Anschlussleitung zusammengefasst. Benennen und erläutern Sie diese Verfahren. Was versteht man in diesem Zusammenhang unter Vectoring?

10. Aus welchem Grund werden zunehmend Outdoor-DSLAMs eingesetzt?

11. Vergleichen Sie die technischen Leistungsmerkmale von ADSL 2 mit denen von VSDL 1 und VDSL 2. Erstellen Sie hierzu eine entsprechende Tabelle.

12. Welche grundsätzlichen Probleme ergeben sich bei der Sprachübertragung mittels VoIP und wodurch werden sie verursacht? Nennen Sie die Vorteile von VoIP.

13. Benennen Sie die erforderlichen Hardwarekomponenten einer VoIP-Umgebung und erläutern Sie deren Funktionen.

14. Was versteht man unter der Abkürzung ENUM? Erläutern Sie das mit dieser Abkürzung bezeichnete Verfahren.

3.9   Powerline Communication (PLC)

PLC ist die Abkürzung für **Powerline Communication** und bezeichnet allgemein eine Technik, die eine Datenkommunikation über vorhandene elektrische Energieversorgungsleitungen ermöglicht. Mit dieser Technik kann einerseits im Anschlussbereich eine Verbindung eines Gebäudes mit öffentlichen Kommunikationsnetzen (z. B. Internet, Telefonnetz) realisiert werden (**Access-Powerline**); sie kann andererseits aber auch zur Kommunikation innerhalb eines Gebäudes eingesetzt werden (**Inhouse-Powerline**).

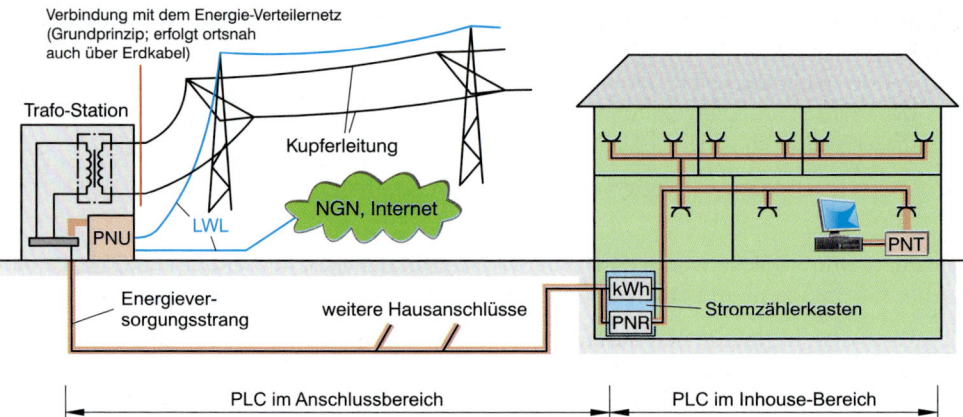

Bild 3.82: Grundprinzip von PLC

Der **Anschlussbereich** umfasst hierbei die Leitungen zwischen der Trafostation, in der die Versorgungsspannung des Energieversorgungsnetzes auf 230/400 V heruntertransformiert wird, und dem Stromzählerkasten beim Kunden. Dieser Teil des elektrischen Leitungsnetzes weist eine Baumtopologie auf und ist Eigentum des zuständigen **V**erteil**n**etz**b**etreibers (**VNB**).

Der **Inhouse-Bereich** besteht prinzipiell aus sämtlichen elektrischen Leitungen und Einrichtungen (z. B. Steckdosen, Schalter, Verteiler), die im Rahmen der Elektroinstallation in einem Wohngebäude verlegt worden sind. Diese Leitungen gehören dem jeweiligen Hauseigentümer.

In beiden Bereichen erfolgt die Übertragung auf den Leitungen, indem jeweils die Nutzdaten mit entsprechenden Modulationsverfahren (Kap. 4.1.5) auf Trägerfrequenzen aufgeprägt werden.

3.9.1   PLC im Anschlussbereich

Das bestehende Energieverteilnetz ist für die Übertragung elektrischer Energie bei einer Frequenz von 50 Hz optimiert (z. B. Leiterquerschnitt, Isolierung, Verlegung).

Wird die Energieversorgungsleitung im Anschlussbereich zusätzlich zur Informationsübertragung verwendet, erfolgt die Verbindung mit öffentlichen Kommunikationsnetzen in der nächstgelegenen Trafostation. Hier befindet sich das **PNU** (**P**owerline **N**etwork **U**nit) mit Schnittstellen zum Internet, zu einem öffentlichen Kommunikationsnetz oder gegebenenfalls auch zu einem vom VNB betriebenen Weitverkehrsnetz, das mit Lichtwellenleitern (LWL) entlang der Hochspannungsleitungen des Verbundnetzes verlegt ist (Bild 3.82). Alle an einem Energieversorgungsstrang angeschlossenen Hausanschlüsse müssen sich dann die maximal mögliche Übertragungsrate der Versorgungsleitung teilen (Shared Medium).

Den Übergang vom Anschlussnetz zum Inhouse-Bereich bildet ein Signalumsetzer (**PNR** = **P**owerline **N**etwork **R**epeater) zur Überbrückung des Stromzählers und zur Entkopplung des Inhouse-Netzes. Die Verteilung der Datenströme im Haus ist dann prinzipiell ebenfalls über die vorhandenen Stromleitungen möglich. Für eine Datenverbindung benötigen die Endgeräte jeweils einen Adapter (**PNT** = **P**owerline **N**etwork **T**ermination, Bild 3.82), der die Datenströme aus der Netzspannung herausfiltert. So besteht theoretisch an jeder Steckdose ein direkter, interaktiver Zugang zum Internet.

Der 2010 veröffentlichte Powerline-Standard IEEE 1901 definiert hierzu unter anderem, in welchem Frequenzbereich (bis 100 MHz) und mit welchen Übertragungsverfahren (OFDM, QAM; Kap. 4.1.5.2) die Daten bis zu 1,5 km über die Energieversorgungsleitungen des Anschlussbereiches übertragen werden sollen.

Allerdings ist dieser Frequenzbereich gemäß den „Verwaltungsvorschriften für die Frequenznutzung" bereits in eine Vielzahl von Teilbereichen aufgeteilt, die mehreren verschiedenen Funkdiensten zugewiesen sind (z. B. Amateurfunk, Mobilfunk u. a.).

Um Störungen dieser Dienste auszuschließen, hat der Deutsche Bundesrat bereits 2001 die „Frequenzbereichs-Zuweisungsplanverordnung" (FreqBZPV) und die darin enthaltene „Nutzungsbestimmung 30" (NB 30) verabschiedet. Diese wird regelmäßig aktualisiert und den jeweiligen technischen Anforderungen angepasst. Darin sind auch die **zulässigen Grenzwerte von Störabstrahlungen** von Leitern bei Frequenzen zwischen 9 kHz und 3 GHz festgelegt. Die Sendeleistungen, mit denen die PNU die Datenströme in der Trafostation einspeist, werden hierdurch stark begrenzt, sodass keine höheren Übertragungsraten über längere Strecken möglich sind.

Dadurch konnte sich PLC als direkter Internetzugang im Anschlussbereich der Energieversorgung gegen die DSL-Techniken nicht durchsetzen, wird aber zunehmend für Überwachungs- und Steuerungsfunktionen genutzt (z. B. Heizungssteuerung, Stromzählerablesung).

3.9.2   PLC im Inhouse-Bereich

Im Inhouse-Bereich hat sich die Datenkommunikation über die vorhandenen Stromleitungen hingegen als mögliche Alternative zu anderen Techniken (LAN, WLAN) etabliert. Wegen der im Vergleich zum Anschlussbereich kürzeren Leitungslängen sind hier wesentlich geringere Signalpegel für die Übertragung erforderlich (< 250 mW).

Weit verbreitet insbesondere in Europa ist der **HomePlug-Standard**, der auf Patenten der Firma Intellon basiert. Die HomePlug Powerline Alliance (**HPA**) ist ein Zusammenschluss diverser Entwicklungs- und Herstellerfirmen, die eine Standardisierung der Kommunikation über Energieversorgungsleitungen im Heimbereich vorantreiben.

Beim **HomePlug-Standard** existieren die Spezifikationen HomePlug 1.0, HomePlug AV (**AV** = Audio Video) und HomePlug AV2; die unterschiedlichen technischen Daten sind (auszugsweise) in folgender Tabelle zusammengefasst.

Standard	HomePlug 1.0	HomePlug AV	HomePlug AV2
Frequenzbereich	4,3–27 MHz	2–32 MHz	2–68 MHz
Kanalzahl	84 (*)	917 (*)	2017 (*)
Max. Übertragungsrate (brutto)	≤ 14 Mbit/s	≤ 200 Mbit/s	≤ 1,2 Gbit/s

Standard	HomePlug 1.0	HomePlug AV	HomePlug AV2
Reichweite (theor./prakt.)	≤ 300 m/≤ 200 m	≤ 300 m/≤ 200 m	≤ 400 m/≤ 300 m
Zugriffsverfahren	CSMA/CD	TDMA	TDMA
Modulationsverfahren (Kap. 4.1.5)	OFDM	OFDM	OFDM, kombiniert mit MIMO
Verschlüsselung (Kap. 1.7.2.3)	DES mit 56 bit (Data Encryption Standard)	AES mit 128 bit (Advanced Encryption Standard)	AES mit 128 bit (Advanced Encryption Standard)
Triple Play	nein	ja	ja

(*) Verschiedene Frequenzbereiche sind hierbei herausgefiltert; herstellerabhängig können die Werte geringfügig abweichen.

Bild 3.83: Technische Daten des HomePlug-Standards

Die genannten Frequenzbereiche werden nicht durchgängig für die Datenübertragung verwendet. Mit speziellen Filterschaltungen (sog. Kerbfilter bzw. Notchfilter) werden bestimmte Frequenzbereiche ausgeblendet, die andere Funkdienste stören könnten (z. B. 20-Meter-Amateurfunkbereich, 14–14,35 MHz). Die aufgeführten maximalen Übertragungsraten werden in idealisierten Testumgebungen ermittelt, sie sind zudem wegen der frequenzabhängigen Leitungsdämpfung (Kap. 4.1.2) entfernungsabhängig und werden im praktischen Umfeld meist nicht erreicht. Außerdem können unvorhersehbare Störeinflüsse (z. B. Schaltvorgänge im Netz, elektronische Dimmer, Überspannungsableiter in Mehrfachsteckdosen) die Übertragungsraten zusätzlich verringern.

Die **HomePlug-Technologie** ermöglicht die Datenkommunikation über die vorhandenen 230-V-Energieversorgungsleitungen im Heimbereich. Für diesen Standard verwendet man im allgemeinen Sprachgebrauch generell auch die Bezeichnung **Powerline-Technik**. Zur Datenübertragung werden die Datenendgeräte mit entsprechenden **Powerline-Adaptern** mit dem Energieversorgungsnetz verbunden. Die Adapter werden auch unter den Produktbezeichnungen **PowerLAN-** oder **dLAN-Adapter** vermarktet (dLAN = **d**irect **L**ocal **A**rea **N**etwork, dLAN ist eine eingetragene Produktbezeichnung der Firma devolo AG).

Die Powerline-Technik stellt selbst *keine* direkte Verbindung zu einem externen Kommunikationsnetz (z. B. Internet) her. Hierzu ist ein separater Internetzugang in einem Gebäude erforderlich (z. B. ein DSL-Anschluss).

Das vorhandene Internetmodem (DSL-Modem) wird über ein handelsübliches Patchkabel (RJ-45-Anschlüsse) mit einem Powerline-Adapter verbunden. Die von dem Modem stammenden Datensignale werden dann über den in einer Steckdose befindlichen Adapter auf die Netzspannung aufmoduliert. Diese Daten sind anschließend im Inhouse-Bereich prinzipiell an jeder Steckdose, die an der gleichen Phase angeschlossen ist, verfügbar. Gegebenenfalls muss man die drei Phasen des hausinternen Energieversorgungsnetzes am Zählerkasten mit speziellen

Bild 3.84: Beispiel für einen dLAN-Adapter (Quelle: devolo AG)

Phasenkopplern verbinden, um auch eine phasenübergreifende Kommunikation zu ermöglichen. Diese Phasenkoppler sollen nur für die Datenübertragungsfrequenzen eine Verbindung zwischen den drei Stromleitungen herstellen (Phasen L1, L2 und L3, siehe „Einfache IT-Systeme", 9. Aufl., Kap. 5.7.4.1) und müssen daher an den verwendeten Frequenzbereich der Adapter angepasst sein. Jedes netzwerkfähige Datenendgerät (PC, Drucker, Kamera usw. mit RJ-45-Buchse) kann über einen entsprechenden Powerline-Adapter angeschlossen werden und auf alle übertragenen Daten zugreifen. Somit kann zwischen allen über Adapter angeschlossenen Datenendgeräten eine Kommunikation stattfinden. Die Adapter erkennen sich automatisch anhand eines zugeordneten Kennwortes. Sämtliche Adapter mit dem gleichen Kennwort bilden automatisch ein zusammengehörendes logisches Netz. Aus Sicherheitsgründen sollte das werksseitig eingestellte Standard-Kennwort mittels entsprechender Software, die den Geräten beiliegt oder die von der jeweiligen Hersteller-Homepage downloadbar ist, bei Erstbetrieb geändert werden. Die Hersteller bieten auch Adapter an, die in einzelnen (abgelegenen) Räumen ein lokales WLAN mit den aktuellen Standards (803.11 b, g, n oder ac) aufbauen, in welches sich dann die dort vorhandenen Geräte (Tablets, Smartphones) einloggen können.

Bei einer Datenübertragung zwischen zwei Endgeräten werden stets sämtliche Übertragungskanäle belegt. Wollen mehrere Geräte gleichzeitig kommunizieren, konkurrieren sie gegeneinander um die verfügbaren Kanäle. Bei HomePlug 1.0 regelte das Zugriffsverfahren CSMA/CD (Kap. 1.5.3) über ausgehandelte Prioritäten die jeweilige Zuweisung sämtlicher Kanäle. Diese Version gilt inzwischen aber wegen seiner Datenrate unter 100 Mbit/s als veraltet. In einem auf der aktuellen HomePlug-AV2-Technik basierenden Powerline-Netz mit dem effizienteren TDMA-Verfahren übernimmt die Zugriffssteuerung automatisch der erste aktive Adapter (**CC**o: **C**entral **C**oordinator), zusätzliche Hardware ist nicht erforderlich. In einem solchen Netz lassen sich theoretisch bis zu 253 Adapter adressieren, in der Praxis sollten aber nicht mehr als 10 Geräte angeschlossen werden.

Ab einem Datendurchsatz von ca. 200 Mbit/s lassen sich mit dem aktuellen HomePlug AV2 ohne Weiteres Internetdaten, Video-over-IP und VoIP (Triple-Play-Dienste) gemeinsam und störungsfrei über das Stromnetz übertragen. Auch Fernsehübertragungen in HDTV-Qualität sind prinzipiell möglich. Um die unterschiedlichen Anforderungen der verschiedenen Kommunikationsdienste zu erfüllen, bietet HomePlug AV2 eine Kombination von verbindungsorientierter Übertragung (z. B. für Echtzeitdienste) mit einer Bandbreitenreservierung (QoS, soweit die Leitungslänge dies zulässt) und verbindungsloser Übertragung (z. B. für zeitunkritische Datenübertragungen).

Die angegebene (theoretische) Datenrate von bis zu 1 200 Mbit/s (Bild 3.83) wird bei HomePlug AV2 durch Einsatz der sogenannten MIMO-Technik (Multiple In - Multiple Out, Kap. 3.11.3) realisiert. Hierbei werden alle drei an einer Steckdose angeschlossenen Leitungen (siehe „Einfache IT-Systeme", Kap. 5.6.2) in die Datenübertragung einbezogen und beispielsweise zwischen Phase und Neutralleiter (N) sowie zwischen Phase und Schutzleiter (PE) gleichzeitig unterschiedliche Datenströme übertragen. Die bei einer Hausinstallation meist im Zählerkasten vorhandene leitende Verbindung zwischen PE- und N-Leiter stellt zwar für die 50-Hz-Netzfrequenz eine (beabsichtigte) Kurzschlussverbindung dar, für die wesentlich höheren Übertragungsfrequenzen des Powerline-Standards wegen des frequenzabhängigen Leitungswiderstandes (bei hinreichend großer Entfernung zum PE-N-Verbindungspunkt) jedoch nicht.

Somit sind mit entsprechenden dLAN-Adaptern ohne zusätzliche Verkabelungsmaßnahmen unter anderem folgende grundsätzliche Anschlussszenarien denkbar:

- Verbindung eines oder mehrerer PCs von verschiedenen Steckdosen im Haus mit einem zentral gelegenen DSL-Internetzugang
- Verbindung zweier PCs oder eines PCs mit einem anderen Netzwerkgerät (z. B. Drucker) über beliebige Steckdosen im Haus
- Drahtlose Verbindung (WLAN) eines Laptops mit einem zentral gelegenen DSL-Internetzugang bei Verwendung eines Wireless dLAN-Adapters (z. B. IEEE 802.11ac)
- Übertragung von Triple-Play-Diensten (z. B. Video-on-Demand, T-Home-Entertain, Audio-Streaming, VoIP), gegebenenfalls unter Verwendung einer entsprechenen Set-Top-Box und/oder eines VoIP-Telefons

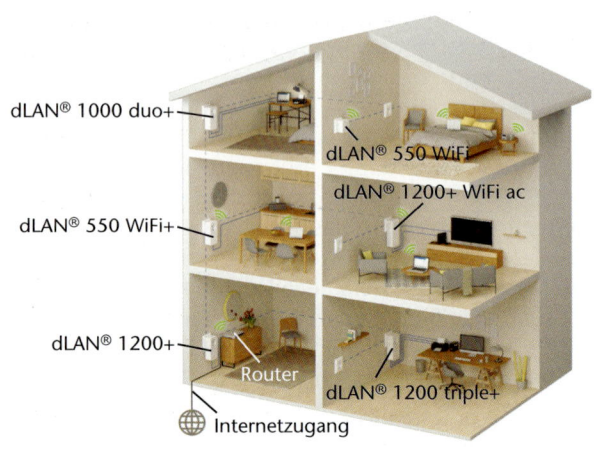

Bild 3.85: Beispiele für Anschlussszenarien

Bild 3.85 veranschaulicht die genannten Anschlussszenarien.

Darüber hinaus können auch mehrere unabhängig voneinander arbeitende dLAN-Netze im gleichen Stromnetz betrieben werden. Die logische Trennung dieser Netze erfolgt durch Zuordnung unterschiedlicher Kennworte. Bei der Übertragung müssen sich die Netze untereinander allerdings die zur Verfügung stehende Übertragungsbandbreite teilen.

Auch die Kopplung von logischen Netzen ist möglich, indem zwei dLAN-Adapter über ein Patchkabel verbunden werden und jedem das entsprechende Netzkennwort zugeteilt wird (Bild 3.86). Wird ein Ethernet-Switch mit einem dLAN-Adapter an das Stromnetz angeschlossen, können alle an diesem Switch angeschlossenen PCs mit sämtlichen anderen dLAN-Teilnehmern kommunizieren.

Die Gefahr einer gesundheitlichen Beeinträchtigung bei Inhouse-Powerline, bedingt durch Signalabstrahlungen, ist umstritten, kann aber nach derzeitigem Kenntnisstand wegen der vergleichsweise niedrigen Signalpegel als gering angesehen werden.

HomePlug-AV2-Geräte sind abwärtskompatibel zu HomePlug AV. Darüber hinaus definiert HomePlug AV2 auch

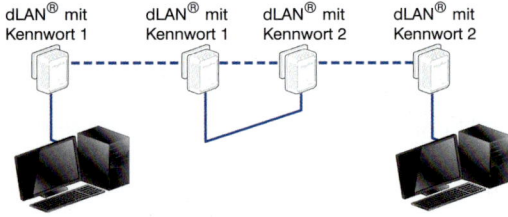

Bild 3.86: Beispiel für die Kopplung logischer Netze

den Einsatz von Routern und speziellen Repeatern. Außerdem ist der IEEE 1901-Standard (Kap. 3.9.1) implementiert. Dieser trägt die offizielle Bezeichnung **B**roadband over **P**owerline **N**etworks (**BPN**) und beinhaltet die Spezifikationen für den Physical Layer (PHY) und den Media Access Control (MAC).

AUFGABEN

1. Welcher Grundgedanke bewirkte die Entwicklung der PLC-Technik?

2. Zur Beurteilung der Übertragungsgeschwindigkeit wurde ein identisches Datenvolumen über ADSL 2+, VDSL 2 und PLC (dLAN 1 200+) übertragen. Das Ergebnis ist in folgendem Diagramm dargestellt.

   a) Wie groß ist das in allen drei Verfahren übertragene Datenvolumen?

   b) Geben Sie das Verhältnis der Übertragungszeiten an für PLC : ADSL 2+ und PLC : VDSL 2.

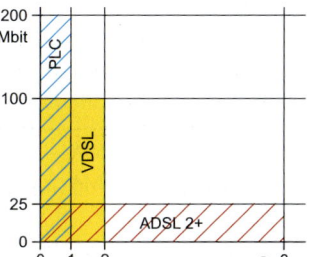

3. a) Wie lassen sich zwei auf einer Stromphase arbeitende, voneinander unabhängige Powerline-Netze mittels entsprechender Adapter miteinander koppeln?

   b) Nennen Sie einige grundsätzliche Anschlusszenarien, die sich durch den hausinternen Einsatz der Powerline-Technik ergeben.

4. a) Welche Übertragungsraten sind theoretisch bei den Übertragungsstandards Home-Plug AV und HomePlug AV2 möglich?

   b) Durch welche technischen Maßnahmen erreicht man die Vergrößerung der Übertragungsrate bei HomePlug AV bzw. HomePlug AV2?

5. Wozu werden im Zusammenhang mit der HomePlug-Technik gegebenenfalls Phasenkoppler benötigt? Erläutern Sie deren prinzipielle Funktionsweise.

3.10   Mobilfunknetze

In Mobilfunknetzen werden die verwendeten Endgeräte nicht über einen festen leitungsgebundenen Anschluss mit der Infrastruktur eines Netzes verbunden, sondern der Netzzugang erfolgt *leitungsungebunden* mithilfe elektromagnetischer Wellen hoher Frequenz (HF: High Frequency). Überall dort, wo die verwendeten Endgeräte diese Frequenzen empfangen können, besteht die Möglichkeit zur Kommunikation mit anderen Teilnehmern.

> Innerhalb des Sende- und Empfangsbereichs eines Mobilfunknetzes erfolgt der **Netzzugang** *ortsunabhängig* **über eine Funkschnittstelle.**

Diese Funkschnittstelle existiert jeweils nur zwischen dem mobilen Endgerät und einer oder mehreren nahe gelegenen Sende- und Empfangsstationen. Die Sende- und Empfangsstationen sind untereinander stets über Festnetze miteinander verbunden!

Die Entwicklungsgeschichte des kommerziellen Mobilfunks wird in Abhängigkeit von den verwendeten Übertragungstechniken in verschiedene „Generationen" unterteilt:

	Multiplexart (Kap. 4.1.7)	Modulationsart (Kap. 4.1.5)	Datenrate	Merkmale
1. Generation (1G oder G1)	Frequenz-multiplex	analog	(nur Sprache)	– ab 1970er-Jahre – national unterschiedliche Verfahren ohne Kompatibilität zueinander – leitungsvermittelnd – Beispiel: C-Netz (nicht mehr vorhanden, da technisch veraltet)
2. Generation (2G oder G2)	FDMA, TDMA	GMSK	9,6 kbit/s 14,4 kbit/s	– ab 1990er-Jahre – digitale Sprach- und Datenübertragung gemäß internationalem GSM-Standard (Kap. 3.10.1) – leitungsvermittelnd – Beispiel: D-Netz, E-Netz
(2,5G oder G2,5)		PSK 16-QAM	384 kbit/s	– digitale Sprach- und Datenübertragung mittels HSCSD, GPRS, EDGE – leitungs- und paketvermittelnd
3. Generation (3G oder G3)	WCDMA	QPSK	2,048 Mbit/s	– ab ca. 2000; in Deutschland verfügbar ab 2002 – digitale Datenübertragung gemäß internationalem UMTS-Standard (Kap. 3.10.2) – leitungs- und paketvermittelnd
(3,5G oder G3,5)	WCDMA	64-QAM	14 Mbit/s	– ab ca. 2004 – digitale Datenübertragung mittels HSPA, HSPA+; – paketvermittelnd
4. Generation („3,9G", wegen „fließendem" Übergang von 3G)	OFDMA	QPSK 16-QAM 64-QAM	bis zu 300 Mbit/s	– ab ca. 2010 – digitale Sprach- und Datenübertragung gemäß LTE-Standard Release 8 (Kap. 3.10.3) – vollständig paket-vermittelnd, IP-basierend
(4G oder G4)		bis zu 128-QAM	bis zu 3 Gbit/s	– seit ca. 2014 – LTE-Advanced, nächste Ausbaustufe LTE-Advanced Pro – vollständig paketvermittelnd, IP-basierend – Nutzung von Übertragungsfrequenzen bis ca. 4 GHz

	Multiplexart (Kap. 4.1.7)	Modulationsart (Kap. 4.1.5)	Datenrate	Merkmale
5. Generation (5G oder G5)	OFDMA	bis zu 2048-QAM	bis zu 10 Gbit/s	– in Planung (erste Feldversuche 2018), aufbauend auf dem derzeitigen 4G-Standard – geplante Konnektivität und Kommunikation zwischen Menschen, Maschinen, Geräten, Sensoren und Aktoren – Frequenznutzung auch oberhalb von 4 GHz

Bild 3.87: Entwicklungsstufen der kommerziellen Mobilfunktechnik

Alle Mobilfunknetze sind zellular aufgebaut, wobei die Zellen je nach verwendeter Technik unterschiedliche Größen aufweisen. In jeder Zelle befindet sich eine **Sende- und Empfangsstation**, die die Funkschnittstelle innerhalb der Zelle bereitstellt und die Verbindung zum Festnetz herstellt. Bild 3.88 stellt die Struktur vereinfacht dar.

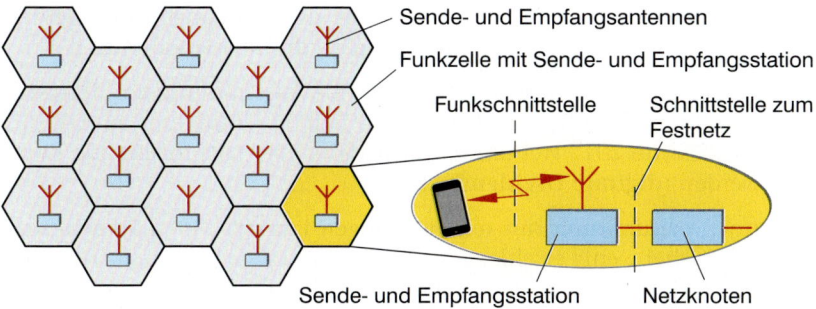

Bild 3.88: Zellulare Struktur eines Mobilfunknetzes (Grundprinzip)

In der Praxis sind die Zellen weder eckig noch gleich groß, vielmehr variieren sie in Größe und Form in Abhängigkeit von der Geländebeschaffenheit und dem erwarteten Verkehrsaufkommen einer Region.

Außerdem überlappen sich ihre Sende- und Empfangsbereiche, sodass der Zugang zum Mobilfunknetz auch bei Ausfall oder Überlastung einer Station durch eine Nachbarstation sichergestellt ist. Dennoch gibt es vereinzelt sogenannte „Funklöcher", in denen – meist geländebedingt – der Netzzugang nicht oder nur unzureichend möglich ist.

Derzeit werden weltweit die Standards **GSM** (**G**lobal **S**ystem for **M**obile Communications, Kap. 3.10.1), **UMTS** (**U**niversal **M**obile **T**elecommunications **S**ystems, Kap. 3.10.2) und **LTE** (**L**ong **T**erm **E**volution, Kap. 3.10.3) unterstützt. Für die Funkübertragung stehen hierzu von der ITU international festgelegte Frequenzbereiche zur Verfügung. Allerdings sind in Europa und den anderen Kontinenten aufgrund bestehender anderweitiger Nutzung nicht immer sämtliche Bereiche für den Mobilfunk freigegeben.

Die Nutzungsrechte an denjenigen Frequenzbereichen, die in Europa für den Mobilfunk zur Verfügung stehen, werden in Deutschland jeweils von der Bundesnetzagentur (BNetzA) als nationale Regulierungsbehörde für einen bestimmten Zeitraum vergeben und in Form von Auktionen an entsprechende Mobilfunknetzbetreiber versteigert. Da die Nutzungsrechte an einigen dieser Frequenzbereiche Ende 2016 ausgelaufen sind, ergibt sich ab dem 01.01.2017 eine neue Struktur der zugewiesenen Frequenzen. Gleichzeitig wird der Nutzungsbereich um einige Frequenzbänder erweitert, um den gestiegenen Bedarf an mobiler Breitbandkommunikation besser abdecken zu können.

In Deutschland haben derzeit die Deutsche Telekom, Vodafone und Telefónica die Nutzungsrechte erworben und betreiben untereinander konkurrierende Mobilfunknetze. Telefónica ist ein spanisches Unternehmen, welches unter anderem die Netze der Firmen E-Plus, O_2 und sonstiger regional tätiger Netzanbieter übernommen hat. Andere in Deutschland tätige Dienstleister können ihre Mobilfunkangebote nur noch über entsprechende Kooperationsverträge mit den genannten Rechteinhabern offerieren (z. B. 1&1, Tchibo mobil).

Die Frequenzbereiche um 900 MHz und 1 800 MHz bildeten in der Vergangenheit die Grundlage für den Aufbau der heutigen Mobilfunknetze, insbesondere für die flächendeckende mobile Sprachkommunikation. Durch die Abschaltung des terrestrischen *Analogfernsehens* sowie anderer Dienste wurden ab 2012 weitere Frequenzbänder für die *digitale* Kommunikation zur Verfügung gestellt (z. B. 800-MHz-Band).

In diesen dann ebenfalls digital genutzten Frequenzbändern können wesentlich mehr Daten übertragen werden, da die digitale Übertragung einer gleich großen Datenmenge ein wesentlich geringeres Frequenzspektrum (nur ca. 10 %) benötigt als die analoge Übertragung. Diesen Gewinn an Übertragungsvolumen bezeichnet man als **digitale Dividende 1**.

Die Frequenzen im 700-MHz-Bereich wurden bislang für die Ausstrahlung von terrestrischem Fernsehen gemäß dem DVB-T1-Standard genutzt. Durch die Umstellung auf DVB-T2 (Kap. 3.5.1) werden sie ab Mitte 2017 frei und können dann ebenfalls für mobile Kommunikation genutzt werden (**digitale Dividende 2**).

Die Netzbetreiber können dadurch mit nur relativ wenigen Funkstationen Sprach- und Datenkommunikation in bisher wenig erschlossene Regionen bringen, wodurch auch eine nahezu flächendecke Versorgung der Bevölkerung mit mobilem Breitband-Internet möglich wird.

Seitens der Bundesnetzagentur wurden stets ganze Frequenzblöcke versteigert (z. B. 5-MHz-Blöcke, 7-MHz-Blöcke; Bild 3.89), welche die Netzanbieter grundsätzlich für alle verfügbaren Techniken nutzen können (GSM, UMTS oder LTE). Frequenzen oberhalb des 2-GHz-Bandes sind aber maßgeblich für LTE-Anwendungen vorgesehen.

Innerhalb der angegebenen Bereiche erfolgt die Datenübertragung von der Basisstation zum mobilen Empfänger und umgekehrt standardmäßig in getrennten Frequenzblöcken (**Frequenzduplex**; FDD = Frequency Division Duplex; Kap. 4.1.7.3). Die Zuordnung der jeweils zusammen gehörenden Up- und Downlinkbereiche bezeichnet man auch als **Paarung** (Pairing), d. h., der erste 5-MHz-Block in einem Uplinkbereich (z. B. 700-MHz-Band: 703–708 MHz, Bild 3.89) ist auch dem ersten 5-MHz-Block im zugehörigen Downlinkbereich zugeordnet (700-MHz-Band: 758–763 MHz). In den unteren Frequenzbändern befindet sich zwischen dem Uplink- und dem Downlinkbereich eine sogenannte **Duplexlücke**, in der keine Übertragungen stattfinden, um Störungen zwischen Up- und Downlinksignalen zu vermeiden (z. B. 733–758 MHz, Bild 3.89). An den Rändern einiger Übertragungsbänder existieren ebenfalls kleine Bereiche ohne Signalübertragung zur Vermeidung von Störungen anderweitig genutzter Nachbarfrequenzen (**Schutzbereiche**, z. B. im 2 GHz-Band: 2010,0–2010,5 MHz, Bild 3.89).

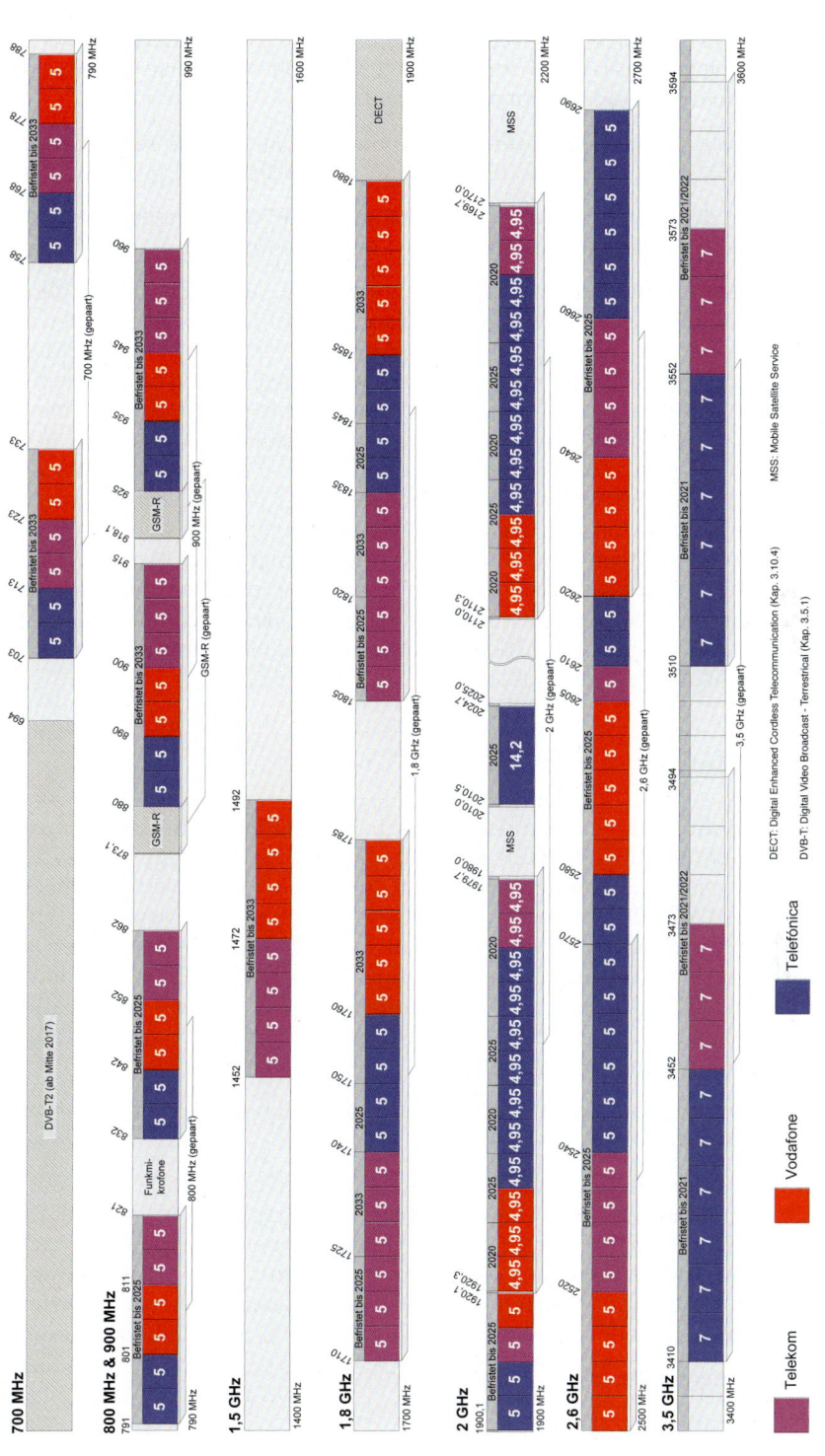

Bild 3.89: Zuordnung von Mobilfunkfrequenzen in Deutschland ab dem 01.01.2017

Des Weiteren existieren aber auch einige *ungepaarte* Frequenzbereiche (z. B. 1,5-GHz-Band, 2-GHz-Band, 2,6-GHz-Band), in denen die Datenübertragung mittels **Zeitduplex** (**TDD** = **T**ime **D**ivision **D**uplex, Kap. 4.1.7.4) durchgeführt wird und die speziell für bedarfsorientiert anpassbare Breitbandzugänge vorgesehen sind.

Einige Frequenzbereiche sind auch für nicht-öffentliche Funknetze reserviert (z. B. im 900-MHz-Band: GSM-R für den Funk der Deutschen Bundesbahn).

Für Anwendungen des derzeit in Planung befindlichen 5G-Netzes werden zu einem späteren Zeitpunkt auch Frequenzen oberhalb von 4 GHz bereitgestellt.

Die mobilen Endgeräte eines Funknetzes sind Funktelefone, die umgangssprachlich auch als „**Handy**" bezeichnet werden. Heutige Handys sind technisch so ausgestattet, dass sie in Funknetzen unterschiedlicher Generationen kommunizieren können (z. B. GSM + UMTS + LTE). Aufgrund der fortgeschrittenen Integrationstechnologie lassen sich in einem Handy aber nicht nur diejenigen elektronischen Komponenten integrieren, die für eine mobile Sprachkommunikation erforderlich sind, sondern auch viele multifunktionale Eigenschaften, die früher nur bei portablen Computern zu finden waren. Handys mit diesen Eigenschaften werden daher auch als **Smartphones** bezeichnet und können aufgrund ihrer mannigfaltigen Funktionalität auch als Kleinst-Computer angesehen werden. Die Darstellung ihres technischen Aufbaus und ihrer Funktionen erfolgt daher bereits im Grundlagenband „Einfache IT-Systeme", Kap. 1.1.5 (ab 7. Auflage) im Zusammenhang mit den verschiedenen Computer-Klassen. Zunehmend verfügen heute auch andere Geräte über die Möglichkeit, neben WLAN per Mobilfunknetz eine Datenkommunikation etwa mit dem Internet durchzuführen (z. B. Tablets).

3.10.1 GSM-Netze

GSM-Netze bilden die 2. Generation der Funknetze. Sie basieren auf dem international verbreiteten **GSM**-Standard (GSM: **G**lobal **S**ystem for **M**obile Communications) und werden national von verschiedenen Betreibern angeboten. Jeder GSM-Netzbetreiber ist eindeutig durch seinen **Mobile Network Code** (MNC) identifizierbar. Dieser wird in jedem Land unabhängig voneinander vergeben (in Deutschland durch die Bundesnetzagentur, z. B. 01 für Telekom Deutschland; 02 für Vodafone, 07 für O$_2$ bzw. jetzt Telefónica). Die Netze unterscheiden sich gegebenenfalls hinsichtlich der geografischen Verfügbarkeit und der Tarifierung. Bezüglich ihres Aufbaus und der verwendeten Übertragungstechnik bestehen jedoch prinzipiell keine Unterschiede.

Zu einem GSM-Netz gehören als wesentliche Bestandteile die Basisstationen und die Mobilvermittlungsstellen.

In der Regel verfügt eine **Basisstation** (**BTS** = **B**ase **T**ransceiver **S**tation) über drei voneinander unabhängige Sende- und Empfangsantennen mit je einem 120° breiten Öffnungswinkel. Diese decken jeweils einen Oberflächenbereich von 120° sende- und empfangsmäßig ab, sodass insgesamt eine Rundumabstrahlung von 360° gewährleistet ist (Bild 3.90). Oft werden Sendemasten auch gleichzeitig von mehreren konkurrierenden Netzbetreibern genutzt. Zu den wesentlichen Aufgaben einer Basisstation gehören:

- Verwalten der zugewiesenen Funkkanäle

- Kanalcodierung und -decodierung

- Verschlüsselung und Entschlüsselung

- Verbindungskontrolle

- Überwachung des Empfangspegels

- Steuerung des Sendepegels

- Signalanpassung an die Schnittstelle, über die die Verbindung zu anderen Netzkomponenten erfolgt

- Steuerung des „Handover"

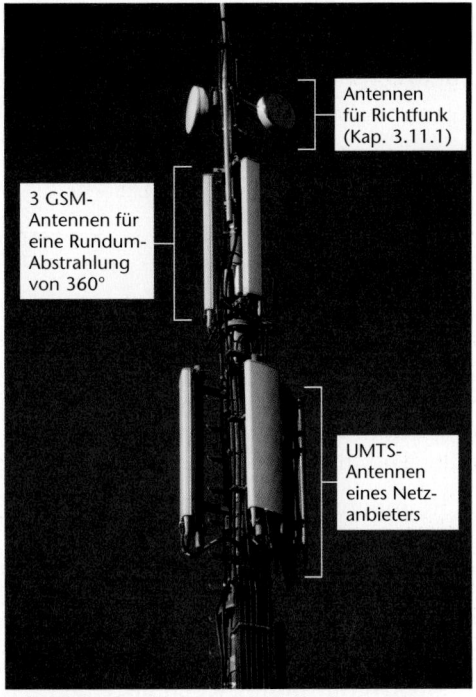

Antennen für Richtfunk (Kap. 3.11.1)

3 GSM-Antennen für eine Rundum-Abstrahlung von 360°

UMTS-Antennen eines Netz-anbieters

Bild 3.90: Anordnung von Mobilfunkantennen (Beispiel)

> Als **Handover** bezeichnet man die Umschaltung einer bestehenden Verbindung auf einen anderen Übertragungskanal oder in eine andere Zelle.

Jede Basisstation prüft laufend die Empfangssignalstärken der innerhalb einer Zelle aktiven Endgeräte. Sinkt der Empfangspegel eines Endgerätes an einer Basisstation ab (z. B. bei einer Durchreise mit dem Auto) oder wird er an einer anderen größer, so erfolgt eine entsprechende Umschaltung des Übertragungskanals zu der besser empfangenden Station. Diese Umschaltung erfolgt unbemerkt vom Teilnehmer über eine GSM-Mobilvermittlungsstelle. Um eine sichere Kommunikation zu gewährleisten, überlappen sich die Sende- und Empfangsbereiche benachbarter Zellen. Obwohl beim Handover aus Datenschutzgründen anstelle der IMSI-Nummer (siehe „Einfache IT-Systeme", Kap. 1.1.5) neuerdings eine lokale, zeitlich begrenzt zugeordnete Identitätsnummer vergeben wird (**TMSI**: **T**emporary **M**obile **S**ubscriber **I**dentity), lassen sich bereits dann individuelle Bewegungsprofile erstellen, wenn ein Smartphone lediglich eingeschaltet ist, da dieses automatisch in regelmäßigen zeitlichen Abständen Signale mit Vermittlungsstellen austauscht. Auch eine Positionsbestimmung ist unbemerkt vom Teilnehmer möglich, sofern mindestens drei Basisstationen das Smartphonesignal empfangen können.

Jede **Mobilvermittlungsstelle** (**MSC** = **M**obile **S**witching **C**enter) ist über entsprechende Kommunikationsleitungen mit den benachbarten Basisstationen verbunden. Sie arbeitet prinzipiell wie ein Netzknoten im NGN (Kap. 3.2) und stellt die gewünschte Verbindung mit einem anderen Mobilteilnehmer oder einem Teilnehmer eines anderen Netzes her. Die einzelnen Mobilvermittlungsstellen eines Netzbetreibers sind in der Regel maschenförmig miteinander vernetzt. Diese Vernetzung erfolgt entweder über ein eigenes Leitungsnetz oder über gemietete Kommunikationsleitungen eines Fremdanbieters (Kernnetz, Bild 3.91).

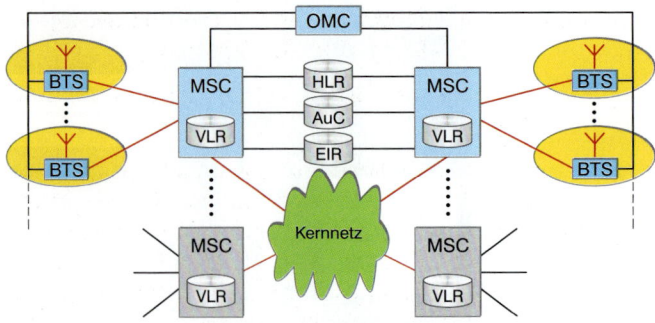

Bild 3.91: Wesentliche Funktionseinheiten des GSM-Netzes

Folgende netzspezifische Funktionseinheiten, die teilweise in den Räumlichkeiten eines MSC untergebracht sind, liefern die für einen Verbindungsaufbau erforderlichen Informationen:

- **Heimdatei**
  Alle benutzerspezifischen Daten eines in einem Mobilfunknetz angemeldeten Teilnehmers werden in einer sogenannten Heimdatei (**HLR** = **H**ome **L**ocation **R**egister) erfasst. Hierzu gehören seine international gültige IMSI-Nummer (siehe „Einfache IT-Systeme", Kap. 1.1.5) sowie Zugriffsberechtigungen, Dienste und Dienstmerkmale, die der jeweilige Teilnehmer nutzen kann. Diese Informationen werden bei Bedarf von den Mobilvermittlungsstellen abgefragt. Eine Heimdatei kann mehrere mobile Vermittlungsstellen bedienen.

- **Besucherdatei**
  Jede Mobilvermittlungsstelle verfügt über eine Besucherdatei (**VLR** = **V**isitor **L**ocation **R**egister), in der Informationen über diejenigen Mobilteilnehmer gespeichert sind, die sich gerade in ihrem Einzugsbereich befinden. Beim Einschalten eines Endgeräts nimmt dieses automatisch eine Verbindung zur nächsten Basisstation auf und meldet sich an. Die übertragenen Daten werden dann in der zugehörigen Besucherdatei gespeichert, nachdem sie von der Heimdatei bestätigt wurden. Verlässt ein Teilnehmer den Bereich einer Mobilvermittlungsstelle, so werden die Daten dieser Benutzerdatei bei eingeschaltetem Endgerät automatisch an die Besucherdatei der nächsten MSC weitergereicht und in der Heimdatei aktualisiert.

- **Beglaubigungszentrale**
  Die Beglaubigungszentrale (**AuC** = **A**uthentication **C**enter) ist eine geschützte Datenbank, in welcher alle Informationen gespeichert sind, die zum Schutz der Funkschnittstelle gegen unberechtigtes Abhören erforderlich sind. Hierzu gehört eine Kopie des jeweils auf der SIM-Karte (siehe „Einfache IT-Systeme", Kap. 1.1.5) des Teilnehmers gespeicherten Geheimschlüssels. Dieser wird zur Authentisierung und zur Verschlüsselung der übertragenen Daten über den Funkkanal verwendet.

- **Identitätsdatei**
  Jedes Handy ist mittels seiner international gültigen Gerätekennung (IMEI-Nummer; siehe „Einfache IT-Systeme", Kap. 1.1.5) identifizierbar. Die Identitätsdatei (**EIR** = **E**quipment **I**dentity **R**egister) enthält eine Liste der Endgeräte eines Mobilnetzes, mit deren Hilfe sich bei Bedarf defekte oder als gestohlen gemeldete Geräte erkennen lassen.

Die **Betriebs- und Wartungszentrale** (**OMC** = **O**peration and **M**aintenance **C**enter) stellt das Management-System eines GSM-Netzes dar. Es steuert und überwacht sämtliche

GSM-Funktionseinheiten und dient mithilfe von Hardwareredundanzen und intelligenten Fehlererkennungsmechanismen der Aufrechterhaltung aller Netzfunktionen.

Zu diesen Netzfunktionen zählen auch Dienste wie z. B. Rufweiterschaltung, Rufnummernanzeige oder Voice-Mailbox.

Für die klassischen GSM-Netze werden verschiedene Frequenzbereiche für die drahtlose Kommunikation zwischen der Basisstation einer Funkzelle und einem mobilen Empfänger genutzt. Von diesen Frequenzbereichen leiten sich die international verwendeten Netzbezeichnungen ab (Bild 3.92). Da wegen bestehender national anderweitiger Nutzung nicht sämtliche Bereiche weltweit zur Verfügung stehen, können moderne Smartphones stets in mehreren dieser Bereiche kommunizieren und werden daher – je nach Frequenzumfang – werbewirksam als **Triple-Band-** oder **Quad-Band**-Smartphone bezeichnet.

Internationale Netzbezeichnung	Uplink (von der Mobilstation zur Basisstation)	Downlink (von der Basisstation zur Mobilstation)	Bandbreite (jeweils Uplink und Downlink)	Nutzung
GSM 700	703–733 MHz	758–788 MHz	30 MHz	Erweiterung in Europa
GSM 800	791–821 MHz	832–862 MHz	30 MHz	klassisches GSM-Frequenzband in Europa
GSM 900	880–915 MHz	925–960 MHz	35 MHz	Erweiterung, kontinentabhängige Nutzung
GSM 1 800	1 710–1 785 MHz	1 805–1 880 MHz	75 MHz	klassisches GSM-Frequenzband
GSM 1 900	1 850–1 910 MHz	1 930–1 990 MHz	60 MHz	in Amerika, nicht in Europa

Bild 3.92: maßgebliche GSM-Frequenzbereiche

Zur Netzbezeichnung werden national auch länderspezifische Benennungen verwendet, die eine Zuordnung zum jeweiligen Netzbetreiber ermöglichen (z. B. **D1**: Deutsche Telekom AG; **D2**: Vodafone). Jedes dieser Netze verfügt von Beginn an über *mehrere* Netzvorwahl-Nummern (z. B. D1-Netz: 0170, 0171, 0175, 0151, 0160, 0161), anhand derer ursprünglich die Netzzugehörigkeit eines Teilnehmers eindeutig erkennbar war. Dies ist heute nicht mehr möglich, da ein Mobilfunkkunde bei einem Anbieterwechsel seine bisherige Rufnummer behalten kann (**MNP** = **M**obile **N**umber **P**ortability). Da ab Mitte 2017 in der EU per Gesetz generell die Roaminggebühren (Kap. 3.10.1.2) entfallen, entstehen auch bei inländischen Telefonaten in ein anderes Mobilfunknetz – anders als früher – keine zusätzlichen Gebühren mehr.

Der zur Verfügung stehende maximale Uplink- bzw. Downlinkbereich variiert in den einzelnen GSM-Bereichen zwischen 30 MHz und 75 MHz Bandbreite (Bild 3.92).

Die Nutzdaten werden mittels international festgelegter Verfahren (z. B. GMSK, Kap. 4.1.5.2) auf Trägerfrequenzen aufmoduliert, die für die Übertragung jeweils eine Bandbreite von 200 kHz benötigen (Kap. 4.1.5.3). Im klassischen GSM-900-Frequenzband lassen sich somit beispielsweise im Uplink- und Downlinkbereich jeweils 149 Trägerfrequenzen unterbringen. Über jede dieser Trägerfrequenzen können bis zu acht Kanäle zur Sprach- oder Datenkommunikation (z. B. SMS) in einem kombinierten Zeit- und Frequenzmultiplexverfahren (TDMA/FDMA, Kap. 4.1.8) genutzt werden. Der Basisstation einer Funkzelle werden eine oder mehrere dieser Trägerfrequenzen zugeteilt. Die Basisstationen der benachbarten Zellen erhalten dann andere Trägerfrequenzen.

> ■ Obwohl aneinander grenzende Funkzellen teilweise überlappen, können sie sich aufgrund der Frequenzzuordnung gegenseitig nicht stören.

Nach einer bestimmten Entfernung können die gleichen Trägerfrequenzen dann von anderen Basisstationen wieder genutzt werden.

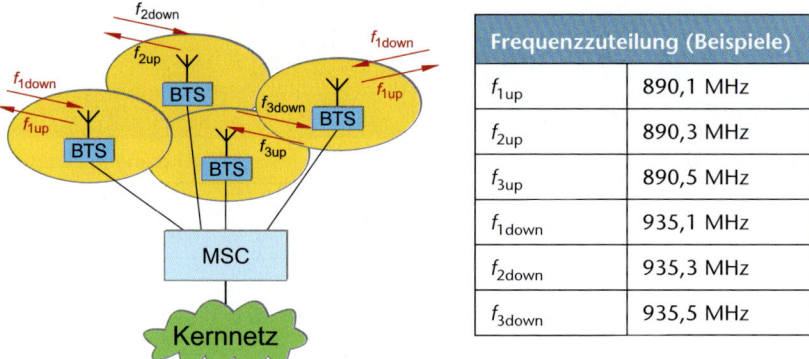

Frequenzzuteilung (Beispiele)	
f_{1up}	890,1 MHz
f_{2up}	890,3 MHz
f_{3up}	890,5 MHz
f_{1down}	935,1 MHz
f_{2down}	935,3 MHz
f_{3down}	935,5 MHz

Bild 3.93: Grundprinzip der Frequenzaufteilung in einem GSM-Netz

Über einen solchen Kanal lassen sich Nutzsignale mit einer Standardrate von bis zu 9,6 kbit/s übertragen. Als erweiterter Standard sind durch Verwendung einer effizienteren Kanalcodierung (Kap. 4.1.9) auch bis zu 14,4 kbit/s möglich. Neben den Nutzkanälen sind aber noch zahlreiche Signalsierungs- und Hilfskanäle mit unterschiedlichen Übertragungsraten vorhanden, die ebenfalls in den genannten Frequenzbereichen übertragen werden:

Kanalbezeichnung	Funktion
Kontrollkanäle (**DCCH** = **D**edicated **C**ontrol **C**hannels)	Signalisierung beim Verbindungsaufbau, Übertragung von Feldstärkedaten, Roamingkontrolle, Handover-Steuerung
Anrufkanal (**PCH** = **P**aging **C**hannel)	nur downlink, Information der BTS an die Mobilstation über eingehende Rufe
Sende-Kontrollkanal (**BCCH** = **B**roadcast **C**ontrol **C**hannel)	Übertragung zellenspezifischer Parameter (z. B. Liste benachbarter Zellen)
Synchronisationskanal (**SCH** = **S**ynchronization **C**hannel)	Rahmensynchronisation

Bild 3.94: Beispiele für vorhandene Kontrollkanäle

Durch Einsatz verbesserter Codierungen und durch Bündelung einzelner Kanäle lässt sich die Nutzdatenrate gegenüber der klassischen Struktur erhöhen (Kap. 3.10.1.2).

Die maximale Zellengröße bei GSM-Netzen ist aufgrund von physikalischen Gesetzmäßigkeiten bei der Ausbreitung von Funkwellen abhängig vom verwendeten Frequenzbereich. Bei niedrigeren Frequenzen (z. B. GSM 700, GSM 800) sind bei einer Sendeleistung des Mobilfunkgeräts von bis zu 2 W theoretisch Zellen bis zu 35 km Durchmesser möglich, bei höheren Frequenzen (z. B. GSM 1800, GSM 1900) nur bis zu 5 km, jedoch bei einer wesentlich geringeren Sendeleistung des Mobilfunkgeräts (0,25–1 W).

3.10.1.1 GSM-Verbindungsaufbau

Der Verbindungsaufbau mit einem Mobilfunkteilnehmer ist ein komplexer Prozess, dessen wesentliche Schritte im Folgenden am Beispiel eines Verbindungswunsches von einem Festnetz-Teilnehmer dargestellt werden.

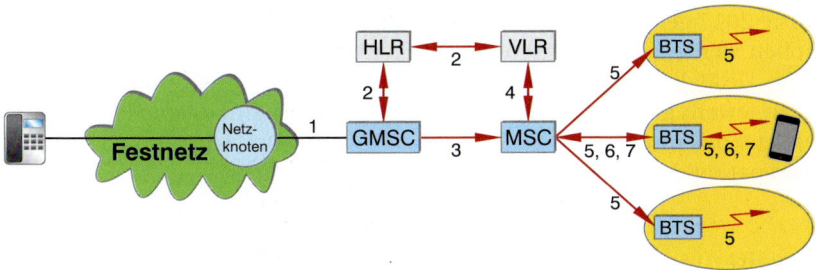

Bild 3.95: Verbindungsaufbau vom Festnetz in ein GSM-Netz

1. Ein kommender Ruf aus dem Festnetz wird über einen Festnetz-Netzknoten an den dem rufenden Festnetzteilnehmer nächstgelegenen Mobilfunk-Netzknoten geleitet. Diese bezeichnet man dann als **Gateway-MSC** (GMSC).

2. Auf der Grundlage der IMSI-Nummer (siehe „Einfache IT-Systeme", Kap. 1.1.5) des gewünschten Mobilfunkteilnehmers wird eine Verbindung zur zuständigen Heimdatei (HLR) des Mobilfunkteilnehmers aufgebaut. Diese prüft die Existenz des Teilnehmers. Anschließend wird die vom jeweiligen VLR regelmäßig aktualisierte Information, über welche MSC der Teilnehmer zurzeit erreichbar ist, an die Gateway-MSC übertragen.

3. Mithilfe dieser Information baut die Gateway-MSC eine Verbindung zu diesem momentan zuständigen Mobil-Netzknoten auf.

4. Der zuständige Mobil-Netzknoten prüft mittels der Besucherdatei erneut die Angaben zum Aufenthaltsbereich und zur Erreichbarkeit (z. B. Rufumleitung derzeit aktiv?).

5. Ist der Mobilteilnehmer als erreichbar erkannt, wird ein Funkruf aktiviert und über die entsprechenden Basisstationen (BTS) in alle der Besucherdatei zugeordneten Funkzellen gesendet.

6. Sobald das Mobilfunktelefon des gewünschten Teilnehmers auf die Anrufaufforderung (Page Request) reagiert hat, wird nur die Basisstation der Zelle, in der es sich befindet, ein Rufzeichen aussenden und alle notwendigen Sicherheitsprozeduren ausführen, um einen sicheren Übertragungskanal aufbauen zu können (Beglaubigung, Verschlüsselung).

7. Reagiert der gerufene Teilnehmer auf das Rufzeichen und nimmt den Ruf an, signalisiert das Smartphone über die Basisstation des Mobil-Netzknotens, dass die Verbindung hergestellt werden kann.

Der Verbindungsaufbau zwischen zwei Mobilfunkteilnehmern des *gleichen* Netzes verläuft analog, der Verbindungsaufbau zwischen Teilnehmern konkurrierender Netze erfolgt über den Kollokationsraum (Bild 3.18) eines Festnetz-Netzknotens (Kap. 3.2).

Grundsätzlich ist es möglich, jeden Teilnehmer trotz unterschiedlicher Anbieter in *jedem beliebigen* Mobilfunknetz unter der stets gleichen zugewiesenen Rufnummer zu erreichen. Voraussetzung hierfür ist allerdings ein sogenanntes **Roaming-Abkommen** zwischen den jeweiligen Netzbetreibern. Außerdem muss das Endgerät die gegebenenfalls im Ausland jeweils verwendeten Frequenzbereiche unterstützen.

Roaming bedeutet, dass ein Teilnehmer in jedem beliebigen GSM-Netz Rufe aussenden kann und unabhängig vom Standort stets unter der gleichen Rufnummer erreichbar ist.

Zwar dürfen ab Mitte 2017 gemäß Gesetzesvorgaben innerhalb der EU keine Roaminggebühren mehr erhoben werden, weltweit sind diese jedoch noch nicht abgeschafft, sodass hierbei immer noch zusätzliche Kosten entstehen können (z. B. bei Telefonaten in die USA). Abhängig vom jeweils gebuchten Tarif eines Netzbetreibers gibt es aber auch innerhalb der EU zu beachtende Einschränkungen bei der mobilen Kommunikation im Ausland (z. B. mögliche Begrenzung der Kontingente für das Surfen im Internet).

3.10.1.2 GSM-Erweiterungen

Um zusätzliche Dienste anzubieten und um eine höhere Datenübertragungsrate mit den bestehenden GSM-Netzen zu erzielen, verwenden die Netzanbieter spezielle Übertragungstechnologien:

HSCSD

HSCSD (**H**igh **S**peed **C**ircuit **S**witched **D**ata) bezeichnet einen von der ETSI definierten *leitungsvermittelnden* (Kap. 3.1.2.1) Standard für eine schnelle Datenkommunikation in GSM-Netzen.

Mittels HSCSD lassen sich bis zu 8 Sprachkanäle (Zeitschlitze) zu einem einzigen Übertragungskanal bündeln. Dieser Übertragungskanal steht dann ausschließlich den beiden Teilnehmern zur Verfügung. Die Teilnehmer-Endgeräte müssen diese Übertragungstechnik unterstützen (z. B. USB-Stick oder PC-Card mit entsprechendem Funkmodul). Bei einer Übertragungsrate von 9,6 kbit/s pro Kanal ergibt sich somit eine Gesamtdatenrate von bis zu 76,8 kbit/s. Die Datenraten lassen sich unabhängig voneinander für beide Übertragungsrichtungen einstellen, sodass unterschiedliche Datenraten Up- und Downstream möglich sind. Mithilfe effizienterer Fehlerkorrekturverfahren und spezieller Kanalcodierung sind theoretisch mit 8 Kanälen auch Übertragungsraten bis zu 115,2 kbit/s möglich. Praktische Angebote liegen im Bereich von 38,4 kbit/s (4 × 9,6 kbit/s), werden aber wegen der Ineffizienz leitungsvermittelnder Standards nur noch wenig genutzt. Die Abrechnung erfolgt in Abhängigkeit von der Verbindungsdauer.

GPRS

GPRS (**G**eneral **P**acket **R**adio **S**ervice) bezeichnet einen von der ETSI definierten Standard für eine *paketvermittelnde* (Kap. 3.1.2.2) Datenübertragung in GSM-Netzen.

Die zu übertragenden Daten werden in Pakete verpackt, die je nach Bedarf und Kapazität übertragen werden. GPRS belegt im Gegensatz zu HSCSD einen Übertragungskanal nicht für die Dauer der Verbindung zwischen Mobiltelefon und Basisstation, sondern lediglich für die Laufzeit der einzelnen Pakete. Dadurch lassen sich mit entsprechenden Zieladressen versehene Datenpakete von mehreren Nutzern über einen einzigen Kanal transportieren, wodurch die vorhandenen Netzressourcen wesentlich effizienter genutzt werden. Die Tarifierung erfolgt jeweils nach dem Übertragungsvolumen.

Je nach Codierverfahren können in einem Kanal Datenraten zwischen 9,05 kbit/s und 21,4 kbit/s übertragen werden. Durch Kanalbündelung ergeben sich theoretisch Datenraten bis zu 171,2 kbit/s (maximal 8 Kanäle mit je 21,4 kbit/s).

GPRS unterstützt die Übertragungsdienste „**Point-to-Point**" (PTP) und „**Point-to-Multipoint**" (PTM). Zur Übertragung von Sprache ist GPRS jedoch nicht geeignet. Moderne Smartphones unterstützen deshalb sowohl den GSM- als auch den GPRS-Standard, die Umschaltung zwischen beiden Übertragungsarten erfolgt automatisch. GPRS-fähige Endgeräte eignen sich besonders für den sogenannten „**Always-on Betrieb**". Da kein Kanal dauerhaft belegt wird, kann man sich einmal in eine Datenverbindung in das Internet, das Intranet oder die Mailbox einwählen. Nur nach Bedarf werden dann Daten übermittelt, wenn etwa eine neue E-Mail gesendet oder empfangen wird oder man eine neue Internetseite aufruft. Die Abrechnung erfolgt hierbei nur nach wirklich übertragener Datenmenge und nicht nach Verbindungszeit. Für den Downlink werden im Always-on-Betrieb in der Regel 4 Kanäle gebündelt, für den Uplink wird lediglich ein einziger Kanal verwendet.

Der Nachfolgestandard **EGPRS** (**E**nhanced **G**eneral **P**acket **R**adio **S**ervice) wurde in die EDGE-Spezifikation eingebunden (siehe unten).

EDGE

EDGE (**E**nhanced **D**ata-Service for **G**SM **E**volution) bezeichnet einen von der ETSI definierten Standard für eine schnelle Datenübertragung in GSM-Netzen, die speziell auf mobile Echtzeitanwendungen ausgerichtet ist.

EDGE umfasst sowohl die leitungsvermittelnde als auch die paketvermittelnde Datenübertragung. Der Einsatz spezieller Modulationsverfahren (PSK, GMSK, Kap. 4.1.5) in Kombination mit effizienten Kanalcodierungen ermöglicht die Übertragung von bis zu 59,2 kbit/s pro Kanal. Dies ergibt bei einer Bündelung von 8 Kanälen theoretisch eine Datenrate von bis zu 473,6 kbit/s (in der Praxis wegen Übertragungsstörungen bis zu 384 kbit/s). Für die Nutzung sind entsprechende Endgeräte erforderlich, die sich dann auch möglicherweise per Software-Update auf Evolved-EDGE (Alternativbezeichnung: EDGE-Evolution; 32-QAM-Modulation) mit theoretischen Download-Raten bis ca. 1 Mbit/s aufrüsten lassen.

3

3.10.2 UMTS-Netze

UMTS ist die Abkürzung für **U**niversal **M**obile **T**elecommunications **S**ystems und stellt die *europäische* ETSI-Bezeichnung (**ETSI** = **E**uropean **T**elecommunikations **S**tandards **I**nstitute) für den weltweiten Standard von Mobilfunknetzen der 3. Generation (3G) dar. Die *internationale* ITU-Bezeichnung für diesen Standard lautet **IMT-2000** (**IMT** = **I**nternational **M**obile **T**elecommunications).

UMTS-Netze weisen grundsätzlich die gleiche zellulare Struktur wie GSM-Netze auf und verwenden heute vielfach auch die gleichen Frequenzbereiche (Bild 3.97). Sie unterscheiden sich allerdings bezüglich der Übertragungsverfahren sowie der bereitzustellenden Qualitätsanforderungen und Verkehrsprofile der angebotenen Dienste. Zur Abgrenzung von GSM und zur Verdeutlichung eines erweiterten Funktionsumfangs werden für die Netzkomponenten teilweise auch andere Bezeichnungen verwendet (z. B. GSM-Basisstation: BTS; UMTS-Basisstation: **NodeB**).

Bild 3.96: Mögliche Dienste im UMTS-Netz

UMTS-Netze stellen gleichzeitig und unabhängig voneinander Breitbanddienste mit unterschiedlichen Datenraten an der Funkschnittstelle zur Verfügung.

Netze der 3. Generation wurden weltweit ab 2001 aufgebaut, in Deutschland haben verschiedene Betreiber ab 2017 neue Lizenzen zur Nutzung der zur Verfügung stehenden Frequenzbereiche erhalten (Bild 3.89). Diese stehen jedoch nicht unbedingt weltweit zur Verfügung (Bild 3.97).

Frequenz-band	Uplink (von der Mobilstation zur Basisstation)	Downlink (von der Basisstation zur Mobilstation)	Bandbreite (jeweils Uplink und Downlink)	Nutzung
850 MHz	824–849 MHz	869–894 MHz	25 MHz	in Amerika; in Europa andere Aufteilung oder nicht-öffentliche Nutzung
900 MHz	880–915 MHz	925–960 MHz	35 MHz	weltweit; derzeit auch noch für GSM genutzt

Frequenz-band	Uplink (von der Mobilstation zur Basisstation)	Downlink (von der Basisstation zur Mobilstation)	Bandbreite (jeweils Uplink und Downlink)	Nutzung
1 900 MHz	1 850–1 910 MHz	1 930–1 990 MHz	60 MHz	in Amerika; derzeit auch noch für GSM genutzt
2 100 MHz	1 920–1 980 MHz	2 110–2 170 MHz	60 MHz	weltweit

Bild 3.97: gepaarte UMTS-Frequenzbereiche für die kommerzielle Nutzung

Darüber hinaus gibt es in Deutschland noch Frequenzbereiche, die breitbandig *ungepaart* für UMTS genutzt werden können (z. B. 1 900–1 920 MHz, 2 010–2 025 MHz; Bild 3.89). Auch in anderen Ländern existieren solche lediglich national nutzbaren zusätzlichen Frequenzbänder.

Der klassische UMTS-Standard (3G) sieht eine Übertragungsrate von 2 Mbit/s vor. Allerdings handelt es sich hierbei um einen Wert, der nur unter idealisierten Bedingungen erreichbar ist. Die praktisch realisierbaren Werte sind geringer und hängen von verschiedenen Faktoren ab.

maximale Übertragungsrate	Übertragungsbedingungen
2 Mbit/s	Quasistationärer Betrieb in einer **Picozelle** (Versorgungsradius < 500 m) mit geringer Nutzerzahl
384 kbit/s	Mobiler Betrieb mit Bewegungsgeschwindigkeiten bis ca. 50 km/h in einer **Mikrozelle** (Versorgungsradius < 3 km) mit geringer Nutzerzahl
144 kbit/s	Mobiler Betrieb mit Bewegungsgeschwindigkeiten über 120 km/h in einer **Makrozelle** (Versorgungsradius < 10 km)

Bild 3.98: Übertragungsraten bei UMTS

Darüber hinaus lässt sich eine sogenannte globale Weltzelle definieren, in der durch die Einbindung eines Satellitennetzes auch bei hohen Geschwindigkeiten (z. B. im Flugzeug) Übertragungsraten bis 144 kbit/s möglich sind. Diese Kommunikation erfolgt in einem separaten 3G-Frequenzbereich (z. B. MSS = Mobile Satellite Service; Bild 3.89).

Als Übertragungsverfahren wird für die Luftschnittstelle eine Kombination aus Zeitmultiplex und Breitband-Code-Multiplex eingesetzt (**TD/W-CDMA** = Time Division/Wideband-Code Division Multiple Access, Kap. 4.1.8). Dieses Übertragungsverfahren ist zwar störunanfällig, jedoch nimmt die Übertragungsrate aufgrund von Überlagerungseffekten bei elektromagnetischen Wellen mit zunehmender Bewegungsgeschwindigkeit des Endgerätes ab (Bild 3.98).

Beim TD/W-CDMA-Verfahren wird einem Nutzer nicht ein spezieller Übertragungskanal zur Verfügung gestellt, sondern ihm steht bis zu 2 Mbit/s von der einer Zelle zugeordneten Bandbreite zur Verfügung. Sind mehrere Endgeräte innerhalb einer Zelle aktiv, muss die Bandbreite der Zelle aufgeteilt werden (Shared Medium). Bei einer sehr großen Anzahl von aktiven Geräten sinkt somit automatisch die Übertragungsgeschwindigkeit pro Gerät.

Bei dem im UMTS-Netz eingesetzten **TD/W-CDMA-Übertragungsverfahren** ist die Übertragungsrate abhängig von der Anzahl der in einer Zelle aktiven Geräte.

Hieraus ergibt sich grundsätzlich die Forderung nach kleinen Zellgrößen (Picozellen), die in Ballungsgebieten durchaus auch weniger als 50 m im Durchmesser betragen können! Diese kleinen Zellgrößen lassen sich jedoch nicht flächendeckend einrichten, da die Errichtung entsprechender Basisstationen in der erforderlichen Anzahl mit erheblichen Investitionskosten für die Betreiber verbunden wäre. Abhilfe schaffen hier Funkzellen nur für den Inhouse-Bereich mit Ausdehnungen kleiner als 25 m. Diese bezeichnet man als **Femtozellen**. Die Netzanbindung erfolgt hierbei über ein „UMTS-Hotspot" (Home NodeB), welcher über einen vorhandenen leitungsgebundenen privaten Anschluss (z. B. über DSL-Leitung, Kap. 3.8) eine Verbindung zum UMTS-Backbonenetz herstellen kann.

Um auch bei hohem Verkehrsaufkommen in Spitzenzeiten akzeptable Übertragungsraten zur Verfügung stellen zu können, lassen sich bei UMTS die Zellgrößen dynamisch in ihrer Größe verändern. Des Weiteren ist bei Bedarf ein temporäres „Ausleihen" von Übertragungsfrequenzen von benachbarten Zellen möglich.

Der Effekt der sich dynamisch verändernden Zellgröße wird als **Cell-Breathing** bezeichnet.

3.10.2.1 UMTS-Erweiterungen

HSPA (**H**igh **S**peed **P**acket **A**ccess) bezeichnet eine von der 3GPP definierte Gruppe von Weiterentwicklungen zu UMTS, die unter Nutzung der vorhandenen UMTS-Infrastruktur eine Erhöhung der Datenraten ermöglicht (3,5G).

3GPP ist die Abkürzung für **3**rd **G**eneration **P**artnership **P**roject, einer weltweiten Kooperationsgruppe von internationalen Standardisierungsgremien für den Mobilfunkbereich. Zu dieser Gruppierung gehört inzwischen auch das **ETSI** (European Telecommunication Standards Institute). Zu den angestrebten Projektzielen dieser Gruppe zählt unter anderem auch die Weiterentwicklung des funktechnischen Teils des UMTS-Netzes (**UTRAN**: UMTS Terrestrial Radio Access Network, Funkschnittstelle) und die Standardisierung des Mobilfunknetzes der 4. Generation (**LTE**: Long Term Evolution, Kap. 3.10.3).

Mit HSPA-Techniken lassen sich über die Funkschnittstelle im Anschlussbereich schnellere paketvermittelnde Hochgeschwindigkeitszugänge realisieren als mit dem klassischen UMTS. HSPA verwendet hierbei unter anderem das schnelle Datenübertragungsprotokoll **HARQ** (Hybrid Automatic Repeat Request), bei dem ein Empfänger fehlerhaft empfangene Datenpakete direkt neu anfordern kann. Die Anforderungszeit verkürzt sich dadurch von durchschnittlich 100 ms auf ca. 20 ms. Hiervon profitieren insbesondere die angebotenen mobilen Echtzeitdienste (z. B. Videokonferenz). Als leistungsfähigere Variante von HSPA wurde inzwischen auch **HSPA+** standardisiert, welches als Vorstufe zur LTE angesehen werden kann und auch als **Evolved HSPA** bezeichnet wird (z. B. mit höheren Datenraten und kürzeren Pingzeiten).

Insgesamt unterscheidet man die Übertragungstechniken HSDPA, HSUPA und HSOPA. Bei den im Folgenden aufgeführten maximal möglichen Übertragungsraten ist zu beachten, dass diese durch die jeweils angebotenen Tarife der Netzbetreiber oftmals eingeschränkt werden.

HSDPA

HSDPA (**H**igh **S**peed **D**ownlink **P**acket **A**ccess) ist eine Weiterentwicklung des UMTS-Standards zur Vergrößerung der **Downlink-Datenrate** an der Funkschnittstelle zwischen Basisstation und mobilem Endgerät.

HSDPA gehört ebenfalls zur Mobilfunkgeneration 3,5G und arbeitet mit dem Zugangsverfahren WCDMA (Wideband Code Division Multiplex Access, Kap. 4.1.8.5). Durch den Einsatz einer verbesserten Modulationstechnik (Kombination aus QPSK und QAM, Kap. 4.1.5) ergeben sich je nach Empfangslage und Störeinfluss standardmäßig Download-Datenraten zwischen 3,6 Mbit/s und 14 Mbit/s. Diese sind auch abhängig von der „Gerätekategorie" des Empfängers (typischer Wert: Kategorie 8 mit bis zu 7,2 Mbit/s; siehe auch Bild 3.101). Hierdurch kann ein Netzbetreiber den gesamten Datendurchsatz innerhalb einer Funkzelle wesentlich erhöhen, sodass eine größere Anzahl von Anwendern mit höheren Datenraten versorgt werden kann.

Ermöglicht wird diese Verbesserung auch durch die Implementierung folgender prinzipieller Techniken:

- Einführung eines zusätzlichen Transportkanals (**HS-DSCH**: **H**igh **S**peed **D**ownlink **S**hared **C**hannel); auf diesen können mehrere Benutzer im Zeitmultiplex zugreifen. Hierbei wird das Zugriffszeitraster von 40 ms auf 20 ms verkürzt.

- Einsatz von adaptiver Modulation und Codierung (**AMC**: **A**daptive **M**odulation and **C**oding); hierbei werden Modulation und Codierrate durch die Basisstation kontinuierlich an die jeweiligen Kanaleigenschaften angepasst. So muss etwa bei einem Teilnehmer in Basisstationsnähe bei der dann guten Übertragungsqualität ein geringerer Schutz vor Übertragungsfehlern vorgesehen werden als bei einem Teilnehmer in größerer Entfernung.

Durch den Einsatz von MIMO-Techniken (**MIMO**: **M**ultiple **I**nput **M**ultiple **O**utput, Kap. 3.11.3) und erweiterten Kompressionsverfahren sind auch Datenraten bis zu ca. 21 Mbit/s erreichbar.

HSDPA ist vor allem für stark asymmetrische Datendienste mit großem Downlink-Datentransfer und geringerem Uplink-Transfer geeignet.

Gegenüber dem vom Grundsatz her schnelleren WiMax (Kap. 3.10.5) bietet HSDPA den Vorteil, dass bereits vorhandene Infrastrukturen genutzt werden können. Moderne Smartphones verfügen bei der Auslieferung bereits über eine entsprechende Funktionalität, Notebooks lassen sich gegebenenfalls mit einem HSDPA-fähigen USB-Stick nachrüsten.

HSUPA

HSUPA (**H**igh **S**peed **U**plink **P**acket **A**ccess) ist eine Weiterentwicklung des UMTS-Standards zur Vergrößerung der **Uplink-Datenrate** an der Funkschnittstelle zwischen Basisstation und mobilem Endgerät.

HSUPA verwendet die gleichen Techniken wie HSDPA zur Vergrößerung der Übertragungsrate im Uploadbereich. Hierdurch ergaben sich zunächst Datenraten bis zu 2 Mbit/s, durch den Einsatz erweiterter Techniken wie dem **Enhanced Uplink** (EUL: Nutzung eines zusätzlichen Uplink-Kanals mit dynamischer Anpassung der Uploadrate) sogar bis zu 23 Mbit/s (Kategorie 9; Standard ist hierbei Kategorie 6 mit bis zu 5,76 Mbit/s).

HSOPA

HSOPA (**H**igh **S**peed **O**FDM **P**acket **A**ccess) ist eine Hochgeschwindigkeits-Zugangstechnik für beide Übertragungsrichtungen an der Funkschnittstelle zwischen Basisstation und mobilem Endgerät.

Im Gegensatz zu HSDPA und HSUPA arbeitet HSOPA mit der **OFDM-Modulation** (Orthogonal **F**requency **D**ivision **M**ultiplex, Kap. 4.1.5). In Verbindung mit der MIMO-Technik und der bedarfsorientierten Einstellung der Kanalbandbreite zwischen 1,25 MHz und 20 MHz lassen sich im Downlink bis zu 100 Mbit/s, im Uplink bis zu 50 Mbit/s übertragen. Über einen 5-MHz-Kanal lassen sich so beispielsweise Datenraten von 40 Mbit/s erzielen.

Mit diesen Übertragungsraten ist HSOPA ein Entwicklungsschritt hin zur 4. Generation der Mobilfunknetze und stellt die Übertragungstechnik für **LTE** (Long Term Evolution) – dem Nachfolgestandard von UMTS – zur Verfügung.

3.10.3 LTE-Netze

LTE steht für **L**ong **T**erm **E**volution und wird als allgemeine Bezeichnung für die 4. Generation von zellularen Mobilfunknetzen verwendet. LTE gehört damit zum sogenannten **N**ext **G**eneration **M**obile **N**etwork (**NGMN**), einem Projekt des Entwicklungsgremiums **3GPP** (**T**hird **G**eneration **P**artnership **P**roject) zur Entwicklung effizienterer Mobilfunkstandards auf der Basis bestehender Strukturen.

Aufgrund des fließenden Übergangs zwischen der 3. und der 4. Generation haben sich auch andere Bezeichnungen etabliert, die die einzelnen Zwischenschritte charakterisieren sollen (z. B. 3,9G; Bild 3.87). Diese Schritte werden als *Releases* bezeichnet und vom 3GPP spezifiziert und veröffentlicht.

Derzeit in Europa auf dem Markt befindliche LTE-Netzkomponenten basieren größtenteils auf dem Release 8; erheblich höhere Anforderungen, insbesondere an die Übertragungsraten der Funkschnittstelle, definiert Release 10, welches auch als **LTE-Advanced (LTE-A)** bezeichnet wird (Kap. 3.10.3.2). Damit ist die Entwicklung aber noch längst nicht abgeschlossen. Die Bezeichnung *Long Term Evolution* wurde gewählt, um diese sich über einen *längeren Zeitraum* erstreckende, technische *Entwicklung* von leistungsfähigen und effizienten Mobilfunkstandards sowie deren schrittweise Einführung zum Ausdruck zu bringen (nachfolgende Ausbaustufe: **LTE-AP** = **LTE-A**dvanced **P**ro).

LTE und LTE-Advanced bauen auf den bestehenden Infrastrukturen von UMTS sowie dessen technischen Erweiterungen (z. B. HSOPA, Kap. 3.10.2.1) auf und sind somit abwärtskompatibel. Auf dieser Basis werden schrittweise die in den Releases der 3GPP definierten Entwicklungen eingeführt. Hierzu gehören:

- Schlankere Netzwerksarchitektur (weniger Netzkomponenten mit effizienteren Strukturen)

- Rein paketorientierte, auf IP basierende Arbeitsweise

- Geringere Verzögerungszeiten (Latenzzeit, Delay: technisch bedingte Verzögerungen bei der Übertragung), um multimediale Inhalte auch auf mobilen Endgeräten in Echtzeit darstellen zu können

- Höherer Datendurchsatz (Downstream mindestens 100 Mbit/s bis hin zu 3 Gbit/s, Upstream 75 Mbit/s bis hin zu 1,5 Gbit/s, auch abhängig von der jeweiligen Gerätekategorie)

- Zusammenarbeit mit anderen Netzstrukturen (z. B. GSM, NGN; GSM wird langfristig aber an Bedeutung verlieren)

Bild 3.99 stellt die prinzipielle Struktur eines LTE-Netzes vereinfacht dar.

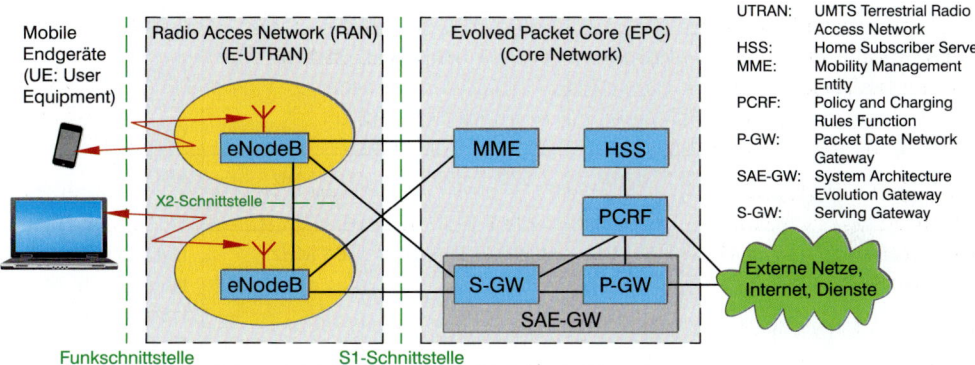

Bild 3.99: LTE-Struktur gemäß 3GPP Release 8 (vereinfachte Darstellung)

Jede Funkzelle enthält eine Basisstation, die bei LTE mit **eNodeB** bezeichnet wird (zur Abgrenzung zu den bei UMTS mit NodeB bezeichneten Basisstationen). Neben den rein funktechnischen Aufgaben (z. B. Zuordnung einer Sendefrequenz) sind sie auch für die Optimierung der Datenübertragung und die Verbindungskontrolle (z. B. effiziente Kanalausnutzung) zuständig. Hierzu verfügen sie im Vergleich mit den GSM- bzw. UMTS-Basisstationen über eine höhere Eigenständigkeit und sind über Leitungen mit den benachbarten Stationen verbunden (X2-Schnittstelle). Den Übergang zwischen Funknetz (**RAN** = **R**adio **A**ccess **N**etwork) und Kernnetz (**EPC** = **E**volved **P**acket **C**ore) bildet die LTE-S1-Schnittstelle. Im Kernnetz fungiert das **S-GW** (**S**erving **G**ateway) als Vermittlungsstelle zwischen den LTE-Teilnehmern. Verbindungen zu Teilnehmern anderer Netze (z. B. UMTS, GSM, NGN) werden über das **P-GW** (**P**acket **D**ate **N**etwork **G**ateway) hergestellt. Das P-GW stellt auch Verbindungen zu anderen (Daten-)Netzen, dem Internet sowie zu den verschiedenen Diensteanbietern her und sorgt für die entsprechenden Protokollanpassungen. Beide Gatewaytypen werden funktionstechnisch im sogenannten **SAE-GW** (**S**ystem **A**rchitecture **E**volution **G**ateway) zusammengefasst. Der SAE-GW ist auch zuständig für das Handover, das Roaming, die Gebührenerfassung und die Überwachung des QoS.

Die Teilnehmerverwaltung erfolgt dezentral über **Home Subscriber Server** (**HSS**), die damit die Funktion der GSM-HLR (Heimdatei) bzw. GSM-VLR (Besucherdatei) übernehmen (Kap. 3.10.1). Die Rechteverwaltung, das Erfassen von Verbindungsdaten sowie die Signalisierung erfolgen hierbei in enger Zusammenarbeit mit den Hauptfunktionsgruppen **PCRF** (**P**olicy and **C**harging **R**ules **F**unction) und **MME** (**M**obility **M**anagement **E**ntity).

3.10.3.1 LTE-Spezifikationen

Weltweit werden für LTE unterschiedliche Frequenzbereiche genutzt. In Europa erfolgte ab 2012 bzw. 2018 eine Verteilung bzw. Erweiterung der zur Verfügung stehenden Bereiche, die in Deutschland jeweils zuvor per Auktion an verschiedene Interessenten vergeben wurden (Bild 3.89).

Frequenzband	Uplink (von der Mobilstation zur Basisstation)	Downlink (von der Basisstation zur Mobilstation)	Bandbreite (jeweils Uplink und Downlink)	Nutzung
800 MHz (E-UTRA Band 20)	791–821 MHz	832 – 862 MHz	30 MHz	FDD (Kap. 4.1.7.3)
1 800 MHz (E-UTRA Band 3)	1 710–1 785 MHz	1 805–1 880 MHz	75 MHz	(derzeit zum Teil auch noch für GSM genutzt)
2 600 MHz (E-UTRA Band 7)	2 500–2 570 MHz	2 620–2 690 MHz	70 MHz	FDD
3 500 MHz (E-UTRA Band 42)	3 410–3 494 MHz	3 510–3 594 MHz	84 MHz	FDD; in Deutschland noch nicht komplett vergeben (Bild 3.89)
	Ungepaarte Nutzung		**Bandbreite**	
1 500 MHz (E-UTRA Band 32)	1 452–1 492 MHz		40 MHz	TDD (Kap. 4.1.7.4)
2 000 MHz (E-UTRA Band 34)	2 010–2 025 MHz		15 MHz	TDD; wegen Schutzbereich zu Nachbarfrequenzen nur 14,2 MHz effektiv nutzbar (Bild 3.89)
2 600 MHz (E-UTRA Band 38)	2 570–2 620 MHz		50 MHz	TDD

Bild 3.100: Maßgebliche LTE-Frequenzbereiche für die kommerzielle Nutzung in Europa

Die Luftschnittstelle von LTE wird auch mit dem Akronym **E-UTRA** bezeichnet (Evolved **U**MTS **T**errestrical **R**adio **A**ccess). Eine nachfolgende Bandnummer dient in technischen Unterlagen der Bezeichnung des Frequenzbandes, in dem übertragen wird (Bild 3.100).

Ab LTE Release 8 lassen sich die unterschiedlichen Frequenzblöcke (4,95 MHz, 5 MHz, 7 MHz; Bild 3.89) durch den Einsatz von OFDMA auf verschiedene Bandbreiten (z. B. 1,25 MHz, 1,6 MHz, 2,5 MHz, 3 MHz, 5 MHz, 10 MHz, 15 und 20 MHz) skalieren. Pro Block können jeweils bis zu 300 Trägerfrequenzen untergebracht werden, auf denen dann in Kombination mit 64-QAM (Kap. 4.1.5.2) die Datenübertragung erfolgt. So kann man flexibel und effizient auf unterschiedliche Anforderungen reagieren und einem Teilnehmer nur genau so viel Übertragungsbandbreite zuordnen, wie gerade erforderlich ist.

Wie schon bei HSDPA (Kap. 3.10.2.1) werden auch bei LTE sogenannte **Endgeräte-Kategorien** definiert, die sich unter anderem in ihren maximal unterstützten Datenraten voneinander unterscheiden und somit beim Kauf eines LTE-fähigen Endgerätes beachtet werden sollten.

	Endgeräte-Kategorie	Maximale Datenrate (in Mbit/s*)		Unterstützte Bandbreiten
		Down	Up	
Release 8	Cat1	10	5	bis 20 MHz
	Cat2	50	25	
	Cat3	100	50	
	Cat4	150	50	
	Cat5	300	75	
Release 10	Cat6	300	50	bis 40 MHz
	Cat7	300	100	
	Cat8	3000	1500	bis 100 MHz
Release 11	Cat9	450	50	bis 60 MHz
	Cat10	450	100	

* Werte gerundet

Bild 3.101: Endgeräte-Kategorien verschiedener LTE-Releases (Auswahl; Hinweis: In Deutschland werden nicht alle Kategorien angeboten, die derzeitigen Netze unterstützen den Upload bis maximal 50 Mbit/s.)

Bei Verwendung einer Gesamtbandbreite von 20 MHz werden bei Release 8 vier 5-MHz-Blöcke zu einem Übertragungskanal zusammengefasst (**Träger-Aggregation**). Diese 5-MHz-Blöcke müssen *nicht* notwendigerweise zusammenhängen! Um bei einer Bandbreite von 20 MHz gleichzeitig für viele User große Datenraten im Downlink zu realisieren, verwendet LTE zusätzlich fortschrittliche MIMO-Techniken. Hierzu zählen insbesondere **Single User MIMO** und **Multi User MIMO** (Kap. 3.11.3). Gemäß der Spezifikation Release 8 lassen sich an der Basisstation hierzu maximal 4 Sendeantennen zu einem MIMO-Array zusammenfassen, womit (im Idealfall) bis ca. 300 Mbit/s im Downlink und bis ca. 75 Mbit/s im Uplink übertragbar sind (Gerätekategorie 5, Kurzbezeichnung: LTE Cat5; Bild 3.101). Bei den Endgeräten mit nur einer einzigen Empfangsantenne ist die MIMO-Technik allerdings nur im Downlink möglich. Die Latenzzeiten liegen bei 10 ms (zum Vergleich: HSPA benötigt ca. 60 ms), die Zeit für einen Verbindungsaufbau beträgt ca. 100 ms (HSPA: ca. 2 s).

Während bei UMTS für beide Übertragungsrichtungen eine Regulierung der Sendeleistung definiert war, schreibt die 3GPP-Spezifikation diese bei LTE nur für den Uplink vor. Hierdurch soll bei möglichst geringer Akkubelastung eines mobilen Endgerätes den Qualitätsanforderungen des jeweils verwendeten Dienstes Rechnung getragen werden und gleichzeitig möglichst keine Störung anderer Teilnehmer durch Interferenzen erzeugt werden.

3.10.3.2 LTE-Advanced

Während Release 9 keine nennenswerte Weiterentwicklung beinhaltet, führt Release 10 (**LTE-Advanced**) die MIMO-Technik auch für den Uplink ein. Im Gegensatz zur 1. Generation der LTE-Endgeräte (Smartphones, Mobilfunkrouter, Laptops) mit nur einer LTE-Sendeantenne ist die zweite Generation dann mit bis zu 4 MIMO-fähigen Sendeantennen ausgestattet. An den Basisstationen spezifiziert Release 10 nunmehr bis zu 8 MIMO-Sendeantennen sowie Modulationen bis 128-QAM (Kap. 4.1.5.2). Mit diesen Strukturen lassen sich theoretisch bis zu 3 Gbit/s im Downlink und bis zu 1,5 Gbit/s im Uplink bei Latenzzeiten von ca. 5 ms realisieren (Gerätekategorie 8; kurz: LTE Cat8; Bild 3.101).

Darüber hinaus werden bei Release 10 sogenannte **Relay-Stationen** definiert. Hierbei handelt es sich um Zwischenstationen, die das Signal eines Endgerätes (z. B. Smartphone) empfangen, verstärken und per LTE drahtlos an die nächste Basisstation weiterleiten. Erfolgt diese Zwischenverstärkung auch umgekehrt (von der Basisstation zum Endgerät), ergeben sich folgende Einsatzmöglichkeiten:

- Einsatz am Rand einer Funkzelle zur Reichweitenerhöhung der Basisstation

- Einsatz in Bereichen mit hoher Teilnehmerzahl; mit einer vergleichsweise geringen Sendeleistung lassen sich mehrere kleine Zellstrukturen schaffen, die stark frequentierte Bereich effizienter versorgen können (Verdichtung).

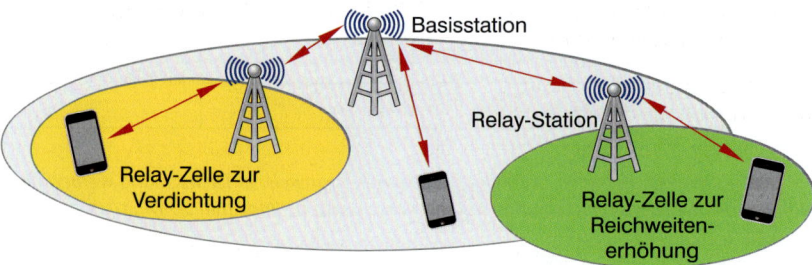

Bild 3.102: Relay-Stationen zur Verdichtung und Reichweitenerhöhung

Hierdurch entsteht ein Verbund aus großen und kleinen Zellstrukturen, der als **heterogenes LTE-Netz** bezeichnet wird.

Mit Release 10 ist die Entwicklung allerdings noch nicht abgeschlossen, Release 11 bringt weitere technische Verbesserungen (z. B. im Bereich heterogene LTE-Netzstrukturen und kooperierende LTE-Basisstationen, Erweiterung der MIMO-Strukturen, zusätzliche Übertragungsbandbreite: 60 MHz im Download). Release 12 definiert darüber hinaus zusätzliche Endgeräteklassen (z. B. Cat11 mit bis zu 600 Mbit/s im Download).

In einem weiteren Schritt werden nicht nur Basis- und Relais-Stationen zur Unterstützung LTE-basierender Endgeräte eingesetzt, sondern bestehende Funksysteme unterschiedlicher Art (z. B. LTE, WiMax, UMB, WLAN) *drahtlos* miteinander vermascht.

Eine solche vermaschte Struktur bezeichnet man als **Mesh-Netz**, die entsprechenden Zugangspunkte als **Mesh Access Points**.

Die Entwicklungsschritte der Datenraten in der kommerziellen Mobilkommunikation sind in Bild 3.103 zusammengefasst dargestellt.

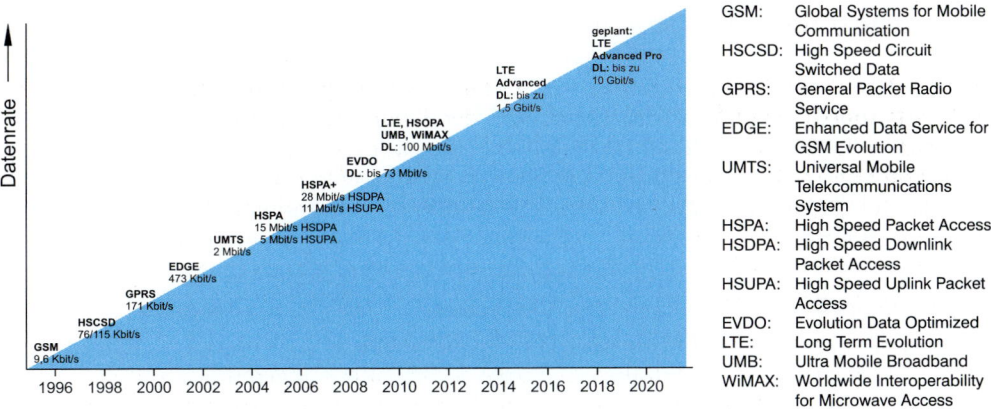

GSM:	Global Systems for Mobile Communication
HSCSD:	High Speed Circuit Switched Data
GPRS:	General Packet Radio Service
EDGE:	Enhanced Data Service for GSM Evolution
UMTS:	Universal Mobile Telecommunications System
HSPA:	High Speed Packet Access
HSDPA:	High Speed Downlink Packet Access
HSUPA:	High Speed Uplink Packet Access
EVDO:	Evolution Data Optimized
LTE:	Long Term Evolution
UMB:	Ultra Mobile Broadband
WiMAX:	Worldwide Interoperability for Microwave Access

Bild 3.103: Entwicklungsschritte der mobilen Kommunikation

EVDO (**E**volution **D**ata **O**ptimized) bezeichnet eine in Europa weniger eingesetzte drahtlose Breitband-Zugangstechnik ausschließlich zur Datenübertragung ohne separaten WLAN-Hotspot, da das mobile Endgerät selbst als Hotspot fungiert. So ermöglicht ein EVDO-fähiges Endgerät beispielsweise in Zügen oder Autos einen direkten Zugang zum Internet unter Ausnutzung vorhandener CDMA-2000-Mobilfunkstrukturen (CDMA 2000: von der ITU-R spezifizierter amerikanischer Mobilfunkstandard der 3. Generation, vergleichbar mit dem europäischen UMTS).

Zu den Mobilfunksystemen der 4. Generation zählt auch **UMB** (**U**ltra **M**obile **B**roadband), ein für den asiatischen und amerikanischen Raum entwickelter alternativer Standard zu LTE mit gleich großen Übertragungsraten. Zusätzlich unterstützt UMB auch die gängigen IP-Standards.

3.10.4 WLAN und DECT/IP-DECT

> Als **WLAN** (**W**ireless **L**ocal **A**rea **N**etwork) bezeichnet man allgemein ein lokales Netzwerk, dessen Endgeräte miteinander drahtlos über eine Funkschnittstelle kommunizieren.

Bei den WLANs kommen unterschiedliche Funktechnologien zum Einsatz, die sich voneinander in der Übertragungsart, den Protokollen und den verwendeten Frequenzbereichen unterscheiden. Die Eigenschaften der verschiedenen WLAN-Technologien sind im IEEE-802.11-Standard spezifiziert und werden in Kapitel 1.5.5 ausführlich dargestellt.

Der Einsatz dieser Funktechniken ermöglicht nicht nur den Aufbau räumlich begrenzter drahtloser Kommunikationsnetze, vielmehr lassen sich auch drahtlose Verbindungen zu einem WAN realisieren.

Neben den in Kap. 1.5.5 aufgeführten WLAN-Technologien wird hierbei sowohl in privaten Netzen als auch im Zugangsnetz (Überbrückung der „letzten Meile") die verbindungsorientiert arbeitende **DECT-Technologie** (DECT = **D**igital **E**nhanced **C**ordless **T**elecommunication) eingesetzt. Hierbei handelt es sich um einen europäischen Standard für ein digitales

Übertragungsverfahren, welches ursprünglich für die digitale Sprachtelefonie zwischen dem Mobilteil (Portable Part, PP) und der zugehörigen Feststation (Fixed Part, FP) bei Schnurlostelefonen unter Verwendung des Codecs G.726 für die Sprachkompression (Kap. 4.1.6) konzipiert wurde. Der DECT-Standard definiert in erster Linie die Parameter der Luftschnittstelle (CAI = Common Air Interface) zwischen Mobilteil und Feststation. Inzwischen wurde er auch weltweit zertifiziert. Mit DECT lassen sich komplette Netzwerke aufbauen, wodurch mit ein und demselben Mobilteil sowohl standortweites als auch standortübergreifendes Roaming möglich ist.

> Die Anbindung von Teilnehmern mit DECT-Mobilteilen an Telekommunikationsnetze wird mit dem Begriff **Cordless Terminal Mobility** (CTM) bezeichnet.

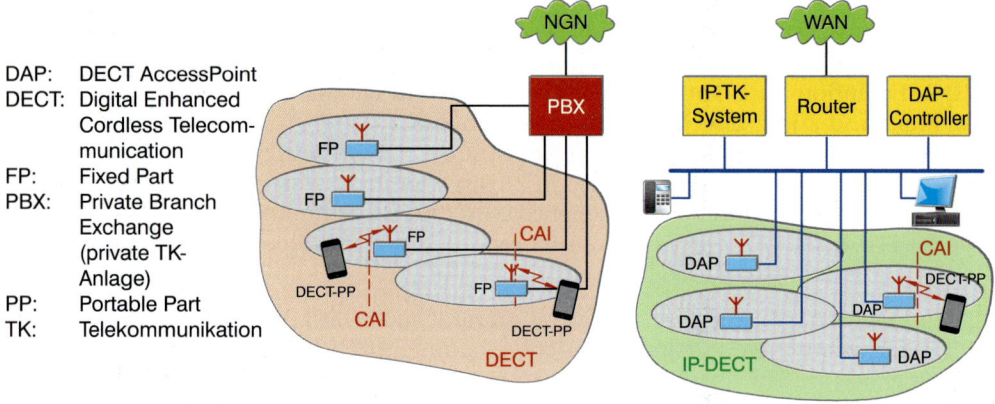

DAP: DECT AccessPoint
DECT: Digital Enhanced
        Cordless Telecom-
        munication
FP: Fixed Part
PBX: Private Branch
        Exchange
        (private TK-
        Anlage)
PP: Portable Part
TK: Telekommunikation

Bild 3.104: Beispiel für eine DECT- und eine IP-DECT-Kommunikationsstruktur

Zu den wesentlichen Merkmalen des DECT-Standards gehören:

- Gute Übertragungsqualität durch digitale Übertragung
- Abhörsicherheit durch Datenverschlüsselung (Encryption mittels AES, Kap. 1.7.2.3; bei älteren Geräten aber nur unzureichend vorhanden)
- Fehlererkennungs- und Fehlerkorrekturmöglichkeit mittels ARQ (**A**utomatic **R**epeat re**Q**uest), CRC (**C**yclic **R**edundancy **C**heck) und FEC (**F**orward **E**rror **C**orrection)
- Dynamische Kanalauswahl und Bandbreitenzuordnung
- Durch Selbststeuerung keine Frequenzplanung erforderlich

Bei Geräten, die zusätzlich die **GAP**-Funktionalität (Generic Access Profile) erfüllen, ist auch die Funktion zwischen DECT-Komponenten verschiedener Hersteller sichergestellt. DECT-Geräte arbeiten in Europa standardmäßig im Frequenzbereich 1 880-1 900 MHz, d. h. nahe dem Bereich, in dem auch UMTS arbeitet (Bild 3.89). Zur Mehrfachausnutzung der zur Verfügung stehenden Bandbreite wird mit einem kombinierten Zugriffsverfahren aus Frequenzmultiplex und Zeitmultiplex gearbeitet (FDMA/TDMA, Kap. 4.1.8). Aufgrund der implementierten Fehlererkennungs- und Fehlerkorrekturmöglichkeiten bietet der DECT-Standard auch gute Voraussetzungen für die Datenübertragung. Die Anbindung eines Datenendgerätes erfolgt mit einem entsprechenden DECT-Sende- und Empfangsmodul.

Bezeichnung	Werte
Modulationsverfahren	GMSK, QAM (Kap. 4.1.5.2)
Frequenzbereich	Standard in Europa: 1 880 MHz–1 900 MHz, im amerikanischen und asiatischen Raum auch bis 2 025 MHz
Multiplexverfahren	TDMA, FDMA (Kap. 4.1.8)
Trägerabstand (Standardband)	1,728 MHz
Trägeranzahl (Standardband)	10
Duplex-Kanäle pro Träger (Standardband)	12
Reichweite	Im Haus bis ca. 50 m; im Freien bis ca. 300 m (Basisstation maximal 250 mW Sendeleistung)
Sprachübertragung (ohne ARQ)	32 kbit/s (Standardwert, bidirektionale Übertragung)
Datenübertragung (mit ARQ)	25,6 kbit/s
Datenübertragung (mit FEC)	24 kbit/s
Kanalbündelung (symmetrisch, Vollduplex)	bis ca. 1 150 kbit/s (angestrebt: bis 10 Mbit/s)

Bild 3.105: Technische Daten des DECT-Standards

Die energiesparende Ausführung dieser Technologie trägt die Bezeichnung **DECT ULE** (**U**ltra **L**ow **E**nergy), bei der nur sehr wenig Energie für die Übertragung benötigt wird und dadurch die Laufzeit der Mobilgeräte erhöht wird. Diese lässt sich zusätzlich durch herstellerabhängige Einstellungen reduzieren („ECO-DECT"; z. B. entfernungsabhängige Regulierung der Mobilteil-Sendeleistung).

Der Nachfolgestandard der DECT-Übertragungstechnik wird mit **CAT-iq** (**C**ordless **A**dvanced **T**echnology – **i**nternet and **q**uality) bezeichnet. Hierdurch können neben Sprachübertragungen in verbesserter Qualität (HD-Sound, Codec G.722) zukünftig auch Internetdienste (z. B. Musik-Streaming, Video-Telefonie, Informationsdienste) mit einer Datenrate bis zu 5 Mbit/s übertragen werden.

Eine zusätzliche DECT-Anwendung firmiert unter der Bezeichnung **IP-DECT** (alternativ: DECT over IP), bei der die DECT-Technologie weiterhin zwischen Mobilteil und Basisstation eingesetzt wird, bei der aber für die Kommunikation zwischen der Basisstation und dem vorhandenen TK-System die IP-Technologie verwendet wird (Bild 3.104). Zu den zentralen Komponenten eines IP-DECT-Funkzellennetzes gehören:

Bezeichnung	Beschreibung und Aufgaben
DAP	DECT Access Point; Basisstation zum Aufbau einer Funkzelle; die Kommunikation der Funkschnittstelle erfolgt gemäß DECT-Standard, die Verbindung zum IP-TK-System erfolgt über 10/100 Base-T-Ethernet-Schnittstelle zur IP-basierten Anschaltung an das LAN. Die Stromversorgung des DAP erfolgt über das LAN (Power over Ethernet gemäß Spezifikation IEEE 802.3 af)
DAP-Controller	Konfiguriert und verwaltet die DAPs durch Bereitstellung entsprechender Dienste (DDS: DECT DAP Services) und steuert die Endgeräte; der Zugriff auf den DAP-Controller erfolgt über einen Konfigurations-PC

Bezeichnung	Beschreibung und Aufgaben
IP-TK-System	Internetprotokoll-Telekommunikations-System; IP-fähige TK-Anlage, übernimmt die Funktion des Gatekeepers und weist den angeschlossenen Endgeräten IP-Adressen bzw. Portnummern zu
Router	Übernimmt die Kommunikation mit dem WAN

Bild 3.106: Komponenten einer IP-DECT-Umgebung

3.10.5 WiMAX

WiMax (Worldwide Interoperability for Microwave Access) wurde ursprünglich als Richtfunkstandard IEEE 802.16d für MANs mit einer Bandbreite von 75 Mbit/s bei bis zu 50 km Reichweite entwickelt. Inzwischen existiert auch eine Variante für den mobilen Einsatz (IEEE 802.16e-2005), mit der einerseits auch solche Gegenden einen IP-basierenden Breitbandzugang erhalten können, die bisher nicht über eine ausreichende DSL-Infrastruktur im Anschlussnetz verfügen, mit der andererseits aber auch unabhängig von bestehenden kleinflächigen WLAN-Funk-Hotspots innerhalb großflächiger Funkzellen und überall in Gebäuden mit einem portablen WiMAX-fähigen Endgerät der Zugang zu einem Breitbanddienst möglich ist. Eine solche Zugangstechnik wird allgemein auch als **Wireless Local Loop** (**WLL**) bezeichnet.

Spezifikation	IEEE 802.16.2-2004 (Zusammenfassung verschiedener Standards)	IEEE 802.16e/IEEE 802.16m
Einsatzbereich	stationär, mit Sichtverbindung (**LOS** = **L**ine **O**f **S**ight)	mobil, ohne Sichtverbindung (**NLOS** = **N**on **L**ine **O**f **S**ight)
Frequenzbereich (Europa)	2–11 GHz (IEEE 802.16a) 5-6 GHz (IEEE 802.16b) 10-66 GHz (IEEE 802.16) (jeweils nicht durchgängig)	2-11 GHz (nicht durchgängig; in Deutschland von der BNetzA speziell zugewiesene Frequenzen zwischen 3 und 4 GHz)
Datenrate (bidirektional bei 20 MHz Kanalbandbreite)	≤ 75 Mbit/s (ohne MIMO) ≤ 1 Gbit/s LOS, auch quasistationär (IEEE 802.16m, MIMO; „WiMAX 2")	≤ 40 Mbit/s (IEEE 802.16e ohne MIMO) ≤ 100 Mbit/s NLOS, bei Mobilität bis ca. 200 km/h (IEEE 802.16m, MIMO; „WiMAX 2")
Zellengröße	bis 30 km, abhängig von Antennenhöhe und Sendeleistung	bis 4 km, abhängig von Geländebeschaffenheit
Modulation (siehe Kap. 4.1.5)	OFDMA, QPSK, 16QAM, 64QAM, 128QAM, MIMO	OFDMA, QPSK, 16QAM, 64QAM, 128QAM, MIMO
Kanalbandbreite (skalierbar)	1,25–20 MHz	1,25–20 MHz
Unterstützte Protokolle	ATM, Ethernet, IP	ATM, Ethernet, IP

Bild 3.107: Technische Daten von WiMAX

Im Gegensatz zu WiFi, das weltweit in Frequenzbändern arbeitet, die nicht lizenziert sind und bei welchem CSMA als Protokollstruktur ausreicht, erfordert WiMAX einen wesentlich strengeren Kontrollmechanismus für den Netzwerkzugriff. Alle WiMax-Standards unterstützen Point-to-Point- und Point-to-Multipoint-Verbindungen. Wesentliches Merkmal des mobilen Standards ist das sogenannte **Handoff** (Übergabe), vergleichbar mit dem Handover bei Mobilfunknetzen, mit dem der

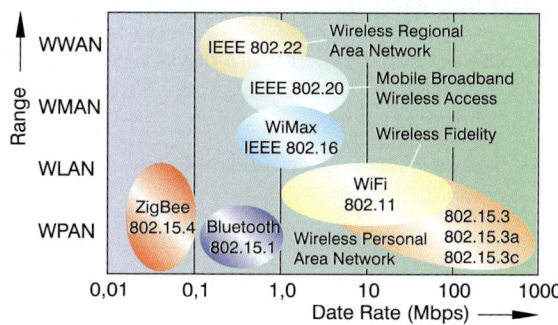

Bild 3.108: Mobilfunkstandards im Vergleich

unterbrechungsfreie Breitbandzugang auch bei Bewegung mit höherer Geschwindigkeit möglich ist (bis 250 km/h). Die Verbreitung von WiMAX gestaltet sich weltweit uneinheitlich, da in vielen Ländern derzeit eher der Ausbau von LTE-Netzen (Kap. 3.10.3) vorangetrieben wird.

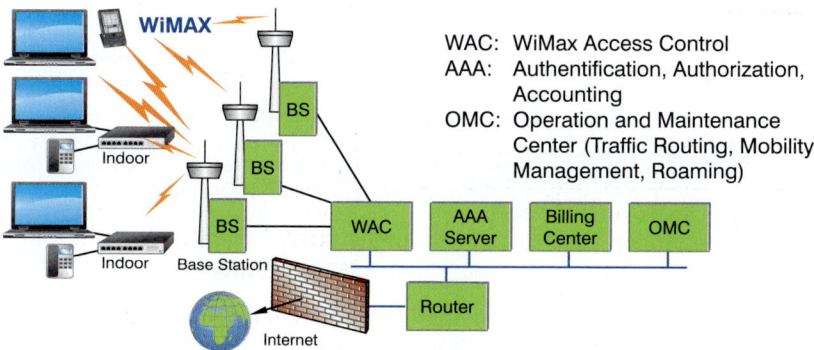

WAC: WiMax Access Control
AAA: Authentification, Authorization, Accounting
OMC: Operation and Maintenance Center (Traffic Routing, Mobility Management, Roaming)

Bild 3.109: Prinzipielle Struktur eines WiMax-Netzes

AUFGABEN

1. Nennen Sie die maßgeblichen Entwicklungsschritte der Mobilfunktechnik sowie deren jeweiligen technischen Merkmale.

2. Was versteht man unter dem im Zusammenhang mit dem Mobilfunk verwendeten Begriff der „digitalen Dividende"?

3. Was versteht man bei GSM-Netzen unter dem sogenannten „Handover"?

4. Zu den maßgeblichen Elementen eines GSM-Netzes gehören die Funktionseinheiten BTS, MSC, VLR, HLR, AuC und OMC. Erläutern Sie die Abkürzungen und die Aufgaben der genannten Einheiten.

5. Mobilfunkfrequenzen werden „paarweise" oder „ungepaart" genutzt. Erläutern Sie den Unterschied. Nach welchen Verfahren erfolgt hierbei jeweils die Datenübertragung? Erläutern Sie diese Verfahren und geben Sie Frequenzbeispiele an, in welchen diese Verfahren angewendet werden.

AUFGABEN

6. Berechnen Sie die Anzahl der Übertragungskanäle, die in einem GSM-900- und einem GSM-1800-Netz bei klassischer Nutzung (Sprachkommunikation) jeweils maximal zur Verfügung stehen.

7. Wieso ist es möglich, innerhalb eines GSM-Netzes vorhandene Übertragungsfrequenzen mehrfach zu benutzen?

8. Was versteht man bei GSM-Netzen unter Roaming?

9. Erläutern Sie die einzelnen Schritte bei einem GSM-Verbindungsaufbau vom D1-Netz ins D2-Netz! Fertigen Sie gegebenenfalls eine Skizze zur Visualisierung der einzelnen Schritte an.

10. Mit welcher Geschwindigkeit werden in GSM-Netzen standardmäßig Daten übertragen? Beschreiben Sie Übertragungstechnologien, die in der Praxis zur Vergrößerung dieser Übertragungsgeschwindigkeit eingesetzt werden.

11. Mittels HSCSD sind in Abhängigkeit von der Kanalcodierung mittels Kanalbündelung bis zu 76,8 kbit/s (Codierung 1) bzw. bis zu 115,2 kbit/s (Codierung 2) übertragbar.

    a) Wie viele Kanäle müssen hierzu jeweils gebündelt werden?

    b) Erstellen Sie eine Tabelle, in der jeweils die erreichbaren Datenraten bei beiden Codierverfahren in Abhängigkeit von der Anzahl der verwendeten Kanäle (von 1 bis zur unter a angegebenen maximalen Kanalzahl) gegenübergestellt werden.

    c) Erweitern Sie Ihre Tabelle mit den jeweils erreichbaren Datenraten bei Verwendung von GPRS (wiederum in Abhängigkeit vom Codierverfahren und der Kanalzahl).

12. a) Welche Übertragungsraten lassen sich in klassischen UMTS-Netzen (3G, d.h. ohne technische Maßnahmen zur Geschwindigkeitssteigerung) realisieren?

    b) Benennen und erläutern Sie die technischen Maßnahmen, die in UMTS-Netzen zur Steigerung der Übertragungsgeschwindigkeit eingesetzt werden.

13. Mit welchen Maßnahmen kann man in UMTS-Netzen Engpässen bei Übertragungskapazitäten aufgrund von zeitweiligem hohen Verkehrsaufkommen entgegenwirken?

14. a) Geben Sie die Bedeutung der in Bild 3.103 dargestellten Abkürzungen der Übertragungsverfahren in der Mobilkommunikation an.

    b) Ordnen Sie jeder Abkürzung jeweils die zugehörige Entwicklungsstufe zu (Beispiel: GSM: 2G).

15. Erläutern Sie die Unterschiede und die Vorteile der unterschiedlichen HSDPA-Techniken.

16. Was bedeutet die Abkürzung LTE? Welche technischen Unterschiede bestehen zwischen LTE und LTE Advanced?

17. Was versteht man im Zusammenhang mit LTE unter der Träger-Aggregation?

18. Bei LTE werden ab Release 8 sogenannte Endgeräte-Kategorien definiert. Welche technischen Merkmale werden hiermit festgelegt und warum sollte man beim Kauf eines LTE-fähigen Smartphones auf diese Kategorie achten? Geben Sie ein Beispiel an.

19. LTE verwendet sowohl Single User MIMO als auch Multi User MIMO. Erläutern Sie den Unterschied.

AUFGABEN

20. Was versteht man unter dem DECT-Standard und durch welche wesentlichen Merkmale zeichnet sich dieser Standard aus?

21. Erläutern Sie die Unterschiede zwischen einem reinen DECT-Funknetz und einem IP-DECT-System.

22. Welche Technik verbirgt sich hinter der Bezeichnung WiMax und wo kann sie eingesetzt werden?

3.11 Richtfunk

Als Richtfunk bezeichnet man die leitungsungebundene, gebündelte (d.h. auf eine einzige Ausbreitungsrichtung beschränkte) Übertragung von Informationen zwischen zwei festen Standorten unter Verwendung hochfrequenter, elektromagnetischer Funkfrequenzen oder im Bereich optischer Strahlung (Bild 4.60).

Elektromagnetische Richtfunksysteme werden innerhalb von Weitverkehrsnetzen zur Überbrückung größerer Entfernungen eingesetzt, optische Systeme findet man vornehmlich auf Firmengeländen zur kostengünstigen Verbindung zwischen Gebäuden ohne bestehende Leitungsverbindungen. Die Datenübertragung erfolgt in beiden Anwendungsfällen heute stets mit Trägerfrequenzen unter Verwendung digitaler Modulationsverfahren (Kap. 4.1.5.2). Die Abstrahlung einer Trägerfrequenz in zwei zueinander um 90° gedrehten Schwingungsebenen (horizontale und vertikale Polarisation) ermöglicht eine Vergrößerung des übertragbaren Datenvolumens ohne zusätzliche Übertragungsbandbreite. Dieses Verfahren wird auch beim Satellitenfunk eingesetzt (z.B. DVB-S2, Kap. 3.5.1). Die übertragbaren Datenraten können abhängig vom Anwendungsfall mehrere Gbit/s betragen.

3.11.1 Elektromagnetischer Richtfunk

Beim elektromagnetischen Richtfunk (Mikrowellen-Richtfunk) liegen die verwendeten Trägerfrequenzen zwischen ca. 3 GHz und 85 GHz. Bei diesen hohen Frequenzen können elektromagnetische Wellen über Richtantennen gesendet und empfangen werden. Durch die starke Bündelung kann die Sendeleistung relativ klein gehalten werden (0,1-10 Watt). Dadurch ist es möglich, die benutzten Frequenzen in gewisser Entfernung wieder einzusetzen, ohne dass sich die räumlich getrennten Systeme störend beeinflussen.

Die Abstrahlung bzw. der Empfang der zu übertragenden Trägerwellen erfolgt über Sende- bzw. Empfangsantennen, zwischen denen eine **Sichtverbindung** bestehen muss; damit sind terrestrische Übertragungsentfernungen bis zu 100 km möglich. Der Einsatz dieser Technik ermöglicht beispielsweise eine kostengünstige Versorgung abgelegener, ländlicher Gegenden mit schnellen Internetzugängen, die dann über ortsnah platzierte Schaltverteiler per Kabel angeschlossen werden können. Für größere Entfernungen – sogenannte Überhorizontalverbindungen – können zwischen den Endstellen zusätzlich eine oder mehrere Relaisstationen erforderlich sein.

Als Antennen werden in der Regel **Parabolantennen** eingesetzt, bei denen der Sender bzw. Empfänger im Brennpunkt eines Parabolspiegels untergebracht ist. Dadurch wird die vom Sender abgegebene Strahlung gebündelt und gerichtet (Richtantenne). Auf der Empfangsseite wird die auf den Parabolspiegel treffende Strahlung auf den Brennpunkt des Spiegels fokussiert.

Die Größe der Parabolantennen hängt in starkem Maße von der Länge und Beschaffenheit des **Funkfeldes** ab.

> Ein **Funkfeld** besteht aus den Antennenanlagen der sendenden und der empfangenden Richt-funkstation und dem Raum zwischen ihnen.

Wird die Ausbreitung der Funksignale in einem Funkfeld nicht behindert (Bäume, Gebäude), so spricht man von „Freiraumausbreitung".

Die Planung des Funkfeldes gehört zu den wichtigsten Schritten bei der Errichtung einer Richtfunkstrecke. In diesem Zusammenhang kommt der Ermittlung der Funkfelddämp-fung hohe Bedeutung zu.

> Als **Funkfelddämpfung** bezeichnet man die Dämpfung (Kap. 4.1.2) zwischen den Klemmen der Sendeantenne und der Empfangsantenne eines Funkfeldes.

Wichtigster Teil der Funkfelddämpfung ist die Freiraumdämpfung, deren Betrag mit zuneh-mendem Abstand von Sende- und Empfangsantenne (Funkfeldlänge) sowie zunehmender Frequenz ansteigt. Zusätzliche Dämpfung kann entstehen durch Hindernisse, wie z.B. Bäume und Gebäude, die in das Funkfeld ragen, oder durch unterschiedliche Wetterbe-dingungen, wie Regen- oder Schneefälle oder sonstige Luftverunreinigungen.

Eine spezielle Form des Richtfunks sind **Satellitenfunksysteme**. Hierfür werden meist geostationäre Satelliten eingesetzt, die mit ihrer „Ausleuchtzone" (Footprint) etwa ein Drittel der Erdoberfläche abdecken. Zur vollständigen Versorgung der Erde (mit Ausnahme der Polarzonen) werden daher nur drei Satelliten benötigt (Bild 3.110). Diese Satelliten kreisen auf einer Umlaufbahn von ca. 36 000 km Abstand von der Erde und scheinen von der Erde aus gesehen stillzustehen; daher müssen die Sende- und Empfangsantennen nur einmal ausgerichtet werden. Da die Satelliten mit Sonnenenergie betrieben werden, haben sie eine relativ geringe Sendeleistung.

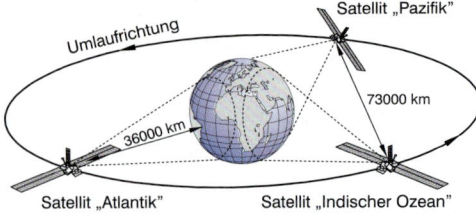

Bild 3.110: Geostationäre Satelliten

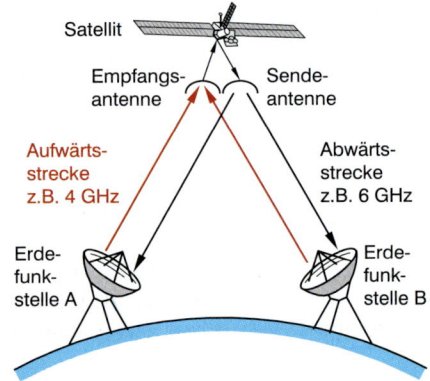

Bild 3.111: Satellitenfunkverbindung

Die Bodenstationen, sogenannte Erdfunkstellen, bilden den Übergang zwischen den erd-gebundenen Kommunikationssystemen und den Satellitenfunksystemen. Sie senden und empfangen über Parabolantennen, deren Durchmesser von der geforderten Empfangsleis-tung abhängt.

Satellitenfunkverbindungen arbeiten in den gleichen GHz-Frequenzbereichen wie die erdgebundenen Richtfunksysteme. Damit das eingehende Signal das ausgehende Signal nicht beeinflusst, wird das empfangene Signal im Satelliten durch sogenannte **Transponder** vor der Rücksendung in einen anderen Frequenzbereich umgesetzt. Bild 3.111 zeigt das Prinzip einer solchen Verbindung. Wegen der großen Entfernungen, die das Signal hierbei zurücklegen muss, ergeben sich bei Satellitenverbindungen zwangsläufig wesentlich grö-ßere Verzögerungszeiten als bei rein terrestrischer Übertragung.

3.11.2 Optischer Richtfunk

Der optische Richtfunk basiert grundsätzlich auf der Tatsache, dass optische Wellen – auch das sichtbare Licht – ebenfalls elektromagnetische Wellen sind, nur in einem anderen, wesentlich höheren Frequenzbereich als die bekannten „Funkwellen". Anstelle der Frequenz gibt man im optischen Bereich daher eher die zugehörige Wellenlänge an (Kap. 4.2, Bild 4.60) Für praktische Anwendungen hat sich der Frequenzbereich „Nahes Infrarot" (NIR = **N**ear **I**nfra**R**ed) mit Wellenlängen von 780 nm bis 1 000 nm sowie der Bereich von 1 500 nm bis 1 600 nm als günstig erwiesen; die meisten handelsüblichen Systeme arbeiten mit Wellenlängen von ca. 850 nm.

Ein optisches Richtfunksystem besteht ebenfalls aus zwei Stationen, die jeweils einen (oder mehrere) Sender und Empfänger enthalten. Sie werden an den zu verbindenden Stand-orten aufgestellt und aufeinander ausgerichtet. Im **Sender** werden zur Übertragung der digitalen Signale die als Impulsfolgen vorliegenden Daten dem NIR-Licht von Leuchtdi-oden (LED) oder Laserdioden (e-o-Wandler, Kap. 4.1.4) aufmoduliert. Nach dem Zurück-legen der Luftstrecke werden im **Empfänger** die optischen Signale durch große Linsen gebündelt und durch Fotodioden (o-e-Wandler) in elektrische Impulse zur Weiterverar-beitung umgewandelt.

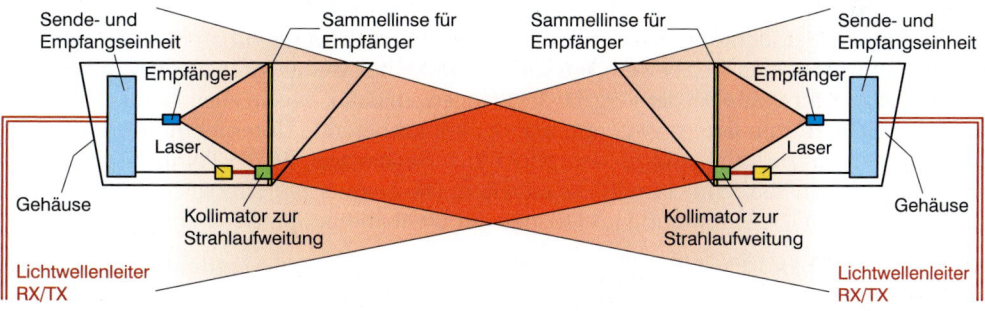

Bild 3.112: Grundprinzip einer optischen Richtfunkübertragung

Für das Betreiben von Anlagen zur optischen Freiraumübertragung (optische Richtfunkan-lagen) gelten in Deutschland die Bestimmungen des Telekommunikationsgesetzes vom 17.12.1997 sowie seinen nachfolgenden Aktualisierungen. Demgemäß entstehen beim Betrieb der Anlagen keine einmaligen oder laufenden Gebühren; lediglich das Überschreiten von Grundstücksgrenzen ist anzeigepflichtig.

Vorteile optischer Richtfunkverbindungen sind:

- **Hohe Übertragungsraten** bis zu mehreren Gbit/s sind verfügbar.

- **Keine Frequenzzuteilung** durch die Regulierungsbehörde (Bundesnetzagentur) ist notwendig. Eine Zulassung für den Betrieb der Anlagen ist nicht erforderlich, weil es in diesem Wellenbereich keine gegenseitigen Beeinflussungen gibt.

- Die **Abhörsicherheit** ist im Vergleich zum Mikrowellenrichtfunk oder zu Kupferverkabelungen hoch. Es ist praktisch unmöglich, die Verbindung abzuhören, ohne den stark gebündelten infraroten Lichtstrahl zu unterbrechen; es ist äußerst schwierig, den unsichtbaren NIR-Strahl überhaupt zu finden.

- Die **schnelle und relativ einfache Installation** führt in vielen Fällen zu erheblicher Kosteneinsparung.

Nachteile:

- **Direkte Sichtverbindung** erforderlich; allerdings besteht die Möglichkeit einer aktiven Umlenkung über eine Zwischenstation (Hopping-Punkt). Damit ist auch dann eine Verbindung möglich, wenn die direkte Sichtverbindung durch ein festes Hindernis (z. B. Hochhaus, Berg o. Ä.) unterbrochen ist.

- **Wetterabhängigkeit**; bei dichtem Nebel, Schneefall oder starkem Regen ist eine Übertragung nicht möglich; die maximale Reichweite wird auch stark beeinträchtigt durch Luftverwirbelungen, die z. B. durch Sturm oder intensive Sonneneinstrahlung entstehen können.

- **Geringe Reichweite**; bei den in Deutschland gegebenen Wetterbedingungen ergibt sich – mit Rücksicht auf die Verfügbarkeit der Anlage – eine sichere Reichweite von 2 km.

Als zukünftiges Anwendungsfeld für den optischen Richtfunk wird auch die direkte optische Breitbandübertragung über tausende Kilometer zwischen Satelliten im Weltraum erforscht und entwickelt.

3.11.3 Richtfunk für den Teilnehmeranschluss

Während Richtfunkstrecken in Weitverkehrsnetzen immer schon betrieben wurden, ist nun mit der Vergabe der Richtfunkfrequenzen durch die Bundesnetzagentur an die Betreiber von Richtfunksystemen der Wettbewerb um die „letzte Meile" weiter intensiviert worden. Die Bundesnetzagentur sorgte bei der Vergabe der Frequenzen dafür, dass in allen Landkreisen und kreisfreien Städten mindestens zwei miteinander konkurrierende Unternehmen Frequenzzuteilungen zum Aufbau von Punkt-zu-Mehrpunkt-Richtfunkanlagen (PMP = Point-to-Multipoint) für den drahtlosen Teilnehmeranschluss erhielten. Die Frequenzen ermöglichen den Unternehmen die drahtlose Verbindung ins Ortsnetz für breitbandige Sprach- und Datendienste.

Mit einem Breitband-PMP-Richtfunksystem tun sich vielfältige Möglichkeiten auf. Ein Gebäude ist über eine strukturierte Verkabelung (vgl. Kap. 1.6.1.2) erschlossen und wird durch eine Richtfunkstrecke mit der Zentrale verbunden. Über diese können alle öffentlichen und gegebenenfalls auch privaten Netze erreicht werden. Die Richtfunkstrecke ersetzt also den leitungsgebundenen Netzzugang jeglicher Art.

Richtfunkverbindungen sind seltener von Betriebsstörungen betroffen als andere Anschlusstechniken. Sie bieten außerdem die Möglichkeit, schnell auf Kundenwünsche – z. B. größere Bandbreiten und höhere Datenraten – einzugehen.

3.11.4 MIMO-Technik

MIMO ist die Abkürzung für **M**ultiple **I**n **M**ultiple **O**ut und bezeichnet in der Übertragungstechnik ein **Mehrantennensystem**, welches durch Verwendung spezieller Codierverfahren über identische Funkfrequenzen gleichzeitig unterschiedliche Datenströme übertragen kann.

Dieser Technik liegen komplexe mathematische Berechnungen zugrunde, da sich die Funkfrequenzen abhängig von den örtlichen Gegebenheiten verschieden überlagern können (z. B. wegen Reflexionen an Gegenständen oder räumlicher Anordnung der Antennen). An dieser Stelle soll lediglich vereinfacht das Grundprinzip dargestellt werden (Bild 3.113).

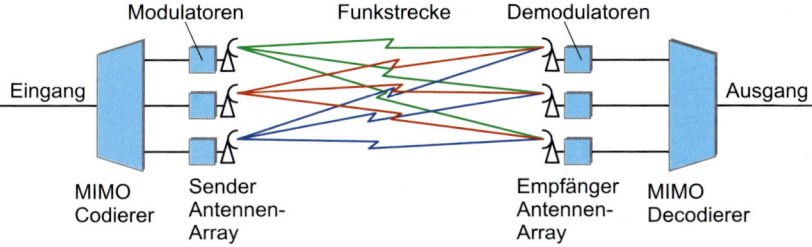

Bild 3.113: Grundprinzip von MIMO

Ein Gesamtdatenstrom, der für einen einzelnen Teilnehmer bestimmt ist, wird zunächst in Teilströme zerlegt, speziell codiert und auf mehrere Antennen verteilt. Das räumlich verteilte Antennen-Array strahlt von allen Antennen *dieselben* Frequenzen aus. Durch die Aufteilung der Datenströme auf die Antennen werden somit auf identischen Frequenzen unterschiedliche Nutzdaten moduliert übertragen. Auf der Empfängerseite treffen diese Funkfrequenzen bei allen ebenfalls räumlich verteilten Empfangsantennen minimal zeitversetzt ein. Ein leistungsfähiger Prozessor kann dann die jeweils empfangenen Summensignale (in Bild 3.113 jeweils aus blauen, roten und grünen Funklinien zusammengesetzt) decodieren und wieder zu dem Gesamtdatenstrom zusammensetzen. Im dargestellten Beispiel ist dadurch im Vergleich zu einer einfachen Antennenanlage innerhalb der gleichen Zeit theoretisch die Übertragung des dreifachen Datenvolumens an einen einzelnen Teilnehmer möglich, ohne dass eine zusätzliche Übertragungsbandbreite (d. h. ohne zusätzliche Sendefrequenzen) erforderlich ist. Diese Form der Übertragungstechnik wird genauer als **Single User MIMO** (SU-MIMO) bezeichnet.

Die Möglichkeiten dieser MIMO-Technik können allerdings nur dann vollständig ausgenutzt werden, wenn beide Seiten das MIMO-Verfahren beherrschen. Nutzt nur die Sendeoder nur die Empfangsseite diese Technik, ergibt sich lediglich eine Steigerung der Übertragungsleistung von bis zu 50 %. Die MIMO-Technik kann aber auch dazu verwendet werden, von einem Sendeantennen-Array zur gleichen Zeit und auf derselben Frequenz unterschiedliche Datenströme zu *verschiedenen* Teilnehmern zu senden. Hierdurch vergrößert sich zwar nicht die Übertragungsrate pro Teilnehmer, wohl aber die Übertragungseffizienz der verwendeten Frequenzen. Diese Form der Übertragungstechnik wird genauer als **Multi User MIMO** (MU-MIMO) bezeichnet.

Die MIMO-Technik wird derzeit in Kombination mit OFDM bei WiMax eingesetzt, bei den aktuellen WLAN-Standards (z. B. IEEE 802.11n, IEEE 802.11ac) sowie bei LTE. Außerdem kann diese Technik prinzipiell auch bei der leitergebundenen Übertragung eingesetzt werden (z. B. Powerline 2 bei der Ausnutzung sämtlicher Leitungsadern des Energieversorgungsnetzes; Kap. 3.9).

Die vielen Möglichkeiten für einen breitbandigen Zugang zu einem Kommunikationsnetz werden in Bild 3.114 noch einmal zusammenfassend dargestellt. Alle diese Möglichkeiten wurden in den vorangegangenen Kapiteln des Buches mehr oder weniger eingehend behandelt. Die im Bild benutzten Abkürzungen können beim Erarbeiten der einzelnen Themen leicht entschlüsselt werden.

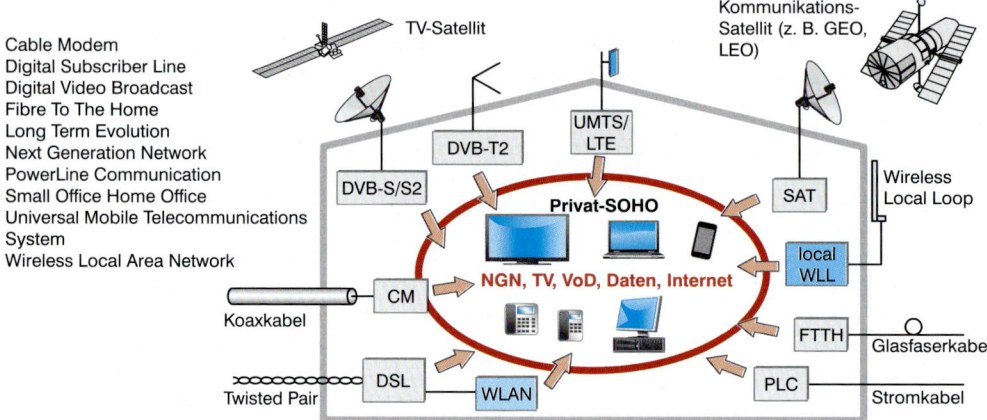

Cable Modem
Digital Subscriber Line
Digital Video Broadcast
Fibre To The Home
Long Term Evolution
Next Generation Network
PowerLine Communication
Small Office Home Office
Universal Mobile Telecommunications System
Wireless Local Area Network

Bild 3.114: Zugangstechnologien für den breitbandigen Teilnehmeranschluss

AUFGABEN

1. Beschreiben Sie den grundsätzlichen Aufbau einer Richtfunkstrecke.

2. Welche Funktion hat ein Transponder? Nennen Sie ein Anwendungsbeispiel.

3. Nennen Sie einige Satellitenfunksysteme, die weltweit bzw. europaweit arbeiten. (Hinweis: gegebenenfalls Internetrecherche erforderlich)

4. Nennen Sie Unterschiede zwischen elektromagnetischen und optischen Richtfunksystemen.

5. Erläutern Sie prinzipiell das zur drahtlosen Datenübertragung eingesetzte MIMO-Verfahren. Worin liegen die Vorteile dieses Verfahrens?

6. Geben Sie anhand von Bild 3.114 tabellarisch eine kurze Beschreibung der verschiedenen Zugangstechnologien für Breitband-Teilnehmeranschlüsse. Kennzeichnen Sie diejenigen Zugangstechniken, die eine Funkstrecke erfordern.

4.1   Elektrische Übertragungstechnik

In modernen Kommunikationssystemen werden die folgenden Übertragungsmedien bzw. die genannten Übertragungsmechanismen zur Nachrichtenübertragung eingesetzt:

Übertragungsmechanismus	Beschreibung/Medium	Anwendungsbeispiele
Leitungsgebundene Übertragung elektrischer Signale	gerichtete Bewegung elektrischer Ladungen über elektrische Leitungen	– DSL-Anschlussleitung – LAN
Nicht leitungsgebundene (drahtlose) Übertragung elektromagnetischer Wellen im Spektrum der klassischen Funkfrequenzen	Ausbreitung elektromagnetischer Wellen vom kHz- bis zum GHz-Bereich	– DAB, DVB-T/T2 – GPS – Richtfunksysteme – terrestrische und satellitengestützte Funknetze
Leitungsgebundene Übertragung optischer Signale	elektromagnetische Wellen bestimmter Wellenlänge, geführt über Glasfaserleitungen (Lichtwellenleiter)	– Leitungen zwischen den Netzknoten des NGN – FTTH
Nicht leitungsgebundene (drahtlose) Übertragung elektromagnetischer Wellen im Spektrum optischer Wellenlängen (Bild 4.60)	Ausbreitung elektromagnetischer Wellen im Nanometer-Bereich (i. Allg. vom menschlichen Auge nicht wahrnehmbares Licht)	– IR-Schnittstelle (z. B. Fernbedienung) – optischer Richtfunk (zurzeit nur einige Kilometer) – Satellitenübertragungen im Orbit (**OISL** = **O**ptical **I**ntersatellite **L**ink)

Bild 4.1: Übersicht über Mechanismen und Medien der Übertragungstechnik

4.1.1   Elektrische Leitungen

Elektrische Leitungen gehören zu den passiven Komponenten eines Kommunikationssystems. Ihre Aufgabe besteht darin, elektrische Signale möglichst unbeeinflusst und möglichst verlustfrei zu übertragen. Die Übertragungseigenschaften elektrischer Leiter hängen von ihren elektrischen Merkmalen und ihrem geometrischen Aufbau ab. Neben dem elektrischen Widerstand weisen Kabel stets auch kapazitive und induktive Eigenschaften auf (siehe „Einfache IT-Systeme", 9. Aufl., Kap. 5.4). Diese Eigenschaften werden vereinfacht in einem sogenannten **Kabelersatzschaltbild** dargestellt. Alle Leitungskennwerte hierzu werden in den Datenblättern der Hersteller angegeben.

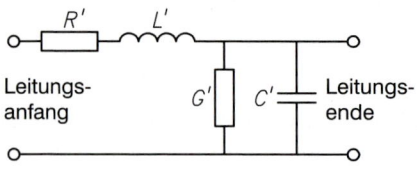

R' Widerstandsbelag in Ω/km
    (zusammen für Hin- und Rückleiter)
G' Ableitungsbelag in µS/km
    (Isolation zwischen den Leitern)
L' Induktivitätsbelag in mH/km
    (zusammen für Hin- und Rückleiter)
C' Kapazitätsbelag in nF/km
    (Kapazität zwischen den Leitern)

Bild 4.2: Ersatzschaltbild einer elektrischen Leitung und Leitungskennwerte

Eine wichtige charakteristische Kenngröße elektrischer Leitungen ist ihr sogenannter **Wellenwiderstand** Z_W; er wird auch allgemein als (Kabel-)**Impedanz** bezeichnet. Je nach Art des Leiters betragen typische Werte 50 Ω, 75 Ω, 100 Ω oder 150 Ω. Der Wellenwiderstand ist ein Rechenwert. Er hängt vom geometrischen Aufbau und den verwendeten Materialien ab, er ist jedoch unabhängig von der Leiterlänge und somit nicht identisch mit dem Leitungswiderstand R der Leitung. Um eine möglichst störungsfreie und effiziente Übertragung zu gewährleisten, müssen angeschlossene Geräte (z. B. Netzwerkkarten) über einen Eingangswiderstand verfügen, der diesem Wellenwiderstand entspricht.

> Ist der **Eingangswiderstand** eines angeschlossenen Gerätes **gleich** dem **Wellenwiderstand** der Anschlussleitung, so bezeichnet man dies als **Anpassung**.

Kommunikationskabel dürfen zur Vermeidung von Signalreflexionen kein „offenes Ende" haben, sondern müssen grundsätzlich an den Leitungsenden mit einem Widerstand abgeschlossen werden, dessen Wert dem Wellenwiderstand der Leitung entspricht!

> Einen Leitungsabschluss mit einem Widerstand von der Größe des Wellenwiderstandes der Leitung bezeichnet man als **Terminierung** der Leitung.

Durch die Terminierung lassen sich Übertragungsstörungen infolge von Signalreflexionen an den Leitungsenden verhindern. Bei der Verlegung und der Installation elektrischer Leitungen sind die in der DIN EN 50174 beschriebenen Vorschriften zu beachten.

4.1.1.1 Symmetrische und unsymmetrische Leiter

Bei den elektrischen Leitungen unterscheidet man zwischen symmetrischen und unsymmetrischen Leitern. Im allgemeinen Sprachgebrauch wird hiermit der gleichartige (= symmetrische) bzw. unterschiedliche (= unsymmetrische) Kabelaufbau von Hin- und Rückleiter bezeichnet. Zu beachten ist allerdings, dass – unabhängig vom Kabelaufbau – die gleichen Bezeichnungen auch für die Art der Signalübertragung in Bezug zum Erdpotenzial (Bezugspotenzial 0 V) verwendet werden (siehe „Einfache IT-Systeme", Kap. 4.1.3).

4.1.1.2 Koaxialleiter

Koaxialleitungen (Coaxial Cable) bestehen aus einem zentralen Innenleiter, um den konzentrisch eine Isolierschicht (Dielektrikum), ein Außenleiter (Abschirmung) und eine Außenisolierung angebracht sind. Der Innenleiter dient als „Hinleiter", der Außenleiter dient als „Rückleiter". Aufgrund seiner Abschirmungsfunktion führt der Außenleiter das Potenzial 0 V (Bezugserde). Da dieser Leiter auch als Rückleiter dient, wird dieses Erdpotenzial für die Datenübertragung mitverwendet. Somit handelt es sich hier sowohl vom Aufbau als auch vom elektrischen Verhalten her um einen unsymmetrischen Leiter.

Koaxialkabel ermöglichen Übertragungsraten bis zu einigen Gigabit pro Sekunde und besitzen dank dem Außengeflecht eine wirkungsvolle Schirmung gegen Fremdstörungen. Wichtige **Kabelparameter** sind die Impedanz, die Bandbreite und die Einstreuung, die durch die Qualität (und die Mehrlagigkeit) der äußeren Schirmung bestimmt

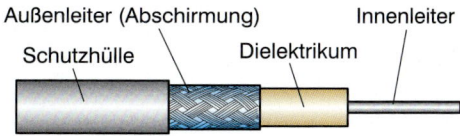

Bild 4.3: Grundsätzlicher Aufbau eines Koaxialleiters

werden. Koaxialkabel gibt es für die Datenübertragungstechnik mit unterschiedlichen Wellenwiderständen (z. B. 50 Ω, 75 Ω).

Die Eigenschaften der Koaxialleitungen werden auch durch die Art des Außenleiters beeinflusst, sodass für unterschiedliche Einsatzzwecke unterschiedliche Ausführungen existieren. Bei Leitungen für Basisbandübertragungen (d.h. keine „Verschiebung" der Daten in einen anderen Frequenzbereich durch Modulation, Kap. 4.1.5) besteht die Abschirmung meistens aus einem Kupfergeflecht, bei Leitungen für Breitbandübertragungen (Kap. 3.5.3) werden zusätzlich Aluminiumfolien verwendet. Koaxialleitungen mit zwei Innenleitern, die eine spezielle Anordnung aufweisen und dadurch besondere Übertragungseigenschaften haben, werden als Twinaxialleitungen (kurz: Twinaxleiter) bezeichnet. In den meisten Anwendungsbereichen wurden die Koaxialleiter inzwischen durch Lichtwellenleiter (Kap. 4.2.2) ersetzt.

4.1.1.3 TP-Leitungen

Bei mehradrigen Leitungen sind die einzelnen Adern jeweils mit einem isolierenden Kunststoff überzogen und werden innerhalb einer gemeinsamen Ummantelung entweder parallel geführt oder paarweise miteinander verdrillt (d.h. verdreht, Bild 4.4).

> Leitungen, die in einer gemeinsamen Ummantelung paarweise verdrillt sind, werden als **Twisted-Pair-Kabel** – kurz **TP-Kabel** – bezeichnet.

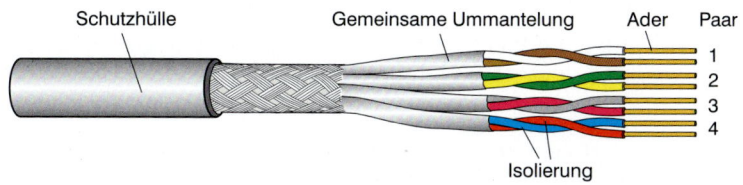

Bild 4.4: TP-Kabel (Farbzuordnung gemäß DIN 47100)

Werden mehrere paarweise verdrillte Adern innerhalb einer gemeinsamen Ummantelung zusätzlich umeinander verdreht, bezeichnet man dies als **Verseilung**. Bezüglich ihres Aufbaus handelt es sich bei TP-Kabeln um symmetrische Leiter, da Hin- und Rückleiter gleichartig aufgebaut sind. Die Verdrillung und die Verseilung verringern die gegenseitige Beeinflussung durch elektrische und magnetische Effekte (siehe „Einfache IT-Systeme", 9. Aufl., Kap. 5.4).

Bei den TP-Kabeln unterscheidet man grundsätzlich zwischen folgenden Ausführungen:

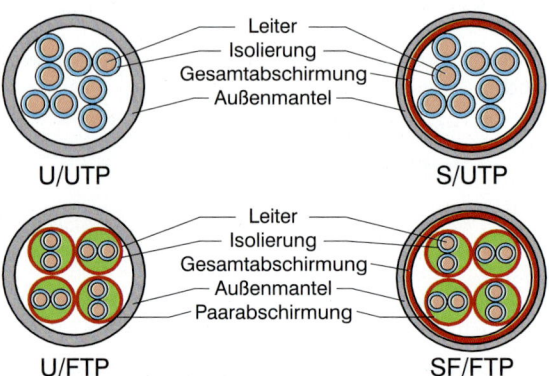

Bild 4.5: Ausführungen von TP-Kabeln

Bezeichnungen		Merkmale
neu	**alt**	
U/UTP	**UTP**	**Unscreened/Unshielded Twisted Pair**; Kabel ohne Gesamtabschirmung (U: Unscreened) und ohne Paarabschirmung (U: Unshielded)
U/FTP; kurz: FTP	**STP**	**Unscreened/Foiled Twisted Pair**; Kabel ohne Gesamtabschirmung (U: Unscreened), aber mit Paarabschirmung (F: Foiled) (alte Bezeichnung STP: Shielded Twisted Pair)
S/UTP, F/UTP, SF/UTP	**S/UTP**	**Screened/Unshielded Twisted Pair**; Kabel mit Gesamtabschirmung aus Metallgeflecht (**S: Screened**) oder Metallfolie (**F: Foiled**) oder beidem (**SF: Screened Foiled**), aber ohne Paarabschirmung (U: Unshielded)
S/FTP, F/FTP, SF/FTP	**S/STP**	**Screened/Shielded Twisted Pair**; Kabel mit Gesamtabschirmung aus Metallgeflecht (S: Screened) oder Metallfolie (F: Foiled) oder beidem (SF: Screened Foiled), und zusätzlich mit Paarabschirmung (F: Foiled)

Bild 4.6: Bezeichnungen von TP-Kabeln

Im Standard ISO 11801 werden des Weiteren verschiedene Kabel-Kategorien definiert, mit deren Hilfe TP-Kabel klassifiziert werden können.

> Eine **Kabel-Kategorie** definiert eine bestimmte Güte eines Kabels und garantiert dadurch entsprechende Übertragungseigenschaften.

Zu den in diesen Kategorien spezifizierten Gütekriterien gehören beispielsweise die Impedanz, die Bandbreite (Kap. 4.1.5.3), die Dämpfung (Kap. 4.1.2) und das Nah-Nebensprechen (Kap. 4.1.3). Im Einzelnen unterscheidet man:

Bezeichnung	Eigenschaften	Anwendungsbeispiele
Cat 1	geeignet bis 100 kHz, ohne Abschirmung, ohne Verdrillung	nur für analoge Sprachübertragung (Telefon)
Cat 2	geeignet bis ca. 1,5 MHz, ohne Abschirmung	Sprachübertragung, Telefon-Hausverkabelung (Altbestand, nicht bei Neuinstallation)
Cat 3	geeignet bis ca. 16 MHz, U/UTP-Kabel	10 Mbit-Ethernet (z.B. 10 Base-T, Kap. 3.6.3), bei Neuinstallation aber nicht mehr eingesetzt
Cat 4	geeignet bis ca. 20 MHz, U/UTP- oder U/FTP-Kabel	bis 20 Mbit/s, in der Praxis wenig verbreitet
Cat 5	geeignet bis ca. 100 MHz; F/FTP-Kabel; Standardkennzeichnung der Adern gemäß EIA/TIA 568 (siehe Bild 4.10)	weit verbreitet, Einsatz in Computernetzen (Fast-Ethernet und Gigabit-Ethernet; bei Gigabit-Ethernet Nutzung aller 8 Adern, daher höhere Schirmungsanforderungen; wurde früher als Cat 5e bezeichnet)
Cat 6	geeignet bis ca. 250 MHz; F/FTP-, S/FTP- oder SF/FTP-Kabel	ATM, Gigabit-Ethernet
Cat 6a	geeignet bis ca. 500 MHz; SF/FTP-Kabel	10-Gigabit-Ethernet; höhere Anforderungen an Rauschverhalten
Cat 7	geeignet bis ca. 600 MHz; SF/FTP-Kabel; 4 einzeln abgeschirmte Adernpaare	10-Gigabit-Ethernet; neue Steckverbindungen erforderlich wegen höherer Anforderung an Abschirmung (RJ-45 nicht verwendbar, daher weniger verbreitet)
Cat 7a	geeignet bis ca. 1000 MHz; SF/FTP-Kabel; 4 einzeln abgeschirmte Adernpaare	10-Gigabit-Ethernet; neue Steckverbindungen erforderlich (RJ-45 nicht verwendbar, daher weniger verbreitet)
Cat 8	geeignet bis ca. 2 000 MHz; SF/FTP-Kabel	40-Gigabit-Ethernet; gegebenenfalls verschiedene, miteinander konkurrierende Varianten mit unterschiedlichen Steckertypen (Cat 8.1, Cat 8.2)

Bild 4.7: TP-Kategorien

Standardmäßig sind TP-Kabel entweder **zweipaarig**, d.h. sie besitzen vier Adern, oder **vierpaarig**, d.h. sie besitzen acht Adern, die jeweils paarweise verdrillt sind.

Die einfachste Ausführung eines TP-Kabels stellt der sogenannte **Sternvierer** dar, der in vielen Fällen als Anschlusskabel bei Telefonleitungen verwendet wird (U/UTP-Kabel). Die Bezeichnung resultiert daraus, dass der Sternvierer aus zwei Adernpaaren besteht, die sich jeweils stets gegenüberliegen (kreuzförmige Verseilung). Jedes Paar wird hierbei als Stamm bezeichnet. Sofern die Mantelfarben aller Leiter gleichfarbig sind, tragen die Adern meist eine typische Kennzeichnung (Bild 4.8). Die Wellenwiderstände von TP-Kabeln betragen in der Regel 100 Ω, 120 Ω oder 150 Ω; die 100-Ω-Variante ist am weitesten verbreitet.

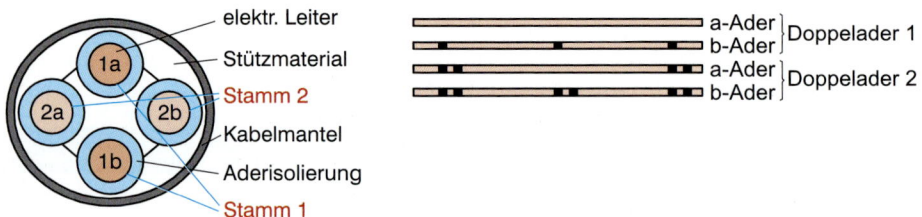

Bild 4.8: Links Aufbau eines Sternvierers, rechts typische Adernkennzeichnung

Die Schirmung erfolgt bei TP-Kabeln je nach Ausführung mit einem feinen Drahtgeflecht (Gesamtschirmung) und/oder mit einer alukaschierten Polyesterfolie (Paarschirmung). Ein Kabel, bei dem jedes Adernpaar mit einer eigenen Metallfolie abgeschirmt ist, wird auch als **PiMF-Kabel** bezeichnet (**P**air **i**n **M**etal **F**oil). Durch die Schirmung der Adernpaare können sich elektromagnetische Felder, die auf die Stromführung in den Adern zurückzuführen sind, nicht über andere Adernpaare ausbreiten. Außerdem bieten sie auch Schutz gegen äußere Störfelder und EMV-Einflüsse (siehe „Einfache IT-Systeme", 9. Aufl., Kap. 5.4.4).

> Die Qualität einer Schirmung wird mit dem sogenannten **Schirmungsmaß** in der Einheit dB (Dezibel) angegeben.

Je größer der angegebene dB-Wert ist, desto besser ist die Abschirmung. Durch mehrlagige Folien- und Geflechtschirme lässt sich das Schirmungsmaß beträchtlich erhöhen.

Schutz vor	Folienschirm	Geflecht	Folie und Geflecht	Folie und Geflecht, beides in doppelter Ausführung
niederfrequenten elektrischen oder kapazitiven Einflüssen	sehr gut	gut	sehr gut +	sehr gut +
hochfrequenten elektrischen oder kapazitiven Einflüssen	gut	gut	sehr gut	sehr gut +
niederfrequenten induktiven oder magnetischen Einflüssen	ausreichend	ausreichend	gut	sehr gut
hochfrequenten induktiven oder magnetischen Einflüssen	zufriedenstellend	zufriedenstellend	sehr gut	sehr gut +
elektromagnetischen Einflüssen	zufriendenstellend	zufriedenstellend	gut	sehr gut +

Bild 4.9: Vergleich der Eigenschaften von Schirmungsmaterialien

4.1.1.4 Kabelmantel

Neben der elektrischen Isolation muss die Ummantelung moderner Datenkabel nicht zuletzt aus Umweltschutzgründen eine Reihe wichtiger Eigenschaften erfüllen:

- Mechanischer Schutz: Leiter und Schirmung sollen vor mechanischen Einflüssen geschützt werden.

- Feuchtigkeitsschutz: Adern und Schirme sollen vor korrodierender Feuchtigkeit geschützt werden.

- Chemische und thermische Beständigkeit: Der Mantel darf seine Eigenschaften in stark erwärmten Umgebungen oder aufgrund von Alterung nicht verändern.

- Keine Brandfortleitung und nur geringe Brandlast: Der Mantel darf einen Brand nicht selbstständig fortleiten (etwa wie eine Zündschnur). Unter der Brandlast eines Kabels versteht man die Wärme, die bei seiner Verbrennung entsteht. Sie wird üblicherweise in den Datenblättern in kWh/m angegeben und sollte möglichst gering sein.

- Halogenfreiheit: Halogene sind chemische Stoffe (Chlor, Brom, Fluor), die einen Kabelmantel zwar widerstandsfähiger gegenüber äußeren Einflüssen machen können, die jedoch im Brandfall giftige Gase freisetzen und so zu einer erheblichen Gesundheitsschädigung führen können.

Farbcodierung

Durch eine farbliche Kennzeichnung wird die Zuordnung einzelner Adernpaare möglich. In der Praxis sind hierbei unterschiedliche Normungen anzutreffen.

Mögliche Paar- und Farbzuordnungen								
Adernpaar	DIN 47100 (siehe Bild 4.4)		IEC 189-2		EIA/TIA 568 A (siehe Bild 4.11)		EIA/TIA 568 B	
1	weiß	braun	grün	rot	weiß/ blau	blau	weiß/ blau	blau
2	grün	gelb	schwarz	gelb	weiß/ orange	orange	weiß/ grün	grün
3	grau	rosa	blau	orange	weiß/ grün	grün	weiß/ orange	orange
4	blau	rot	braun	schiefer	weiß/ braun	braun	weiß/ braun	braun

Bild 4.10: Mögliche Farbcodierungen eines 8-adrigen TP-Kabels

Die Eigenschaften elektrischer Leiter sowie die verwendeten Werkstoffe werden durch entsprechende Buchstaben- und Zahlenkombinationen auf dem Kabelmantel kenntlich gemacht (siehe „Einfache IT-Systeme", 9. Aufl., Kap. 5.3.2.3).

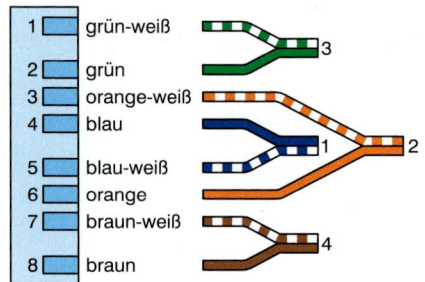

Bild 4.11: Paarkennzeichnung nach **EIA 568 A** und deren Kontaktzuordnung (bei **EIA 568 B** sind die Farben grün/weiß-grün und orange/weiß-orange vertauscht)

4.1.2 Dämpfung und Verstärkung

Bei Schaltungsberechnungen (z.B. Widerstandsschaltungen, siehe „Einfache IT-Systeme", Kap. 5.2) geht man zur Vereinfachung oft davon aus, dass die verbindenden elektrischen Leitungen keinen eigenen elektrischen Widerstand besitzen. Dies ist in der Praxis bekanntlich nicht der Fall (Bild 4.2), sodass man insbesondere bei der Übertragung von elektrischen Signalen über längere Distanzen die auf der Übertragungsstrecke entstehenden Leitungsverluste berücksichtigen muss. Infolge dieser Leitungsverluste wird ein elektrisches Signal bei seiner Ausbreitung längs der Leitung gedämpft.

> Als **Dämpfung** bezeichnet man die Abnahme der Signalenergie bei der Übertragung elektrischer Signale.

4.1.2.1 Dämpfungsfaktor und Dämpfungsmaß

Eine elektrische Leitung mit Hin- und Rückleiter besitzt zwei Eingangs- und zwei Ausgangsklemmen. Daher bezeichnet man sie auch als **Vierpol** – im Gegensatz zu einem **Zweipol**, der nur zwei Anschlussklemmen besitzt (z.B. ein Widerstand).

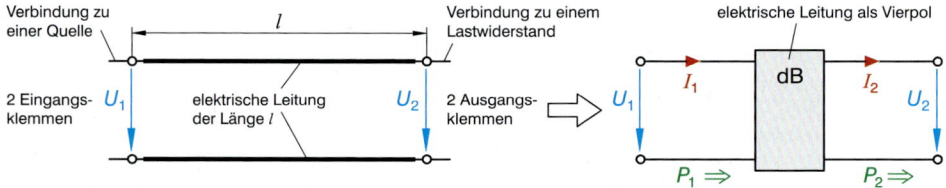

Bild 4.12: Elektrische Leitung und ihre vereinfachte Vierpoldarstellung

In der Vierpoldarstellung der elektrischen Leitung deutet die Beschriftung „dB" (siehe unten) an, dass es sich um eine **verlustbehaftete Leitung** handelt. Hierbei sind die Ausgangsgrößen (P_2, U_2, I_2) kleiner als die Eingangsgrößen (P_1, U_1, I_1); die Leitung verursacht also eine Dämpfung. Die Größe der Dämpfung kann mit dem Dämpfungsfaktor D angegeben werden.

Der **Dämpfungsfaktor** D ergibt sich aus dem Quotienten einer **Eingangs**größe eines Vierpols zu seiner zugehörigen **Ausgangs**größe:

$$D = \frac{Eingangsgr\ddot{o}\beta e}{Ausgangsgr\ddot{o}\beta e}$$

Somit: $\qquad D_\mathrm{p} = \dfrac{P_1}{P_2} \qquad bzw. \qquad D_\mathrm{u} = \dfrac{U_1}{U_2} \qquad bzw. \qquad D_\mathrm{l} = \dfrac{I_1}{I_2}$

Der Dämpfungsfaktor D ist ein dimensionsloser Zahlenwert, da sich die Einheiten in Zähler und Nenner wegkürzen; sein Wert ist stets ≥ 1. Zur Beurteilung eines Übertragungssystems wird vorwiegend das Verhältnis der Leistungen (D_P) oder das Verhältnis der Spannungen (D_U) verwendet, da zur messtechnischen Ermittlung von D_I die Strommessung nicht besonders geeignet ist, weil hierfür die Stromkreise aufgetrennt werden müssen.

In der Praxis hat es sich allerdings eingebürgert, nicht die dimensionslosen Dämpfungs**faktoren** D_P oder D_U zu verwenden, sondern das Dämpfungs**maß** a. Zur Unterscheidung vom Dämpfungsfaktor wird das Dämpfungsmaß mit der hinzugefügten Bezeichnung **dB** (**deziB**el) angegeben.

Das **Leistungsdämpfungsmaß** a_p eines Vierpols ist der Zehnerlogarithmus des Leistungsdämpfungsfaktors D_P

$$a_\mathrm{p} = 10 \lg \frac{P_1}{P_2} \, \mathrm{dB}$$

Hinweis: Die Schreibweise des Zehnerlogarithmus auf dem Taschenrechner ist **lg** oder **log**. Der Faktor 10 in obiger Gleichung resultiert aus der Korrektur für das Präfix d = dezi = 10^{-1}.

Mit $P \sim U^2$ (siehe „Einfache IT-Systeme" Kap. 5.1.5.5) und den Rechenregeln der Mathematik ergibt sich für das **Spannungsdämpfungsmaß** a_U:

$$a_\mathrm{U} = 10 \cdot \lg \frac{P_1}{P_2} \, \mathrm{dB} = 10 \cdot \lg \left(\frac{U_1}{U_2}\right)^2 \mathrm{dB} = 20 \cdot \lg \frac{U_1}{U_2} \, \mathrm{dB}$$

Diese Umrechnung gilt ausschließlich für den Fall der Anpassung (Kap. 4.1.1), der in den meisten Anwendungsfällen gegeben ist. Liegt keine Anpassung vor, ist die Umrechnung vom Leistungsdämpfungsmaß auf das Spannungsdämpfungsmaß umfangreicher.

Wird umgekehrt der Wert des Dämpfungsmaßes angegeben (meist ohne Index geschrieben, z. B. $a = 15$ dB), so lassen sich aus den Gleichungen für das Dämpfungs**maß** durch Gleichungsumstellung auch der jeweilige Dämpfungs**faktor** bestimmen:

$$\frac{P_1}{P_2} = 10^{\frac{a}{10\,\mathrm{dB}}} \qquad bzw. \qquad \frac{U_1}{U_2} = 10^{\frac{a}{20\,\mathrm{dB}}}$$

4

Ist die Signaldämpfung entlang eines Leitungsab-
schnitts zu groß, muss ein Signal gegebenenfalls
zwischendurch mithilfe eines Verstärkers wieder
vergrößert werden, damit es auf der Ausgangs-
seite noch zu erkennen ist. Die Größe der Verstärkung kann als Übertragungsfaktor A angegeben
werden.

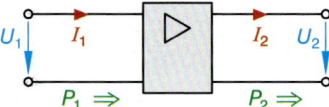

Bild 4.13: Vierpoldarstellung eines Verstärkers

Der **Übertragungsfaktor A** ergibt sich aus dem Quotienten einer **Ausgangs**größe eines Vierpols zu seiner zugehörigen **Eingangs**größe:

$$A = \frac{Ausgangsgröße}{Eingangsgröße}$$

Somit: $A_\mathrm{p} = \dfrac{P_2}{P_1}$ bzw. $A_\mathrm{u} = \dfrac{U_2}{U_1}$ bzw. $A_\mathrm{l} = \dfrac{I_2}{I_1}$

Alternativ wird der Übertragungsfaktor auch **Verstärkungsfaktor** genannt.

Die Ausgangsgrößen eines Verstärkers (P_2, U_2, I_2) sind größer oder genau so groß wie
seine Eingangsgrößen (P_1, U_1, I_1). Da hier – im Gegensatz zum Dämpfungsfaktor – die
Ausgangsgröße im Zähler steht, ergeben sich ebenfalls stets dimensionslose Zahlenwerte
≥ 1. Wie bei der Dämpfung arbeitet man bei der Verstärkung aber auch eher mit dem
Verstärkungsmaß (d. h. $a_\mathrm{p} = 10 \lg P_2/P_1$ dB bzw. $a_\mathrm{U} = 20 \lg U_2/U_1$ dB). Alternativ wird
vielfach auch die Bezeichnung **Übertragungsmaß** verwendet.

Die Gesamtheit von Leitungssegmenten und zwischengeschalteten Verstärkern bildet ein
Übertragungssystem mit zwei Eingangs- und zwei Ausgangsklemmen. Der große Vorteil
der dB-Rechnung liegt darin, dass bei mehreren hintereinandergeschalteten Vierpolen die
einzelnen dB-Werte für die Dämpfungen und die Verstärkungen einfach nur addiert bzw.
subtrahiert werden müssen, um das **Gesamtdämpfungsmaß** zu ermitteln.

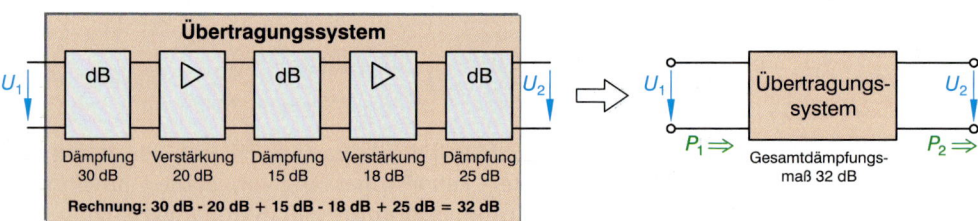

Bild 4.14: Übertragungssystem mit dämpfenden und verstärkenden Elementen

Bei einem Übertragungssystem, das aus einer Aneinanderreihung von dämpfenden Leitungssegmenten und Verstärkern besteht, arbeitet man meist einheitlich mit dem **Dämpfungsmaß**. Hierbei ist zu beachten, dass sich bei Teildämpfungen ein *positiver* Wert ergibt,
da die Eingangsgrößen jeweils größer sind als die Ausgangsgrößen, und sich bei Teilver-
stärkungen ein *negativer* Wert ergibt, da die Eingangsgrößen jeweils kleiner sind als die
Ausgangsgrößen. Anders ausgedrückt: Verstärkungen gehen bei Berechnungen im **Dämpfungsmaß** mit negativem Vorzeichen in die Rechnung ein (Bild 4.14). Ein negativer Wert
beim Gesamtdämpfungsmaß bedeutet demzufolge, dass die Ausgangsgröße (z. B. U_2)

größer ist als die Eingangsgröße (z. B. U_1). Für das Gesamtdämpfungsmaß wird in technischen Unterlagen alternativ auch die Bezeichnung **Restdämpfungsmaß** a_{rest} verwendet.

Wird in eine Übertragungsstrecke ein zusätzlicher Vierpol eingebaut (z. B. Verlängerung einer Antennenanschlussleitung zu einer entfernter platzierten Multimediadose), so kann eine zusätzliche Dämpfung entstehen. Daher wird für solche Elemente vom Hersteller die **Einfügungsdämpfung** angegeben.

Als **Einfügungsdämpfungsmaß** a_{in} eines Vierpols bezeichnet man das logarithmische Verhältnis der Leistungen, die der Empfänger Z_L aufnimmt, wenn dieser ohne und mit dem Vierpol an die Signalquelle angeschlossen wird.

$$a_{in} = 10 \lg \frac{P_1}{P_2} \text{ dB}$$

P_1: Leistung am Empfänger vor dem Einfügen des zusätzlichen Vierpols.
P_2: Leistung am Empfänger nach dem Einfügen des zusätzlichen Vierpols (Bild 4.15).

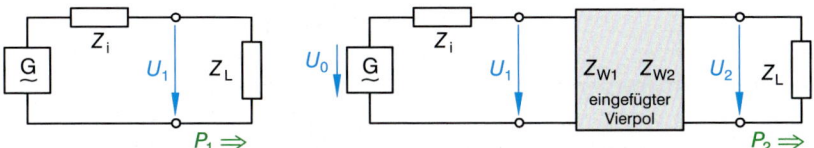

Bild 4.15: Einfügungsdämpfungsmaß

Bei Verstärkern ergibt sich für a_{in} ein negativer Wert. Die Verwendung des Buchstabens Z in Bild 4.15 anstelle des bekannten R (für ohmscher Widerstand) deutet an, dass neben ohmschen Widerstandsanteilen auch kapazitive und induktive Einflüsse (siehe „Einfache IT-Systeme", Kap. 5.4.3.1 und 5.5.3.2) vorhanden sind und entsprechend berücksichtigt werden.

4.1.2.2 Dämpfungsbelag einer Leitung

Das Dämpfungsmaß einer Leitung steigt mit zunehmender Leitungslänge l; daher wird es von den Herstellern oft als *Dämpfung pro Kilometer* angegeben.

Das Dämpfungsmaß a pro Kilometer wird als **Dämpfungsbelag** α bezeichnet:

$$\alpha = \frac{a}{l} \text{ dB/km}$$

α wird von den Kenngrößen der Leitung bestimmt und steigt mit zunehmender Frequenz. Typische Dämpfungswerte für Datenkabel sind:

Kategorie	Cat 3	Cat 4	Cat 5	Cat 6	Cat 7
Frequenz in MHz	Dämpfungswerte in dB/km				
1,0	2,6	2,1	2,1	2,1	2,0
4,0	5,6	4,3	4,3	4,2	3,8
10,0	9,9	7,2	6,6	6,4	6,0
16,0	13,1	8,9	8,2	8,0	7,6
100	–	–	22,0	21,0	19,0
200	–	–	–	23,0	25,0
300	–	–	–	–	33
600	–	–	–	–	50

Bild 4.16: Typische Dämpfungswerte für Datenkabel

4.1.2.3 Pegel in Übertragungssystemen

Das Dämpfungsmaß ermöglicht zwar die Berechnung der Abnahme der Signalenergie bei der Übertragung, es gibt jedoch keine Auskunft über den tatsächlichen Wert der Signalleistung an einem konkreten Messpunkt innerhalb des Systems. Zu diesem Zweck wurde der **Pegel L** (Level) definiert, der auch als absoluter Pegel bezeichnet wird (Bild 4.17).

> Der **absolute Pegel L** ist das logarithmische Verhältnis der Leistung P_M an einem Messpunkt zu einer festgelegten Bezugsleistung P_0.

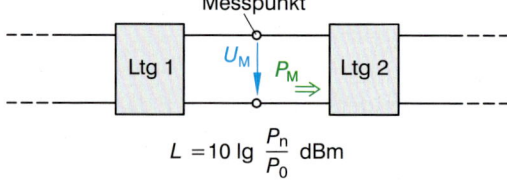

$$L = 10 \lg \frac{P_n}{P_0} \text{ dBm}$$

Bild 4.17: Pegel in Übertragungssystemen

In der Telekommunikationstechnik dient als Bezugsgröße die Nennleistung eines genormten Generators. Dieser liefert bei einer Frequenz von $f_0 = 800$ **Hz** eine Leistung $P_0 = 1$ **mW**, wenn er mit einem Widerstand von $R_0 = 600\ \Omega$ belastet wird; daraus ergibt sich als Bezugswert der Spannung $U_0 = 775$ **mV**.

In der Bezeichnung dBm für den absoluten Pegel weist das „m" auf die Bezugsgröße 1 mW hin (Bild 4.17). Ein Pegel von $L = 0$ dBm bedeutet, dass die Leistung am Messpunkt gleich der Leistung $P_0 = 1$ mW ist. Für Pegel $L < 0$ (negativer Pegelwert) ist die gemessene Leistung kleiner als P_0; für $L > 0$ (positiver Pegelwert) ist sie größer als P_0.

Anstelle der für den absoluten Pegel verwendeten Bezugsleistung $P_0 = 1$ mW wird häufig die Leistung in einem Bezugspunkt innerhalb des Übertragungssystems zum Vergleich herangezogen. Als Bezugspunkt kann z. B. der Einspeisepunkt der Signalspannung am Anfang einer Übertragungsleitung gewählt werden. Ein Pegel, der auf einen solchen Bezugspunkt bezogen ist, wird als **relativer Pegel L_{rel}** bezeichnet und in **dBr** angegeben.

Der **relative Pegel** L_{rel} ist das logarithmische Verhältnis der Leistung P_M in einem Messpunkt zur Leistung P_{Bez} in einem Bezugspunkt innerhalb des Übertragungssystems.

In der Praxis werden die relativen Pegel aller Messpunkte einer Übertragungsstrecke in einem **Pegeldiagramm** dargestellt (Bild 4.18).

In Bild 4.18 hat der Einspeisepunkt als Bezugspunkt des Systems einen relativen Pegel von L_{rel} = 0 dBr. Auf den Leitungsabschnitten nimmt der Pegel infolge der Dämpfung ab; zwischengeschaltete Verstärker heben ihn wieder an. Die Differenz der Pegel zweier Messpunkte ergibt jeweils die Dämpfung zwischen diesen Punkten, z. B.:

$$a_3 = L_{rel3} - L_{rel4} = -2 \text{ dBr} - (-10 \text{ dBr}) = 8 \text{ dBr}$$

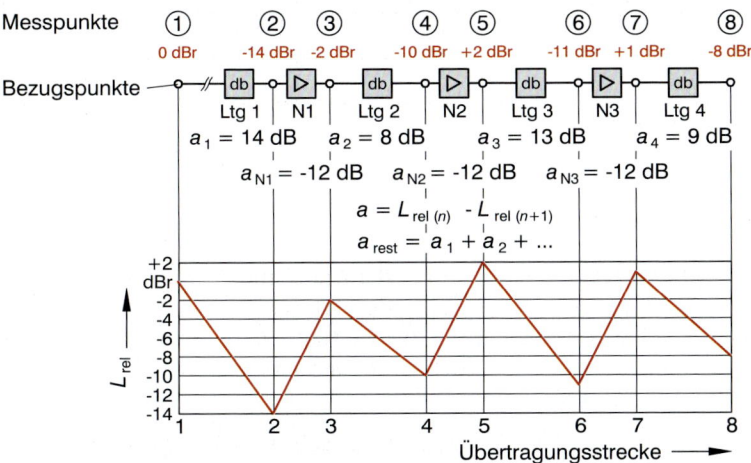

Bild 4.18: Pegeldiagramm einer Übertragungsstrecke

4.1.3 Störungen der Signalübertragung

Ein Signal kann bei der Übertragung durch sehr unterschiedliche Einflüsse gestört werden, denn eine Störung kann sowohl durch die Betriebsmittel des Übertragungskanals verursacht werden als auch von außen auf den Kanal einwirken.

Nicht systembedingte Störungen haben ihre Ursache außerhalb des Übertragungskanals. So können z. B. Störspannungen von Energieversorgungsleitungen in den Kanal eingekoppelt werden oder sich zwei benachbarte Übertragungsleitungen gegenseitig stören.

Bei parallel laufenden Kupferleitungen treten diese Störungen infolge unerwünschter induktiver Kopplungen insbesondere dann auf, wenn sie nicht gegeneinander abgeschirmt sind. Hierbei werden elektrische Signale von einem Adernpaar A durch elektromagnetische Induktion (siehe „Einfache IT-Systeme, 9. Aufl., Kap. 5.4.2.4) auf ein

Adernpaar B übertragen. Dieser Effekt führte früher bei einem *analog* übertragenen Telefongespräch auf *einem* Adernpaar in ungünstigen Fällen beispielsweise dazu, dass dieses auf einem *anderen* Adernpaar als Störgeräusch wahrgenommen wurde oder sogar stark gedämpft zu verstehen war (Bild 4.19). Seither werden eingekoppelte Störungen dieser Art als **Übersprechen** bzw. **Nebensprechen** (Cross Talk, XT) bezeichnet.

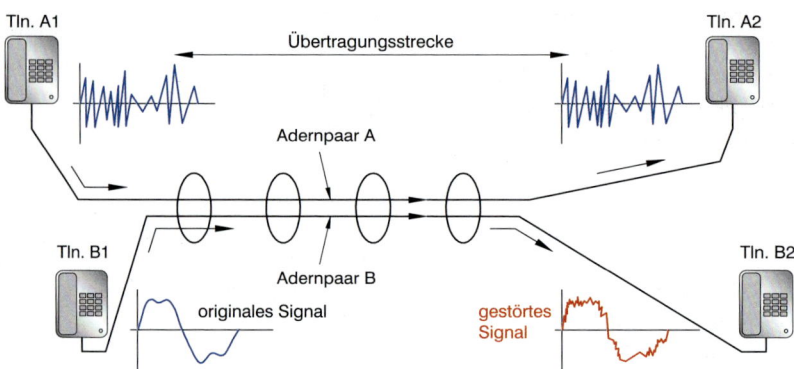

Bild 4.19: Fernnebensprechen (FEXT)

Befinden sich störender und gestörter Teilnehmer am entgegengesetzten Ende der Übertragungsstrecke (in Bild 4.19: Tln. A1 und B2), so bezeichnet man die Störung genauer als **Fernnebensprechen** (Far End Cross Talk; FEXT). Befinden sich die beiden Teilnehmer am gleichen Ende der Übertragungsstrecke (z. B. Tln. A1 und B1), so spricht man vom **Nahnebensprechen** (Near End Cross Talk; NEXT; Störung in Bild 4.19 nicht dargestellt).

Bei *digitaler* Übertragung von Daten kann eine solche Störung die Signalqualität derart beeinflussen, dass die binären Informationselemente beim Empfänger nicht mehr eindeutig erkannt werden können. Da bei der Datenübertragung meist höherfrequente Signale auftreten, ist hierbei die induktive Kopplung auf andere Adernpaare häufiger als bei der reinen Sprachübertragung. Um derartige Störungen zu vermeiden, werden Kupferdoppeladern entweder miteinander verdrillt (U/UTP, Kap. 4.1.1.3) und/oder zusätzlich mit einer metallischen Abschirmung der Paare (U/FTP) versehen. Zudem kann die Leitung mit einer Gesamtabschirmung versehen sein (F/FTP). Dies dient nicht nur als Schutz vor Beeinflussung von außen, sondern verhindert auch die störende Einwirkung auf benachbarte Leitungen. Bei Koaxialkabeln sind die Störeffekte schon aufgrund des Kabelaufbaus wesentlich geringer (Kap. 4.1.1.2). Zur Vermeidung von Störungen lassen sich zusätzlich auch technische Kompensationsverfahren einsetzen (z. B. Vectoring, Kap. 3.8.3.2). Bei Glasfaserleitungen (LWL) treten derartige Störungen überhaupt nicht auf.

Systembedingte Störungen werden durch die Betriebsmittel des Übertragungskanals verursacht. Induktivitäten, Kapazitäten, Übertrager, Verstärker usw. verändern den zeitlichen Verlauf des Nachrichtensignals; das Signal wird verzerrt.

Als **Verzerrung** bezeichnet man die **Änderung der Kurvenform** eines Nachrichtensignals.

Zum Verständnis der Verzerrungen muss man wissen, dass die verschiedenen Signalformen alle als Überlagerung reiner Sinusschwingungen mit unterschiedlichen Frequenzen zu betrachten sind (Frequenzspektrum, Kap. 4.1.5.3). Werden also auf einer Leitung die verschiedenen Frequenzen des Eingangssignals unterschiedlich stark gedämpft (höhere Frequenz = höheres Dämpfungsmaß), so ist das Ausgangssignal verzerrt.

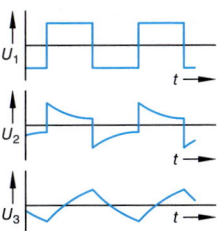

Bild 4.20 Beispiele für Verzerrungen eines symmetrischen Rechtecksignals

Eine Signalverzerrung, die durch die unterschiedliche Dämpfung der Teilschwingungen eines Signals verursacht wird, bezeichnet man als **Dämpfungsverzerrung**.

Bei der Übertragung breiten sich Schwingungen mit einer höheren Frequenz schneller längs der Leitung aus als die mit einer kleineren Frequenz. Die Laufzeit eines Signals nimmt also mit steigender Frequenz ab.

Eine Signalverzerrung, die aufgrund der unterschiedlichen Laufzeiten der Teilschwingungen eines Signals entsteht, bezeichnet man als **Laufzeitverzerrung**.

4

Dämpfungsverzerrungen und Laufzeitverzerrungen sind „**Lineare Verzerrungen**", die sich durch geeignete Vierpolschaltungen (Entzerrer) weitgehend beseitigen lassen.

Elektrotechnische Bauelemente (z.B. Übertrager, Dioden und Transistoren, siehe „Einfache IT-Systeme", 9. Aufl.; Kap. 5.5) verursachen durch ihre gekrümmte Übertragungskennlinie sogenannte „**nicht lineare Verzerrungen**"; ein Maß für deren Größe ist der **Klirrfaktor**. Nicht lineare Verzerrungen können gering gehalten werden, indem der Arbeitsbereich in den relativ geradlinigen Teil der Übertragungskennlinie gelegt wird.

Zu den unvermeidlichen Störungen bei der Signalübertragung gehört auch das sogenannte **Rauschen** (Noise). Ursachen hierfür sind beispielsweise die temperaturabhängigen unregelmäßigen Wärmebewegungen der Elektronen in einem Leiter oder die durch natürliche Ereignisse hervorgerufenen Entlade- und Ionisationsvorgänge in der Atmosphäre. In der Praxis interessiert in der Regel nicht der absolute Wert dieses Rauschens, sondern vielmehr das Verhältnis zum eigentlichen Nutzsignal. Abhängig vom Übertragungssystem muss das Nutzsignal nämlich um einen Mindestfaktor größer sein als das Rauschsignal, da sonst der Informationsgehalt sinkt.

Das Verhältnis der Signalleistung eines Nutzsignals zu der Signalleistung eines Rauschsignals wird als **Signal-Rausch-Abstand** oder **Störabstand** bezeichnet und in Dezibel (dB) angegeben.

Alternative Bezeichnungen sind Signal-Rausch-Verhältnis, Signal-Stör-Verhältnis oder kurz SNR bzw. S/N (Signal-to-Noise-Ratio; Signal/Noise).

4.1.4 Signalwandler

Zwischen der Quelle und dem Übertragungskanal bzw. dem Übertragungskanal und der Senke sind Wandlersysteme (Transducer Systems) erforderlich, welche die von der Quelle erzeugten Signale an das Übertragungsmedium anpassen und nach durchgeführter Übertragung wieder in ein für die Senke verständliches Format zurückwandeln.

In einem Telefon erfolgt die Wandlung von Schallwellen in elektrische Signale durch ein Mikrofon (**akustisch-elektrischer Wandler**), die Rückwandlung der elektrischen Signale in akustische Wellen bewirkt ein kleiner Lautsprecher (**elektrisch-akustischer Wandler**).

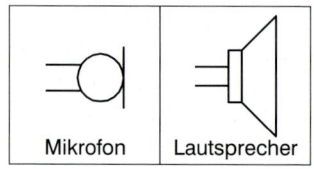

Mikrofon   Lautsprecher

Bild 4.21: Schaltsymbole

Die Umwandlung eines elektrischen in ein optisches Signal erfolgt mithilfe eines licht*emittierenden* Halbleiterbauelements (**elektrisch-optischer Wandler**: z. B. Leuchtdiode, Laserdiode), die Umwandlung eines optischen in ein elektrisches Signal erfolgt mit einem licht*empfindlichen* Halbleiterbauelement (**optisch-elektrischer Wandler**: z. B. Fototransistor). Sind Leuchtdiode und Fototransistor in einem gemeinsamen Gehäuse untergebracht, spricht man von einem **Optokoppler**.

Hiermit lassen sich zwar keine weiten Übertragungsstrecken überbrücken, jedoch wird dieses Bauelement dazu verwendet, um innerhalb einer Schaltung elektrische Stromkreise voneinander zu entkoppeln.

Die Umwandlung eines *analogen* elektrischen Signals in ein *digitales* elektrisches Signal erfolgt mit einem **Analog-Digital-Wandler** (A/D-Wandler), die Rückwandlung mit einem entsprechenden **Digital-Analog-Wandler** (A/D-, D/A-Wandler, siehe „Einfache IT-Systeme", Kap. 4.4.4)

4.1.5 Modulation

Für die Übertragung ist es oftmals erforderlich, die Nutzinformationen aus ihrem normalen Frequenzbereich (z. B. klassischer Frequenzbereich beim Telefon-Sprechverkehr: 300 Hz bis 3400 Hz, Kap. 3.2.1) in einen anderen Frequenzbereich zu „verschieben". Gründe hierfür sind beispielsweise:

- Mehrfachausnutzung:

  Vorhandene Verbindungsmedien sollen gleichzeitig von mehreren, im gleichen Frequenzbereich liegenden Nutzsignalen verwendet werden, ohne dass diese sich gegenseitig stören (Kap. 4.1.7);

- Nicht leitungsgebundene Übertragung:

  Die Nutzsignale müssen in einen Frequenzbereich verschoben werden, der sich mithilfe einer Sendeantenne abstrahlen und mit einer zweiten Antenne wieder empfangen lässt.

Diese „Verschiebungen" erfolgen mithilfe der Modulation einer Trägerschwingung durch das Nutzsignal.

Unter **Modulation** versteht man die Beeinflussung einer der Kenngrößen einer hochfrequenten Trägerschwingung durch ein Nutzsignal.

Als Trägerschwingungen (kurz: Träger, engl.: *carrier*) werden sinusförmige Wechselspannungen oder periodische Rechtecksignale eingesetzt.

Eine sinusförmige Wechselspannung wird bekanntlich durch ihre Kenngrößen **Amplitude** $\hat{u}$ (Spitzenwert, Maximalwert), **Periodendauer** T bzw. **Frequenz** f ($T = 1/f$) und **Phasenwinkel** φ (Phasenlage, Phasenverschiebung) eindeutig beschrieben (siehe „Einfache IT-Systeme", Kap. 5.1.1.6). Mit diesen Kenngrößen lassen sich auch rechteckförmige Signale eindeutig beschreiben. Zusätzlich erforderlich ist hierbei gegebenenfalls noch eine Information über die **Impulsdauer** und die **Pausendauer** des rechteckförmigen Signals. In Bild 4.22 sind hierzu zur Veranschaulichung untereinander ein symmetrisches Rechtecksignal (d.h. ein Rechtecksignal mit Polaritätswechsel und gleicher positiver und negativer Amplitude), ein unsymmetrisches Rechtecksignal (d.h. ein Rechtecksignal ohne Polaritätswechsel) und ein Rechteckimpuls dargestellt.

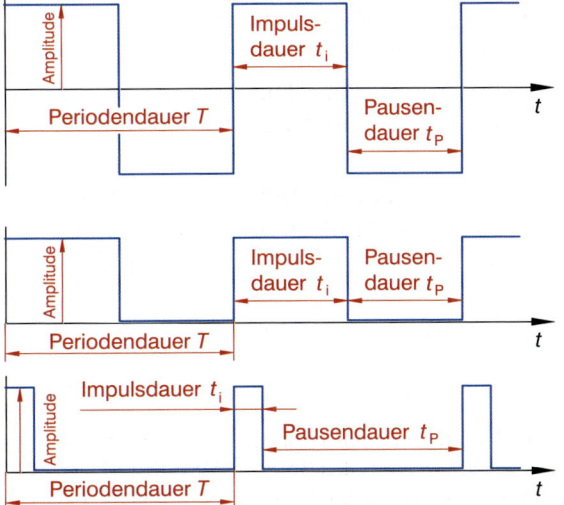

Bild 4.22: Kenngrößen rechteckförmiger Signale

Von einem **Rechteckimpuls** spricht man, wenn die Impulsdauer t_i ungleich der Pausendauer t_p ist. Es gelten grundsätzlich folgende Zusammenhänge:

$$T = t_i + t_p \text{ mit } T = 1/f$$

Das Verhältnis von Impulsdauer zur Periodendauer wird als **Tastgrad** g bezeichnet:

$$g = \frac{t_i}{T}$$

4.1.5.1 Basismodulationen

Die Art der Modulation wird nach derjenigen Kenngröße benannt, deren Wert von einem Nutzsignal verändert wird. Hieraus resultieren die folgenden Modulationsarten:

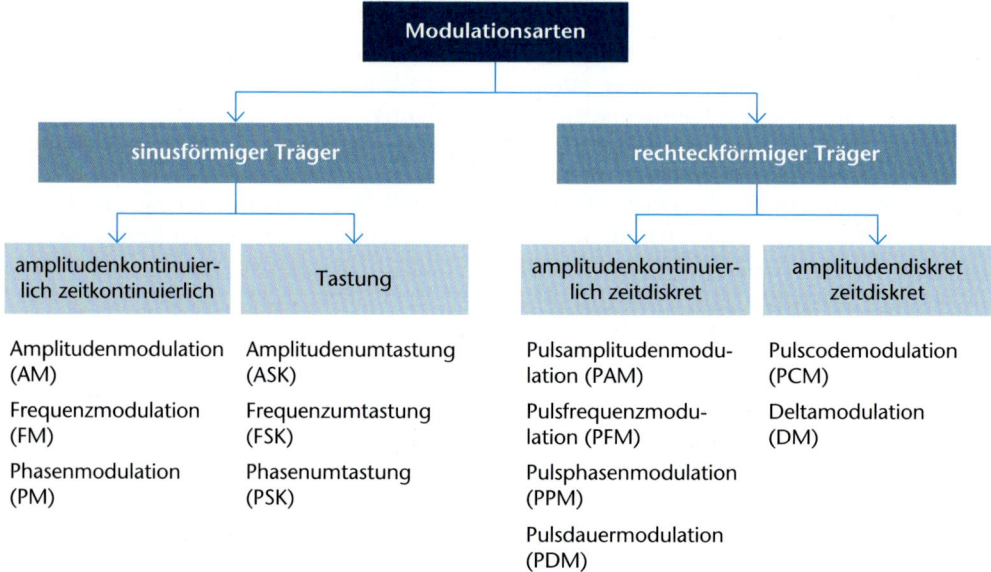

Bild 4.23: Modulationsarten

Amplitudenkontinuierlich bedeutet, dass die modulierte Spannung *beliebige* Werte zwischen einem Maximal- und einem Minimalwert annehmen kann; **zeitkontinuierlich** bedeutet, dass die modulierte Spannung *ständig* übertragen wird. **Amplitudendiskret** besagt, die Amplitude des modulierten Signals kann nur bestimmte *festgelegte* Werte annehmen; **zeitdiskret** heißt, das modulierte Signal wird mit Unterbrechungen nur in vorgegebenen *festen Zeitintervallen* übertragen (äquidistante Zeitabstände).

Die Bezeichnung **Tastung** (SK = Shift Keying) drückt aus, dass eine der Kenngrößen eines *sinusförmigen Trägers* von einem definierten *Rechtecksignal* (d. h. von einem binären Datensignal) verändert wird. Bei dieser Art der Ansteuerung kann das modulierte Signal lediglich zwei verschiedene Werte annehmen.

Bei den amplituden- und zeitkontinuierlichen Modulationen (AM, FM, PM) handelt es sich um rein analoge Übertragungsverfahren, die beispielsweise im Radio- und Fernsehbereich eingesetzt wurden, die dort aber inzwischen wegen ihrer Störanfälligkeit und ihrer geringeren spektralen Effizienz (Kap. 4.1.5.2) nahezu vollständig durch digitale Verfahren ersetzt wurden (Kap. 3.5). Die Pulscodemodulation (PCM, Kap. 4.1.5.4) wird primär zur Digitalisierung analoger Signale eingesetzt, um sie dann entweder direkt zu verarbeiten (z. B. mit dem PC) oder sie anschließend mittels anderer Modulationsarten an einen Übertragungsweg anzupassen und zu übertragen (z. B. DECT-Telefon, Kap. 3.10.4).

Einen Überblick über die prinzipiellen Unterschiede der Pulsmodulationen und der Tastungen zeigt Bild 4.24. Bei den Pulsmodulationen kann das Nutzsignal jede beliebige Form annehmen, zur Darstellung der Funktionsprinzipien wird hier allerdings auf einen einfachen sinusförmigen Verlauf zurückgegriffen. Den Tastungen liegt als Nutzsignal stets ein binäres Digitalsignal zugrunde.

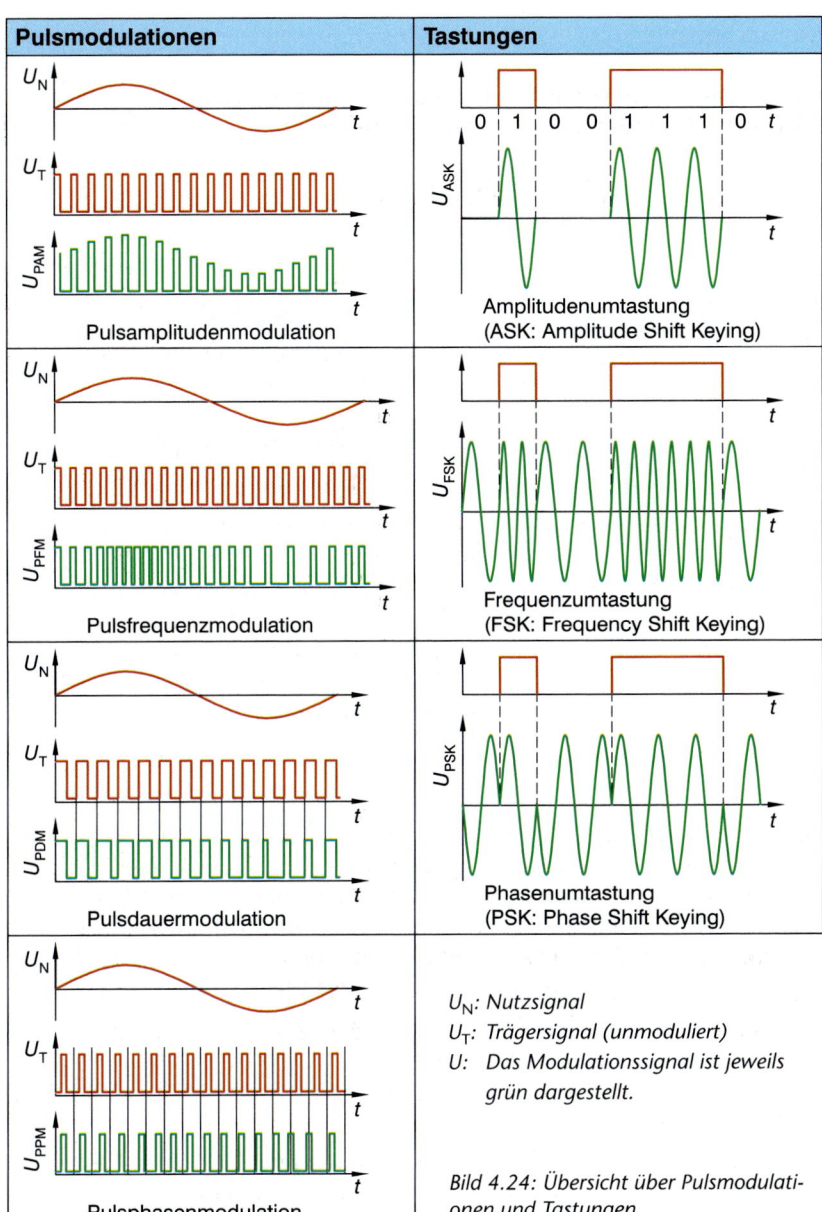

Pulsmodulationen	Tastungen

Pulsamplitudenmodulation

Amplitudenumtastung
(ASK: Amplitude Shift Keying)

Pulsfrequenzmodulation

Frequenzumtastung
(FSK: Frequency Shift Keying)

Pulsdauermodulation

Phasenumtastung
(PSK: Phase Shift Keying)

Pulsphasenmodulation

U_N: Nutzsignal
U_T: Trägersignal (unmoduliert)
U: Das Modulationssignal ist jeweils
grün dargestellt.

Bild 4.24: Übersicht über Pulsmodulationen und Tastungen

4.1.5.2 Höherwertige Modulationen

Die genannten Modulationen bilden oft nur die Basis für moderne höherwertige Verfahren, die in der Praxis meist aus einer Kombination verschiedener Modulationsarten bestehen.

Die in Bild 4.24 dargestellte Phasenumtastung (PSK, manchmal auch Phasentastung genannt) arbeitet beispielsweise nur mit zwei jeweils 180° phasenverschobenen Signalen gleicher Amplitude und Frequenz (U_{PSK}). Damit können die beiden logischen Zustände „0" und „1" übertragen und auf der Empfängerseite eindeutig wiedererkannt werden.

Die 180°-Phasenverschiebung dieses U_{PSK}-Signals lässt sich im sogenannten **Amplituden-Phasendiagramm** (Alternativbezeichnung: **Konstellationsdiagramm**) durch Punkte visualisieren (gelbe Punkte in Bild 4.25a). Der Abstand dieser Punkte vom Kreismittelpunkt entspricht der U_{PSK}-Signalamplitude.

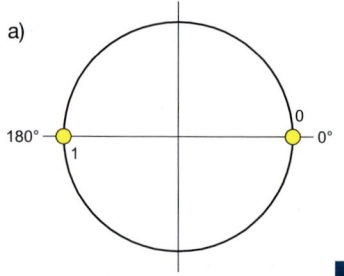

a)

Die dargestellte Phasenumtastung mit zwei Phasenlagen (0° und 180°) kann um weitere Phasenlagen ergänzt werden. Bei Verwendung von vier verschiedenen Phasenlagen (z. B. 0°, 90°, 180°, 270°; gelbe Punkte in Bild 4.25b) kann die Übertragung binärer Daten doppelt so schnell erfolgen, da nun pro Signalzustand jeweils 2 bit übertragen und auf der Empfängerseite eindeutig wiedererkannt werden können.

> Eine Phasenumtastung mit vier verschiedenen Phasenlagen bezeichnet man als **QPSK** (**Q**uadrature **P**hase **S**hift **K**eying) bzw. **4PSK** (Vierphasenmodulation).

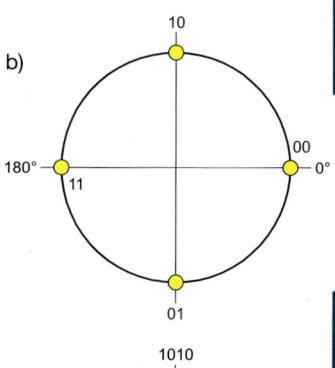

b)

Signale, deren Phasenverschiebung zueinander jeweils 90° beträgt, können gemeinsam übertragen werden, ohne sich gegenseitig zu stören. Dadurch sind solche Signale in der Übertragungstechnik von besonderer Bedeutung.

> Signale, die zueinander jeweils um 90° phasenverschoben sind, bezeichnet man als **orthogonal** zueinander.

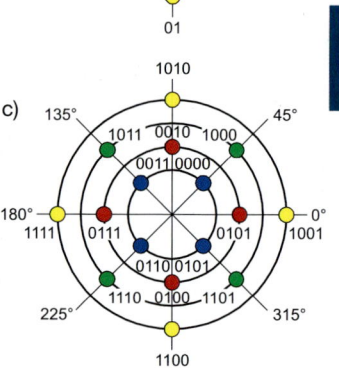

c)

Verwendet man für ein Signal nicht nur vier Phasenlagen, sondern darüber hinaus auch noch vier verschiedene Amplitudenwerte (Amplitudenumtastung, manchmal auch Amplitudentastung genannt), ergeben sich insgesamt 16 verschiedene Signalzustände (farbige Punkte in Bild 4.25c). Pro Signalzustand lassen sich 4 bit (1 Quadbit) übertragen, die auf der Empfängerseite eindeutig erkannt werden können.

Bild 4.25: Amplituden-Phasendiagramme

> Die Kombination aus Amplitudenumtastung und Phasenumtastung bezeichnet man als **QAM** (**Q**uadrature **A**mplitude **M**odulation).

Die Bezeichnung **16-QAM** (oder QAM-16) bedeutet, dass insgesamt 16 verschiedene Signalzustände existieren, die sich in ihrer Amplitude oder ihrer Phasenlage voneinander unterscheiden. Möchte man beispielsweise die Quadbits 0010, 1100 und 0101 an einen Empfänger senden, so muss das folgende 16-QAM-Signal in drei Signalschritten übertragen werden (Bild 4.26).

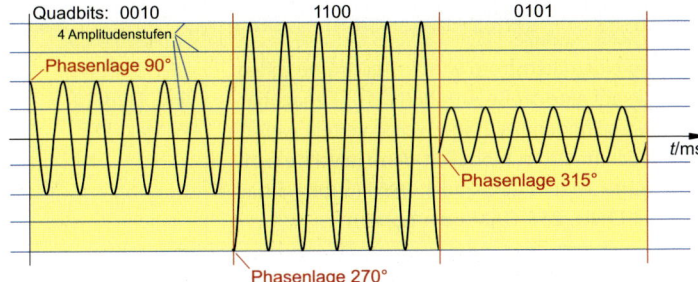

Bild 4.26: Liniendiagramm eines 16-QAM-Signals

Je größer die Anzahl der Signalzustände ist, desto mehr binäre Daten lassen sich pro Signalschritt übertragen. In der Praxis werden derzeit Systeme bis 2048-QAM eingesetzt.

QPSK und QAM bilden die Grundlage der modernen Übertragungstechnik und kommen in unterschiedlichen Varianten in aktuellen Kommunikationssystemen zum Einsatz. Die Nutzdaten werden hierbei meist nicht nur über ein einziges QPSK- oder QAM-moduliertes Trägersignal (**Ein-Träger-Modulation**) transportiert, sondern auf viele, meist eng benachbarte Trägersignale (**Mehr-Träger-Modulation**) aufgeteilt. Da sich diese Trägersignale gegenseitig nicht stören, lassen sich beispielsweise auf einem „klassischen" Fernsehkanal mit 7 MHz Bandbreite wesentlich mehr Daten (d. h. mehr Sender) übertragen als es in analoger Form möglich war. Es vergrößert sich also die Nutzungsmöglichkeit der zur Verfügung stehenden Bandbreite und damit die sogenannte **spektrale Effizienz**.

Abk.	Bezeichnung	Erläuterung	Verwendung
DQPSK	Differential Quadrature Phase Shift Keying	Variante der Phasenumtastung, bei der das Datensignal nicht direkt der Phasenlage eines Trägers zugeordnet wird, sondern die Phasenlage durch die Modulation eine definierte Änderung gegenüber dem Vorzustand erfährt (z. B. beginnend bei 10° folgt dann 25°, 40°, 55° usw.)	DVB-S, Mobilfunk
APSK	Asymmetric Phase Shift Keying	Mehrwertige Form der Phasenumtastung, bei der zu übertragende Bits auf Trägersignale unterschiedlicher Amplitude und unterschiedlicher Phasenlage verteilt werden; je höher die Amplitude, desto größer wird hierbei die Anzahl möglicher Phasenzustände	DVB-S2
GMSK, GFSK	Gaussian Minimum Shift Keying, Gaussian Frequency Shift Keying	Vergleichbar mit der Phasenumtastung; durch den Einsatz spezieller Filter (sog. Gauss-Filter) können sehr eng benachbarte Trägerfrequenzen verwendet werden, ohne dass diese sich gegenseitig stören.	GSM, DECT

4

Abk.	Bezeichnung	Erläuterung	Verwendung
OFDM, OFDMA	Orthogonal Frequency Division Multiple (Access)	Ein Nutzdatenstrom wird in Teilströme zerlegt, die auf eine große Anzahl (N>10) benachbarter, orthogonaler Trägerwellen verteilt werden. Jeder Teilstrom moduliert dann jeweils einen Träger mittels QPSK oder QAM (Subträger: 64-QAM, 256-QAM oder höher).	UMTS, Powerline, DVB-T2, WiMax, LTE
COFDM, COFDMA	Coded Orthogonal Frequency Division Multiple (Access)	Erweiterung der OFDM-Modulation durch Implementierung speziell codierter Fehlerschutzmechanismen, die auch bei gestörtem Empfang eine Decodierung der übertragenen Information ermöglichen.	DVB-T2, WiMax, LTE, drahtlose ATM- und SDH-Netze

Bild 4.27: Varianten höherwertiger Modulationsarten

4.1.5.3   Linien- und Frequenzspektrum

Eine elektrotechnische Schaltung, mit der ein Trägersignal (Trägerspannung u_T) durch ein Nutzsignal (Nutzspannung u_N) verändert werden kann, bezeichnet man als **Modulator**. Unabhängig vom komplexen technischen Aufbau einer solchen Schaltung wird ein Modulator allgemein durch das in Bild 4.28 angegebene Symbol dargestellt. Dieses Symbol wird auch für einen Demodulator verwendet.

Die prinzipielle Funktion eines Modulators wird in Bild 4.28 durch die beispielhafte Darstellung der zeitlichen Verläufe der Eingangssignale und des Ausgangssignals bei der Amplitudenmodulation (AM) verdeutlicht. Die AM lässt sich im Gegensatz zu anderen Modulationen relativ einfach grafisch visualisieren, sodass man wichtige Grundprinzipien übertragungstechnischer Zusammenhänge aufzeigen kann. Zur besseren (maßstabsgerechten) Darstellung wird hierbei eine vergleichsweise niedrige Frequenz der Trägerspannung U_T verwendet; in der Praxis liegt diese mehrere Zehnerpotenzen höher (z. B. MHz-Bereich, GHz-Bereich). Die Nutzinformation ist bei dieser Modulationsart in der sogenannten **Hüllkurve** der Modulationsspannung erkennbar (in Bild 4.28 die rote Strichlinie; sozusagen die Verbindungslinie der „Amplitudenspitzen" des modulierten Signals).

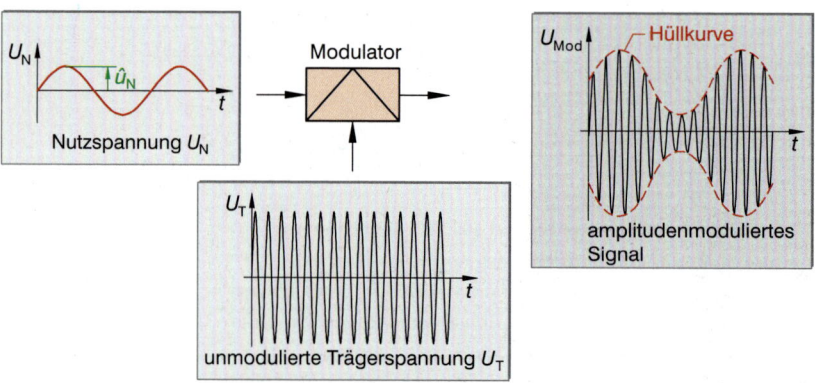

Bild 4.28: Modulator mit den Signalverläufen der Amplitudenmodulation (AM)

Die Darstellung des Verlaufs eines Signals in Abhängigkeit von der Zeit *t* bezeichnet man allgemein als **Liniendiagramm** oder **Linienspektrum**.

Für die Übertragung benötigt ein moduliertes Signal einen bestimmten Frequenzbereich, der auf einer Übertragungsstrecke zur Verfügung gestellt werden muss. Hierüber lässt sich dem Liniendiagramm augenscheinlich keine Information entnehmen. Aus diesem Grunde verwendet man eher die sogenannte spektrale Darstellung.

Bei der **spektralen Darstellung** wird jede in einem Signal enthaltene Frequenz auf einer Frequenzachse als senkrechte Linie dargestellt, deren Länge dem jeweiligen Scheitelwert der Spannung dieser Frequenz entspricht (**Frequenzspektrum**).

Eine derartige Zerlegung wird technisch von sogenannten **Frequenzanalysatoren** (Frequency Analyzer) durchgeführt. Mithilfe mathematischer Methoden kann eine solche Zerlegung ebenfalls realisert werden (Fourier-Analyse). Grundlage einer solchen Zerlegung ist, dass sich periodische Signale beliebiger Kurvenformen stets in sinusförmige Teilschwingungen zerlegen lassen, deren Überlagerung (Addition) dann jeweils wieder den ursprünglichen Kurvenverlauf ergibt. Bild 4.29 stellt den Modulationsvorgang aus Bild 4.28 als Frequenzspektrum dar. In dieser Darstellung erkennt man die folgenden Zusammenhänge:

- Die sinusförmige Nutzspannung U_N hat die Frequenz $f_N = 2$ kHz.

- Die sinusförmige Trägerspannung U_T hat die Frequenz $f_T = 10$ kHz.

- Die modulierte Spannung U_{Mod} besteht in diesem Fall aus den sinusförmigen Frequenzen $f_U = 8$ kHz, $f_T = 10$ kHz und $f_O = 12$ kHz (f_U: untere Seitenfrequenz; f_O: obere Seitenfrequenz). Das Frequenzspektrum beinhaltet also die Trägerfrequenz selbst, sowie - im Abstand der Nutzfrequenz - eine zusätzliche Frequenz jeweils unter- und oberhalb der Trägerfrequenz.

- Für die Übertragung von U_{Mod} ist somit der Frequenzbereich von 8 kHz bis 12 kHz erforderlich.

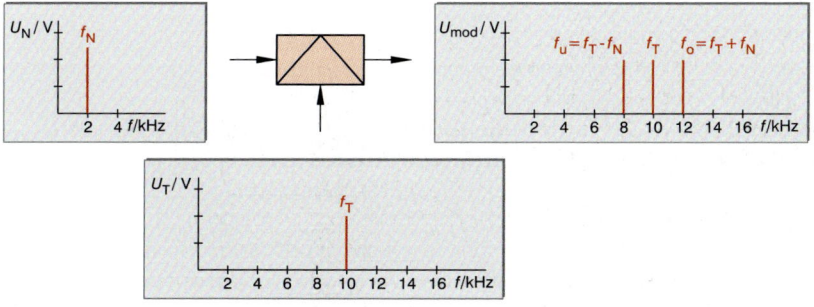

Bild 4.29: Frequenzspektren zu Liniendiagrammen in Bild 4.28

4

Die Größe des für die Übertragung eines Signals erforderlichen Frequenzbereiches wird Bandbreite genannt.

> Unter der **Bandbreite** b versteht man den Bereich zwischen der höchsten und der niedrigsten in einem Signal enthaltenen Frequenz:
>
> $$b = f_{max} - f_{min}$$

Im dargestellten Beispiel beträgt die erforderliche Übertragungsbandbreite somit 4 kHz. Bei einer Nutzfrequenz von 3 kHz hätte sich bei gleicher Trägerfrequenz das Frequenzspektrum 7 kHz, 10 kHz und 13 kHz ergeben und somit eine Übertragungsbandbreite von 6 kHz.

In der Praxis sind die Frequenzspektren zu übertragender Nutzsignale natürlich wesentlich umfangreicher (d. h. beinhalten mehr Teilfrequenzen) als bei der Modulation mit einem einzigen sinusförmigen Signal. Zur Bestimmung der hierbei erforderlichen Übertragungsbandbreite reicht es dann aber in den meisten Fällen aus, lediglich den Bereich der zu übertragenden Frequenzen anzugeben, ohne exakt die einzelnen darin enthaltenen Teilfrequenzen zu kennen. Betrachtet man beispielsweise das klassische analoge Fernsprechsignal, so beträgt dessen Bandbreite 3,1 kHz ($f_{max}-f_{min}$ = 3,4 kHz – 300 Hz; Kap. 3.2.1). Dieses Signal (U_N) dient als Grundlage der vereinfachten Darstellung (abgeschrägter blauer Bereich links) in Bild 4.30. Die Abschrägung visualisiert, dass die höheren Frequenzanteile des Fernsprechsignals in der Regel kleinere Amplitudenwerte aufweisen als die vorhandenen tieferen Frequenzen.

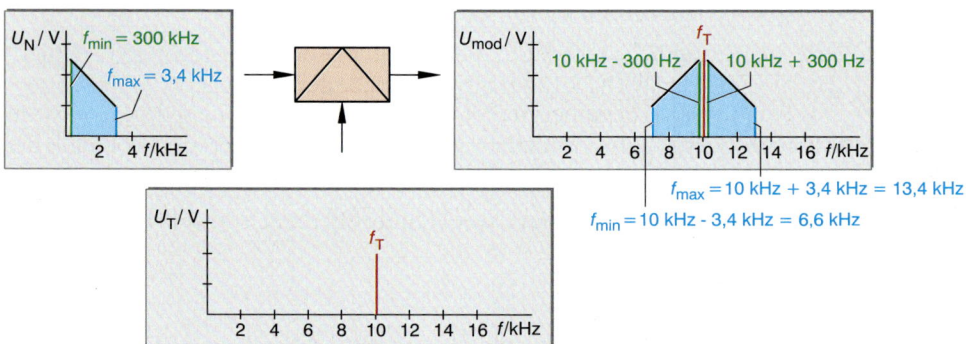

Bild 4.30: Frequenzspektren bei der AM-Modulation eines analogen Fernsprechsignals

Die erforderliche Bandbreite b des amplitudenmodulierten (Fernsprech-) Signals U_{mod} beträgt entsprechend den bisherigen Betrachtungen also 6,8 kHz ($f_{max}-f_{min}$ = 13,4 kHz– 6,6 kHz). Durch den Einsatz spezieller Modulationsverfahren lässt sich diese Bandbreite aber noch verringern. So besteht das modulierte Signal U_{mod} in Bild 4.30 aus der Trägerfrequenz f_T und Frequenzbereichen, die sich unterhalb und oberhalb der Trägerfrequenz anlagern (in Bild 4.30 rechts jeweils hellblau getönt). Der unterhalb von f_T angelagerte Frequenzbereich wird **unteres Seitenband**, der oberhalb angelagerte Frequenzbereich wird **oberes Seitenband** genannt. Beide Seitenbänder besitzen die gleiche Verlaufsform wie der Sprachfrequenzbereich U_N, das untere Seitenband erscheint lediglich geklappt. Hieraus ist ersichtlich, dass in *beiden* Seitenbändern die Informationen des Sprachfrequenzbereiches enthalten sind. Es ist also völlig ausreichend, lediglich ein einziges Seitenband zu übertragen. Wird vor der Übertragung zusätzlich die Trägerfrequenz herausgefiltert, reduziert sich die erforderliche Übertragungsbandbreite des modulierten Signals auf 3,1 kHz (Einseitenband-Amplitudenmodulation mit unterdrücktem Träger). Allerdings ist hierbei die Demodulation technisch aufwendiger. Eine weitere Verringerung der erforderlichen Übertragungsbandbreite ist auch durch eine zusätzliche Komprimierung möglich (Kap. 4.1.6).

Die im dargestellten Beispiel gewonnenen Erkenntnisse zur Bestimmung der erforderlichen Bandbreiten modulierter Signale lassen sich prinzipiell auch auf die aktuell eingesetzten, höherwertigen Modulationsverfahren übertragen. Allerdings können hierbei die wesentlich komplexeren Zusammenhänge nur noch mit erhöhtem mathematischen Aufwand berechnet werden.

4.1.5.4 Pulscodemodulation

Die Pulscodemodulation (Pulse Code Modulation, PCM) ist ein klassisches Verfahren zur digitalen Übertragung analoger Signale. Durch die Digitalisierung lassen sich auf dem Übertragungsweg auftretende Signalveränderungen – z. B. infolge der Leitungsdämpfung und der Verzerrung (Kap. 4.1.3)– rückgängig machen, sodass auf der Empfängerseite das gesendete Signal unverfälscht zur Verfügung steht. Zur Steigerung der spektralen Effizienz (siehe oben) werden die digitalisierten Daten vor einer Übertragung heute allerdings vielfach weiteren Modulationsverfahren unterzogen. Die eigentliche Digitalisierung erfolgt aber stets in den drei Schritten **Abtasten**, **Quantisieren** und **Codieren**.

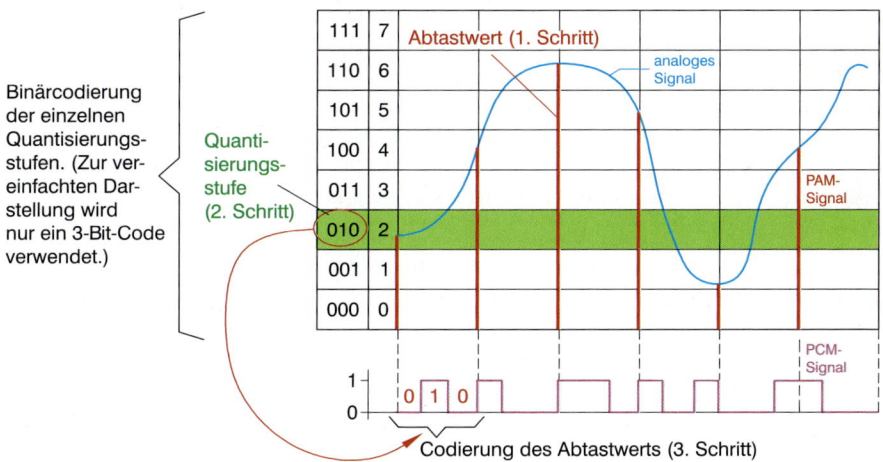

Bild 4.31: Prinzip der Pulscodemodulation

Beim Abtasten werden der analogen Signalspannung (blaue Linie in Bild 4.31) zunächst in festen Abständen Signalproben entnommen. Als Zwischenergebnis entsteht ein pulsamplitudenmoduliertes Signal U_{PAM} (1. Schritt: rote Abtastwerte in Bild 4.31). Um aus diesen Signalproben die ursprüngliche Analogspannung wiedergewinnen zu können, muss - wie sich mathematisch nachweisen lässt - die sogenannte **shannonsche Abtastbedingung** erfüllt sein.

Aus einem pulsamplitudenmodulierten Signal lässt sich der analoge Spannungsverlauf dann rekonstruieren, wenn gilt:

$$f_{Tast} \geq 2\,f_{Nmax}$$

Dies bedeutet, dass die Abtastfrequenz f_{Tast} mindestens doppelt so groß sein muss wie die höchste vorkommende Nutzfrequenz f_{Nmax} und dass das zu übertragende Analogsignal bandbegrenzt werden muss (ohne Frequenzbandbegrenzung gäbe es keine höchste vorkommende Nutzfrequenz f_{Nmax}).

Gemäß der Abtastbedingung müsste beispielsweise die Abtastfrequenz des analogen Fernsprechsignals (300 Hz–3400 Hz) mindestens 6800 Hz betragen. International hat man diese Abtastfrequenz auf 8000 Hz festgelegt. Der zeitliche Abstand zwischen zwei Abtastwerten beträgt demnach 125 µs (siehe „Einfache IT-Systeme", Kap. 5.1.1.6).

Die Schaltung zur Abtastung eines Signals und zum Halten des abgetasteten Signalwertes bis zum nächsten Abtastzeitpunkt trägt auch die Bezeichnung **Sample-and-Hold-Schaltung**. Die Abtastfrequenz wird auch **Sample-** oder **Sampling-Rate** genannt.

Ein analoges Signal besteht aus unendlich vielen unterschiedlichen Spannungswerten, die durch einen positiven und einen negativen Höchstwert begrenzt sind. Verwendet man zur Codierung eines Abtastwertes jeweils ein 8-Bit-Codewort, so lassen sich insgesamt $2^8 = 256$ verschiedene Amplitudenwerte codieren. Der analoge Spannungsbereich wird hierzu in 256 Teilbereiche (Intervalle) zerlegt (2. Schritt: Quantisierung). Jedem Intervall wird eindeutig ein Codewort zugeordnet (3. Schritt: Codierung). Obwohl in einem Intervall liegende Abtastwerte geringfügig unterschiedliche Amplituden aufweisen können, wird ihnen das gleiche Codewort zugeordnet (z. B. alle Abtastwerte, die im grünen Bereich in Bild 4.31 liegen, erhalten die Codierung 010). Den hierbei möglicherweise auftretenden Fehler bezeichnet man als **Quantisierungsfehler**, der sich im Empfänger als Geräusch bemerkbar macht. Um diesen Quantisierungsfehler möglichst gering zu halten, verwendet man keine - wie in Bild 4.31 zur Vereinfachung dargestellt - linearen Quantisierungsstufen mit gleichen Intervallgrößen, sondern eine **nicht lineare Quantisierung**, bei der die Intervalle bei kleinen Signalspannungen kleiner sind als bei großen (Bild 4.32).

Jeder codierte Abtastwert des digitalisierten Signals wird parallel in ein Schieberegister eingelesen und seriell ausgelesen (Einfache IT-Systeme, Kap. 4.4.3.2). Es ergibt sich eine Aneinanderreihung von 8-Bit-Codewörtern, die übertragen werden (violettes PCM-Signal in Bild 4.31). Auf diese Weise lässt sich das Signal über eine Kupferdoppelader senden.

Bei der (klassischen) **Pulscodemodulation** ergibt sich bei einer **Abtastfrequenz von 8000 Hz** und einer **Wortlänge von 8 bit** eine **Übertragungsgeschwindigkeit von 8000/s · 8 bit = 64 kbit/s**.

Um die Übertragungsgeschwindigkeit bei gleicher Bandbreite des Übertragungskanals zu erhöhen, verwendet man in vielen Bereichen **AD-PCM** (Adaptive Differential Pulse Code Modulation), eine Pulscodemodulation mit zusätzlicher Datenkompression (Kap. 4.1.6).

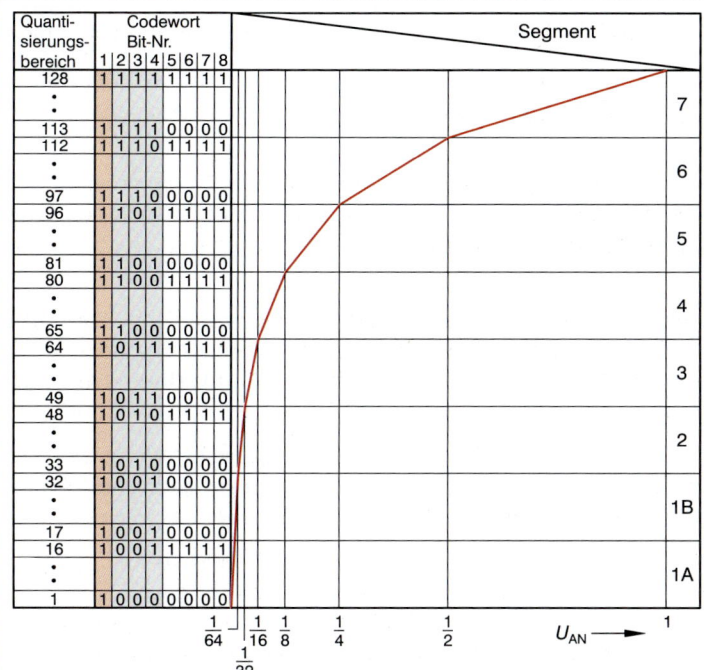

Quantisierungsbereich	Codewort Bit-Nr. 1	2	3	4	5	6	7	8
128	1	1	1	1	1	1	1	1
113	1	1	1	1	0	0	0	0
112	1	1	1	0	1	1	1	1
97	1	1	1	0	0	0	0	0
96	1	1	0	1	1	1	1	1
81	1	1	0	1	0	0	0	0
80	1	1	0	0	1	1	1	1
65	1	1	0	0	0	0	0	0
64	1	0	1	1	1	1	1	1
49	1	0	1	1	0	0	0	0
48	1	0	1	0	1	1	1	1
33	1	0	1	0	0	0	0	0
32	1	0	0	1	0	0	0	0
17	1	0	0	1	0	0	0	0
16	1	0	0	1	1	1	1	1
1	1	0	0	0	0	0	0	0

Segment: 7, 6, 5, 4, 3, 2, 1B, 1A

$\frac{1}{64}$ $\frac{1}{32}$ $\frac{1}{16}$ $\frac{1}{8}$ $\frac{1}{4}$ $\frac{1}{2}$ U_{AN} 1

Nicht lineare Quantisierungen werden international festgelegt und in Quantisierungskennlinien dargestellt. Das Diagramm zeigt die **13-Segment-Kennlinie**, die in Europa verwendet wird. In dem Diagramm ist nur der positive Bereich der 13-Segment-Kennlinie vergrößert dargestellt und die Zuordnung der Quantisierungsintervalle zu den 8-Bit-Codewörtern angegeben. Aus der Zuordnung geht deutlich hervor, dass die kleinen Signalwerte mit einer feineren Stufung quantisiert werden als die großen.

Für die Codierung der 256 Quantisierungsintervalle wird ein symmetrischer Binärcode verwendet. Die 8 Bit eines Codewortes haben folgende Bedeutung:
- Bit 1 (2^7) ist das Vorzeichenbit, „0" kennzeichnet einen negativen, „1" einen positiven Signalwert.
- Bit 2, 3 und 4 (2^6, 2^5, 2^4) kennzeichnen die jeweils acht Segmente der Grobstufung im positiven und im negativen Bereich.
- Bit 5 bis 8 (2^3 bis 2^0) kennzeichnen die 16 Feinstufen jedes Segments.

Bild 4.32: Nicht lineare Quantisierung

Als spezielle Form der Pulscodemodulation kann die **Deltamodulation** angesehen werden. Hierbei wird ein Analogsignal mit einer sehr hohen Tastrate abgetastet, wobei allerdings jeweils nur geprüft wird, ob ein Abtastwert größer oder kleiner als sein jeweiliger Vorgänger ist. Ist der Wert größer, so wird eine logische 1 übertragen, ist der Wert kleiner, so wird eine logische 0 übertragen.

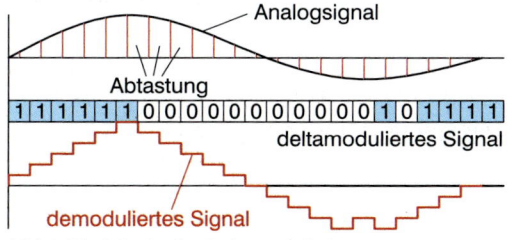

Durch anschließende Filterung lässt sich aus dem demodulierten Signal das Analogsignal zurückgewinnen.

Bild 4.33: Prinzip der Deltamodulation

4.1.6   Kompressionsverfahren

Um die bei einer Datenübertragung erforderliche Bandbreite zu reduzieren oder bei gleicher Bandbreite die Übertragungsgeschwindigkeit zu erhöhen, werden Kompressionsverfahren eingesetzt.

> Unter **Komprimierung** bzw. **Kompression** versteht man in der Übertragungstechnik technische Verfahren zur Reduzierung des zu übertragenden Datenstroms.

Beim Einsatz von Kompressionsverfahren wird somit nicht das eigentliche Signal übertragen, sondern nur ein entsprechender Code mit einer geringeren Bandbreite. Die Berechnung eines solchen Codes ist im Hinblick auf die Rechenleistung komplex und erfordert leistungsfähige Chips.

Die Komprimierung bzw. die Dekomprimierung erfolgt durch sogenannte **Codecs** (Coder-Decoder). Entsprechend ihrer Einsatzgebiete lassen sich diese in **Sprachcodecs**, **Audiocodecs** und **Videocodecs** unterteilen. Der **Kompressionsfaktor** gibt hierbei das Verhältnis der Datenmenge des Quellmaterials zur Datenmenge nach der Bearbeitung an. Ein Kompressionsfaktor von 12:1 bedeutet also, dass ein Codec einen Datenstrom um das 12-Fache reduzieren kann.

Man unterscheidet zwischen **verlustloser** und **verlustbehafteter** Kompression. Bei der verlustlosen Komprimierung lässt sich das Signal auf der Empfängerseite wieder original rekonstruieren, während eine verlustbehaftete Komprimierung stets mehr oder weniger große Qualitätseinbußen mit sich bringt. Bei der Übertragung von Audio- und Videodaten wird als Gütekriterium die Wahrnehmbarkeit der Qualitätsveränderung angesetzt, bei der Sprachübertragung im Bereich der Telekommunikation ist in der Regel die Verständlichkeit und nicht die Originalqualität das maßgebliche Kriterium.

Die eingesetzten Sprachcodecs arbeiten mit genormten Komprimierungsverfahren, die im Allgemeinen untereinander nicht kompatibel sind.

Die Wiedergabequalität von Sprache wird in der Praxis durch den **MOS-Wert** (Mean Opinion Score) von 0 bis 10 beurteilt. Je größer der MOS-Wert, desto besser wird die Wiedergabequalität empfunden.

Codec-Standard	G.711	G.722.2 (ITU) TS 26.171 (3GPP)	G.728	G.729A	RFC 3951
Bezeichnung	Pulse Code Modulation (PCM) Keine Kompression!	Adaptive Multi-Rate Wideband (AMR-WB)	Low Delay Code Excited Linear Prediction (LD-CELP)	Conjugate Structure Algebraic Code Excited Linear Prediction (CS-ACELP)	internet Low Bitrate Codec (iLBC)
Übertragungsrate (Verzögerungszeit)	64 kbit/s (ca. 2 ms)	6,6 kbit/s (ca. 2 ms; „Schmalband") bis zu 12,65 kbit/s („Breitband")	16 kbit/s (ca. 1,25 ms)	8 kbit/s (ca. 25 ms)	15,2 kbit/s (iLBC 20: bis ca. 30 ms, bei Paketverlust geringere Auswirkung auf Sprachqualität)

Codec-Standard	G.711	G.722.2 (ITU) TS 26.171 (3GPP)	G.728	G.729A	RFC 3951
MOS	4,4	4,5 bis zu 7,3	4,2	4,0	< 4,0
Sprachfre-quenzbereich	0,3–3,4 kHz	Schmalband: 0,3–3,4 kHz Breitband: 0,05–7 kHz	0,3–3,4 kHz	0,3–3,4 kHz 0,05–7 kHz (G.729J)	0,3–3,4 kHz
Anwendungs-beispiele	Standard-Codec für Festnetz- u. IP-Telefonie	UMTS, DECT („Cat-iq"), VoIP („HD-Voice")	VoIP	VoIP („HD-Voice")	VoIP, Audio-Streaming

Bild 4.34: Sprachcodecs im Vergleich

In Bild 4.35 werden beispielhaft einige Audio- und Videocodecs sowie Komprimierungs-standards und zugehörige Software aufgelistet.

Standards und Software	
3ivX	– kommerzielle Software zur Wiedergabe von MPEG-4-Video, MPEG-4-Audio, auch auf Systemen mit geringerer Rechenleistung; Speicherung im mp4-Containerformat (Bild 4.36) – beinhaltet verschiedene Filter für die Codierung und Wiedergabe der verschiedenen Audio- und Video-Files (**MPEG** siehe „Einfache IT-Systeme", Kap. 1.9.4)
Nero Digital	– zu MPEG-4 konformer Audio- und Videocodec von Nero – verwendet eine effiziente AAC-Kompression, unterstützt 5.1-Mehrkanalton – kann auch andere MPEG-4-Implemetierungen wie XviD oder 3ivx decodieren
Quicktime	– von Apple entwickelte plattformübergreifende Multimedia-Architektur für die Aufnahme, Wiedergabe und Bearbeitung von Multimedia-Daten – Kompressionsfaktoren liegen zwischen 5:1 und 25:1. – unterstützt bis zu 32 Spuren für Audio und Video – Einsatz bei Computerspielen, Präsentations-CDs und bei Streaming-Media aus dem Internet
LPCM	– Linear Pulse Code Modulation – verlustfreies Verfahren für die Aufzeichnung und Übertragung von binär codierten Analogsignalen (störunempfindlich, da nur 0- und 1-Signale übertragen werden, aber dadurch hohe Datenübertragungsrate erforderlich, siehe unten) – unterstützt bis zu 8 Kanäle bei Abtastraten bis zu 192 kHz – Dynamikbereich bis zu 144 dB (24-bit-Codierung) – eingesetzt bei Audio-CDs (bis zu 1,5 Mbit/s, Stereo), DVDs (bis zu 9,6 Mbit/s; 5.1-Kanäle) und Blu-Ray-Discs (bis zu 28 Mbit/s; 7.1-Kanäle)
Audiocodecs	
Windows Media Audio	– Audiocodec von Microsoft; Verwendung zum Herunterladen von Dateien aus dem Internet und zur Darstellung von Streaming-Media, meist verlustbehaftete Kompression – neben dem klassischen **WMA-Audiocodec** (2 Tonkanäle) gibt es auch einen **WMA**-Codec für 7.1-Tonkanäle und **WMA Lossless** (5.1-Tonkanäle verlustfrei!) – bietet Vorkehrungen für Kopierschutz und digitales Rechtemanagement (DRM) sowie einen Tag für die Speicherung weitere Informationen

Audiocodecs	
mp3	– basierend auf MPEG-1-Audio-Layer-3 oder MPEG-2-Audio-Layer-3 – Kompressions rate liegt bei ca. 80 % (gegenüber unkomprimierter Audio-CD); 2 Tonkanäle; verlustbehaftet (!), obwohl durch Verwendung psychoakustischer Effekte (nur für das Ohr wahrnehmbare Signalanteile werden codiert) bei der Codierung mit hinreichend hoher Datenrate (> 192 kbit/s) die Wiedergabe subjektiv genau wie das Original klingen soll. – weniger verbreitete Weiterentwicklungen sind z. B. mp3PRO (Verbesserung der Klangqualität bei Datenraten < 96 kbit/s und mp3-Surround; Wiedergabe von 5.1-Tonkanälen)
Ogg Vorbis	– offene, lizenzfreie Audiokompression für die Übertragung von qualitativ hochwertigem Audio – Kompressionsrate liegt in Abhängigkeit von der Bitrate bei ca. 95 %
Lame	– weit verbreiteter, lizenzfreier mp3-Audio-Encoder (Open-Source-Projekt); in Stufen zwischen 8 und 320 kbit/s wählbare Qualitätsstufen; 2 Tonkanäle
RealAudio	– komprimiertes Internet-Audiodateiformat von Real Networks, verwendet verschiedene Codec-Varianten – Einsatz zur Übertragung von Echtzeit-Audio und Radio über das Internet – Download mit einem speziellen Programm, das in allen gängigen WWW-Browsern eingebunden werden kann – Wiedergabe erfolgt direkt nach Aufruf, ohne dass vorher die komplette Audio-Datei heruntergeladen wird (Dateiendung für RealAudio-Dateien ist *.ra oder *.ram) – Kompressionsfaktor zwischen 16:1 und 24:1
AAC/AAC+ (Advanced Audio Coding)	– internationaler Standard der ISO und Bestandteil von MPEG-2 und MPEG-4 – verlustbehaftete Codierung für qualitativ hochwertiges Audio mit Übertragungsraten von 64 kbit/s bis 320 kbit/s; – Kompressionsrate liegt bei ca. 95 % – AAC ist lizenzpflichtig; die Lizenzen liegen bei AT&T, Sony, Dolby und dem Fraunhofer Institut – AAC+ (AACplus, MPEG-4 HE-AAC; HE = High Efficiency) ist eine Weiterentwicklung der AAC-Kompression, speziell für niedrige Bitraten bis zu 64 kbit/s.
Videocodecs	
DivX	– entwickelt von DivXNetworks – basierend auf „MPEG-4 Part 2 Video Coding"; aktuelle Versionen unterstützen auch H.264 und Matroska-Container (siehe unten; Hinweis: Die einzelnen Versionen sind untereinander nicht abwärtskompatibel.) – Kompressionsfaktor 10:1
Xvid	– Open-Source-Videocodec – basiert auf dem Kompressionsalgorithmus „MPEG-4 Part 2 Video Coding" – unterstützt diverse Kompressionsformate
HDX4	– lizenzpflichtiger kommerzieller Videocodec, basierend auf MPEG-4 – extrem schnell, benötigt weniger Speicherbedarf als vergleichbare Codecs wie XviD oder DivX – unterstützt alle gängigen Bildschirmauflösungen von 32 x 32 bis hin zu HDTV (1.920 x 1.080)

Videocodecs	
H.264/ AVC/ AVCHD	– allgemeiner ITU-Standard zur Videokompression für mobile Anwendungen (z. B. Digitalkameras), stationäres TV unterschiedlicher Auflösung (bis hin zu HDTV) und Blu-Ray – unterstützt konstante Bitraten (**CBR**) und variable Bitraten (**VBR**) in der Größenordnung zwischen 64 kbit/s und 960 Mbit/s (abhängig von der jeweiligen Auflösung) – Alternativbezeichnung: MPEG-4/AVC-Codec (AVC = Advanced Video Coding) – hochentwickelte Videokompression, Steigerung des Kompressionsfaktors gegenüber MPEG-2 um bis zu 50 % – **A**dvanced **V**ideo **C**oding: Weiterentwicklung von MPEG-4, basiert auf einer effizienteren netzwerkfähigen Codiermethode mit mehreren anwendungsspezifischen Profilen (z. B. Videotelefon, Videokonferenz, HDTV (bis 1080i bei 60 fps), Datei-Archivierung) – auf diesem Codec aufbauend: AVCHD 2.0 (Advanced Video Codec High Definition); unterstützt auch 3D-Darstellung (siehe „Einfache IT-Systeme", Kap. 1.12.8) sowie HDTV im Progressive Mode mit bis zu 60 fps (siehe „Einfache IT-Systeme", Kap. 1.12.1)
H.265/ HEVC	– **H**igh **E**fficiency **V**ideo **C**odec (MPEG-H Teil 2); Nachfolgestandard von H.264 mit höherer Datenreduktion bei gleicher Bildqualität – skalierbare Datenformate von 320 × 240 bis zu 8 192 × 4 320 Pixeln (8K, UHD-2) und Bildwiederholraten (fps: frames per second); z. B. FullHD: 128 fps; UHD: 300 fps – Verwendung bei hochauflösenden TV-Programmen (z. B. DVB-T2), Blu-Ray und Streaming-Angeboten

Bild 4.35: Komprimierungsstandards und Codecs (Beispiele)

4

Darüber hinaus findet man im Zusammenhang mit Audio- und Videocodecs auch den Begriff des Containers.

> Als **Containerdatei** bzw. kurz als **Container** bezeichnet man in der Datenverarbeitung allgemein eine Datei, in der Daten unterschiedlicher Codecs und damit verschiedener Datenformate zusammen abgespeichert werden können. Die Art der Zusammenführung dieser verschiedenen Datenformate bezeichnet man als **Containerformat**.

Im Bereich der Mediencontainer wird meist eine komprimierte Videodatei mit einer Audiodatei als Tonspur kombiniert. Auch die Speicherung mehrerer, verschiedensprachiger Tonspuren, zusätzlicher Untertitel oder interaktiver Menüstrukturen ist bei einigen Containerformaten möglich. Mithilfe entsprechender Programme (z. B. VirtualDub, Avidemux, FFmpeg) lassen sich die einzelnen Audio-, Video- und Containerformate untereinander konvertieren, sofern nicht vorhandene Schutzmaßnahmen innerhalb den Dateien dies verhindern.

Containerformat/ Dateiendung	Bezeichnung/Erläuterung
avi	**A**udio **V**ideo **I**nterleave; kombiniert z. B. einen MPEG4-Video-Stream mit mp3-Tonspur; sehr weit verbreitet, teilweise auch von DVD-Playern unterstützt
vob	**V**ideo **Ob**ject; Containerformat für DVD-Video

Containerformat/ Dateiendung	Bezeichnung/Erläuterung
mov	Quicktime; das Containerformat der gleichnamigen Apple-Abspielsoftware; arbeitet mit AVC
mp4	Containerformat für MPEG4-Medieninhalte, allerdings beschränkt auf bestimmte Formate (Video: MPEG-2 Video, MPEG-1 Video, MPEG-4 Part 2, MPEG-4 AVC/H.264; Audio: AAC, MP3, MP2, MP1; Bilder: JPEG, PNG)
flv, f4v	Flash Video; offenes Containerformat von Adobe Systems; insbesondere verwendet für Internet-Video-Streaming
3gp	Containerformat für Smarthpones ab der 3. Generation; unterstützt nur begrenzt Video- und Audiocodecs, z.B.: Video: MPEG-4 Part 2, H.263 oder H.264 Audio: AMR, AMR-WB oder AAC-LC
mkv, mka, mks, mk3d	Matroska; Open-Source-Containerformat, unterstützt die meisten Audio- und Videocodecs

Bild 4.36: Beispiele für Containerformate

4.1.7 Mehrfachnutzung eines Übertragungskanals

Dem ständig steigenden Bedarf nach Übertragungskapazitäten im Bereich der Übertragungsmedien wird neben dem Einsatz entsprechender Quellcodierungsverfahren zur Datenreduktion auch durch die Entwicklung von Verfahren zur effizienteren Ausnutzung vorhandener Medien Rechnung getragen.

4.1.7.1 Simplexverfahren

Die Ausnutzung einer Übertragungsstrecke (z. B. einer Kupferdoppelader) nur in einer Richtung wird als **Simplexverfahren** bezeichnet. Es kommt beispielsweise bei Messwertgebern zur Anwendung, bei denen Daten nur zur Auswertestelle übertragen werden müssen. Weitere Anwendungen stellen Radio- oder TV-Übertragungen über Kabel oder eine Funkstrecke dar.

4.1.7.2 Duplexverfahren

Das einfachste Verfahren zur Mehrfachausnutzung eines Übertragungskanals besteht in der Einrichtung eines Duplexsystems.

Bild 4.37: Grundprinzip des Duplexverfahrens

Hierbei wird ein Übertragungsmedium (z. B. eine Kupferdoppelader) von zwei Kommunikationsteilnehmern in entgegengesetzer Richtung genutzt. Die Endeinrichtungen fungieren in der Regel sowohl als Quelle wie auch als Senke. Man unterscheidet zwischen:

Bezeichnung	Beschreibung	Beispiel
Halbduplex	abwechselnde Übertragung in jeweils nur einer Richtung	Funkverbindungen (Piloten-Funkverkehr, Polizeifunk, Funkamateure)
Vollduplex (Kurzform: Duplex)	gleichzeitige Übertragung in beide Richtungen	analoge Telefone, die über eine zweiadrige Leitung (a/b-Ader) mit dem/ der zuständigen Netzknoten/Vorfeldeinrichtung verbunden sind; GSM-/UMTS-/ LTE- Funknetze, VDSL 2

Bild 4.38: Halbduplex- und Vollduplexverfahren

Bei **Halbduplex** können sich die wechselweise entgegengesetzt laufenden Datenströme systembedingt nicht beeinflussen. Der Duplexer besteht im einfachsten Fall aus einem Umschalter, der bedarfsorientiert die Übertragungsrichtung wechselt.

Bei **Vollduplex** hingegen muss verhindert werden, dass eine Quelle ihr eigenes Signal empfängt (z. B. beim Telefon: Quelle 1 = Mikrofon, Senke 1 = Lautsprecher im Handapparat).

Hierzu werden zwei verschiedene Verfahren eingesetzt:

4.1.7.3 Getrenntlageverfahren

Bei diesem Verfahren werden die Signale in Sende- und Empfangsrichtung mittels Modulation auf verschiedene Bereiche der Frequenzachse verschoben und auf der gleichen Leitung übertragen. Man bezeichnet dieses Verfahren auch als **Frequenzduplex** (**FDD** = Frequency Division Duplex; siehe auch Frequenz*multiplex*, Kap. 4.1.8.2). Die in den Bildern 4.39 und 4.40 beispielhaft angegebenen Frequenzbereiche beziehen sich auf das klassische analoge Fernsprechsignal (Kap. 3.2.1).

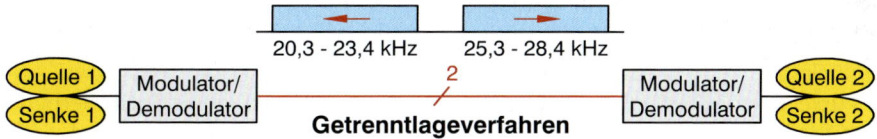

Bild 4.39: Beispiel für das Zweidrahtgetrenntlageverfahren

4.1.7.4 Gleichlageverfahren

Hierbei werden analoge Signale in Sende- und Empfangsrichtung im gleichen Frequenzbereich übertragen. Die erforderliche Richtungstrennung von gesendeten und empfangenen analogen Signalen erfolgt meist direkt in den jeweiligen Endgeräten.

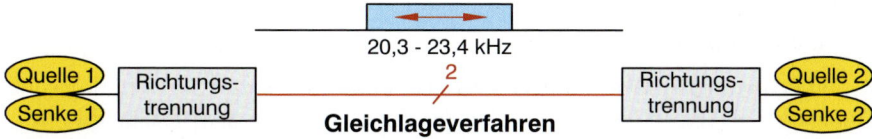

Bild 4.40: Beispiel für das Zweidrahtgleichlageverfahren

Hierzu wird in vielen Fällen die sogenannte **Gabelschaltung** eingesetzt.

> Eine **Gabelschaltung** ist eine technische Schaltung, mit deren Hilfe sich elektrische Signale in Sende- und Empfangsrichtung trennen bzw. zusammenfassen lassen.

In technischen Unterlagen wird die Gabelschaltung meist mit dem abgebildeten Symbol dargestellt (Bild 4.41a). Die Gabelschaltung wird beispielsweise im (analogen) Telefon eingesetzt, um Sprech- und Hörwechselspannung voneinander zu trennen (Bild 4.41b). Man findet sie aber auch in Verbindung mit Zwischenverstärkern auf Übertragungsstrecken, da die Verstärkung getrennt für die Sende- und die Empfangsrichtung durchgeführt werden muss, um auch hier gegenseitige Beeinflussungen zu vermeiden (Bild 4.41c).

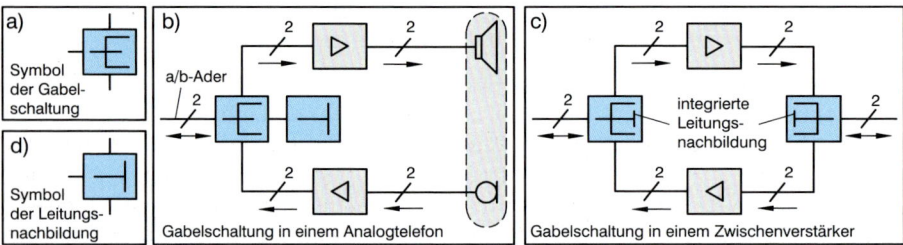

Bild 4.41: Symbol und Anwendungsbeispiele der Gabelschaltung

Treten auf dem Übertragungsweg Reflexionen auf, so überlagert sich dem empfangenen Signal der Gegenstation das eigene gesendete Signal, wodurch sich eine Störung ergibt. Diese Störung wird durch den Abschluss der Leitung mit einer sogenannten **Leitungsnachbildung** (Bild 4.41d), die dem Wellenwiderstand (Kap. 4.1.1) der Leitung entspricht, vermieden oder zumindest stark reduziert (Leitungsterminierung). Die Leitungsnachbildung ist zum Teil auch bereits in der Gabelschaltung integriert (Bild 4.41b). Für die Übertragung *digitaler* Signale ist die Gabelschaltung weniger gut geeignet. Daher verwendet man hier eher das **Zeitduplex** (**TDD** = Time Division Duplex; siehe auch Zeit*multiplex*, Kap. 4.1.8.4). Hierbei werden die Signale *zeitlich* getrennt im gleichen Frequenzbereich transportiert, indem beispielsweise die Sprache von zwei Gesprächsteilnehmern durch digitale Verfahren (Kap. 4.1.5.4) jeweils in kurze Datenblöcke zerlegt und dann wechselseitig übertragen wird. Es entstehen zwar systembedingt kurze Verzögerungen, trotzdem erscheint es so, als ob eine kontinuierliche Sprechverbindung besteht, da die Verständlichkeit in der Regel kaum schlechter wird.

4.1.7.5   Echokompensation

Während bei analogen Übertragungen die Informationen (z. B. Sprache) von derartigen Störungen nur wenig beeinträchtigt werden, können Signalreflexionen eine digitale Datenübertragung unmöglich machen. Aus diesem Grund werden auf digitalen Übertragungsstrecken, die das Gleichlageverfahren verwenden, spezielle „Echokompensationsschaltungen" eingesetzt, die auf mathematischen Verfahren beruhen und in ihrem technischen Aufbau meist sehr komplex sind.

> Unter dem Begriff **Echokompensation** versteht man technische Verfahren zur Unterdrückung reflektierter Signalanteile (Echos) des Sendesignals bei der elektrischen Signalübertragung.

Die genannten Verfahren zur Richtungstrennung sowie die Echokompensation finden auch bei den im Folgenden beschriebenen Multiplexverfahren Anwendung.

4.1.8   Multiplexverfahren

Im Gegensatz zum Duplexverfahren wird bei den **Multiplexverfahren** das Übertragungsmedium in derselben Übertragungsrichtung gleichzeitig *mehrfach* benutzt.

Bild 4.42: Grundprinzip des Multiplex

In Bild 4.42 ist lediglich die Senderichtung dargestellt. Die entsprechend aufbereiteten Nutzsignale verschiedener Quellen werden hierbei von einem **Multiplexer** (MUX) gebündelt und als gemeinsames Signal auf den Übertragungskanal gelegt. Empfangsseitig spaltet der **Demultiplexer** (DX) das übertragene Signal wieder in die ursprünglichen Nutzsignale auf. Diese werden anschließend den entsprechenden Senken zugeführt.

In Abhängigkeit vom verwendeten Multiplexverfahren kann das Übertragungsmedium in der Regel auch bidirektional verwendet werden. Hierzu ist sowohl am Sende- wie auch am Empfangsort ein Multiplexer-Demultiplexer-Paar erforderlich. Zur Vereinfachung der Darstellung wird in den folgenden Beispielen aber stets nur eine einzige Übertragungsrichtung visualisiert.

Grundsätzlich lassen sich die folgenden Multiplexverfahren unterscheiden:

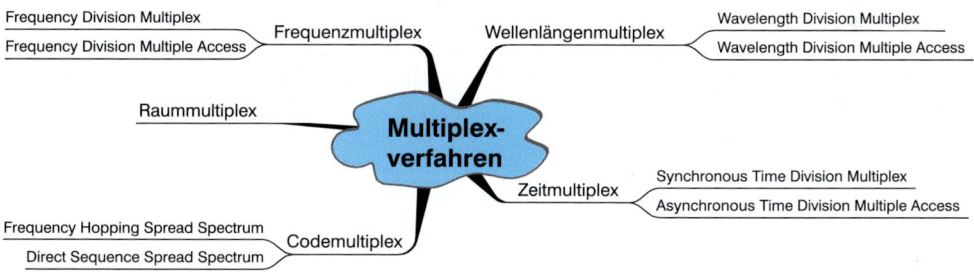

Bild 4.43: Multiplexverfahren

4.1.8.1   Zugriffsverfahren der Multiplextechnik

Der Zugriff auf vorhandene Übertragungskapazitäten lässt sich bei den genannten Multiplexverfahren sowohl zentral als auch dezentral steuern. Obwohl die zugrunde liegenden Multiplextechniken in beiden Fällen gleichartig sind, werden zur Unterscheidung international die folgenden Bezeichnungen und Abkürzungen verwendet:

Zentral gesteuerte Multiplexverfahren	Abk.	dezentral gesteuerte Multiplexverfahren	Abk.
Frequency Division Multiplex	FDM	Frequency Division Multiple Access	FDMA
Wavelength Division Multiplex	WDM	Wavelength Division Multiple Access	WDMA
Time Division Multiplex	TDM	Time Division Multiple Access	TDMA
Code Division Multiplex	CDM	Code Division Multiple Access	CDMA
Space Division Multiplex	SDM	Space Division Multiple Access	SDMA

Bild 4.44: Internationale Bezeichnungen der verschiedenen Multiplexverfahren

Im Zusammenhang mit den Steuerungsmechanismen spricht man auch von einer **zentralen** und einer **dezentralen Reservierungstechnik**.

Zentrale Reservierungstechnik

Bei der zentralen Reservierungstechnik unterscheidet man zwischen **statischer** und **dynamischer Zugriffssteuerung**. Der wesentliche Unterschied besteht darin, dass bei der zentralen statischen Zugriffssteuerung jedem Quelle-Senke-Paar ein festgelegter Teil der insgesamt verfügbaren Übertragungskapazität eines Übertragungsmediums zur Verfügung gestellt und für die Dauer der Übertragung garantiert wird. Im Gegensatz dazu wird bei der zentralen dynamischen Zugriffssteuerung die verfügbare Übertragungskapazität bedarfsorientiert geändert.

Eine Quelle kann beispielsweise nacheinander oder gleichzeitig mehrere Senken ansprechen, sie kann auch zeitlich begrenzt mehrere Kanäle parallel belegen. Beide Arten der Steuerung werden vornehmlich in öffentlichen Telekommunikationsnetzen verwendet.

Dezentrale Reservierungstechnik

Bei der dezentralen Reservierungstechnik erfolgt keine Zuweisung von Kanalkapazitäten, vielmehr konkurrieren die Benutzer (Quellen und Senken) um den Zugriff auf den gemeinsamen Übertragungskanal.

Dieser **Konkurrenzbetrieb** (Contention Mode) unterscheidet sich von der zentralen Vergabe von Übertragungskapazitäten im Wesentlichen durch folgende Merkmale:

- Freigabe von Übertragungskapazität durch Prioritäten, die an Quellen und Senken vergeben werden, Merkmale des Contention Modes

- Gegebenenfalls entstehende Wartezeiten bis zur Zuweisung von Übertragungskapazität

- Gegebenenfalls gestörte Übertragung bzw. Kollisionen bei zeitgleich zugreifenden Quellen

- Keine Garantie dafür, dass die Übertragung einer Nachricht von einer Quelle zur Senke erfolgreich verlaufen ist

- Abhängigkeit der Performance (z. B. Datendurchsatz, Netzlaufzeit) von der Belastungssituation (Verkehrsaufkommen)

Angewendet werden die dezentral gesteuerten Multiplexverfahren insbesondere bei breitbandigen LANs und WANs sowie beim Mobilfunk.

4.1.8.2 Frequenzmultiplex (FDM bzw. FDMA)

Das Frequenzmultiplex ist ein elektrisches Multiplexverfahren, bei dem die Nutzsignale, die ursprünglich alle in dem gleichen Frequenzbereich liegen (z. B. Sprachfrequenzen), durch Modulation und Filterung in verschiedene Frequenzbänder verschoben werden, die dann auf dem Übertragungsmedium gleichzeitig übertragen werden können, ohne sich gegenseitig zu stören.

Technisch betrachtet besteht ein FDM-Multiplexer im Wesentlichen aus einer oder mehreren Modulationsstufen sowie Filter- und Koppelelementen.

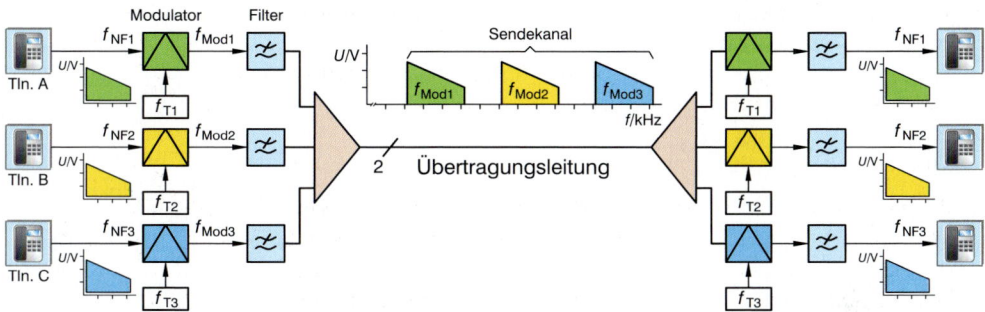

Bild 4.45: Anwendungsbeispiel für Frequenzmultiplex

Bild 4.45 visualisiert das Grundprinzip einer Frequenzmultiplex-Übertragung am Beispiel von drei niederfrequenten Telefonsignalen über einen gemeinsamen elektrischen Sendekanal mithilfe der Einseitenband-Amplitudenmodulation mit unterdrücktem Träger (Kap. 4.1.5). Die einzelnen Nutzsignale werden frequenzversetzt übertragen und am Ende der Übertragung wieder in ihre ursprüngliche Frequenzlage zurücktransformiert. Die tatsächliche Bandbreite eines einzelnen Nutzsignals beträgt beim klassischen Telefon-Sprechverkehr bekanntlich 3 100 Hz (Kap. 4.1.5.3). Da man in der Praxis mit einer Bandbreite von 4000 Hz „rechnet", entstehen zwischen den einzelnen Nutzsignalen nicht belegte Frequenzlücken. Diese Lücken ermöglichen eine bessere Entkopplung der Nutzsignale. Die Gesamtbandbreite des Sendekanals beträgt 12 kHz. Die Übertragungsleitung lässt sich auch für den entsprechenden Empfangskanal nutzen, dessen Bandbreite ebenfalls 12 kHz beträgt und der dann beispielsweise frequenzversetzt zu dem Sendekanal übertragen werden kann (Getrenntlageverfahren).

Bezogen auf das OSI-Modell üben Multiplexer dieser Art eine Funktion in der Schicht 1 in Form einer zentralen Verwaltung des Zugriffs auf den gemeinsamen Übertragungskanal aus.

Das FDM-Verfahren (Frequency Division Multiplex) arbeitet mit statischer Reservierungstechnik und wurde beispielsweise bei der analogen Rundfunk- und Fernsehübertragung (Funkstrecken und Kabelnetze) angewendet. Diese Analogtechnik wurde jedoch nahezu komplett durch digitale Verfahren ersetzt.

Das FDMA-Verfahren (Frequency Division Multiple Access) findet Anwendung in lokalen Rechnernetzen sowie in Kombination mit anderen Multiplextechniken (z. B. CDMA, Kap. 4.1.8.5).

4.1.8.3 Wellenlängenmultiplex (WDM bzw. WDMA)

Wellenlängenmultiplex (WDM = Wavelength Division Multiplex) lässt sich als Frequenzmultiplex im optischen Bereich interpretieren urd wird daher im Zusammenhang mit den optischen Multiplextechniken in Kap. 4.2.8 dargestellt.

4.1.8.4 Zeitmultiplex (TDM bzw. TDMA)

Die Mehrfachausnutzung eines Übertragungskanals mittels Zeitmultiplex (TDM = Time Division Multiplex) basiert auf der zeitlich begrenzten Zuordnung von Kanalkapazitäten zu einem Quelle-Senke-Paar.

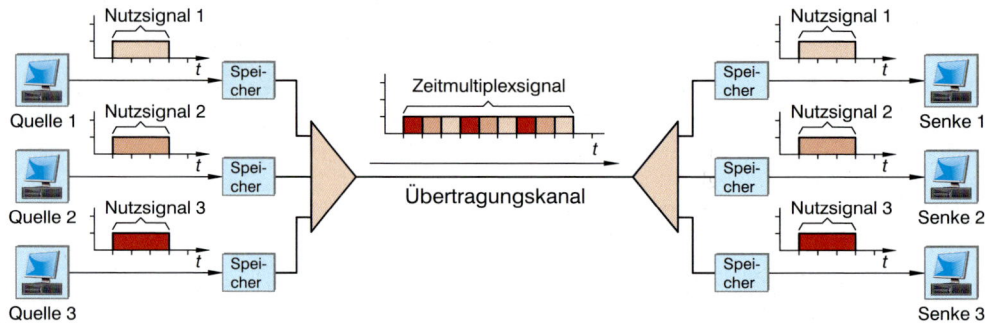

Bild 4.46: Grundprinzip der Zeitmultiplexübertragung

Die zu übertragenden Nutzsignale werden in einem Zwischenspeicher abgelegt. Dort werden sie in einzelnen Paketen an den Eingang eines Multiplexers gelegt, der die Datenpakete der verschiedenen Quellen in zeitlichen Abständen auf den Übertragungskanal legt. Auf dem Übertragungskanal entsteht ein kontinuierlicher Datenstrom. Auf der Empfängerseite wird der Datenstrom durch den Demultiplexer wieder den entsprechenden Senken zugeordnet.

Beim Zeitmultiplex unterscheidet man zwischen dem synchronen Zeitmultiplex (**STDM** = **S**ynchronous **T**ime **D**ivision **M**ultiplex) und dem asynchronen Zeitmultiplex (**ATDM** = **A**synchronous **T**ime **D**ivision **M**ultiplex).

Synchrones Zeitmultiplex

Beim synchronen Zeitmultiplex werden die Signale verschiedener Nutzkanäle zeitversetzt mit jeweils einer festen Anzahl von Bits in äquidistanten Zeitabschnitten – sogenannten Zeitschlitzen (Time Slots) – übertragen. Die Bezeichnung „synchron" rührt bei diesem Verfahren daher, dass es sich um einen zentral gesteuerten periodischen Zugriff auf das Übertragungsmedium handelt.

Der entstehende periodische Signalabschnitt zwischen zwei Zeitschlitzen, die zu dem gleichen Nutzsignal gehören, bezeichnet man als **Pulsrahmen**.

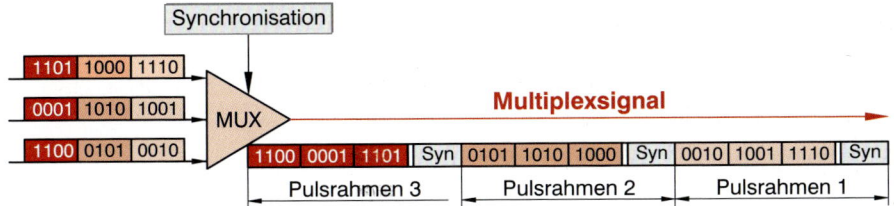

Bild 4.47: Prinzip der Pulsrahmenstruktur beim synchronen Zeitmultiplex

Damit der Demultiplexer am Ende der gemeinsamen Übertragung die einzelnen Zeitschlitze wieder zu einem zusammengehörigen Datenstrom zusammensetzen kann, sind Informationen über die zeitliche Lage der einzelnen Pulsramen sowie der darin enthaltenen Zeitschlitze erforderlich. Hierfür sind an festgelegten Rahmenorten Synchronisationsfelder mit festgelegten Bitmustern vorgesehen (Rahmenkennnungswort, Synchronisationskanal).

Nachteilig bei diesem Verfahren ist, dass der Zugriff des einzelnen Kanalsignals auf das Multiplexsignal nur während des periodischen Auftretens des zugehörigen Zeitschlitzes erfolgen kann. Hierdurch können sich Laufzeitverzögerungen ergeben. Das synchrone Multiplexverfahren ermöglicht allerdings auch Mehrkanalübertragungen, sofern die Nutzdatenrate ganzzahlige Vielfache der Kanalbitrate bildet.

> Die gleichzeitige Übertragung von Nutzdaten *einer* Quelle über *mehrere* Kanäle innerhalb eines Pulsrahmens wird als **Kanalbündelung** bezeichnet.

Das synchrone Zeitmultiplex bildet die Grundlage für die Datenübertragung mit ISDN-Technik (Bild 3.17 und BuchPlusWeb), die derzeit noch in einer Vielzahl bestehender Firmennetze eingesetzt wird.

Asynchrones Zeitmultiplex

Beim asynchronen Zeitmultipex werden die zu übertragenden Daten von Datenendeinrichtungen zwar auch zeitlich versetzt in Zeitschlitzen übertragen, allerdings erfolgt die Zuordnung von Übertragungskapazitäten nicht periodisch innnerhalb eines festen Zeitrasters, sondern bedarfsorientiert in Abhängigkeit vom konkreten Übertragungsbedarf. Es liegt somit kein zentral gesteuerter Zugriff vor, sondern ein bedarfsgesteuertes Ressourcen-Sharing (TDMA = Time Division Multiple Access). Für stets kontinuierliche Datenströme – wie etwa bei Sprachsignalen – ist dieses Verfahren weniger geeignet. Im Bereich der Rechnerkommunikation treten jedoch oftmals Verkehrsprofile auf, die zeitlich stark variieren. Aus diesem Grunde wird das asynchrone Zeitmultiplex vielfach in Rechnernetzen auf der Basis von Ethernet, Token Ring, Token Bus oder FDDI verwendet. Weitere Anwendungsbereiche sind beispielsweise der paketvermittelnde Datendienst GPRS innerhalb der GSM-Netze, alle auf ATM basierende Datennetze sowie das Internet.

4.1.8.5 Codemultiplex (CDM bzw. CDMA)

Das Codemultiplex (CDM = Code Division Multiplex) gehört zu den modernsten Verfahren unter den Multiplextechniken; es wird vornehmlich bei der nicht leitungsgebundenen Kommunikation verwendet. Man unterscheidet verschiedene Varianten, die alle darauf beruhen, dass zur Übertragung ein größerer Frequenzbereich verwendet wird, als eigentlich erforderlich wäre. Wegen dieses größeren Frequenzbereiches werden diese Verfahren als

Spread-Spectrum-Techniken bezeichnet. Mit diesen Techniken lassen sich Abhörgefahr und Störempfindlichkeit von Übertragungen drastisch reduzieren.

Folgende Verfahren werden eingesetzt:

Frequency Hopping Spread Spectrum (FHSS)

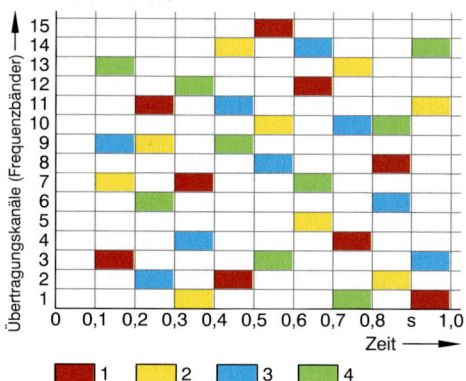

Innerhalb eines festgelegten Frequenzbereiches wird eine Verbindung über wechselnde Frequenzen aufgebaut. Die Frequenzfolge und die Umschaltzeitpunkte müssen den jeweiligen Sendern und Empfängern bekannt sein, d.h., es muss eine Synchronisation stattfinden. Die jeweils freien Kanäle können von anderen Sendern und Empfängern genutzt werden. Je nachdem, wie schnell die Frequenzwechsel erfolgen, unterscheidet man:

Bild 4.48: Grundprinzip des Frequenzsprungverfahrens (hier mit 4 Datenverbindungen; jeweils gleichfarbige Blöcke gehören zu einem Datenstrom)

Bezeichnung	Beschreibung
Fast Frequency Hopping (**FFH**)	Die Hoppingrate ist größer als die Bitrate, d.h., während einer Bitdauer findet ein Frequenzwechsel statt.
Slow Frequency Hopping (**SFH**)	Die Bitrate ist größer als die Hoppingrate, d.h., mehrere Bits werden auf einer Frequenz übertragen (z.B. in GSM Netzen).

Bild 4.49: Frequenzhoppingverfahren

Direct Sequence Spread Spectrum (DSSS)

Das DSSS-Verfahren gewinnt im Zusammenhang mit der Einführung neuer digitaler Funktechniken (z.B. LTE, Satellitenkommunikation) zunehmend an Bedeutung. Es basiert auf der Spreizung des Frequenzspektrums des zu übertragenden Nutzsignals und wird auch als **Wideband Code Division Multiple Access** (WCDMA) bezeichnet. Es kann vereinfacht folgendermaßen beschrieben werden:

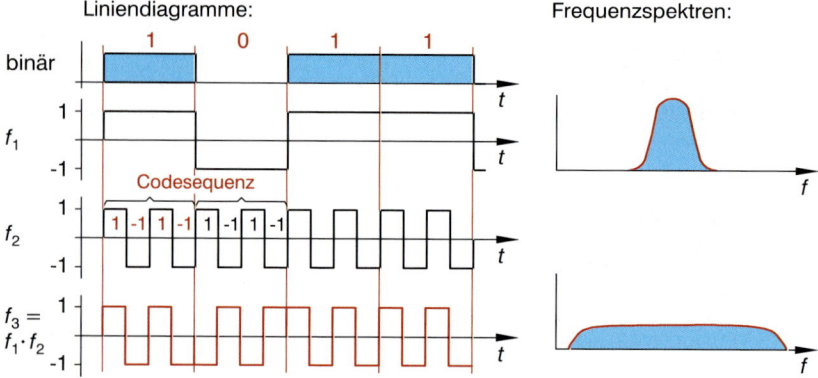

Bild 4.50: Spreizung eines Nutzsignals (Liniendiagramm und Frequenzspektrum)

Eine zu übertragende binäre Bitfolge (im Beispiel: 1011) wird durch die Signalwerte +1 und −1 (Signal f_1) dargestellt und mit einer periodischen Pulsfolge f_2 multipliziert, deren Frequenz wesentlich höher ist als die der Nutzdaten. Diese Pulsfolge bewirkt eine Art Codierung des Nutzsignals. In der Regel ist die Periodendauer der Pulsfolge hierbei ein ganzzahliges Vielfaches der Dauer eines Datenbits. Durch die Multiplikation entsteht ein Sendesignal f_3, bei dem ein Bit durch n Impulse der Codesequenz dargestellt wird (im Beispiel $n = 4$).

Mithilfe einer Frequenzanalyse (Kap 4.1.5.3) lässt sich nachweisen, dass durch diesen Vorgang das Spektrum des Signals – wie prinzipiell dargestellt – gespreizt wird und die Amplituden der enthaltenen Frequenzen kleiner werden. Der Spreizfaktor wird durch die Codelänge n bestimmt.

Auf der Empfangsseite muss das Signal nach der Übertragung wieder entspreizt werden, um die ursprüngliche Datenfolge zurückzugewinnen. Dies kann durch eine erneute Multiplikation mit derselben Codesequenz erfolgen, die zur Erzeugung des Sendesignals verwendet wurde (Bild 4.51).

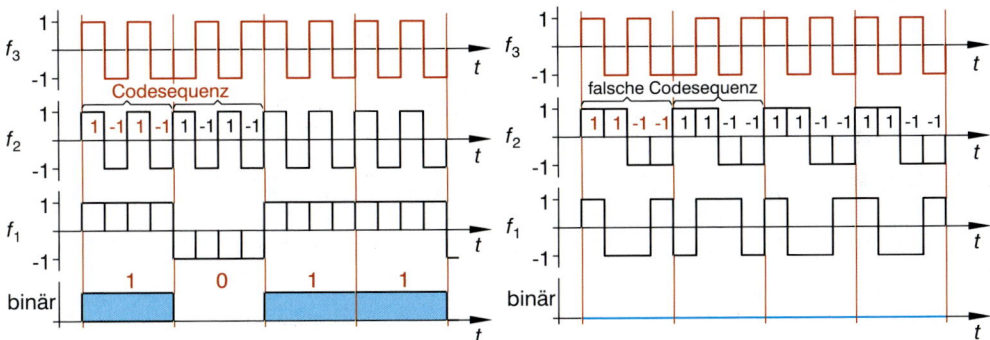

Bild 4.51: Entspreizung mit richtiger Codesequenz   Bild 4.52: Entspreizung mit falscher Codesequenz

Ein Decodierungsversuch mit einer anderen Codesequenz ergibt auf der Empfängerseite nicht mehr das ursprüngliche Nutzsignal (Bild 4.52).

Das ursprüngliche Signal kann nur mit der richtigen Codefolge zurückgewonnen werden.

Wird in demselben Frequenzbereich gleichzeitig eine weitere Verbindung zwischen einem zweiten Sender-Empfänger-Paar aufgebaut, auf der Nutzdaten übertragen werden, die mit einer anderen Impulsfolge codiert werden, so kann jedes Quelle-Senke-Paar nur die ihm zugeordneten Nutzdaten verwerten. Eine gegenseitige Störung oder Beeinflussung findet nicht statt. Die Spreizfunktion wirkt wie eine Codierung, bei der die Nachricht nur dann zu entschlüsseln ist, wenn die zur Spreizung verwendete Funktion (Code) im Empfänger bekannt ist.

Durch die Zuordnung unterschiedlicher Spreizfunktionen (Codesequenzen) zu verschiedenen Sender-Empfänger-Paaren ist bei Mehrfachnutzung desselben Frequenzbereichs eine selektive Adressierung möglich.

Dieses Verfahren bildet die Grundlage für CDMA, welches in Kombination mit FDMA beispielsweise innerhalb von GSM-Netzen verwendet wird. Die Codefolge, mit der die Nutzdaten multipliziert werden, wird in GSM-Netzen aus der auf der SIM-Karte gespeicherten Kennung generiert.

In der Praxis kann die Codelänge bis $n = 20$ betragen. WCDMA verwendet neben einer extremen Spreizung zur Verringerung der Störanfälligkeit zusätzlich orthogonale Frequenzen (Kap. 4.1.5.2) zur Vergrößerung des Datendurchsatzes (Einsatzbereiche: UMTS, HSDPA, LTE).

4.1.8.6 Raummultiplex

Als Raummultiplex bezeichnet man die Umverteilung von Informationsströmen von sogenannten „kommenden" Leitungen auf „gehende" Leitungen. Als kabelloses Raummultiplex bezeichnet man bei Funkverbindungen die begrenzte gebietsweise Zuordnung von Funkstrecken. Bei hinreichendem Abstand kann eine zugeordrete Funkfrequenz dann erneut verwendet werden (z.B. bei GSM-Funkzellen). In der Regel wird ein Raummultiplex in Kombination mit einem Zeitmultiplex eingesetzt (Raum-Zeit-Multiplex).

4.1.8.7 Kombinierte Multiplexverfahren

In der Praxis werden die dargestellten Multiplexverfahren oft in Kombination eingesetzt, um die zur Verfügung stehenden Übertragungswege optimal auszunutzen. Insbesondere wird eine Kombination aus TDMA und FDMA eingesetzt, wie beispielsweise bei den GSM-Netzen (Kap. 3.10.1).

4.1.9 Leitungscodes

Die **Verarbeitung** von Steuer- und Nutzsignalen erfolgt in der Datenverarbeitung mit binären Signalen. Hierbei werden den *logischen* Zuständen „Eins" („1"-bit) und „Null" („0"-bit) die *elektrischen* Zustände „Gleichspannung ein" und „Gleichspannung aus" (oder umgekehrt) zugeordnet. Der Spannungszustand bleibt für die Zeitdauer eines Bits unverändert. **Übertragungstechnisch** betrachtet handelt es sich bei dieser Art der Codierung um einen sogenannten **NRZ-Code** (Non Return to Zero).

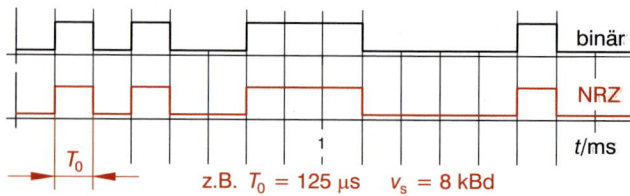

Bild 4.53: NRZ-Code

Das kürzeste in der binären Zeichenfolge vorkommende Signalelement wird **Schritt** genannt, seine zeitliche Dauer wird als **Schrittdauer** T_0 bezeichnet. Den Kehrwert der Schrittdauer nennt man die **Schrittgeschwindigkeit** v_S, sie wird in **Baud (Bd)** angegeben (1 Bd = 1/s).

Für die **Übertragung** werden an digitale Steuer- und Nutzsignale eine Reihe von Forderungen gestellt, die vom NRZ-Code (d. h. von einem binären Signal) nicht erfüllt werden:

- Zur einwandfreien Verarbeitung übertragener Signale muss neben der Nutzinformation auch eine Taktinformation zur Synchronisation vorliegen. Diese wird oftmals aus den Impulsflanken des Nutzsignals gewonnen. Aus diesem Grund sollte das Nutzsignal möglichst viele Flankenwechsel aufweisen. Ein binär codiertes Signal kann jedoch lange Null- oder Einsfolgen beinhalten, sodass die Taktinformation zeitweise fehlt.

- Zur galvanischen Trennung von elektrischen Stromkreisen werden in übertragungstechnischen Einrichtungen oftmals Übertrager verwendet (siehe „Einfache IT-Systeme", 9. Aufl., Kap. 5.5.2.5). Da diese keine Gleichspannungen übertragen können, muss das zu übertragende Signal gleichspannungsfrei sein. Der NRZ-Code ist nicht gleichspannungsfrei, da nur positive Spannungen für die logische „1" verwendet werden.

- Da die Dämpfung elektrischer Leitungen mit zunehmender Frequenz ansteigt, können hochfrequente Signale ohne entsprechend teure Zwischenverstärker weniger weit übertragen werden. Die Schrittgeschwindigkeit – und damit die Frequenz des zu übertragenden Signals – sollte also möglichst gering sein. Trotz niedriger Schrittfrequenz sollten große Datenmengen übertragen werden können.

Diese Forderungen führten insbesondere im Weitverkehrsbereich zur Entwicklung verschiedener Leitungscodes. In den nachfolgenden Kapiteln werden einige Leitungscodes aufgeführt, die zeigen, wie man die oben genannten Forderungen in der Praxis umsetzen kann.

> Die **Leitungscodierung**/der **Leitungscode** passt das zu übertragende Signal an die Eigenschaften des Übertragungsmediums an, um es optimal übertragen zu können (z. B. Herstellen der Gleichspannungsfreiheit).

4

Die Aufgabe der Leitungscodierung/des Leitungscodes unterscheidet sich hierbei maßgeblich von der **Quellcodierung**/dem Quellcode und der **Kanalcodierung**/dem Kanalcode!

Begriffsbestimmung	Beispiel
Die **Quellcodierung**/der **Quellcode** entfernt überflüssige (z. B. nicht erforderliche oder nicht übertragbare) Informationen einer Datenquelle, um das zu übertragende Datenvolumen zu verringern.	Bei einem Musikstück im mp3-Format werden zunächst sämtliche Frequenzanteile herausgefiltert, die vom menschlichen Ohr nicht wahrnehmbar sind (z. B. mehrere laute Töne überdecken einen leisen Nachbarton).
Die **Kanalcodierung**/der **Kanalcode** schützt das zu übertragende Signal durch Hinzufügen redundanter Informationen vor Störungen auf dem Übertragungsweg.	Ein mit 8 bit codiertes PCM-Signal erhält pro Abtastwert zusätzlich ein Paritätsbit, um auf der Empfangsseite eine Bitveränderung erkennen zu können.

Bild 4.54: Quellcodierung und Kanalcodierung

4.1.9.1 AMI-Code

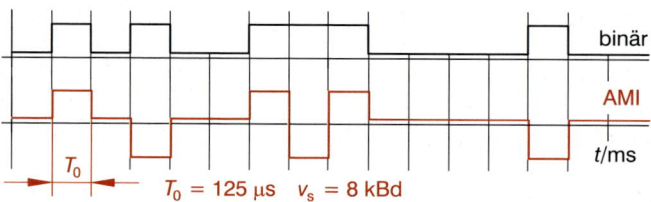

Bild 4.55: AMI-Code

Der AMI-Code (Alternate Mark Inversion) verwendet zur Übertragung der logischen „1"
abwechselnd eine positive und eine negative Spannung (AMI-Regel). Auf diese Weise wird
die Gleichspannungsfreiheit realisiert. Der AMI-Code lässt sich technisch einfach realisieren,
verhindert allerdings keine langen Nullfolgen. Er wird auch als pseudoternärer Code bezeichnet, da zur Übertragung von zwei logischen Zuständen (0;1) insgesamt drei Spannungszu-
stände (+1;0;−1) zur Verfügung stehen. Die Schrittdauer bei einem pseudoternären Code
entspricht der Schrittdauer des NRZ-Codes.

Wegen der Gleichspannungsfreiheit kann der AMI-Code (bzw. auf AMI basierende Codes)
auf allen telekommunikationstechnischen Leitungen eingesetzt werden, die mittels Übertrager angekoppelt sind.

> Eine Datenübertragung, die für den Transfer binärer Daten mehrere unterschiedliche
> Spannungspegel verwendet, wird allgemein auch als **Multi-Level-Transmission (MLT)**
> bezeichnet.
>
> Der hierzu verwendete Leitungscode wird allgemein auch **Multi-Level-Code (MLC)** genannt.
> Eine jeweils nachfolgende Ziffer gibt die Anzahl der verwendeten Spannungsstufen an (beim
> AMI-Code also MLT-3 bzw. MLC-3).

4.1.9.2 4B/5B-Code

Der **4B/5B-Code** (4 Binary/5 Binary) verwendet zur Übertragung von 4 Datenbits
(1 Quadbit) jeweils 5 binäre Zustände und gehört damit zu den sogenannten binären Block-
codes.

> Ein **binärer Blockcode** fasst mehrere Bits eines Datenwortes zu einem Block zusammen und
> codiert sie dann mit einer anderen Anzahl von binären Datenworten. Um diese von den zu
> codierenden Nutzdaten zu unterscheiden, bezeichnet man die codierten Daten auch als **Symbole**.
>
> Bei der Angabe der Datenrate muss dann zwischen der **Nutzdatenrate** und der **Symbolda-
> tenrate** (kurz: Symbolrate) unterschieden werden.

Neben den in Bild 4.56 dargestellten 4B/5B-Kombinationen für die Datenworte gibt es weitere 5B-Worte, die für Steuerungszwecke verwendet werden. Die Zuordnung der 5B-Worte zu den Quadbits erfolgt so, dass maximal eine führende Null und maximal zwei Nullen am Ende auftreten. Auf diese Weise werden längere Nullfolgen vermieden, die gegebenenfalls Probleme bei der Taktrückgewinnung hervorrufen. Die Symbolrate liegt liegt beim 4B/5B-Code 20 % höher als die Nutzdatenrate.

Der 4B/5B-Code wird eingesetzt bei Fast-Ethernet sowie FDDI.

Bei Verwendung des 4B/5B-Codes auf elektrischen Leitungen werden den Signalzuständen entsprechende Spannungspegel zugeordnet, zur Wahrung der Gleichspannungsfreiheit zum Teil auch wechselweise positive und negative Spannungen (wie z. B. beim AMI-Code, Kap. 4.1.9.1). Die Übertragung der Signalzustände auf Glasfaserleitungen erfolgt durch unterschiedliche Lichtintensitäten (Lichtstärke, Helligkeit).

Bezeichnung	4B	5B
0	0000	11110
1	0001	01001
2	0010	10100
3	0011	10101
4	0100	01010
5	0101	01011
6	0110	01110
7	0111	01111
8	1000	10010
9	1001	10011
A	1010	10110
B	1011	10111
C	1100	11010
D	1101	11011
E	1110	11100
F	1111	11101

Bild 4.56: 4B/5B-Codetabelle

Die Veränderung der Lichtintensität (Intensitätenmodulation) entspricht elektrisch der Amplitudenmodulation (Kap. 4.1.5.3).

4.1.9.3 8B/10B-Code

Beim **8B/10B-Code** handelt es sich ebenfalls um einen binären Blockcode. Hierbei werden 8 Datenbits (1 Byte) mit 10 Bits codiert und anschließend übertragen. Mit 10 Bits ergeben sich 1 024 verschiedene Signalkombinationen (Symbole). Zur Codierung der $2^8 = 256$ möglichen Datenworte werden nur diejenigen Symbole verwendet, die maximal fünf aufeinanderfolgende Nullen oder fünf aufeinanderfolgende Einsen enthalten. Des Weiteren unterscheidet sich die Anzahl der Nullen in einem Symbol maximal um zwei von der Anzahl der Einsen. Hierdurch wird zunächst sichergestellt, dass sich keine längeren Folgen von Nullen oder Einsen bilden, sodass hinreichend viele Pegelwechsel zur Taktrückgewinnung vorhanden sind. Die Gleichspannungsfreiheit wird grundsätzlich realisiert, indem den binären Werten Eins und Null positive und negative Spannungen zugeordnet werden (z. B. „1"= U+; „0"= U-). Bei der Übertragung könnte sich dennoch eine Ungleichheit (Disparity) der positiven und negativen Spannungswerte ergeben (z. B. mehrfach hintereinander Übertragung von Symbolen mit mehr Einsen als Nullen). Um dies zu verhindern, wird bei der Codierung zusätzlich die Ungleichheit ausgewertet (Disparity-Check) und es erfolgt zwischenzeitlich gegebenenfalls eine Umkehr der vorhandenen Spannungszuordnung.

Neben den Symbolen für die Datenworte existieren auch einige Symbole für Steuerungs und Überwachungs funktionen (z. B. für Disparity-Check). Da jedoch nicht sämtliche 10-Bit-Kombinationen gültige Codeworte darstellen, ist auch eine begrenzte Erkennung von Übertragungsfehlern möglich. Da diese jedoch unzureichend ist, werden zur effizienteren Erkennung und Korrektur zusätzlich Prüfsummen übertragen. Die Symbolrate ist 20 % höher (Overhead) als die Nutzdatenrate.

Der 8B/10B-Code wird bei sehr vielen seriellen Übertragungen verwendet, z. B. SATA, SAS, PCIe (bis Version 2.1), DisplayPort, DVI, HDMI, 10-Gigabit-Ethernet sowie Fiber Channel.

Ab PCIe 3.0 wird der **128B/130B-Code** verwendet, wodurch sich der Overhead gegenüber dem bis 2.1 verwendeten 8B/10B-Code beträchtlich verringert (ca. 1,5 %); 40-Gigabit-Ethernet und 100-Gigabit-Ethernet benutzen den **64B/66B-Code** (Overhead ca. 3 %).

4.1.9.4 2B/1Q-Code

Der 2B/1Q-Code ist ein Beispiel für einen **Blockcode**, bei dem jeweils 2 bit des binären Codes (2B) entsprechend einer Codiertabelle einem Leitungssignal zugeordnet werden, welches aus vier Spannungspegeln besteht (MLC-4). Ein solcher Code wird als quaternärer Code (1Q) bezeichnet, den Spannungspegeln werden die Werte -3, -1, +1 und +3 zugeordnet (zwecks Abgrenzung zum Binärcode mit 0 und 1). Die angegebenen Spannungen entsprechen typischen Werten in der Telekommunikationstechnik, bei störungsbehafteten Anwendungen können sie aber auch höher liegen (bis zu 20 V). Ihre Zuordnungen wurden hierbei so festgelegt, dass es bei gegebenenfalls auftretenden Spannungsschwankungen zu möglichst wenig Übertragungsfehlern kommt.

2B-Wort	1Q-Wort	Spannung
0 0	–3	–2,5 V
0 1	–1	–0,833 V
1 0	+3	2,5 V
1 1	+1	0,833 V

Bild 4.57: Codiertabelle 2B-/1Q-Code

Die Schrittdauer T_0 des 2B/1Q-Codes ist doppelt so groß wie die des zugehörigen Binärsignals (Bild 4.58).

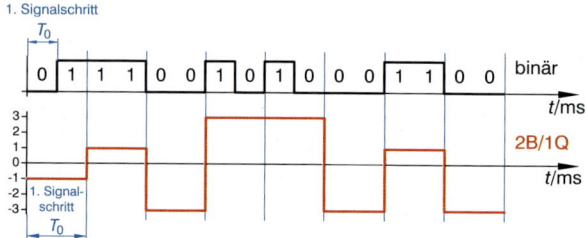

Bild 4.58: 2B/1Q-Code

Legt man der Darstellung in Bild 4.58 ein klassisches, PCM-codiertes Fernsprechsignal zugrunde (Kap. 4.1.5.4; bei 8 bit Codierung werden somit zwei Abtastwerte dargestellt), zeigt ein Vergleich die sich ergebenden Unterschiede bei der Übertragung (Bild 4.59):

Kenngröße	Binär (= NRZ)	2B/1Q
Schrittdauer T_0	15,625 μs	31,25 μs
Schrittgeschwindigkeit v_S	64 kBaud	32 kBaud
Übertragungsgeschwindigkeit $v_{\ddot{U}}$	64 kbit/s	64 kbit/s
Übertragungsbandbreite B	64 kHz	32 kHz

Bild 4.59: Vergleich binärer NRZ-Code und 2B/1Q-Code

Der 2B/1Q-Code benötigt zur Übertragung von 2 bit in der gleichen Zeit nur einen Schritt, er hat somit eine geringere Schrittgeschwindigkeit als das zugehörige Binärsignal (Bild 4.59). Trotz der Reduzierung der Schrittgeschwindigkeit verringert sich aber nicht die Anzahl der Bits, die pro Sekunde übertragen werden. Aus diesem Grund muss hier zwischen der Schrittgeschwindigkeit v_S und der (Daten-)Übertragungsgeschwindigkeit $v_{\ddot{U}}$ unterschieden werden.

Der 2B/1Q-Code wurde international auf der Leitung zwischen einem ISDN-Teilnehmer und dem 1. Netzknoten eingesetzt. Zwar benötigt man bei diesem – oder einem ähnlich strukturierten Leitungscode – für die Übertragung mindestens vier verschiedene Spannungspegel, jedoch lässt sich dadurch entweder die erforderliche Übertragungsbandbreite (theoretisch) halbieren oder die (Daten-) Übertragungsgeschwindigkeit bei Ausnutzung der ursprünglichen Bandbreite verdoppeln. Im praktischen Einsatz werden diese Werte allerdings durch den Einsatz zusätzlicher Paritäts- und Kontrollbits nicht ganz erreicht.

AUFGABEN

1. Nennen Sie die Übertragungsmechanismen und die zugehörigen Übertragungsmedien, die in modernen Kommunikationssystemen eingesetzt werden. Geben Sie jeweils ein Anwendungsbeispiel an.

2. Nennen Sie die Unterschiede im geometrischen Aufbau bzw. in der Leiteranordnung bei einem Koaxialleiter und einem TP-Leiter. Welche Vorteile ergeben sich jeweils aus diesen Anordnungen?

3. Erläutern Sie mithilfe des im Kapitel dargestellten Ersatzschaltbildes die Eigenschaften einer elektrischen Leitung. Welche Auswirkungen haben diese Eigenschaften auf die Signalübertragung?

4. Welche Ausführungen und welche Kategorien unterscheidet man bei TP-Leitern? Nennen Sie jeweils die Leistungsmerkmale und ein Anwendungsbeispiel.

5. Ein Auszubildender im IT-Bereich hat in einem Fachaufsatz über elektrische Übertragungssysteme die ihm unbekannten Begriffe Dämpfung, Dämpfungsmaß, Verstärkungsfaktor, Einfügedämpfung und Übertragungsfaktor gelesen. Er bittet Sie um Erklärungen. Welche Informationen geben Sie ihm?

6. Am Ende einer Übertragungsstrecke ($Z_W = 600\ \Omega$) wird bei einer Frequenz $f_0 = 800$ Hz die Spannung $U_M = 0{,}14$ V gemessen. Wie groß ist jeweils der absolute Pegel, wenn das Übertragungssystem mit den Lastwiderständen $Z_{L1} = 600\ \Omega$ bzw. $Z_{L2} = 1260\ \Omega$ abgeschlossen ist?

7. Lassen sich aus der Größe des relativen Pegels in einem Übertragungssystem Rückschlüsse auf den tatsächlichen Wert der Signalleistung am Messpunkt ziehen? Begründen Sie Ihre Antwort.

8. Was versteht man unter der Verzerrung eines Nachrichtensignals? Welche Arten von Verzerrungen unterscheidet man und wodurch werden diese Verzerrungen verursacht?

9. Was versteht man bei einem Nachrichtensignal unter Nebensprechen? Erläutern Sie, zwischen welchen Arten von Nebensprechen man technisch unterscheidet. Durch welche Maßnahmen lassen sich diese Effekte unterdrücken?

10. Was versteht man übertragungstechnisch unter einem Wandler? Nennen Sie Beispiele.

11. Was versteht man übertragungstechnisch unter dem Begriff Modulation? Aus welchen Gründen werden in der Praxis Signale moduliert?

4

12. Beschreiben Sie die einzelnen Schritte, die erforderlich sind, um ein analoges Sprachsignal in ein PCM-Signal umzuwandeln. Welche Bedingung muss bei dieser Umwandlung erfüllt werden?

13. Bei einigen PC-Audioprogrammen lässt sich die Samplingrate für Tonaufnahmen auf verschiedene Werte einstellen (z. B. 8 kHz; 24 kHz; 44,1 kHz). Berechnen Sie, bis zu welchen Audiofrequenzen jeweils eine Speicherung möglich ist. Bewerten Sie die einzelnen Einstellungen bezüglich ihrer Wiedergabequalität.

14. Im Zusammenhang mit den Übertragungsverfahren werden die Begriffe Gleichlageverfahren, Getrenntlageverfahren, Simplex, Halbduplex, Vollduplex, symmetrische und asymmetrische Übertragung verwendet. Erläutern Sie die einzelnen Begriffe.

15. Bei den Multiplexverfahren werden die zentrale und die dezentrale Reservierungstechnik eingesetzt. Vergleichen Sie beide Verfahren miteinander und nennen Sie Vor- und Nachteile.

16. Beschreiben Sie grundsätzlich das Frequenzmultiplex- und das Zeitmultiplexverfahren. Nennen Sie Anwendungsbeispiele.

17. Für die Übertragung von Daten werden auf der OSI-Schicht 1 unterschiedliche Leitungscodierungen eingesetzt. Hierzu gehören der AMI-Code, der 4B/5B-Code und der 8B/10B-Code. Nennen Sie jeweils charakteristische Merkmale dieser Codierungen. Geben Sie Anwendungsbeispiele an.

18. Erläutern Sie die Unterschiede zwischen der Quellcodierung, der Kanalcodierung und der Leitungscodierung.

19. Die moderne Übertragungstechnik verwendet vielfach QAM zur Übertragung von Daten. Nennen Sie die Bedeutung dieser Abkürzung und erläutern Sie kurz die wesentlichen technischen Merkmale. Nennen Sie Anwendungsbeispiele.

20. Wie viele verschiedenen Amplitudenstufen sind bei einer auf 64-QAM basierenden Datenübertragung erforderlich? (Antwort mit Begründung)

21. Was versteht man in der Datenverarbeitung unter einem Containerformat?

22. Die Signalspannung am Ende einer Übertragungsleitung ist um die Hälfte kleiner als am Leitungsanfang. Wie groß ist der Dämpfungsfaktor, wie groß ist das Dämpfungsmaß?

23. Die Dämpfung einer 100 km langen Leitung beträgt 40 dB. Wie groß ist der Dämpfungsbelag?

24. Bei der Angabe der Datenrate, die übertragen wird, unterscheidet man häufig zwischen der Nutzdatenrate und der Symboldatenrate. Erläutern Sie den Unterschied und geben Sie ein konkretes Beispiel an.

4.2 Optische Übertragungstechnik

Bei der optischen Nachrichtenübertragung erfolgt die Übertragung von Daten mithilfe elektromagnetischer Wellen im Bereich von Frequenzen, die physikalisch als „optische Strahlung" bzw. „Licht" bezeichnet werden. Dieser Frequenzbereich reicht von ca. $3 \cdot 10^{11}$ Hz bis ca. $3 \cdot 10^{15}$ Hz des elektromagnetischen Spektrums und umfasst das mit unseren Augen wahrnehmbare (sichtbare) Licht, den Infrarot-Bereich (IR) und den Bereich des ultravioletten Lichts (UV).

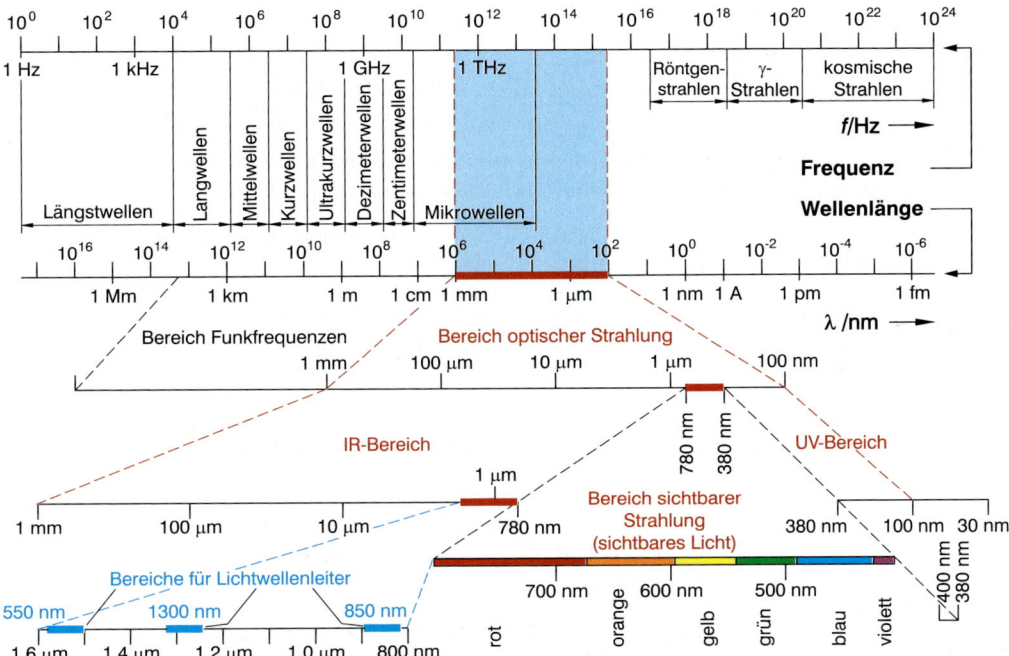

Bild 4.60: Elektromagnetisches Spektrum

Wegen der großen Zahlenwerte bei der Frequenzangabe verwendet man im optischen Bereich bei Größenangaben nicht die Frequenz, sondern die jeweils zugehörige **Wellenlänge**.

Zwischen der **Frequenz** f einer Schwingung und deren **Wellenlänge** λ (sprich: Lambda) besteht der durch folgende Gleichung dargestellte Zusammenhang:

$$c_0 = \lambda \cdot f$$

mit $c_0 \approx 3 \cdot 10^8$ m/s (Ausbreitungsgeschwindigkeit elektromagnetischer Wellen im Vakuum)

Die Wellenlänge wird hierbei meist in Nanometer angegeben (1 nm = 10^{-9} m; siehe Wellenlängenachse in Bild 4.60). So entspricht beispielsweise die Wellenlänge 760 nm (sichtbares Licht der Farbe Rot) der Frequenz von $3,9 \cdot 10^{14}$ Hz. In der Regel werden die bei der optischen Datenübertragung verwendeten Wellenlängen über ein optisch leitfähiges Medium übertragen. Eine direkte Abstrahlung wie bei den elektrischen Funkfrequenzen ist zwar möglich, allerdings ist hierbei eine direkte „Sichtverbindung" zwischen Sender und Empfänger erforderlich, sodass sich hiermit nur relativ geringe Entfernungen überbrücken lassen (bis ca. 3 km). Das in der Praxis zur Lichtleitung verwendete Medium wird als **Lichtwellenleiter (LWL)** bzw. **Glasfaserleitung** bezeichnet. Als Ausgangsmaterial für LWL dient normalerweise Quarzsand, aus dem man mit entsprechenden Fertigungsverfahren Quarzglas (Siliziumoxid, SiO_2) macht, welches dann zu dünnen Fäden gezogen wird. Teilweise werden heutzutage aber auch spezielle Kunststoffe verwendet.

4.2.1 Optischer Leitungsmechanismus

Die hohen Frequenzen im Bereich optischer Strahlung ermöglichen wesentlich größere Datenübertragungsraten als im elektrischen Bereich. Aufgrund der Verwendung optischer Übertragungsmedien ergeben sich allerdings wesentliche Unterschiede zur (konventionellen) elektrischen Übertragungstechnik. Dies ist insbesondere darin begründet, dass der Leitungsmechanismus auf völlig anderen physikalischen Gesetzmäßigkeiten und Eigenschaften beruht. Zu diesen Eigenschaften gehört die **Lichtbrechung**.

> Als **Brechung** bezeichnet man die Eigenschaft von Licht, beim Übergang in ein anderes Ausbreitungsmedium seine Richtung zu verändern. Ein Maß für die Größe der Brechung ist der **Brechungsindex** n (z. B.: Luft $n = 1$; Acrylglas $n = 1,5$).

Ursache der Lichtbrechung ist die Tatsache, dass Licht sich in verschiedenen Medien unterschiedlich schnell ausbreitet. Hierdurch nimmt das menschliche Auge beispielsweise einen teilweise in Wasser getauchten *geraden* Stab als geknickt wahr.

Die größte Ausbreitungsgeschwindigkeit c_0 erreicht Licht im Vakuum. Ein Medium, in dem sich Licht langsamer ausbreitet (z. B. Wasser, Acrylglas), wird als „optisch dichter" bezeichnet.

> Bezüglich der **Ausbreitungsgeschwindigkeit c von Licht** in einem Medium gilt:
>
> $$c = \frac{c_0}{n}$$
>
> c_0: Ausbreitungsgeschwindigkeit von Licht im Vakuum
> n: Brechungsindex

Mithilfe dieses Zusammenhangs lässt sich beispielsweise die Geschwindigkeit bestimmen, mit der Daten über Glasfaserleitungen übertragen werden können. In der Übertragungstechnik spricht man in diesem Zusammenhang von der **Signalgeschwindigkeit** (siehe „Einfache IT-Systeme", Kap. 5.1.2.3). Die Signalgeschwindigkeit in einem Glasfaserkabel ist um ein Vielfaches kleiner (!) als in einem Kupferkabel gleicher Länge! Dennoch sind Glasfaserleitungen wegen ihrer extrem hohen Übertragungskapazität gegenüber Kupferkabeln vorzuziehen. Die Gesetzmäßigkeiten der Lichtbrechung werden in der Physik mit dem sogenannten **Brechungsgesetz** beschrieben. In Abhängigkeit von den verwendeten

Medien und dem Winkel, unter dem ein Lichtstrahl auf die Grenzfläche auftritt (Einfallswinkel φ_e), können hierbei die drei folgenden Phänomene auftreten:

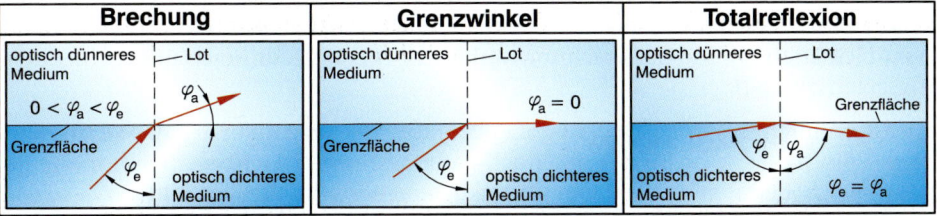

Brechung	Grenzwinkel	Totalreflexion

Bild 4.61: Auftretende Phänomene bei der Lichtbrechung

Bei der Totalreflexion verbleibt der Lichtstrahl im Inneren des optisch dichteren Mediums. Dieser Effekt bleibt auch bei einer Biegung des Mediums erhalten, solange der Einfallswinkel φ_e auch im Biegebereich stets größer als der Grenzwinkel ist.

> Der **Leitungsmechanismus bei einem Lichtwellenleiter** basiert maßgeblich auf dem Phänomen der Lichtbrechung.

4.2.2 Lichtwellenleiter (LWL)

Lichtwellenleiter (Fiber Optic Cable) bestehen prinzipiell aus einem lichtleitenden Kern (core) und einem ebenfalls lichtleitenden Mantel. Dieser Mantel wird von einer dünnen Kunststoffschicht umgeben (Primärcoating, Dicke 2 µm bis 5 µm). Beide lichtleitenden Bereiche weisen unterschiedliche optische Dichten auf. Dieser Aufbau gewährleistet, dass Licht aufgrund von Brechung bzw. Reflexion an den Faserrändern auch bei Biegung des Leiters innerhalb der Faser verbleibt und somit auch um Ecken geführt werden kann. Aus Gründen des mechanischen Schutzes und zur Erhöhung der Zugfestigkeit sind die lichtleitenden Bereiche neben dem Primärcoating von weiteren zusätzlichen Hüllen umgeben. Diese werden mit Sekundärcoating bezeichnet.

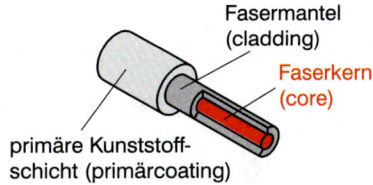

Bild 4.62: Prinzipieller Aufbau eines Lichtwellenleiters

Lichtwellenleiter unterliegen keinem witterungs- oder nutzungsbedingten Alterungsprozess und haben daher eine sehr lange Lebensdauer. Sie weisen ein Reihe von Eigenschaften auf, die für den technischen Einsatz von Bedeutung sind:

- Unempfindlich gegenüber elektromagnetischer Einstrahlung
- Keine elektromagnetische Abstrahlung
- Galvanische Entkopplung von Sender und Empfänger (Potenzialtrennung)
- Geringe Dämpfung, dadurch große Übertragungsentfernungen
- Geringes Gewicht, geringe Abmessungen
- Geringe Herstellungskosten
- Unempfindlich gegenüber Temperaturschwankungen

4.2.3 LWL-Eigenschaften

Je nach Einsatzbereich weisen Lichtwellenleiter unterschiedliche geometrische Abmessungen und Querschnittsprofile auf. Diese beeinflussen maßgeblich die Art der Ausbreitung von Lichtstrahlen und das Brechungsverhalten. Hieraus resultieren unterschiedliche Leitungseigenschaften.

Liegt der Kerndurchmesser D_K in der Größenordnung der Wellenlänge λ des Lichts, können sich – physikalisch bedingt – nur noch ganz bestimmte Lichtstrahlen entlang der Faser ausbreiten. Betrachtet man Licht als elektromagnetische Wellen (Bild 4.60), so weisen diese Lichtstrahlen – vereinfacht formuliert – eine stets gleichbleibende Energieverteilung längs ihrer Ausbreitungsrichtung auf und breiten sich auch stets mit gleicher Geschwindigkeit aus. Diese Lichtstrahlen werden als **Moden** bezeichnet. Durch die Größe des Kerndurchmessers lässt sich also die Anzahl der übertragbaren Moden beeinflussen.

Lichtwellenleiter, auf denen sich mehrere Lichtstrahlen entlang der Faser ausbreiten können, bezeichnet man als **Multimodefaser**. Lichtwellenleiter, auf denen sich nur ein einziger Lichtstrahl entlang der Faser ausbreiten kann, bezeichnet man als **Monomode** bzw. **Singlemodefaser**. Ein solcher Lichtstrahl kann aber durchaus unterschiedliche, benachbarte Wellenlängen beinhalten.

4.2.3.1 Modendispersion

In einen Lichtwellenleiter eingekoppelte Lichtstrahlen werden an den Grenzflächen reflektiert und durchlaufen den Kern zickzackförmig. Hierdurch ergeben sich unterschiedliche Weglängen, somit auch unterschiedliche Laufzeiten und eine Impulsverbreiterung am Leitungsende.

Unter **Modendispersion** versteht man unterschiedliche Ausbreitungswege und damit verbundenen unterschiedliche Signallaufzeiten in einem Lichtwellenleiter. Dies führt zu einer zeitlichen Verbreiterung von Lichtimpulsen.

4.2.3.2 Materialdispersion

Obwohl es zur vereinfachten Darstellung oft anders formuliert wird, bestehen die Lichtemissionen optischer Sender nicht aus einer einzigen Wellenlänge, sondern umfassen einen bestimmten Wellenlängenbereich. Dieser Bereich wird als Bandbreite bzw. Linienbreite $\Delta\lambda$ angegeben und beträgt typischerweise bei „normalen" Sendedioden ca. 50 nm, bei Laserdioden hingegen ca. 0,5 nm. Da die Ausbreitungsgeschwindigkeit c in einem Medium aber wellenlängenabhängig ist, resultieren hieraus geringfügige Laufzeitunterschiede Δt_{Lauf} zwischen den eingekoppelten Wellenlängen. Diese Laufzeitunterschiede bewirken ebenfalls eine Impulsverbreiterung am Ende einer Übertragungsstrecke.

Bild 4.63: Signalverbreiterung durch Materialdispersion (Grundprinzip)

Eine solche Verbreiterung von impulsförmigen Signalen erfordert einen bestimmten zeitlichen Mindestabstand zwischen zwei Signalimpulsen am Anfang der Übertragungsstrecke, da sich ansonsten zwei Impulse zeitlich überlappen und nicht mehr eindeutig voneinander zu unterscheiden sind. Dieser zeitliche Mindestabstand ist gleichbedeutend mit einer Begrenzung der Übertragungsgeschwindigkeit und damit der maximal übertragbaren Bitrate. Um den Einfluss der Materialdispersion zu verringern, werden inzwischen auch speziell entwickelte, hochwertige Laserdioden mit Bandbreiten von ca. 10^{-4} nm verwendet.

4.2.3.3 Optische Dämpfung

Die Ausbreitung von Licht in einem Lichtwellenleiter erfolgt nicht verlustlos, d.h., die Lichtleistung wird mit zunehmender Leitungslänge geringer. Allerdings ist der Dämpfungsverlauf in Abhängigkeit von der Wellenlänge nicht linear. Als Ursache der Dämpfung sind im Wesentlichen die **Lichtabsorption** und die **Lichtstreuung** (Raylaigh-Streuung) zu nennen. Bei der Absorption wird das Licht quasi „verschluckt", d.h., es gibt seine Energie an Materie ab, und steht als Informationsträger nicht mehr zur Verfügung, bei der Streuung wird das Licht „abgelenkt" und steht in Ausbreitungsrichtung nicht mehr zur Verfügung. Aus dem Dämpfungsverlauf ist ersichtlich, dass es „lokale Minima" der Dämpfungswerte gibt.

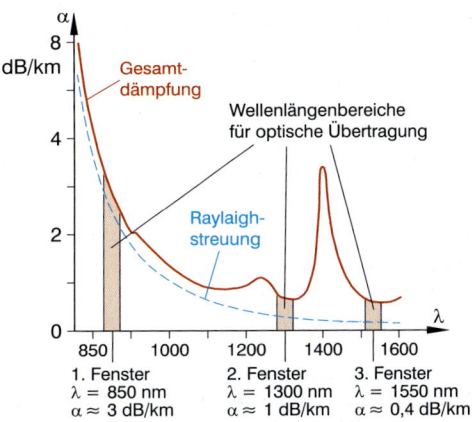

Bild 4.64: Dämpfungsverlauf von Lichtwellenleitern

> Bei Lichtwellenleitern bezeichnet man einen Wellenlängenbereich mit einer vergleichsweise geringen Dämpfung als **optisches Fenster (OF)**.

Die technisch nutzbaren optischen Fenster liegen im Bereich der Wellenlängen 850 nm (1. OF), 1300 nm (2. OF) und 1550 nm (3. OF). Der bevorzugte Bereich der optischen Übertragungstechnik liegt im Bereich des 2. und des 3. Fensters.

4.2.3.4 Bandbreite-Länge-Produkt

Das Bandbreite-Länge-Produkt ist ein wichtiger Qualitätskennwert für eine Glasfaserleitung. Diese Größe hat kein eigenes Formelzeichen, sondern wird in Tabellenbüchern und Herstellerunterlagen stets nur mit „**B · L**" bezeichnet und mit der Einheit „**MHz · km**" bzw. „**GHz · km**" angegeben. Die Einheit MHz bzw. GHz resultiert hierbei aus dem Kehrwert der durch die Dispersionen verursachten Signallaufzeiten Δt_{Lauf}. Je größer der Zahlenwert des Bandbreite-Länge-Produkts ist, desto geringer sind die auftretenden Impulsverbreiterungen; umso höher liegen dann die erreichbaren Datenübertragungsraten. Häufig findet man auch die Angabe in **Gbit/s · km**.

4.2.4   LWL-Typen

Obwohl alle Lichtwellenleiter prinzipiell den gleichen Faseraufbau aufweisen, unterscheiden sie sich in der Praxis bezüglich ihrer geometrischen Abmessungen und ihrer Übertragungseigenschaften.

4.2.4.1   Multimode-Stufenindexfaser

Bei Stufenindexfasern ändert sich der Brechungsindex n sprunghaft an der Grenze zwischen Kern und Mantel, wodurch sich eine Totalreflexion ergibt. Aufgrund des Kerndurchmessers lassen sich mehrere Moden leiten.

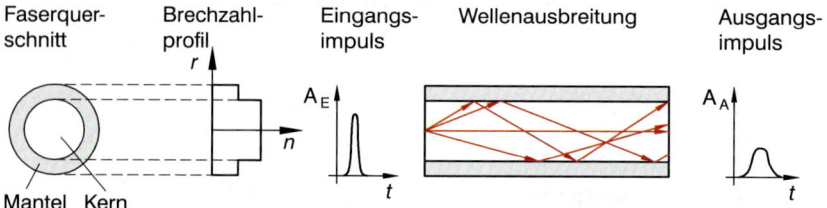

Bild 4.65: Eigenschaften einer Multimode-Stufenindexfaser

Diese Fasern weisen eine große Moden- und Materialdispersion auf. Aufgrund der dadurch bewirkten Impulsverbreiterung ergibt sich eine relativ starke Signaldämpfung und eine geringe verfügbare Bandbreite. Bei neuen Netzwerken wird dieser Fasertyp nicht mehr verwendet.

4.2.4.2   Multimode-Gradientenfaser

Bei diesem Fasertyp ändert sich die Brechzahl n von der Kernmitte bis zum Mantel kontinuierlich. Dadurch werden die Moden beim Durchlaufen der Faser zum Mantel in sehr kleinen Schritten gebrochen und kehren dann wieder zur Fasermitte zurück.

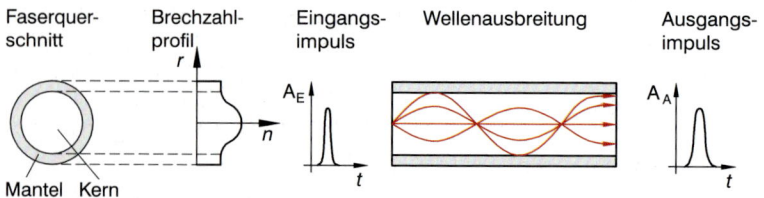

Bild 4.66: Eigenschaften einer Multimode-Gradientenfaser

Die Dispersionen sind wesentlich geringer und das Bandbreiten-Längen-Produkt ist höher als bei der Multimode-Stufenindexfaser. Aus diesen Gründen wird die Gradientenfaser zurzeit standardmäßig in lokalen Netzen bei einer Ausdehnung bis zu ca. 10 km eingesetzt.

4.2.4.3 Einmoden-Stufenindexfaser

Bei diesem Fasertyp ist der Kerndurchmesser so weit verkleinert, dass nur noch eine einzige Mode ausbreitungsfähig ist. Man spricht hierbei auch von einer sogenannten Wellenführung im Kern. Bei dieser Einmodenausbreitung können keine modenabhängigen Laufzeitunterschiede und keine Dispersion auftreten. Aufgrund physikalischer Gesetzmäßigkeiten ist dieser Fasertyp erst bei Wellenlängen oberhalb von 1250 nm einsetzbar (2. und 3. OF, Bild 4.64).

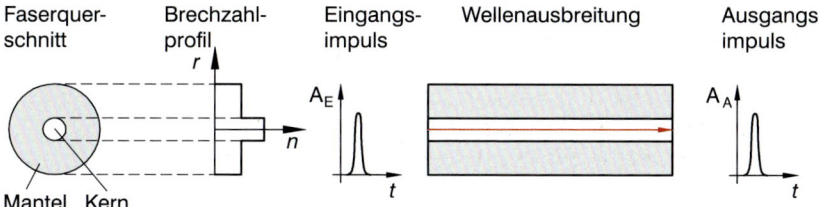

Bild 4.67: Eigenschaften einer Monomode-Stufenindexfaser

Aufgrund ihrer guten Übertragungseigenschaften sind die Einmode-Stufenindexfasern für Entfernungen bis zu 160 km ohne Signalverstärker einsetzbar.

Die folgende Tabelle fasst typische Werte von in der Praxis eingesetzten Glasfaserleitungen zusammen.

Typ	Moden	Durchmesser (in µm)		B-L-Produkt	Dämpfung	Einsatzbereich
		Kern	Mantel			
Gradienten-index	Multi-mode	50	125	< 1 GHz km	0,7 bis 3 dB/ km (durchmes-ser- und wellenlängen-abhängig	Kurzstrecken, LAN, Anschlussbereich
		62	125	< 1 GHz km		
		85	125	< 1 GHz km		
		100	140	< 1 GHz km		
Stufenindex	Multi-mode	100	140	< 100 MHz km	< 4 dB/km	Kurzstrecken, keine Verwendung mehr bei Neuinstallationen
		200	280	< 100 MHz km		
	Single-mode	10	125	> 10 GHz km	ca. 0,3 dB/km	Weitverkehrsnetz, LAN

Bild 4.68: Typische Werte von Lichtwellenleitungen

4.2.5 LWL-Kabelbezeichnungen

Die Kabelbezeichnung für LWL-Kabel erfolgt nach DIN/VDE 0888. Eine typische Kennzeichnung kann beispielsweise folgendes Aussehen haben:

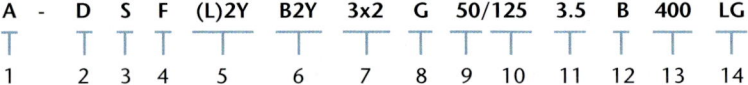

Bedeutung		Symbol	Erläuterung
1	Kabelart	I	Innenkabel
		A	Außenkabel
		AT	Außenkabel, teilbar
2	Faserschutz	F	Faser
		V	Vollader
		H	Hohlader, ungefüllt
		W	Hohlader, gefüllt
		B	Bündelader, ungefüllt
		D	Bündelader, gefüllt
3	Metallseele	S	Kabelseele mit Metall
4	Füllung	F	Petrolatfüllung der Hohlräume
5	Schutzhülle	H	halogenfreies Material
		Y	PVC
		2Y	PE
		(L) 2Y	Schichtenmantel
		(D) 2Y	PE mit Kunststoffschicht
		(Z) 2Y	PE mit nichtmetallischer Zugentlastung
		IIP	PUR
6	Bewehrung	V	PVC-Mantel
		IIP	PUR-Mantel
		H	halogenfreier Mantel
		B	Bewehrung
		BY	Bewehrung mit Schutzhülle
		B2Y	Bewehrung mit PE-Schutzhülle
7	Fasernzahl		Anzahl der Bündel x Anzahl der Fasern pro Bündel
8	Faserart	E	Single-Mode
		G	Gradientenfaser
		S	Stufenfaser (Glas/Glas)
		K	Stufenfaser (Glas/Kunststoff)
		Q	Quasi-Gradientenfaser (Glas/Glas)
		P	Plastikfaser (Kunststoff/Kunststoff)
9	Kern		Kerndurchmesser in µm
10	Mantel		Manteldurchmesser in µm

Bedeutung		Symbol	Erläuterung
11	Dämpfung		Dämpfungsbelag in dB/km
12	Wellenlänge	B F H	850 nm 1300 nm 1550 nm
13	Dispersion		B · L-Produkt in MHz · km
14	Zusatzinformation	LG	Lagenverseilung

Bild 4.69: Kennzeichnung von LWL-Kabeln

4.2.6 LWL-Verbindungstechniken

Bei der optischen Verbindungstechnik unterscheidet man zwischen lösbaren und nicht lösbaren Verbindungen. Die lösbaren Verbindungen basieren auf dem Stecker-Kupplungs-Prinzip, die nicht lösbaren Verbindungen werden durch sogenannte Spleiße realisiert.

Unter einem **LWL-Spleiß** versteht man technische Verfahren für das dauerhafte Verbinden von Lichtwellenleitern.

Bei der LWL-Spleißtechnik werden folgende Verfahren unterschieden:

Spleißart	Dämpfungswerte	Kurzbeschreibung
thermischer Spleiß, Lichtbogenspleiß	< 0,1 dB	Mithilfe eines thermischen Lichtbogens werden die Faserenden dauerhaft miteinander verschmolzen.
mechanischer Spleiß	0,2–0,4 dB	Die Fasern werden mittels einer Hülse mechanisch zusammengepresst und dauerhaft gehalten; Einsatz zu Reparaturzwecken.
Klebespleiß	0,2–0,4 dB	Dauerhafte Verbindung der Fasern mit UV-härtendem Zweikomponentenkleber.

Bild 4.70: LWL-Spleißarten

LWL-Stecker (Fiber Optic Connector) sorgen für eine lösbare Steckverbindung zwischen zwei Lichtwellenleitern. Hierbei wird meist nicht zwischen Stecker und Buchse unterschieden, die Steckverbindung besteht vielmehr aus zwei Steckern, die über eine Führungskupplung präzise miteinander verbunden werden. Geringste mechanische Fertigungstoleranzen oder Veränderungen durch häufiges Ein- und Ausstecken können die übertragungstechnischen Eigenschaften beeinträchtigen. Hierzu gehören insbesondere die Einfügedämpfung und die Rückflussdämpfung.

4

Die **optische Einfügedämpfung** (Optical Insertion Loss) ist ein Maß für die Abschwächung eines optischen Signals durch ein Bauteil, das in einen Signalweg eingefügt wird. Die Einfügedämpfung wird in dB angegeben und sollte möglichst klein sein.

Die **optische Rückflussdämpfung** (Optical Return Loss) ist das logarithmische Verhältnis von eingespeister Lichtenergie zu der von einer Grenzfläche reflektierten Lichtenergie. Die Rückflussdämpfung wird in dB angegeben und sollte möglichst groß sein.

Bei der Übertragung von Licht in einem LWL-Steckverbinder werden beide Fasern möglichst nahe zusammengeführt, um möglichst viel Lichtenergie von einer Faser in die andere Faser zu übertragen. Hierbei kommen unterschiedliche Techniken zum Einsatz (Bild 4.71).

Bezeichnung	Beschreibung	Grundprinzip
Linsenkopplung (Wegen ihrer vergleichsweise großen Bauform wird diese Technik heute nur noch selten eingesetzt.)	– LWL-Steckverbinder mit eingebautem Linsensystem – Zwischen den Linsen werden die Lichtstrahlen parallel durch Glasplatten geführt – Hohe Rückflussdämpfung, da vergleichsweise wenig Reflexionen	
Stirnflächenkopplung	– Beide LWL haben geringen Abstand voneinander, dadurch geringe Rückflussdämpfung (< 15 dB) wegen vergleichsweise starken Reflexionen – Kein mechanischer Verschleiß, da sich die Stirnflächen nicht berühren – Geringe Fertigungskosten	
	– Stirnflächenkopplung ohne Luftspalt (**PC-Kopplung** = **P**hysical **C**ontact) – Nahezu keine Reflexionen, daher hohe Rückflussdämpfung – Empfindlich gegenüber seitlichem Versatz der Fasern und Zerkratzen der Oberflächen – Stirnflächen können auch linsenförmig geschliffen sein	

Bezeichnung	Beschreibung	Grundprinzip
Schrägschliffkopplung	– Stirnflächen sind ca. 8° gegeneinander geneigt (angled polished) – Geringer Luftspalt (ca. 1 µm) – Hohe Rückflussdämpfung (> 50 dB)	Mantelglas — Mantelglas / Kernglas — Kernglas
	– Schrägschliffkopplung mit APC-Schliff (Angle Physical Contact) – Nahezu ohne Reflexionen, d. h. sehr hohe Rückflussdämpfung (> 60 dB) – Hoher Aufwand an Stirnflächenpolitur – Einfügedämpfung < 0,5 dB	Mantelglas — Mantelglas / Kernglas — Kernglas

Bild 4.71: Grundsätzliche LWL-Stecker-Techniken

Für die Anschlusstechnik von Lichtwellenleiter gibt es eine Vielzahl von Steckverbindungen, die wegen ihrer kleinen Bauformen allgemein auch als **SFF-Stecker** (**S**mall **F**orm **F**actor) bezeichnet werden. Zu den gängigen Typen zählen der ST-Stecker (Straight Tip, Alternativbezeichnung **BFOC** = **B**ajonet **F**iber **O**ptic **C**onnector), der FC-Stecker (Fiber Connector), der SC-Stecker (**S**ubscriber **C**onnector) und der LC-Stecker (Lucent Connector). Sämtliche Steckertypen sind untereinander inkompatibel, da sie sich grundsätzlich in der Bauform, der Ferrule (Adernendhülse), dem Verschluss und dem Einsatzbereich voneinander unterscheiden. Die Hersteller produzieren jedoch auch fertig konfektionierte LWL-Kabel mit unterschiedlichen Steckertypen an beiden Enden (z. B. LC-SC).

a) SC-Stecker   b) LC-Stecker   c) ST-Stecker   d) FC-Stecker

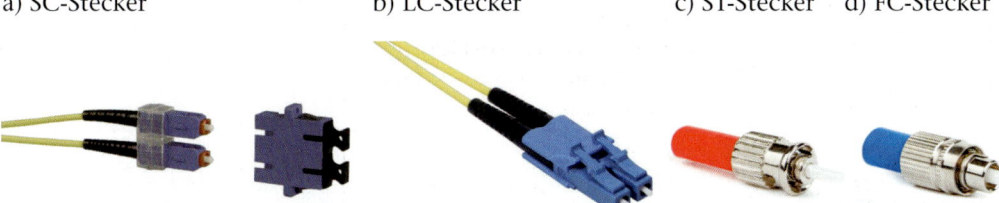

Bild 4.72: Beispiele für LWL-Stecker und Kupplungen

Stecker	Verschlussmechanismus	Ferrulendurchmesser	Einfügedämpfung	Faseranzahl	Normung
FC	Schraubverschluss	2,50 mm	0,2 dB	1	IEC 60874-7
ST (BFOC)	Bajonettverschluss	2,50 mm	0,2–0,4 dB	1	IEC 60874-10
SC	Push-Pull-Prinzip	2,50 mm	0,2–0,3 dB	1	IEC 874-13
LC	Spannbügelverschluss	1,25 mm	0,2 dB	1	IEC 61754-20

Bild 4.73: Technische Merkmale von LWL-Steckern

4.2.7 Optische Modulationsarten

Die Informationsübertragung in optischen Netzen erfolgt durch die Ausbreitung von Licht in einem Lichtwellenleiter. Dieses Licht wird meist mit einer Laserdiode erzeugt. Auf der Empfangsseite wird das Licht durch lichtempfindliche Dioden oder Transistoren wieder in ein elektrisches Signal zurückgewandelt. Wie bei der elektrischen Datenübertragung werden auch hier zur effizienten Ausnutzung vorhandener Übertragungskapazitäten spezielle Modulations- und Multiplexverfahren eingesetzt.

Prinzipiell kann man Licht in seiner Helligkeit, seiner Phasenlage und in seiner Polarisation modulieren. Die Änderung der Helligkeit entspricht elektrisch einer Veränderung der Amplitude und wird bei Licht als **Intensitätsmodulation** (Intensity Modulation) bezeichnet. Die Intensitätsmodulation erfolgt mit einer NRZ-Codierung (Kap. 4.1.9), die entweder direkt oder extern angewendet wird. Beim direkten Verfahren wird die Helligkeit des Lichts durch den sich ändernden elektrischen Strom gesteuert, der durch die Laserdiode fließt. Die Laserdiode wirkt hierbei als **elektrisch-optischer Wandler** (e-o-Wandler). Beim externen Verfahren sendet der Laser einen gleichbleibend hellen Lichtstrahl aus und wirkt als **optischer Sender**. Der Lichtstrahl wird erst in einer nachgeschalteten Modulationseinrichtung in seiner Intensität verändert. Eine solche Modulationseinrichtung bezeichnet man als **elektro-optischen Modulator** (z. B. Mach-Zehnder-Modulator oder Elektro-Absorptions-Modulator). Durch die Überlagerung entsprechend phasenverschobener Lichtstrahlen oder die Veränderung der Polarisation kann ein solcher Modulator einen vorhandenen Lichtimpuls entweder unterdrücken (auslöschen) oder durchlassen (abstrahlen).

4.2.8 Optische Multiplextechniken

Zur Mehrfachausnutzung werden bei der optischen Datenübertragung Raummultiplex, Zeitmultipex, Wellenlängenmultiplex und zunehmend auch Polarisationsmultiplex kombiniert eingesetzt.

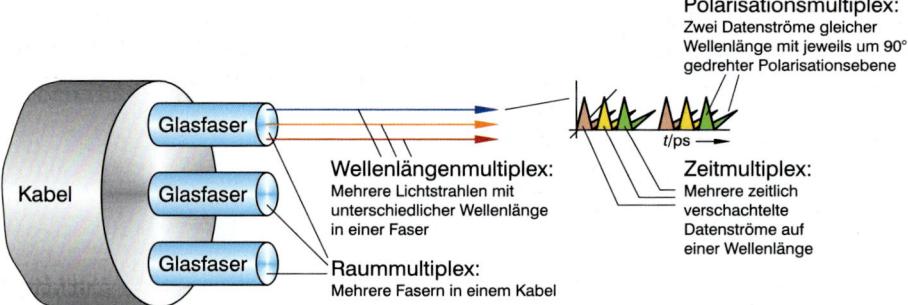

Bild 4.74: Kombination von Raum-, Zeit-, Wellenlängen- und Polarisationsmultiplex (Grundprinzip)

Beim optischen **Raummultiplex** (SDM: **S**pace **D**ivision **M**ultiplex) werden zur Vergrößerung der Übertragungskapazität mehrere Glasfasern gleichzeitig, d. h. parallel verwendet.

Beim optischen **Zeitmultiplex** (TDM: **T**ime **D**ivision **M**ultiplex) werden die Impulsfolgen verschiedener optischer Modulatoren zeitlich ineinander verschachtelt auf einer Faser übertragen. Bild 4.75 verdeutlicht das Grundprinzip.

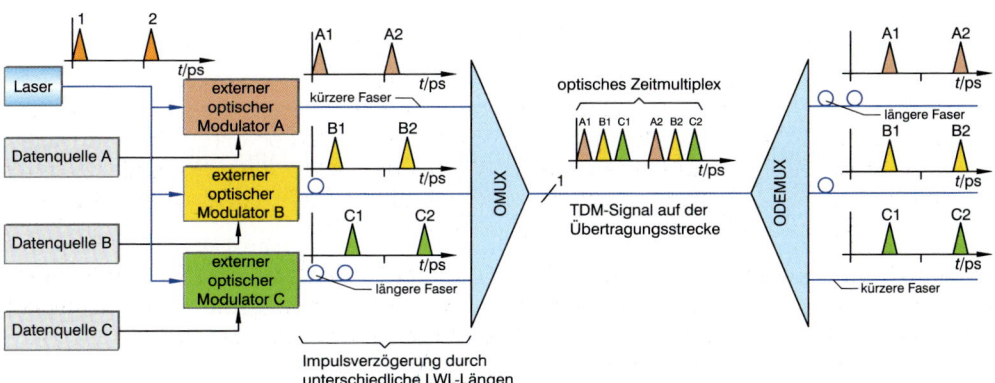

Bild 4.75: Optisches Zeitmultiplex (Grundprinzip)

Ein Laser emittiert Lichtimpulse einer bestimmten Wellenlänge in vorgegebenen zeitlichen Abständen (in Bild 4.75 mit den Ziffern 1 und 2 gekennzeichnet). Diese gelangen über eine Glasfaser an die externen optischen Modulatoren A, B und C, die von ihren jeweiligen elektrischen Datenquellen angesteuert werden und die Lichtimpulse des Lasers moduliert abgeben (in Bild 4.75 mit A1 und A2, B1 und B2 sowie C1 und C2 gekennzeichnet). Diese modulierten Lichtimpulse werden über separate Glasfasern zum optischen Multiplexer (OMUX) geführt. Aufgrund unterschiedlicher Faserlängen ergeben sich beim Durchlaufen dieser Glasfasern geringe zeitliche Verzögerungen, sodass der OMUX die Lichtimpulse der einzelnen Modulatoren zeitlich verschachtelt auf die Übertragungsstrecke legen kann. Die Wellenlänge der Lichtimpulse wird durch diesen Vorgang nicht verändert! Auf der Empfangsseite werden die Signale durch einen optischen Demultiplexer (ODEMUX) wieder getrennt. Durch entsprechend unterschiedliche Faserlängen lassen sich hier bei Bedarf wieder zeitgleiche Lichtimpulse erzeugen. Die erforderlichen Verzögerungszeiten liegen im Picosekundenbereich (1 ps = 10^{-12} s) und werden durch Längenunterschiede im Millimeterbereich erzeugt.

Das **Wellenlängenmultiplex** (**WDM**: **W**avelength **D**ivision **M**ultiplex) lässt sich als Frequenzmultiplex im optischen Bereich interpretieren. Bei der Technik der direkten Intensitätsmodulation (Kap. 4.2.7) werden die elektrischen Nutzsignale einzeln jeweils mithilfe eines Lasers (e-o-Wandler) in ein Lichtsignal mit einer exakt vorgegebenen Wellenlänge umgewandelt (in Bild 4.76 mit λ1, λ2 und λ3 bezeichnet).

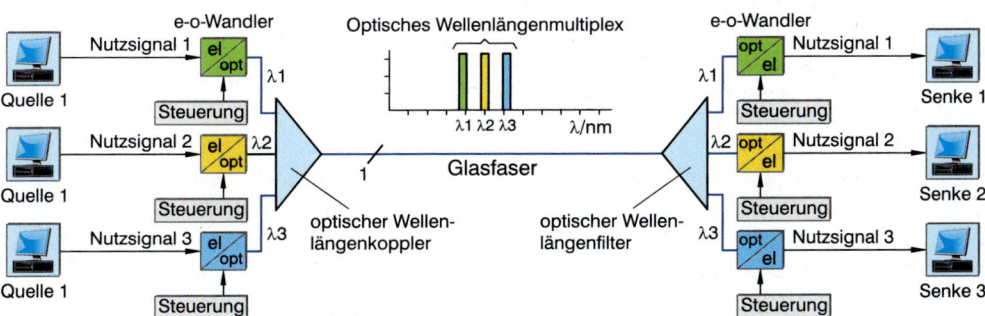

Bild 4.76: Optisches Wellenlängenmultiplex (Grundprinzip)

Mit einem optischen Wellenlängenkoppler, der aus passiven oder aktiven Bauelementen bestehen kann, werden diese einzelnen Wellenlängen dann zusammengeführt. Das entstandene wellenlängendiskrete Multiplexsignal wird übertragen und am Empfangsort durch ein optisches Wellenlängenfilter wieder getrennt. Anschließend werden die einzelnen optischen Signale mit o-e-Wandlern wieder in elektrische Nutzsignale umgesetzt.

> Ein **optischer Wellenlängenkoppler** wird im allgemeinen Sprachgebrauch auch als **optischer Wellenlängen-Multiplexer** (**OWMUX**) und ein **optisches Wellenlängenfilter** auch als **optischer Wellenlängen-Demultiplexer** (**OWDEMUX**) bezeichnet.

In Bild 4.76 ist nur eine Übertragungsrichtung mit einer einzigen Faser dargestellt. Bei WDM-Backbones werden aus Sicherheitsgründen jeweils unterschiedliche Fasern für die Sende- und die Empfangsrichtung eingesetzt. Lediglich beim sogenannten Einfaserbetrieb bei den passiven optischen Zugangsnetzen wird ein einziger Lichtwellenleiter für beide Übertragungsrichtungen verwendet. Jeder Richtung werden dann unterschiedliche Wellenlängen zugeordnet.

> Übertragungstechnisch betrachtet entspricht der optische **Einfaserbetrieb** dem elektrischen Zweidrahtbetrieb und der optische **Zweifaserbetrieb** dem elektrischen Vierdrahtbetrieb.

Bei einem WDM-System stellt ein Lichtsignal mit einer bestimmten vorgegebenen Wellenlänge jeweils einen **optischen Kanal** dar. Im allgemeinen Sprachgebrauch gibt man hierbei zwar stets nur eine einzige Wellenlänge λ an, die das abgegebene Laserlicht haben soll, tatsächlich besitzt es aber eine bestimmte Frequenzbandbreite Δf und damit auch eine bestimmte Linienbreite $\Delta\lambda$. Benachbarte Kanäle müssen somit einen geringen Wellenlängenabstand voneinander haben, damit sie sich gegenseitig nicht überlappen.

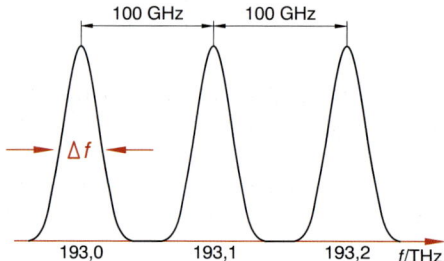

Bild 4.77: Optische Kanäle mit 100 GHz Kanalabstand (Beispiel)

Die ITU-T hat in ihrer Richtlinie G.692 hierzu WDM-Varianten mit verschiedenen Frequenzrastern festgelegt. Diese geben an, in welchen Abständen die einzelnen Kanäle liegen dürfen. Bei DWDM und UDWDM sind dies beispielsweise die Abstände 100 GHz, 50 GHz, 25 GHz und 12,5 GHz (Bild 4.78).

Abkürzung	WWDM	CWDM	DWDM	UDWDM
Bezeichnung	Wide WDM	Coarse WDM	Dense WDM	Ultra Dense WDM
Kanalabstand	≥ 50 nm	20 nm (Kanalbreite 13 nm + 7 nm Sicherheitsabstand)	0,8 nm (bei 100 GHz) 0,4 nm (bei 50 GHz) 0,2 nm (bei 25 GHz) 0,1 nm (bei 12,5 GHz)	
Wellenlänge	1300 nm /1550 nm	1300 nm/1550 nm	1550 nm	

Abkürzung	WWDM	CWDM	DWDM	UDWDM
Kanalanzahl pro Faser (zurzeit typisch)	≤ 4 (typ. 4 mit je 2,5 Gbit/s)	≤ 20 (typ. 4 mit je 2,5 Gbit/s; 4 mit je 10 Gbit/s, Bitrate längenabhängig)	≤ 180 (typ. 16 bis 80 mit je 2,5 Gbit/s)	
Reichweite (ca.)	20 km	80 km	180 km	
Einsatzbereich	PON, Anschlussbereich	MAN, MEN	WAN	

Bild 4.78: Varianten bei Wellenlängenmultiplex

Innerhalb eines optischen Fensters (Kap. 4.2.3.3) können so je nach Kanalabstand mehr als 100 Kanäle über einen Lichtwellenleiter übertragen werden.

Eine weitere Möglichkeit, den Datendurchsatz über einen Lichtwellenleiter zu erhöhen, bietet der Einsatz des **Polarisationsmultiplex** (**PDM** = **P**olarization **D**ivsion **M**ultiplex). Hierbei werden die Lichtstrahlen in zwei jeweils um 90° gedrehte Polarisationsebenen aufgeteilt und in beiden Ebenen unterschiedliche Daten übertragen. Trotz gleicher Wellenlänge beeinflussen sich beide Datenströme nicht, sodass sich der Datendurchsatz nahezu verdoppelt. Für das Senden und Empfangen sind jeweils entsprechende polarisationsselektive Einrichtungen erforderlich. Die PDM lässt sich in Kombination mit Zeitmultiplex und/oder Wellenlängenmultiplex einsetzen.

4.2.9 Optische Schalter

Optische Schalter dienen dazu, Lichtsignale zwischen verschiedenen Lichtwellenleitern zu schalten (zu vermitteln), ohne sie vorher in elektrische Signale umzuwandeln. Hierdurch sind Schaltgeschwindigkeiten über 50 GHz (d. h. ≤ 20 ps) möglich, bei denen sich elektrische Schaltfunktionen nicht mehr problemlos realisieren lassen. Es werden unterschiedliche Verfahren eingesetzt, die meist mit wellenlängenabhängigen Filtern oder mit mikroskopisch kleinen Spiegeln arbeiten.

Bei den optischen Wellenlängenfiltern besteht eine mögliche Verfahrensweise darin, ein optisches Eingangssignal, das aus mehreren Wellenlängen besteht, zunächst auf alle Ausgänge zu verteilen, aber nur das Signal mit der gewünschten Wellenlänge am jeweiligen Ausgang passieren zu lassen. Dieses Verfahren wird als „Broadcast-and-Select-Prinzip" bezeichnet und beispielsweise statisch (d. h. ohne Änderungsmöglichkeit) bei passiven Sternkopplern (Splittern) im Anschlussbereich eingesetzt. Das Blockieren unerwünschter Wellenlängen erfolgt mit sogenannten dichroitischen Filtern (statische, wellenlängenabhängige Filter).

Besteht hingegen die Möglichkeit, die Wellenlängenfilter variabel anzusteuern, so lässt sich jede Wellenlänge am Eingang auf jeden beliebigen Ausgang schalten.

Optische Schalter mit Mikrospiegeln gehören zu den als **MEMS** (**M**icro **E**lectro **M**echanical **S**ystem) bezeichneten Bauelementen der Mikrosystemtechnik, die vom Grundprinzip her auch in DLP-Beamern verwendet werden (siehe „Einfache IT-Systeme", Kap. 1.12.7). Hierbei werden die Spiegel mechanisch um eine Achse gekippt, sodass sie einen Lichtstrahl in eine gewünschte Richtung reflektieren. Andere Verfahren arbeiten mit durchlässigen Spiegeln, bei denen ein Lichtstrahl abhängig vom Auftreffwinkel durchgelassen oder reflektiert wird (Bild 4.79).

4

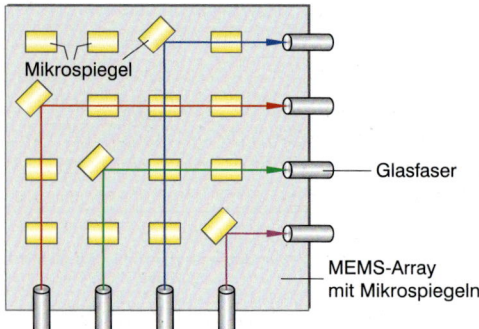

Mikrospiegel

Glasfaser

MEMS-Array
mit Mikrospiegeln

Bild 4.79: Optischer Schalter mit MEMs (Grundprinzip)

AUFGABEN

1. Bei welchem Wellenlängenbereich des elektromagnetischen Spektrums spricht man von optischer Strahlung? Welcher Frequenzbereich entspricht diesem Wellenlängenbereich?

2. TFT-Displays erzeugen ein farbiges Bild nach dem RGB-Verfahren. Welche Wellenlängen müssen die zu einem Farbtripel zusammengefassten, Licht emittierenden Transistoren jeweils abgeben können?

3. Auf welchen physikalischen Gesetzen basiert der optische Leitungsmechanismus bei Glasfaserleitungen?

4. Bei Lichtwellenleitern unterscheidet man grundsätzlich zwischen drei Typen. Benennen Sie diese Typen und geben Sie charakteristische Merkmale an.

5. Was versteht man bei Lichtwellenleitern unter den sogenannten optischen Fenstern? Bei welchen Frequenzen befinden sich diese Fenster? Welche Bedeutung haben diese Fenster für die Übertragungstechnik?

6. Zwei Lichtwellenleiter unterscheiden sich durch ihr Bandbreite-Länge-Produkt. Bei Leiter 1 ist der Zahlenwert dieses Produktes größer als bei Leiter 2. Welcher Leiter weist eine höhere Qualität auf? Begründen Sie Ihre Antwort.

7. Welche grundsätzlichen optischen Verbindungstechniken unterscheidet man? Erläutern Sie die Unterschiede.

8. Bei LWL-Steckverbindungen unterscheidet man zwischen Stirnflächenkopplung und Schrägschliffkopplung. Erläutern Sie die technischen Unterschiede.

9. Die Intensitätsmodulation kann entweder „direkt" oder „extern" angewendet werden. Erläutern Sie den Unterschied.

10. Beschreiben Sie die in der Praxis eingesetzten optischen Multiplextechniken.

11. Wozu benötigt man in der optischen Übertragungstechnik einen OWMUX und einen OWDEMUX?

12. Die Abkürzungen WWDM, CWDM, DWDM und UDWDM bezeichnen unterschiedliche Arten von Wellenlängenmultiplex. Nennen Sie die Bedeutung der Abkürzungen sowie die jeweiligen technischen Merkmale.

13. Erläutern Sie das Funktionsprinzip eines optischen Schalters auf der Basis vom MEMS. Welchen Vorteil hat ein optischer Schalter gegenüber einem elektrischen Schalter?

Lernsituation

Die Jugendorganisation BITS4KIDS e.V. hat in einem Technologiezentrum (TZ) einige Vereinsräume zur Verfügung gestellt bekommen. Die infrastrukturelle Anbindung umfasst auch die Anschlussmöglichkeit über die vorhandene Verkabelung an den Internetrouter des TZ. Die eigenen PCs sollen Internetzugang bekommen, der eigene Webauftritt soll auf einem eigenen Server gehostet werden. Um sicherzugehen, wird aber ein kleines (einstufiges) Sicherheitsgateway zwischen Verein und TZ gewünscht. Paketfilter und Webserver werden mit aktuellem openSUSE-Linux auf PC-Basis realisiert – allerdings sind diese PCs noch nicht beschafft. Deswegen entschließen Sie sich, das ganze Szenario auf Ihrem Arbeitsplatzrechner mit virtuellen Maschinen zu simulieren, sodass alle Konfigurationen und logischen Tests vorliegen, sobald die Hardware einsatzbereit ist.

Vorbereitung

- Sicherstellen, dass der Host dieser Virtualisierungsaufgabe gewachsen ist:

  Min. Anforderung:
Dualcore,	Windows 7,	4 GB RAM,	200 GB HD

  Empfohlen:
Quadcore,	Windows 10,	≥ 4 GB RAM,	500 GB HD

- Download der ISO-Datei (Image der Installations-DVD vom SUSE-Server)

- Download und Installation der aktuellsten Version des Virtualisierungsmonitors (z. B. Oracle-Virtualbox)

- Installation von Linux (Kap. 2.3.1.1) und Inbetriebnahme

- Varianten des Virtual Networking (nicht zu verwechseln mit VPN oder mit VLAN!), z. B. bei Virtualbox: User Manual Version 5.1.22, Chapter 2

- Protokolle der Transportschicht (Kap. 1.4.3)

- Paketfilter, hier: Linux Netfilter (Kap. 1.7.2.3)

4

Handlungsaufgaben

1. Erzeugen der virtuellen Maschinen (VM) (ca. 1 Std.)

Maschine	Beachten bei der Einrichtung	Besonderheiten dieser VM
Server in DMZ		
Router mit Paketfilter		
Interner Host (lokaler PC)		
Externer Host		

2. Installieren der Betriebs- und Anwendungssoftware (ca. 4 Std.)

Maschine	Besonderheiten dieser Maschine
Server in DMZ	
Router mit Paketfilter	
Interner Host (lokaler PC)	
Externer Host	

Dokumentieren Sie die Funktionsfähigkeit durch einen Screenshot.

3. Netzwerkkonfiguration ohne Firewall (ca. 4 Std.)

Erstellen Sie eine „Netzlandschaft"-Skizze mit der externen, der internen und der demilitarisierten Zone, den Hosts mit ihren Hostnamen und Netzwerkinterfaces sowie den IP-Netzen. (Wählen Sie dazu geeignete Adressbereiche und Adressen.)

Netzlandschaft

Fassen Sie die Eigenschaften der Maschinen zusammen:

Maschine	Besonderheiten dieser Maschine
Server in DMZ	
Router mit Paketfilter	
Interner Host (lokaler PC)	
Externer Host	

Dokumentieren Sie die richtige Zuordnung der Interfaces zu den Zonen durch einen Screenshot.

Prüfen Sie gegenseitige Erreichbarkeit mit *ping*.

4. Firewallkonfiguration (nur Paketfilter)

Datenstrom	Richtlinie: Erlaubt ist, was nicht verboten ist
ext ↔ gateway	
ext ↔ dmz	
ext ↔ int	
int ↔ gateway	
int ↔ dmz	
dmz ↔ gateway	

Richten Sie die Firewall mit YaST ein:

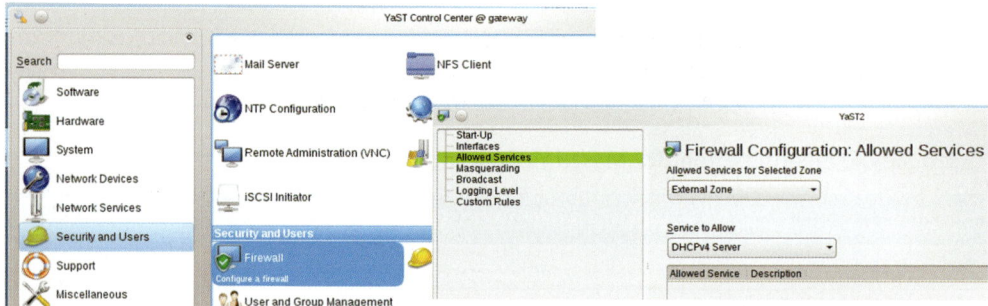

Erforschen Sie, wie der Zugriff von außen auf den Webserver in der DMZ ermöglicht werden kann. (Tipp: Portforwarding)

Dokumentieren Sie den Zugriff von außen auf Port 80/TCP des Servers durch:

a) einen Screenshot des zugreifenden Browsers und

b) einen Screenshot des überwachenden Packetsniffers auf dem Gateway!

5. Schwachstellen-Analyse

Es zeigt sich, dass der interne Host (falsche!) DNS-Daten von einem anderen als dem eigenen Server entgegennehmen kann:

Welcher iptables-Befehl kann diese Lücke schließen?

Methoden

Präsentation

Dokumentieren Sie für später wichtige Schritte bei der Konfiguration als Screenshot. Leiten Sie diese und die dort entstandenen Konfigurationsdateien, getrennt nach Gateway und DMZ-Server, über die gemeinsamen Ordner von Host und VM in ein Protokolldokument aus.

Hinweise/Tipps

- Führen Sie alle (Nach-)Installationen der Software zügig rechtzeitig aus, sodass Sie in der Bootreihenfolge der VM die virtuelle Festplatte an die erste Stelle setzen können – das spart Zeit bei erforderlichen Neustarts.

- Prüfen Sie nach Neustarts die korrekte Initialisierung von NICs und Diensten!

- Beim Webserver macht es durchaus Sinn, den Ordner *htdocs* leer zu lassen, weil bei einer Anfrage die Uhrzeit in der Fehlermeldung erscheint. So kann ausgeschlossen werden, dass immer der gleiche Cache-Inhalt angezeigt wird.

4

Sachwortverzeichnis

Bildquellenverzeichnis

Umschlagfoto: iStockphoto.com, Calgary: (annebaek)

Innenteil:

Fotos

1&1 Internet AG, Karlsruhe: S. 100

Apple Distribution International, Cork: S. 285, 286.1, 286.2, 291, 292, 295.1, 295.2, 296.1, 296.2, 301.1, 301.2. 302.1, 302.2, 302.3, 313, 314.1, 314.2, 321.1, 321.2

AVM GmbH, Berlin: S. 163

Bundesamt für Sicherheit in der Informationstechnik, Bonn: S. 176, 177

Bundesnetzagentur, Bonn: S. 461

Canonical Group Limited, London: S. 281, 340.2, 341.2

devolo AG, Aachen: S. 454, 456.1, 456.2

FileZilla – The free FTP solution, Elmshorn: S. 90.1

fotolia.com, New York: S.463 (Wolfgang Cibura)

Google Germany GmbH, Berlin: S. 181, 191.2

Google Inc., Mountain View: S. 287, 292.2, 303.1, 303.2, 304, 315

Huber+Suhner GmbH, Taufkirchen: S. 549.3, 549.4

Microsoft Corporation, Redmond: S. 12.1, 53.1, 89.2, 93, 96.1, 195, 196, 197, 198.1, 207, 208.1, 209, 210, 211, 212, 213.1, 213.2, 214.1, 214.2, 215.1, 215.2, 216, 217.1, 217.2, 218.1, 218.2, 219, 220, 221.1, 221.2, 223.1, 223.2, 224, 225.1, 225.2, 226.1, 226.2, 226.3, 227, 228, 229.2, 231, 232, 233, 234.1, 234.2, 235.1, 235.2, 235.3 236.1, 236.2, 236.3, 237, 240, 242, 247.1, 247.2, 248, 249.1, 249.2 250.1, 250.2, 251, 252.1, 252.2, 253, 254, 255, 256.1, 256.2, 257, 258.1, 258.2, 259, 260.1, 260.2, 261.1, 261.2, 262, 263.1, 263.2, 264, 266, 267, 268.1, 268.2, 269.1, 269.2, 270.1, 270.2. 270.3, 271.1, 271.2, 272, 273, 274.1, 274.2, 307.1, 345.2, 347.2, 362.1, 362.2

panthermedia.net, München: S. 549.5 (artush), 549.6 (artush)

ProfitBricks GmbH, Berlin: S. 361

SUSE- a Micro Focus Company, Berkshire: S. 281.1, 282.1, 282, 283.1, 290.2, 293.1, 293.3, 293.3, 297.2, 298.1, 310.2, 311.1, 317.1, 317.2, 317.3, 318.1, 318.2, 318.3, 319.1, 319.3, 320.1, 320.2, 320.3, 327.1, 327.2, 328.1, 328.2, 329.1, 329.2, 329.3, 329.4, 340.1, 344.1, 344.2, 558

TRENDnet, Torrence: S. 154

Zeichnungen

Bildungsverlag EINS GmbH, Köln/Michele Di Gaspare, Bergheim: S.11, 12.2, 13, 26.1, 26.2, 27.2, 28.1, 30, 34.2, 35.1, 35.2, 44, 45.1, 46.2, 48.1, 56, 61, 76.1, 79.1, 83, 84, 96.2, 114, 125, 186, 191.1, 326, 348, 359, 366, 368.1, 368.2, 371.1, 371.2, 373, 374.1, 374.2, 375, 376, 377, 378.1, 378.2, 379, 380, 385, 386, 389, 391, 395, 397, 399, 401.1, 401.2, 402, 403.1, 405.1, 405.2, 408.1, 408.2, 412, 413, 415, 416.1, 417, 418, 420, 422, 424, 429, 430.1, 430.2, 432, 435, 436.1, 436.2, 438.1, 438.2, 440, 442, 445, 446.1, 447, 449, 452, 457, 459.2, 464, 466.1, 467, 470, 475, 478, 479, 480, 483.1, 483.2, 486.1, 486.2, 487, 489, 490, 492, 493.1, 493.2, 494.1, 495, 498.1, 498.2, 500.1, 500.2, 501, 502, 503, 504, 505, 506, 507, 509, 510, 511, 512, 513, 514, 515, 517.1, 517.2, 522, 523.1, 523.2, 524, 525.1, 525.2, 527, 528, 529, 530.1, 530.2, 531.1, 531.2, 532, 534, 536.2, 539, 541.2, 541.2, 543.1, 543.2, 544.1, 544.2, 545.1, 548.1, 548.2, 548.3, 549.1, 549.2, 550, 551.1, 551.2, 552, 554